中华传世藏书

图文珍藏版

中華枭雄大傳

[主编] 邹博

线装書局

图书在版编目（CIP）数据

中华枭雄大传 .1／邹博主编 . －北京：线装书局
，2009.10
ISBN 978-7-5120-0015-5

Ⅰ. ①中… Ⅱ. ①邹… Ⅲ. ①历史人物－列传－中国
－古代 Ⅳ. ① K820.2

中国版本图书馆 CIP 数据核字 (2009) 第 188157 号

中华枭雄大传

主　　编：邹　博
责任编辑：赵安民　朱　华
封面设计：博雅圣轩工作室
出版发行：线装书局
地　　址：北京市鼓楼西大街 41 号（100009）
　　　　　电话：010-64045283
　　　　　网址：www.xzhbc.com
印　　刷：北京彩虹伟业印刷有限公司
字　　数：1390 千字
开　　本：710×1040 毫米　1/16
印　　张：112
彩　　插：8
版　　次：2010 年 6 月第 2 版 2010 年 6 月第 2 次印刷
印　　数：1001-3000 套
书　　号：ISBN 978-7-5120-0015-5

定　　价：598.00 元（全四卷）

ISBN 978-7-5120-0015-5

9 787512 000155

总序

·弘扬中华文化 构建和谐社会·

中华古国历史悠久、辉煌灿烂；中华文化，博大精深、源远流长，中华文明有口皆碑、震古烁今。中华民族深厚的文化底蕴、丰硕的文明成果以及强大的文化包容力，是世界上任何一个国家和民族都无法比拟的。

中华藏书文化是人类知识和文明的重要载体，卷帙浩繁的典籍文献是华夏文明最具体、最形象、最生动的象征，折射出东方文明史上璀璨夺目的光芒。藏书既是社会进步和发展的标志，更是读书人成才立业所必备的重要条件，正所谓："藏书者，诵读之资，学问之本也。"（清代著名藏书家张金吾语）。晚清重臣曾国藩在家书中直言："吾辈读书，只有两事。一者进德之事，讲求乎诚正修齐之道，以图无忝所生，一者修业之事，操习乎记诵词章之术，以图自卫其身。"一代伟人毛泽东曾说"我一生最大的爱好就是读书"，"饭可以一日不吃，觉可以一日不睡，书不可一日不读。"昔日毛泽东批阅《二十四史》，为人景仰。已故国学大师季羡林先生生前曾再三强调读书、藏书之重要，认为"后一代的人必须读书，才能继承和发扬前人的智慧。"爱书、读书、惜书、藏书，是中华民族的光荣传统。作为中华文化的传承者、传播者，我们有义务、有责任大力弘扬中华民族优秀文化，使烛照中华数千年的人文之光薪火相传、熠熠生辉。

二十一世纪是世界大变革、大转折、大发展的时代，中华民族迎来了千载难逢的大好机遇，正处在全面复兴的历史新起点。"弘扬先进文化，全面落实科学发展观"，"与时俱进，开拓创新，构建和谐社会"等等，都已成为时代发展的最强音。当然，伟大的复兴也需要伟大的文化，鉴于此，在国学大师、史界泰斗、专家学者的积极倡导下，我们精心组织完成了这一大型古籍文献整理出版工程——《中华传世藏书大系》。

《中华传世藏书大系》收中华古代文化之精粹，集中国历代藏书之大成，具有重要的文献参考价值、收藏鉴赏价值和馈赠实用价值。《中华传世藏书大系》经过反复筛选、检索与研究，并且请教了有关权威专家学者，参以众多初印古本、皇家善本、私家秘本、民间孤本、海外珍稀本等，集思广益、择优而定，并保持原著固有的面貌及版本价值，力图将最经典、最精华的中华传统文化奉献给广大读者。

《中华传世藏书大系》先期推出两辑：即《反经》、《十三经译注》、《四书五经》、《古文观止》、《汉书》、《后汉书》、《智囊全集》、《三国志》、《随园诗话》、《纲鉴易知录》、《菜根谭》、《唐宋八大家散文鉴赏》、《永乐大典》、《中国通史》、《四大名著》、《资治通鉴》、《续资治通鉴》、《明通鉴》、《清通鉴》、《孙子兵法》、《三十六计》、《二十五史》、《处世秘典》、《私家秘藏》、《厚黑学全书》、《四库全书》、《周易》、《三言二拍》、《唐诗宋词元曲》、《曾国藩绝学》、《纪晓岚全书》、《中华传世家训》、《中华兵书大典》、《中华养生秘笈》、《黄帝内经》、《本草纲目》、《家庭医生》、《心理医生》、《中华国医健康绝学》、《中华茶道》、《中华酒典》、《三教九流》、《二十四史》、《中华枭雄大传》、《中华宫廷秘史》、《国学智慧大典》、《史记》、《容斋随笔》、《三希堂法帖》、《芥子园画传》、《中华智谋全鉴》、《中华国学智库》、《中国书法鉴赏大典》、《中华传世墨宝》。荟萃了中华古代文明之精华，凝聚了五千年华夏智慧之经典，囊括了中国历史上最具思想性与收藏价值的古籍巨著。我们坚信，此类大型藏书的陆续出版，将为学术界、文化界、收藏界提供弥足珍贵的传世善本，便于我们对中华古代文化的研究、借鉴与继承，是一件造福子孙后代的善举。

《中华传世藏书大系》耗时五余载，参与整理编辑人员近百人之多，并得到国内外众多专家学者、知名研究机构及著名馆藏单位等的大力支持和帮助，在此特表示由衷的谢意。另外，因资料范围广、精选难度高、编辑工作繁杂等诸多原因，书中难免存在疏漏与不足之处，恳请广大读者给予谅解和指正，以便我们及时修订。

《中华传世藏书大系》编辑委员会

二〇一〇年六月于北京香山

　　帝王，在封建社会的历史长河中，曾经煊赫两千余年，有的是这条河中的顺风船，有的是中流石，有的似春汛，有的如冬凌，有的是与水俱下的泥沙，有的是顺流而漂的朽木……钩沉他们的史迹，传述他们的轶闻，于今之借鉴、增知、休闲，不无裨益。

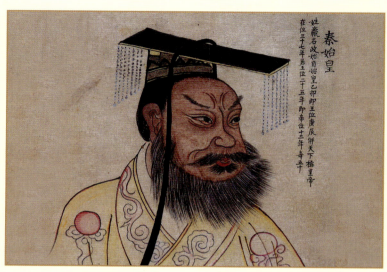

姓嬴名政恒自谓皇乙卯即王位庚辰并天下称皇帝在位三十七年居王位二十五年即帝位十二年寿平

秦始皇

千古一帝——秦始皇

一代英主——康熙大帝

仕途要流血，玫瑰要疯狂。后妃们就像一朵朵娇艳的玫瑰争相斗艳。爱欲、权欲、后宫……有人光明正大，有人不择手段，有人贤良淑德母仪天下，也有人狠毒奸诈臭名昭著……她们的悲欢离合、血泪人生构筑了宏伟历史不可或缺的一页。

一代女皇——武则天

在皇权社会里，宰相是中国古代最高行政长官的通称。从宰相汉国理政、为人处事去体会他们或悲或喜的人生；从他们的宦海沉浮中去了解封建王朝的更迭交替；从他们风云变幻的人生经历中去了解中华民族数千年的沧桑历史。

明朝首辅——张居正

权臣，作为中国历史上重要的政治势力，在数千年的文明长河中书写了绚丽多彩的篇章。权臣身份有：当朝宗室、将帅、宰辅、外戚乃至宦官。封建社会里政权的主要威胁有边帅大将、权臣藩王、游牧民族、农民起义等，其中权臣的威胁最大。

铁面无私——包拯

将帅是军队高级首脑的冠称。善用兵者，可以为将；善用将者，可以为帅；善用帅者，可以为王。无论是为"将"，还是为"帅"，或者为"王"，都需要的是一种能力，那就是"善用"。能够统领"兵"与"将"的人，就是"将帅之才"。

抗金英雄——岳飞

巾帼女杰篇

　　在中国上古时代，处于权力顶峰的宝座，是男人的专利，女性可望不可及。皇后吕雉的掌权统治，虽然对于刘家来说是一个威胁，但对于国家而言，在其掌政期间能重用人材，为后来的文景之治打下了很好的基础。

太后当国——吕雉

宦官枭雄篇

　　宦官是中国古代被阉割后失去性能力而成为不男不女的中性人，他们是专供皇帝、君主及其家族役使的官员。在漫长的中国封建社会历史中，宦官不仅涉足王公贵族、高官显爵的生活中，而且还涉足于复杂的政治斗争中。

一代阉枭——李莲英

　　军阀是旧时拥有军队、割据一方、自成派系的军人或军人集团。有著名的北洋军阀、直系军阀等。军阀曾在民国历史上统治十六年之久，经历了袁世凯、曹锟、吴佩孚、张作霖四个军阀王朝，演出了一幕幕争权夺利、勾心斗角的丑剧。

窃国大盗——袁世凯

乱世枭雄——阎锡山

前　言

　　"枭雄"是指强横而有野心却智勇杰出的人物。一说到"枭雄"一词,人们潜意识里就会油生一种精警防备之感。虽然人们对枭雄一词究竟何意不能准确道来,但很多人都能举出几个历史上称之为枭雄的人物,或者近似正确的解释。可见"枭雄"二字,和中国人有着不解之缘。按汉代许慎撰《说文解字》曰:"枭,不孝鸟也。故曰至捕枭磔之,字从鸟头,在木上。"此鸟何谓不孝? 据说长大之后将会食母。所以民间通常流行的说法是:枭是一种食母恶鸟。

　　既然说到了"枭雄",就不可不谈到"英雄"。单一个"枭"字,历史不会为他记上一笔,只有"枭"和"雄"二者兼备,方可在沧海横流之中显其英雄本色。《太平御览》曰:"草之将精者为英,兽之将群者为雄。"引申到人类社会,以学识智慧策谋见长的,称之为"英",以勇力胆识武略见长的,称之为"雄"。英者以其思想为武器,雄者以其胆力为根基。英者,不仅仅指其有思想,还应有正确判断形势的慧力;雄者,不仅仅是勇力,还应有行权立断的魄力。能合称英雄者,古今皆稀。

　　其实,英雄和枭雄是差不多的,都说乱世出英雄,其实乱世所出的枭雄更多,而名垂千古的是英雄,得天下的往往却是枭雄。其原因就是枭雄不单是有野心甚至无情,为达目的不择手段。"枭"道、"奸"道皆有非凡独特之本色,所以成就枭雄、奸雄的事业,故"枭雄"之道不可小觑。

　　中华民族有着五千多年的悠久历史,在古往今来的历史发展进程中,产生过无数的著名枭雄(或可算得上枭雄的人物),他们既有"普天之下,莫非王土"的帝王,也有"搔首弄姿,兴风作浪"的后妃;既有"一人之下,万人之上"的宰相,也有"翻手为云,覆手为雨"的权臣;既有"金戈铁马,气吞万里如虎"的将帅,也有"巾帼不让须眉"的枭女;既有"争宠弄权,驾驭朝纲"的宦官,也有"拥兵自重,独霸一方"的军阀。他们有的是搏击时代风雨,高扬时代精神,推动历史前进的正面人物,也有保守泥古,枭凶歹毒,为人类不齿,阻碍社会发展的反面人物。他们曾经指点江山,显赫无比;或运筹帷幄,叱咤风云;或金戈铁马,威震寰宇;或美艳绝伦,倾城倾国……

在人类历史长河中留下了不可磨灭的印记。

为了充分展示"枭雄本色"——或挖掘其生命中的闪光点，或揭露鞭挞其龌龊卑鄙嘴脸，尽显其神秘内心世界，我们精心挑选了在中国历史上产生过重大影响的历史人物，将其置于全新的视角之下，按帝王后妃、宰相权臣、将帅枭女、宦官军阀四卷分类，并单人立传，分"人物档案""枭雄本色""风云叱咤""名家评点""历史印证"五大版块，详述其生平事迹以及诡诈权谋。

在这个世界上，人有两种身份，一是看客，二是被看者。无论是通过被别人看来摆脱平淡无奇的生活，还是透过看别人来总结经验教训，历史人物的存亡与荣辱，总是能给我们一些借鉴，有利于解"枭"之毒，取"枭"之谋，从而积累人生智慧，成就我们自己英雄的人生风采。

中华枭雄大传

帝王后妃卷

[主编] 邹 博

线装书局

卷 首 语

中国有着五千年的灿烂历史,有着世界上无可比拟的历史资源,曾经创造了许多的世界文明。而在这期间,曾出现了许多独断乾坤,以文治武功取得天下的人。他们就是自称为"天子"的皇帝。

皇帝作为历史上的最重要角色,上有至高无上的荣誉,下有决定黎民百姓的生杀大权。他们的一举一动都会惊天动地。但自从中国第一个皇帝嬴政开始,到最后一个皇帝溥仪的结束,前前后后历经了三百多位不同角色的皇帝。他们有的清明绝伦,有的昏庸无能;有的凶狠残暴,有的荒淫无道。

一个英明的君主,往往能够创造出一个国富兵强、繁荣昌盛的国家,而一个昏暴的君主,却可能搞得民不聊生,甚至身死国灭。历史是公正的,它可以给出我们一个合理看待皇帝这个历史人物的态度,也将能够促进社会发展,带动社会进步的皇帝,永远地铭刻在历史的丰碑上,而将阻碍社会发展,损害人民利益的皇帝送进历史的耻辱柱上。

有男人的地方一定有女人。

有帝王的地方一定有后妃。

在我国封建社会的历史长河中,后妃是一个特殊的群体,她们作为寄生于封建统治的权力顶峰——皇帝周围的一个群体,对封建政治的影响确是不容低估,她们都是最高统治者、至高无上的皇帝的妻子,是封建时代妇女中地位最高贵的代表人。她们的命运轨迹、兴衰荣辱、坎坷沉浮无不和国家的命运紧紧相连。正是由于她们是皇帝身边最重要的人,所以,在历史长河中,在她们之中既有英明辅弼帝王的女子,也有亲自临朝推动历史前进的发展者。当然,还有助纣为虐,阻碍历史进程的无知者;更有祸国殃民、妄图使历史的车轮逆转的罪魁祸首者。但大部分的皇后则都是无法掌握自己的命运,最后只能在"寂寞梧桐深院锁清秋"的后宫中凄凉地走完自己的人生之路。在她们身上我们既感受到强烈的政治色彩,又能欣赏到浓厚的感情色彩。

皇帝与后妃,虽是夫妻,但演绎的并非二人世界,而是整个世界。

目　　录

中華梟雄大傳

帝王后妃卷

中华传世藏书

中华枭雄大传

帝王后妃卷

中华传世藏书

中華梟雄大傳

帝王后妃卷

5

中华传世藏书

中华枭雄大传

帝王后妃卷

帝王篇

秦始皇嬴政：千古一帝　风云叱咤

【人物档案】

姓名：嬴政

别名：赵政、赵正、吕政、祖龙。

生卒：前259年~前210年

属相：虎

在位时间：37年

谥号：无

庙号：无

主要成就：先后灭韩、赵、魏、楚、燕、齐六国，完成了统一中国大业，建立起一个中央集权的统一的多民族国家——秦朝。

陵寝：骊山陵（今西安市临潼区下河村）

【枭雄本色】

关于秦始皇的身世，两千年来，众说纷纭。有人说，他是吕不韦与赵姬的私生子，也有人说不是。终无定论。

秦始皇像

关于秦始皇的功过，两千年来，也无定论。他筑长城，修阿房宫，造陵墓，焚书坑儒，行酷法苛政，役使天下臣民如役狗，有人称他为天下第一暴君，是千夫所指，与桀纣并列。他横扫六国，一统天下，废分封，置郡县，统一度量衡和钱币，使书同文，车同轨，立法创制，历两千年而不衰，功莫大焉，因此又有人奉他为千古一帝。

秦始皇，说他生性残暴，心狠手辣，草菅人命，不为过。可他又讷谏如流，大肚能容，最后又容括天下。

历史上第一位能被称之为"枭雄"的皇帝——秦始皇嬴政,就是这样一个给后人留下无尽谜团和感叹的人物。

奋发图强　走向新生

秦始皇的出生和他的父亲子楚(又名异人)做人质有着直接的关系。他出生的年代正是战国末期,当时各国之间的争斗异常激烈。秦是当时的七雄之一,秦始皇的曾祖父秦昭王听取了范雎"远交近攻"的战略,将进攻的矛头先对准了邻国韩国和魏国,而和较远的赵国联合。遵照当时的惯例,两国之间需要互换人质以示真诚。子楚是秦昭王的孙子,即太子安国君(秦始皇的爷爷)的儿子。子楚的母亲夏姬不被安国君宠爱,子楚又在安国君二十多个儿子中排在中间,所以地位很低,挑选人质时便选中了他。

子楚在赵国很不得意,但吕不韦却改变了他的命运。吕不韦当时已经是一个富有的商人,很会投机,见到了子楚便觉得他像个贵重的商品一样奇货可居,将来可以借他赚取功名利禄(这就是现在"奇货可居"这个成语的来历)。吕不韦很熟悉秦国的内幕,知道安国君虽然最宠爱华阳夫人,但她却没有儿子,便打定主意要让华阳夫人过继子楚为子,那么以后在太子安国君即位后,子楚也就是太子了,自己肯定会利用特殊的政治资本赚来无数的钱财。

主意已定,吕不韦便付诸行动了。他拿出了 1000 金作为本钱,其中的 500 金送给子楚,让他广交朋友;500 金则用来购买奇珍异宝,然后带着去了秦国。他很精明,没有直接去见安国君和华阳夫人,而是采取了更稳妥更有效的迂回策略——去找华阳夫人的姐姐。吕不韦施展口才,说子楚很贤达、聪慧,广交天下朋友,富有大志。虽然身处异乡,但却天天想念着慈祥的安国君和贤惠的华阳夫人,还经常对他说"夫人就是子楚的上天",有时到了深夜还思念得流泪。说到最后,见华阳夫人的姐姐被他的话打动了,吕不韦便请她将礼物转交给华阳夫人。华阳夫人接受了吕不韦替子楚交给她的礼物,又听说了子楚对她和安国君的态度,便对子楚有了好感。

吕不韦又劝说华阳夫人的姐姐去游说华阳夫人,让她尽早在众公子中挑选一个好的作为自己的儿子,并立为储君,那么以后即使在秦昭王死后也能保住她

兵马俑坑

的地位,而子楚便是最合适的人选。吕不韦商人式的精明算计,正好是华阳夫人日日夜夜耿耿于怀的心事,姐姐来了一提此事,正中下怀。于是,华阳夫人便利用安

国君的宠爱，说服他立子楚为继承人。事情办成以后，子楚的处境和地位都发生了很大的变化——安国君和华阳夫人给了子楚足够的钱财，还让吕不韦做他的师长，辅助子楚。从此，吕不韦便长住在邯郸，和子楚一起广交天下宾客，等待回国做太子，准备着继承王位的那一天早点到来。

为了更好地笼络子楚，吕不韦还给子楚送去一个擅长歌舞的美女，因为当时是在赵国的都城，所以历史上称她为赵姬。后来，赵姬给子楚生下了一个儿子，这就是秦始皇。不过刚开始的时候，因为出生在赵国，所以他姓赵。因为是在正月出生，所以他的名字叫正，后来就改为政。等到回到了秦国，才改成了国姓嬴。

秦始皇刚出生，秦国和赵国便由盟友变成了敌人。第二年，赵国在秦国围攻时想杀死子楚，结果子楚在吕不韦的帮助下，用重金贿赂了守城门的官员，逃出了邯郸城。秦始皇和母亲在外祖母家的掩护下，也逃过了杀身之祸。

铜车马

六年后，也就是公元前215年，秦昭王死，安国君即位，这就是秦孝文王，华阳夫人因此成为王后，太子就是子楚。此时，秦国和赵国的关系也恢复到以前的友好状态，秦始皇和母亲得以回到秦国。安国君在位时间很短，先是为父亲服丧一年，正式即位后仅仅三天便死了。

安国君死后，作为太子的子楚即位，就是秦庄襄王。秦庄襄王刚即位，便让吕不韦做了相国，还封他为文信侯。但子楚在位时间也不长，仅三年时间，便死去了。公元前247年，刚13岁的嬴政便登上了秦王的宝座，因为年幼，政事便落入了吕不韦和赵太后之手，秦王嬴政处于傀儡的地位。在随后的几年中，吕不韦的权势更大了，并且取得了"仲父"的称号，食邑十万户，还拥有上万名仆人，家中的财富足可敌国。而且，为了扩大自己在朝中的地位和在人民中的影响，吕不韦召集了很多门客，让他们搜集史料，最后编辑而成《吕氏春秋》一书。

秦王八年，即公元前239年，嬴政21岁，依照秦国的旧制，第二年要为他举行加冠礼，然后就可以亲政了。而吕不韦却在此时公然向他示威——拿出了《吕氏春秋》。宦官嫪毐也依仗赵太后的势力，私自分土封侯。嬴政在这些挑衅面前没有露出丝毫的不悦神色，而是按计划举行加冠礼。这时，宦官嫪毐发动了叛乱，企图杀死嬴政另立新君。但是深谋远虑的嬴政早有防备，很快平息了叛乱，嫪毐被捉，后来被处以车裂的酷刑，并被诛灭三族。他的同党也被诛杀了二十多人，因此受到牵连的多达四千多家。这一事件之后，嬴政得以顺利亲政。第二年，嬴政以嫪毐叛乱与吕不韦有关而罢免了他的相国职位，并将其赶出咸阳，让他回到自己的封地洛阳。

两年后，嬴政怕吕不韦和其他国家串通作乱，就派人给吕不韦送去绝命书，在信中对吕不韦大加斥责："对于秦国,你有什么功劳,却能被封土洛阳,食邑十万?你和秦国又有什么亲缘关系,却得到了仲父的称号?你快给我滚到西蜀去吧!"接到这封信之后,吕不韦知道自己难免一死了,无奈之下,只好服毒自杀。威胁自己政权的势力终于全部被清除了,这时候,嬴政便开始对其他六国采取军事行动,实现自己统一天下的雄心壮志了。

平定六国　丰功伟业

嬴政在亲政后,开始花大力气壮大国力,网罗人才,并在不久之后就拥有了一批很有才干的文武大臣,文臣有谋士李斯和尉缭,能言善辩的姚贾和顿弱。武将则有蒙武、蒙恬、王翦和王贲等人,这使嬴政确立了自己的绝对权威。在当时的群雄中,只有赵国可以勉强与秦国抗衡,削弱赵国的军事实力成为统一天下的重要一步。于是,他根据李斯的建议,确立了"先取韩,以恐他国"的策略,并于公元前236年和公元前232年先后两次进攻赵国,虽然没有攻下赵国,却削弱了赵国的实力。公元前230年,秦王嬴政命令内史腾率领几十万大军开始进攻韩国,由于韩国兵力太少,几乎没有进行任何抵抗,就被秦军迅速攻下其都城新郑,并俘虏了韩王安。韩国灭亡后,秦国在此设置了颍川郡。随后就又对赵国发动进攻,并一举攻占了上党郡。

第二年,即公元前229年,秦王嬴政派大将王翦率兵从上党进攻赵国,赵国大将李牧率兵抵抗,秦军发动的无数次进攻都被李牧率领的赵军打了回来,秦军在一年多的时间里根本无法前进。这时,嬴政便听从谋士的建议,派人到赵国散布谣言,诬陷赵国领兵的大将李牧,结果赵王听信了谣言,真的就罢免了李牧的将军之职,没多久还把他处死了。李牧死后,秦军人马很容易就过关斩将向赵国攻来。到了公元前228年,赵国都城邯郸终于被攻破了,赵王的被俘宣告了赵国的最终灭亡。

赵国灭亡后,王翦的大队人马奉命开始攻打燕国。因为燕国兵力太少,所以太子丹虽然召集了全国的兵马进行抵抗,可还不是秦军的对手,从两军交战开始,燕军就没有打过胜仗。而是在秦军的追击下一路后撤。最后燕王喜

青铜剑

和太子丹逃到辽东,秦王嬴政还不肯罢休,为了拿住太子丹,他又派兵继续追击。燕王喜被逼无奈,只好将太子丹杀死,向秦国谢罪求和。

随后，秦王嬴政听从谋士尉缭的建议，决定趁着天冷之际，先去攻打南方的魏国和楚国，并当即派王翦的儿子王贲领兵十万前去攻打魏国。得到秦国将向自己攻击的消息后，魏王立即派人到齐国搬救兵，没想到齐王建并没有派兵帮他解围。公元前225年，魏国灭亡，王贲把魏王和大臣都拿住后，押到了咸阳。接着，秦王政便准备夺取楚国，为了让这次攻击一举成功，嬴政把众将领们召集起来，共同讨论了一下，他先问年轻的将领李信，攻打楚国需要多少人马。李信毫不犹豫地回答道："有20万大军足矣。"当他又问老将军王翦时，王翦却回答说："楚国是个大国，20万人无法攻打楚国。依据为臣的估计，非60万兵马不可。"嬴政听了很不高兴地说："王将军人老了，胆子怎么也变得这样小？我看还是李将军说得对。"于是就征调了20万大军，由李信率领向南方攻打楚国去了。王翦见秦王没有听从自己的意见，就称病回老家去了。李信带领的20万人马来到楚国后，在攻城时遭到楚军的顽强抵抗，随后楚军发动反攻，将秦军杀得大败，20万人马死伤了将近一半，将领也死了七八个，李信只好率领残兵败将逃回了秦国。秦王非常生气，就罢免了李信的官职，然后亲自来到王翦的家乡请他出山领兵攻打楚国，并检讨说："上回是本王错了，没有听老将军的话。李信狂妄误事。这回还要仰仗将军出马。"

王翦说："如果大王非要让我带兵出征，还是非60万人马不可。楚国的国土面积广阔，人员众多，他们要想召集一百万人马也很容易。我们出兵60万，我还怕不够呢。要是再少，那就万万不行了。"秦王赶忙赔笑，同意了王翦的意见，拨给他60万人马。到了出兵那天，秦王还亲自到灞上给王翦摆酒送行。王翦率领着秦军浩浩荡荡地出发了，很快就来到楚国境内。楚王派大将项燕率领全国兵力进行抵抗。而王翦到了前方后，只是命令兵士们修筑壁垒，根本没有发动进攻。楚国大将项燕接连不断地挑战，王翦也不去理睬。时间一长，项燕就松懈下来，心中想道："原来王翦到这儿是为了驻防呀！"此后，他就不把秦国的军队放在心上了，主帅如此，士兵们也就更松懈了。没想到在项燕没有防备的时候，秦军的军队突然发起了全面进攻，六十万人马排山倒海似的冲杀过去。楚国的将士在慌乱之下只是简单抵抗了一阵，就四散逃命去了。随着战争的继续，楚国的兵马越打越少，丢失的城池也越来越多。秦国的军队顺利地打到了寿春（今安徽寿县西），并俘虏了楚王负刍。项燕听说楚王被俘的消息后，便立昌文君为楚王，渡过长江，想要继续进行反抗。第二年，王翦、蒙武再次大败楚军，并在江边建造了许多战船，还训练了大量的水军，渡江继续追击项燕的残余部队，不久就将昌文君杀死，项燕见大势已去，不由长叹一声，拔出佩剑自杀身亡了。此次作战，前后共用时三年。

这时候，在群雄中只剩下齐国了。因为齐国的许多大臣都已被秦国重金收买，所以齐王建也不敢得罪秦国，这也就是为什么诸侯向他求救时，他总是拒绝出兵的原因。而且齐王一直幼稚地认为齐国地处偏僻，离秦国又远，只要自己死心塌地地听秦王的话，秦王就不会发兵攻打自己。直到其他五国都被秦国一一吞并掉以后，他才着起急来，并慌忙派兵去驻守两国的边界。公元前221年，王贲率领着几十万秦兵从燕国的南部开始进攻，直向临淄扑来。这时候，齐王建才感觉到自己势孤力单，可是此时其他的诸侯国都已经被消灭，没有救兵可搬了，几天之后，临淄被秦军攻占，齐王建只好投降了。

从秦王十七年（公元前230）灭韩开始，到秦王二十六年止，秦国在不到十年的时间里，就消灭了六国。结束了自战国时期以来二百五十多年的诸侯割据局面，建立了我国历史上第一个统一的多民族封建国家——秦王朝。

中央集权　专制独裁

嬴政统一六国后，认为自己所取得的成就"功高三皇，德高五帝"，如果用"王"的称号来称呼自己并不能显示自己的地位。于是，便下令说："寡人以渺渺之身，兴兵诛伐暴乱，赖宗庙之灵，六王咸伏其辜，天下大定。今名号不更，无以称成功，传后世。"遂命议帝号。在接到命令之后，他手下的王绾、冯劫、李斯等人便召集博古通今的博士们共同商议，并将最终的结果对嬴政进行了汇报："以前的五帝，不过统治方圆千里之地，而且周边的许多部落有时听令有时不听，天子对此也没有办法。现在，陛下兴义兵，统一天下，这是古往今来也没有的功绩，即使三皇五帝也不能与陛下相比，所以臣等请陛下尊称秦皇，自称为朕，命令称诏。"但嬴政并不完全认同他们的建议，认为还应采用上古帝位号，称"皇帝"，并当即制命天下。在制命中，嬴政将自己称为始皇帝，后世继承皇位者都以数来计，称二世、三世，直至万世，无穷无尽。就这样，秦王嬴政从此就被称为秦始皇了，从秦始皇以后的所有中国封建社会的最高统治者，都开始把"皇帝"当成自己的专称。为了进一步神化皇权，秦始皇在商定帝号之后，还规定了玉玺制度。由秦始皇下诏，李斯书写，然后交由工匠加工制成的玉玺，上面刻有五条龙，四寸见方，上面写道："受命于天，既寿永昌"，这就成了皇权的象征。确定了皇帝的称号和相关的事情后，秦始皇决定改革原有的中央和地方管理体制，以此来加强自己统治天下的权力，于是在中央设立了三公九卿，在地方实行郡县制，所有官吏都必须由皇帝亲自任命。

秦朝的三公指的是丞相、御史大夫、太尉。丞相为百官之首，他的职责主要是协助皇帝处理国家的政事。朝中一般都设有左、右两位丞相。秦始皇建立秦朝后，最先以隗状、王绾为左、右丞相，到后期便任冯去疾为右丞相，李斯为左丞相。在当时，丞相的任免完全由皇帝决定，而且国家的各项政事处理也必须完全听从于皇帝，丞相只有提出建议的权利，根本就没有决断权。

御史大夫主要负责监察工作，同时帮助丞相处理一些相关的政事。虽然在秦朝以前就设有御史一职，但在当时只是很低微的一种官职，为了使丞相等人的权力受到牵制，加强监察的力度，秦始皇便改设御史大夫，地位在三公之内。

太尉是朝中的最高军事长官，他的职责是协助皇帝处理军队中的各种事务。在有战事的时候，太尉拥有领兵作战的权力，但是调动军队的权力却只属于皇帝一人。

在三公之下,还专门设有九卿(具体数目不只是九个),他们分别掌管朝廷的不同行政事务,分别受丞相、御史大夫和太尉的领导,但却都直接听命于皇帝。秦朝的九卿主要有奉常——掌管宗庙礼仪、郎中令——掌管宫殿掖门户、卫尉——掌管宫门卫屯兵、太仆——掌管舆马、廷尉——掌管刑辟、典客——掌管诸义蛮夷、宗正——掌管皇室亲属、治粟内史——掌管谷货、少府——掌管山海池泽之税、中丞——掌管列侯、詹事——掌管皇后太子的家事。三公九卿成为中央行政机构

秦始皇雕像

的主要行政部门,他们是秦朝封建专制政治体制的核心,是绝对听命于皇帝的最高权力机关。

在秦始皇统一天下的初期,朝中曾经对应该实行分封制还是郡县制产生过争论,众多大臣都赞同按分封制度统治国家,而李斯却提出了异议,他指出:"周文武所封弟子同姓甚众,然后属疏远,相攻击如仇雠,诸侯更相诛伐,周天子弗能禁止。今海内赖陛下神灵一统,皆为郡县,诸子功臣以公赋税重赏之,甚是易制。天下无异意,则安宁之术也。置诸侯不便。"秦始皇认真思考一番,听从李斯的建议,决定在全国实行郡县制,共分为上郡、巴郡、汉中、蜀郡、河山、陇西等36郡,随着后期边疆地区的不断扩大,又先后增设了南海、桂林、象郡等,到秦朝灭亡时,国内共设置过48个郡。郡成为地方上的最高行政机构,每一郡主要设有郡守、郡尉、监察史。郡守是最高的行政长官,掌管一郡的民政、司法、监察乃至财政、军事等事务,包括维护地方统治秩序。郡尉的职务是辅助郡守并分管一郡的军事,监察史负责监察百姓及地方官吏。

郡的下面便是县,这是在地方设置的第二级行政机构。县的官吏主要有县令、县丞、县尉及户"史"。县令为一县的最高行政长官,负责治理全县。超过万户的县设县令,不足万户的县设县丞。县丞负责司法等事务,县尉负责军事。在县令、县丞、县尉之下又设置令史、丞史、尉史,这些都是在下面办事的小吏。郡、县所有官员的任免依然由皇帝决定。

秦始皇在巩固好政权之后，颁布命令，将商鞅所制定的度量衡定为标准统一的度量衡；以秦国通行的文字大篆为基础，命李斯简化之而制定小篆，颁行全国，统一文字；废除六国通用的货币，使用统一的货币，以秦"半两"钱为流通货币；以秦国原有的法律为基础，吸收六国法律的某些条文，制定和颁行统一的法律。这使秦始皇拥有了绝对的权力。

随后，秦始皇下令将全国各地的富豪都迁到咸阳附近居住，以方便自己对其监视。他还下令没收民间的所有兵器，统一运到咸阳，与九鼎一起，铸成十二铜人与无数的大钟。除此之外，为了控制人民的思想，他接受了李斯的建议，除了《秦史》、农业、卜筮和医药的书籍以外，将其他所有史书全部烧毁，天下百

兵马俑头像

姓私自收藏的经书和诸子百家的典籍，也全部统一烧毁，这就是历史上有名的"焚书"。秦始皇的这一行为引起了百姓与士人们的强烈不满，各地都在议论这件事。在这些人中，有两个人，一个叫作卢生，一个叫侯生，他们在背后议论秦始皇的过失时，被秦始皇知道了，于是他就派人去抓捕他们，没想到这两个人早就得到消息逃跑了。虽然这两个人逃跑了，但是秦始皇却发现还有一些儒生也在一起议论他，这使秦始皇十分恼火，于是就下命令把那些儒生全部抓来审问。经过一番拷打审问，儒生供出了很多人。秦始皇下令将这些人全部逮捕，一共抓获了460多人，然后将他们全部押到骊山的山谷中，非常残忍地给坑埋了。由于这几百人中绝大部分都是儒生，后人便将这件事称为"坑儒"。其他犯禁的儒生也都全被流放到了边境地区。

当时，秦始皇的长子扶苏曾经劝说秦始皇："现在天下刚刚平定，整个天下还没有彻底安定，士人们也都在推崇儒家的主张。父皇用这样严酷的法律治理天下，儿臣担心会让整个天下不稳。希望父皇能认真考虑，改变政策，安定人心。"但是秦始皇不但不听扶苏的话，反而将他训斥了一顿，嫌他管事太多。到了后来，秦始皇便派扶苏做监军，到北面边境的军队里和大将蒙恬一起率兵攻打匈奴。

这时候，秦国的土地已经扩大到了南越（版图包括了今天两广和越南北部一带），在当时已经成为世界上最大的帝国。为了抵御北面匈奴的进犯，秦始皇下令将原来六国的首都和各自修造的长城全部拆毁，然后统一修造新的长城。经过很多年的建造，长达万里的长城终于修建完成，当时的长城西起陇西的林洮（今甘肃岷县），东到辽东（今大同江一带）。除了修建长城之外，因为秦始皇很喜欢各种华丽的宫殿，所以他曾经想造一个最大的苑囿，西起雍、陈仓（现在陕西凤翔和宝鸡地

区),东面延伸到函谷关(今河南灵宝),长达一千多里。最后被秦始皇的侍从——侏儒优旃劝止了。当时优旃是这样对秦始皇说的:"这样可太好了,有了这么辽阔的皇苑,我们可以多放养些猛兽,如果六国的后裔有人敢从东方进攻,就把这些猛兽赶出去将他们吓跑。"秦始皇一听,立即明白了优旃话中的意思,于是哈哈一笑,也就打消了建这个巨大苑囿的打算。虽然最大的范围没有建,但秦始皇却建了很多其他的宫殿,在咸阳附近就建了270多座,另外还在关外建造了四百多座、关内建造了三百多座行宫。在这些宫殿中,最大也是最有名的要数阿房宫,为了建造这个巨大的工程,秦始皇每年都要在全国范围内抽调民工 70 万人。除了阿房宫之外,另一个宏大的工程就是修建秦始皇自己的骊山墓。在秦始皇以前,皇帝的墓都是依山而建的,但是从秦始皇开始,皇帝的墓就不都依山而建了,而是建成像山丘一样高,所以,"陵"除了指小山外,另外一个意义就是指皇帝的墓。

将军陶俑

按照规定,皇帝的墓可以建成九丈高,但至高无上的秦始皇却认为自己的陵墓必须超过这个高度。所以他给自己修建的骊山墓高达 50 丈,像座小山一样。至于老百姓的墓,秦始皇规定它们的高度必须限制在 3 尺以下,否则就是触犯当时的法律,要受到严重的处罚。秦始皇还对其他大臣们的坟墓也做了相应的限制,所有人都不得随便超越。秦始皇的骊山墓修建得非常豪华,因为墓室挖得太深,所以有许多泉水渗进来,为了阻止泉水,秦始皇下令收集全国的铜,将其熔化后,用铜汁浇铸。而墓顶则用数不清的珠宝镶嵌,还要做成日月星辰的样子,而且还在墓底用水银做成江河湖海的样子。墓室中有文武百官在两旁排列。所有的一切都要仿照他在世时的样子。为了防止后人偷盗和破坏,他还在全国范围内召集了大量的能工巧匠,在墓中布设机关,如果有人进入,机关会自动发射弓箭。

现在,秦始皇的陵墓就在陕西临潼区的东面五公里远的下河村附近,经过实际测量,墓高 55.5 米,周长 2 公里。这一项建筑每年也要用民工 70 多万人。加上修建长城和其他工程,如修驰道等等,常年的兵役征发,使得秦朝每年服役的人数达到 300 多万,如果男子的人数不够使用,有时还要征调女子。秦朝统一前,秦国国内就有各项苛捐杂税,还有非常严酷的法律,使百姓生活在水深火热之中,也就是因此,而被东面的许多国家称为"虎狼之国"。现在全国统一了,秦始皇的暴政却使秦朝真成了"虎狼之国"。人民在无缘无故的情况下就会触犯法律,受到的处罚也相当严厉,而且当时还有野蛮的肉刑制度,加上朝廷的各项用工,使国内的人数急剧下降。土地荒芜,百姓缺衣少穿,这使百姓渴望统一,渴望过上安宁日子的愿望成了泡影，人们对秦朝的暴政失望至极。从此，便开始有了小规模的农民起义。

巨人已逝　风雨飘摇

　　秦始皇一生都喜好巡游。早在统一六国的战争中，他就到过洛阳、邯郸以及楚国的郢、陈等地。在全国统一之后，他更是兴趣大增。仅在其称帝的十几年中，全国性的大巡游就进行了四次，足迹踏遍了全国的山山水水。在国家统一之初，秦始皇的出游主要还是出于政治目的。因为天下初定，所以他非常希望了解六国的社会状况、风土人情，以便制定国策。同时也想借出游炫耀皇帝的功德和威风。这个时期，他的巡视地点还多是边关和要塞。到了后期，秦始皇的出游已经带有迷信色彩了。秦始皇对神的存在坚信不疑，总梦想着自己有朝一日也能加入神的行列中，做个长生不老的仙人。由于传说中神仙多出现在东海，所以秦始皇便总想借巡游之机，得遇神仙，求取长生不老药。

　　秦始皇三十一年，秦始皇率领大队人马，从都城咸阳向南出发，向云梦（今洪湖和洞庭湖地区）而去，然后又到了九嶷山祭祀祖先舜。此后又乘船向东，在丹阳（现在安徽当涂）上岸，到了钱塘（今浙江杭州），随后转向西渡江登上会稽山，祭祀了治水的大禹，然后刻石于会稽山。他下山后，从吴中（今江苏苏州）北上，走上了他的求仙之旅。为了能找到神仙，秦始皇沿着海边一直北上，但是，他什么也没有找到，失望之余，只得往回返，当大队人马走到平原津（今山东平原县）的时候，他就病倒了。随行前往的赵高、李斯和胡亥等人都看出秦始皇将要死了，可是因为秦始皇忌讳说"死"字，所以在当时没有人敢问他如何安排身后的国事。在病情越来越严重的情况下，秦始皇也知道自己快要不行了，于是便留下了遗诏：要长子扶苏继承皇位，并到咸阳给自己办丧礼。诏书拟好后，放在任中车府令的赵高那里，在诏书还没送出去之前，秦始皇便于公元前210年的七月病死在沙丘平台（今河北广宗境内）。秦始皇死时仅50岁，他在秦王位共25年，称皇帝12年，总共37年。

军吏陶俑

　　秦始皇是中国第一位皇帝，也是皇帝尊号的创立者，同时也是中国皇帝制度的创立者，他使中国进入了中央集权帝制时代。但他在统一全国后，大兴土木，修建宫殿、陵墓和长城等，给劳动人民带来繁重的赋役，使人民饥寒交迫，人民纷纷起来反抗,这为秦朝的迅速灭亡种下祸根。

在当时,为了防止皇子们为争夺皇位而引起天下大乱,李斯封锁了消息,将秦始皇的尸首放在车内继续向咸阳赶路,由于天气太热导致尸体开始腐烂,并散发出了臭气,为了有所掩盖,李斯命人在每辆车上都装了一石鲍鱼,用鱼臭来掩盖尸体的腐臭。此时,赵高却比李斯更为奸诈,他为了在以后能够专权,竟蛊惑李斯和他一起篡改了诏书,把皇位的继承人改为胡亥。同时又假造了一份圣旨,让扶苏自尽。胡亥即位后,就是秦二世。他即位后,其残暴的性格更是在他父亲之上,他统治了秦国仅仅三年,就被赵高给杀了,此后,秦朝江山也在各地的农民起义中土崩瓦解。

【名家评点】

秦王怀贪鄙之心,行自奋之智,不信功臣,不亲士民,废王道,立私权,禁文书而酷刑法,先诈力而后仁义,以暴虐为天下始。夫并兼者高诈力,安定者贵顺权,此言取与守不同术也。秦离战国而王天下,其道不易,其政不改,是其所以取之守之者(无)异也。孤独而有之,故其亡可立而待。借使秦王计上世之事,并殷周之迹,以制御其政,后虽有淫骄之主而未有倾危之患也。故三王之建天下,名号显美,功业长久。

——汉·司马迁《史记》

及至始皇,奋六世之余烈,振长策而御宇内,吞二周而亡诸侯,履至尊而制六合,执敲扑以鞭笞天下,威震四海。南取百越之地,以为桂林、象郡,百越之君俛首系颈,委命下吏。乃使蒙恬北筑长城而守藩篱,却匈奴七百余里,胡人不敢南下而牧马,士不敢弯弓而报怨。

——汉·贾谊《过秦论》

【历史印证】

从历史意义而言,秦始皇对影响中国两千多年的封建体制建立及完善起到了不可磨灭的作用。他搭建了封建体制的一个完整的框架,通过一系列制度改革,如文字、货币、度量衡、土地等为封建专制国家进程扫清了障碍。但是"焚书坑儒"烧毁了大量哲学流派、史学方面的著作,对中国古代文化的研究以及对中国古代历史的分析造成了无法估量的损失。作为一个封建统治者,秦始皇完成了时代赋予他的使命,更做出了对封建社会发展有重大贡献的事业,在中国历代封建帝王中,秦始皇堪称枭雄的代表!

汉高祖刘邦:无赖帝王　枭雄本色

汉高祖像

【人物档案】

姓名:刘邦

别名:汉高祖、汉高帝、汉祖。

生卒:前256年(或前247年)~前195年

字号:字季

属相:蛇

在位时间:汉王4年,称帝8年。

谥号:高皇帝

庙号:太祖

陵寝:长陵(今陕西咸阳东约20千米的窑店街道三义村北)

主要作品:《大风歌》《鸿鹄歌》

主要成就:亡秦灭楚,建立汉朝。

【枭雄本色】

刘邦是中国历史上最富传奇色彩的帝王之一。他出身低贱,起于微末,大字不识多少。投机造反,青云直上。在强手如云的乱世洪流中,竟压倒群雄,登极称帝,夺得了汉家四百年天下。

细细研究,不难发现,刘邦的成功,全仗他那身充满每个毛孔的无赖气。他的早年生活,完全是一个无赖的经历,连讨老婆娶妻,靠的也是无赖手段。仕途不畅,就去造反。对敌打仗,专拣软柿子捏,让别人去打井,自己等着喝水。入关中后,做起了帝王梦,鸿门宴上差点送命。自知实力不足,只好忍气吞声,去了汉中。楚汉相争,他的"无赖外交"运用得行云流水,鸿沟划界,朝夕之间翻脸不认,尽显无赖

13

本色。一旦大业铸成，天下归汉，又玩起"无赖帝王术"，巧借老婆之手，杀尽功臣勋将，自己却落个两手干净。听听那首《大风歌》，"威加海内兮归故乡"，活脱脱一个无赖得志、衣锦还乡的沛公刘邦。

【风云叱咤】

乡村无赖　容貌似龙

公元前 256 年(或前 247 年)初夏，刘邦出生在楚国沛县丰邑中阳里。据传说，刘邦出生时，其母正在野外，巧遇天降大雨，感梦与神龙相交，因而生下刘邦。

刘邦出生的家庭是一个较为富裕的中等人家。父母和两个哥哥都耕田种地，勤于农桑。刘邦渐渐长大了，他没有像他的两个哥哥和其他许多农家子弟一样，吃苦耐劳，热爱劳动。相反刘邦每日游手好闲，好吃懒做，不光是不劳动，还经常到村里人王媪、武负那里赊酒喝，成了村里有名无赖汉。刘太公非常生气，也拿他没有办法，对这个不治生产的不肖子孙的前途十分担忧。

但是这个无赖汉长得相貌堂堂，惹人喜爱。史载刘邦容貌似龙，身材伟岸，有着宽阔的前额，高挺的鼻子，漂亮的胡须，在大腿上生有七十二颗黑痣。他与邻里的卢绾儿出生只相差几天，自呀呀学语到蹒跚学步，两小儿一直是极佳的玩伴。

时光飞逝，转眼间刘邦已逾而立之年，却在事业婚姻上都一事无成。每日只是四处游逛，与一帮年龄相仿的无赖之徒胡侃乱聊，到处捣乱，是当地有名的浪子。刘邦时来运转，在他 32 岁时，被推荐为试补吏，到与他的家乡有百里之遥的泗水做了亭长。秦时乡村的基层政权，十里为一亭，十亭为一乡。亭是一个治安兼邮传的机构，亭长是掌管一亭之内治安和道路的地方小官。

刘邦性格随和，大大咧咧，似乎心无城府，胸无大志，实则是个有雄心有理想的人。对亭长的职位，他是一点也不满意的。该职位也没有使他的行为有所收敛。在镇上，他还是常常到王媪和武负开设的小酒店里赊账喝得醉醺醺，调戏良家女子，连同县里的官吏都加以嘲弄。由于刘邦是该地有头面的人物，朋友又多，所以小小酒店往往因为他的光临生意兴隆，营业额大为增加。每到年终结算时，酒店老板便当着刘邦的面将记载酒账的竹简折断，不再索要酒钱。

一天，沛县县令来了一位贵客，据称是单父人，姓吕名文，字叔平，人称吕公。因躲避仇人到沛县投靠县令，将在沛县安家落户。县里的豪杰乡绅听到这个消息，自然不放过这个巴结县令的好机会，纷纷前往祝贺，县令因此在公堂之上大摆宴席，招待前来祝贺的客人。萧何是县里的功曹，负责接待收礼，客人实在太多，便宣布贺礼不足一千钱的一律坐在堂下。刘邦这天只身前往，他哪里有一千钱的贺礼，坐于堂下于面子上也太过不去，一看周围都是熟人，便心生一计。他晃着宽袖，大大方方地直往里走，递上贺笺，高声喊："贺钱一万！"看着周围一张张惊羡的脸，心里不禁一阵得意。吕公一听，又惊又喜，连忙起来到门口迎客。吕公平日里喜好看人的面相,见刘邦生得仪表堂堂,越发敬重他。入堂之后,刘邦毫不客气地坐在首席之上,谈笑自若,频频饮酒。

萧何看吕公对刘邦颇多看重,便悄悄提醒他说:"刘邦是个爱吹牛皮的人,办不了多少实事。"吕公一直注意着刘邦,哪里能听得进劝告。客人渐渐告辞离开,吕公用眼神示意刘邦留下来,刘邦会意,留至宴会结束。吕公说:"在下自小就擅长相面,相过的人很多,还没见过您这样的贵相,希望你把握机会。我有一亲生的女儿,愿把她许配给您,为您扫床叠被。"

刘邦一听大喜。当地正派人不肯把女儿嫁给像他这样的浪荡子,至今年近四十尚孤身一人,虽平日与一些轻浮女子厮混以排遣寂寞,终不似正式许配,忙作揖应允。

回到堂后,吕媪十分恼怒,对丈夫说:"你不是一直想居奇此女,把她嫁给一位贵人吗?当年沛令与你关系那么好,求娶此女都没能成,为什么随随便便许配给刘邦呢?"吕公说:"这就不是你们女人家能理解的了。"

吕公的女儿名雉,便是后来的吕后。

生逢乱世　投机造反

成家之后,刘邦倒收回些野性,年复一年,日复一日,为人夫,为人父,生活中纵然有些波澜,也都转瞬即逝了。

做亭长的日子,对刘邦来讲十分无聊,除了与县里的主吏萧何和狱掾曹参志趣接近,能常常在一起分析局势,畅谈大志外,简直没什么别的值得花费心思的事可做,故闲时琢磨出一种竹皮冠,这种冠后来被称为"刘氏冠"。

秦始皇一统天下后,开始大规模的徭役征发,在骊山为自己营造陵墓。押送刑徒去服役地是比较辛苦的工作。作为亭长,刘邦因此有机会常常外出,了解一些国家大事。

一次,刘邦押送刑徒去咸阳,办完公事后,到大街上观光,恰巧碰到秦始皇出巡。当时几乎万人空巷,老百姓都纷纷到街上聚观出巡的盛大场面。刘邦夹在人群中,看着威武雄壮的车骑,仪仗队伍在眼前缓缓通过,感慨万分,不禁叹道:"嗟乎,大丈夫当如此矣!"旁边的人诧异地侧目望了他一眼,心想什么人敢口出狂言。

公元前210年,刘邦被派押送一批徒犯到骊山去服劳役,一路上不断有刑徒寻机逃亡。这天,走到丰邑西部的大泽中休整过夜,刘邦独自喝了些闷酒,暗想:我押送的这批人等到了目的地就差不多要跑完了,据法律是要被判死刑的。各方好汉已纷纷揭竿而起,去年在东郡落下一块陨石,有人在上面竟刻上了"始皇死而地分"六个字,秦始皇为此事下令杀死了居住在陨石附近的所有居民。看来秦的天数已尽,秦始皇也远远丧失了灭六国、一统天下的豪情壮志,我为什么还要龟缩在家,做个小小的亭长为秦帝国服务呢?

夜幕降临了,刘邦亲自为刑徒们解开身上的绳索,说:"你们都走吧,我从此也要销声匿迹,不再回去了。"刑徒们大为感激,有十几个壮士当下决定跟随刘邦,一同造反。刘邦高兴地畅饮一番,率众斜穿大泽,往芒山和砀山一带进发,隐蔽在芒砀山间,积蓄力量,待机而发。

公元前209年七月,陈胜、吴广率领一支900人的刑徒队伍在大泽乡发动起义。消息很快传播开来,各地对秦官吏早已深恶痛绝的百姓,纷纷行动起来,杀掉地方官响应起义。东南楚地几千人聚集起来反秦的队伍,不胜枚举。

沛县的县令惊慌不已,唯恐哪一天突然掉了脑袋,想自己组织起来反秦响应陈胜。找到萧何、曹参商议此事,萧曹说:"您是秦朝的官吏,现在想要率沛地子弟背叛秦,恐怕他们未必听从您,不如把在外逃亡的人召回来,这样有几百人,他们不敢不听从您的号召。"沛令觉得有理,便令吕雉的妹夫樊哙去召回刘邦。这时,芒砀一带刘邦手下已有好几百人跟随了。

当刘邦率众赶回沛城时,沛令却有些后悔,怕刘邦人多势众,会发生变故威胁自己。于是下令关闭城门,军队把守,拒绝刘邦的队伍入城,并要杀死与刘邦有联系的萧何和曹参。萧曹二人知事有变动,大为惊恐,立即越城逃出城外通知刘邦,细报详情。刘邦遂即修帛书数封,绑在箭尾射入城内,谕告沛城的父老乡亲立即反秦起义。

城内百姓看到帛书,便有德高望重的父老率众杀了县令,大开城门,迎入刘邦一行,并请他做县令。刘邦看大家都竭力拥戴自己,一番谦让之后,也就答应为首领,依楚制称沛公。

当日,举行隆重的誓师典礼。传说中黄帝阪泉一战,以定天下;蚩尤喜好各种兵器。两者象征着战乱中的福气与祥瑞,故这天在沛县大庭之上祭祀黄帝与蚩尤,以求福祥。又杀牲祭旗,宣布起义。

旗帜的颜色颇费大家的心思,争论许久仍没有一个统一的意见。这时,一位当初随刘邦逃往芒砀山区的子弟说:"我当初跟随沛公,看见一件怪事,讲出来大家听听。

那一日沛公解救了大家之后,与我们十几个甘愿跟随沛公的子弟当夜便往芒砀山去。凭借着微弱的月光,大家艰难地在沼泽地中穿行,路径越来越狭窄,沛公便令二人先行。一会儿,先行的人惊慌地回头报告说:前面路中间横卧着一条大白蛇,可怕极了,我们还是回去吧。沛公说:壮士行,有什么畏惧的! 只身前往,毫不犹豫地拔出剑来将蛇一刀砍为两段,我们才随其后通过。大家休息的时候,我抑制不住内心的好奇,回到斩蛇之处。一看,哪里有蛇的踪影,却见一老母在伤心地哭泣。静静的夜里听着幽幽咽咽、断断续续的哭声可真有些怕人呢。我问她为什么夜里一个人在这里哭,她说:'有人杀了我的儿子,怎能让人不伤心呢。我儿子本是白帝之子,化成蛇形,今晚恰至这条道中,被赤帝之子杀掉了。'我暗想:今日明明是沛公杀了一条大蟒蛇,哪里来的什么赤帝白帝啊。想询问时,抬头已不见了老母,大为惊恐,赶忙跑回队伍中,给同行的人说,大家都觉得沛公真是位神人呢。"

大家沉默半晌,刘邦暗暗高兴。萧何说:"我们何不用赤色的旗帜以应天意,说不定会因此逢凶化吉呢。"众人也想不出什么好办法,只好纷纷附和。

这时,沛公刘邦手下已有二三千人,这支以赤旗为帜的队伍,以凌厉的气势,很快攻下胡陵、方舆,回守丰邑。至此,沛公刘邦的名字已与彭越、英布、项梁、项羽、陈婴等各路反秦好汉的名字一起被载入史册。

原楚将项燕的儿子项梁及其侄项羽,在会稽郡召集八千子弟兵,响应陈胜,起兵反秦。

公元前208年初,章邯率大军出函谷关,主攻陈胜起义军。各地秦朝地方官深受鼓舞,纷纷组织对起义军的进攻。秦泗水郡监御史平率军围攻丰邑两天,刘邦出城迎战,大获全胜,遂令雍齿驻守丰邑,自己领兵攻打薛城,与前来争夺薛城的秦泗水郡守壮交战,又一次获得胜利。壮被迫退至戚,被刘邦的左司马曹无伤生擒处死。其后,刘邦率军自薛回亢父,又南下方舆。

这时,陈胜已在下城父被御者庄贾刺杀。陈王手下,广陵人召平,渡过长江,矫陈王之命拜项梁为上柱国,让其引兵西击秦军,项氏叔侄以锐不可当的气势,率八千精锐兵马渡江北上,一路上收编了陈婴、黥布、蒲将军等起义军,达下邳时,已经是拥兵六七万人的劲旅。之后,又击败秦嘉军,杀死秦嘉及其拥立的楚王景驹,屯兵于薛。这一支起义军成为当时反秦义军中力量最为强大的一支,于是,三月,刘邦转而投奔项梁,得到精兵五千,与随同的百余骑兵前往薛城,凭借项梁的支持,攻下丰邑,一个月后,攻下襄城,返回薛城。

六月,项梁在薛城召集各支起义军将领会议,共同商议反秦巨业。刘邦参加了这次聚会。因陈胜已死,商定立原楚怀王的孙子心为楚王,为各路义军的共同领袖,都盱眙。其实,项梁统兵六七万人,实力强大,屡次取得胜利,成为实际的盟主,故自号武信君。

项梁大军屡战屡胜,三个月中,捷报频传,使起义军大受鼓舞,亦打击了章邯的气焰。但项梁却因此有了些骄傲轻敌的情绪。宋义曾多次提醒,仍不能引起他足够的重视。九月,秦增加了章邯的军队,秦军士气大振,经过周密的计划安排,章邯率兵雨夜袭击定陶,项梁猝不及防,被杀身亡。这时,项羽刘邦正在攻打陈留,听说项梁已亡,立即领兵与吕将军向东退却。吕臣驻扎在彭城东,项羽驻扎在彭城西,沛公在砀,互相呼应,以备迎敌。

章邯大破项梁大军,得意地认为楚地从此不足担忧,于是转而北上渡过黄河,攻打赵国,趁着士气杀了义军统帅,又一次取得胜利。赵国当时以赵歇为王,秦派王离把他围困在巨鹿城,施以重兵,准备一举平定河北。

这时王离和章邯的秦军主力在赵的巨鹿城,赵国形势相当危急,多次向河南义军求救。怀王于是任宋义为上将军,号称"卿子将军",项羽为次将,范增为末将,率义军主力北上救赵。

刘邦在这次战略部署中幸运地争取到了西进咸阳的机会。楚怀王与诸将商议下一步作战计划时,决定以主力北渡黄河救赵,在河北战场歼灭秦军主力,同时趁秦军主力在赵,关中空虚之机,另派偏师进军关中,直捣咸阳。这时,义军的各主帅认识到既避敌之主锋，保存自己的实力，又能乘虚占领关中膏腴之地的好处。但当时秦军的力量还比较强大，诸将仍不敢轻举妄动，只是抱着观望态度，更希望章邯、王离主力一举溃败，西进咸阳才无后顾之忧。楚怀王为鼓舞士气，使诸将一鼓作气，一举灭秦，与诸将约定："先入关中的，封他为关中王。"

西进关中 攻取咸阳

项羽这时正对秦军杀死叔父项梁之事愤恨不已，又空受着长安侯之名，很想直接进攻关中秦兵。怀王手下几位老将却劝阻怀王说："关中的父老兄弟受秦苛政的苦已经很久了，现在我们西进关中，派遣仁义宽厚有长者风范的人去，仗义而往，不滥杀无辜，不残害人民，可能会较顺利进入关中。项羽性格暴烈，攻下襄城后曾大肆屠城坑杀，所经之地如风卷残叶，留不下任何东西，相比而言，派刘邦更合适些。"于是，刘邦得以收陈胜、项梁的散兵，共万余人，西进咸阳。

项羽在巨鹿牵制着秦的大部分兵力，使得刘邦入关路途上势如破竹。出彭城，过砀城，直下咸阳，在杠里大败秦军。攻成武，在昌邑与彭越义军会合，合力攻打秦军，不利，还军至栗，收编了刚武侯一支四千人的义军。与魏将皇欣、武蒲联合再次攻打昌邑，仍没能攻下。于是绕过昌邑，转向西南至高阳。

高阳有个叫郦食其的，已年过六十，是一个不得志的读书人。他找到同里的一位朋友，此人现是刘邦身边的一名骑手，请求引见自己拜见沛公。说："从这里经过的将领很多，没有像沛公这样胸怀大略，有长者之风的。"朋友提醒他说："沛公比较讨厌那些酸溜溜只会高谈阔论的儒生。曾有来客戴着儒冠，他摘下来尿在上面。你去见沛公，可千万不要特意穿上儒服，说是读书人。"

第二天，刘邦听说当地一儒生求见，并不加重视。郦食其进去时，刘邦正坐在床上让两位侍女给他洗脚。郦食其见此情形，不施重礼，只是长揖不拜，责问刘邦是想助秦还是想灭秦。刘邦听后大怒，骂道："竖儒！天下百姓为秦所苦已很久，诸侯相率攻秦，助秦攻诸侯是什么意思！"郦生说："您决意推翻无道之秦，不应该这样无礼接见年长的人。"刘邦听罢连忙起身，整理衣饰谢罪，请郦生上坐，并恭恭敬敬请教策略。

郦食其提出夺陈留之计："您的部下多是纠合起来的百姓，又收了些散乱的士兵，不满万人，如果凭借这些力量径直西向进攻强大的秦朝军队，无疑是直奔虎口。陈留是天下的要冲，交通发达，城中多积蓄的粮食。我与陈留的县令私交甚好，我请求出使陈留，劝他拱手相让。如果不能，您举兵攻城，我可以为内应。"

刘邦接受了郦食其的建议。但是陈留令是秦忠实的走狗，并不买郦食其的面子，郦食其也就顾不得多年的老交情了。郦食其后来杀掉了拒降的县令，接应刘邦进入陈留，获得大量粮草和兵马。刘邦封郦食其为广野君，封其兄弟郦商为将，率陈留兵与刘邦齐力攻开封，未能成功。绕道北上，与秦将杨熊激战于白马，再战于曲遇，大获全胜。杨熊逃至荥阳，被秦二世所派使者斩首。刘邦军继续往西南攻破颍阳。

　　此时，巨鹿之战以军事天才项羽率领的大军大获全胜而告终。公元前206年6月，项羽在洹水之南的殷墟接受了处于进退两难境地的章邯的投降，沿黄河南岸浩浩荡荡向咸阳进军。不久张良引兵前来相助。刘邦令韩王成留守阳翟，与张良一起率兵南下南阳地区，抵达犨县，与南阳郡守齮统帅的军队大战于犨东，大胜之后，刘邦领兵攻占了南阳的绝大部分地区。齮退守宛，凭险固守。刘邦见宛城重兵把守，险要难攻，仍想采取迂回策略，绕过宛城继续西进。张良劝阻说："虽然您想尽快入关，但秦兵力尚强，可拒险把守。现在如果不攻下宛，贸然西进，前有强秦，拼死堵截，后有宛城秦兵攻击，这样前后受困太危险了。必须先攻下宛城，才无后顾之忧。"

　　刘邦采纳了张良的意见，当夜引兵绕道回师，偃旗息鼓，悄然行军。第二天黎明，已把宛城团团围了三圈。南阳郡守陈恢很快出城投降。

　　刘邦不费一兵一卒取了宛城，解除了后顾之忧，增强了兵力，浩浩荡荡继续前进，所过之处，守令纷纷投诚，很快进抵丹水。戚鳃和王陵率一支义军来归，又招降了秦的西陵守军，兵强势壮，接着攻克了胡阳、析、郦。

　　在河北战场，章邯率领的秦军主力已投降了项羽。项羽率军渡河，沿黄河南岸东西大干线日夜兼程前往函谷关，争取在刘邦之前抵达咸阳。刘邦的军队也今非昔比。原来不足万人的军队一路上招兵买马，已达几万人之多。并且，刘邦军队沿丹水西北挺进，准备打开秦都咸阳的门户武关。然后趁势西向，攻取秦都咸阳。在刘邦项羽两支农民起义军的打击下，秦王朝灭亡已成定局。

　　正当关东地区河北河南战场打得如火如荼之时，秦王朝内部积蓄已久的矛盾终于爆发了。赵高占据着一人之下，万人之上的位置，先是唆使二世杀死丞相李斯，经过一场朝廷之上公开的鹿马之辩，灭掉异己，从此独断专行，指点天下。赵高早已让二世沉溺于酒马声色之中，使其浑浑噩噩，这样的势头继续发展的结果是什么赵高的心里十分清楚。秦兵在关东被义军打得节节败退，时至公元前207年八月，关东地区已全部被起义军攻占，秦王朝的控制范围只剩下关中一隅。

　　赵高看形势于己十分不利，怕二世醒悟之后加罪于自己，就秘密策划宫廷政变，令女婿咸阳令阎乐、弟郎中令赵成入宫杀死二世。一日，阎、赵二人率兵闯入望夷宫，迷迷糊糊的二世面对突变如梦初醒，问身边的宦官："怎么回事？你们不早告诉我？到今天这步田地。"宦官答："慑于丞相的威势，不敢讲。当初如若讲了，早已被诛杀，哪里能活到今天？"二世面对杀戮仍心存一丝希望，向阎乐哀求说："皇帝我不做了，希望能做一郡之王就可以了。"不被应允，又说："做一个万户侯也可以。"又不被应允，叹道："与妻子儿女过平常百姓的日子吧！"最后的要求被拒绝，二世被迫自杀。

　　赵高立秦始皇之弟子婴为秦王，借此讨好关东义军，他秘密派遣使者见刘邦，想签订一个"分王关中"的协议。刘邦认为其中有诈，就采用张良的计策，佯装允诺，派郦生、陆贾去游说秦将，晓之以利，乘秦军不加戒备之时，袭击武关，破秦军后渡过丹水,直抵峣关。

这时,秦王子婴不甘当赵高的傀儡,与其二子合谋于斋宫刺杀了赵高。虽然意识到义军旦夕便可入关,但仍不甘束手待毙,调兵遣将拒守峣关,做最后的抵抗。

峣关是直至咸阳的最后一道险关。义军胜利在望,士气空前高涨。秦军将领却是人心惶惶,虽据险关,心理上已认为义军必定能过关灭秦,加之被刘邦派来的说客以全家性命及高官厚禄相诱,早有归降之心。张良认为秦将虽答应投降,但不清楚士兵的动向,仍需出兵攻取,以确保万无一失地取得胜利。刘邦于是率兵绕过峣关,翻过黄山,插至峣关背后,在蓝田大破秦军,取得了进军关中的最后一战的胜利。

至此,咸阳的秦王子婴已无险可守,无兵可战。刘邦下令停止进攻,向子婴发出最后通牒,于公元前206年十月进驻霸上,准备接受秦王朝的降表。

刘邦换上一套干净的布衣,戴着高高的"刘氏冠",立于轵道之中,静静地等待着。沉默掩饰不住一丝得意的微笑。

车轮的响声隐隐约约地传来,大家翘首而望,窃窃私语道:他们来了。只见秦王子婴乘着白马拉着的毫无彩饰的坐车,手中捧着代表皇权的玺印,眉目间有些轻微的恐惧,他看见一气宇轩昂的男子立于强兵猛将之中,眉目间充满了自信与威严。一旁的人悄悄说:"这就是沛公。"

献上降表,奉上玺印,历史就这样无情地翻过了秦王朝这一页。关中父老对这一结果是比较满意的,他们早已耳闻沛公是农夫出身,他的部队一路上不妄杀百姓,不侵扰人民,也许今后会过上安定的日子。刘邦的士兵们突然意识到将进入遍地黄金的咸阳,说不定会封功受赏,从此荣华富贵享受不尽,早已忘记了进军途上的艰辛,死伤的伙伴。

受降之后,刘邦派人看押子婴及诸臣,率大军浩浩荡荡地开进咸阳。进城那天,百姓排列道路两侧,欢呼雀跃。

还军霸上　约法三章

进入咸阳,巍峨壮观的秦宫展现在刘邦眼前,他想也想不到世上竟有这样辉煌的殿阁,华丽的帷帐,耀眼的珍宝,还有后宫千娇百媚的美女。他要立刻留下来,享受这一切。

几位将士心中暗暗着急,樊哙挺身出来问道:"沛公您打算拥有天下,还是只想做一个富家翁呢?"刘邦说:"我当然是打算拥有天下的。"樊哙说:"我们现在看到秦宫装饰穷奢极侈,珍宝藏于后宫,美人以千而计,这就是秦失去天下的原因啊。希望您不要逗留宫中,还军霸上。"刘邦仍然不愿离去。张良又上前说:"秦王荒淫无道,您才得以率军进咸阳,为天下百姓除却奸贼,应以朴素为资本。现刚刚进入秦地,便安于享乐,这是所谓的帮助桀做暴虐的事啊!'忠言逆耳利于行,良药苦口利于病',樊哙的话很有道理。"刘邦醒悟过来,恋恋不舍地离开秦宫,令人封闭秦宫府库,回军驻扎霸上。

十一月,刘邦召集咸阳及附近各县的父老、豪杰之士,宣布说:"各路义军先前约定谁先入关中,谁为关中王。按约我应当是关中王。大家很久以来就苦于秦朝苛刻的法律,现在废除秦朝旧律,只约法三章:杀人者死,伤人及盗抵罪。以前的官员仍任前职执行公务。我们来是为百姓除害,不是来扰民的,请大家不要惊恐。我所以还军霸上,是等待诸侯来共同商定规章制度。"

接着,刘邦派人与秦官吏一起到各乡邑宣传约法三章,老百姓欢欣鼓舞,纷纷送牛羊酒肉来慰劳将士。刘邦命令部队一律不收礼物,以免加重百姓负担。这样,关中人民更是拥戴刘邦,唯恐他不做关中王。

刘邦做关中王的愿望愈来愈烈,恰在此时,一个姓鲰的儒生向刘邦建议说:"关中是膏腴之地,又易守难攻。听说章邯投降了项羽,项羽立他为雍王。如果他来,您恐怕就呆不成了,不如派兵把守函谷关,不让各路义军入关,必要时多征派关中兵拒关。"刘邦听从了他的建议,心下是不无忧虑的,关东项羽四十万大军正浩浩荡荡地逼近,小小的函谷关能挡住什么!

鸿门赴宴　虎口逃生

公元前206年十一月,项羽大军至函谷关下,一看关门紧闭,重兵把守,勃然大怒,令黥布攻破函谷关。十二月,进驻戏。

这时,刘邦十万大军驻扎霸上,项羽四十万大军驻扎戏,两支大军对垒,剑拔弩张。冬日阴冷的天空愈加显得沉重而暗藏杀机。刘邦见此阵势,心中忐忑不安,猜不准局势将会如何。

刘邦的部将曹无伤想投靠兵众势盛的项羽,派人向项羽挑拨说:"刘邦急着做关中王,让子婴为丞相,珍宝全部据为己有。""亚父"范增也进言道:"沛公在山东时贪财好色,现听说进入关中后,不取财物,不宠美女,看来他的野心不小。要赶快攻击他,千万不能失掉时机。"项羽听后即决定第二天向刘邦发起进攻。

眼看着一场激战第二天就要展开,项羽的叔父项伯马上想到好友张良还在刘邦麾下,明天的决战刘邦必败无疑,张良于自己有恩,这次一定要通知他一声。于是当夜单骑飞奔至霸上,劝张良离开刘邦。张良说:"我替韩王护送沛公,沛公现在处境危急,我走太不仁义,应当给他讲一讲。"说完立即去见刘邦,说第二天项羽大军必会到霸上决战,并问他是否有把握抵抗。刘邦一听,大惊失色,连问计策。张良说:"先对项伯解释,就说您是不敢背叛项王的。"于是请项伯进入军帐。刘邦称项伯为兄,亲自为项伯敬酒祝寿,并缔结了儿女婚姻,解释说:"我进入关中,登记吏民的户籍,封闭秦朝的府库,不敢有丝毫妄动,等待将军到来。派兵守函谷关,是为防止意外。我日夜盼将军来,怎么敢背叛他?希望您能为我向项将军解释明白。"项伯答应帮忙疏通,并嘱刘邦于次日亲自拜谢项羽,解释原委。

项伯赶回楚营,即刻将刘邦的话转告项羽,并说:"沛公不先攻入关中,您怎么会这么轻松地入关？立有大功却去攻打他，不太好。不如明日好好接待他。"项羽答应在鸿门见过刘邦后再做打算。

第二天，刘邦率精心选择的将士百余轻骑往鸿门进发，走之前，萧何一再叮嘱，不到最后关头不要轻易动武，在项羽面前只需解释请罪，一味抬高他的功劳。尽管这样，刘邦仍然觉得吉凶未卜，一路之上只暗地里默记着当着项羽要讲的话。

项羽这天不禁有些得意，自己虽未能先入关，但自己的威名看来波及颇广。刘邦亲自前来谢罪，以礼相待，方显出自己的大度，如若亚父所讲趁机除掉他，岂不让各路诸侯笑我嫉贤妒能。

一会儿，刘邦、张良、樊哙等人抵达鸿门。刘邦立刻进见项羽，施礼谢罪说："我与将军合力攻秦，您在河北，我在河南，想不到能先入关破秦，在这里见到将军，一路之上的曲曲折折、真是一言难尽啊！我并不敢居功先占据咸阳，一直在等待将军的到来。现在我们之间有误会，一定是有小人在中间挑拨离间。"

项羽一听，似合情合理，说："是您的部下曹无伤告诉我的。不然，我怎么会这样！"便下令在军帐中摆下宴席，招待刘邦一行。

宴会之上，项羽、项伯东向坐主席，范增南向陪坐，刘邦北向坐宾席，张良西向侍坐。食物丰美，丝竹清丽，刘邦却恨不得插翅飞回营中。项羽一面微笑劝酒，一面暗自忖度："看刘邦的确气度不凡，将士也有英武之气。亚父说他以玉玦示意，我捧杯为令，四处埋伏的人马便可一拥而上，拿下他首级易如反掌。但要撕破脸面，不太容易啊。"项伯一脸忧虑的神色，生怕有什么变故，丢了亲家的性命。范增抱定必杀刘邦，故只冷冷地不动声色。张良环视四周，揣度各位的神情，见机行事。

酒过三巡，范增看项羽仍神态自若，劝酒谈笑，并无捧杯之意，急得一次次举起所佩玉玦示意。项羽装作没看见，迟迟下不了决心。范增出帐对项庄说："项王心软，不忍下手。你上前祝寿，舞剑助兴，顺势杀掉刘邦。不这样，我们都将是他的俘虏。"项庄于是进账拔剑起舞。项伯一看项庄名为舞剑助兴，却剑剑含有杀机，心想不妙，起身与他对舞。只见剑影流光，竟打得难解难分。张良坐不住了，起身到军门外对樊哙说："大事不好，项庄舞剑，意在沛公，快快入账来保护沛公。"

樊哙一听，一面叫嚷着"让我进去和他们拼命"，一面即提着长剑，拿着盾牌冲入营帐。只见他立于中央，身披斗篷，圆睁双目，气宇轩昂，威风凛凛。项羽吃了一惊，按剑问道："来客是谁？"张良答道："沛公的参乘樊哙。"项羽见到猛士，高兴地赐酒和一大块猪肉给他。樊哙接过酒，一饮而尽，又把盾牌当案板，用剑切着生猪肉来吃。项羽赞许地问："壮士还能饮酒吗？"樊会答："我死都不怕，一杯酒有什么好推辞的！"接着慷慨陈词，指出刘邦先入咸阳，未称王号，还军霸上，等项羽到来，如此劳苦功高，未给封赏，反而听信谗言，这无疑是步亡秦后尘，完全不可取。项羽听后无话可说，请樊哙坐下。

刘邦借机起身入厕，离开帐席，同樊、张商议该不该即刻便走。樊哙决然说："如今人为刀俎，我为鱼肉，哪里顾忌那么多！"刘邦沉思半晌，说："只有这么办了，我从小路急回霸上，先杀了曹无伤这个狗贼。"

张良估计他们已走远,这才入账辞行,对项羽说:"沛公酒量小,喝醉了,不能亲自前来辞行。他先回去,现在可能已到霸上了。托我奉上白璧一双,恭献给大王;玉斗一双,赠给亚父。"范增将玉斗丢在地上,用剑打破它,气愤地说:"这个小子不足以相谋,将来夺取项王天下的必定是沛公。"

经营汉中　意在天下

项羽稍做休整后,便率大军开进咸阳。有一个叫韩生的人向项羽建议道:"关中土地肥沃,四周又有关塞要隘抵御外敌,进可攻,退可守,实是一块宝地,可以建都于此,称霸天下。"项羽的心思不在一统天下,只想获得封号土地财宝回归故里,他说:"富贵了不归故乡,就像穿着绣花的锦衣在夜里行走,有谁知道呢!"于是恣意杀掉了子婴,发泄着对秦王朝的仇恨,所见宫室,一律烧掉,并焚毁了规模浩大的阿房宫——浓烟滚滚,持续三月不绝。

秦朝灭亡了,项羽一面大力搜罗秦宫的财宝美女,准备东归,一面盘算着分封行赏的大事。他派人向怀王通报了情势,征求分封一事的意见。怀王仍不知趣地说按以前约定好的办。项羽大怒。他对怀王不许自己与刘邦一道西进咸阳一直耿耿于怀,这次又见他与自己的心思相悖,一时怒气难忍。他对手下将领说:"怀王是我项家立的,没有兵伐之功,凭什么指示我! 平定天下,完全是诸位将士及我的功劳。"怀王因反秦而立,此时秦已灭,这面招牌确是没什么用了。

公元前206年正月,项羽佯尊怀王为义帝,并将其由彭城迁至长沙的郴县,理由是古代的帝王,拥有地方千里,一定居住在上游。怀王无奈,只得渡江南行,却不料被英布等人截杀江中。

当月,项羽以西楚霸王的身份开始大封诸将。

如何分封刘邦颇费思量,项羽及其谋士认为:关中这块宝地当然不能封给刘邦这个另有野心的人,秦始皇当年立足西秦一统九州的情形他们仍是有记忆的。关东地势开阔,土地肥沃,也不能给他。最后选定巴蜀汉中之地,立他为汉王,都南郑。此地与关中隔着秦巴群山,相交通的栈道由于设施简陋,一遇暴雨便时有冲塌。与关东诸地亦隔崇山峻岭及江河险阻,东下亦不易。

四月,诸侯各自去自己的封国。刘邦的十万大军已被项羽削为三万,心中的不满难以抑制,数次召部下商议,决心与项羽决一死战,都被将士劝阻,萧何劝道:"虽然分封到汉中这样险恶的地方,不也比死强吗!"刘邦惊问:"为什么是死呢?"萧何说:"我军实力现在远远逊于项羽,这样硬拼,百战百败,难道还不是一个死? 您不能图一时之快,而应安心治理巴蜀,养精蓄锐,待机而发,远在汉中,仍然可以图谋天下。"刘邦听罢满腔的怨气平息下来,带领三万士卒及楚地和各诸侯手下景慕刘邦为人的数万散兵游卒,从杜南走蚀中的栈道,向汉中进发。

汉中多栈道,依山铺路,隔河架桥多是取秦岭山中的木材所建。张良随刘邦走至褒中后,决定返回韩地为刘邦复出做准备,临行前,他建议刘邦烧毁所经栈道,告诉天下人并无复出争夺天下的野心，也好彻底让项羽放心。刘邦依计而行，千辛万苦抵达汉中。

汉中地处秦巴山区中的盆地，物产丰富，土壤肥沃，有汉水流过，一派江南景象。这勾起了士兵的思乡之苦。南下路途中就有不少将士逃离队伍，回至故土，到汉中后又有不少伺机逃跑了，士兵们日日哼唱着楚地小曲，思念着家乡的亲人。

韩信成了逃亡中的一员，萧何听说后，即刻启程亲自去追赶，他明白，韩信并不是为思念故乡逃走，而是恃才傲物，长期以来得不到重用，不能施展抱负才走的。韩信是淮阳（今江苏淮阳）人。当时仅任治粟都尉这样的小官，但是却胸怀奇志，不以小辱废大谋。据说他年轻时，在家乡淮阳有人当众侮辱他，说："你要是不怕死，就用你的剑把我刺死；如果怕死，那你就从我的胯下爬过去。"韩信仔细地打量一下这个人，认为匹夫见辱，拔剑而起，并非真正的勇敢，就从他的胯下爬了过去，这就是后来历史上有名的"胯下之辱"。几日后，两人同回，刘邦责问道："你逃走是为什么？"萧何说明自己不是逃走，而是追赶逃走的一个人，此人便是韩信。刘邦一听追赶的是在帐前默默无语，无英勇之气的韩信，大怒："逃走的将士已有几十位，你都没去追。去追韩信这个小卒卒，分明是骗我！"萧何郑重地说："那些将领不难得到，像韩信这样出色的，还无第二人可与之相比。您如想长居于此，有没有他无所谓，如想争得天下，非用韩信不可。如果重用他，他也许能留下来，如不能重用，他终究会离开。"刘邦沉思半响，答应提拔韩信为将，萧何认为不够，继而决定立为大将。萧何建议说："您平素散漫不讲礼仪，现在拜大将就像叫小孩子，这正是韩信离开的原因。您如要拜将，须选择良日，斋戒，搭个坛场，按拜将之礼，方可。"刘邦应允。诸将听说要拜大将，都认为将拜自己，个个兴高采烈，等到拜将那天，发现拜的是个不认识的韩信，互问原因。从刘邦以后的征战看，萧何确为刘邦追回一名良将，为建立汉室立下了汗马功劳。拜将之地便是今天陕西汉中市城南的拜将坛。

韩信为将后，首先劝说汉王道："项羽分封诸将中有战功的，您却到了南郑为王，这分明是迁贬。吏兵都是山东人，天天立着脚尖望故乡，趁着大家思乡心切，会有大的战功。等到天下大局已定，将士心思安定下来，再次调遣士兵可就难了。不如东出，定三秦，一争天下。"刘邦在汉中早已度日如年，听此良计，慨然应允，与众将商议具体细节，而此时，关东诸王因分封不均而兵戎相向，已闹得不可开交。

这时三秦未完全安定，关东混乱，项羽在东方疲于奔战，是汉王刘邦东向争夺天下的最佳时机。八月，刘邦用韩信的计策，一面派樊哙、周勃等领兵修复烧毁的栈道，一面与韩信率主力从故道突至陈仓。雍王章邯的士兵见汉王兵似从天而降，毫无作战的思想准备，大败。章邯亦大吃一惊，慌忙亲率大军迎战于陈仓，大败。退至好畤再战，又败。章邯退至废丘，坚守不出。汉王平定雍地，并攻占了咸阳。章邯拒不出战，刘邦只好派兵将废丘城团团围住。在汉军的强大攻势下，塞王司马欣、翟王董翳被迫向刘邦投降。雍王章邯、塞王司马欣、翟王董翳三人原是秦朝降将。项羽分封他们三人为王是为了控制刘邦，防止刘邦造反。解除三王的威胁，刘备巩固了自己后院。同时，刘备派将军薛欧、王吸领一支小部队出武关，在南阳与王陵军汇合,回沛县迎接刘邦的父亲太公和妻子吕雉。仅仅不到两个月的时间,刘邦军势如破竹,顺利占领八百里秦川,初战告捷,军心大振。

楚汉相争　风云激荡

公元前205年,关中已稳定下来,刘邦一鼓作气,带领大军东出函谷关,向楚腹地推进。一路上,军事进展十分顺利,力量猛增,很快攻克了洛阳。

汉军势如破竹,步步东进,沿途屡有归降的将士百姓,人民称道。

三月,汉王从临晋渡河,进至平阳,魏王豹投降。东南攻下河内,俘虏了殷王司马卯,设河内郡。西南由平阴津渡过黄河,进驻洛阳。

很快,刘邦纠集起联合反楚的五诸侯王,率五十六万大军,沿黄河南岸迅速推进到外黄,然后一举攻克彭城。拿下彭城,刘邦大松一口气,想项羽尚在齐地战场,众诸侯听命于己,在西楚霸王的都城恣意玩乐,足以抵消了被贬汉中之辱,于是日日大摆酒宴,尽情享乐。

项羽听说刘邦已攻占了彭城,大为震惊,留下部分将领继续进攻齐军,自己率领精兵三万人马,由鲁出胡陵,进至萧。第二日凌晨,转兵东向,对彭城的汉军发起猛烈的攻击,到中午时分,大破汉军。汉军纷纷逃走,楚军紧追不舍,汉军争先恐后地抢渡谷水和泗水,十多万人葬身。渡过河水的汉军又往南逃散,楚军追击至灵璧东睢水上。汉军停下,挤成一团,被截杀了不少,又有十多万人被逼入睢水,睢水几乎因之停止流动。过河的汉军被团团围了三圈。刘邦正一筹莫展,眼看着几十万大军要被困死在这里。突然,一阵大风挟着沙石从西北方向刮来,折断了树木,掀倒了房屋,一时间天昏地暗,处于风口上的楚军乱作一团,四处逃散。刘邦乘机与数十骑突破包围圈,他本欲回沛县丰邑,将父亲和妻儿带走。可项羽已派人先于刘邦抵达,打算劫持刘邦家属以为人质。太公及吕雉听到消息后,举家逃离家园。刘邦到家后扑了一个空,怅然回马转向东南逃奔,路途上遇着子女,惊喜不已,抱上车子一起逃命。不久,楚骑兵闻风追赶汉王一行,汉王焦急中三次将自己的儿子和女儿推下车,滕公夏侯婴三次下车重新救起他们。逃亡中,刘太公与吕雉与两小儿走散,他们在审食其的保护下从小路追随汉王,却遇到楚军。项羽将他们扣押在军中作为人质。

彭城大败,无疑给汉军造成重大损失,但刘邦并没有泄气,他意识到,虽受挫,但将领损失不很多;萧何据守的关中、巴蜀,一直是他稳定的大后方,有源源不断的兵力、军粮来源,完全可以重整旗鼓;自己多年来奉行不扰民、行仁义的政策,支持者颇多;项羽离开齐地后,田横赶走了项羽所立田假和留下的楚军,齐地再次成为项羽的威胁。所以,他仍然有力量与项王抗衡。

荥阳之败　兵击项羽

汉王退至虞后,想争取本已与项羽有矛盾的英布,派遣谒者随何去游说九江王英布,对随何说:"你如果能劝英布举兵叛楚,项羽肯定要举兵先打英布,牵制项羽几个月,我必定能夺取天下了。"随何到九江,向英布说明形势,晓以利害,英布果然背楚归汉。楚派龙且攻打英布,激战数月,楚军获胜。

五月,刘邦退至荥阳一线。坐镇后方的萧何从关中征发十七岁以下不到服役年龄的青年及六十岁以上免役的老人前来支援,汉军军心大振,在京、荥之间与前来追赶的楚军激战一场,大破楚军。楚军无法越荥阳而西,荥阳一线两军呈对垒的阵势。

荥阳对峙不下,刘邦转而返回关中。六月,立刘盈为太子,发布诏令大赦罪人,令太子守在临时都城栎阳。用水灌废丘,废丘降,章邯自杀,拔掉了关中的最后一个钉子。

公元前204年,魏王豹见汉军局势急转直下,决定背汉归楚,他借回家看望生病的亲戚为由离开刘邦。返回魏地后便封锁了渡口,站在了汉王的对立面。刘邦决定伐魏,出兵之前派郦生去魏国游说,希望他能返回汉王麾下,魏王拒绝了。刘邦于是派韩信速自夏阳渡过黄河,下河东,攻取安邑,俘虏了魏王豹,在魏地设置了河东、上党、太原三郡。十月,又令张耳与韩信率数万大军越过太行山进攻赵国,于井陉大败赵军,杀掉了陈余和赵王歇。第二年,刘邦立张耳为赵王。至此,河北地区基本平息,韩信率兵南下,支援与楚军对峙的汉军,而荥阳战场的情况却不容乐观。楚军占有明显的优势。汉王军驻扎在荥阳之南,筑甬道直通黄河岸边的敖仓,凭靠敖仓的粮食与楚军对峙。项羽发现后,多次中路抢占汉修的甬道,使汉王的军粮不能顺利供给,军心浮动。项羽趁此机会将刘邦围困于荥阳,日夜进行猛烈的攻击。刘邦无有一计可解除危难,只有试着同项羽讲和,约定以荥阳为界线,以西为汉,以东为楚,项羽想答应这个议和的条件。范增力劝道:"你今日放了刘邦,以后必定要后悔。"于是继续攻打荥阳。刘邦计无所施,用陈平的计策离间项羽与范增的关系。项羽果然上当,疑心范增与汉王有私。范增大怒,对项羽说:"天下的大事已成定势,你好自为之吧,我请求回家去做老百姓。"这样,在关键的时候,项羽失去了一位忠臣良相。

五月,荥阳城中已没有了军粮,眼看着已岌岌可危,纪信挺身而出,提出了一个诳骗之计。一天夜里,陈平开荥阳城东门,放出身着盔甲的二千多妇女,引来楚兵四面围观,趁乱中,纪信乘着黄色的车骑出了东门,声称城中粮食已尽,汉王出来投降。楚军一片欢呼,纷纷到东城门外围观,这时,刘邦在数十骑的保护下从西门逃出城外,直奔成皋。留下御史大夫周苛、魏豹、枞公守荥阳,其他老弱有伤不能跟随汉王的,也都留在城中坚守。东门外一阵混乱之后,抓住了车中的纪信,项羽一看并非刘邦,怒问:"汉王在哪里?"纪信说:"汉王已出了荥阳城。"项羽一听受骗,恼羞成怒,将纪信烧死。城中周苛与枞公觉得与曾背叛汉王的魏豹难以共同守城，于是杀了魏豹。楚攻下荥阳城，生擒二将。项王对周苛说："替我做将军，我封你为上将军，并有三万封户。"周苛骂道："你若不赶紧投降汉王就将成为汉王的俘虏，你根本不是汉王的对手。"项羽大怒，烹杀了周苛，杀掉了枞公。

荥阳之争以刘邦败逃而告终，但刘邦并未损失很多人马，有力量回马再战。刘邦大军退至成皋，西入函谷关，征收兵马，准备出关回荥阳再战，一位姓袁的谋士向刘邦献计说："汉楚在荥阳相持了好几年，常常是汉军陷入困顿。您不如出武关南下，项羽必然也引兵南走，您又坚壁不出，使得荥阳成皋间的兵力得以恢复。派韩信安抚河北赵地的人民，连同燕齐，勿得生乱，这样您再返回攻打荥阳也不晚。"

这个提议被刘邦立刻采纳，他认为这样可以迫使项羽四处防备，分散兵力，而汉兵却能一张一弛，得到休整，这样拉开战线，破楚的日子离得不会很远了。

刘邦依袁生之计南出武关，在宛、叶一带小打小闹，做进攻之举以吸引楚兵。项羽听说刘邦在宛，果然火速领兵南下。等到楚兵到了宛城，刘邦下令坚壁不出，不与交战，项羽亲领大军屯兵坚城之下无仗可打，直把项羽这个急躁性格的人气得火冒三丈。这时，彭越领兵渡过睢水，与楚将项声、薛公大战于下邳，彭越大破楚军。薛公被杀，消息传到宛地，项羽即刻领兵东向前去击杀彭越，获胜后回军西向。刘邦等项羽一走，也率兵北上进驻成皋。项羽听闻刘邦在成皋，便包围了成皋。刘邦与灌婴同车逃出成皋北门，北渡黄河，奔至修武。第二天早晨，刘邦自称汉使，径直来到韩信、张耳驻地朝歌的军帐。韩张二人还未起床。刘邦从卧室内取出二人的印符，于大帐内召集诸将，部署兵力，令张耳向北一路上征收士兵，全力经营赵地，令韩信东向出击齐地。刘邦得到韩信的一部分兵力，又一次大振士气，引兵临河，驻扎于小修武南。这时项羽已攻下成皋，沿黄河继续向南推进。刘邦想再与之交战，被郎中郑忠劝阻，深沟高垒避免与项羽正面交战。

项羽被牵了鼻子，疲于奔命，处处都得留下兵力把守，这样主体力量逐渐削弱。刘邦继续实行他的"东西南北摆战场"的策略，派卢绾、刘贾将兵二万人，骑兵数百，自黄河边的白马津渡河，深入楚地，与彭越互相支援，往来于楚军后方，焚烧楚军军粮物资，断绝前线楚军的衣食供应，又坚壁不出，不与楚军正面交战，楚军被拖得疲惫不堪。

彭越待项羽离开后，再次发起进攻，攻克睢阳、外黄等十七座城。项羽为解除后顾之忧，决定亲率人马东下攻打彭越，留下左司马曹咎守成皋，临走前叮嘱他说："千万要谨慎守住成皋。如果汉军挑战，不要与他们交战，仅仅阻止他们向东进发而已。我十五日之内必定平定梁地，之后便回来与将军共守成皋。"项羽果真攻下了陈留、外黄、睢阳。汉军在成皋城外多次挑战骂阵，曹咎忍不住心头怒火，不顾项羽"谨守成皋"的嘱托，开城门引兵渡汜水迎战，不料士卒正在河中，汉军就发起进攻，楚军大败。大司马曹咎、长史司马欣都自刎于汜水之上。项羽一路得胜，到睢阳听说成皋失守，就率兵向西，驻扎于荥阳，与汉军对峙。

韩信受命东下攻齐，还没有过平原。刘邦派遣郦食其前去齐国都城临淄，先试图说服齐王田广。经郦生一番游说，田广决定叛楚归汉，共击项羽。韩信听说齐已归降，打算停止进攻，被谋士蒯通劝说，又继续攻打齐国。公元前 203 年十月，韩信指挥大军渡过黄河，偷袭了齐军主力，很快攻克了临淄。齐王大怒，顿觉受骗烹杀了郦食其，分兵防守高密、博阳、城阳、胶东，抵御汉军的进攻，并又一次投靠项羽，请求援兵。项羽派龙且、周兰前往与韩信对阵。十一月，两军在潍水激战，韩信与灌婴大败龙且指挥的齐楚联军，杀掉了龙且。至此，齐地基本上已置于韩信的控制之下。这时，一直坚持在楚后方牵制项羽的彭越军，活动在梁地，截断楚军粮道，破坏军资，搞得楚军苦不堪言。

韩信破齐之后，派人对刘邦说："齐地近楚，主帅权轻，不封为假王，恐怕百姓不服，不能平定齐地。"汉王一听大为愤怒，想亲自领兵前去灭韩信。张良劝汉王以大局为重，权且立他为王。刘邦于是遣张良持印绶拜韩信为齐王。

鸿沟划界　中分天下

广武两军对阵已有几个月，项羽一看齐梁两地频频报危，军粮难以正常供应，想以刘邦之父太公为质胁迫刘邦。一日，项羽在广武阵前设下大大的案板，把刘太公放在上面，边上摆着大火烧着的大鼎，对刘邦说："你如果不即刻前来降我，我便煮了你家父亲。"刘邦郑重道："你我二人当年受命于怀王时曾约为兄弟，那么我的父亲即是你的父亲，你一定要杀死你的老父，可别忘了分给我一杯汤。"项羽大怒，想即刻杀了刘太公。项伯劝道："天下之事还不可预知，况且想谋取天下的人并不顾家，你杀了太公也无济于事，只增加他的借口罢了。"项羽于是作罢。

楚汉相持不决，百姓苦不堪言，身在军旅的辗转作战，老弱不能打仗的还得忙于转输军粮。项羽于是对刘邦说："天下混乱了这么久，就是由于我们两人的缘故。我愿与汉王亲战数合，一决雌雄，不要再让天下百姓受苦了。"汉王笑着拒绝说："我情愿与你斗智，不斗蛮勇。"项王令手下壮士挑战，汉派楼烦迎击。楼烦善于骑射，二人大战三回合后楼烦便起手一箭射死了楚将。项王大怒，亲自身披盔甲手持长戟挑战。楼烦想故伎重演，起手射箭，项王圆睁双目，大喝一声，楼烦竟不能与之对视，心慌得根本拿不稳弓箭了，慌忙逃回壁垒中不敢再出来。刘邦知是项羽，大惊。

第二天，两军重新对阵于前。刘邦在阵前义正词严，历数项羽的十大罪状。项羽于阵前听罢刘邦对自己的一通斥责，气得无话可说，以伏弩射中刘邦胸部。刘邦中箭疼痛难忍，为掩饰伤势，他弯腰摸着自己的脚强装镇静，对项羽骂道："虏贼射中了我的脚。"回至军营，刘邦不得不卧床休息，为了安定士卒的情绪，他接受了张良的强烈请求，勉强巡行各军营。第二天，向外宣称汉王外出行军，刘邦回到成皋养病。

项羽的士兵们已疲惫不堪，在广武坚守数月，久不开战，形势愈来愈对楚军不利，项羽不禁忧心忡忡。刘邦这时请求项羽放回太公和吕雉，双方讲和，项羽即刻同意。双方约定中分天下，以鸿沟为界，鸿沟以西为汉，鸿沟以东为楚。项羽送回刘邦的父母妻子，军营之中都高呼万岁，认为此番可以回到故乡，不再打仗了。

鸿沟划界，中分天下的建议是刘邦提出，并两次派遣使者前往项羽军营说服而成的。项羽天真地认为，刘邦肯定能信守前约，于是自己先引兵东归。这边刘邦接回人质，便打算撤兵返回关中，张良、陈平劝阻道："汉已有大半个天下，诸侯都愿意依附于汉。楚军现已粮绝疲惫，这是亡楚的大好时机，不如乘他撤退时从背后攻击他。现在放了项羽，就是所谓放虎归山增加祸患啊。"刘邦接受了这项建议，开始部署对楚的最后战斗。

垓下之围　十面埋伏

刘邦指挥大军紧紧尾随东向的项羽，伺机攻击。到了阳夏之南，大军停下来，刘邦派人去与淮阴侯韩信、建成侯彭越相会共力攻楚。大军继续前行至固陵，仍然不见韩信、彭越两军的踪影，他们并没有如约前来。项羽见刘邦孤军随行，走走停停，便回军袭击汉军，汉军大败。刘邦只好又坚壁不出，等待援军。援军久不至，刘邦焦虑地询问张良："诸侯关键的时候不听调遣，我该怎么办？"张良分析道："楚军的最后失败近在眼前，韩彭二人正趁这时以兵力援助为条件要挟土地和封号。如果您愿与他们共分天下，立即向他们许愿，援兵即刻便到，您如不能忍受他们的胁迫，事态就不知要如何发展了。如果把从陈东至海的齐地全部给韩信，把睢阳以北至谷城的土地全部给彭越，让他们各自出战攻击项羽，楚就很容易一举溃败了。"刘邦听后，无可奈何地答道："我已没有别的选择了。"于是派使者向韩彭二人许愿，只要他们全力击楚，待楚败之后，封给他们所要求的土地。韩信、彭越的兵马迅速南下，韩信攻取了楚都彭城，继续向南推进，彭越也渡过睢水，向东南插进。刘贾的兵马渡过淮水，包围了寿春，招降了楚大司马周殷。周殷以舒地的兵力攻破六县，举九江之兵，随刘贾至垓下。一时间，刘邦及所控制的全部兵力，包括韩信、彭越、英布、刘贾等，约几十万大军，在垓下将项羽大军团团围住。

一天夜里，项羽挥手将众将士请出帐外，他想一个人呆着，喝点酒，静下心来想一想。风静了，他的思绪飘啊飘啊，飘到遥远的那些阳光明媚的日子里……从小便爱舞刀弄枪的他，二十出头便随叔父项梁南征北战，无不所向披靡，几年之内他的勇猛便已闻名遐迩。想到那些令人心动不已的激战，项羽的脸上不禁露出一丝微笑。又几杯酒下肚，项羽丝毫不觉风又起了，四周寂静无声，一刹那间，万物都似不存在，只感觉着美酒的阵阵暖意。

"碧草青青兮，春水悠悠兮，伊人思乡兮，泪下沾裳衣。"一阵寒风吹入帐中，项羽猛地酒醒，随风飘进时断时续的歌声。这时，虞姬轻声步入帐内，替项羽加上件披风。"大王，起风了，早早歇息吧。""虞姬，你听，这飘来的岂不是楚歌吗？难道刘邦已尽平楚地，不然军中怎会有这么多能唱楚歌的楚人。"虞姬望着业已憔悴的项王，心痛不已，安慰道："大王不要多忧，我再为大王舞一曲吧。"说罢含泪起舞。

项羽起身慷慨悲歌："力拔山兮气盖世，时不利兮骓不逝，骓不逝兮可奈何，虞兮虞兮奈若何？"歌罢，虞姬含泪和之："汉兵已略地，四面楚歌声。大王意气尽，贱妾何聊生！"项羽听罢亦泪流满面，左右将士在帐外更是失声痛哭。

歌罢，项羽决定即刻率军突围。跟随他的壮士有八百多骑，趁天未亮，从南突围。等到天明，汉军才发现项王突围，灌婴率五千骑兵迅速追击。项羽渡过淮河，跟随的骑兵仅剩下百余人。走到阴陵，一行人迷失了方向，问一位田中劳作的农夫，农夫故意指向左。向左前行，陷进一个大沼泽中，等到东至东城的时候，身边仅有二十八骑，而此时追上来的汉军有数千骑。项羽冲入敌群，独自斩汉将及士卒数十人，又一次向东南至长江北岸的乌江。这时，恰有乌江亭长停船靠岸等在江边，对项羽说："江东虽小，方圆千里，数十万民众，足使项王您蓄积力量，东山再起。这里只有这一只船，您渡江过去，汉军追到江边也无法过去。"项羽望着滚滚东去的大江，又回头望望死伤的将士。汉军的呼喊声渐渐逼近，他决然拒绝了渡江的请求，说："天亡我，我如何能逆天而为！而且我与江东子弟八千渡江西向，如今独我一人回去，纵然江东的父兄同情理解我仍然以我为王，我却有何面目去见他们？即使他们不说，我怎能无愧于心呢？"话毕，回身冲入汉军阵中，杀死数十人，身上也伤了十多处。这时，他看到汉骑司马吕马童，说："你不是我的老熟人吗？"吕马童看项羽临危仍然英雄之气凛然，羞愧地不敢面对他，对王翳说："说话的人就是项王。"项羽怒指马童说："听说汉王以千金购我首级，并且加封万户，我成全你。"于是提剑自刎而死，年仅三十一岁。这一年是公元前202年。

项羽死后，汉王大军很快平定了楚地。鲁城坚守不下，刘邦亲领大军包围了鲁城，正准备大肆屠城时，听到城内百姓为项王哀悼的声音，于是持项羽的头颅给鲁城军民看，鲁城才得以和平地归属于汉。

随后，汉王以鲁公之礼将项羽葬于谷城，并亲自为之发丧，大哭一场离去。

历时四年的楚汉战争终于结束了。刘邦率领群臣离开尸骨遍野的垓下，向定陶进发。一路之上，他已做着皇帝的美梦，抵达定陶后，刘邦立即收归韩信手下的人马，更立韩信为楚王，封地于淮北，都于邳。封彭越为梁王，都于定陶。又派卢绾、刘贾平息了临江王共尉的叛乱。至此，刘邦已控制了原秦始皇统领的大秦天下。

刘邦登基　建立西汉

公元前202年正月，楚王韩信、韩王信、淮南王英布、梁王彭越、故衡山王吴芮、赵王张敖、燕王臧荼与各文臣武将联名上书，敬请刘邦正大位，做天下之主。刘邦再三谦让，最后说："如果诸侯王认为这样利于天下黎民百姓，我就听从了。"于是诸侯王与太尉卢绾等三百人，与博士叔孙通选择二月甲午日为即位吉日。这天，春寒料峭，在氾水之阳的定陶，举行了一个简单的即位典礼。刘邦，这个农民的儿子，时年55岁，登上了皇帝的宝座，成为中国历史上继秦始皇之后又一个一统天下的皇帝,他开创了大汉帝国,使一个农民通过自己的聪明计略、大智大勇、浴血奋战、坚持不懈而达到封建社会最高地位的神话得以实现,他亦使一个卑微的姓氏——刘氏,成为皇姓,普天下至尊之姓。与秦始皇和他的儿子不同的是,刘氏子孙继其父业,发奋图强,使大汉帝国登上中国封建历史上第一个峰巅,并使汉帝国的威名远播海外。

登基之后,尊王后吕雉为皇后,王太子刘盈为皇太子,追尊刘媪为昭灵夫人。

高祖以长安为都,分封的诸侯以臣相属。五月,士兵都解散回家。高祖下诏令免除诸侯子中愿意留在关中的十二年的赋税徭役,已经回故土的,免除六年的赋役。

一日,高祖于洛阳南宫大摆酒宴,至酒酣时,高祖环顾群臣,问道:"各位请说一说我为什么能得天下,项羽为什么失去天下。不要言有所隐,照实情讲。"高起、王陵说:"陛下行为傲慢,待人不敬,而项羽对人亲善,真诚待人。然而陛下派遣将士攻城略地,所攻取的地方作为封地赐予诸侯,与天下共享其利。项羽妒忌贤能,打击有功的人,猜疑贤能的人,打胜仗不给人记功,得到土地不分给别人应得的利益,这是他失天下的原因。"高祖说:"你们只知其一而不知其二。运筹帷幄,决胜千里,我不如张良;安定国家,安抚百姓,供给养,使粮道不绝,我不如萧何;统百万之军,每战必胜,攻城必取,我不如韩信。这三人都是人中之杰,我能重用他们,这是我夺得天下的原因,而项羽连一范增也不能重用,所以败在我手下。"对于刘邦的分析,群臣都表示悦服。

这时,戍卒齐人娄敬从山东赶来洛阳,求见高祖。他认为高祖夺取天下的方式和周代不同,不应当像周那样定都洛阳,而应据秦之险,定都于关中。高祖把他的主张交给群臣讨论,许多人表示反对,认为还是在洛阳好。只有张良支持娄敬,对高祖说,关中是"金城千里,天府之国",攻守兼备。高祖非常赞成,于是即日起驾,西迁关中,定都于长安。因为长安地处西方,和后来光武帝定都洛阳重建的汉朝相对,所以后世史家称为"西汉"。

飞鸟已尽　良弓皆藏

刘邦在楚汉战争和立国之初,因为斗争的需要,曾经封了一批异姓诸侯。这些人中有的拥兵自重,对刘邦早有离异之心;也有的曾经反对过刘邦,害怕刘邦进行报复。他们已成为西汉初年威胁中央集权的潜在力量。因而刘邦在当上皇帝之后,仍然衣不解甲,把他的主要精力花在巩固政权、平叛削藩的军事斗争上。

在诸侯王中威胁最大的是楚王韩信。韩信原是项羽的部下,因为不受重用才去投奔刘邦。由于得到张良、萧何等人的有力推荐,才逐渐受到刘邦的重用,表现了卓越的军事才能,由于他在北部战场上的节节胜利,使整个楚汉战争发生了转折性的变化。当他的军事力量发展到可以与项羽、刘邦抗衡的时候,谋士蒯通曾经劝他脱离刘邦,以形成与楚、汉三足鼎立的局面,可是韩信觉得那样做辜负了刘邦的信任,没有答应。在刘邦与项羽最后决战的时刻,为了讨取封地,而没有应约出兵。在项羽失败以后大将钟离眛逃到韩信那里受到庇护,刘邦暗示他交出来,韩信又置之不理。这些情况自然引起刘邦对韩信严重不满。

汉高祖六年(前 201 年)十二月,有人揭发韩信谋反。刘邦采用陈平之计,假称要到云梦(指云梦泽,在楚地)巡狩,通知各诸侯到陈县(今河南淮阳)聚齐。韩为了表白自己并无反叛之意,就带着钟离眛的头颅去见刘邦。可是刘邦并没有放过他。当刘邦命令武士将他逮捕的时候,韩信叹了口气说道:"人言'狡兔死,走狗烹;禽鸟尽,良弓藏;敌国破,谋臣亡。'如今天下已定,我是到了该死的时候了!"这话大概道出了刘邦的心机,弄得刘邦一时无言对答,只是说:"有人告你谋反。"

刘邦将韩信逮捕,带回洛阳。对于韩信的所谓"谋反"罪行也不加深究,下诏说:因韩信功劳卓著,特赦免其罪,降爵淮阴侯。但又不许他回到封地,令其长久居住在京城,实际上是软禁了起来。有一次刘邦把韩信找去聊天,一一评说诸将的才能。刘邦忽然问道:"像我这样的人你看能指挥多少军队?"韩信思索了一下回答:"如陛下大约能带十万兵吧,再多了恐怕不行。"刘邦大笑,又问:"你能带多少?"韩信大概忘了眼下的处境,毫不谦虚地答道:"如臣,乃是多多益善。"刘邦装作毫不介意的样子,又问了一句:"既是多多益善,怎么一下子就让我给逮住了?"韩信不无讥讽地说:"陛下虽不善于统率军队,却善于驾驭将领,这就是臣为陛下所擒的道理。况且陛下的成功,乃是天意,并非人力可为。"刘邦听了再也不说什么,韩信善于用兵连刘邦自己也不能不承认,但他分明从韩信的话里听出了一些不肯驯服的情绪,这大概是刘邦后来要处死韩信的一个契机。

汉高祖十年(前 197 年),代王陈豨举兵造反,刘邦亲自带兵平乱。因为韩信与陈豨关系较为密切,刘邦有些放心不下,要韩信随征,韩信又托病不去,这就更加重了刘邦对他的怀疑。刘邦走后,果然有人告发,说韩信曾与陈豨暗中联系,并企图把家臣和奴隶组织起来,去袭击吕后和太子。于是,在刘邦不在的情况下,吕后与萧何设下机关,假称刘邦征讨陈豨已获大胜,要文武百官前往祝贺,萧何亲自去约请,韩信不知是计,等到刽子手将他擒拿,就要砍头的时候,他才后悔地说:"我悔不用蒯通之计。"一位天才的军事家就这样不明不白地死去了。连平叛归来的刘邦听说韩信被杀的消息也感叹地说:"可惜,太可惜了!"

在楚汉战争中,立功最大的除了韩信,便数梁王彭越了。彭越原是一个打家劫舍的强盗,在秦末农民起义浪潮的推动下,他也聚集了一帮人马,举起了反对秦王朝的义旗。起初他既不归属项羽,也不归属刘邦,后来终于被刘邦争取过来,在楚汉战争中是个举足轻重的人物。刘邦在发兵征讨陈豨时,也曾调他领兵参战,他也装病不去。刘邦平叛归来派人责问,他的部将有人劝他谋反,彭越犹豫不决。这时他的太仆为公报私仇,告发他与部下谋反。于是刘邦便将他逮捕。经过审讯,认为他反形已具,但念他过去立过战功,就将他贬为庶人,要将他流放到蜀郡青衣道(今属四川),当他走到陕西华县的时候,正好碰上从长安去洛阳的吕后,他以为女人的心肠比男人软,就向他哭诉自己无罪,希望不去蜀郡,最好让他回老家昌邑做个平民。哪知吕后比刘邦更残忍,她假意装作同情,将彭越带到洛阳,并建议刘邦立即将他杀掉。经刘邦同意立即处斩,并将他的肉剁成酱,煮熟以后,分赠给诸侯,以昭惩戒。据说淮南王英布在跪听诏书的时候已吓得魂不附体,而当他接过皇上恩赐的食盒,看到梁王那混混糊糊的一团肉酱时,连腿都站不直了。

英布又称黥布,也是强盗出身,原是项羽手下一员冲锋陷阵的猛将,由于屡建战功,被项羽封为九江王。在楚汉战争中跟项羽发生了矛盾,后被刘邦争取过来,参加了著名的垓下之战,刘邦即位后又把他封为淮南王。他看到刘邦大杀功臣心情很恐惧,鉴于韩信和彭越惨死的教训,他不肯束手待毙。于是,他就让部下秘密集中兵马,侍机反抗。他的动向被人告发,刘邦派人调查,也抓到了一些证据,这才公开扯旗造反。刘邦带兵亲征,当面质问他为什么要反叛,英布直截了当地回答自己也想当皇帝。两军在蕲县(今安徽宿州南)打了一仗,英布战败,后被杀。而刘邦也在这次战斗中为流矢所伤,几乎送了命。

这样在刘邦称帝后,整整用了七年的时间,寻找各种借口,消灭了几乎所有的异姓诸侯王。除了上面列举的功劳最为显赫的韩信、彭越、英布以外,还有临江王欢、燕王臧荼、韩王信、代王陈豨,就连刘邦最为信任的同乡卢绾和他的女婿张敖也没有放过。这固然也是巩固新生政权的必要,但在具体的作法上也充分地表现了刘邦的残忍与奸诈;这也为后来屡次改朝换代大杀功臣提供了一个不光彩的先例。

刘邦在诛杀有功大臣,剪除异姓王的同时,大封宗室子弟为王,以为中央政府屏藩,并杀白马为誓曰:"非刘氏而王者,天下共击之。"但是这些同姓王并未起到中央政府屏藩的作用,几十年以后,同姓王国已呈尾大不掉之势,危及中央政府的安全。到了刘邦的孙子汉景帝时,接受大臣晁错建议,开始"削藩"。于是七个王国趁机出兵,酿成历史上有名的"七国之乱"。到了刘邦重孙汉武帝时,才彻底解决王国问题。这也许是刘邦做梦也没有想到的。

威加海内兮归故乡

汉高祖十二年(前195年),刘邦在平叛英布时受了箭伤。凯旋归来时,途经鲁地,曾经以太牢之礼(猪、牛、羊全席)祭祀孔子,开创了历代王朝祭孔的先例,也成为汉代复兴儒学的滥觞。

刘邦路过沛县时,在沛宫(临时设立的行宫)大摆酒宴,招待家乡的父老乡亲。此时的大汉天子再也不是过去的那个爱说大话的刘季了。刘邦回首往事,感慨万端。酒酣取筑(一种乐器)自击,信口作歌:

"大风起兮云飞扬,
威加海内兮归故乡,
安得猛士兮守四方。"

这首气势豪迈的《大风歌》,总结了刘邦自己的戎马一生,流露了他创建汉室江山的喜悦心情,表达了他要求有更多的猛士守卫疆土,维护天下统一的强烈愿望。

刘邦回到长安,箭伤复发,病情日重。

同年四月二十五日,这位奔波一生,创建大汉王朝数百年基业的开国皇帝,终于走完了他坎坷不平的历程,在西安长乐宫寿终正寝,享年六十二岁。

【名家评点】

故汉兴,承敝易变,使人不倦,得天统矣。

——汉·司马迁《史记》

初,高祖不修文学,而性明达,好谋,自监门戍卒,见之如旧。初顺民心作三章之的。天下既定,命萧何次律令,韩信申军法,张苍定章程,叔孙通制礼仪,陆贾造《新语》。又与功臣剖符作誓,丹书铁契,金匮石室,藏之宗庙。虽日不暇不给,规摹弘远矣。

——汉·班固《汉书》

【历史印证】

刘邦在称帝后,继承和发展了秦朝的体制,改革和放弃了始皇的苛政峻法,给百姓休养生息的机会,为以后的汉朝发展奠定了基础。但他对子弟大举分封,以致各藩国相互攻伐,直接威胁中央,使得汉朝百姓受到不同程度的伤害。

汉武帝刘彻：纵横捭阖　雄才大略

【人物档案】

姓名：刘彻

别名：汉武帝、秋风客。

生卒：前 156 年～前 87 年

属相：鸡

在位时间：54 年

谥号：孝武皇帝

庙号：世宗

主要作品：《秋风辞》《瓠子歌》《天马歌》《悼李夫人赋》等。

主要成就：加强集权，尊崇儒术，币制改革，打通西域，兴利开边，建立年号。

陵寝：茂陵（陕西省咸阳市兴平市东北）

汉武帝像

【枭雄本色】

汉武帝刘彻是西汉第五位皇帝，7 岁立为太子，16 岁继位为天子，在位 54 年（前 140～前 87 年），汉武帝刘彻是我国历史上一位雄才大略、多有建树的帝王，也是一位富有传奇色彩和独特性格的历史人物。

汉武帝继位之后，即采取一系列大刀阔斧的改革。他对内一改汉初盛行"黄老之学"无为而治的作风，大兴儒术。实行削藩，广置郡县，巩固皇权。又以酷吏整治官场，禁杀贪官。重用商人桑弘羊改革财政，使国库日丰。对外以卫青、霍去病等北击匈奴，以张骞、李广利等西通西域，击大宛；又南征夷越，开疆拓土，使西汉成为当时世界头等强国。开创了中国历史上一个光辉时代。

传奇少年　意外登基

公元前156年的一天，熟睡中的汉景帝做了一个梦：有一头裹着祥云的猪从天上缓缓落于宫中，随后，高祖刘邦来到景帝床前，说："王夫人生的儿子，名叫彘。"汉景帝猛然间从梦中惊醒，这才发现是做了一场梦。景帝梦中的王夫人本名叫娡，她母亲是楚汉相争时燕王臧荼的孙女，由于家道日益衰落，嫁给了王仲为妻，生下的女儿叫王娡。娡自幼聪明伶俐，眉清目秀，貌如天仙，根本没有村姑的俗气。后来有个术士见到了王娡，不禁大惊失色地称赞说："此女为大富大贵之人，应当配与天子，生天子，到时可母仪天下！"按说术士之言本不可信，况且王娡已经嫁人，还生了一个女儿。但是到了宫中选秀的时候，她母亲却想办法将她扮成秀女送到了宫中。当时身为皇太子的刘启见她貌美，就将其纳入自己的太子府中。刘启即位后将王娡封为"美人"，宫中人都称她为"王夫人"。

骑兵俑

在景帝做梦的第二天午夜，王夫人果真生下了一名男婴，王夫人生了皇子的消息很快就传到了汉景帝那里。景帝兴奋异常，急忙赶到了王夫人的住处。这时小皇子裹在襁褓里，正发出响亮的啼哭声。景帝笑呵呵地走上前去，仔细端详着自己的儿子。没想到在景帝充满慈爱的注视下，婴儿竟然停止了啼哭声。王夫人在榻上温柔地对景帝说："请万岁给皇儿赐名！"汉景帝不由得想起昨夜梦中的情景，随口就给婴儿起名叫彘。

小时候的刘彘聪明伶俐，三岁时就能毫无差错地背诵典籍，这令汉景帝非常惊异，自然也对这个儿子极为宠爱。有一天，景帝将刘彘抱在自己的腿上，问道："我儿想当皇帝吗？"刘彘用他那稚嫩的声音回答："能否做皇帝不由儿臣，我只想天天在父皇面前嬉戏，这不失为子之道。"景帝听后不由惊叹："三岁小儿竟然如此口齿伶俐，真称得上天资聪颖啊！"于是便想将刘彘立为太子。但是按照当时朝中的继承顺序，根本不可能将他立为太子。公元前153年，汉景帝将皇子刘荣立为太子，同时封刘彘为"胶东王"。当时刘荣的母亲栗姬和刘彘的母亲王美人都不是皇后，而栗姬却比王美人更能得到汉景帝的宠爱。公元前151年，景帝将当时的皇后废除之后，皇后的位子就快要落到栗姬手中，但栗姬在自己的儿子被立为太子之后，变得目空一切，专横跋扈，并且脾气越来越暴躁，这使汉景帝忍无可忍，终于在公元前150年正月，不顾大臣们的强烈反对，下诏将刚当了三年皇太子的刘荣贬为临江王，栗姬也被打入冷宫。

太子的位子出现空缺，诸位皇子为争夺皇位的继承权开始了激烈斗争。在这个过程中，刘彘在他的姑姑、汉景帝的同母姐姐刘嫖的帮助下，顺利地成了皇太子。刘嫖是窦太后的亲生女儿，被封为长公主，很得窦太后的宠爱，与汉景帝的关系也十分密切。长公主有一个女儿，名唤阿娇。长公主为了让阿娇当上皇后，原打算把阿娇许配给太子刘荣，但遭到了栗姬的拒绝，这使长公主非常生气。王美人趁这个机会，极力讨好长公主刘嫖。有一天，刚刚五岁的刘彘到长公主家玩耍，长公主见他非常可爱，就抱在膝上问："我儿想不想要媳妇呀?"刘彘答道："想。"长公主便指着两旁的侍女问刘彘："这些人中你喜欢哪一个呀?"刘彘看了一眼后，摇摇头表示他谁都不喜欢，长公主又指着阿娇问他："你看阿娇好不好?"刘彘马上高兴地说："好! 我要是能娶她做媳妇，一定亲自盖一座大大的金屋，让她搬到里面去住。"长公主听后非常高兴，便有意当着汉景帝的面提出想将阿娇嫁给刘彘，汉景帝没有反对。这样，长公主与刘彘的关系就更近了一层，在太子刘荣被废之后，王美人和长公主自然而然地为刘彘的皇太子之位努力。两人商量好后开始活动，终于说服了汉景帝——决定将刘彘立为太子。

景帝七年(公元前150年)四月，年仅七岁的胶东王刘彘当上了皇太子，改名彻，王美人成了皇后。刘彻被立为太子后，因为聪颖过人而深得汉景帝的宠爱。随着年龄的增长，他在博览群书，广泛学习琴棋书画、诗歌辞赋的同时，还开始协助汉景帝处理一些政务，这段时间的锻炼，为他后期的政治生涯奠定了基础。在景帝后元三年(公元前141年)，汉景帝为16岁的皇太子举行了隆重的冠礼。没想到冠礼大典结束没多久，汉景帝就突然染病，因为医治无效，于正月二十七日在未央宫驾崩。皇太子刘彻在汉景帝的灵前继承皇位，正式登上了皇帝的宝座。

罢黜百家　独尊儒术

自从西汉王朝建立以来，清静无为的黄老思想一直被统治者所奉行，这使得人们在政治上开始不求革新。尤其是汉武帝的祖母窦太后，对黄老之术极其推崇，并进而干预朝政，不许任何人在她面前说黄帝、老子不好。景帝在位之时，窦后曾召博士辕固进宫，让他讲解《老子》一书的要义。由于辕固是儒生，崇尚儒学之道，看不起黄老之术，于是就在窦太后面前贬低《老子》，窦太后听后不禁勃然大怒，当即下令，命辕固去与野猪进行搏斗，意图让野猪将他咬死。当时在一旁站立的景帝感觉辕固并无过错，于是把随身携带的一把利刃偷偷交给了他，在搏斗的过程中，辕

37

固用此刀将野猪杀死,这才捡回了一条性命。从此之后,朝中再也没有人敢当着窦太后的面贬斥黄老了。

汉武帝出生后就没离开皇宫,在许多老师的教导下受到了全面的教育。他的兴趣非常广泛,有着博大的胸怀,当上皇帝之后,虽说还只是一位16岁的少年,但他立志要干出一番轰轰烈烈的大事业。但是,清静无为的黄老思想与武帝的性格完全相反。倒是倡导自强不息、刚健有为,主张尊君和重礼的儒家思想更符合汉武帝的性格。汉武帝刚刚登上皇位的时候,窦太后还活着,并掌握着部分朝政,汉武帝不敢推崇儒学,只能私下里选拔那些有儒家思想的人才,慢慢培植自己的势力。

建元元年(公元前140年)十月,即位不久的汉武帝就诏告天下,令各地郡县推举贤良的人才到京进行考试。当时各地推荐上来的人才有一百多人,为了选拔出能为己用的贤良人才,汉武帝亲自主持并出题——治国之道。在众人的对策中,汉武帝极为赞赏广川(今河北枣强)人董仲舒的对策。董仲舒自幼就细心地钻研儒家著述,并以治《公羊春秋》而名声大振。他在儒家思想的基础上,吸取阴阳五行等多家的思想,重新建立了庞大的儒学体系。他给武帝上了著名的《天人三策》,在策中讲道:"治国之道在于上天,天若不变,道就不会发生变化。大一统必将成为天地间的正道,自古至今,畅通无阻。如今负责教化的人来自各种学派,而每个人的见解又全然不同,这使得在位之人不能坚持一个原则,法令制度也就不断地变化。下面的众人便不知道该如何遵循。臣愚钝,但臣认为,凡是不属儒家的其他各家学说,都应当断绝,不得与儒家学派共存。等到邪恶荒唐的思想全部消灭后,道德和纲纪才能统治,法令才可以始终如一,百姓遵从正道自然就好统治了。"董仲舒的意思,就是请求汉武帝罢黜百家,独尊儒术。

曾经担任太子太傅的丞相卫绾自然知道汉武帝有意独尊儒术,志在进取。当他见武帝非常赞赏董仲舒"罢黜百家,独尊儒术"的建议时,便上前奏道:"陛下,地方推举上来的贤良人才,如果是治商、申、韩非之术或者是提倡苏秦、张仪言论的,都可能扰乱国家的政治,请求陛下将其全部罢免。"这话正和武帝的心意,于是当即批准。这样一来,董仲舒"罢黜百家,独尊儒术"的建议经过武帝的批准之后,就正式成为了汉朝改革旧制、实行新政的指导思想。但汉武帝也知道,要想在政治上有大的作为,是离不开贤能人才辅佐的。因此,在随后的一段时间里,汉武帝多次下诏寻求贤德之士。当汉武帝读到了司马相如的赋之后,非常喜欢他的文采,认为他是一个很有才能的人,所以就非常想见到其人。当主父偃、严安和徐乐被召见的时候,武帝又对他们说道:"从前你们都在哪里?为什么我们现在才能相见?"虽然汉武帝独尊儒术,大肆启用儒家学派的人才,但他并不排斥其他诸家的贤能人才,只要是有才能,能为国家出力的人,他一律任用,有时还给其非常重要的官职。不是儒家的张汤、赵禹因熟悉法令,武帝就将他们封为管理司法的廷尉。学习黄老之术的汲黯经常衣冠不整,汉武帝本不愿见他,但后来却发现他为人朴实、很有才能,于是一度将其封为郡守等职。

深谋远虑　雄才大略

　　建元二年(公元前139年)十月,洛川王刘明、中山王刘胜、长沙王刘法、代王刘登到京拜见武帝,在武帝款待他们的宴会上,中山王刘胜突然大哭起来,诉说各地官吏欺压诸侯王的种种事情。刚刚登基的汉武帝为了利用血缘关系维护自己的统治,只好笼络宗室,于是,汉武帝下诏,再次封赏诸侯王,提高他们的礼遇,以此来显示天子对诸侯王的恩德。没想到,诸侯王的权力一大,就开始嚣张起来,他们结交朝中重臣,并在自己的掌控范围内残杀无辜,根本不遵守汉朝的法令,这使西汉王朝的统治受到了严重的威胁。

　　汉武帝对此事深感忧虑,可是一时没有应对的良策。这时刚刚受宠的主父偃看出了汉武帝的心思,于是奏道:"陛下,如今诸侯王的势力正在不断增加,臣以为这实在不是国家的福分呀!"此话正中武帝下怀,他边点头边问主父偃:"大夫对此

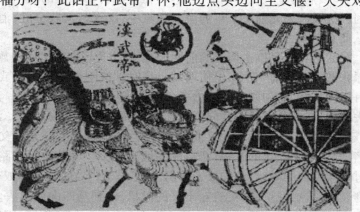

有何高见?"主父偃胸有成竹地说:"臣以为可以实行推恩之策。现在诸侯王都有许多子弟,但只有长子才能继承王位,得到封地,其他王子却得不到任何的封地,这就无法充

汉武帝刘彻画像砖

分表现仁孝之道。以前诸侯王的封地都不过百里,力量也很小,容易受朝廷的控制,可一有机会他们还要叛乱,如果朝廷剥夺他们的土地,更有可能激起叛乱。现在的诸侯王已经世袭了好几代,子孙众多,天子应当加以恩赐,将他们全部封为侯,这样诸侯子孙都将感念陛下的恩德,而且诸侯的领地化大为小,实际上是削弱了诸侯的实力。这样一来,朝廷便不用强行削夺他们的权利,臣恳请陛下采纳实施。"武帝听了连声叫好:"这真可谓是一箭双雕呀!"于是汉武帝立即颁布"推恩令"。在随后的三十多年里,汉武帝共分封178名王子侯。每个诸侯王国中最多的分封成33个侯国,最少的也分封成十多个侯国。这样一来,极大地削弱了诸侯王的势力,使他们再也无法对抗中央了。

　　汉武帝在削弱地方侯国势力的同时,也采取措施削弱相权,使皇权得到加强。当时的西汉,丞相不仅有着很大的权力,而且还能享受到特殊的待遇。丞相见到皇帝不必下跪,皇帝见到他要起身致意;如果两人在路上相遇,皇上要为其让路。这

些有辱皇帝尊严的缛节,让雄才大略的汉武帝无法忍受。所以,他尽量任用那些服从自己的人为相,并且对丞相的要求也很严格,动不动就将其训斥一顿,有时还将其处死。在武帝统治时期的 13 名丞相中,有 5 人因过错自杀或被迫自杀。

随着西汉社会经济的逐步恢复和发展及汉武帝即位后对叛乱的平定、诸侯势力的削弱,使国家积累了大量的财富,综合实力显著增强,汉武帝便决定向外开拓自己的疆土。匈奴本来一直就是汉朝的大敌,在汉高祖刘邦的时候就曾因没有力量对敌而采取了和亲的政策,现在兵强马壮,国富民强,汉武帝当然不会再采取这种政策。于是就命大将卫青、霍去病领兵发动了对匈奴的战争。

卫青的姐姐原是一名歌女,后来被汉武帝看中,将其立为妃子,卫青因此当上了建章宫监,随后升为太中大夫。霍去病身材魁梧,对骑射之术极为精通。他 18 岁时当上了武帝的随从,并受到武帝的喜爱。汉武帝曾经为他建造了一座宅院,命他前去观看,霍去病却回答:"匈奴未灭,何以家为!"深得汉武帝的赏识。汉军在卫青、霍去病的率领下多次征讨匈奴,在公元前 127 年的漠南战役、公元前 121 年的河西战役和公元前 119 年的漠北战役中,汉军都大获全胜,消灭了匈奴主力,使其从此衰败下去。

汉武帝在派兵抗击匈奴的前期,为了联络边境上的少数民族以便孤立匈奴,他还派张骞于公元前 139 年出使西域。当时掌权刚满三年的汉武帝,听说西域有个大月氏国,他们对匈奴人的统治极为不满,但是又没有人相助。汉武帝便想派使者前去联系,造成两国联盟共同抵抗匈奴,于是他开始招募使者。汉中人张骞揭榜应召,于是汉武帝任命他为大汉使者,以堂邑氏的胡人奴仆堂邑父为向导,带领一百多名随从,拿上大量的礼物,浩浩荡荡地出发了。可是西行之路并不好走,当他们路过匈奴境内的时候,被匈奴人俘虏,成了阶下囚。张骞在匈奴待了十年,有一次,张骞领着堂邑父趁匈奴兵防守不严的时机,偷到马匹向西逃去。逃出匈奴的势力范围后,张骞继续向西进发。在途中没有食物吃,就靠随从打野物充饥。历尽千辛万苦,张骞等人终于到达了大月氏国,可这时的大月氏国王已经不想出兵打仗了。张骞在此地活动了一年,也没有达到和大月氏联盟的目的,无奈只好回国。当他们再次经过匈奴境内的时候,又被匈奴人抓获,后来由于匈奴内部出现叛乱,被扣留了一年的张骞才逃了出来,公元前 126 年,张骞等人终于回到长安,张骞将此行的经过详细地告诉了汉武帝。张骞这次的出使,花费了 13 年的时间,出发时的一百多人也只剩下他和堂邑父两个人了。

虽然这次出使联合大月氏夹攻匈奴的目的没有达到,但是却了解到了有关西域地区的风土人情等情况。所以汉武帝于公元前 119 年再次派张骞率领更大的使团出使西域。这时,汉朝已经设置了河西郡,内地到西域的交通也比较通畅了,张骞等人顺利到达西域各国,并同乌孙国建立了友好的关系。张骞的出使,加强了汉朝与各民族之间的联系,促进了西域各国同中原政治、经济、文化的交流,从而开通了中西方交流的丝绸之路,使西域地区逐渐成为西汉王朝的一部分。

汉武帝在巩固西部边防的同时,也加大了对东南和西南地区少数民族的安抚和平定力度,将这些地区划到了汉朝境内。汉武帝在这些地区设置郡县,促进了各地区同内地的联系,进一步扩大了西汉的疆域。

在当时的年代,农业的作用直接影响到国家前途,西汉开国以来,一直非常重视发展农业生产,并将其视为国家之本。武帝继位后,也很重视发展农业,并大力兴修水利。汉武帝初年,黄河水泛滥成灾,淹没了大片的土地,百姓饥寒交迫、流离失所。武帝当即命汲黯、郑当领兵十万前去治理黄河,在二十多年的治理过程中,始终没能彻底解决黄河决口的问题。公元前109年,黄河地区出现了多年未见的少雨天气,汉武帝将其看作是治理黄河的大好时机,便在当年四月任命汲仁、郭昌为治河官,发兵数万,前去治理瓠子河口,他还亲临现场督促施工。官兵看到皇上来到河边,在烈日下亲自指挥,士气为之大振,终于顺利地完成了堵塞瓠子河口的巨大工程。为了减轻洪水对瓠子口的巨大冲力,他们还开挖了两条水渠,将黄河水引入大禹治水的旧道,这使多年出现灾情的黄河水被驯服在了大堤之内。在此后的80年间,黄河再也没有发生大的水灾。汉武帝在治理黄河时,还修凿了许多著名的水渠,如白渠、六辅渠、漕渠等,这些河道的开凿解决了土地灌溉的问题,提高了农业生产的发展。农业的发展,带动了工商业的繁荣,这一切都使封建国家快速繁荣和强盛起来,为汉武帝实施一系列的政治、军事活动提供了充足的物质保障。

但是,由于汉武帝不断地对外进行军事扩张,多年的征战耗费了大量的人力、财力,再加

汉武帝墓

上他挥霍无度,使西汉在强盛的外表下出现了衰亡的危机,国家财政陷入困境。这时,各地的富商大贾却因为拥有冶铁、煮盐、铸币等经营权而暴富起来,他们我行我素,完全不顾百姓的死活,这使本来已经出现危机的国家财政逐渐陷入困境。面对财政上出现的严重困难,走投无路的汉武帝只好下定决心改革经济,这时候,桑弘羊出现了,并在汉武帝的经济改革中起到了不可忽视的作用。

桑弘羊本是洛阳城中一个富商的儿子,在13岁时进宫做了侍中,此后一直跟随在汉武帝身边,帮其谋划国家大事,在处理经济问题上,桑弘羊有自己独到的见解。

公元前120年,汉武帝任命孔仅和东郭咸阳二人为大农丞,负责全国的冶铁、煮盐事务,桑弘羊作为皇上的亲信,前去协助二人,帮其理财。桑弘羊、孔仅和东郭咸阳三人经过一年的筹划,制定出了详细的盐铁官营计划,计划规定:将归少府主管的盐铁业全部划归大农令主管,并由国家进行垄断式生产;严禁个人生产经营,

违令者除了没收器具外,还要受到重罚。公元前 119 年,桑弘羊三人将计划向汉武帝提出,获得首肯后迅速公布出去,许多富商大贾公然站出来坚决反对这一计划,就连朝中的许多大臣也不赞同。汉武帝顶着各方面的压力,毅然批准并全力推行这一计划。计划实施后,国家的财政收入明显增加,汉武帝非常高兴,为此还提升了桑弘羊等人的官职。

公元前 113 年,桑弘羊又提出了改革币制的建议,汉武帝当即采纳施行。他下令取消各郡国铸造钱币的权力,明文规定私人铸币将受到制裁,将铸币权收归中央,由中央指定部门专门铸造,币制改革获得成功。盐铁官营和币制改革成功之后,国家的财政状况大为好转,汉武帝十分欣慰,也就更加信任桑弘羊的理财能力。桑弘羊没有辜负汉武帝的众望,在经过调查研究之后,他又先后提出了均输和平准制度。均输制,就是设立均输官,负责各郡国贡纳物品的运输工作。平准制,就是在京中设立平准官,将运至长安的所有货物,放在京师的市场上出售,所获利润全部上交国库。并且实行"贵则卖之,贱则买之"的原则,这就平抑了市场的物价,既保证了京师百姓的需求,又可防止投机倒把的商人从中获取暴利。

盐铁官营、统一货币和均输平准制度的实行,对改革经济、增加政府财政收入起到了决定性的作用。桑弘羊在不过多增加百姓负担的情况下,令国家的财政收入稳步上升,为汉武帝时期的西汉王朝立下了大功,所以汉武帝对他一直非常信任并加以重用。公元前 100 年,桑弘羊升任大司农,这使他在随后十三年的理财中,充分发挥出自己的理财能力,使西汉的社会经济发展也达到了鼎盛时期。

性情中人　好大喜功

汉武帝成年之后,挑选大批美女进宫,据记载,他的嫔妃有七八千人。为了满足自己腐化的生活,汉武帝大肆兴建宫殿楼台。在长安城内就建起了建章宫、明光宫、柏梁台,为了巡游方便,汉武帝还下令全国各地都要建造行宫。

汉武帝当上皇帝以后,有了至高无上的权力和享受不尽的荣华富贵,可是却感觉自己日渐衰老。为了能够延年益寿、长生不老,汉武帝开始迷恋上了神仙方术,并深信有鬼神的存在。

公元前 121 年,宠妃李夫人得病过世,汉武帝非常怀念她,因此变得朝不能食、夜不能寐。有个叫李少翁的方士,宣称自己有招引鬼神的法术,能够引出鬼魂来与生人见面,他从齐地赶到京城求见汉武帝。李少翁原本是少白头,但他却对别人称自己已有二百多岁。汉武帝听他如此说,异常高兴,便让他请李夫人回来。李少翁便要了几件李夫人的衣服,到一间僻静的屋中,用投影的办法,在帷幕上显出了李夫人的幻影。汉武帝恍惚中看到了他日夜思念的李夫人,便认为李少翁是真有法术,于是封他为文成将军,并和李少翁整日在一起谈论神仙的事情,并表示想要见见神仙。李少翁就欺骗汉武帝说:"陛下要想见到神仙,必须将宫室、被服等物弄得如同神物一般。"武帝便命人将宫殿全都画上五彩的云头、仙车,被服上也都绣上了这类东西。谁知等了一年多，也没有见到神仙的踪影。李少翁怕骗术败露，就又想出了欺骗汉武帝的招数。有一天，李少翁陪同汉武帝去甘泉宫，在途中看到了一头牛，李少翁便对汉武帝说："陛下，这头牛的肚子里有奇书。"汉武帝本不相信，为了验证真假就命人杀死了牛，果然在牛肚子里发现了一张帛书，上面竟是一些无法看懂的隐语，汉武帝很奇怪，就放在手中仔细端详，发现这竟是李少翁的笔迹。汉武帝当即醒悟过来，于是下令杀死了李少翁。

指挥官陶俑

可是，汉武帝并没有从这次的欺骗中吸取教训，他依然迷恋着神仙方术。一个叫栾大的方士求见汉武帝时说："我住在海边时，碰到过仙人，他教给我一些法术。用这些法术可以点石成金，能够炼出长生不老之药。"汉武帝居然相信了这种鬼话，马上封赏了栾大，并给予高官，京中的大臣们见武帝如此厚待栾大，也都备下厚礼钱去拜见。武帝见栾大不稀罕这些官衔，就加封他为乐通侯，还把公主嫁给了他。过了一年多，栾大什么也没炼出来，汉武帝才明白自己又受骗了。但他对神仙鬼怪的迷恋并没有结束，公元前92年的一天，汉武帝正在闭目养神，恍惚间，看到一个穿着黑衣的壮男，提着利剑，闯进宫中想要行刺。武帝慌忙起身高喊："有刺客！快来人！"当侍卫们闻声赶到时，却没有见到任何的踪影。就连在一旁侍奉的几名宫女也没有看到刺客，她们明白这是皇帝做的梦，但是没有人敢说出真相。汉武帝没有罢休，派人在宫中和京城一连搜查了十多天，也没有什么结果。武帝这才认为可能是自己做的噩梦。

没承想就在此时，卫皇后的外甥公孙敬声仗着和汉武帝的特殊关系，盗用了一千九百万钱军费，事发后被打入大牢。这时官府正在追捕一名叫朱安世的游侠，公孙敬声的父亲公孙贺便请求汉武帝，允许公孙敬声捉拿朱安世用以赎罪。汉武帝同意了。谁知被捕入狱的朱安世却上书，揭发公孙敬声与武帝的女儿阳石公主私通，并在甘泉宫埋下木偶人，用以诅咒汉武帝。汉武帝在查实之后勃然大怒，诛灭了公孙贺的九族，并处死了卫皇后的两个女儿——诸邑公主和阳石公主。

这件案子过后，全国都开始揭发巫蛊。而身为绣衣使者的江充曾经得罪过太子，他怕太子登基后报复他，于是决定利用搜查巫蛊的机会陷害太子。他先上书汉武帝说宫中有益气，然后率人搜查所有妃子夫人住所，当他搜到太子宫时，传出了找到木偶人的消息。皇太子刘据得到消息后，害怕自己无法解释，于是决定起兵叛乱，结果战败自杀，卫皇后也在宫中自杀。

公元前116到公元前111年间，汉武帝时期的军事、政治、经济发展都达到了顶峰。在大败匈奴,开通通往西域的道路之后,又平定了两越、西南夷,大汉王朝声威远播。盐铁官营、统一货币、均输平准等经济改革已有了初步的效果,国库日益丰盈,此时的汉武帝可称得上功德卓著,恩泽四方。许多官员为了讨好汉武帝,便趁此时机建议他进行改制封禅。汉武帝本就好大喜功,提倡专制独裁,对炫耀圣武、神化皇权之事自然很是热衷。当汉武帝听说封禅不但可以延年益寿,而且是白日飞天的一个重要途径时,就更有兴趣了。

元鼎四年六月,有一个叫锦的巫师在山西河津南部祭祀土神时,挖出了一只大鼎。这只鼎上面刻有各式花纹,只是没有文字记载,地方官吏将此事上报朝廷。大臣们一致认为"宝鼎"出土,乃是上天显示的祥瑞。武帝听后大喜,下令将这只宝鼎迎到了甘泉宫。许多趋炎附势的官员上书恭贺道:"传说,泰一帝只造了一只神鼎。这'一'代表大一统,象征着天下万物都归于'一'。到黄帝时造了三只宝鼎,以此象征天、地、人。后来,禹将天下九州牧贡金收纳后,铸造了九只宝鼎,以此象征天下九州,并用它们烹煮牛羊,用来祭祀上帝鬼神。只要有圣明的君主在世,这些宝鼎就会出现。现在宝鼎所在的甘泉宫,不时放射出黄色的光芒。而且在迎接宝鼎时,天空曾经飘过黄白彩云,原野上也有麋鹿向京城奔来。这接连出现的祥瑞,都在说明陛下是明君,是上天认命的帝王。"武帝听了这番话,心中高兴,更加坚定了泰山封禅的决心。

汉武帝在积极筹划泰山封禅时,经常与百官们议论封禅的各项礼仪和程序。他按照古代先阅兵,再将其解散,然后举行封禅的原则。于公元前 110 年颁布诏书:"朕将亲自统帅十二路大军巡视边陲。"于是十八万大军在汉武帝的率领下离开京城向北进发,来到长城之后,又向东到了大海,最后才来到泰山脚下,进行泰山封禅的准备活动。泰山封禅可是向天地报功的盛大庆典,所有参加人员都感到万分荣幸。汉武帝先在泰山脚下祭祀地神。然后,武帝命担任侍中的全部儒生一律头戴皮帽,将笏板系在腰间,共同参加射牛仪式,并跟随武帝到泰山东坡祭天。随后,汉武帝单独与侍中、奉车都尉等人登上泰山山顶,再次举行祭天之礼。下山之后,到泰山东部的肃然山再次祭祀地神。祭祀之时,汉武帝身穿黄袍,在音乐的伴奏下,行了叩拜之礼,并以江淮地区特产的三条脊棱的灵茅献神,五色土建造祭坛。上面放满了从各地运来的珍禽异兽。仪式结束之后,汉武帝将年号改为元封元年,还下令这次巡行所经过的地方,百姓所欠的所有税赋等一律全免;将天下有爵位的人全部晋升一级;每隔五年,天子就将举行一次大典,到时各诸侯国都到泰山脚下建造馆舍。

汉武帝不光举行封禅活动,而且还多次游历全国的名山大川。在他每次巡游之时,随行的文武官员、士兵都达到十余万人,沿途的百姓必须供应大队人马的粮草,除此之外还要整修道路、兴建宫馆。在他出巡之时,各国使臣都将随同前往,如果到了人口稠密的地方,都要让宾客们去参观仓库中储存的物品,以显示汉朝强大的国力。公元前 121 年,匈奴的浑邪王前来投降,为了显示汉武帝博大的胸怀,他曾令边郡调集数万车辆前去迎接,因地方没有那么多马匹,汉武帝一怒之下想要杀掉长安县令。所有的这些,都给各地百姓造成了沉重的负担。

轮台罪己　反思一生

汉武帝的奢侈生活,消耗了大量人力、财力,加重了人民的负担,由于下面的官员群起效仿,使得整个统治阶级日益腐化。大量的农民生活穷困,使流亡的人数越来越多,终于,在公元前99年,爆发了农民起义,并且形成了燎原之势,起义队伍几乎遍及全国,汉武帝在惊慌之余,调集了大量军队,对农民起义军进行了血腥镇压,这才使国家逐渐安定下来。

接连不断的挫折,使汉武帝逐渐冷静下来,开始认真思考自己的所作所为。公元前89年,汉武帝进行了封禅泰山之后,对随行的官员们说:“朕自登基以来,许多作为都很狂悖,使天下百姓愁苦,真是追悔莫及。从即刻起,所有伤害百姓、浪费财物的事情,全部停止。”大臣田千秋趁机上奏:“现今方士们谈论神仙的很多,但没有人能够验证,请陛下停止求仙之类的事情。”武帝当即就同意了,并罢免了朝中所有方士的官职。同时,任命田千秋为丞相,加封“富民侯”,用以表示自己“思富养民”的意愿。

征和四年(前89年),也就是汉武帝68岁的时候,桑弘羊会同丞相田千秋、御史大夫商丘成,联名上了一道请求加强对西域经营的奏疏。这时候又有人上疏,提议从囚徒中招募一批人,深入漠北,去刺杀匈奴单于。汉武帝立即拒绝了,并以此为契机,痛下了罪己诏《轮台诏》。这是中国历史上第一个皇帝的罪己诏,在这份诏书中,汉武帝检讨了自己的失误,称自己以前频繁发动征战给天下百姓造成了太多的苦难,并表示从今往后要禁苛暴、止擅赋、力本农。也就是说,要把军国大政的重心转移到恢复发展经济上来。虽然“轮台罪己诏”已经下达,但是怎样实行却是难题,经过慎重考虑,汉武帝认为民以食为天,安民衣食无忧社会才能安定,于是决定从农业抓起。下诏任命农学家赵过为搜粟都尉,负责改进农业生产技术。赵过不负众望,他总结前人经验,发明“代田法”:一亩地上开挖三条沟,深、宽各一尺。将种子播进沟里,长出幼苗后,进行中耕、锄草,并将垄上的土锄下培壅苗根。天热的时候,削平垄上的土,将作物的根深埋。第二年,将做垄的地方变沟,做沟的地方为垄,每年更换。除此之外,赵过还发明了一整套新式农具,并在宫廷附近的土地上试验。当年的亩产量比一般农田高出一斛。汉武帝非常高兴,当即命大农令选拔能工巧匠制作新式农具。没过多久,沿边各郡相继效仿,农业生产得到极大发展。

在这个时候,汉武帝忽然身患重病,他深知自己将不久于人世了。但是继承人的问题还没有解决,这使他忧心不已。为了把刚刚开始的政策转变继续下去,武帝将自己的四个儿子进行比较,最后决定立小儿子刘弗陵为皇太子。但是刘弗陵年幼,必须有忠心辅佐之人。于是,武帝又将霍光、金日磾、上官桀、桑弘羊和田千秋五人任命为顾命大臣。

后元二年(前87年)二月,武帝在长安东南的五柞宫(宫中有五棵大柞树)病倒,他把五位顾命大臣召到病榻边,宣布遗诏:刘弗陵为皇太子,霍光为大司马大将军、首辅大臣,金日磾为车骑将军,上官桀为左将军,桑弘羊为御史大夫,田千秋为丞相,共同辅佐少主。后元二年(公元前87年)二月十二日,8岁的皇子弗陵为皇太子。两天后,汉武帝过世,在位55年,终年71岁,十八天后,葬于陕西茂陵,庙号为世宗。

皇太子刘弗陵即位,为昭帝,在几位大臣的辅佐下,他切实履行先皇的既定方针,大力发展经济,在他和自己接班人的共同努力下,汉朝呈现出一派繁荣兴旺的景象,史称"昭宣中兴"。

【名家评点】

孝武穷奢极欲,刑罚繁重,横征暴敛,内侈宫室,外事四夷,信惑神怪,巡游无度,使百姓疲敝,起为盗贼,其所以异于秦始皇者无几矣。然秦以之亡,汉以之兴者,孝武能尊先王之道,知所统守,受忠直之言,恶人欺之弊,好贤不倦,诛赏严明,晚而改过,顾托得人,此所以有亡秦之失而无亡秦之祸乎!

——宋·司马光《资治通鉴》

武帝雄才大略,非不深知征伐之劳民也,盖欲复三代之境土。削平四夷,尽去后患,而量力度德,慨然有舍我其谁之想。于是承累朝之培养,既庶且富,相时而动,战以为守,攻以为御,匈奴远道,日以削弱。至于宣、元、成哀、单于称臣,稽玄而朝,两汉之生继,并受其福,庙号"世宗",宣哉!

武帝生平,虽不无过举,而凡所作用,有迥出人意表者。始尚文学以收士心。继尚武功以开边城,而犹以为未足牢笼一世。于是用鸡卜于越祠,收金人于休屠,得神马于渥洼,取天马于在宛,以及白麟赤雀,芝房宝鼎之瑞,皆假神道以设教也。

——清·吴裕垂《历朝史案》

【历史印证】

儒术定国,改革政体。开拓疆域,穷兵黩武。追求永年,晚年落寞。其命运很像始皇。

光武帝刘秀：秀才造反　一统江山

【人物档案】

姓名：刘秀

生卒：前5年~前57年

字号：字文叔

属相：龙

在位时间：33年

谥号：光武皇帝

庙号：世祖

主要成就：起兵反抗王莽，建立东汉，重新统一全国，开创"光武中兴"。

陵寝：原陵（洛阳市北20公里处的孟津县白鹤乡铁榭村）

【梟雄本色】

光武帝像

一个原本"仕宦当作执金吾，娶妻当得阴丽华"，志向不过尔尔的南阳小地主，"秀才造反"，在群雄并起之乱世，竟能兴复汉室，一统江山，开创"光武中兴"之局面。正所谓能绍前业曰光，克定祸乱曰武，光武帝谥号给刘秀那是再恰当不过了。他是怎样成功的？

在兄长被害，君主猜忌的危急关头，他以屈求伸，忍小愤而就大谋，化险为夷；在兼并群雄的过程中，他以智为上，攻战为辅，袒露广阔胸襟，感化杀兄主谋之一朱鲔献出洛阳，消灭各路诸侯，使天下重归汉室；他以柔为道，以文治国，与民休息，善待功臣，封云台二十八将，"使君臣交尽其美"。以柔克刚，智谋为胜的思想，就是刘秀成为中国历史梟雄的奥秘。

潜龙在渊　伺机而动

　　刘秀(前5~57年)字文叔,南阳蔡阳(今湖北枣阳西南)人,是汉景帝支系,汉高祖刘邦九世孙,景帝第十子长沙定王刘发的后代。刘秀出生于济阳(今河南兰考东北),其父刘钦世袭春陵侯,生前担任过南顿(今河进项城)令,在刘秀九岁时去世,刘秀由叔父刘良抚养。

　　刘秀的母亲姓樊,名娴都。她的父亲樊重,是南阳湖阳(今河南唐河县西南湖阳镇)的一个富豪,拥有良田300余顷,住在有高堂重阁的庄园中,手下有许多僮仆,农林牧渔,多种经营,财力雄厚,富甲一方。

　　刘钦与樊氏生有三子三女,长子刘縯,次子刘良,长女刘黄,次女刘元,刘秀是家中老五,下面还有一个小妹。

　　刘秀是西汉刘姓宗室支系后裔,先世属于贵族阶层,他的祖上曾世代为官,但他的父亲、叔父都只当到县令,而到他这一代,已无官无职,这在古时称为"白衣""匹庶",也就是平民百姓。不过,无可否认的是,刘秀的外祖父是豪族地主,他的姐夫邓晨是家中世代当官的豪族地主,他自家也有不少的土地。所以,刘秀可以算是南阳地区豪强地主关系网上的一个纽结。

　　长大以后,刘秀和他哥哥刘縯的性格明显不同。刘秀"勤于稼穑",对于家中的农业生产经营比较有兴趣,也能安得下心来,而刘縯呢,性格外露,慷慨气盛,是乡里一个集霸、豪、侠气于一身的人。他对从事生产不感兴趣,而倾身破家,交结所谓"豪杰",把全部精力都放在"举大事"的准备上。刘秀给人的印象是本分,所以人们称他为"谨厚者"。实际上,他和他哥哥的差别,只在于一个善于掩饰,表里不一致,而另一个不喜掩饰,也不善掩饰罢了。刘秀其实也是一个敢作敢为的人,他姐姐湖阳公主刘黄就说他早年间"藏亡匿死,吏不敢至门",可见,刘秀也是一个叫官府头痛的人。后来,他终因逃避官府追捕,到姐夫邓晨家藏身,有一次,他还在新野被拘留过。

　　后来,刘秀到长安的太学学习,师从著名儒生许子威,攻读《尚书》。看来,这一时期,他有时也为手头没有钱花而发愁,因此,也就要想法搞点钱。他和朱祐合伙买药合蜜,还曾和人合伙租了驴子来搞运输挣钱。

　　在长安时,他是个消息灵通人士,一方面"高才好学",一方面,也很喜欢游侠行径,喜欢玩,喜欢到社会生活中去了解情况。他所住的尚冠里,成了南阳地区一些上层人物在长安的聚会之地。他在长安看到执金吾(负责京师警卫的官员)出行的威严,不由地叹道:"仕宦当作执金吾,娶妻当得阴丽华。"阴丽华,是南阳新野(今属河南)的一个美慧女子,后来果然成了刘秀的妻子,最后被立为皇后。

公元 8 年,汉室外戚王莽篡夺汉王朝刘姓政权,建立"新"朝。王莽企图通过所谓"改制",来消除阶级矛盾,解决政治危机,结果适得其反,使已经十分尖锐的阶级矛盾更加激化了。王莽复古法令造成"农商失业,食货俱废",百姓怨声载道。新莽末期,蝗灾连年,饿殍遍地。人民在难以活下去的情况下,只有进行起义,夺取粮食以度日。

公元 17 年,长江中游的荆州地区大饥,饥民到野地掘草根充饥,时常为一根草而争夺互斗。新市(今湖北京山县)人王匡、王凤由于能给饥民们调解讲和,被推为首领,聚众数百人起义。南阳(河南南阳)人马武、颍川(今河南禹县)人王常、成丹等也聚众归附。在攻打附近小邑中,队伍壮大,数日间已发展到七八千人。然后起义军以绿林山(今湖北大洪山)为根据地,被称为"绿林军"。

公元 18 年,琅琊(今山东诸城)人樊崇起义,率众百余人入泰山,饥民纷纷归附,各人用赤色涂眉,作为起义军标记。从此,这支起义军被称为"赤眉军"。赤眉军与王莽军在无盐(今山东东乎)决战。赤眉军大捷,王匡败逃,廉丹等将校二十军官被杀,士兵死伤过半。无盐大战后,赤眉军在黄河南北纵横驰骋,队伍扩大到数十万人。

在这种形势下,一些汉朝宗室,地方豪强也看出新莽亡在旦夕,就乘机组织武装,混入农民军中。地皇三年(公元 22 年),南阳饥荒严重,刘縯结交的宾客中有人拦路抢劫,刘秀怕受牵连,躲到新野。闲居无事,到宛县(在今河南阳市)做粮食买卖,宛县有个叫李通的人,劝他起兵夺取天下。李通为了打动刘秀,就引用当时谶书上的话:"刘氏复起,李氏为辅。"谶书是一种类似预言的迷信读物,假托天命神意,迷离晃忽地讲说未来将要如何,它的真正作者和创作过程却从不公开。刘秀是谨慎人,没有被打动。后来李通又向刘秀说明,他对形势的估计是来自在朝当宗卿师的父亲李守,并非盲目。他认为南阳一带的皇族人物,只有刘秀弟兄可以商量大事。并说,他已经有了具体行动计划。宗卿师是专门为王莽监视汉朝皇帝宗室的官职,自然最能了解刘氏皇室的动向,并能从全局上把握社会的心理动态。很明显,李通的行为是李守同意甚至授意的,这对刘秀有说服力和引诱力。刘秀问李通:"如果我们起事,你家卿师怎么办?"李通说已经做了安排,决定之后,立即派人密告李守,在起事前他托故离开长安。刘秀想到哥哥刘縯结交了许多豪侠人物,有成大事的希望,而且自己平时也观察出王莽已到了败亡的时候,就答应了李通,约定了起事时间。遂即着手购买兵器。

这年十月,刘縯在春陵,刘秀与李通的从弟李轶在宛城同时起兵。刘良听到消息,怒不可遏,把刘秀恨恨训斥了一顿。李通原计划利用秋天郡里举行操练选拔兵士的机会,杀掉太守和郡里的守卫官,作为起事号召,但因计划暴露逃亡。李通派往长安密告李守的人中途死去,李守与其在长安和南阳的家属遭到株连,被杀的有六十四人。刘秀与李轶率起事人员到春陵与刘縯会合。当刘縯在春陵起事时,同族的许多人非常害怕,都说刘縯要害了自己,纷纷逃跑。当见到刘秀穿戴着红衣大冠的将军服装,率领起事人员回到春陵时,又说:"像刘秀那样谨慎厚重的人都造起反来了,还怕什么!"便心安了。这时集结舂陵的有七八千人。刘縯派人与起兵新市(在今湖北省京山东北)、平林(在今湖北省随县北)的王凤、陈牧联系,与新市、平林兵合力向宛城方向进兵。十一月,军队攻下棘阳(在今南阳市以南50里),与官军相遇,战于小长安,结果大败,只好退守棘阳。小长安一战,刘氏宗族死了数十人,其中包括刘秀的二哥、二姐及刘良的妻子和两个儿子。刘秀的二姐刘元死得颇为壮烈。败军之际,刘秀单人骑马逃跑,碰上三妹伯姬,就把她拉到了马上。才跑不远,又碰到刘元,催她快上马,刘元看到追兵在后,挥手说:"你快跑吧,不能两全了,不要都死在这里。"追兵赶到,就把刘元和她的三个女儿杀了。

小长安大败,军心动摇,新市、平林兵都想离去,刘縯等很伤脑筋。恰好王常、成丹为首的下江起义兵五千余人到达宜秋(在今河南省唐河县东),两军相去不过百里,经刘縯、刘秀、李通前往联系,两军联合,士气重又大振。于次年正月击败官军,进逼宛城,军队发展到十余万人。军队人多,不统一,将领们都主张拥立一个刘姓的皇帝,以此统一号令,顺应人心。南阳一带的豪杰人物,都认为刘縯最为合适,因为刘縯有威望,治军严明。而新市、平林军的将领们大都喜欢散漫放纵,担心立了刘縯不得自由。他们认为刘玄懦弱,容易左右,比较适合自己的口味,因而策划拥立刘玄。刘玄是舂陵戴侯刘仁的曾孙,在平林军中,号称更始将军。这年二月辛巳日的早晨,在淯水(今称白河)河岸堆了个沙滩当作坛台,把刘玄推了上去,刘玄羞得满脸流汗,举手想说话,却又不知说些什么。就这样刘玄当了皇帝,改了元,把这年定为更始元年,并封了一大批官衔,封刘縯为大司徒,封刘秀为太常偏将军。但一些豪杰人物对这样一个皇帝却大为失望。

昆阳之战　威名远播

为了扑灭更始政权,王莽下令征天下懂兵法之能人共六十三家数百人,以他们为军校官,选练武卫,招募猛士,组建军队。派王寻、王导为将,领兵四十三万,号称百万,还特地向军中派去一个身长一丈、腰大十围的巨人,名叫巨无霸,又豢养一批猛兽虎、豹、犀、象等,以助军威。大军从洛阳出发,旌旗车辆千里不绝。王导、王寻首先与刘秀相遇,刘秀的将领见敌多势盛,不敢作战,都跑回昆阳城中。刘秀非常冷静地向将领们分析了形势和前景,他说:"现在粮食已经不多,来敌很强大。并力抵抗,还有打胜的希望,要是分散,必然被消灭。而且宛城还没攻下,来不了救兵,昆阳一失,一天之内,各军也就全都完蛋。现在怎么不同心同德,共建功名,反而只想看守自己的妻子和财物呢?"将领们听不来这些话,纷纷怒喝道:"刘将军怎么竟敢如此讲话!"恰好这时传来消息,说王邑、王寻的大军已到城北,队列延绵几百里还不见后尾。将领们平常并不看重刘秀,但如今事情紧急,又想不出办法,就互相说:"还是再请刘将军拿主意吧。"刘秀又向大家讲了他的主张和具体办法,结果将领们一致同意。当时昆阳城中只有八九千人,刘秀要王凤、王常守城,自己和李轶等十三人骑马乘夜闯出城南门,召集在外的军队。这时赶到昆阳城下的王莽军队已近十万人,刘秀等人差点没能出城。刘秀到郾县、定陵一带,把那里的军队全部集合起来救援昆阳。

在王邑、王寻以"旌旗辎重,千里不绝"之大军围昆阳时,大将军严尤观察到昆阳城小而坚,易守难攻,且主力军不在此城,没必要以大军在此小城消耗。严尤对王邑等人说:"昆阳城小而坚,今假号者(指刘玄)在宛,亟进大兵,彼必奔走。宛败,昆阳自服。"可是,王邑自恃兵力强大,不听严尤言。

公元23年6月,刘秀从郾、定陵率汉兵数千人前来解救。

刘秀带领一千援军,以一当十,趁王寻慌乱之机,直冲中军大营。官军疑虑重重,互不救应,只王寻带6万人马拦截汉兵,早被冲得七零八落。刘秀一见王寻,带人上前将其团团围住,一阵乱砍乱杀,早已结果了他的性命。王邑见王寻被杀,无心恋战,慌忙逃走。这时王凤、王常也接到刘秀射上城楼的书信,知宛城已破,援军马上就到,群情激昂,冲杀出城,里外夹攻,杀声震天动地。官军乱奔乱突,自相残杀,尸横遍野,血流成河。

生者尽逃回本郡。王邑率数千人逃往洛阳;严尤、陈茂投奔汝南郡割据者刘望。汉军缴获莽军丢下的军实辎重、车甲珍宝,不可胜数。王莽主力军经此一战,完全被消灭。

汉军大获全胜。刘秀传令三军不必穷追,只将敌军抛下的辎重、粮草搬入城中。带不走的车辆辎重在河边烧毁,竟烧了一个月。因此,滍水以后也叫烧车水。

昆阳之战是中国军事史上有名的以少胜多的范例。毛泽东曾指出,这次战役是"双方强弱不同,弱者先让一步,后发制人,因而战胜的"。昆阳之战对汉军来说,又是一次决定性大战,王莽的"新"朝,随着这次战败而崩溃。原来在观望中的各地豪强,包括王莽的地方官吏,纷纷起兵割地,自称将军,不到一月,王莽的领土仅剩下长安、洛阳两地。

经此一战,刘秀初露头角,声威显赫。这时刘秀年29岁。

强忍小愤　而就大谋

更始元年(23年)四月,汉军攻克宛城之后,更始皇帝刘玄在此定都。刘秀指挥的昆阳之战,震动了王莽朝廷。各地的地主武装纷纷杀掉王莽派遣的地方官吏,改用汉朝年号,表示忠于汉朝以迎刘玄。紧接着,汉军攻洛阳,破武关,王莽危急,万分焦躁。九、十月间,汉军占领长安,王莽逃至渐台,被公宾杀死,将首级和印绶献于刘玄。短命的王莽新朝只存在了15年,就在农民起义的熊熊烈火中灰飞烟灭了。

但在此时,更始皇帝的旗子下面出现了内讧。由于刘縯兄弟威名日隆,新市、平林兵诸将领及部分南阳豪强嫉妒刘縯兄弟,故劝刘玄尽除之,以防后患。时值刘缤部将刘稷闻刘玄立,怒说:"本起兵图大事者,伯升兄弟也。今更始何为者耶?"刘玄听到后抓刘稷欲杀害。刘缤为刘稷力争免死罪,又被李轶、朱鲔等进谗直,刘玄遂把刘缤、刘稷两人一并杀掉。

刘秀在昆阳接得长兄刘缤被杀害的消息,几乎昏厥,但当着信使的面,他极力克制自己,说道:"陛下圣明。刘秀建功甚微,受奖有愧;刘缤罪有应得,诛之甚当。请奏陛下,如蒙不弃,刘秀愿尽犬马之劳。"刘秀很快恢复常态,话说得十分虔诚得体。他还对众将说:"家兄不知天高地厚,命丧宛县,自作自受。我等当一心匡复汉室,拥戴更始皇帝,不得稍有二心。皇帝如此英明,汉室复兴有望了。"刘秀的态度,感动得众将纷纷泪下。

刘秀突然遭此打击,自然难以忍受。回到帐中,扑到榻上,把头埋在被中,痛哭失声。他心里清楚,刘玄给我奖赏是假,杀死兄长是真。"兄弟阋于墙",亲兄弟尚且隔墙相斗,刘玄怎能容得下我刘秀?此后,刘秀对刘玄十分恭谨,绝口不提自己的战功,想方设法消除刘玄的猜疑。但每当独居时,他总是不喝酒,不吃肉,以此寄托哀伤。身边的人发觉他的枕席上有哭湿的泪痕,叩头劝他自宽,他却否认说:"没有的事,你不要胡说。"

更始元年(23年)九月,刘玄的军队相继攻下了长安和洛阳,王莽的头颅被传到宛城悬挂示众。刘玄打算以洛阳为皇都,命刘秀临时兼任司隶校尉,要他前往修整宫府。刘秀到任,安排僚属,下达文书,从工作秩序到官吏的装束服饰,全都恢复汉朝旧制。当时关中一带的官员赶来东方迎接皇帝刘玄去长安,见到刘玄的将领们头上随便包一块布,没有武冠,有的甚至穿着女人衣裳,滑稽可笑,没有庄重威严的样子,独独见到刘秀的僚属肃然起敬。一些老官员流着泪说:"没想到今天又看到了汉朝官员的威仪!"对刘秀产生了敬佩、向往的心理。

临危不惧　拓展河北

刘玄到了洛阳,需要派一员亲近大将代表朝廷去河北一带宣示旨意,要那里的郡国遵守朝廷的诏命。经过一番争议,选定了刘秀。这一决定,给刘秀提供了一个避开矛盾漩涡,自由施展的机会。刘秀在河北,每到一处,考察官吏,按其能力升降去取;平反冤狱,释放囚徒;废除王莽苛政,恢复汉朝的官吏名称。官民欢喜,争相持酒肉慰劳,刘秀一律不接受。到魏郡(治邺县,河北临漳县境),有人劝刘秀从列人(今肥乡)一带掘开黄河,消灭活动在黄河以东的赤眉军。但刘秀的目的是要安抚黄河以北各郡、国的地方政权,与赤眉军作战没有意义,相反从某种意义上赤眉还是他的同盟军。刘秀拒绝了建议,北上到了真定(今正定县,当时属常山国),然后到了蓟县(在今天津市蓟州区,当时属广阳国)。

当刘秀到河北的时候,赵国邯郸有个叫王郎的卖卜人,自称是汉成帝的儿子刘子舆,说他的母亲是成帝的一个歌女,怀孕生了他,而且怀孕时曾出现一道黄气从上而下的奇异征兆。又说成帝皇后赵飞燕想害死他，瞒过赵皇后，用别人的儿子顶替，他才活了下来。如果真的如此，按当时一般人的观念，他不仅有资格继承汉朝皇位，而且是天命当然的。于是在赵、魏一带地方势力的拥戴下，这个自称刘子舆的卜人王郎当了皇帝，都邯郸。派人遍告各州郡，自赵国以北，辽东以西，都望风响应。使刘秀在河北一带的活动成果几乎全部化为乌有，他失去了刘氏朝廷全权代表的威望，走投无路，自身难保。王郎出高价捉拿刘秀，文告发到蓟县，刘秀派随员王霸到市上招兵讨伐王郎，市上的人听了都哈哈大笑，做出各种怪模样挖苦、羞辱王霸，王霸惭愧而返。

广阳国决定起兵响应王郎，刘秀已不能再留蓟县。上谷郡（治沮阳，在今怀来县）太守耿况子耿弇随侍刘秀，渔阳郡（治渔阳，在今密云区）太守彭宠，是南阳人，与刘秀同郡，有旧交。耿弇劝刘秀暂去上谷，然后联合彭宠共对王郎。其他人反对，认为去上谷无异钻进口袋，没有出路，坚决主张南归。蓟县城中传说王郎的使者即将到来，大小官员都要出迎。刘秀必须马上离开。当他走到城南门，门已关闭，攻打了一阵，才脱身出城。星夜南奔，一路不敢进入任何城邑，只能食宿道旁。时值严冬，饥寒交迫。至饶阳（今饶阳县北），随员们饥困不堪，刘秀冒充王郎的使者走进驿站，驿站官吏为他们备饭。因随员们饥饿至极，争夺饭食，引起驿站官吏的怀疑。驿站官吏出去拿起鼓槌敲了数十下，大声喊道："邯郸的将军到啦！"意思是说追兵到了。正在狼吞虎咽的随员们听了大惊失色。刘秀起身要跳上车子逃跑，但一想，这样自我暴露，要被抓住。于是又回去慢慢坐下，从容地说："请邯郸的将军进来。"邯郸的将军当然没有进来。刘秀混过这一关，上了车，朝下曲阳（今晋州市）方向奔跑。听说后面有王郎的追兵，随员都很恐慌。要过滹沱河，前去探路的人回来说，河上漂着冰块，无船过不去。刘秀又要王霸再去看看，王霸明白刘秀的意思，回来就说："河上冻得结结实实，完全能过去。"随员们都放心了，刘秀也笑着说："探路人讲的，我就不信，果然是假话。"当时天气严寒，赶到河岸时，冰块业已冻牢，只是最后几匹马把冰踩破，没能过河。到了下博（在今深州市东南）城西，刘秀不知应该到什么地方去，心如乱麻。有一白衣老人用手指点着对他说："好好努力吧。信都郡（治信都，即今冀州区）是拥护长安（此时更始皇帝刘玄已到长安）的，离这里只有八十里。"刘秀立即赶到信都。当时冀中一带只有信都太守任光与和成（治下曲阳）太守邳彤没有服从王郎。任光独守孤城，担心不能持久，刘秀前来，他非常高兴。邳彤也从和成赶来会见。当时有人主张，用信都军队护送刘秀到长安，邳彤反对，他认为王郎编造身世，骗取信任，纠集乌合之众，虽暂时强大，不会持久；刘秀丢了河北回长安，会引起关中一带的震恐。对刘玄的政权也大为不利；信都兵远离乡土、父母和现成的君主护送刘秀去长安，必然不情愿，会中途逃散。他认为刘秀留在河北，以信都、和成二郡兵力为基础，就地扩大势力，徐图发展才是上策。于是刘秀取消了去长安的打算。但是两郡的兵力单弱，不能有所作为，刘秀打算把军队带到城头子路和刁子都的军中，借用这两支军队的力量。这是两支活动在当时的黄河与济水之间（即今鲁西与鲁西南一带）的农民起义军，共有近三十万人,颇有威力。任光不同意。后来按任光的计策,从各县召集了约四千人的一支精干军队,由任光、邳彤等人率领,各人都加上了诸如大将军、偏将军之类的名号,然后发了一道虚张声势的文书,说大司马刘秀率城头子路、刁子都军百万人,从东方来冀中一带讨伐反叛者。结果大生其效,文书所到之处,吏民传告,纷纷来降,并且约定共击王郎。有些老病者,竟带着自己的棺木远来从军,很快形成了一个强大的势力,并攻下了中山国及卢奴、新市、真定、元氏、防子等县。

更始二年(24年)四月,刘秀进军邯郸,连战连捷。王郎派使者请降,使者大讲王郎确是汉成帝的儿子刘子舆,要求给予优厚待遇。刘秀说:"现在,假如成帝再生,他的天下也不能得到了,何况诈称刘子舆的人呢!"使者要求封给王郎一个食邑万户的侯,刘秀说:"能够保全性命也就可以了。"使者拂袖而去。五月甲辰日,王郎的属官打开邯郸城门向刘秀投降,王郎乘夜逃跑,被王霸追杀。清理缴获王郎的文书档案,发现官吏与王郎勾结一起毁谤刘秀的材料有几千份。刘秀一律不看,他把官吏们召集起来,当面一把火烧掉了。他解释说:这样做,是令反侧子(心怀不安的人)自安。

更始皇帝派使节赶到河北,封刘秀为萧王,并命令刘秀停止一切军事行动,与有功的将领赶到长安去。这表明刘玄已经对刘秀不放心,要削弱他的影响,夺回他的权力。刘秀自然明白这一意图,而且他也看出刘玄到长安后的作为不得人心,也没有能力统一各部,平息各地的混乱局面。他以"河北未平"为理由,拒绝去长安。刘秀与刘玄的裂痕从此开始明朗。

智战兼用　称帝登极

刘秀在河北发展的同时,赤眉军已在发展自己的势力。公元23年,赤眉军曾想与绿林军联合,但遭刘玄拒绝,两军分裂。赤眉军怀恨在心。第二年冬,赤眉军以兵力强大,遂分兵两路,西进攻长安刘玄。在途中,赤眉军建立了自己的政权,立十五岁的汉宗室刘盆子为帝,年号建业。公元25年,由于刘玄大肆屠杀起义军农民将领,申屠建、陈牧、成丹等遭毒手,张卬、王匡侥幸逃脱。王匡于8月率部分起义军投奔赤眉军。9月,赤眉军与王匡军合攻长安,刘玄被杀,更始政权覆灭。

就在赤眉军西进长安时,刘秀在河北的势力已较强盛,河北大体已为他所有。公元25年初,随着刘秀势力的扩大,声望的提高,刘秀部将开始议请刘秀尊号为帝,刘秀以为时机未熟,不应过早称帝,拒绝了。其后诸将士几次三番地上言劝刘秀称帝,刘秀都坚辞不从。

其实,刘秀迟迟不称帝,除了以上提到的原因外,还有一个原因,就是尚缺少让天下人信服的应天命的"符谶"。符谶自汉兴以来,一直为人们所看重。事有凑巧,关中书生强华,得到一条"赤伏符",专程送来河北。上写:"刘秀发兵捕不道。四夷云集龙斗野。四七之际火为主。"这几句话前言不搭后语,但它内容神秘,越神秘难懂越有人信。强华解释说："这正是说萧王起义消灭逆贼,四面八方逐鹿中原。四七之际者,不妨算一算,自高祖斩白蛇起义至今,是 228 年,四七二十八,正应萧王该今年登基。"众人对强华的讲解十分信服。强华接着说:"'火为主'者,火是汉朝刘姓的标志,正是萧王应该当皇帝的证明。《尚书》讲,当年周武王流孟津,白鱼跃入船中,鱼身上有指示武王伐纣的文字。这赤伏符,比白鱼说得更为明白。"众人听到此处,齐向刘秀跪拜道:"符谶之意甚明,请大王上报苍天,下应众望,早即皇位。"刘秀见机会成熟,便微笑着点头答应下来。

更始三年(25 年)六月己未日,刘秀在群臣拥戴下,于鄗南(今河南柏乡)举行了隆重的登基大典,是为光武帝,建国号"汉",改年"建武",史称东汉。不久,便移都洛阳,告令天下。7 月,刘秀对有功将帅授衔:拜邓禹为大司徒、王梁为大司空、吴汉为大司马、景丹为骠骑大将军、耿弇为建威大将军、盖延为虎牙大将军、朱祐为建义大将军、杜茂为大将军等。使各将帅均有所得,人心安定。10 月,定都洛阳,建立东汉政权。是年刘秀年仅 31 岁。

建武元年(25 年),刘秀在鄗南称帝时,只拥有黄河以北的部分土地,攻占的多是些中小城市。刘秀有远大的政治抱负,不会满足于一隅偏安。即位不久,他亲率大军由黄河北岸的怀县(今河南武陟县附近)出发,沿河而上,包围了黄河南岸的洛阳。

兵不血刃　智取洛阳

洛阳地处中原,在西汉时期就在政治上和经济上有着重要地位,是兵家必争之地。洛阳守将朱鲔,原是绿林起义军的将军,刘秀大军围攻三个月终不能破城,不免心中着急。到了十月,一天,刘秀正为洛阳久攻不下而烦躁,突然想起了大将岑彭。这岑彭在王莽新朝时,是棘阳县令,刘縯攻克宛城时被俘。当时刘玄主张杀掉他,被刘縯说情救下。后一直在刘縯手下。不久,刘縯被刘玄杀害,岑彭就当了朱鲔的校尉,曾在战斗中杀死王莽的扬州牧李圣,占领了淮阴(今江苏淮阴市)城,被朱鲔推荐为淮阴都尉,因此,岑彭和朱鲔之间有过一段交情。

刘秀将岑彭招来皇帝行辕,将意欲派他去劝降朱鲔的意见说完,岑彭欣然接受了任务。他来到洛阳城下,高声叫道:"请禀告朱将军,故人岑彭求见!"守城小校立即通报了朱鲔。朱鲔心想,岑彭现为刘秀大将,这时候来此,莫非是劝降吗?便身着战袍,站在城头之上。二人互道别情之后,岑彭接着说:"过去,我有幸追随麾下,又承蒙将军提拔,常思报恩。如今赤眉已下长安,更始刘玄败亡。光武皇帝陛下受天之命,平定燕赵,尽有幽冀,百姓归心,有识之士纷纷来投。今陛下兵临洛阳城下,正是将军建功之时。天下重归于汉乃大势所趋,将军为什么还坚守这座孤城呢?"朱鲔俯下身,十分恳切地说:"足下所说的道理,我自然领悟。只是三年前大司徒刘縯被害,我也曾参与谋划;后来刘玄遣萧王北伐,我又出面谏止。所以在萧王面前,我是个有罪的人,怎能奢望萧王的宽恕呢?"

岑彭返回河阳,把朱鲔的顾虑告诉刘秀。刘秀听后笑了笑说:"欲建大事者,岂能记人小怨?朱将军若肯献城来降,官爵均可保留,何谈诛罚?"然后,刘秀又手指黄河诚恳地说:"我以河水为誓,决不食言!"岑彭上马重回城下,把刘秀的话转告朱鲔。朱鲔从城上缒下一条绳索,说:"你讲的若是真话,就请顺此绳爬上城来。"岑彭毫不迟疑地抓住绳子,才爬了一段,朱鲔就在城上说:"足下勿登,我信服就是!容我准备一下。"

第二天,朱鲔率全体守城将士向刘秀投降,被刘秀封为平狄将军,扶沟侯。

刘秀兵不血刃,就占领了洛阳。再一次证明了他以智取胜、攻战为辅策略的正确性,是他政治谋略的又一次重大胜利。

削平群雄　克定天下

刘秀称帝以后,虽然在军事上取得了一些重大胜利,但作为一个头脑清醒的谋略家,并没有过于乐观。因为当时群雄并立,且都有相当的力量。这些人中有的是绿林或赤眉余部,有的是地主武装。

刘秀先派邓禹率邓弘等部共同攻击赤眉军,邓禹失败。刘秀再命冯异与赤眉军约期会战,选拔壮士,以赤眉军服饰打扮,作伏兵。当赤眉军与冯异交战正烈时,伏兵突起,赤眉军将士真假难辨,顿时大乱。赤眉军只好撤退,又被打散。部分赤眉军东向到达宜阳,刘秀早已亲自督军,在此严阵以待了,已疲惫不堪的赤眉军忽遇大军,震惊中未及抵抗已被缴械。经此之战,赤眉军全军覆没。刘盆子投降刘秀,使刘秀得汉之传国玺绶。刘秀遂封刘盆子赵王郎中。卧榻之侧才算安定下来。

刘秀登上皇帝宝座之后,面临的是一个群雄割据,山头林立,错综复杂,变幻莫测的局面。农民起义此伏彼起,忽南忽北,忽东忽西,力图争夺皇帝宝座,或打算割据一方称王称霸的,更是大有人在。这些割据势力有:

刘永,梁郡睢阳(今河南商丘市南)人,汉文帝子景帝胞弟梁孝王刘武的八世孙,其父刘立仍世袭王位,为王莽所杀。刘玄称帝,继封刘永为梁王,都睢阳。刘玄败,刘永自称天子,联合各种势力,据有今河南东北部及苏北、山东大部地区与刘秀对抗。刘秀早在建武二年(26年)三月,便派虎牙大将盖延带四员大将征讨刘永。不日,兵临睢阳城下。盖延将睢阳团团围住,三个月围而不攻。直到六月,城内粮草将尽,而盖延却抢收附近的麦子,军粮十分充足。这天夜里,盖延带人悄悄爬上城头,偷袭成功。刘永见城已破,慌忙突围,被乱军所杀。

张步,琅琊不其(今山东即墨西南)人,王莽末起兵攻占琅琊郡(今山东诸城市),后治兵于剧县(今山东寿光市南),支持刘永当皇帝,封齐王,据有自今山东半岛直至今济南、泰安一带的广大地区。建武五年(29年),刘秀亲往剧县讨平。

南阳以南的荆州地区,主要的割据者是秦丰。刘秀派能征善战,又十分注意军纪的岑彭为将,与秦丰作战三年,不断消耗其有生力量,最后把他围困在黎丘(在今湖北宜城),建武五年六月,秦丰只得开城投降(后送洛阳被杀)。

李宪,颖川许县(今河南许昌东)人,王莽时为庐江(治舒县,在今安徽庐江县西南)连率(郡中武官,职同都尉),王莽败,据郡自守,建武三年自立为天子,拥众十万。

刘秀前往寿春(今安徽寿县)组织兵力,于建武六年正月讨灭。

随着各地割据势力一步步被消灭,刘秀一步步在中原地区扩大势力,站稳了脚跟。到建武五年,中原地区的主要对手,只剩下彭宠了。彭宠本是刘秀的大将,因未被提升,就叛变了。他勾结匈奴,攻陷蓟县,自立为燕王,企图与刘秀争夺天下。建武五年春,刘秀下诏:有能讨平彭宠者,封侯。并通过各种渠道把这个消息传到了彭宠内部。这一天,彭宠正在睡觉,被他的三个家臣杀死,将首级献与刘秀。刘秀心里高兴,表面上却装作很生气,他对那三个家臣说道:"以奴弑主,本是不义,但朕有封侯之诏在先,就封你三人为不义侯,以戒后人!"

卢芳,安定三水(今宁夏回族自治区同心县东)人,王莽时,自称是汉武帝曾孙刘文伯,曾祖母是武帝皇后匈奴谷蠡浑邪王之姊,因武帝时朝廷内讧,几代人隐埋荒僻,失落名籍。王莽末,与三水一带少数民族起兵,后在匈奴扶持下称帝,都九原(今内蒙古包头市西),据有五原、朔方(在今内蒙古杭锦旗北)、云中(在今呼和浩特市西南)、定襄(治成东,在今内蒙古和林格尔北)、雁门(治善无,在今山西左玉南)五郡,经常联结匈奴侵扰边地,刘秀多次出兵征讨不能平定。建武十六年(40年)卢芳投降并向刘秀说明他冒充皇族,本是为了反对王莽。刘秀企图利用他和缓与匈奴的关系,封他为代王。不久复叛,逃亡匈奴。

到这一时期,统一战争的前一阶段结束。剩下的割据者也是最难对付的,他们是隗嚣和公孙述。

隗嚣,天水成纪(在今甘肃通渭)人,随其叔父起兵,被推为上将军。他"好经书",有政治、军事知识,势力壮大,拥兵十万。更始二年,他曾投归更始政权,赤眉军入关中,更始政权垮台,他返归天水,自称西州上将军,再度振作,"名震关西"。隗嚣和刘秀有过多次合作,帮助刘秀击败过一些敌手,他也曾"上书诣阙",形式上臣属于刘秀。建武六年,双方关系完全破裂,冯异在旬邑(在今陕西旬邑)击败隗军,形势对隗嚣不利。在这种情况下,隗嚣倒向公孙述,但此举并不能使他摆脱困境。建武八年,东汉军队连败隗嚣,隗嚣已难以支持。次年正月,他饥病交加,"恚愤而死"。到建武十年十月,隗氏势力完全被消灭。

隗嚣覆灭后,盘踞巴蜀的公孙述成了剩下的最后一支割据势力。公孙述,扶风茂陵(在今陕西)人,王莽时任导江卒正(即蜀郡太守),乘乱割据蜀地,并扩展势力,在刘秀称帝前两个月,他称帝于成都。建武十三年,伐蜀之役大规模开始。公孙述拼死抵抗。东汉军队取胜十分不易。攻蜀的主将是岑彭,他敢于决策,敢于苦战,主要以水军去冲击公孙述的大门。经过激战,岑彭从长江溯流而上,勇穿三峡,攻入蜀地,创造了军事上的奇迹。接着,岑彭又运奇兵,长驱直入,精锐前锋,以迅雷不及掩耳之势,进至离成都只有数十里的地方,惊得公孙述连呼:"是何神也!"

为了确保胜利,刘秀增派来歙等将率军从北面配合岑彭。来歙也是一员名将,他进军神速,使公孙述更为恐慌,公孙述便使暗招,派刺客潜入汉军大营,刺杀了来歙。来歙之死又更增强了刘秀消灭公孙述,加快完成统一大业的决心,他为来歙隆重治丧后,亲上前线指挥。仅仅过了三个月,公孙述故伎重演,又派人刺杀了岑彭。刘秀再度痛失一员良将,令吴汉接替岑彭,可贵的是,就是在这种情况下,刘秀仍保持着冷静和清醒,仍不失军事统帅的理智和气度,他致书公孙述,让他"勿以来歙、岑彭受害自疑",敦促他投降。然而,公孙述坚持不降,吴汉等以猛烈的攻势加于他的巢穴成都,终于此年十一月攻入成都,公孙述被杀,蜀地宣告平定。

刘秀自公元 25 年即帝位,经过十一年的东征、西讨、南平、北伐,结束了豪强割据的局面,恢复了中国的统一。

以柔治国　成就中兴

刘秀据帝位 32 年(25—57 年),占东汉 195 年历史的六分之一。"拨乱反正,以宁天下","光武中兴,复致太平",的确,他结束了战争和混乱,恢复了国家的统一和社会的秩序。

平定天下之后,首要的问题就是对待功臣的问题。因为封建统治的巩固,与统治阶级上层的稳定关系密切,所以刘秀特别注意搞好君臣关系。而东汉也就成为封建时代君臣关系的典型。

刘秀为人,泛爱容众,恢廓大度。未起兵时,就以"长者之风"闻名乡里。起事后,对四方英俊更是刻意笼络,热忱招徕,推心置腹,恩礼有加,从而赢得了众将帅对他的一片赤诚之心。都护将军贾复在真定大战中受了重伤,人以为不治,刘秀当即表示:"我听说贾复的妻子有孕,如果生的是女儿,我儿子娶她;如果生的是男孩,我把女儿嫁到他家,决不让贾复的妻子受苦!"后来贾复伤愈,十分感激光武,作战比以前更加勇敢。又如在河北时,右大将军李忠的母、妻被叛将马宠拘捕,以此要挟李忠投降,李忠却毫不迟疑地斩杀了在其属下为校尉的马宠的弟弟,以此表明对刘秀的耿耿忠心。刘秀深为感动,特命任光全力救助,终使李忠家属保全。耿纯之举更是旷古未有,他率宗族宾客 1000 余人投奔刘秀,倾乡空室,连老人的棺材也带上了,最后焚烧家园以绝宗人宾客还乡之望。其他如来歙效命沙场、景丹累死军中、马援马革裹尸等等,可歌可泣者甚多。

刘秀对臣属待之以宽柔之道,很少以刑杀立威。破邯郸王郎以后,查获了一些人与王郎勾结的信件,刘秀看都不看,当众烧毁,说是"令反侧子自安",以使三心二意的将帅安心,反映出刘秀的不凡气度。至于小的过失,刘秀更能宽容。比如马武爱喝酒,敢直言,经常喝醉之后在刘秀面前指斥同列,揭人家的老底儿,毫无避忌。刘秀对此不以为忤,反而故意怂恿,以为笑乐。臣属之间失和,刘秀不偏不祖,亦不责罚,而是居间调停,帮助释嫌,促其团结。贾复因寇恂斩其犯法部将,与恂结仇,誓不两立,刘秀给他们做工作:"天下未定,两虎安得私斗?"说服他们"并坐极欢","共车同出",终于成为一对好朋友。这虽然都是帝王笼络、驾驭群臣的手段,但毕竟侧重于宽容,有利于统治集团内部的稳定和社会的安宁。

天下平定之后,刘秀对于追随其南征北战的大小功臣,均以高官厚禄予以酬答。开国功臣"云台二十八将",不仅个个封侯,而且宠赏有加,如刘秀拜李通为大司空,又封通少子雄为召陵侯;封冯异为阳夏侯,还经常在群臣面前提起自己当年在河北为王郎所窘、困迫南逃途中冯异进豆粥、麦饭事,以及后来冯异披荆斩棘,平安关中,示以不忘其功。平时,刘秀同各个功臣之间的关系极为密切,宴饮欢笑无所拘束。如有一次刘秀在宴会时问各大臣:"你们如果不随我起事,自度能取得何等爵禄?"邓禹先回答说:"我年少时读过一些书,可以当郡文学博士。"刘秀说:"你太谦虚了,凭你的品行才德,至少能当功曹。"其他大臣也一一做了回答。轮到性格豪爽的马武时,他回答道:"我孔武有力,可以当捉拿盗贼的尉。"刘秀笑着说:"你岂能当尉? 只要不当盗贼被亭长捉住,就差不多了。"这种亲昵的玩笑,反映了君臣之间的融洽关系。

刘秀奉行柔道治国,有时是他政治上失败的一个补救,也是迫不得已而为之。度田令的失败是他政治上最大的遗憾,更是大封功臣消极作用的集中体现。东汉的建立,南阳等地的豪强地主起了很大作用,他们也是最大的既得利益者,整个地主阶级也占有大量土地。

建武三十年(54 年),当刘秀 60 岁的时候,有人上书劝皇上去泰山封禅。封禅表面上是祭祀天地,实际上是一种炫耀文治武功的活动。刘秀下诏说:"即位 30 年来,百姓怨气满腹,吾谁欺,欺天乎? 已经有 70 代先人在泰山封禅,还是不要让我去玷污了他们吧! 当年齐桓公想封禅,受到管仲的批评。我不但不想封禅,今后若是再有人来上寿,或是对我讲些浮夸虚美之词,必受髡刑!"

刘秀的晚年是比较克制的,他对自己的政绩并不十分满意,特别是像度田失败这类事,历史的教训他是一刻也没有忘记。

建武三十二年,群臣报告各地祥瑞屡见,刘秀也认为中兴已经实现,便将年号改为中元元年。同时下令修明堂、灵台和辟雍。明堂是帝王宣明政教的地方;灵台是观象台、天文台,后来张衡在灵台观测天象、研究天文仪器,取得了很大成就;辟雍是皇家大学。这几年,刘秀还下令屯田,开垦荒地。秦始皇统一度量衡以后,至此 200 余年,此时又出现混乱,刘秀再次统一了起来。刘秀的这些做法,促进了中国文化和经济的发展。

中元二年(57 年)二月,在位 34 年的光武帝刘秀去世了,终年 63 岁。临终之前,他留下遗诏:"朕无益于百姓。丧事皆如孝文皇帝制度,务要从简。各地官吏不要擅离职守而来京奔丧,也不要派人邮送吊唁奏章。"

历代史学家多数对刘秀评价很高,特别是极力称颂他的"中兴"之功,如南宋思想家、史学家叶适就说:"自古中兴之盛,无出于光武矣。"实际上,刘秀不仅仅是

"中兴"了刘姓的汉朝,他是白手起家,建立一个新政权、新朝代的。这一点,有的旧史家也看到了,如东汉史学家袁山松即说:"虽曰中兴,与夫创始者,庸有异乎?"

刘秀是我国古代一位杰出的军事家和政治家。他直接参与了反对王莽政权的斗争,为推翻王莽建立了功勋。在九州分崩之际,他承担起了"安集"天下的重任,历经艰难曲折,终于恢复了社会的秩序和国家的统一,为社会经济和文化的发展创造了条件,使西汉有过的繁荣得以继续,使中国历史上的两汉盛世连为一体。这是他对历史发展的重大贡献。

刘秀是"起于学士大夫,习经术,终陟大位者"(王夫之《读通鉴论》语),他是中国历史上一位"秀才造反"成功者,他有较高的文化素质,在战争中重视战略、策略和政策,有不少值得称道的做法,在治国中,也更善于总结历史经验,进行有利、有效的改革。当然,更应该看到,刘秀并非仅仅是一个孤身英雄,他团结了一批杰出人物,充分发挥了他们的作用,他是一个内部结构较佳的人才集团的贤明首领。

【名家评点】

炎正中微,大盗移国。九县飙回,三精雾塞。人厌淫诈,神思反德。光武诞命,灵贶自甄。沉几先物,深略纬文。寻、邑百万,貔虎为羁。长毂雷野,高锋彗云。英威既振,新都自焚。虐刘庸、代,纷纭梁、赵。三河未澄,四关重扰。神旌乃顾,递行天讨。

——汉·范晔《后汉书》

即位未久,修郊庙,享宗祖,定制度,行爵赏,举伏湛,征卓茂,勉寇恂以绥河内,命冯毕使抚关中,一以从容镇静结已服之人心,而不迫于争战。然而桀骜疆梁之徒,皆自困而瓦解。是则使高帝当之,未必其能者定如此也。而光武之规模弘远矣。

——清·王夫之《读通鉴论》

魏武帝曹操：治世能臣　乱世奸雄

【人物档案】

姓名：曹操

别名：曹吉利、曹孟德。

生卒：155 年～220 年

属相：马

生年：155 年

卒年：220 年

谥号：魏武帝

庙号：太祖

职务：司空、大将军、丞相。

主要作品：《观沧海》《龟虽寿》《述志令》《蒿里行》《孟德新书》。

主要成就：实行屯田制，统一中原、北方，奠定曹魏政权的基础。

陵寝：高陵墓（河南省安阳市安丰乡西高穴村）

曹操像

【枭雄本色】

曹操，出生于公元 155 年，20 岁时，被地方以孝廉的身份推荐为郎（官名），曾任洛阳北部尉、济南相等职务。在镇压黄巾起义时，曹操扩大了自己的军事力量，后来起兵讨伐董卓，但遭到失败。公元 192 年，曹操率兵占据兖州，经过分化、诱降、攻打等手段，招收了部分青州黄巾军，经过挑选将其编为"青州兵"。公元 196 年，他亲自到洛阳将汉献帝迎到许都（今河南许昌东），从此开始"携天子以令诸侯"，同时兴修水利，实行屯田，解决了大队人马的粮草问题，这使当地的农业生产得到了恢复和发展。为了网罗人才，他将各阶级的人物一视同仁，打击豪强，使自己的实力得到显著加强。随后，他用连强击弱、由近及远的策略，先后消灭了张绣、吕布等割据势力。当自己的实力足够强大时，他开始与拥有北方最大势力的袁绍展开交战，在官渡一战中，曹操以少胜多，打败了袁绍的大军，又经过多次交战，逐渐统一了北方。为了达到统一全国的目的，他在建安十三年（公元 208 年）自封为丞相，亲率大军20多万南下，在赤壁之战中，被孙权和刘备的联军击败，从而损失了大部分兵力，失去了继续南侵的实力。建安二十一年（公元216年），汉献帝将其封为魏王。由于操劳过度，身染重疾，于公元220年正月不治身亡，终年66岁。当年的十月二十九日，其子曹丕称帝，曹操被追尊为魏武帝。

【风云叱咤】

乘乱而起　成就霸业

　　汉桓帝永寿元年（公元155年），曹操出生在沛国谯县（今安徽亳州），父亲曹嵩是宦官曹腾的养子，曹操出生时的小名叫阿瞒。曹腾是汉桓帝时很有地位的宦官，当时汉灵帝政治腐败，朝廷可以标价出卖官位，曹嵩仗着曹腾的关系交了上万文钱后，当上了太尉，这在当时的官职中地位已经很高了，随后他又先后担任了司隶校尉、大司农等官职。由于家族势力很大，衣食无忧，少年时代的曹操又缺乏管教，因而变得任性放荡，不懂礼教，也不受世俗的约束。这使周围的许多人都看不起他。不过他聪敏过人，遇事能随机应变，还会很好的箭法。因此，他受到了梁国人桥玄的器重。桥玄曾对曹操说："如今天下将要大乱，没有治世之才将无法拯救天下，只有你是平定天下的人。"桥玄想让曹操早日出名，于是将他介绍给最有威望的品评人物许劭。许劭仔细端详着曹操，随后说出了他的评价"治世之能臣，乱世之奸雄"。这件事情经过有意地渲染之后，传了出去，那些士大夫官僚们听到后，就开始注意曹操了。

　　公元174年，刚满20岁的曹操被地方官以"孝廉"的身份推荐给了朝廷，在父辈的帮助下做了郎官，任"洛阳北部尉"，从此开始了他的政治生涯。"洛阳北部尉"只是一个小官，负责洛阳北部的治安。曹操并没有看轻自己的官职，而是决定从小官做起，整顿好京城的秩序。他上任后，找人专门定制了十几根五色大棒，将其悬挂在县衙大门的两旁，重申朝廷禁令和治安条例，将豪强权贵和平民百姓一视同仁，如有严重违犯者，一律用五色棒将其打死。有一天夜晚，皇帝身边太监蹇硕的叔父依仗家中的权势触犯了夜禁。曹操按令行事，命人将其捉到县衙，处以棒刑。这件事传开后，京城中的大部分人都不敢随意违犯禁令，治安状况也因此有了明显的好转。

　　由于朝廷的严酷剥削和压榨，各地的农民自发组织起来，在颍川成立黄巾军，发动起义，此后，起义队伍日益壮大，统治者受到了严重威胁，便派兵前去围剿。曹操以骑都尉的身份，跟随皇甫嵩前去镇压黄巾军，由于作战勇敢，又多次立功，因而被提升为济南相（太守）。济南（今山东历城东）是一个侯国，此地的王侯没有行政权力，只能享受领地内的赋税收入，所有的政事都由朝廷派来的国相处理。当时归属济南的十几个县的县官大多上下勾结、贪赃枉法、欺压百姓，当地被搞得一塌糊涂。曹操上任之后，通过调查取证，先后检举了十几个为官不清、坑害百姓的县官，其中有八个人被罢免了官职。这使济南的吏治有所好转。

到何进掌政的时候，曹操升任典军校尉。当时，何进大肆谋杀宦官，曹操为其出了不少力。当董卓率领着大队人马进入洛阳时，曹操因不愿为董卓出力而受到追杀，最后只好逃到了陈留。在陈留太守张邈和他的好友卫兹的大力协助下，曹操用自己的部分财产作为军饷，招收了五千名士兵，将他们组成军队，进行系统的训练，准备在条件成熟时讨伐董卓。随后，曹操与渤海太守袁绍、河内太守王匡、兖州刺史刘岱、冀州牧韩馥等人联合起来，共同起兵讨伐董卓，由于众人之中只有袁绍的声望最高，所以袁绍被推举为盟主。

梁石狮

董卓听到各地起兵的消息后，便害怕起来，他专横地把汉献帝和百万人民迁到长安，并放火烧毁了全部宫室、官府、民房。洛阳附近因此被烧得鸡犬不留，当时百姓死伤不计其数。面对此情此景，讨伐董卓的联军却按兵不动。有一次，各路将领聚在一起开会，曹操说："大家为了讨伐董卓才起兵，现在他劫走天子，烧毁宫室，弄得民不聊生。这正是攻打他的好时机，大家还犹豫什么呢？"曹操慷慨激昂的说完之后，却没有人吱声。因为当时的盟主袁绍为了保存实力不想出兵，其他人就更不愿意出兵了。曹操一气之下，就率领自己的五千人马，向成皋（今河南荥阳汜水镇）进军。董卓得到消息后，派徐荣率领大军在汴水（在今河南荥阳西南）拦击曹操。由于曹操兵力太少，两军刚一交战，他的人马就败下来了，曹操在撤退的时候，肩上先中了一箭，随后自己的坐骑也中了一箭。那马吃痛受惊，将曹操掀到了地上。徐荣的追兵越来越近，在这万分危急的时刻，曹洪赶到，他将曹操扶到马上，二人共骑一匹马，才脱离了险境。这一仗，曹操折损了大半的兵将，可他的同盟军却还在喝酒作乐，根本没打算讨伐董卓。没过多久，几十万大军就将粮草消耗完了，讨伐董卓的起义宣告失败。

这次起义的失败，使曹操醒悟到：要想站稳脚跟，必须迅速扩充自己的军队，拥有雄厚的实力，建立自己的地盘。于是他就单独到扬州（今安徽淮水和江苏长江以南）一带招募人马，准备重整旗鼓。公元192年，青州的黄巾军顺利攻占了兖州，兖州刺史刘岱战死。曹操趁此机会领兵进入兖州，兖州官吏便将其推举为兖州牧。接着曹操又在寿张（今山东东平县西南）与黄巾军展开了激战，由于农民军没有经过系统训练，被曹操训练有素的军队打败。农民军向济北方向撤退时，曹操采取穷追猛打的方针，始终不给其修整的机会，黄巾军三十万人怕被曹操赶尽杀绝，只好投降。曹操从中挑选出将近 20 万的健壮青年,对他们进行军事训练,随后组成了一支英勇善战的精锐部队,被人称为"青州兵"。

这时,董卓已经被杀,但百姓依然在遭受着灾难,因为没过多久,董卓的部将李傕、郭汜二人就打进长安,捉住了汉献帝。随后,二人又为了争夺汉献帝在长安打起仗来。李傕一气之下烧毁了宫殿,将献帝劫持到自己的军营中,郭汜则将大部分的大臣当作人质。多次交战之后,双方都损失了许多的将士,最后经过协商,他们将献帝与大臣都放了出来。献帝和多数的官员都想回洛阳,而李傕、郭汜却极力反对。

公元 195 年,献帝和许多大臣找机会逃到将领杨奉的军营中,在杨奉等人的护送下,回到了残破的洛阳。此时的洛阳已经没有了宫殿,到处都是荆棘野草。汉献帝到洛阳后,只好住在一个官员的草房之中。其他的文武官员只能住在断墙残壁旁的草棚里。当时最大的难处就是没有粮食,虽然汉献帝派人到各地去,让地方官向朝廷输送粮食。但大家都在抢占地盘,没有人将皇帝放在眼里,派出去的人都两手空空地回来了。大臣们没有办法,只好出去挖野菜来充饥。这些官员哪儿吃过这种苦,没多久,就有不少人倒在墙边饿死了。

在许城(今河南许昌)驻兵的曹操得到这个消息,认为是大好机会,于是就召集手下的谋士商量,是否把汉献帝接过来。谋士荀彧对曹操说:"现在的献帝缺衣少穿,生活非常困苦,百姓们都在担心皇帝的命运,如果能够奉迎献帝,正顺从了人们的愿望。用忠于皇室的行动来控制各路豪杰,这是非常重要的策略,将军应当及早行动,以免被其他人接去,到时后悔可就晚了。"荀彧所讲正合曹操的心意,他当即派曹洪领兵到洛阳去迎接汉献帝。由于董承等人发兵阻拦,曹操只好亲自去洛阳,向他们讲明许城有许多粮食,只是无法运输,所以只好迎接皇上和众位大臣们到许城居住,汉献帝和大臣们听说许城有粮食,都想早点迁都。

公元 196 年,曹操把汉献帝接到了许城,并将许城定为东汉的临时都城,所以又称为许都。曹操在许都建立了宫殿,献帝可以正式上朝了,他将年号改

汉献帝

为建安,封曹操为大将军、武平侯。从此以后,曹操开始以汉献帝的名义向各地的豪强发号施令。首先,他以献帝的名义下诏书,责备袁绍只顾扩大自己的势力,不来解救天子。虽然袁绍的势力很大,不愿听从朝廷的号令,但在名义上他还是献帝的臣子,所以他在受到责备时,不便发怒,只好上奏章为自己辩护。随后曹操又以献帝的名义将袁绍封为太尉。袁绍接旨后觉得曹操都是大将军了,自己职位反在曹操的底下,太丢人。就非常生气地同手下人说:"曹操没有我,怎能有今天。现在

倒好，他开始用皇上的名义命令起我来了。"于是，他就拒绝接受太尉的职务。曹操认为自己的实力还不够强大，怕和袁绍闹翻，就将大将军的头衔让给了袁绍，改称自己为车骑将军。许都的情况暂时安定下来，但是多年的混战，使各地的农业受到了严重的破坏，虽然许都有部分粮食，但日子久了，官员和军队的粮食供应还是会发生困难。如果许都解决不了粮食问题，大家很快就待不下去啦。

建安元年(公元196年)，曹操手下的官员枣祗想出一个办法，叫作"屯田"，就是把各地流亡的农民招集起来，在许都附近开垦荒地，由官府提供农具和牲口。年底收获的粮食上交官府一半，剩下的粮食供农民生活和再生产。曹操根据枣祗的提议，马上下令实行屯田。为了使屯田得以顺利实施，曹操专门成立管理机构，负责收租和发放农具。除了农民耕种之外，曹操还抽调部分士兵进行耕种，这既能增加粮食收入，在有战事时还可迅速组成军队。当年，许都附近就开垦出大片的荒地，到了年底，粮食大丰收，农民上交的公粮达到了一百万斛，在随后的几年时间里，各地的谷仓里都装满了粮食，这就解决了军粮问题。

此外，曹操十分重视军队的纪律，并且以身作则。有一次，曹操骑马出外办事，由于马匹受惊狂奔起来，将附近的一大片庄稼全部踩倒。曹操勒住马后，让跟随的主簿以自己损坏禾苗为由，按军法治罪。主簿宣称曹操是全军的主帅，不能治罪。曹操却认为自己违犯了自己制定的法令，如果不依法治罪，将无法统率部下。于是，曹操拔出佩剑，割下自己的一绺头发，算是自行处置自己。古时候，割发叫髡刑。因为曹操都能在小事上以身作则，割发代首，不以自己的身份尊贵而置身法外，所以将士们知道以后也都按律行事，军队纪律越发好了。除此之外，曹操还招纳了荀攸、郭嘉、满宠等许多有才能的谋士，这使他的实力日益强大起来。

金戈铁马　一统北方

曹操既有了充足的粮草，军队的实力也壮大了，他便准备实行统一全国的行动。当时，各地的豪强很多，在他周围的强大敌人有：东面占据徐州的吕布；南边占据淮南扬州的袁术；西边占据荆州南阳的张绣；北边占据青、冀、并、幽四州的袁绍。曹操分析当时形式，制定了联强击弱、逐个击破的策略。他先拉拢韩遂、马腾，和他们定下盟约，不要互相攻打，随后以天子的名义封赏袁绍，使袁绍不至于轻率出兵。一切安排妥当，曹操领军前去攻打张绣。公元197年，曹操过关斩将，他的大军一直攻到了南阳郡的宛县，张绣抵挡不住，率军诈降。在一天夜晚，张绣趁曹军疏于防范，召集自己的部下发动突袭，杀死了大量的曹军。损失惨重的曹操率领着残兵败将逃到舞阴休整。

公元199年，曹操再次率领大军攻打张绣，张绣的军队节节败退，后来在谋士贾诩的劝说下，张绣再次投降，曹操正在用人之际，没有将张绣处斩，反而为了拉拢张绣，将其封为扬武将军，还让自己的儿子曹均娶了张绣的女儿，两人结成了儿女亲家。张绣的归降，令曹操的实力大增，有了足够攻打袁术的力量。早在公元197

年曹操"挟天子以令诸侯"时，袁术就已经开始称帝了，并将寿春作为自己的国都。为了保住自己的帝位，他极力拉拢吕布，还打算与吕布结为亲家，然后合兵一处共同对抗曹操。曹操得到消息之后，赶紧以献帝的名义下诏，称赞吕布杀死董卓立下大功，还给予封赏，借以笼络吕布。吕布接旨后，便后悔将女儿许给袁术的儿子，急忙派人将出发的女儿截回来，还将袁术派来的使者杀死。这样一来，袁术被激怒了，他率领几万骑兵攻打吕布，由于吕布作战勇猛，袁术接连战败。但双方的实力都在不断削弱，当曹操认为时机成熟时，便派大军攻打袁术，此时的袁术无法抵挡，只好退回淮南，没过多久就在寿春病死了。曹操占据淮南之后，又领兵攻打吕布，并将其困在城中两个多月，吕布在断绝粮草之后，出城投降。吕布作战勇猛，曹操很想将其收在麾下，但吕布做事反复无常，曹操怕留下后患，就杀死了吕布。

　　曹操的迅速扩张，使袁绍感到恐慌，他决定趁自己的兵力超过曹操之时，攻打许都。这时，他手下的谋士田丰极力劝阻袁绍，认为曹操善于用兵，前去攻打未必有胜算，应作长远打算。但是袁绍并没有听从田丰的劝谏，当时发出文书，声讨曹操。公元200年春，袁绍派沮授为监军，率领十万精兵，从邺城出发，向黎阳（今河南浚县东北）进发，并在附近安营扎寨。然后派大将颜良、郭图领兵攻打白马（今河南滑县东）。当时，驻守白马的大将刘延坚守城池，拒不出战。曹操回援的军队在官渡（今河南中牟县）驻扎，但是只有三四万人的兵力，曹操便召集众人商议应对之策。谋士荀攸献出一计："根据敌强我弱的实际情况，不适合正面交锋，应该将袁绍的兵力分散开，我军给予逐个击破，方可获胜。曹公您亲自领兵向延津（今河南延津北）进发，放出消息，说我军要渡黄河攻打袁绍的后方，袁绍一定会分兵前去拦截，到那时我们的骑兵就会趁其不备，突袭白马，到时定能擒获颜良。"曹操接受了荀攸的建议，当即派出部分士兵向延津进军。袁绍得到曹操攻打自己后方的消息后，非常惊慌，急忙派黎阳的军队赶到延津渡口去截击曹军，以防止他们过河。曹操见袁绍果真中计，便立即率军向白马杀去。围攻白马的大将颜良、郭图仗着自己兵多将广，加上黎阳是自己后盾，就麻痹大意了，结果被曹军里外夹攻，杀得大败，颜良也在交战中阵亡。

　　袁绍听说曹操解了白马之围，便决定率全军攻击曹军。监军沮授劝袁绍分出部分兵力出击，主力应留守延津南面。但是袁绍刚愎自用，没有听从沮授的劝告，率全军渡过黄河追击曹军，并派大将文丑率领几千名骑兵当先锋。这时候，曹操的部队正向官渡撤退。听说袁军追来，就令大队人马调转方向绕道西进，令徐晃率领六百名骑兵埋伏在延津南坡的树林里，在大道上扔下许多盔甲武器和部分粮草。文丑的先头部队赶到南坡，看见地上的样子，以为曹军害怕都逃跑了，就叫士兵们下马收拾地上的物资。这时曹军的六百名伏兵突然冲杀出来。袁军的骑兵站在地上交战，失去了原有的优势，许多将士被杀死了，文丑也被徐晃砍死，其余的士兵四散逃窜。袁绍接连战败，却没有死心，一心想和曹操进行决战。沮授分析了当前形势，认为袁军兵多但没有曹军勇猛，而曹操却没有袁军的粮草多。于是劝诫袁绍应以自己的优势对抗曹军的劣势。与曹军进行长期的对峙，等曹军的粮草用完了，曹操必败。袁绍依然没有听从沮授的劝告,率领大军一直到达官渡,才扎下营寨。

官渡是许都的屏障。一旦失守,许都危在旦夕。于是曹操坚守营垒,并不出城作战。袁绍进攻了几次,都因曹军作战勇猛,又占据着地利而没能奏效,自己反而损失了许多将士。没过多久,袁绍听从谋士的建议,在曹营外面堆起土山,让士兵居高临下对着曹营放箭。曹军士兵只能用盾牌遮住身子在营中走动。曹操也在谋士们的建议下,设计了一种抛掷石块的车辆。用这种车可把十几斤重的石头抛得很远,当袁军放箭时,曹军就抛掷石块将袁军打下土山。袁绍一计不成又生二计,

曹操墓

派士兵在夜晚偷偷地挖地道,企图从地下里钻到曹营之中进行偷袭。曹操知道后,命士兵在营前挖壕沟,切断了地道的出口,结果袁绍的计划又告失败。

两军在官渡相持了一个多月,曹军缺少粮草,兵士疲惫不堪,无法再坚持下去,曹操写信告诉许都的荀彧,自己决定退守许都。荀彧回信,劝曹操一定要坚持下去,寻找时机方能转败为胜。这时候,袁绍的大将淳于琼率领一万多士兵将运送的大批军粮囤积在离官渡四十里外的乌巢,所以袁军粮草充足,并没有任何的后顾之忧。袁绍的谋士许攸认为曹操的兵马都集中在官渡与袁军对抗,许都肯定空虚;这时若派精锐骑兵去偷袭许都,很快就能攻下,到时,既能将献帝控制起来,又可使曹操孤立无援。即使攻不下许都,也会使曹操首尾不能兼顾,曹操必败无疑。但袁绍没有听从他的建议,一心想先打败曹操,再进攻许都。许攸见袁绍顽固不化,知道他必败无疑,便趁着夜色投奔了曹操。当时曹操刚要睡觉,听士兵报告说许攸前来投靠,高兴得他连鞋都没顾上穿,就光着脚跑出去迎接,见面后,哈哈大笑道:"您来了,我的大事必能成功。"许攸见曹操如此重视自己,便问曹操还有多少粮草,起先曹操没有实说,在许攸的追问下,他才说自己的粮食不够一个月用的。许攸说自己

知道曹操快要断绝粮草了,特来告诉他一条消息:乌巢存放着大量的辎重粮草。并对曹操说,如果派精兵前去偷袭,烧毁全部粮草,用不了三天,袁绍不战自败。曹操得到这么重要的消息,惊喜万分,决定依计行事。当天晚上,他召集手下众将,令曹洪、荀攸坚守大营,自己亲自率军向乌巢出发。为了躲避袁军的岗哨,曹操命手下众人换上袁军的服装。遇到盘问时,他们便说自己是袁绍派来加强乌巢防备的,就这样,他们轻易地到了乌巢屯粮的地方。曹操命人将粮囤全部点燃,并趁着袁军大乱之际,发动攻势将袁军杀的大败,主将淳于琼当场战死。

乌巢起火之后,袁绍并没有派兵支援乌巢,而是决定攻打曹操的大营,切断曹军的归路。于是就派张郃、高览领兵攻打曹军大营。张郃深知粮草被烧,袁军已经没有了补给,所以必败无疑,于是他就去劝说袁绍,但没起作用。无奈之下,张郃只好和高览率领几万大军攻打官渡的曹军大营。可是他们遭到了曹军的顽强抵抗,随后曹操的军马回来对袁军发起猛攻。张郃知道袁绍不可能成就大事,便和高览商量,随后投降了曹操。这样一来,大大削弱了袁绍的实力,士兵们听说粮草没了,就乱了阵脚,曹操趁机率军发动猛攻,袁军阵亡七万多人,其他人等四散逃窜,袁绍带着儿子袁谭和八百名骑兵慌忙向北逃窜。

官渡之战,袁绍的大部分主力都被消灭了,于是曹操继续进军。公元202年,袁绍因病过世。公元205年,曹操与袁谭展开决战,袁谭战败被杀,袁绍的另外两个儿子袁熙和袁尚逃到了乌桓。公元206年,曹操终于占领了冀、青、幽、并四州,北方得到统一。

虽然袁熙和袁尚逃到了乌桓,可是曹操并不放心,为了边境的安全和彻底消灭袁氏的残余势力,曹操决定征讨三郡乌桓。乌桓,也叫乌丸,我国北方的少数民族。在群雄割据、战乱不断的时候,三郡乌桓的首领曾率骑兵攻占了幽州,将城内的十几万户汉民掠走。袁绍占领河北四州之后,将自己的养女赐给乌桓首领为妻,还将其封为单于,如此一来,乌桓便听从于袁绍了。曹操知道,征服乌桓不是简单的事情,必须在人力、物力等各方面都做好充分的准备。为此,他征集大批民工开凿水渠——平虏渠和泉州渠,用来解决军粮的运输问题。经过长时间的精心准备,曹操率领大军出发,他采纳郭嘉的建议,将大量辎重留下,以便轻装快进。曹操的计划是经渤海湾再到山海关。没想到,大军刚刚出发没多久,就下起了暴雨,多日不停,道路上烂泥淤积,成为曹军前行的障碍。而乌桓兵得到曹军来攻的消息后,就在各个险要地段设防扼守,有时还采取游击战术偷袭曹军,这使曹军几乎陷入寸步难行的境地。

幸好曹操请到田畴做向导,军队从蓟县出发,经卢龙塞,穿越高山绝谷,当袁尚、袁熙和乌桓的单于知道曹军再次进发时,曹操的大军已经到了柳城。袁尚众人赶紧调集数万骑兵前去拦截。建安十二年(公元207年)八月,在柳城百里之外的白狼山,两军相遇,两军对垒时,曹操在高处见乌桓的骑兵分散着从四面出击,便令张辽为先锋,率领部分兵力猛攻敌军右翼,乌桓骑兵哪曾见过这种凌厉的攻势,很快就溃败下去,张辽将蹋顿单于和十余名官员杀死,俘虏了将近20万人,袁尚、袁熙却再次逃走,跑到了辽东。没过多久,袁熙、袁尚先后被杀,曹军进入了柳城,彻底征服了三郡乌桓。曹操凯旋而回时，将十多万户汉族人民全部带了回来。从此，北方的混乱局面结束了，社会较为安定，经济得到了快速发展。曹操回到许都时将近53岁，他作诗《步出夏门行·观沧海》来纪念这次远征，其中有两句是："老骥伏枥，志在千里；烈士暮年，壮心不已。"

赤壁之战　三足鼎立

　　曹操在平定乌桓，占据幽、冀、青、并、兖、豫、徐和司隶八州的时候，孙氏父子占据了长江以南的江东地区，势力也在不断地壮大。孙坚最早占据江东，当时就有很大的势力，后来将大权传给了他的长子孙策，经过一段时间的发展，势力越发稳固。公元200年，孙策被毒箭射伤，医治无效而亡。他在临死前，将大权交给二弟——年仅19岁的孙权。孙权采纳谋士鲁肃的建议，一直奉行"坐江东，观成败"的原则，为称霸江东做着努力，公元208年，孙权在手下众将的大力协助下消灭了黄祖，终于坐到了江东霸主的宝座上。

　　在曹操统一北方，孙权征服江东的同时，刘备的军事力量也在酝酿和发展中。刘备，字玄德，乃西汉中山靖王刘胜的后代。由于家境贫寒，他在贩鞋的同时，主动结交天下豪杰，并与关羽、张飞结成了异性兄弟。随后，在别人的资助下，组织起自己的军队，并先后依附公孙瓒、陶谦、曹操、袁绍等人，由于势力太小，他在征战中经常失败。袁绍战败后，刘备又投奔了荆州刘表。刘表便让他在新野（今河南新野）驻军。多年的征战使刘备认识到人才的重要性，为了创出一番大业，他开始搜罗有才智的人。有人趁机向刘备推荐有"卧龙"之称的诸葛亮，刘备听后当即带着关羽、张飞前去拜访，前后共去了三次，才见到诸葛亮，并将他请出山。在诸葛亮的辅佐下，刘备也逐渐成为一股不可轻视的力量。

　　公元208年，曹操为了统一全国，亲率大军向荆州杀来。曹操的军队还没有到达荆州，刘表就病死了，他的儿子——长子刘琦、次子刘琮，向来不和。刘表生前，刘琦便到江夏出任太守。刘表死后，众人拥戴刘琮继任荆州牧。但刘琮贪生怕死，他听说曹操领兵攻打荆州，就急忙派人向曹操递交了降表，曹操没费一兵一卒就占领了襄阳。在樊城（今湖北襄樊，与襄阳只有一水之隔）操练兵马的刘备和诸葛亮并不知道刘琮投降。当曹操大军逼近时，想要抵抗已经不可能，于是便率军向江陵（今湖北江陵）退去。刘备在荆州有很大的影响力，所以他在撤退的同时，还有十多万的百姓随同南下，百姓走得很慢，刘备又不忍心扔下百姓单独撤退，只好慢慢前行，这就耽搁了时间。曹操看出刘备想要退守江陵的意图，就亲率五千骑兵，昼夜急行，在当阳长阪追上了刘备，一番大战之后，刘备损失惨重。江陵也被曹操占据了，刘备只好逃到夏口，与刘琦的军队会合。这时，夏口只有关羽的一万水军和刘琦的一万多步兵。

　　曹操占据荆州的消息传到江东，孙权被镇住了，手下的文武官员也非常惊慌，许多人主张投降，孙权始终犹豫不决。在曹操还未曾占领荆州时，孙权曾派鲁肃到荆州探听消息，鲁肃见到撤退的刘备时，曾劝他将军队驻扎到长江南岸的樊口（今

中华传世藏书　中華梟雄大傳　帝王后妃卷

湖北鄂城），方便和东吴的联系。刘备便派诸葛亮和鲁肃前往柴桑（今江西九江）去见孙权，商议联合抗曹的事情。没多久，曹操派人给孙权送了一封信，声称自己拥有百万大军，并劝孙权早日投降。这样一来，江东的许多人就都吓破了胆，长史张昭就极力主张投降是上策。刚刚调回江东的大将周瑜却将投降视为软弱的表现，并对孙权说："曹操领兵南下，他的后方有关西马超、韩遂时刻威胁着他。再说曹军将士不擅长水战，而我们可充分发挥水军作战的长处。另外，现在已是十月，粮草运输非常不便，长期对阵，曹军肯定会粮草不足；再者，曹军长途跋涉远征，士兵已经疲惫不堪，加上水土不服，定会生病。这都是曹操致命

赤壁之战

的弱点。他号称百万大军，据我分析，可用之人不过十万，其余都是从刘表那里得到的军队，而且人心不稳。主公只要给我五万精兵，我定能打败曹操。"一番慷慨激昂的讲话，说得孙权激动不已，他当即拔出宝剑，将桌案的一角砍掉，厉声说道："如果有人再敢说投降二字，这桌案就是榜样！"

于是，孙权任命周瑜为左督，鲁肃为赞军校尉，率领三万精兵，与刘备合兵一处，驻扎在长江南岸的赤壁（今湖北嘉鱼），与江北的曹操隔江对峙。果然不出所料，曹军士兵因水土不服，许多人都染上了疾病，再加上北方人不习惯乘船，船在江面上一晃动，士兵多数眩晕呕吐，别说交战，就连正常行走都很困难。为了解决士兵晕船的问题，曹操听从谋士的建议，下令每五只战船定为一组，用铁链连接起来，有的是多只战船连在一起，上面铺上木板，这就使船身不再摇晃，士兵在船上骑马奔走，就如同在平地上一样，将士们的精神重新振作起来。周瑜得知这一情况后，经过分析，认为火攻最理想。为了在火攻时能尽量靠近曹军的战船，必需麻痹曹操。于是黄盖自告奋勇施展苦肉计前去诈降，曹操以为江东将领被自己的威势吓怕了，就相信了黄盖的话，并约定好时间和信号，等黄盖领兵前来归降。

建安十三年（公元208年）十一月，有一天傍晚刮起了东南风，黄盖率领准备好的十艘大船出发了，船上装满浸了油液的干柴，外面用帷幕遮挡好，船头插上约定的旗号，每艘大船后面拴了一只小船，以便于船上的人员在点着火后乘小船撤退。黄盖的船队顺风向曹营驶去，快到江心时，黄盖命所有船只都升起帆，这样一来，船

只就像箭般向江北驶去，快到曹营水寨时，黄盖命士兵齐声高喊："黄盖来降！"曹操信以为真，就没有派人前去察看，许多士兵还走出船舱向江中观望。这时，黄盖命士兵全部登上小船，同时将大船点燃。当曹军发觉上当想要避让时已经来不及了。大风吹动火船冲入曹军的船队，由于曹军的船只连在一起，大火迅速蔓延，转眼间引燃了曹军的全部战船，就连陆地上的营帐也都被点燃了，火光映红了半边天。

周瑜和刘备率领人马趁机发动猛攻，曹军大乱，士兵在混乱中被烧死、淹死和杀死的不计其数。曹操在众将的拼死保护下，才率领少量的残兵败将从华容道撤

周瑜

退，刘备、周瑜的水陆两军并进，乘胜追击，一直把曹操追到南郡。随后曹操让曹仁、徐晃驻守江陵，乐进驻守襄阳，他自己回北方去了。在这次交战中，曹操的数十万大军几乎全军覆灭，使他再也无力南征，统一天下的愿望也破灭了。此后，江东的孙权开始向岭南地区发展。刘备也趁机占据了荆州，向益州方向发展。

文治武功　一代雄才

曹操回到北方后，开始避免战乱，恢复生产，休养生息，而乌桓西面的鲜卑族却在此时逐渐强大起来。公元217年的冬季，刘备统帅大军向曹操的西方战略重镇汉中发动进攻，曹操只得在当年九月亲自领兵赶到长安，指挥部队抵抗刘备的进攻。

公元218年，代(今山西阳高县)和上谷(今河北怀来县)郡外的三个单于，联合鲜卑族部落酋长轲比能，出兵骚扰河北边境。因此时曹操正在率兵抵抗刘备，所以只能派三子曹彰率兵征讨鲜卑。当曹彰率领一千多人到达涿郡边界时，鲜卑的大量骑兵突然偷袭，曹彰根据田豫的建议，利用有利地势布成了圆形阵营，步兵在外围，弓弩手夹在中间，当敌军进攻时，弓弩手一齐放箭，鲜卑的骑兵见无法前进，便向后退去。曹彰趁机亲率士兵发动反攻，鲜卑大败。曹彰领兵追赶了二百多里，很快就要到代郡了。曹彰的部下认为人马劳顿，初到新地，再加上曹操还曾下令不准越过代郡，所以劝曹彰不可轻敌冒进。曹彰说："两军交战，只要对我军有利，就一定要前进，怎能事先规定限度呢？况且敌人士气低落，我们继续追击，一定能够大获全胜。要是放任敌人逃走，怎能算是良将呢？"说完，立刻上马，并下令道："后退者斩！"结果在一天之后就追上了敌人，乌桓和鲜卑联军见曹军勇猛，四散逃窜，

又有数千人战死和被捉。鲜卑轲比能无力抵抗,只好带兵退到塞外,并表示愿意归降曹操,从此,北部边境恢复了安定。

到公元219年年初,曹操的爱将夏侯渊在定军山战败,被刘备杀死,同时又有消息说关羽率兵攻打襄阳、樊城,曹操无奈,只好率军退回长安。三十多年的征战生涯,使曹操患上了疾病,由于心力交瘁而使病情恶化,于魏文帝黄初元年(公元220年)正月病逝,终年66岁。

曹操生前曾先后消灭了北方的陶谦、张绣、吕布、袁术、袁绍、刘表等多股豪强势力,结束了军阀混战的局面,在北方得到统一的同时,还发展了当地的经济,为中原地区的百姓创造了相对安定的生活环境。曹操生前在北方屯田,兴修水利,解决了军粮缺乏的问题,对农业生产的恢复有一定的作用。他用人唯才,打破世俗门第观念,罗致地主阶级中下人物,抑制豪强,加强集权。在他所统治的地区内,社会经济得到恢复和发展。他精通兵法,著有《孙子略解》《兵法接要》等书。曹操不仅在政治、经济、军事上表现了杰出的才能,在文学上也有很高的成就。曹操和他的儿子曹丕、曹植都是当时文坛上的领袖人物。在他们的提倡和带动之下,这个时期的创作被称为"建安文学"。曹操的诗现存20余首,较完整的散文40多篇。他的诗都是采用乐府古题,继承了汉乐府民歌的优良传统,又有所创造,对五言诗的发展,产生过积极的影响。散文亦清峻整洁。他善于以质朴刚健的语言直抒胸臆,无典雅浮华之弊。遗著《魏武帝集》,已佚,有明人辑本。

曹 丕

曹操病死之后,其子曹丕成为魏王,没过多久,曹丕就逼迫徒具虚名的汉献帝"禅让"。当年十月,汉献帝将皇位"禅让"给曹丕,十月二十九日,曹丕代汉称帝,改国号"魏",称为魏文帝,曹操被追尊为太祖武皇帝,庙号太祖。公元221年,刘备在成都称帝,国号"汉",年号建章。公元229年,孙权在武昌(今湖北鄂城)称帝,国号"吴",不久迁都建业(今江苏南京)。自此,形成了三国鼎立的局面。

【名家评点】

非常之人,超世之才。

——陈寿·《三国志》

天下英雄谁敌手,曹刘。

——辛弃疾·《北固亭怀古》

【历史印证】

　　曹操一生南北征战,统一北方,为中国进一步的统一奠定基础,对我国的历史发展起了积极作用。

隋文帝杨坚:统一乱世 开创大隋

杨坚

【人物档案】

姓名:杨坚

别名:普六茹坚、圣人可汗。

生卒:541年~604年

字号:字那罗延

属相:鸡

在位时间:23年

谥号:文皇帝

庙号:高祖

主要成就:代周建隋灭陈,结束南北分裂局面,开皇之治,创三省六部制。

陵寝:泰陵(陕西省咸阳市杨陵区城西5公里处三畤原上,即:杨陵区五泉镇王上村)

【枭雄本色】

隋文帝杨坚(541~604),隋朝开国皇帝,其父杨忠原是西魏十二大将军之一,封为隋国公,杨忠死后,杨坚袭父爵,女儿为周宣帝的皇后。因此,杨坚不仅是西周统治集团上层强有力的军事统帅,还是皇亲国戚,享有很高的政治地位。周宣帝死后,年仅8岁的周静帝宇文阐即位,杨坚便以"入宫辅政"为由,总揽军政大权,号称"假黄钺左大丞相",都督内外军事。公元581年2月,杨坚逼宇文阐让出帝位,自己登基称帝,建立了隋朝。隋文帝精心治理,隋朝迅速强大繁荣起来。他不仅成功地统一了已经处于分裂局面几百年的中国,还使隋朝成为政权稳固、社会安定、户口锐长、垦田速增、积蓄充盈、文化发展、甲兵强锐、威震邻邦的强盛国家。后人一般将隋文帝的大治誉为"开皇之治"。

观"党争"中立潮头

杨坚生于西魏大统六年（541年）。自古皇帝多喜欢为自己的身世披上一些神话色彩，杨坚也不例外。据《隋书》记载，杨坚出生时有紫气满室，手上的掌纹成一个"王"字。他一出生就有高人说他来头很大，预言其必得天下。更神的是据说他母亲一次抱他时突然发现他"头上角出，遍体鳞起"，大惊之下将他摔落在地。据说，如果不是这么一摔，杨坚还可以更早地夺取天下。

杨坚之父杨忠是西魏和北周的大将，参与指挥过对齐国和梁国的多次大规模作战，号称健儿。杨坚因父亲功劳的荫庇，自幼便出入西魏、北周官场，15岁就被封为成纪县公，不久又升为大兴郡公。公元568年杨忠去世，杨坚袭爵成为隋国公。

杨忠去世前，北周的大权实际掌握在权臣宇文护的手中，这个宇文护是开国皇帝宇文泰的侄子，宇文泰去世时太子年幼，于是遗命让宇文护辅佐少主，没想到宇文护却把少主干掉另立傀儡自己独揽大权。而当时的皇帝周武帝虽然是宇文护扶植的，却不甘于傀儡地位，不断暗中积蓄力量准备夺回权力，两派之间暗潮汹涌。宇文护看中杨坚的才能，向他示好要拉拢他。这时宇文护的势力占绝对优势，如果换个缺乏政治远见的人，那一定会兴高采烈地投入宇文护的怀抱。但杨忠杨坚父子并非常人，杨忠遗言告诫杨坚说"两姑之间难为妇"，杨坚因此在皇帝与权臣间严守中立。

受谗言临危不乱

事实证明杨氏父子的政治嗅觉是多么敏锐，杨忠去世后第四年，周武帝发动宫廷政变，先暗杀了宇文护，然后将其党羽一网打尽。幸亏当初杨坚没受拉拢，不然一定没命了。

皇帝虽然夺回了政权，但由于本身的心腹并不多，也就不得不大力拉拢那些原来的中立派，这就给了杨坚很好的发展机会。政变后的第二年，周武帝为自己的太子娶了杨坚的大女儿当太子妃。太子是未来的皇帝，杨坚成了未来的国丈，政治地位大大提高。

南北朝时皇帝杀大臣、大臣杀皇帝是家常便饭，位高权重者大都不得善终。杨坚的地位高了，政治风险自然也大了。一些或真或假的"忠臣"开始在皇帝那里说杨坚的坏话，不过由于杨坚一贯小心谨慎，"忠臣"们没抓住什么把柄，于是干脆就攻击杨坚面有反相。

好在周武帝并不是个暴君,他虽然对杨坚动了疑心,但还是要亲自调查一下,他找了一个叫来和的著名相面大师,命令去给杨坚相面。来大师一看,杨坚果然是帝王相,不过来大师包藏私心,想乘机卖个人情给杨坚,这样杨坚以后成了大事可以好好照顾自己,于是来大师回去后向皇帝撒谎说杨坚是十足的忠臣相,杨坚总算化险为夷。

周武帝为人英武果断,是北周极有作为的皇帝。在他当政的时候,杨坚老老实实、勤勤恳恳地演好他忠臣的角色,还跟随周武帝参与了消灭北齐的战争,在这一战中立下大功。到周武帝去世,杨坚在行动上始终是个模范的贤良人物。

装聋哑明哲保身

灭齐后第二年,周武帝病故,杨坚的女婿周宣帝即位,杨坚的女儿被封为皇后。这个周宣帝并无治国之才,周武帝原本不想立他为太子,可无奈其他儿子更不争气,这才让宣帝当了继承人。这就是封建世袭制度的悲哀了,即使明知道那继承人不合格,可毕竟是自己的儿子,难道把皇位传给别人?为了保护自己的儿子不受欺负,周武帝临终前安排了几位忠心耿耿的大臣辅政。这几位都是位在杨坚之上的重臣,本来可以压得住杨坚。不料周宣帝可能当太子时被压抑得太久,一登基就克制不住地胡作非为,宠信几个只会吹牛拍马的家伙。几个辅政大臣劝阻,结果被宣帝今天杀一个明天杀一个,不到半年杀了个干净。于是朝中有能力的老臣为之一空,而新贵们又是些没本事的弄臣,杨坚就升级成了最有能力最有声望的大臣,皇帝轮流做的心愿可能就是在这时萌生的。

宣帝虽然是不折不扣的昏君和暴君,但毕竟统治者在政权方面是很敏感的。宣帝感到杨坚对自己构成了威胁,开始对杨坚警惕起来,甚至怀疑皇后是杨坚安排在自己身边的间谍。杨坚之所以一直没被宣帝清洗掉,全靠他政治手腕圆滑,一方面对皇帝的种种荒谬行为视而不见绝不进谏,对皇帝的步步进逼逆来顺受绝不惹皇帝生气;另一方面努力做好与皇帝宠臣的沟通,让他们为自己多打掩护至少别说坏话。这两手当然为君子所不屑,不过当君子的下场就是死在暴君和谗臣的手里,为了活命也只好不当君子了。

挟天子尽歼五王

杨坚掌权是在5月底,6月初相州总管尉迟迥就拉起清君侧的大旗要捍卫宇文氏的政权。尉迟迥是北周开国皇帝宇文泰的外甥,很年轻时就已是当世名将,为北周从梁朝手里攻取了四川全境。到杨坚掌权时,尉迟迥掌兵权已近30年,门生故旧遍布天下,尉迟迥本人则掌握原北齐首都相州(州治邺城),手握精兵数十万,原北齐全境都在其势力影响之下。尉迟迥登高一呼,河北河南山东等地立即应者云集,20余州同时起兵。

除了这些,杨坚的后方也不安全,朝廷里宇文氏的力量仍蠢蠢欲动。周宣帝在位时,为巩固中央对地方的控制,封了赵、陈、越、代、滕五个大诸侯王,这五王都手握重兵,是宇文氏的屏障。杨坚上台后非常担心这五王反抗,而自己根基未稳又不敢立刻下手除掉这五王,于是只好采用折中之策,以小皇帝的名义召五王入朝觐见,然后把五王留在长安,斩断他们与各自部队的联系。这一计是很不错的,可五王也不是白痴,他们到了长安后立即发现情况不妙,于是积极串联仍忠于周朝的大臣们时刻密谋发动政变,杨坚随时可能惨遭暗箭。

当然杨坚还没有糟糕到沦为孤家寡人的地步,由于他一掌权就革除了周宣帝的种种暴政,其政治素质又确实比周宣帝高得太多,因此非宇文家族的大臣们多数都投靠了他。这其中就包括几个日后辅佐杨坚成帝王之业的关键人物,最著名的有韦孝宽、李穆、李德林、杨素、高颍等人。

有了这些人的效忠,杨坚的地位在政治和军事上都逐渐稳定下来,以杨坚为首的新兴集团和以尉迟迥为首的老牌权贵拼死厮杀起来。

既然杨坚只能暂时对五王采取防守反击的策略,五王集团也就毫不客气地打算先发制人。某日,赵王请杨坚到家里吃饭,欲图在宴席上刺杀杨坚。这下杨坚有了借口对赵王动手,妄图谋杀辅政大臣,这个罪名自然是死罪,而犯罪目的自然是要谋反,于是忠心捍卫宇文政权的赵王被皇帝下旨以谋反罪满门抄斩。当然皇帝自己是不想杀赵王的,但杨坚握着朝政,也不由小皇帝不从,这就是挟天子以令诸侯的好处。赵王是王党的中心,他死后王党的力量随之崩溃,杨坚的内忧得以解决。

除外患"禅让"登基

与此同时,杨坚派出三路大军,分别讨伐尉迟迥、司马消难、王谦。尉迟迥是反叛盟主,威胁远比司马与王谦大得多,因此讨伐尉迟的部队集中了杨坚控制的全部精锐,以韦孝宽为帅,辅以梁士彦、宇文忻、崔弘度等宿将,大军直指尉迟的根据地邺城。尉迟迥派了自己的儿子尉迟淳领兵10万迎击,双方夹沁水对阵,此时正好沁水暴涨,双方只得隔河相峙。

韦孝宽的大军是杨坚全部的希望所在,眼看战况不明,杨坚焦虑不安,偏偏此时流言四起,说韦孝宽军中众将与尉迟勾结,故意怠慢军心。杨坚又惊又怕,打算走马换将。谋臣李德林急忙拦阻,提醒杨坚临阵换将是兵家大忌,说不定真会把韦孝宽等人逼到尉迟迥阵营里去,那些流言说不定就是反间。杨坚恍然大悟,连忙问计。李德林提议派一精通兵法的心腹去任监军,只是这监军的人选十分难得,要能震慑众将不敢妄生二心,即使有个别人作乱这监军也要能压得下来。君臣二人商议半天,决定派当初拥立杨坚立功最大的郑译、刘昉前去。不料这二人正怨恨杨坚当权后给的赏赐太少,心里持了观望态度,正在秘密与尉迟迥联络,哪里肯上战场去冒生命危险,于是一个借口没有军事才能,一个借口老母在堂,都一推了之。好在杨坚还是有真正的心腹,高颎挺身而出,主动提出要去前线为主分忧。杨坚批准后,高颎连家都没回就出发了。

高颎于8月赶到沁水前线,抚慰众将,激励士卒,官军士气大涨。于是高颎在沁水赶造浮桥,意图过河决战。尉迟淳虽百般阻挠,但高颎抵御有方,浮桥终于建成。尉迟淳下令全军稍为后退,意图在官军半渡时发动反扑,不料这一退弄得军心动摇,等尉迟淳好不容易收拾好部队反扑回来时,高颎已经不是半渡,而是全渡了。即使如此,双方兵力相差不大,尉迟淳还是大有可为的。于是尉迟淳率军拼死向前,希望把高颎赶回对岸。高颎更绝,居然下令烧毁浮桥,自己断了归路,大有楚霸王破釜沉舟、韩信背水一战的架势。高颎部此时前有强敌,后有大河,全都红了眼,尉迟淳抵挡不住,只得仓皇撤退,逃回邺城老巢去了。

官军干净利落地击败了尉迟军,高颎确实不负杨坚所托。

强渡沁水后,韦孝宽、高颎立即直扑邺城。眼看敌人兵临城下,尉迟迥派儿子尉迟淳、尉迟佑领兵13万,弟弟尉迟勤领兵5万,自己领精锐1万出城迎战,双方的大军在邺城下杀成一团。尉迟迥的部队最终还是抵挡不住官军的进攻,邺城城外尸横遍野,血流成河。决战失利使尉迟迥精锐尽丧,只得退守邺城,韦孝宽等人挥军四面猛攻,邺城不久即被攻破。尉迟迥拔刀自刎而死。

在消灭尉迟迥的同时,讨伐司马消难和王谦的两路大军也进展顺利。大将王谊数败司马消难,8月下旬,司马丧失全部地盘,狼狈投靠江南的陈朝去了;大将梁睿从汉中经剑阁入蜀,10月,与王谦在成都城下决战,擒斩王谦。起兵反抗杨坚的三路大诸侯就此全部被镇压。

消灭掉朝内朝外所有敌人后,杨坚终于可以专心于篡位了。12月,他下令将当年宇文泰改的那些鲜卑姓全部恢复成汉姓,他自己也从普六茹坚变回杨坚。这个举动的象征意义十分明显,鲜卑人的政权完了,即将出现在历史舞台上的将是一个汉人的朝廷。随后,杨坚紧锣密鼓地进行禅让的程序,先受封为隋王,受九锡,又顺手杀掉了宇文氏五王中还苟延残喘的那几个。终于,在公元581年的2月,周静帝禅位于杨坚,杨坚以篡夺的手段当上了皇帝,改国号为隋,改年号为开皇。这一年,杨坚39岁。

任贤举能　稳固朝政

杨坚称帝后,吸取了北周灭亡的教训,为了加强对地方的控制,他将自己的儿子们和部分亲信派到各地去驻守,让他们掌管当地的军事。同时还罢黜那些没有真才实学的大臣,其中还包括那些在自己夺取帝位过程中立有大功的人,又大量提拔有真才实学的人上来,辅佐自己处理国家政务。在实施了这一系列的措施之后,隋朝政权基本得到稳定,此后,杨坚便开始了一系列的改革,其中包括:中央和地方的政治体制、土地制度、赋税、法律、钱币等。

在中央,设置三师、三公、五省、六部、二台、九寺、十二府。分掌各级职能。

后周时期,国内有州 202 个,郡 508 个,县 1124 个。每一个官吏只管理二至三个地方,而且州、郡、县又分九等,设有两套职官,一套由吏部任命,另一套由刺史聘任。这样一来,州、郡、县就有大量的官员。几乎达到了民少官多的地步。开皇三年(公元 583 年),杨坚下令将省郡一级的行政单位裁掉,实行州、县两级制,同时又将一些州县合并,废除各地长官聘任的僚佐。这就简化了政令推行的程序,而且还节省了大量的开支。

陶文官俑

开皇三年(公元 583 年),隋文帝杨坚决定修改刑律,于是,将制定新律的重任交给博闻强记、精通律令的苏威和牛弘两人,他们充分借鉴前朝立法的经验,又考虑当时社会的实际状况,制定完成了法典《开皇律》。《开皇律》共分十二篇,五百条,将前朝的一些残酷的刑罚删除掉,重新定刑的名目为五种:死刑分绞、斩两种;流刑有一千里、一千五百里、三千里;徒刑分一年、一年半、二年、二年半、三年;杖刑从六十到一百不等;笞刑从十到五十不等。除此之外,还规定"十恶",分为:谋反、谋大逆、谋叛、恶逆、不道、大不敬、不孝、不睦、不义、内乱,"十恶"之内的罪犯,将给予严惩。地主官僚们只要不是犯了十恶不赦的罪,都可以从轻发落,并且可以出钱赎罪,也允许以官品抵刑。

为了发展国内经济,使百姓少受饥荒,杨坚在称帝的初年,就加大力度推行均田制。

每个成年男子可得永业田 20 亩、露田 80 亩;成年女子可得露田 40 亩,而且永业田可以由子孙继承。限制地主、贵族家的奴婢数量,亲王府可有 300 名奴隶,一般地主的奴隶不得超过 60 人。亲王至都督的土地也有限制:根据级别可有 100 顷至 40 亩不等的永业田。京官的俸禄改用土地代替,给五顷至一顷不等的职分田。

除此之外,重新制定百姓的赋役:一对夫妇每年交纳三石粟;桑蚕地区每年交一匹绢、二两绵;麻织布地区每年交一端布、三斤麻。成年男子每年的服役期限为一个月。从开皇三年(公元 583 年)起,隋文帝下旨将"成年"的年龄从原有的 18 岁提到 21 岁,服役时间减少十天,调绢减少一丈。开皇十年,再次规定超过 50 岁的成年男子可以交纳布帛来代替服役。

为了增加国家的财政收入,防止百姓少报人口或岁数来逃避赋税,杨坚建立隋朝后,开始推行"大索貌阅""输籍定样"。"大索貌阅"就是重新核对本人的体貌与年龄。"输籍定样"就是根据每户拥有的资产将其分户等,编制"定簿",然后根据户等制定应缴的税额,并且整理成簿。在每年的五月,地方县令派人进行核查,根据实际情况重新制定"定簿"。这样一来,国家的财政收入有了明显的增加,同时也防止了地方豪强与官僚勾结,营私舞弊。由于当时的币制比较混乱,隋文帝还下令废除其他的古币以及私人铸造的钱币,改由朝廷改铸五铢钱,并且重新统一了度量衡。

这一系列改革措施的推行,强化了君主专制下的中央集权统治,促进了当时的经济、文化发展,使整个隋朝都很富足。不仅如此,杨坚时的体制还具有承上启下的作用。三省六部制、州县二级制、《开皇律》和均田制,都对后代的封建王朝具有重大影响。

在杨坚称帝时,当时中亚地区的游牧民族(称突厥)趁着隋朝刚刚成立,国家比较混乱的时候,派兵南下入侵,后来被隋军打败。但突厥始终是隋朝的边患,为了防止突厥的侵扰,杨坚三次下令重修长城,使北方的防御线得到巩固。随后,杨坚采用大臣提出的镇压与安抚双管齐下的策略,令东突厥接受了隋朝的领导,而西突厥则逐渐迁向西方。

杨坚安定了北方之后,开始考虑消灭南方的割据势力——后梁和陈。他用计软禁了后梁的皇帝萧琮,然后派大军占领后梁。此时只剩下占据江南的陈,陈建都建康(今江苏南京),皇帝是喜好酒色的陈叔宝。公元588年的秋天,杨坚调集50万大军,兵分八路向陈发动了全面进攻。而此时的陈叔宝仍然纵情歌舞,没有积极地备战,在第二年,贺若弼、韩擒虎两路隋

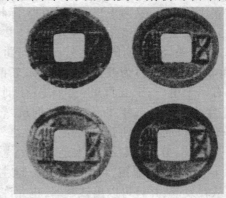

隋朝的五铢钱

朝大军突破长江防线时,陈国大将任忠投降,在他的引导下,隋军攻进了建康城,活捉了陈叔宝。随后,陈国的各地守将纷纷投降,杨坚终于重新统一了全国。

没过多久,杨坚认为军队、兵器在当时已经没有用武之地了,弄不好还会为国家增添祸乱,于是就下令:停止制造兵器等军事装备,将民间的兵器收缴销毁;除了边疆和京城的军队以外,其他军人和其子弟应偃武习文。随后又下令收缴全天下的兵器,如有私自打造者,予以严惩;将江南三丈以上的大船全部收归朝廷,杨坚希望通过这一办法尽量消除可能出现的不安定因素,以确保杨氏的统治能够长久。

生性多疑　后继无贤

　　杨坚称帝初年,还能够任用贤能,听进大臣们的谏言,将国家治理得井井有条。但随着时间的推移,他生性多疑、喜怒无常的心性也逐渐显露出来。杨坚是从宇文氏手中篡夺的皇位,为了保住自己的江山,他非常担心有臣子仿效自己篡夺皇位,于是,他时刻保持着高度警惕,留意着文武大臣们的言行,稍不合自己的心意,就将其进行严惩。

　　杨坚称帝前后,极为赏识颇有才学的虞庆则。以至于登基后,将虞庆则升为吏部尚书兼内史监,这在满朝的群臣中仅排在高颖下面。后来,杨坚又将其升任为尚书右仆射,由此可见他在杨坚的心中占据着非常重要的地位。开皇十七(公元597年)年,桂州(今广西桂林)人李代贤兴兵反隋,朝中没有人愿意领兵前去讨伐,杨坚便指名要虞庆则领兵带队。当时,虞庆则的内弟与他的小妾有私情,他偷偷向杨坚说虞庆则不愿去等等的坏话。杨坚心中很不高兴,对虞庆则的忠心起了怀疑。在大军凯旋回师的路上,虞庆则指着一个地方对手下中将说:"这里若是有个合适的人把守,再准备好充足的粮食,便很难将其攻破。"虞庆则的一席话,被别人报告给杨坚后,杨坚的疑心开始作祟,认为虞庆则有图谋不轨的意向,于是便将他杀死了。

　　高颖可称得上是杨坚的左膀右臂,杨坚称帝后,将高颖任命为尚书右仆射兼纳言,可谓一人之下万人之上,高颖在杨坚巩固帝位的过程中出谋划策,许多改革措施都是他提出来的。在灭陈和突厥的时候,他也随军前往,立下赫赫战功,杨坚将他当成自己的镜子,但他们却在立太子的问题上出现了分歧。杨坚不满意皇太子杨勇的所作所为,欲立晋王杨广为太子。但高颖却极力劝谏,说废长立少有违礼仪,由于杨勇的女儿是高颖的儿媳,杨勇即位,高颖就将成为国丈,这使杨坚开始怀疑高颖的动机。最后,杨坚在处理另一个大臣的案子时,故意牵扯上高颖,将其削官为民。

　　不光如此,杨坚还在宫殿里设置了棍棒,他瞅谁不顺眼,便下令对其施以杖责,几乎天天都有大臣挨打,他怕行刑者与官员私通故意手下留情,还下令不卖力行刑者也将受到杖责,这就使得行刑者出手极重。有一次,杨坚又下令杖人,那人受刑过重死了。当杨坚消了气之后,认为那人没有犯死罪,便又训斥其他的大臣,嫌他们没有阻止自己。杨坚晚年凶残成性,随意杀人,在平时上朝时,如果有个别官员的服饰不整齐,他就认为是对朝廷的不尊。有一次,他不但斥责御史没有起到监管作用,而且还将其推出斩了。一旁的谏议大夫急忙行使自己的职权,出来劝谏,杨坚又将他也杀了。因为些许小事而任意诛杀官吏的事情,在隋朝经常发生。

　　杨坚深信有鬼神存在,特别虔信、礼敬佛教,为此大加崇祀,广建寺院、佛塔。而且他还认为学问没有用处,不顾大臣们的再三劝谏,于仁寿元年(公元601年),

颁布诏令,除了国子监外,废除其余的全部学校。

他本身提倡节俭,自己不讲究享受。但是,在建造宫殿上却显出惊人的奢靡。由于嫌从前的长安城规模太小,于是下诏在龙首原以南的平原上重新修筑新都城,将其命名为"大兴城"。多年以后,当他对大兴城失去兴趣后,又花费巨资在岐州(今陕西凤翔南)兴建规模巨大、豪华的仁寿宫。随后,在仁寿宫与大兴城之间修建了十二座行宫。

白瓷双系鸡首壶

杨坚花费心思巩固杨氏的天下,但他的这些行为却激化了各阶级之间的矛盾,在他统治的末年,隋王朝已经是危机四伏了。晚年,在独孤伽罗皇后的影响下,于开皇二十年(公元600年)冬十月下诏废黜杨勇,另立杨广为皇太子。杨坚共有五个儿子——杨勇、杨广、杨俊、杨秀、杨谅,他们都是独孤伽罗(杨坚能当上皇帝,全靠沾了独孤氏的光,所以他对皇后独孤伽罗心怀畏惧)所生。长子杨勇出生后就被立为皇太子,杨坚对他十分器重,将自己的全部希望都放在他身上,在杨勇十多岁的时候,杨坚就让他参与军国政事。但杨勇生性好色,长大后,越来越迷恋女色。而独孤伽罗皇后最讨厌的就是这种事情,她还曾劝杨坚派人查办有私生子的大臣。杨勇的长子就是个私生子,杨坚对此事非常不满,怕那个私生子不是杨勇的血脉,乱了杨氏皇族的血统。在独孤皇后的一再挑唆下,杨坚开始斥责杨勇,谁知道杨勇竟然敢公开反驳,杨坚为此大为恼火。次子杨广早就想当皇太子,他见父母讨厌杨勇,认为自己的机会来了,于是使出浑身解数,讨父母的欢心,特别是他装出不好酒色的模样,受到母后独孤伽罗的大加赞赏。终于,在独孤伽罗的鼓动下,杨坚废了杨勇,杨广如愿以偿地当上了皇太子。但杨广当上太子之后并不满足,而是想尽快当皇帝。

开皇二十四年(公元604年),杨坚在仁寿宫养病,杨广认为皇上不行了,便急忙写信给亲信杨素,询问杨坚的后事应该如何料理,而杨素的回信又被太监错送给杨坚。正在这时,杨广又看见杨坚的爱妃陈氏生的美貌,不由色心大起,对其百般调戏。杨坚知道这两件事后,怒骂道:"畜生何足付大事!独孤误我!"于是,他将身边的侍臣柳述等人叫到床前,说:"速召我儿!"柳述等人以为是叫杨广,而杨坚却连呼:"勇也!"柳述等人去起草诏书,打算将被囚禁的杨勇找来。杨广得到消息,惊慌失措,急忙将心腹们找来商议应对之策。最后,杨广派宇文述、郭衍率领东宫卫士将仁寿宫包围,原有的卫士都被撤换掉,服侍杨坚的所有宫人都被赶走。就剩下杨坚一人躺在仁寿宫中。

公元604年,杨坚病逝,终年64岁,在位24年,庙号"高祖",谥号"文皇帝",史称"隋文帝",葬于太陵(今陕西扶风东南)。

【名家评点】

高祖龙德在田,奇表见异,晦明藏用,故知我者希。……于是躬节俭,平徭赋,仓廪实，法令行，君子咸乐其生，小人各安其业，强无凌弱，众不暴寡，人物殷阜，朝野欢娱。二十年间，天下无事，区宇之内晏如也。考之前王，足以参踪盛烈。但素无术学，不能尽下，无宽仁之度，有刻薄之资，暨乎暮年，此风逾扇。又雅好符瑞，暗于大道，建彼维城，权侔京室，皆同帝制，靡所适从。听哲妇之言，惑邪臣之说，溺宠废嫡，托付失所。

——唐·魏徵《隋书》

隋文帝之俭，非俭也，吝也，不共其德而徒厚其财也。富有四海，求盈不厌，侈其多藏，重毒天下，为恶之大而已矣。

——清·王夫之《读通鉴论》

【历史印证】

隋文帝消灭了其前朝过时的和无效率的制度，创造了一个中央集权帝国的结构，在长期政治分裂的各地区发展了共同的文化意识，这一切同样了不起。人们在研究其后的伟大的唐帝国的结构和生活的任何方面时，不能不在各个方面看到隋朝的成就，它的成就肯定是中国历史中最引人注目的成就之一。在中国历史上，隋文帝的作用不仅仅是开创了一个朝代。他不仅结束了南北分裂两百多年的局面，而且成功地将原北周的制度移植到大江南北。他创立的制度中，科举制、三省六部制等都影响了中国政治一千多年，并不因隋朝的短命而失去作用。

唐太宗李世民：千古权谋 盛世名君

【人物档案】

姓名：李世民

别名：唐太宗、天可汗、二郎。

生卒：599年~649年

属相：马

在位时间：23年

谥号：文帝（后累加谥文武大圣大广孝皇帝）

庙号：太宗

主要成就：精简政府机构，改革三省六部，开创贞观之治。

陵寝：昭陵（陕西省咸阳市礼泉县九嵕山）

【枭雄本色】

唐太宗李世民，世所公认的古代第一明君，他的文治武功和辉煌业绩，万世景仰，他的权谋韬略，帝王心术也值得后人研究。

李世民，十八岁随父起兵太原，攻克长安，渐露头角。618年，李渊在长安

唐太宗像

称帝，建立大唐王朝，李世民得封秦王。在随后进行的统一战争中，秦王李世民击杀薛举父子，平刘武周，灭王世充和窦建德，逐刘黑闼，功勋卓著，也为自己笼络了大批文才武将。一伺时机成熟，李世民毫不犹豫发动玄武门之变，杀兄屠弟，又在金銮殿逼父退位，终于登上皇帝宝座，君临天下。李世民充分展现了帝王权谋，平衡群臣，恩威并用，宽柔相济，使一班能臣干将，死心塌地为他尽忠效命。于是有"贞观盛世"之局面，他也有了"千古圣君"之美名。古人云："盛名之下，其实难副"，唐太宗的身前身后，又有多少故事是你所不知道的呢？请君细看……

明争暗斗　祸起萧墙

公元 618 年(唐武德元年),李渊废隋恭帝侑,建国号唐,是为唐高祖,经过七年的统一战争,先后凡六大战役,唐王朝终于统一中国。在起兵和统一战争中,李世民战必胜,攻必克,成为一代军事大家,是唐朝建立的最大功臣。而军事上的功绩既为兄长建成所忌,导致矛盾激化,也为李世民取帝位奠定了坚实的基础。

自太原起兵到统一全国的战争过程中,李世民威望日增,在上层统治集团中,特别是在兄弟中有着特殊的地位。当太原谋划起兵时,李世民起了重要作用,其兄建成、其弟元吉,却在河东,未直接参与其事。唐兵定关中,建立李唐王朝,李建成以嫡长子身份封为太子。太子是国之储君,需经常留在君主的身边,习理朝政,一般的领军作战是不派太子亲征的,即所谓"君之嗣嫡,不可以帅师"。李渊出身关陇军事贵族,趁隋末农民大起义基本上摧毁了隋统治政权时,才起兵反隋。夺得全国最高统治政权之初,其地位并不巩固,因而李渊从不把军国大权委任外姓将领担任,而由李氏诸王任各路大军统帅,最紧要的岗位更必须由自己的儿子来担任。窦皇后共生四子:建成、世民、元霸、元吉。元霸早夭,元吉起兵时只有十五岁,而长子建成和次子世民年已二十九岁和二十岁。所以入关时,建成、世民领左、右军大都督,分统左、右大军,元吉则为太原郡守,留镇晋阳。进入长安后,初次出兵关东,也以建成、世民分任左、右元帅。但到李渊称帝、建成立为太子时,削平割据势力、镇压各地农民起义军的战争指挥权就只能由秦王李世民来执掌了。武德三年(620年)出兵关东时,元吉已十八岁,也随同秦王领兵出战。不过,指挥全局的是李世民。元吉指挥作战虽也取得某些成功,但其谋略远不如世民,在诸将领中的威望也远赶不上世民。这就在客观上为李世民建功立勋提供了机缘。唐军进入长安前,李世民与长兄建成的地位、权力基本相同;进入长安后,由于所处地位的不同,两人之间的关系就开始发生了变化。

李世民由于屡建奇功,政治地位、军事地位都日益增长,不但掌握着大量军队,而且还身兼丞相之职。其地位在当时是颇为特殊的。这对太子建成不能不是一个威胁。

唐初统一战争中,李世民先后平定刘武周、窦建德、王世充数大势力,堪称功勋盖世。武德四年七月,当他返回长安时,身披黄金甲,后面跟随着二十五员大将,铁骑万匹,前后部军乐鼓吹,真是红极一时。冬十月,"高祖以自古旧官不称殊功,乃别表徽号,用旌勋德",就给世民"加号天策上将、陕东道大行台,位在王公上"。天策府可置官属,计有长史、司马各一人,从事中郎二人,军咨祭酒二人,典签四人,主簿二人,寻事二人,记室参军事二人;功、仓、兵、骑、铠、士六曹参军各二人,参军事六人。天策府实际上是秦王李世民军事上的顾问决策机构。

李世民又以"海内浸平",设立"文学馆",收罗四方文士。著名的"十八学士"是:杜如晦、房玄龄、于志宁、苏世长、薛收、褚亮、姚思廉、陆德明、孔颖达、李玄道、李守素、虞世南、蔡允恭、颜相时、许敬宗、薛元敬、盖文达、苏勖。"诸学士并给珍膳,分为三番,更直宿于阁下,每军国务静,参谒归休,即便引见,讨论文籍,商略前载。预入馆者,时所倾慕,谓之登瀛洲。"文学馆实际上是李世民政治上的顾问决策机构。

李世民从各方面发展自己的私人势力,他所招罗的将佐文士都有一个特点,就是为他尽死力,听从他一人指挥。所以,秦王的教命能够迅速地贯彻,而高祖的诏敕有时可以置之不理。对此,李渊曾在裴寂等面前发牢骚:"此儿典兵既久,在外专制,为读书汉所教,非复我昔日子也。"当然是和从前大不相同了!试想,在秦王威震四海、人心所向的情况下,怎么会安于原先的地位呢?正如大臣封德彝指出:"秦王恃有大勋,不服居太子之下。"这是事实。李世民争夺皇位继承权的图谋变得更加强烈了。

面对李世民咄咄逼人之势,李建成和元吉是怎样对待的呢?《旧唐书·高祖二十二子列传》史臣评论说:"建成残忍,岂主鬯之才;元吉凶狂,有覆巢之迹",其实并非如此。

李建成性格宽简、仁厚,颇有军事才干。自太原起兵后,一直与李世民同领左右统帅,战河西,平宋老生,克关中,以及首攻洛阳。这一时期他在军事上的贡献与李世民是相等的。立为太子后,"高祖忧其不闲政术,每令习时事,自非军国大务,悉委决之。"并派礼部尚书李纲、户部尚书郑善果兼任太子宫官,与参谋议,协助建成治理政事。说明李渊在政治上是在培养建成的。武德二年(619年)率兵镇压过司竹祝山海的反唐起兵,两年后又抵御过稽胡刘仚成的骚扰。在唐统一全国的战争期间,李建成在稳定后方,支援前线,协助李渊处理政事等方面,是有一定贡献的。

齐王元吉也善武艺,颇骁勇。出关东前他年龄小,作用还不大。十八九岁起跟随哥哥世民出关东征,在讨平王世充、镇压刘黑闼的战役中,立有战功。秦王建立天策府,元吉领司空。但元吉没有与世民结成紧密关系,成为世民的私党,相反与大哥建成却合得来,与太子建成结成宫府集团,共同对付秦王。造成这种情况的原因是很复杂的,而李世民在经略关东时,对这位小弟器重不够,可能使得元吉不快。另一方面,晋阳起兵前,元吉和建成同在河东,后来第二次攻打刘黑闼时,他们两人又在一起,建成可能利用了这些机会把元吉拉拢过去,成为支持他的人,造成政治上的优势地位。

太子、齐王与秦王一样都有自己的官属。为了加强自己的实力地位,他们也积极培植私党。东宫洗马魏徵、中允王珪和左卫率韦挺等很有政治才干,并"尽心所事",是建成的亲信。齐王元吉也有张胤等"齐王府文学"。在出兵关东镇压刘黑闷时，他们又拉拢了久居幽州的罗艺，利用他的关系在河北发展了自己的势力，并在河北地区安插了许多支持自己的人。

武德七年三月，平定江南。随着唐初统一战争的全部结束，争夺皇位继承权的矛盾更加突出了。同年六月，庆州都督杨文斡起兵，就是一个典型的例子。

原来，李建成为了对付秦府势力，私自招募各地和长安骁勇二千余人为卫士，分别屯守东宫左右长林门，号称"长林兵"。杨文斡曾经宿卫东宫，与建成关系密切。武德七年六月，李渊到宜君县仁智宫去避暑，建成留守长安，私下叫杨文斡"募健儿送京师，欲以为变"。此事被揭发后，杨文斡就举兵反叛，攻陷宁州。消息传来，李渊既怒且惊，召世民商量。世民从内心深处倾泻出极大的蔑视，说只需遣一将领就可以抓住文斡这个小子。李渊却说："文斡事连建成，恐应之者众，汝宜自行，还，立汝为太子。吾不能效隋文帝诛杀骨肉，废建成封作蜀王，地既僻小易制。若不能事汝，亦易取耳。"这是第一次许诺立世民为太子。

多管齐下　角逐帝位

以李世民为首的秦府和以李建成为首的东宫之间的明争暗夺，构成了武德后期政治舞台上的主要矛盾。他们彼此采取种种手段，打击对方，壮大自己。其影响波及后宫、外廷和地方等三个方面，呈现了错综复杂的形势。

（一）后宫勾斗

唐高祖晚年多内宠，妃嫔成群。建成长期留守京城，与后宫关系密切，"内结妃御以自固"。特别是张婕妤、尹德妃，因为跟世民产生过矛盾，就到处为建成游说。她们在李渊面前说："使陛下万岁后，（秦）王得志，妾属无遗类。东宫慈爱，必能全养。"把赌注压在未来的君王——太子身上，而对秦王进行恶意中伤。武德七年，高祖曾一度想废建成，但在他们的阻挠下，很快就改变了主意。由于张、尹是高祖最宠爱的妃嫔，而且她们的亲戚分事宫府，所以在后宫，建成势力占了上风。

至于李世民，是否像《高祖实录》所说的"参请妃嫔，素所不行"呢？不。武德四年平洛阳时，"贵妃等私从世民求宝货及为亲属求官"，看来，世民与妃嫔们的关系还是不错的，彼此并无宿怨。后来，世民将宝货与官职主要给予秦府中有军功的人，未能满足贵妃们的私情，"由是益怨"。例如，李世民赐给淮安王李神通几十顷良田，而张婕妤的父亲凭借裙带关系，硬要李渊下敕给他。李神通认为秦府的"教"比高祖的"手敕"早，应当照前者办，所以坚决不同意退出田产。因分赃的不均，引起了新的矛盾。武德五年以后，张婕妤、尹德妃等完全倒向建成一边，而世民也从妃嫔群中寻找支持力量。武德六年六月，建成对元吉说："秦王且遍见诸妃，彼金宝多，有以赂遗之也。"这大概是事实。世民连年用兵，攻城略地，必获众多金宝，用来贿赂宫掖，曲事妃嫔。他的妻子长孙氏，更是亲自出面活动，"孝事高祖，恭顺妃嫔，尽力弥缝，以存内助"，努力争取高祖和某些妃嫔的同情与谅解。可见，即使在后宫两派的斗争也相当激烈。

（二）外廷相争

在外廷，支持太子和支持秦王的两派，也是壁垒分明的。裴寂作为武德年间的主要执政大臣，公开袒护太子。大臣封德彝则是一个见风使舵的人，"潜持两端，阴附建成"。原先，看到秦王军功显赫，曾献计以对付东宫。后来，"高祖将行废立，犹豫未决，谋之于德彝，德彝固谏而止。然所为秘隐，时人莫知"。直到封德彝死后数年，唐太宗方才知道此事。封伦之"阴附建成"，反映了当时东宫势力的强大。

支持李世民的有萧瑀、陈叔达等大臣。武德六年以后，李世民不为兄弟所容，处于备受猜忌的逆境中，萧瑀给予支持确是难能可贵的。所以，唐太宗即位后称赞说："萧瑀不可以厚利诱之，不可以刑戮惧之，真社稷臣也。"特地赋诗赠送："疾风知劲草，坦荡识诚臣。"陈叔达也同样如此。"建成、元吉嫉害太宗，阴行潜毁，高祖惑其言，将有贬责，叔达固谏乃止。"当时叔达阐述了秦王有克定天下的大功，不可黜退，这就有力地支持了李世民。

李建成和李世民两人除了在大臣中各自寻找支持者外，还千方百计地打击或者收买对方的官属。例如，武德七年，建成企图翦除秦府猛将程知节，暗中通过李渊，把他调为康州刺史。知节对世民说："大王手臂今并翦除，身必不久。知节以死不去，愿速自全。"武德九年，建成用金银器帛等收买秦府将领尉迟敬德、段志玄、李安远等，但都遭到了拒绝。此计不成，又生一计。建成对元吉说："秦府智略之士，可惮者独房玄龄、杜如晦耳。"于是，又在李渊面前揭发，把房、杜逐出秦王府。同样，李世民也积极地在东宫官属中进行策反工作，先后把建成手下的将领常何、太子率更丞王至等拉了过来，为玄武门之变的胜利打下了基础。

（三）培植地方势力

武德五年冬，根据魏徵的建议，李建成采取了"结纳山东豪杰"的方针，注意在地方上培植私人势力。除了勾结庆州都督杨文幹外，还秘密地派遣将领跟燕王李艺联络，从那里征发幽州突骑三百增补东宫诸坊的屯守部队。他利用燕王李艺以及幽州都督李暖的关系，在河北发展自己的支持力量。

李世民也是如此。因为他担任过陕东道行台尚书令，所以在河南一带聚集地方势力。他以形势险要的洛阳作为据点，"一朝有变，将出保之"。委派将领张亮到洛阳，"统左右王保等千余人，阴引山东豪杰以俟变，多出金帛，恣其所用。"又命令温大雅坐镇洛阳，"大雅数陈秘策，甚蒙嘉赏。"李世民"阴引山东豪杰"的工作，同样取得了效果。所谓"秦王左右多是东人"，此话虽属夸大之辞，但也有某种根据的。

矛盾既已形成，一般的办法已无法消除，最后必然要兵戎相见，诉诸武力了，因此，双方都在积聚力量准备决斗。在长安，李建成有东宫兵，李世民有秦王府兵，李元吉有齐王府兵，这些都是用于各王府禁卫的，是公开的。此外，他们各自私募大批勇士以为自己的死党，李世民有素所蓄养在外的勇士八百余人。李建成则在武德七年（624年）私募长安恶少年二千人为长林兵，"蓄为宫甲，分屯（东宫）左、右长林门"。又令左虞候率李达志募幽州突厥兵三百秘密进宫,准备进攻西宫(时秦王府居)。结果被人告发,高祖只流配李达志至崔州(今四川西昌市)了事。李元吉"与建成连谋"后,也是"募壮士,多匿罪人。复内结宫掖,递加称誉"。从兵力上看,东宫和齐王府的兵加起来,大大超过了秦王的兵力。武将方面,秦王府有尉迟敬德、秦叔宝、程知节、段志玄等大将,这方面李世民稍占优势。

综上所述,无论是在后宫、外朝还是在地方上,几乎都分为两派:支持李建成派,支持李世民派。在两派对垒中,李渊的态度很关键。李渊为摆平三个儿子之间的关系,他既坚持嫡长制,维护李建成的皇太子地位,又不完全倒向李建成一边,对于李建成与李元吉暗算李世民的不轨行为,知道了还是加以制止的。他这种试图平衡三个儿子关系的总的态度和做法,不可能协调双方的矛盾,结果反而使互相对垒的形势更加复杂化、尖锐化,终于导致玄武门流血事变的发生。

玄武事变　弑兄屠弟

秦王与太子、齐王之争,是所谓"立国本"之争,已构成武德后期政治斗争的主旋律,一场你死我活的角逐愈演愈烈。

在建成、元吉方面,他们一心想攫取秦府精兵猛将的控制权,特别是想千方百计谋害李世民本人。而李世民也严密注视着建成、元吉的一举一动,伺机给予反击。

一次,高祖和李世民赴齐王府第,元吉命护军宇文宝带兵器伏于寝内,想趁机刺死李世民。建成担心高祖李渊在场,事难成功,就劝住了元吉。《资治通鉴》卷一九一载其事说:"建成性颇仁厚,遂止之。元吉愠曰:为兄计耳,于我何有!"可见要不是李建成的犹豫,李世民可能已成了刀下鬼了。

此后,秦王与太子、齐王表面上仍相往来,暗中却争斗得更为激烈。一天世民被邀至东宫夜宴,席中世民"心中暴痛,吐血数升",幸好由淮安王神通扶还西宫。高祖知后戒建成:"秦王素不能饮,更勿夜聚。"并对世民说:"观汝兄弟终是不和,同在京邑必有忿竞。汝还行台,居于洛阳,自陕已东,悉宜主之。仍令汝建天子旌旗,如梁孝王故事。"秦王在京城,实力不及太子、齐王,处境相当困难。而洛阳则是秦王经营的一个基地。当李渊要世民出据洛阳时,李世民表面上涕泣悲戚,心里却暗自庆幸。李建成、元吉得知这些情况后,不觉大惊。因为世民留在京师,在建成兄弟的监视下,易于控制。要是让他出居其多年经营的洛阳,无疑是放虎归山,将来"不可复制"。于是密令数人上奏高祖称:"秦王左右闻往洛阳,无不喜悦,观其志趣,恐不复来。"又遣近幸大臣对高祖陈说利害。李渊遂罢此议。

建成、元吉见此计得逞,乘机煽动后宫尹德妃、张婕妤等,在高祖面前加紧挑拨,以便激起高祖李渊的恼怒,罪罚李世民。幸有陈叔达谏曰:"秦王有大功于天下,不可黜也。且性刚烈,若加挫抑,恐不胜忧愤,或有不测之疾,陛下悔之何及!"

高祖乃止。元吉又亲自向高祖密请杀秦王。高祖说:"彼定天下之功,罪状未著,何以为辞?"元吉说:"秦王初平东都,顾望不还,散钱帛以树私恩,又违敕命,非反而何!但应速杀,何患无辞!"高祖未加理睬。

建成、元吉欲借高祖之手杀世民未能得逞,又千方百计削弱、瓦解秦王府属。尉迟敬德是威胁他们最大的骁将,李建成以金银器一车,偷偷地送给尉迟敬德,企图收买他。敬德严词拒绝说:"敬德,蓬户瓮牖之人,遭隋末乱离,久沦逆地,罪不容诛。秦王赐以更生之恩,今又策名藩邸,唯当杀身以为报;于殿下无功,不敢谬当重赐,若私交殿下,乃是贰心,徇利忘忠,殿下亦何所用!"说得李建成恼羞成怒。夜间,元吉又派人行刺,尉迟敬德早有戒备,洞开重门,安卧不动,刺客屡至其庭,终不敢动手。眼看一计不成,又生一计,元吉诬告尉迟敬德谋反,想借李渊之手将他杀死。因世民固争,才得幸免。元吉又以金帛收买秦府右二护军段志玄,也遭拒绝。另一方面,秦王李世民也派人收买建成、元吉的属下,不过,他是从宫府集团的中级人员中找缺口,结果很奏效。如建成手下的将领常何和太子率更丞王晊,都被李世民用重金暗中买通。这两人地位虽不高,但职务均属要害部门,一个负责东宫宿卫,一个掌管东宫的机密。因此在玄武门之变时,起了十分关键的作用。

由于收买秦府猛将不成,建成、元吉用计使秦府左一马军总管程知节被出任康州刺史,房玄龄、杜如晦也被谮告逐出秦王府,眼看秦王重要谋臣武将一个个被调走,情势日益严重。长孙无忌、高士廉和右候车骑将军侯君集以及尉迟敬德等人,日夜劝李世民及时动手除掉太子建成和齐王元吉。房、杜和段志玄等人也拖延留居京师。双方的斗争已进入白热化阶段。

这时,突厥郁射设率数万骑屯黄河之南,入塞南攻。在此以前,凡有突厥进扰,皆由秦王督军出战。这次,李建成推荐元吉代秦王世民统军前往作战,高祖一口应允。元吉向李渊提出调秦府尉迟敬德、程知节、段志玄及秦叔宝等同行,想乘此机会全部统领秦府的骁骑猛将,彻底解除秦府的武装力量。同时,太子建成对齐王元吉秘密商议说:"今汝得秦王骁将精兵,拥数万之众,吾与秦王饯于昆明池,使壮士拉杀之于幕下,奏之暴卒,主上宜无不信。吾当使人进说,令授吾国事。敬德等既入汝手,宜悉坑之,孰敢不服!"一场大屠杀眼看要降临秦王世民之头,而秦王还蒙在鼓中。

正在这紧要关头,太子率更丞王晊向李世民密告太子、齐王的阴谋,世民立即跟长孙无忌、高士廉、尉迟敬德、侯君集、张公谨等商量。大家一致认为,形势危急,祸在朝夕,唯一的出路是先下手为强,没有任何犹豫的余地了。尉迟敬德鼓动说:"王今处事有疑,非智;临难不决,非勇。"李世民面对即将发生的"骨肉相残"的局面,考虑的当然要比别人多些。他并不是犹豫未决,而恰恰是深思熟虑。他找了不少府僚商量,还秘密地召回房玄龄和杜如晦,共计事宜。据说,房、杜开始"不敢奉命"。李世民竟勃然大怒,要尉迟敬德拿佩刀"斩其首持来"。可见,李世民发动政变的决心是何等的坚决!细察密谋的全过程,秦王世民是主持者。司马光认为,太宗"既而为群下所迫,遂至喋血禁门"。这是不符合历史事实的。

经过周密的策划,最后决定在玄武门伏杀建成和元吉。玄武门即宫城北门,地位重要,是中央禁卫部队屯守之所。当时负责门卫的将领是常何。据常何墓志铭记载,此人在武德五年底跟随建成讨平河北,即平定刘黑闼第二次起兵。武德七年,常何已被秦王世民所收买,担负玄武门的守卫之事。很可能是世民暗中拉拢,所以李建成还误以为常何是自己的旧属,京城军事要地是属于他的势力,没有什么疑虑。此外,李世民还收买了玄武门的其他一些将领,如敬君弘、吕世衡等。应当说,在京师处于劣势的李世民,在玄武门将领身上打主意,这确实是老谋深算。

第二天,太白复经天,太史令傅奕密奏高祖:"太白见秦分,秦王当有天下。"高祖正在疑惑时,秦王又密奏太子建成、元吉与尹德妃、张婕妤淫乱,并说:"臣于兄弟无丝毫负,今欲杀臣,似为世充、建德报仇。臣今枉死,永违君亲,魂归地下,实耻见诸贼!"高祖虽感愕然,但也不敢轻信,便说:"明当鞫问,汝宜早参。"说完下令通知太子、齐王明天早朝,由诸大臣公断曲直。

六月四日一早,高祖上朝,裴寂、肖瑀、陈叔达、封德彝、宇文士及、窦诞、颜师古等也已到齐,专等建成、世民、元吉兄弟到达。而这时李世民却正率尉迟敬德、侯君集、张公瑾、刘师立、公孙武达、独孤秀云、杜君绰、郑仁泰、李孟尝等九人,伏于玄武门内。玄武门是宫城北门,是内廷警卫驻扎重地,为出入内宫必经之路。建成、元吉得到张婕妤关于秦王向高祖密告的情况后,元吉有些担忧,提出"宜勒宫府兵,托疾不朝,以观形势"。建成却说:"兵备已严,当与弟入参,自问消息。"原来这天值班守宫门的北军将领是常何。常何本是建成的亲信,所以十分放心,他根本没有想到,常何已将李世民等人引入玄武门内,埋伏好了。两人行至临湖殿方觉有变。想掉头回马,李世民已骑马迎面而来,元吉仓皇张弓,连射三矢,因控弦不开,皆未中的。李世民取弓还射,建成当即中箭而死。这时尉迟敬德将七十骑赶至,左右射中元吉坐骑,元吉弃马往树林中逃。世民纵马追去,不巧被树枝挂住衣服,坠马落地,元吉趁机跳过来,压在世民身上,元吉力大,眼看世民将顷刻亡命,正好尉迟敬德跃马而至,元吉立即往武德殿奔逃,敬德引箭便射,将元吉杀死。

这时,太子东宫翊卫车骑将军冯立,与副护军薛万彻、齐王府车骑谢叔方等率东宫、齐府精兵二千余人赶来攻玄武门。在玄武门的秦府兵不多,加上常何少量禁军宿卫兵,也难以抵挡,情势十分危急。云麾将军敬君弘、中郎将吕世衡领矢出战,皆战死。张公瑾"有勇力",赶忙紧闭宫门抵抗,薛万彻力攻很久,不得入,遂鼓譟进攻秦府。正在这紧要关头,尉迟敬德持建成、元吉首级赶到,东宫、齐府将领和士兵见主子已被杀,无心恋战,遂溃逃而去。薛万彻与数十骑亡入终南山,冯立则解散部众,逃出宫城。双方血战,终算告一段落。

随即,李世民派尉迟敬德前往海池舟上面见李渊,说:"秦王以太子、齐王作乱,举兵诛之,恐惊动陛下,遣臣宿卫。"李渊见事已如此,也无可奈何,改立秦王为太子,军国庶事,无大小悉委其处决。八月,高祖李渊退为太上皇,传位于世民,是为太宗。

励精图治　贞观盛世

　　李世民登基不久，北方突厥的颉利可汗趁唐朝内乱，率领大军入侵。太宗当即命尉迟敬德领兵出战，很快就击败突厥，并将其追到境外。可是，在唐军班师回朝之后，颉利可汗又调集人马再度入侵，在到达渭水便桥时，颉利派使臣到长安示威。于是，太宗亲自率领少量的骑兵赶到渭水，与颉利隔着渭水河会谈，并指出颉利背弃了盟约，正在这时，唐军陆续开到。颉利见无隙可乘，便与太宗议和，随后领兵回归关外，这次的会谈称为"便桥会盟"。

　　贞观元年（公元627年），唐太宗论功行赏，任命谋士房玄龄、杜如晦为宰相，帮助自己处理朝政，他的叔父淮安王李神通和战将尉迟敬德对此事极为不满。一位仗着资深位高，一位仗着战功显赫，开始满腹怨言，甚至在庆功会上打伤了前来劝解的任城王李道宗。这样一来，诸将邀功，在宴会上大吵大闹。唐太宗见状，怒斥李神通："叔父在起义之初，有首倡之功，但在后来的作战中，有一次损兵折将几乎全军覆没，还有一次未等开战就望风逃窜。玄龄、如晦运筹帷幄，未曾出过丝毫的差错，论功行赏，理当委以重任。你虽然是我的叔父，皇家贵戚，但这怎能与封赏功臣一概而论呢！"接着，他又对尉迟敬德说："我读《汉书》时，跟随汉高祖打天下的有功将领很少能保全性命，我常不满于高祖的做法，因而引以为鉴，一心想保护功臣，不要使其子孙断绝。可你却居功自傲，屡犯法律。到今天我才明白汉初大将韩信等人被杀，落得家破人亡，并非汉高祖的过错。国家大事，只有赏与罚两种，你要好自为之，以免将来后悔。"李神通和尉迟敬德听太宗如此规劝自己，非常后悔，争功风波也就不了了之。

　　没几天，有人向太宗说，东宫的官员魏徵曾经在李密和窦建德手下当差，他们失败之后，魏徵又投到了太子建成手下，还极力劝说建成早日杀害李世民。李世民当即派人把魏徵抓来，问他为何挑拨皇上兄弟之间的关

《步辇图》

系。但魏徵却不慌不忙地答道："只可惜太子没有听我的话。不然，怎能发生这样的事情。"秦王听后，认为魏徵为人直爽，有胆有识，非但没有处罚魏徵，反而将其提拔为谏议大夫，还将建成、元吉手下的许多人委以重任，让其参与朝政。这样一来，原来秦王府的官员就纷纷议论开了："我们跟着皇上这么多年，还没封赏，现在反倒先封赏了东宫和齐王府的人。"这话传到了唐太宗的耳朵里，他笑着说："朝廷选拔官员，是为了治理国家，只要是贤才都将委以重任，怎能用关系来作为选拔人才的

标准呢?"众人见皇上这样说,才不再言语。

唐太宗任人唯贤,并鼓励大臣们直抒己见。这样一来,大臣们敢于说话了,提出众多治国安邦的良策,唐太宗虚心听取,认为可行的计策当即执行。没过几年,唐朝的统治就逐渐巩固下来,太宗心中高兴,认为大臣们的劝告对他很有帮助。有一天,他对众人说:"治国就像治病一样,病虽然好了,还得注意休养,一刻也不能放松。现在国家安定,四方归服,是历代以来少有的好日子,但是我还得谨慎行事,为了保持长治久安,我要多听你们的谏言。"打这以后,谏议大夫魏徵不断提出自己的意见,有一次,宰相封德彝为了增加兵源,建议唐太宗可将体格健壮、但未到参军年龄的中男(未满十六岁的男子)召入军中。唐太宗当即同意,准备在门下省审议后交尚书省执行。魏徵却极力反对,他认为这样一来,那些男子承担的租赋杂徭无人承担,长久下去,不光生产出现问题,后期的兵源也会断绝。为了这件事,他跟唐太宗争论得面红耳赤,唐太宗怕影响自己的形象,不便在朝上发火,只好忍着一肚子气回到内宫,他的原配妻子长孙皇后见他面色不对,就问缘由,太宗详细说了一遍。长孙皇后听了,回到内室,换上朝见的礼服,出来向太宗下拜。唐太宗不禁惊奇地问:"你这是做什么?"长孙皇后说:"我听说只有英明的天子手下才能有正直的大臣,魏徵如此正直,正说明陛下英明,我怎能不向陛下祝贺呢!"一番话浇灭了太宗的满腔怒火。经过思考,太宗知道自己的做法欠妥当,于是立即下令停止召中男入军,并赏给魏徵一口金瓮。

公元643年,魏徵病逝,唐太宗难过地说:"用铜做镜子,可以照见衣帽是否穿戴端正;用历史作镜子,能够看到国家兴亡的原因;用人作镜子,可以发现自己的做法是否正确。魏徵一死,我就少了一面很好的镜子。"

唐太宗大胆选用贤良,虚心接受大臣们的建议,实行轻徭薄赋、疏缓刑罚的政策,加上对政治、军事进行的一系列的改革,使唐朝的农、工、商业得到快速发展,社会秩序相对安定,唐朝初期的经济出现了繁荣景象,这段时期后来被称作"贞观之治"。

安内辅外　促进邦交

贞观四年(公元630年)三月,唐太宗派大将李靖、李绩领兵攻打东突厥,俘虏了他们的头领颉利可汗,东突厥宣告灭亡,有十多万人投降了唐朝。为了妥善安排十多万突厥降众,唐太宗在早朝上同大臣们商议。许多人认为,北方的游牧民族始终是中原地区的严重边患,今天能够将他们灭亡,应该把所有降众迁到内地居住,分散居住在各个州县,由地方引导他们耕种纺织。这样就打乱了他们的部落组织和结构,使桀骜不驯的游牧民族变成易于制服的内地居民。但还有人提出,少数民族强时叛乱、弱时归降,这是他们的习性,不易改变,应将他们赶到莽莽草原上,以绝心腹之患。中书令温彦博却极力主张将突厥降众迁居到水草丰美的河套居住,还要保全他们原有的部落和生活习俗,这样就可以充实国内空虚之地。最后,温彦博指出:"天子对待天下事、物,要像天覆地载一样,不应有丝毫遗漏。突厥在穷困潦倒之际归降大唐,我们怎能将他们拒之于千里之外呢?"唐太宗赞成温彦博的提议,他补充道:"自古皆贵中华、贱夷狄,朕独爱之如一,故其种族皆依朕如父母。"于是,唐太宗命人在河套地区设立定襄和云中两个都督府,负责处理突厥降众的所有问题。对于愿意归附朝廷的酋长们,唐太宗都拜为将军、中郎将等职,让其入朝处理国事。当时朝中五品以上的少数民族官员达到了一百多人,迁入长安附近居住的有近万家。

文吏俑

唐太宗赢得了周边少数民族的拥护和爱戴,他们纷纷将唐太宗尊为"天可汗"(像天一样伟大的领袖),敬若神明。突厥灭亡后,唐朝逐渐打通了西域的通道,西域各国和唐朝的交往越来越频繁,就连偏远地区的吐蕃也派使者前来和唐朝建立友好关系。

当时的吐蕃赞普名叫松赞干布,是一个文武全才。他聪明伶俐,在幼年时就爱好骑马、射箭、击剑等武艺,通过勤奋学习,练就一身好本领,在民歌和写诗方面,他也非常精通,这使他受到吐蕃人的爱戴。他父亲过世后,吐蕃的部分贵族叛乱,松赞干布依靠自己的聪明才智,在百姓的支持下,很快平定了叛乱。年轻的松赞干布当上吐蕃赞普后,并不满足当时的贵族生活,于是,他派使者到长安,要求跟唐朝建立友好关系,并学习唐朝的文化、技术。唐太宗知道吐蕃在塞外很有名声,就答应跟他们结交,还派使者回访吐蕃。

两年之后,松赞干布为了向唐朝求亲,又派使者到长安,唐太宗并没有答应。使者回去后怕松赞干布责备他办事不力,便撒谎说:"唐朝天子本打算答应我们的求婚,因为吐谷浑王的使者也去求亲,就拒绝了我们的求亲。"松赞干布听完使者的回报,非常生气,加上两国之间正在闹摩擦,便亲率20万大军攻打吐谷浑国。吐谷浑军队抵挡不住吐蕃军的猛烈攻势,全国退到了环海一带。松赞干布获胜后,趁机向唐朝进发,在松州(今四川松潘)打败了前来拦截的唐军。松赞干布便骄傲起来,还威胁唐太宗道:"请把公主下嫁给我,不然,我就率军攻打到长安。"唐太宗勃然大怒,立即派大将侯君集领兵反攻吐蕃。吐蕃将士不愿意同唐朝发动战争,在唐军未到之前,一致要求退兵。松赞干布见将士不齐心,知道自己无法取胜,就主动派人向唐朝求和。唐太宗也不愿意发动战争,就同意和吐蕃讲和了。

公元640年,松赞干布为了向唐太宗求亲,派能说会道的禄东赞率领上百人,带上五千两黄金和许多奇珍异宝出使唐朝。禄东赞见到唐太宗后,就向其传达了吐蕃的年轻国王想和唐朝结交的友好的心愿。由于说得娓娓动听,唐太宗很高兴,

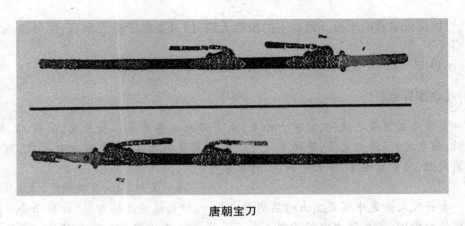

唐朝宝刀

就在皇族中挑选出一位美丽温柔的女儿,封为文成公主,将她嫁给松赞干布。

公元641年,江夏王李道宗护送24岁的文成公主前往吐蕃。公主的嫁妆十分丰厚。除了金银珠宝、绫罗绸缎以外,还有许多谷物、果品和蔬菜的种子,以及大批的医药、种树、工程技术、天文历法等方面的书籍。松赞干布还安排人准备好马匹、牦牛、船只、食物等,在沿路上接送文成公主。他还亲自从逻些(今西藏拉萨)赶到柏海(今青海鄂陵湖或札陵湖)迎接,并在那里举行了隆重的婚礼。当文成公主进入逻些城的那天,逻些人民就像过盛大节日一样,载歌载舞,夹道欢迎。公主住进了松赞干布专为其建造的有唐朝建筑风格的宫殿里。文成公主远嫁吐蕃,为汉藏两族人民的友好联系及发展藏族经济文化做出了贡献。

一代圣君　英年早逝

承乾自幼聪明伶俐,是太宗的长子,太宗非常喜欢他,太宗即位初年,便立年仅七岁的承乾为太子。但是,承乾长大后却喜欢声色,外出漫游、打猎无度。玄宗知道后,对其严加训斥,但承乾却屡教不改,越来越败坏,他也知道父皇不喜欢自己,自己的太子之位可能不保,于是便暗中培植势力。当皇子李祐在齐州造反时,承乾便想趁机发动宫廷政变,逼迫太宗禅位。事情败露后,在处理太子的问题上,满朝文武都不敢回答,最后,通事舍人来济斗胆说道:"陛下乃为慈父,太子能够尽天年最好!"太宗当即下诏,将太子承乾废为庶民,常年软禁在右领军府。

此后,众皇子依然为争夺皇位继承权而明争暗斗。最终,唐太宗将第九子晋王李治立为太子,并对他严加教管。在李治吃饭时,太宗便说:"粮食来之不易,是百姓辛勤劳动的果实。要爱惜民力,才能有饭吃。"见李治骑马,便说:"骑马可节省人的体力,只有适当使用,不使其劳累过度,才能经常有马骑。"见其乘舟,便说:"舟比人君,水比百姓,水能载舟,亦能覆舟。你将来成为君主,想到水与舟的关系,能不畏惧吗?"见其坐在树荫下乘凉,便说:"树的躯干虽然弯曲,但经木匠加工以后,可以锯成笔直的木板。做君主的虽然无道,但只要善于接受谏言,也可以成为圣明天子。"

649 年 7 月 10 日,唐太宗驾崩于含风殿,享年五十二岁。

【名家评点】

太宗文武皇帝之政化,自旷古而来,未有如此之盛者也。虽唐尧、虞舜、夏禹、殷汤、周之文武、汉之文景,皆所不逮也。至如用贤纳谏之美,重代立教之规,可以弘阐大猷,增崇至道者,并焕乎国籍,作鉴来叶。

——唐·吴兢《上<贞观政要>表》

李世民大帝是中国最杰出的英明君主之一,他用他高度的智慧,殷勤而小心地治理他的帝国,不久就为中国开创了一百三十年之久的第二个黄金时代。自从盘古开天辟地,李世民大帝是中国帝王中最初一个被中国人真心称颂崇拜的人物,固由于他的勋业,也由于他本身的美德。他治理国家的一言一行,成为以后所有帝王的规范。

——柏杨《中国人史纲》

【历史印证】

太宗在任的 23 年间,开创了大唐贞观盛世。对国家的治理可谓井井有条,重用了一大批贤能之人,像魏徵,曾是隋的一名官员,先追随太子李建成,后追随于太宗,这充分可以看出太宗在用人方面的不拘一格。然而,亲征高丽的战争给两国人民带来了灾难,最后无功而还。

唐玄宗李隆基：英武贤明　创世开元

【人物档案】

姓名：李隆基

别名：李三郎、唐明皇、唐玄宗。

生卒：685年~762年

属相：鸡

在位时间：44年

谥号：至道大圣大明孝皇帝

庙号：玄宗

主要作品：《唐玄宗御注道德真经》《霓裳羽衣曲》

主要成就：发动唐隆政变，铲除韦后势力，中兴唐室，开创开元盛世。

陵寝：唐泰陵（陕西省蒲城县东北十五公里处五龙山余脉金粟山南）

唐玄宗像

【枭雄本色】

延和元年（公元712年）八月，李隆基即位，改元先天，称玄宗。随后，他先发制人，铲除了意图谋反的太平公主及其同伙。掌握了朝中大权后，改元开元。玄宗即位以后，选用有才之人为相，听取百官的良言，使他当政时期赋役宽平，刑罚清省，天下富庶。此后玄宗大力提倡节俭，选择有才识的京官到地方任都督、刺史等职。随后又在行政、财政、军事等各方面都进行了一系列改革，促进了国内经济的发展和社会繁荣，史称"开元盛世"。随后，唐玄宗开始满足于现状，沉溺于享乐之中，在得到杨贵妃后，更加不理朝政。逐渐偏听偏信，并罢免了宰相张九龄等忠臣的官职，重用奸臣李林甫、杨国忠，使朝政日益黑暗。不仅如此，唐玄宗还不断对外发动战争，劳民伤财，国库亏空，为此，他又加紧对百姓的搜刮，致使人民生活越发困难。

在这个过程中,他还大力扩充边军,这就削弱了中央集权,终于引发了"安史之乱"。叛军逼近长安时,唐玄宗只好于天宝十五年(公元756年)六月率领部分官员及杨贵妃离开长安西逃。众人行至马嵬驿(今陕西兴平西)时,禁军哗变,杀死杨国忠,逼玄宗缢杀杨贵妃。此后,太子李亨领兵抵抗叛军,并于七月即位,改元至德,是为肃宗。安史之乱平定后,宦官李辅国离间玄宗与肃宗的关系,玄宗被迫迁居太极宫(西内)甘露殿,最后在郁郁寡欢中去世,终年78岁,在位44年。

【风云叱咤】

英明果断　稳固帝位

公元685年,李隆基出生,他是李旦的儿子,武则天的孙子。当时,武则天为了主政,积极打击李姓皇族,她相继杀死了长子李弘与次子李贤,其他的皇子、公主随时都有丢掉性命的可能。后来,皇帝李显被废,武则天开始掌政。李隆基在这种错综复杂的宫廷变故中成长起来,使他形成了坚强的意志和果断的性格。李隆基聪明伶俐,武则天也特别疼爱这个孙子,他自己在宫中自诩为"阿瞒",虽然没有被掌权的武氏族人看重,但他的言谈举止却很有主见。在他七岁时的一次朝堂祭祀仪式上,任金吾将军(掌管京城守卫的将军)的武懿宗对两旁的侍从护卫大声训斥,李隆基马上喝道:"这是我们李家的朝堂,你竟敢在此处训斥我家骑士护卫!"一句话把武懿宗弄得目瞪口呆。武则天知道这件事后,非但没责怪李隆基,反而越发喜欢这个年小志高的小孙子了。几年之后,就加封李隆基为临淄郡王、历官右卫郎将、尚辇奉御等职。

长大后的李隆基仪表非凡,具有英明帝王的气度和才华。他私下里结交有勇有谋的人士,想以此来匡扶皇室。由于武则天任用的宦官骄横跋扈,大臣们联合起来发动政变,拥立李显称帝,即中宗。但中宗却软弱无能,致使朝政大权落到了韦皇后和安乐公主等人手中,韦皇后也有当女皇的野心,她掌权后将曾经发动政变恢复唐朝的大臣们逐渐贬官驱逐,刚立的太子李崇俊也遭到杀害。韦皇后效仿武则天的做法,让自己的兄长韦温掌握大权。随后,她与女儿安乐公主合谋,于公元710年1月在中宗吃的馅饼里下毒,使其中毒身亡。韦皇后立了一个傀儡皇帝(殇帝),自己开始垂帘听政,想学习婆婆武则天,做第二个女皇。此时一直静观时变的李隆基任卫尉少卿兼潞州别驾,他以韦氏专政为由,伙同自己的姑姑太平公主等人率先发动了兵变,唐隆元年(公元710年)六月,李隆基和刘幽求、钟绍京、薛崇简(太平公主子)等人率领煽动的禁军和总监丁夫(皇室的仆人),从长安玄武门冲到了太极殿。突如其来的事变把韦后吓得惊慌失措,仓皇之下,她逃到殿前飞骑(皇宫卫队)营,但很快就被冲入宫中的士兵杀死。随后,李隆基指挥将士,将韦武集团成员包括安乐公主及其丈夫武廷秀全部消灭。登基不到一个月的殇帝被迫让位,李隆基的父亲李旦即位,他被称为睿宗,李隆基因平叛有功被立为太子。

太平公主也因立下大功而变得骄横起来，但睿宗也和中宗一样软弱，他不愿和太平公主发生正面冲突，于是一再忍让。太平公主在控制了朝中的许多大臣之后，也产生了夺取皇位的野心。为了除掉前进路上的绊脚石李隆基，她煞费苦心，制造舆论说，李隆基不是长子，没资格做太子，并让手下大臣在睿宗面前进言，但是没有奏效。

到公元712年，睿宗李旦厌烦了做皇帝的生活，也看烦了太平公主和李隆基之间的明争暗斗，于是就把皇位禅让给了儿子李隆基。公元712年，李隆基登基，改元"先天"，称为玄宗，李隆基称帝后，太平公主更加惊慌，于是加强攻势。她利用手中的权势，在朝野中遍布私人亲信，收买禁军中的许多将领和宫内太监、宫女等人。先天二年（公元713年）七月三月，太平公主指使收买的宫人元氏，在李隆基的饭菜里下毒，但没有奏效，于是便和窦怀贞、崔湜、薛稷等心腹商量，决定在第二天发动宫廷政变，废掉刚登基的李隆基，另立新帝。李隆基得到消息后，召来兵部尚书郭元振、龙武将军王毛仲及高力士等人，进行紧急磋商，大臣们都劝他火速行动。李隆基不敢再拖，马上布置兵马，前去搜捕太平公主及其党羽，很快除掉了太平公主和她的心腹几十人，并将倾向于太平公主的官员罢官废黜。唐玄宗见身边的隐患已经消除，自己拥有了绝对的权力，非常高兴，当即下令大赦天下，将年号改为"开元"，以表明自己励精图治，再创唐朝伟业的决心，同时封赏了各位有功之臣。

知人善用　开元盛世

唐玄宗虽然清除了太平公主，巩固了自己的皇权，但这次兵变却极大地损伤了朝廷的元气，结果导致官吏腐败、吏治越发混乱。面对这些问题，唐玄宗开始量才任官，大力提拔贤能之人。唐玄宗很有伯乐眼光，他提拔的宰相有姚崇、宋璟、张九龄等人。姚崇办事果断，他提出的"勿贪边功、广开言路、奖励正直大臣、勿使皇族专权、勿使宦官专权"等十条建议被唐玄宗采纳后，升任宰相。姚崇为官期间，将贵族与百姓一视同仁。当时，薛王的舅舅王仙童仗着家中的权势，欺压百姓，无恶不作，在姚崇的一再奏请下，玄宗批准惩办了王仙童。这样一来，中宗时期的混乱局面才逐渐扭转过来，唐王朝再次出现了兴盛的景象。

正在这时，河南地区发生了特大的蝗灾。到处都是成群的蝗虫。蝗群飞起来的时候，黑压压一片，能够遮挡住阳光，从哪儿经过，那个地方的庄稼就会颗粒无收。当时，人们认为蝗灾是上天降给人间的灾难，为了消灾求福，百姓们不但没有去消灭蝗虫，反而烧香求神。这使得灾情越来越严重，受灾的地区迅速扩大。各地的官吏纷纷上书，向朝廷告急。宰相姚崇听到消息后，深知蝗灾不仅能导致重大的经济损失，使百姓遭受灾难，而且也影响到国家的稳定。于是，他在奏章中称，蝗虫只是一种害虫，唯一的救治办法，就是让各地官吏率领百姓齐心协力的消灭蝗虫。唐玄宗立刻批准姚崇的奏章，姚崇命令地方官吏，让他们指挥百姓在夜里到田头点起火堆，蝗虫见到火光就会飞过来，到时进行集中扑杀，并将蝗虫的尸体火速焚烧。

汴州(今河南开封)刺史倪若水接到命令后,拒不执行,他认为出现蝗虫是天灾,无法用人力抗拒,只有积德行善,才能消除蝗灾。倪若水的奏章转到了姚崇手里,姚崇看后十分恼火,专门派人带着自己的亲笔信去见倪若水,并且严厉警告他:如果汴州蝗灾流行,而没有采取救灾灭蝗的措施,造成的后果,由他负责。倪若水看宰相的口气很硬,不敢违抗,当即发动各地百姓,用姚崇规定的办法消灭蝗虫,这办法果然有效。光在汴州的地面上就消灭蝗虫 14 万担,灾情得到了有效控制。虽然倪若水通过事实证实了姚崇的办法是正确的,但是朝中的部分大臣却认为姚崇灭蝗的办法古人从未用过,未经证实就贸然推行,怕惹出什么乱子来。反对的人一多,唐玄宗的信心动摇起来。他又派人把姚崇找来,详细询问。姚崇认为,做事不能只讲老规矩,要符合道理才行。姚崇还说,蝗虫造成灾荒,到时百姓没粮吃,就会流离失所,国家就会很危险。并表示,按自己的办法整治蝗虫,出了乱子,自己愿受处罚,唐玄宗这才点头同意。姚崇考虑到国家的安危和百姓的生活,顶住各方面的压力,坚决灭蝗,使各地的蝗灾没有继续蔓延,逐渐被制止住了。

唐玄宗不但能够识辨人才,知人善用,还采取了很多的有效措施整顿吏治:第一,精简机构,撤除重叠机构,将许多无用的官员一律裁撤,这不但提高了官吏的办事效率,也节省了财政支出。第二,确立考核制度,对地方官吏进行严格的管理,并在每年的十月派官员到各地访察民情,惩治违法官吏。第三,重新恢复谏官和史官参加宰相会议的制度,让他们起到监督朝政的作用。第四,唐玄宗认为郡县的官员直接和百姓打交道,代表着国家形象。所以,经常对县官进行考核,有才能的人马上提拔,如果名不副实,也会立即被罢黜。

在军事方面,唐玄宗听取大臣的意见,改革了现有兵制。因为原有的府兵制在实行均田制时遭到破坏,致使农民纷纷逃走,军队的兵源受到了严重的影响。唐玄宗执政后,不光缺少兵员,许多士兵也都逃跑了,军队战斗力非常低,在与强悍的突厥军队抗衡时,屡吃败仗。公元 723 年,宰相张说主张建立雇佣兵制,唐玄宗接受了这个建议。下旨从关内招募到 12 万名军士,充当卫士,这次的改革是从府兵制到雇佣兵制的一次大转变。随后,在全国推广雇佣兵制,经过十多年的努力,这种制度终于在全国普及。这样一来,不光解除了各地人到边境的守卫之苦,还为集中训练、提高部队的战斗力提供了保证。除此之外,唐玄宗还颁布《练兵诏》,命令西北的军队加强训练,可以自行扩大自己的实力。并任命太仆卿王毛仲为内外闲厩使,负责军用马匹的供应,这使马匹短缺的问题得到解决,军队的战斗力得到提高。

为了解决军队的粮草问题,增加国家的收入,玄宗扩充了屯田范围,在西北和黄河以北地区大力发展屯田,大大增加了粮食产量。而且坚决打击强占土地、隐瞒不报的豪强。当时的豪强大肆霸占农民的土地,还将逃亡的农户变成奴隶或佃户,并隐瞒不报,在土地和人口两方面逃避国家税收。为了解决这种问题,唐玄宗发动了一场检田括户运动。他任命宇文融为全国的覆田劝农使,下设十道劝农使和劝农判官,派他们到各地去检查隐瞒的土地和包庇的农户。然后将检查出来的土地全部没收,再分给农民耕种。从公元 712 年到公元 725 年之间,检田括户运动收到了很好的效果，每年都能增加了几百万的括户钱。

唐玄宗知人善任，能够接受百官们的正确意见，对下属赏罚分明，处理朝政干练果断，改变兵制，增强了军队的战斗，使国内相对稳定，他又采取了一系列有利于经济发展的措施，这些措施的实施，使唐朝的经济步入正轨，农民的负担减轻了，国家的财政收入也增加了，经济开始繁荣发展。这段时期在历史上被称为"开元盛世"。

小人当道 国力渐衰

唐玄宗登基后，经过多年的治理，天下安定，国家日益昌盛，这时，他开始满足并滋长了骄傲怠惰的情绪。唐玄宗认为，此时天下太平无事，政事交由宰相管，驻守边防有各位将帅，自己不必再为国事操心，于是，他开始沉溺于享乐之中。宰相张九龄看到玄宗注重享乐，非常着急，就经常向唐玄宗提意见，起初，唐玄宗很尊重张九龄，还能接受他的意见，可是到了后来就听不进去了。当时，朝中有一个平日里不学无术的人，叫李林甫，他什么才能都没有，可是却学了一套奉承拍马的本领。他与宫内的宦官、妃子勾结，知道宫内的任何事情。也猜得出唐玄宗想些什么，所以，唐玄宗找他商量任何事情，他都能对答如流，而且和唐玄宗想的一样。唐玄宗越听越舒服，认为李林甫既能干，又听话，便想提拔他为宰相。于是，他将自己的想法告诉了张九龄。张九龄知道李林甫无才无德，是个小人，就向唐玄宗如实地讲述了自己的想法，还说李林甫当宰相，国家将会遭受灾难。李林甫很快就知道了这些话，他气得咬牙切齿。朔方（今宁夏灵武）将领牛仙客有些理财方面的办法，却目不识丁。唐玄宗就想提拔牛仙客，张九龄又没有同意。而李林甫却在唐玄宗面前极力贬低张九龄，大大夸赞了牛仙客，还说只有牛仙客才是宰相的人选。没多久，唐玄宗再次和张九龄商量提拔牛仙客的事，张九龄还是不答应。唐玄宗当时就火了，厉声说："难道这些事情还要你说了算吗！"此事过后，唐玄宗逐渐疏远张九龄，李林甫趁机不停地在玄宗跟前诽谤张九龄，唐玄宗信以为真，就找个借口，撤了张九龄的职务，让李林甫当上了宰相。

李林甫当上宰相的第一件事，就是隔绝了唐玄宗和百官之间的联络，不许大臣们在玄宗面前提意见。为此，他把谏官全部召集起来，公开警告说："如今皇上圣明，做臣子的只要按皇上的意旨办事就行，用不着七嘴八舌。你们没看到立仗马吗？它们吃的饲料相当

华清池

于三品官的俸禄,但是只要是叫了一声,就会被拉下去不用,到时后悔也没有用了。"这几句话相当有威胁性,但有一位谏官却没有听李林甫的话,依然向唐玄宗提建议。第二天,圣旨就到了,将他降职到外地去做县令。众人都知道这是李林甫刻意陷害,以后就没有人敢向玄宗提意见了。李林甫知道自己的能力有限,在朝中的名声也不好,所以他就千方百计地排挤那些能力比自己强的大臣。他想要排挤某个人时,表面上没有丝毫的显示,而且还会笑脸相待,背地里却暗箭伤人。

有一天,唐玄宗在勤政楼向外眺望时,见兵部侍郎卢绚从楼下经过。便随口赞赏他风度很好。这件事被李林甫知道后,卢绚就被贬为华州刺史。卢绚任华州刺史没多久,李林甫又以他身体不好,不称职为由,再一次降了他的职。有一个叫严挺之的官员,因得罪李林甫而被排挤在外地当刺史。有一天,唐玄宗忽然想起他,便跟李林甫说:"严挺之这人很有才能,还是可以用的。"李林甫接口道:"既然陛下想念他,我去找他。"退朝之后,李林甫派人把严挺之的弟弟找来,对他说:"我知道你哥哥很想回京见皇上,所以给你想了一个办法。"严挺之的弟弟见李林甫关心自己的哥哥,非常感激,急忙请教有什么办法。李林甫说:"叫你哥哥上一道奏章,说他得了重病,求万岁恩准回京看病。"结果当严挺之的奏章报到朝廷之后,李林甫便拿着奏章对唐玄宗说:"陛下,真是太可惜了,我找到严挺之了,但他得了重病,无法再为朝廷出力了,这有他请求回京看病的奏章。"唐玄宗看后,非常惋惜地叹了口气,从此再也没提过严挺之。这样的事情在其他官员身上也经常发生。不过,李林甫装扮得再巧妙,还是会被人们识破。所以,人们背地里都说李林甫的嘴上就像抹了蜜一样甜,但他肚里却藏着剑(口蜜腹剑)。

李林甫在当宰相的 19 年间,许多既有才又正直的大臣遭到排斥,而那些溜须拍马的小人却都受到重用,当上了高官。致使唐朝的政治从兴盛转向衰败,国内的繁荣景象逐渐消失。

贵妃进言　李白丢官

公元 736 年,唐玄宗最宠爱的武惠妃有病去世,玄宗悲痛欲绝,寝食不安。当他听说自己的儿子寿王李瑁府中有个妃子叫杨玉环,生的美貌绝伦,还懂音乐、擅长歌舞时,就不顾礼节,将她强行招进宫中,但他多少还顾及自己的颜面,先让杨玉环做了女官,住到南宫,又赐号太真。随后将她封为贵妃,留在自己身边,杨玉环聪明伶俐,很得玄宗欢心。自从有了杨贵妃,玄宗就将政事交给了李林甫,自己在宫里寻欢作乐,有时连每天的早朝都懒得出来,为了不离开杨贵妃,玄宗在宴请百官时都带着杨贵妃。为了讨得杨贵妃的欢心,唐玄宗将她的两个哥哥封了大官,他的三个姐姐也封为夫人。就连她的远堂兄弟杨钊(后改名杨国忠,此人不学无术)也当了一名禁卫军参军。唐玄宗知道杨贵妃爱吃新鲜的荔枝,就命令岭南的官员派专人以八百里加急的形式往长安送荔枝,当荔枝一站站被运到长安、交到杨贵妃手里的时候,它的味道还没变呢。

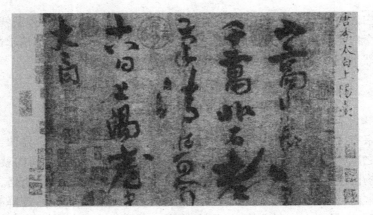

李白手迹

　　唐玄宗与杨贵妃每天饮酒作乐，那些奏音乐、唱歌曲的宫人没有新鲜词，只好一遍遍地重复原来的那些老歌词。玄宗听腻了，就想找人填点新的歌词。这时有个官员叫贺知章，他向唐玄宗举荐了一个人李白，说李白是新来长安的一个大诗人，他做的诗、写的文章都非常出色。唐玄宗曾经听过李白的名声，便吩咐贺知章通知李白进宫。

　　李白字太白，出生在碎叶，从小博览群书，后来为了增长见识，开始到各地游历，游览了祖国的名山大川。由于见识广博，加上聪明过人，李白在诗歌创作上取得了杰出的成就。李白生性高傲，不满官场上的腐朽风气，但他希望为朝廷出力，使自己的才干能够有机会施展。当听到唐玄宗召见他时，就高兴地进了皇宫。唐玄宗在与李白的交谈中，发现李白谈吐不凡，的确很有才华，就高兴地说："你虽然是个普通人，但名声却很大，连我都知道了。如果不是有真才实学，不可能有这么大的名声。"当即就将李白安排到翰林院做事。

　　李白生性好酒，而且经常喝到酩酊大醉。虽然进了翰林院，但他却没改掉这个习惯，只要空下来，就去找那些诗友到酒店里喝酒吟诗。有一天，乐工写的曲子填不上歌词，玄宗就想起了李白，命令太监去找他。太监们四处寻找，终于在酒馆里找到了喝醉的李白。太监们用凉水将他弄醒后，把他拽到了宫里。李白见到唐玄宗，本想行礼，但身子却不听使唤。玄宗爱惜他的才华，便没有责怪他，只是叫他把歌词写出来。李白走到几案前，拿起笔刚想写，忽然觉得脚上很不舒服。便对身边的太监说："请把我的靴子脱下来！"说完就把脚伸了过去，那个太监就是唐玄宗最为宠信的宦官——高力士，他仗着皇帝的权势，在百官面前作威作福，哪曾受过这等羞辱，本想发作，但是又怕扫了唐玄宗的兴致，只好忍住气，装着毫不在乎的样子，跪在地上给李白脱去了靴子。随后，李白就龙飞凤舞地写好歌词交给唐玄宗。唐玄宗吟唱了几遍，觉得确实是好诗，就夸奖了李白，并叫乐工演唱起来。但是给李白脱过靴子的高力士却记恨在心，他知道玄宗爱惜李白的才华，自己进言起不了作用，就寻找机会在杨贵妃面前说李白的坏话，最后终于惹恼了贵妃，她便在唐玄宗提拔李白的时候刻意阻拦，并诉说李白如何不好，时间一长，唐玄宗就不再重视李白了。李白也看出自己的抱负无法实现，就在第二年春天上奏章请求辞官还家，唐玄宗自然批准了他的要求，赏赐给他一笔钱后，送出了宫。

祸国乱政　贵妃殒命

唐玄宗有了杨贵妃之后，许多人为了投贵妃所好，争献各式珍异珠宝，这使朝中的奢侈之风越来越盛。在杨贵妃的影响下，杨国忠在很短的时间内就做上了唐朝宰相。杨国忠没有什么能力，但他却喜欢胡乱处理朝政，对收受贿赂、拉帮结派等事情非常内行。杨国忠专权后，整个唐朝越发混乱起来，有一年，连降暴雨，造成灾害，玄宗便在早朝上询问灾情，杨国忠却将一个非常饱满的谷穗拿给玄宗看，硬说大雨没有影响收成。其他官员在一旁都没敢出声。后来地方官上奏章报告灾情，请求朝廷赈灾，杨国忠看到奏章后大发雷霆，命人对其进行严惩。朝政的长时间混乱，直接制约了国家的经济发展。各地不再实行均田制，这使税收明显减少，但用在玄宗和杨贵妃身上的花费却因奢侈而逐渐增多，财政入不敷出。政治上的腐败直接影响了军队的战斗力，军队将领不再训练士兵，许多无赖进入军营。正是这些人的存在，使唐军在后来的战争中多次失利。

可是，玄宗并没有察觉到唐朝潜在的危机，反而一再地发动战争。在对外交战中，不但损害了与各国历来友好、和睦的关系，而且唐兵先后战死、病死了将近20多万人。战乱不断，激起了将领们贪功求官的欲望。为了在战争中立功受赏，达到加官晋爵的目的，边境的许多将领肆意挑衅，主动挑起战争，玄宗为了获胜，一再将权力下放到军队将领手中，这直接导致了后来爆发的"安史之乱"。

唐玄宗为了加强边境的防御能力，设立了十个军镇（藩镇），最高的行政长官叫节度使。节度使不但控制着军队，就连地方上的行政和财政也都归他管理，还在朝中占据着很重要的地位，如果节度使立下大功，就可能被提升为当朝宰相。

李林甫专权时，既排挤朝中的文官，又打击有功的节度使。王忠嗣在担任朔方等四镇节度使时，立下了赫赫战功，在朝中的威望也很高，而且他手下的哥舒翰、李光弼等人都是骁勇善战的名将。李林甫怕王忠嗣被唐玄宗调回京城当宰相，影响到自己的地位，就指使人到唐玄宗那里诬告王忠嗣想拥戴太子谋反，玄宗一听，当即派人将王忠嗣抓了起来，不问青红皂白就要将他处斩，多亏哥舒翰多次在唐玄宗面前为其申冤，王忠嗣才保住了性命。此事过后没多久，王忠嗣就在一气之下病死了。从这之后，唐玄宗开始大力提拔胡人，主要是李林甫认为胡人没有什么文化，升任宰相的机会很小，所以他在唐玄宗面前说胡人善战，而且跟朝中的官员没有联系，容易控制。唐玄宗本来就怕边境的将领造反，于是就听信了李林甫的话，提拔胡人当上了节度使。

安禄山（胡人）曾经是平卢（今辽宁朝阳）军里的一名将官，他靠着奉承拍马的手段讨得唐玄宗、李林甫的喜爱，由此开始步步高升，最终当上了平卢节度使。没过三年，又兼任范阳(今北京市)节度使。安禄山自从当上节度使之后，就费尽心思地搜罗奇珍异宝，然后将这些东西送到宫中讨好唐玄宗。他得知唐玄宗愿意听边境将领报战功，就以参加宴会为名，将平卢附近的少数民族首领和将士诱骗至军中，用药酒将他们灌醉，然后割下他们的头，送到朝廷报功。

如此一来，安禄山到长安朝见唐玄宗的机会就增多了。安禄山抓住机会，极力讨好唐玄宗。有一天，唐玄宗瞅着小矮个、大肚子、一副傻乎乎模样的安禄山笑了起来。他指着他的大肚子说：“你的肚子这么大，里面都装了些什么东西？”安禄山马上回答：“陛下，这里面没有别的，只有一颗忠于陛下的心。”唐玄宗听信了安禄山的花言巧语，非常高兴，很快就封安禄山为郡王，还在长安城内为安禄山造了一座华丽的府第。此后，安禄山经常陪唐玄宗喝酒作乐，玄宗还让杨贵妃收安禄山作了干儿子，使他们亲热得就像一家人一样。

武官俑

此后，除了范阳、平卢两镇外，安禄山又兼任了河东(今山西太原)节度使，北方边境的大部地区都在他的控制之下。安禄山的权力已经很大了，但他却不满足，为了获得更大的权力，他秘密地招兵买马，提拔史思明、蔡希德等一批猛将，任用高尚、严庄为他出谋划策，挑选体格健壮的士兵，将其组成精兵，囤积粮草，打造兵器，训练军队，准备发动叛乱。

李林甫死后，杨贵妃的哥哥杨国忠凭借裙带关系当上了宰相。杨国忠上任后任意胡为，安禄山根本就瞧不起他，两人慢慢闹起了矛盾。杨国忠虽然没什么能力，但他看出安禄山有谋反的迹象，就多次提醒唐玄宗。但是唐玄宗非常宠信安禄山，根本不相信。可是时间一长，安禄山谋反的迹象还是被唐玄宗发现了——他要求把范阳地区的32名汉将都撤换掉，由自己委派；唐玄宗下诏书要他到长安，他也以有病拒绝前往。唐玄宗这才起了疑心，但是如何防备安禄山的叛乱，唐玄宗和杨国忠都没有办法。

公元755年10月，安禄山以杨国忠祸国乱政、皇上密令自己进京锄奸为由，亲自率领15万步兵、骑兵，由范阳起兵，浩浩荡荡南下。中原很久没有发生战争，各地的官员见安禄山起兵叛乱，不是逃跑就是投降。叛军顺利地向前进发。安禄山叛乱的消息刚传到长安时，唐玄宗还认为是有人造谣，当各地失守的消息不断传来时，他才慌了神，赶紧召集文武百官商议对策。大臣们吓得目瞪口呆，一点办法都没有。

安禄山叛乱后，潼关就成了京城长安的门户，那里地势险要、道路狭窄、易守难攻，唐朝大将哥舒翰带领重兵在此把守。叛将崔乾祐率领的军队在潼关外驻扎半年，多次的攻打都没能奏效。为了将潼关平安的消息报告给长安，哥舒翰命士兵每天晚上都在烽火台烧起一把火，关里的烽火台接到信号后，也相继燃起烽火，长安人民看到烽火也就放心了。虽然叛军没有攻进潼关，但是朝廷内部却闹起矛盾来。哥舒翰、郭子仪、李光弼等人主张坚守潼关，等待时机，同时从河北出兵北上，攻打安禄山的老巢范阳；但宰相杨国忠却极力反对这样做。他知道哥舒翰握有重兵，如果

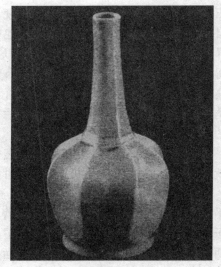

八棱秘色净水瓶

顺利平定叛乱，就可能取代自己，坐到宰相的位子上。于是，就在唐玄宗面前说潼关外的叛军已经疲惫不堪，哥舒翰在潼关内按兵不动，会失去全歼叛军的好时机。唐玄宗再次听信了杨国忠的话，派使者到潼关，催促哥舒翰出兵反攻。哥舒翰知道现在还不是出关的最佳时机，只要出关，必败无疑，但是皇命难违，只好带兵出关迎敌。叛将崔乾祐见唐军出关，就派精兵在灵宝（今河南省西部）西面的山谷里埋伏。哥舒翰的20万大军中了埋伏，被叛军杀得大败，哥舒翰本想收拾残兵，撤回潼关，但他手下的将士先乱了起来，叛军乘机攻占了潼关，哥舒翰也被俘虏了。潼关失守后，附近的地方官员和守兵都弃城逃走。当唐玄宗接不到告急文书、也看不到烽火台上的"平安火"时，才感到形势危急，急忙要杨国忠想办法。杨国忠和文武百官一同商量，但是大家干着急，谁也没有一个好主意。

当叛军逼近长安时，唐玄宗只好带着杨贵妃和一批皇子皇孙，在将军陈玄礼和禁卫军的护卫下，趁着夜色，悄悄地逃出长安。由于沿途的官吏都已经逃跑了，唐玄宗等人走了半天，也没能吃上饭。随行太监只好到当地百姓那里讨了点高粱饽饽带回来。玄宗哪曾吃过这样的饭，但是饥饿难忍，只好拿起来勉强咽了几口饽饽。就这样走走停停，大队人马来到了马嵬驿（今陕西兴平市西），玄宗在一间室内休息，其他人等在室外休息，随行的将士又饿又累，他们都很生气，认为都是奸相杨国忠乱国，引起安禄山叛乱，不然何必到处流亡，受苦遭罪。在几个统领的带领下，士兵将杨国忠围了起来，这时有人嚷嚷："杨国忠造反了！"杨国忠刚想逃走，就被士兵手起刀落给砍死了。士兵们杀了杨国忠，情绪更加激动，纷纷聚到了驿馆门口。唐玄宗听太监说，杨国忠被兵士们杀了，大吃一惊，急忙扶着拐杖走到室外安慰兵士，要将士们回去休息。兵士们没有理会唐玄宗的话，依旧吵吵嚷嚷。玄宗回到室内，让高力士找来陈玄礼，问兵士们为什么在门口聚集不散。陈玄礼说："杨国

忠谋反，已经被杀，贵妃娘娘也不能留下来。"唐玄宗怎么忍心杀自己的宠妃呢？他呆立半晌说道："贵妃住在深宫，怎能知道杨国忠要谋反呢？"高力士在一旁插嘴道："贵妃是没有罪，不过将士们杀了杨国忠，如果让贵妃留在皇上身边，将士们怎能心安呢。只有将士心安，陛下才安全啊。"唐玄宗知道此事无法挽回，便与杨贵妃抱头痛哭，但他怕贵妃遭到士兵们的羞辱，便叫高力士把她带到别处，吊死在佛堂前的梨树下，然后葬在一个小山坡上。将士们听说玄宗处死了杨贵妃，这才纷纷撤回营中。但是，大队人马到何处去呢？当时的众人议论纷纷，意见出现分歧，高力士认为四川物产丰富、山水相依，前往四川既可避难又可玩耍，唐玄宗表示同意。但是，附近的百姓却请求太子李亨留下，率领各路将士收复失地。玄宗把太子妃张良娣送给李亨，让高力士代传口诏曰："此番前去，不要违背百姓对你的期望……"玄宗等人稍做休整后，在禁卫军的护卫下，急急忙忙向蜀中行去。

风流天子　忧郁而亡

　　天宝十五年（公元756年）七月，太子李亨率军北上，来到灵武（今宁夏灵武西南）时，在手下将士的力劝下即位，改元"至德"，这就是唐肃宗。玄宗被称为太上皇。玄宗听到消息后，心中高兴，便对内侍高力士说："我儿顺应天意民心，改元'至德'，没有辜负我的教导！"至德二年（公元757年），唐军收复长安和洛阳后，肃宗于当年的十二月将李隆基接回长安，将其安置在兴庆宫，高力士、陈玄礼等人依然在身边担任侍卫。肃宗为了显示自己的孝道，经常派梨园子弟到兴庆宫奏乐跳舞，供玄宗消遣。玄宗过上了悠闲的太上皇生活。在闲暇之余，他便到靠近宫外大道的长庆楼上饮酒，百姓在

崇圣寺三塔

此经过，见到玄宗都非常激动，不停地欢呼"万岁"。

　　有一次，剑南道的奏事吏从楼下经过，便拜见玄宗，玄宗设宴款待他。在随后的一段时间里，玄宗又先后诏见了将军王铣等人，还赏给众人一些礼物，玄宗这么做，无非是找人消磨时光。而肃宗听说后，却很担心，怕玄宗重新复位，此后他变得十分警惕。玄宗虽然年迈，但他对朝中的形势变化有所了解——肃宗非常宠信宦官李辅国，而李辅国又暗中勾结皇后张良娣，因此权力日隆，并开始干预政事。

　　李辅国原本是地位低微的小太监,由于劝李亨即位有功,受到肃宗的宠信,一跃成为朝中的显贵,并开始骄横跋扈、为所欲为。但他却经常被玄宗身边的人轻视,李辅国因此怀恨在心,想方设法离间玄宗与肃宗的关系。他发现肃宗猜忌玄宗后,就进谗言道:"太上皇经常与外面的大臣联系,高力士、陈玄礼等人也有不利于皇上的举动。现在朝中人心浮动,我曾出面劝告,但无济于事,请求万岁早做打算。"肃宗听后,疑窦更重,但他软弱无能,只是流着眼泪说:"父皇慈善仁爱,怎会允许这种事情发生呢?"李辅国却继续蛊惑道:"太上皇没有这种意思,但是,他手下人为了高官厚禄,硬将黄袍披在太上皇身上,他又能怎么办呢? 陛下应为江山社稷考虑,消灭威胁皇权的潜在危险,可将太上皇迁往西内(偏僻的一座宫殿,与世隔绝)。"肃宗没有答应,却默许李辅国将兴庆宫的300匹马牵走290匹。玄宗知道后,无可奈何,只是对服侍自己多年的高力士说:"我儿受李辅国蒙惑,不能再尽孝了啊。"

　　上元元年(公元760年)八月,肃宗染病在床,李辅国派人通知玄宗,玄宗急忙带人进宫看望。可是,当他来到睿武门时,突然被李辅国率领的500名骑兵挡住去路,李辅国并没有下马叩拜,反而坐在马上趾高气扬地对玄宗说:"当今圣上特派我迎太上皇到大内居住。"玄宗在惊慌之余,差点摔落马下。高力士上前训斥李辅国,说他藐视皇族,但李辅国根本没有在意,反而亲手杀死高力士身边的一名侍卫,并辱骂高力士。玄宗无奈,只好在众人的拥簇下,迁居到了太极宫甘露殿。但李辅国在临走时,带走大部分年轻侍卫,只留下几十个老弱病残的士兵保护玄宗。没过多久,又将高力士、陈玄礼调走,玄宗独自在甘露殿居住,整日无所事事、郁郁寡欢,心情更加郁闷。没过两年,就忧郁成疾,公元762年4月,玄宗重病身亡,终年78岁,在位44年,死后葬于泰陵,庙号玄宗,谥号明皇。

辽太祖耶律阿保机：
铁血皇帝　南征北伐

【人物档案】

姓名:耶律阿保机

别名:耶律亿、耶律啜里只。

生卒:872年~926年

属相:龙

在位时间:20年

谥号:大圣大明神烈天皇帝

庙号:辽太祖

主要成就:建立契丹国,创立契丹文;四处征伐,攻灭渤海国、室韦和奚。

陵寝:祖陵(今内蒙古赤峰市巴林左旗林东镇)

【枭雄本色】

公元872年,耶律阿保机出生在契丹迭剌部,当时他的父辈多数都在战争中牺牲,祖母含辛茹苦将他养大。成人后,阿保机身材魁梧,擅长骑射,率领部落的部分人马多次出征,掳掠了大量的

辽太祖像

牲畜和各部落的牧民,逐渐壮大了自己的军事实力,家族的经济实力也得到了壮大。公元901年,年仅30岁的阿保机被推选为迭剌部的夷离堇(军事首领),专门负责在外征战,这给他建功立业、扩充自己的实力创造了条件。在多次的征战中,阿保机率军占领了契丹附近的部分地区,同时又把当地许多汉人掠虏到了自己的部落。在军力日益壮大的情况下,阿保机于公元907年当上了遥辇部落联盟的可汗。阿保机非常重视汉人,他采纳汉人的建议,发展生产,并决定将可汗的选举制度改为世袭制度。阿保机的做法激起了本部落兄弟的反抗,他们联合起来发动了三次叛乱,但是都没能取得成功。阿保机平定了内部叛乱后,用计伏杀了其他各部

落的首领，终于统一了契丹八部，控制了邻近各族。公元916年3月17日，阿保机在龙化州（今赤峰市敖汉旗东部）登基称帝，建年号为神册，国号契丹，尊号大圣大明天皇帝，契丹奴隶制国家从此宣告诞生。

阿保机称帝后，采取一系列措施治理国家：改革习俗制度，修筑城池，创制文字，制定法律等。随后，阿保机继续领兵攻打周围的国家，先后消灭了党项、阻卜等部落，接着攻打渤海国，公元926年，渤海国灭亡，当年七月，阿保机在率军回归途中身染重病，在到大扶余时过世，终年55岁，葬于祖陵（今内蒙古巴林左旗西南），谥号升天皇帝，庙号辽太祖。

【风云叱咤】

足智多谋　建功立业

公元872年，阿保机出生在迭剌部显贵家族，姓耶律氏，亦称耶律阿保机，小名啜里只，汉名为亿，契丹族。他出生时，契丹内部发生矛盾，贵族阶级之间为了争夺联盟首领之位开始了不间断的征战。阿保机的父辈们有的在残酷的战争中被杀，有的外出逃亡，他的祖母非常喜爱刚出生的阿保机，由于担心被仇人加害，便经常将他藏起来，不让他与外人见面。阿保机就是在这样的环境中度过了自己的童年。长大成人后，阿保机身材魁梧、体格健壮，练就了一身好本领，而且还胸怀大志，一心想做出轰轰烈烈的大事业。在与外敌的多次交战中，他总是一马当先，带领侍卫亲军奋勇杀敌，并多次立下战功，显露出过人的军事才干。《辽史》记载阿保机"身长九尺，丰上锐下，目光射人，关弓三百斤"。经过多年的发展，阿保机逐渐壮大了自己的实力，遥辇氏联盟的后期，遥辇氏的可汗痕德堇当上了联盟的可汗。公元901年，年仅30岁的阿保机被推选为迭剌部的夷离堇（军事首领）。这时，阿保机的手中已经掌握了联盟的军事大权，他的职责是率军保护联盟各部落的安全，同时出兵攻打其他部落，以壮大遥辇氏联盟的实力，并占领更多的土地。这为阿保机建立军功、在部落与军队中树立自己的威信和权威，创造了有利条件。

阿保机知道这是建功立业的大好时机，于是他充分利用部落联盟的实力四处征讨，接连打败了室韦和奚人等部落，获得大量的物资。公元902年，阿保机率军南下，大举进攻中原边境的河东镇，掠夺了大量的牲畜和粮食，同时还俘获了许多汉人，这就大大加强了本部落的实力。当阿保机的伯父被人杀死后，阿保机就继承了伯父的职位——于越（史称"总知军国事"，相当于中原王朝的宰相），独自掌管了部落联盟的军政大权和行政事务，这时，他的地位仅次于可汗。阿保机不满足于自己的地位和当时控制的土地，为了进一步扩充势力，他决定进军中原地区。公元905年，阿保机率领七万骑兵到云州（今大同）与李克用会盟，他们在此盟誓为兄弟，两军象征性地互换战袍和战马，并互赠金缯等物，约好共同攻打驻扎在幽州的刘仁恭。没过多久，阿保机在攻打刘仁恭时攻陷了许多城池，当地的居民和大量的

《契丹人引马图》

财物都被他掳掠到了北方。所有的战利品，都成了阿保机的私有财产，因而耶律家族的经济实力远远超过了其他家族。

唐朝被灭，朱温建立后梁的当年，阿保机取代了遥辇氏的可汗痕德堇，自己当上了联盟的可汗。阿保机当上部落联盟的可汗时，还面临着一个很严重的问题——按照部落的传统制度，可汗之位不是终身制，每三年改选一次。阿保机手下的汉人谋士经常对他说：中原的帝王都是世袭，从来不改选。这些话打动了阿保机，他也希望打破部落的传统旧制度。所以，他当上可汗后，就开始谋划着在契丹建立君主制。为了实现自己的目标，阿保机着重做了两方面的工作：首先，逐渐将权力集中到自己手中；其次，加紧对外扩张，增强本部落的军事实力，最大限度地树立自己的权威。在具体实施时，阿保机率先建立了自己的侍卫亲军，即"腹心部"，任命自己的亲信、本族兄弟耶律曷鲁和妻子部落的萧敌鲁等人为侍卫亲军的首领，在武力方面保护自己的权利。为了取代遥辇氏，使自己长期做可汗的事实合法化，阿保机先让本族成为第十帐，使部落的地位仅次于遥辇氏部落。同时，为了稳定家族内部的团结，阿保机还专门设立了管理皇族事务的宗正官（惕隐），让本族人和妻子述律氏家族的人管理各项事务。客观地说，述律家族对稳固阿保机的地位起了不容忽视的作用。为了拥有更多的财富，迅速扩大自己的势力，在各部落树立自己的权威，阿保机还加快了四处征讨的频率。他总是亲自率军出征，经过连番苦战，先后征服了吐谷浑、室韦、乌古等部落。随后，率领大军攻打南面的幽州和东边的辽东。在当上可汗的第二年，他就调集 40 万大军，亲自率军南下。在这次战争中，阿保机接连获胜，军队很快就越过长城，到达了河东地区。在随后的征战中，阿保机的部队先后攻占了九郡，使 9 万 5 千多名汉人成为俘虏，除此之外，牛、羊等牲畜更是不计其数。大军返回北方后，稍做休整，阿保机再次率兵出征，攻打女真部落，这次战争，阿保机又俘虏了女真人 300 多户。在多次的征战中，契丹的领土迅速扩大,并逐渐占领了长城以北的大部分地区。

平定叛乱　统一契丹

阿保机为了像中原的皇帝那样,将契丹的可汗之位建立成终身制和世袭制,他在当了三年可汗后并没有交出大权,而是依靠强大的军事实力和威望继续担任可汗,并将建立君主制度当成自己的目标,为此,阿保机时刻努力着。耶律家族的其他贵族对阿保机的做法极为不满。按照当时部落的习惯,可汗的选拔实行家族世选制,就是说自从可汗的位置落到耶律家族之后,家族的成年人都有权利竞争担任可汗,阿保机拒不让出可汗的位置,这就阻挡了其他人当选的机会。为了夺回属于自己的被选举权,耶律家族的兄弟们率先组织起来反对阿保机。

公元911年5月,耶律家的刺葛、迭剌、寅底石、安端等人秘密策划,准备谋反。没想到,安端回到家后,无意中告诉了自己的妻子,而他的妻子又将此事偷偷地告知了阿保机。阿保机听说后,马上做好了准备,迅速将意图叛乱者全部抓了起来,但他不忍心杀掉自己的兄弟们,于是便带领他们登上最高的山顶,用牲畜祭天,同时,众人对天盟誓今后要和睦相处,然后阿保机便赦免了他们。但是众人没有因为阿保机放过自己而安于现状,而是在于越辖底的唆使下,联合起来,决定于第二年再次反叛。这次,不但原来的几个人都参加,就连刚刚任命的惕隐滑哥也加入其中。在当年的七月,阿保机亲率大军攻打术不姑部,同时让刺葛率军攻打平州(今河北卢龙)。经过三个月的艰苦征战,刺葛的军队终于攻占了平州。随后,刺葛领兵切断了阿保机的归路,意图将其阻挡在外,强迫阿保机交出可汗的旗鼓和神帐,重新参加可汗的改选大会。阿保机知道自己的退路被切断后,没有领兵与其硬拼,而是南下,随后,按照部落的传统习惯,在其他兄弟们没反应过来时就举行了烧柴告天的仪式(燔柴礼),再次当上可汗。仪式结束后,阿保机连任可汗的事情就算是合法的,本族兄弟的反叛也就没有了理由,叛乱的事情也就不了了之。阿保机凭借过人的智谋,巧妙地平息了这场兄弟叛乱。

事情过去之后,意图叛乱的众位兄弟先后派人来到阿保机军中,向其请罪。阿保机宽宏大量,没有追究众人的责任,只是令其悔过自新。但是,兄弟之情终究比不上可汗宝座的诱惑,众位兄弟于公元913年的3月,决定再一次出兵发动反叛。他们秘密商议,共同推举刺葛为新可汗,然后迭剌和安端前去朝见阿保机,想寻找机会,将阿保机劫持走,然后参加他们准备好的可汗改选大会。这次,除了迭剌部落的众人外,还有乙室部落的部分贵族。阿保机事先觉察到他们采取的阴谋,便将计就计,在迭剌和安端来到自己军中之后,将其关押,连他们带来的一千多名骑兵也一并收编,随后阿保机调集军队,亲自率领骑兵围剿刺葛的叛军。但刺葛将军队分成两支,他趁阿保机出兵攻打自己的时候,命寅底石率领另一支部队突袭阿保机的行宫,大量的辎重和神帐等物品被焚毁,象征可汗权力的旗鼓和祖先的神帐也被寅底石夺走。当时,负责看守大帐的是阿保机的妻子,她率领留守的士兵进行拼死

西夏飞天壁画

抵抗,在得到了部分援军后,她领兵发动反击,将寅底石率领的军队击败,在随后的追击中,夺回了旗鼓。到了四月,阿保机领兵继续追击刺葛,同时,他挑选出许多善战的军士,让他们骑上快马绕到敌军的前面进行埋伏堵截,以起到前后夹攻的功效。在这次交战中,阿保机组建的侍卫亲军发挥了重要作用,刺葛军被彻底打败,被刺葛夺走的神帐又重新回到了阿保机手中。阿保机下令军队原地休整,不再出兵追击。不是阿保机没有了追击的实力,而是他知道刺葛的部下长期在外征战,不久就会因为思念家乡而士气低落,等到将士们无心恋战时,自己迅速出兵,定能取得最后的胜利。两军相持了一个多月后,阿保机开始领兵进击,终于活捉了刺葛。耶律家族的反对势力终于在最后一次的交战中被阿保机彻底消灭,但是交战也造成了部落经济的停滞不前,民间的上万匹马匹被消耗过半,百姓出门都需要步行。

在消除部落内部的反对势力时,契丹的其他七个部落首领也在密谋反对阿保机,他们联合起来的实力非常强大,并且以恢复传统的可汗选举制度为旗号,处处与阿保机作对,试图强迫阿保机让出可汗之位。阿保机根据敌强我弱的实际情况,与手下谋士商议,决定以退为进,假意答应退位,先交出旗鼓、神帐。随后,阿保机对各部落首领说:"我当了九年的可汗,有许多汉人成了我的下属,我想率领自己的部分子民驻守汉城,可以吗?"众人认为阿保机到了汉城后,不会对自己造成伤害,便都同意了。阿保机率领军民到了汉城,他们跟随汉人共同开荒耕种,发展农业,由于当地有大量盐铁矿,阿保机组织人力进行开采,这就使汉城的经济日益发达。这时,阿保机同妻子述律后商议,制定了铲除其他部落首领的计策。随后,阿保机派专人到各部落通知部落首领:"我有盐池,经常将盐供给各部落,可是大家只知道吃盐方便,却没有想到盐池也有主人,现在你们应该犒劳我和部下。"众位酋长听后都认为有理,便纷纷带上牛羊和酒等物品来到了阿保机控制的汉城,他们万万没有想到,这次的邀请是个陷阱。阿保机事先布下伏兵,并以摔杯为号,到时伏击各路酋长。各族酋长来到大堂,饮酒作乐,没过多久,众人就喝得酩酊大醉。这时,阿保机装作喝多了,手发抖,酒杯无意中掉在地上摔得粉碎,在众人惊讶之时,埋伏在厅堂外的杀手迅速涌进室内,手起刀落,将各部落的首领都杀死了。然后阿保机马上出兵,依次攻打各个部落,各部落群龙无首,纷纷投靠了阿保机。到此时,阿保机才真正统一了契丹各部,成了契丹可汗。

阿保机除掉了所有的反对势力后,便在神册元年(公元916年)二月,仿照中原皇朝的体制,在龙化州(今赤峰市敖汉旗东部)以东修筑天坛,正式登基称帝,建元神册,国号契丹,尊号大圣大明天皇帝。封妻子述律氏为皇后,当年三月,立皇子耶律倍为太子。契丹奴隶制国家从此宣告诞生。

耶律阿保机称帝后,制定相关政策,大力发展政治、经济和文化事业。任命亲信大臣耶律曷鲁为于越,负责处理国家各种事务。实行"一国两制"——将契丹和汉族分开治理。设立了南北两府,最高长官也叫宰相,北府负责管理契丹族事务,南府负责管理汉族事务。同时,扩建"腹心部",使骑兵的人数达到六千多名。同时,他又非常注意重用汉人,那些愿意归顺自己又有才学的汉人,都被委以重任,诸如韩延徽、康默记、卢文进、韩知古等人,他们帮助阿保机建立了各种政治文化制度,并将汉人的生产技术教给迭剌部落人,促进了当地经济的发展,特别是对阿保机称帝建立契丹国起到了重要的作用。

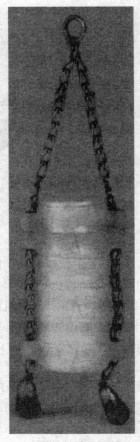

辽金锁付白玉盘

神册三年(公元918年),耶律阿保机下令修建皇都,任命康默记为版筑使,督促施工,皇都的修建速度很快,主体工程在一百天内就已竣工。随后,耶律阿保机在城内修建孔子庙、佛寺和道观。阿保机建立了契丹国后,各部落依然使用自己的文字,这对治理国家极为不便。为此,阿保机于神册五年(公元920年)命大臣突吕不、鲁不古和部分汉族知识分子研究制定新的文字。众人根据汉字结构,终于创造出了契丹大字。没过多久,阿保机又命自己的弟弟迭剌创制了契丹小字,随后,阿保机将新型文字在全国内推广。神册六年(公元921年),阿保机命人制定的法律颁布实施。在此之前,阿保机曾经说:"国家事务众多,巨细不一,如果法度不明,如何治理?"于是,他命大臣根据国内的实际情况,制定出了治理契丹族及各部落的"决狱法"。法律的制定,巩固了契丹奴隶主国家的统治。与此同时,他还设置了决狱的法官"夷离毕"。

因人而异,阿保机对汉人的管理措施,全部按唐律进行,为了能够广泛听取大臣和百姓的意见,他还下令设置了"钟院"。不仅如此,为了从事和发展农业生产,阿保机还接受汉人韩延徽等人的建议,将汉人集中起来,重新安置在新设置的州县里。神册六年(公元921年),阿保机将从南方俘获来的汉人集中安置在契丹境内的州县里,汉人在此地安居乐业,从事各项农业生产,满足了国家的粮食供应。

远征渤海　功成名就

在神册初年的时候,契丹国内政治军事已经相对稳定,百姓已经可以丰衣足食。这时,阿保机开始将目光放到国外,继续出兵扩张领土。当时,漠北地区的游牧部落各自为战,势力都很小。东方的渤海和高丽两国也逐渐衰落,南边的李克用与朱温刚刚建立的后梁进行着常年的拉锯战。各种形势对阿保机扩大疆土都极为有利,因此,阿保机便想建立南到黄河、北至漠北的北方军事强国。经过再三思考,阿保机决定先征服黄河北部地区。这时,驻守新州(今河北涿鹿)的将领卢文进对李存勖征用自己的士兵攻打后梁很不满意,便率兵投降了阿保机。在如此有利的条件下,阿保机亲率大军开始向中原进发,在和卢文进的兵马合到一起后,开始攻打新州和幽州,新州守将周德威战败,阿保机率军占领了新州,随后全力以赴围攻幽州,在半年多的交战中,契丹军始终没能攻克幽州。在守将李嗣源的援兵到达时,阿保机只好撤回北方,临撤退前,他让卢文进率兵驻守平州,吩咐一定要倾全力守住契丹南下的重要通道。

阿保机撤军没多久,镇州防御使张文礼起兵杀死节度使王镕,然后派人向阿保机求救,希望他能出兵,和自己一起共同对付李存勖。这正好给了阿保机第二次南下中原的机会,大军顺利攻占涿州后,将定州团团围困,并和李存勖的军队在沙河及望都(今河北望都)一带展开了多次拉锯战,在这次交战中,契丹军损失惨重。当时赶上了少见的大雪天气,十多天的暴雪使地上积了几数尺厚的雪,契丹军的粮草补给出现困难,加上将士伤亡很多,阿保机只好再次撤兵。阿保机的两次出征都无功而返,反倒损失了许多的兵力。他根据当时的情况,及时调整战略方向,开始向西北和东北方向进军。打算征服北方的游牧部落和东北的渤海国,在消除了两侧的威胁之后再率兵南下,攻占河东及河北地区。

阿保机马上召集高将领开会,重新部署作战计划。公元924年,阿保机及大元帅德光领兵攻打党项、阻卜等部落,经过多次的交战,阿保机的大军到达了乌孤山(今肯特山),在打败回鹘军队后,于当年的十一月捕获甘州回鹘都督毕离遏。公元925年4月,甘州回鹘乌主可汗被迫同意向阿保机纳贡谢罪。至此,阿保机的势力开始西达甘州、西北至鄂尔浑河,国土面积大大扩展。

为向东发展势力,阿保机决定东征渤海国。渤海国是区域性的民族政权,政治和文化都很发达,素有"海东盛国"之称,但当时的国力已经下降。公元926年2月23日,阿保机出动几十万大军,攻占了渤海国的西部重镇扶余城(今吉林农安),随后兵分两路,翻越长白山,经过六昼夜的急行军,到达了忽汗城(今黑龙江宁安东京城)。契丹铁骑将京城团团围住,城中的军队多次突围,都没能奏效,渤海国王无奈之下,身穿孝服,举起素幡,率领几百名大臣凄惨地走到阿保机马前投降。随后,阿保机派康末恒等几十人到城中收取兵器,没想到,城中的渤海士兵异常愤怒,将进城的契丹人全部杀死。阿保机得到消息后勃然大怒,当即指挥军队从东、西、南三

在耶律阿保机陵墓发现的陪葬品

面开始攻城,没用几天,就攻陷了城池,建立了二百多年的渤海国从此灭亡,渤海全境纳入了契丹版图。阿保机将渤海改建为东丹国,将渤海京城改名为"天福城",成为东丹国都。阿保机还任命皇太子耶律倍为东丹王,负责处理东丹的各项事务。同时,阿保机又在黑龙江和乌苏里江流域设置官府,对当地实施管理。到此时,阿保机重新统一了东北地区。

天显元年(公元926年)七月,耶律阿保机在回师途中身染重病,到达扶余城时病逝,终年55岁,第二年八月,葬于祖陵,谥号升天皇帝,庙号辽太祖。

辽太祖去世后,述律后主持选新皇帝的仪式,在她的坚决拥护下,朝中大臣都同意耶律德光继承皇位,于是,耶律德光在举行传统的燔柴礼后称帝,成为辽太宗。他继位后,继续完善先父的管理制度,使契丹逐渐走上强盛。

【名家评点】

太祖受可汗之禅,遂建国。东征西讨,如折枯拉朽。东自海,西至于流沙,北绝大漠,信成万里,历年二百,岂一日之故哉?周公诛管、蔡,人未有能非之者。刺葛、安端之乱,太祖既贷其死而复用之,非人君之度乎?旧史扶余之变,亦异矣夫!

———元·脱脱等《辽史》

唐朝末年,阿保机开始引用汉人,建造城郭,奠定了农业基础,又创造文字,开盐制铁之利,此时已有适当的典章制度和南朝抗衡。这些已充分显示了他的雄才大略,阿保机为契丹族的发展做出了巨大的贡献。

———黄仁宇《赫逊河畔谈中国历史》

【历史印证】

统一契丹各部,建国;任用汉人,改革习俗;制作文字,制定法律;发展农业生产,开展商业贸易。

宋太祖赵匡胤:瞒天过海　黄袍加身

【人物档案】

姓名:赵匡胤

别名:香孩儿、赵玄郎、艺祖、宋太祖(或称"宋祖")、赵太祖。

生卒:927年~976年

属相:猪

在位时间:16年

谥号:英武圣文神德皇帝(初谥)

庙号:太祖

主要作品:《咏初日》

主要成就:建立宋朝,结束五代十国的战乱局面,灭亡荆南、武平、后蜀、南汉及南唐,基本完成统一。

陵寝:永昌陵(今河南巩义市坞罗河南侧、西村北)

宋太祖像

【枭雄本色】

五代十国是武人的天下,"天子宁有种乎,兵强马壮者为之耳。"赵匡胤就是那乱世中深明此理的不世豪杰,不同的是,他还是这时代最会演戏的枭雄:周世宗在位时,对之唯命是从,表现得忠心耿耿,借此发展势力;柴荣一死,哪管你孤儿寡母,陈桥驿黄袍加身,一朝而为天子,再诡称手下逼迫,泪流满面说对不起先主。

皇位在手,如何巩固?"杯酒释兵权"是他与赵普合作的一出双簧,从此开北宋重文轻武的先河,影响之深远恐怕他也始料不及。

"卧榻之侧,岂容他人酣睡",灭后蜀,平南汉,破南唐,他对敌国君主演戏,抚完再灭;赐田宅、开科举、用文人,他对臣下演戏。终于奋斗到大业将成,皇位稳固之时,没想到身边还有个跟他同样会演戏的弟弟,给他在临死前演出了一起"烛影斧声"的重头戏,使得赵匡胤之死也成了千古之谜。

历经磨难　心存大志

公元 927 年 2 月 16 日,赵匡胤出生在洛阳夹马营的一个军人家庭,据说,他刚出生时,体内散发着异香,过了三天都没有散尽,所以他的小名又叫香儿。香儿的父亲赵弘殷,是河北人士,在后唐禁军中担任正捷指挥史。但是当时的大唐已经走向灭亡,各地的军阀为了扩大自己的地盘,相互间展开了激烈的混战,先是朱温废掉了唐哀宗,建立了后梁;接着,沙陀人李存勖于公元 923 年又消灭了后梁,在一片瓦砾之中建立了后唐,没过几年,李存勖的统治又被他的养子李嗣源推翻了。赵弘殷原本是庄宗李存勖的宠将,但是李嗣源杀死李存勖篡位成功之后,将赵弘殷看作庄宗的人,这使得赵弘殷官运不佳,在两度更换朝代的十几年里,他的官职没有丝毫的提升。在这期间,赵家人丁兴旺,相继添了二男二女,却使他的家境日益艰难,只能勉强维持生活。

过了几年,香儿该上学了,赵弘殷经过深思熟虑,正式给他起名叫赵匡胤。匡胤特别喜欢读书,对历史典故知道得非常详细。不但如此,他还同父亲一样,对习武有着很大的兴趣,除了读书,就是缠着父亲教他习武,几年的功夫,他就学会了马上步下的各种武功,在当地可称得上是很有名气的骑手。有一次,他骑上了一匹尚未配马鞍和笼头的烈马,没承想,那马在正路上跑了没几步就掉转头向城门口奔去,许多人眼看着赵匡胤躲闪不及,撞到了城楼的门楣上,然后摔落马下,都以为他被撞成重伤,谁知匡胤却立即从地上跃起,又去追上了烈马,最后这匹烈马终于被赵匡胤制服了。随着年龄的增长,赵匡胤到了该为家庭分解忧愁的年龄。但是贫困潦倒的现实生活告诉赵匡胤,要想干出一番事业,只有依靠自己。所以,在 21 岁那年,他怀着对家庭的恋恋不舍毅然告别了父母、妻子,决心到外面去打拼出自己的一片天地,成就一番事业。

赵匡胤离家后的第一个去处就是投奔父亲那些当了大官的战友。但是,世态炎凉,匡胤从这些有钱有势的前辈那里得到的只有白眼和冷遇,没有人承认他是自己的晚辈。有一天,匡胤来到凤翔节度使王彦超的府上,希望能谋得一份差使。但王彦超却根本就没有见他,只是差人给他拿了几贯钱后,就将他赶走了。当时的赵匡胤已是身无分文,而且还没有容身之处,只有拿着这几贯钱,思考今后的生计。于是,他决定用这几贯钱通过赌钱的方式换取更多的钱。但是他独身一人,当地赌徒经常合伙欺负他,使他输多赢少,即使偶尔赢了,赌徒们也会将他的钱抢走。输掉最后一个铜板,匡胤便开始了沿街乞讨的流浪生活。时光流逝,已经过两年的流浪生活,他的足迹踏遍了大江南北的山山水水。虽然居无所定的流浪生活非常艰苦,但是,匡胤却从中得到了锻炼,他的眼界更加开阔、意志和性格更加坚强了。

有一天,匡胤来到襄阳时,已经是傍晚时分,他便到一家寺院求宿。寺院的主持是一位年逾百岁的老僧，他见赵匡胤天庭饱满，豹头环目，满面的尘埃遮掩不住英武之气，身穿破衣，却没有寒酸之态，不禁暗暗称奇。经过交谈，老僧更觉得匡胤气度不凡，将来必能成就一番大业。于是，他便诚恳地对赵匡胤说："当今社会群雄逐鹿，天下大乱。国内的形势是南方的政权相对稳定，而北方却战乱不断。所谓乱世出英豪，要想成就大业，你应该北上，而不是南下。"赵匡胤认为老僧说得非常有道理，当即决定到北方谋求发展。第二天临走时，老僧送给他带了一些银两、食品，连寺中唯一的一头小毛驴也送给他，希望他能早一天到达目的地。赵匡胤告别老僧，骑着毛驴日夜不停地向北方走去。一天早上，他在赶路时，看着冉冉升起的太阳，心中一阵激动，随口吟出一首打油诗："太阳初出光赫赫，千山万山如火发。一轮顷刻上天衢，逐退群星与残月。"有一次，他在野外露宿，抬头看见天上的一轮明月，大地处在银辉之中，他略加思索，吟道："未离海底千山黑，才到中天万国明。"赵匡胤作的这些诗，虽然属于平铺直叙，缺乏文采，但是却显露出非凡的气度和丰富的感情。

苦心经营　陈桥兵变

公元948年，赵匡胤终于来到河北邺都，在后汉枢密使郭威的账下当了一名士兵。公元951年，郭威率兵发动叛乱，大军很快灭亡了后汉，郭威称帝，建立了后周。赵匡胤在郭威起兵攻打后汉的战争中，奋勇拼杀，立下赫赫战功，并因此而受到郭威赏识，将他从一名士兵提拔为东西班行首（禁军军官）。两年之后，赵匡胤又升任为滑州（今属河南）副指挥使。这时皇太子柴荣被封为晋王，担任开封府尹。柴荣与赵匡胤曾经在军中并肩杀敌，所以他很了解赵匡胤的勇猛与才能，就请求太祖将赵匡胤留在自己帐下。于是，赵匡胤以开封府马直军使的身份，成了柴荣身边的亲信。没过多久，郭威因病过世，柴荣登上皇位，为周世宗。赵匡胤跟随在柴荣的身边，到中央禁军任职。晋王柴荣称帝的消息传到北汉后，北汉主刘崇非常高兴，决定趁着新君立足未稳之机出兵攻打，扩大自己的势力。但他怕自己的兵力不够，就派使者到契丹，许下好处，乞求契丹国出兵协助。这时的契丹已改国号为辽，新任国王（也称皇帝）叫途述律，也就是辽穆宗耶律璟，武将出身，能征惯战。他早就有入主中原的野心，并将北汉视为自己夺取中原的一块跳板，所以在接到北汉的求援时，非常痛快地答应下来，并当即派武定军节度使、政事令杨衮率领一万多兵马到晋阳与刘崇的军队会合，共同攻打后周。

显德元年（954年）二月，刘崇的实力大增，当即率兵浩浩荡荡地向潞州（今山西长治北）进发。潞州的昭义节度使李筠听到北汉来犯，就派遣部将穆令均领兵迎敌，他自己率领的大军在南下的要道太平驿驻守。穆令均带领的人马来到战场后，立即摆开了阵势。由于北军早有埋伏，穆令均中计战死，失去主帅的周军大败。李筠见大将战死，北兵来势汹汹，便下令坚守城池，同时派人向朝廷告急。世宗柴荣接到边关告急的文书后非常生气，就决定御驾亲征，一举消灭北汉大军。但大臣们

119

却认为皇上刚刚登基,朝政未稳,不适合离京亲征,只派大将领兵前往即可。柴荣却认为这是自己立威的大好时机,下定决心亲自领兵出征。并在当天下旨,调动大军讨伐北汉。

第三天,世宗在赵匡胤与殿前都指挥使张永德的保护下,率领大队人马浩浩荡荡地出发了。当世宗等人到达高平(今山西晋城东北)时,两国的军队

陈桥兵变

相遇。汉主刘崇令张元徽率领一千多精锐向周营冲去,两军展开激烈的搏斗。因汉军人多,并利用地形不断地向周军放箭,令周军士兵死伤很大,周军节节后退,整个阵形开始溃乱。眼看形势危急,世宗柴荣冒着箭雨催马上前督战。由于士兵不断后退,世宗被暴露在阵地的最前面,汉军迅速将其围起来。赵匡胤虽然心急,但头脑冷静,他知道这是自己挺身而出的时候,便奋不顾身地站在队伍前,怒目圆睁的大喝道:"主上危急之时,正是我等拼死报效之日,众位将军,杀上前去!"说完,向旁边的张永德道:"敌兵士气正旺,只要挫去他们的锐气,我军必能获胜!驸马可带领弓箭手,到左边高处,射伤敌军。我领兵从右翼出击,定要将敌军击败。"张永德率军抢占制高点,向敌营射去雨点般的飞箭。赵匡胤带头率领着两千人马和郑恩、石守信、高怀德三人,冲向汉阵,将世宗救出了重围。大将马仁瑀也把手中的大刀一挥:"主上有难,快快随我救驾!"率领部下,冲入敌军阵中,周军人人奋勇杀敌,北军抵挡不住,纷纷向后溃退。周军趁机在敌人阵中左杀右砍,汉军士兵的士气一散,阵角就稳不住了。混战中,刘崇受伤,带头向北方逃去,主帅都跑了,士兵们哪能抵抗,都四散逃命,周军扩大战果,杀死敌军无数,除了数百骑兵保护着刘崇逃走之外,其余敌军都举手投降了。高平之战,是关系到后周生死存亡的大决战,赵匡胤的出色表现得到了周世宗的赏识。此后,周世宗开始将赵匡胤看成是智勇双全、具有战略眼光的将才。于是,大军班师回朝后,周世宗破格提拔赵匡胤为殿前都虞候,还将整顿禁军的重任交给了他。

赵匡胤手中有了一定的兵权后,就开始培植自己的实力,他先辞退禁军中的老弱病残者,从其他军队中抽调大批身强力壮的勇士补充进来,在此基础上他又重新组建了一支殿前司诸军。为了控制禁军,赵匡胤利用整顿禁军的机会,将自己的好友罗彦环、郭廷斌、田重进、潘美、米信、张琼、王彦升等人都安排在殿前司诸军中任领军。同时,利用自己的显赫身份,主动结交其他的中高级将领,并和石守信、王审琦、韩重斌、李继勋、刘庆义、刘守忠、刘廷让、王政忠、杨光义结拜为异姓兄弟。这样一来,以赵匡胤为核心的势力逐渐形成,军中上下,没有人敢与之对抗。虽然如此,赵匡胤却不是禁军的最高统帅,他的殿前都虞候的职务上面还有殿前都点检、副都点检和四五位正副都指挥使。但禁军中有一大批年轻的中级以下的将领都听从他的指挥,使他在禁军中的活动余地很大,指挥禁军作战,他比上司们更得心

应手。

　　显德二年(公元955年)，周世宗决定派兵攻打后蜀，并派大将王景、向训率领罗彦环、潘美等人率领军队前往，由于后蜀军队顽强抵抗，两军相持起来，这使战争拖了很久，虽然周军的将士和补给消耗都很大，但是，却没有看到一点儿胜利的迹象。赵匡胤见状，心里很着急，同时也认为这是自己立功的机会，于是便积极向世宗请战。最初，周世宗考虑到他官职较低，怕派他统兵无法服众，后来因局势越来越危急，才改派他前去观察战局，并相机行事。赵匡胤星夜不停地赶到前线，经过仔细勘查，对敌我双方的情况有了详细的了解，于是重新调整军队的布置，采取逐个击破的方针，集中自己的主力向敌军发起猛攻，结果接连取得胜利，一举占领了后蜀的秦、风、成、阶(今甘肃成县、武都等地)四个州的大部分领土，赵匡胤再次赢得周世宗及朝廷上下的赞扬。

玉蟠龙觥

　　在对南唐发动的三次进攻中，赵匡胤身先士卒、勇猛善战，利用自己的智谋率领部下获取了一个个胜利，最终迫使南唐将江北15个州的土地割让给后周。战争结束后，周世宗论功行赏，将赵匡胤提升为忠武军节度使兼殿前都指挥史。这时，赵匡胤集权力和地位于一身，在后周王朝中具有了很高的影响力。

　　赵匡胤在早年流浪时，曾在河南占了一卦，卦上提示他将来能成为天子。在当时，他根本并未将此事放在心上。但是，随着地位的提高和权力的增大，他越发相信那一卦是真的，早晚能够成为现实。从这以后，他在为人处事上有了很大的转变。在以前，他只注重结交军队中的武将，现在对文人也十分重视。并相继将赵普、王仁瞻、楚昭辅等人团结在自己麾下。除此之外，他对经史也非常在意，改掉了从前那种草莽的武夫作风。在攻打南唐时，他曾经收集了数千卷史书，令专人随身携带，以方便自己阅读。周世宗发觉赵匡胤有了这么大的变化后颇感惊讶，便问他原因，赵匡胤回答说："皇上如此信任我，使我常常有种力不从心的感觉，所以我多学多闻，增长学识，以免辜负了皇帝的重托。"世宗听他说了这番话后，非但没有起疑心，反而对他大加赞赏。赵匡胤除了极力拉拢以往的朋友外，还通过他们结交了资历较深的老牌将领、节度使和当朝宰相等。与此同时，赵匡胤开始注意打击异己势力，相继逼死自己的对头宰相王朴和殿前都点检张永德等人，扫清了前进道路上的障碍。

显德六年（公元959年）六月，周世宗病逝，他七岁的儿子柴宗训即位，为恭帝。这时，赵匡胤已经当了六年的殿前都点检，并且树立了极高的威望，基本上做到了"一声令下，余者皆从"的程度。当时，后周出现的这种"主少国疑"的局面，成为赵匡胤取代后周统治的良好机会。但赵匡胤没有马上采取行动，因为世宗死的比较突然，他在许多环节上还没有部署好，怕仓促起事遗留后患。再者，他当上最高统帅的时间不算太长，虽然威望很高，但根基不太牢固，匆匆兵变夺权，虽然有可能取得最终的胜利，但是可能会使国内大乱，出现两军相持难下的局面。所以，周世宗去世后，赵匡胤抓紧时间整顿部队，将大部分将领换成了自己的亲信，进一步巩固自己的势力。同时，还进行积极的谋划，详细研究制定夺权的步骤，一切都做到以防万一。当所有细节都制定好之后，赵匡胤开始实施取代后周朝廷、建立新政权的大计。

显德七年（公元960年）正月初一，朝廷上下一片喜气洋洋，都在庆贺新年，突然接到赵匡胤提供的假情报：北汉、契丹合兵一处，大举南下攻打后周。当时的宰相范质、王溥也没有来得及辨别真假，当即以小皇帝的名义令赵匡胤率领禁军北上抗敌。初二，赵匡胤率领大队人马出城。当部队行至40里外的陈桥驿时，赵匡胤以天色将晚为由，令军队驻扎下来。大军安营扎寨之后，士兵们一群一伙地议论开

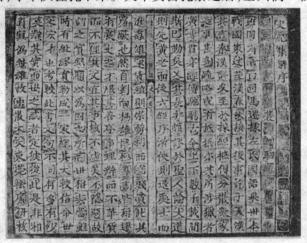

泥活字版

了。有人说："皇上年幼无知，我们就算为国拼死抵御外敌，他也不会知道，不如立点检为天子，然后我们再北征。"有人接着说："军队刚刚出发时，京城中就有人谈论，说要改朝换代了，上天安排点检做天子，我们不如顺应天意、民意，就立点检做天子。"士兵们的这些话，将部分将领的情绪煽动起来，他们一致要求拥立赵匡胤。赵匡胤的弟弟赵光义见此情景心中暗喜，但他却对将士们说："虽说改朝换代是天命，但人心才是成败的关键。只有大家同心协力，才能共享富贵。"大家听后，一致表示全听点检的吩咐。赵普见时机成熟，连夜派人回京城通知殿前都指挥使石守

信和殿前都虞候王审琦,让他们做好接应的准备。赵匡胤对发生的事情了如指掌,他此时的心情非常激动,但是为了维持自己的尊严,他必须留在帐中,思考即将发生的事情。

显德七年(公元960年)正月初三,士兵们在众位将领的带领下,弓上弦、刀出鞘,威风凛凛地站立在赵匡胤的帅帐四周,并且同时高喊,愿立点检做天子,这声音响彻天地。赵匡胤装作刚刚睡醒,非常吃惊的样子,披着衣服来到大帐外,当即就有一个将领,将象征皇权的黄袍披在了赵匡胤的身上。这时,所有将士同时跪了下来,口中高呼:"万岁,万岁!"如此一来,赵匡胤便按事先想好的步骤,行使皇帝的权力——严禁任何人掠夺他人财物,不许杀害后周君臣和黎民百姓;派亲信潘美去向执掌朝政的宰相范质等人通报情况⋯⋯一切都按计划安排妥当后,赵匡胤便率军返回京城开封。这时,石守信已经控制了京城的大部分禁军,见赵匡胤的军队回来,便赶紧打开城门,欢迎新皇上的到来,大队人马整齐地列队入城,城中百姓照常欢天喜地地庆祝节日,根本没有因改朝换代而出现混乱局面。原本忠于后周的朝臣们见大势已去,只好匆匆草拟禅位诏书:"天生丞民,树之司收,二帝推公而禅位,三王乘时而革命,其揆一也。惟予小子,遭家不造,人心已去,天命有归。咨尔归德军节度使、殿前都点检兼检校大尉赵匡胤,禀天纵之姿,有神武之略,佐我高祖,格于皇天,逮事世宗,功存纳麓,东征北讨,厥绩隆焉。天地鬼神,享于有德,讴歌讼狱,归于至仁。应天顺人,法尧禅舜,如释重负,予其作宾。於戏钦哉,畏天之命!"迫使恭帝将皇位让给了赵匡胤。赵匡胤正式坐上龙椅,宣布国号为"宋",改元"建隆",他为宋太祖。

免除后患　清洗功臣

赵匡胤依靠自己所掌握的禁军大权,轻而易举地当上了宋朝的开国皇帝,他深知掌握军兵权对自己统治的重要性,他也害怕手下的将领将来有一天会如法炮制,再来一个新的兵变,因而从心底里对自己的宝座感到不安。

建隆二年(961年),赵匡胤鉴于当时已经控制了局势,就着手削夺禁军将领的兵权。这一年闰三月,赵匡胤以自己曾担任过殿前都点检这个职务应当避嫌为由,免除了慕容延钊殿前都点检的职务,并从此取消了这个禁军最高统帅的职务。

在平定李筠和李重进的反叛之后,赵匡胤把赵普召来,问道:"自唐以来,天下战火不息,要想宁息天下,国泰民安,该当何如?"

赵普听后高兴道:"陛下考虑到这问题,真是天下百姓之福,连年征战的原因就是由于地方权力太重,君弱臣强之故,要想改变局面,尽收精兵于中央,削夺节镇之权。"

关于宋太祖是如何巧妙地削弱禁军将帅的权力的,历史上流传着"杯酒释兵权"的故事。

一天,宋太祖又召石守信等人来聚饮。酒过三巡,宋太祖发话了:"如果不是你们拥戴，我哪能有今天呢？可你们有谁知道当天子的滋味呀！我看似一国之主，一呼百应，过着锦衣玉食、无忧无虑的生活，可自即位到如今我哪里睡过一个安稳觉！还真不如当节度使的自由快活。"石守信等忙问："这是为什么呢？"宋太祖说："这还不明白，我这个位置，有谁不想坐！"石守信等人一听顿时大惊失色，仓皇离席，忙叩头说："陛下怎么说起这样的话呢？现在天命已定，谁敢再有二心！"宋太祖说："不见得吧。你们虽然没有异心，但你们的手下难保没有贪图富贵的。有那么一天突然也给你来个黄袍加身，那时你们就是不想做，能办得到吗？"这一番话，直吓得石守信等人大哭起来，他们一个个顿首乞求："我们实在愚蠢，没想到这一点，请陛下可怜我们，给我们指示一条生路。"宋太祖一看时机已到，就把底兜了出来，长叹一声说："唉！人生就像白驹过隙，转眼即逝。人这一辈子苦心追求的无非是多积金钱、吃喝玩乐，使子孙后代都能过上好日子。你们现在功成名就，又逢盛世，何不放弃兵权，安安稳稳地当个地方官，置办些好房好地，为子孙立业，多置些歌儿舞女，天天饮酒作乐，以终天年。我再与你们结成儿女亲家，君臣之间也无猜疑，上下相安，这样不是很好吗？"众将帅听罢，连连称谢而退。第二天，好像事先约好似的，石守信等禁军统帅一个个都称病请罢兵权。宋太祖大喜，赏赐他们许多钱财，又叫知制造（宋代掌草拟皇帝制诏的官，后称中书舍人，别名"外制"）拟好一道道任免诏命。第二天一早就宣布罢去石守信侍卫都指挥使，高怀德殿前都点检，王审琦殿前都指挥使，张令铎侍卫都虞候等禁军统领职务，分别派他们到外郡去当仅有虚名的节度使。这就是闻名于史的"杯酒释兵权"。

宋太祖杯酒从容间，解除了禁军将领的兵权，但是宋太祖感到这种禁军军事制度仍然是一块能够滋生实力人物的土壤。只有彻底革新，才能从根本上铲除潜在的威胁。因此，宋太祖在解除禁军将领军职的同时，趁热打铁，撤销了一些重要职务。如在任慕容延钊为节度使时，就撤销了都点检一职；在任高怀德为节度使时，就撤销了副都点检一职。在解除石守信军职时，又撤销了侍卫马步军都指挥使一职，逐步形成了禁军由官职较低的殿前都指挥使、侍卫马军都指挥使、侍卫军都指挥使分别统领的"三衙分立"制度。这比过去一人统领三军，或兼领马步军那种手握重兵的局面有了很大的改变。而且规定三衙只有带兵权，没有发兵权。发兵权归枢密院，而枢密院虽可发号施令，却不直接统兵。后勤供应归三司（宋朝最高财政机构），"三衙""枢密院""三司"又形成一个三足鼎立，三股力量互相牵制的局面。这样互相牵制的结果，实际上把军权都集中在皇帝手里，这是宋太祖对军事机构的最大改造，这样一来，就基本消除了武人发动兵变的可能性。皇帝则高居其上，利用它们互相之间的矛盾，操纵自如。

此后，五代以来禁军飞扬跋扈的风气，为之一扫。禁军不但乖乖地听从皇帝指挥，而且，禁军将帅见了宰相都得恭恭敬敬地唱喏问候。

但宋太祖并不满足，在解决禁军将帅权力过盛问题的同时，宋太祖又通过收精兵于上的办法来削弱藩镇手中的军事实力。首先，他加强禁军的力量。在宋代，禁军等于正规军，此外还有厢兵、乡兵、士兵等地方军队。宋太祖下令挑选了一批"琵琶腿、车轴身"这样身体健壮的兵卒作为兵样,"令天下长吏择本道兵骁勇者,籍其名送都下,以补禁旅之阙"。京师中的禁军,俸禄从优,宋太祖亲自加以教导、检阅。地方军待遇低,很少训练,往往用于服役、听差,不但兵弱,而且素质差,士气不高,无法与中央禁军相抗衡。这样一来,各地的强兵锐卒便统统转充三衙禁兵,剩下的老弱残兵成了专供杂役的厢兵,使地方部队,无法同禁军抗衡。在禁军的驻防上,宋太祖采取了"强干弱枝"的策略,即在京师附近驻有强兵,使各地无以敌京师,同时,禁军还实行更戍法,经常戍边换防。这样既可以使士兵"习劳苦,均劳役",又不至于使禁军久驻一地,与地方产生密切的关系。对于禁军各级将领也经常调换,目的是使"兵不识将,将不专兵","兵无常帅,帅无常师",使士兵与将帅之间不可能产生过于密切的关系,不至于产生出五代时那种牙兵悍将。

军队兵员的来源,宋太祖采取募兵法,除了平时补充兵员外,遇有荒年灾岁,更是大量募兵,以便把破产脱离土地的农民招募到军队中来。宋太祖对这种做法有个很特别的解释。他对赵普说:"吾家之事,唯养兵可为百代之利。盖凶年荒岁,有叛民而无叛兵;不幸乐岁变生,有叛兵而无叛民。"

宋太祖在军事制度方面的各种改革措施,成功地防止了宋王朝没有继五代之后成为第六个短命王朝。但是,他所制定的这些祖宗法,互相钳制的指挥系统,无限制的募兵,守内虚外的方针策略,又给宋王朝日后的积贫积弱埋下了隐患。

在行政方面,为了加强皇权,扭转权力多中心的状况,宋太祖对中央和地方官僚体制采取了一些改革和临时权变的措施。

首先是降低宰相威望,分割和制约宰相权力,使宰相成为皇权的附属物。宋太祖即位的第二天,宰相范质、王溥登殿奏事。按汉、唐以来的习惯,宰相奏事,坐在殿上和皇帝共议朝政,宰相位高望重,皇帝也尊他们几分。这一天,宋太祖却佯称:"我眼睛有点昏花,把你们的奏疏送上前来。"等范、王二相走近太祖御榻跟前,宫廷侍从立即把二位宰相的座椅搬走了。自此以后,宋朝宰相在皇帝面前毕恭毕敬地站着奏事成了定制。从而更加突出了皇帝高高在上的无比特权。宰相的地位下降了。

在中央,宋太祖实行政务、财务、军务分立的制度。宋初宰相的正式官名为"同中书门下平章事"。宋太祖为了分割宰相权力,又增设了"参知政事"一职为宰相之副。这样做既协助了宰相处理政务,又可以防止宰相专权。宋太祖又设立"枢密院"执掌武事,设"三司"主持财政,号称计相。从此,宰相"无所不统"的行政权一分为二。宋太祖还不放心,为了防范宰相越轨行动,打破了唐代宰相操纵谏官任命、进退的制度,规定"台谏必由中旨(皇帝旨意)",即御史台(掌纠察官吏的机构)官员与谏官的人选,须由皇帝亲自选定,宰执大臣不得干预。台谏官就成了独立于政府、顺从皇帝旨意的监督工具。历来以向皇帝进谏为职,具有限制皇权性质的谏官,至宋代起摇身一变,却反过来弹劾宰相、臣僚,成了对皇帝负责,限制相权,督察政府官员的工具。

其次,对中央和地方行政机构的官吏任命,采取了"差遣"的办法,即自中央六部二十四司、寺、监至地方州县长官的实际职务,要由皇帝或中书(宋初最高行政机构,由宰相主持日常政务)差遣的临时职务决定。这样一来,造成了官与职分离,名实混淆,权限不清的紊乱体制。使上下官吏的升迁,时时得依赖皇上临时差遣。差遣的直接后果是,后周旧臣虽全班人马留用,保住了官衔,然而,他们的实际官职还得等候差遣,即另行分配决定,原来所占的要害部门或实权,因而被朝廷新任命的官吏所顶替,实际上是一种巧妙的剥夺后周旧臣实权的策略,只是保持了他们原来所享受的待遇,不使他们感到"震动"而已。差遣,或者三年一任,或者二年一任,具有临时性质。由于名义不正,在位不久,做官的人不安其位,缺乏长远的打算,从而防止了官员所到之处生根盘踞的可能。至于地方州郡长官,统统由文臣担任,不许武臣插手,长官之外另设"通判"(州副长官、有监督长官之权),使其互相牵制。

这样一来,宋初上下相制,机构重叠的官僚体制形成了。条条权力渠道通向皇宫,国家大权集于皇帝一身。从宋太祖开始,中国封建皇权,走到了绝对化的一端。

防患未然　重文轻武

当赵匡胤统治了南方各国和北汉各地后,达到了基本上的和平统一,他便有了和泰安息的统治政策,鉴于唐末五代,都是武人篡权,因此形成了重武轻文的社会风气。重武轻文的结果,导致学校不兴,文教日衰,官吏昏暴,朝政紊乱。后周郭威、柴荣开始注意到重武轻文构成了对中央政权的威胁,采取了一些奖用文臣、限制武将的做法。可是,他们在位时间短促,效果并不显著,后周政权最后仍被武将颠覆了。

宋太祖即位后,从根本上着手,彻底扭转了重武轻文的风气,开创了一直延续到明、清两代的重文轻武的时代,使北宋以后不再有武将拥立的现象出现;更重要的是推动了宋代文化、科技、教育的长足发展。中国封建文化在经历了唐末五代的沉闷之后,又掀起了一个光耀世界的高潮。

宋太祖在赵普等大臣的辅助下,制定了一系列重文轻武的政策方针。太祖采取的首要措施是:开避儒馆,延用聂崇义、崔颂、尹拙等儒士,使他们位居清要、学府,以培育人才,劝励教化。他懂得读书人的重要,尊重读书人的人格,连儿时启蒙老师辛文悦也被他请到朝中做官。为了发达文教,针对五代学校大多废止的状况,宋太祖下诏拨款增修国子监(国家最高学府——太学所在地)学舍,派官员管理国子监,招选生徒讲学。太祖还派内侍代表他给太学生赐酒菜,以示劝学崇儒。这一切给人以宋代天子崇尚文治、奖盛儒学的强烈印象。历史记载说:太祖皇帝定天下,儒士学者,渐渐开始自奋,穿白袍的举子(被举具有入京师应科举考试之人),大襟束带的士大夫,进出于骑马披甲的武人之中。老百姓见后纷纷议论说:这真是一幅太平景象呀!

重用文臣,官府机构就需要不断补充大批的儒臣。那么大批儒臣从哪儿来呢?其主要途径是科举取人。为此,宋太祖对科举制度也相应地加以改革。宋太祖规定不论家庭贫富、世族高低,有一定文化程度的人,都可以应举。科举考试范围的扩大,使有才学的人不至埋没沉沦;其次,确立复试、殿试制度,以杜塞势家权贵私人请托的侥幸之门。

开宝八年(975年)起,宋太祖亲自主持殿试。他说:"以前登科及第的人,多为官僚势家所占,使得出身孤寒的读书人不容易获得做官的机会。如今朕亲自临试,以是否符合标准定进、退。"宋太祖以后,殿试即成为定制。经过这番改革,宋代科举,从此不重出身门第,因而得人,使大批有才能的读书人,进入政府机构。科举场,代替了战场,成为主要的名利角逐场所。孤寒之士,一旦进士及第,如登龙门,光宗耀祖,衣锦还乡,人人称羡。"天子重英豪,文章教尔曹,万般皆下品,唯有读书高。"宋朝儿童奉为金科玉律诵读的《神童诗》,正是对宋太祖这一历史活动的高度概括。

宋太祖的重文轻武,是针对五代混乱时的重武轻文而来,具有其相对性,在当时的环境之下,也是非常之举,当然,也不是对读书人一概重用,武人一概歧视。他只是重用人才,不拘一格,一视以才择取,一旦发现能人,都给予破格提拔。

宋太祖身微位卑时,曾去投靠王彦超、董遵诲而被拒之门外。二人都是武艺绝伦、有一材可取的武将,对他们宋太祖能够以豁达为怀,不计个人私嫌旧怨,照旧录用或重用。如王彦超,在太祖即位后,特别给他加了中书令官衔。一次,太祖与众臣一块宴射。酒饮半途,太祖问王彦超:"旧在复州,我前往依靠你,为什么不肯收留我?"王彦超吓得连忙退席叩头托词说:"当时臣不过是一个小小的御使,正如一勺之水怎能包容庞大的神龙呢?如果当日臣留住了陛下,陛下您又怎么会有今天的丰功伟业呢?"宋太祖听后一笑了之。

宋代著名史学家司马光,在《涑水记闻》中,对太祖擢用英俊、爱惜人才,给予很高的评价。他写道:"太祖聪明豁达,知人善任,擢用英俊,不问资格,看到中央、地方官中有一材一行可取的话,暗中记下名字。遇上缺官,就翻查名籍簿册,选择适当人选。因此,天下没有怀才不遇之叹,人人都求报效。"这个评价,虽有夸大的成分,但是,宋太祖的以上这些做法,在当时的历史条件下,的确是难能可贵的。然而,矫枉过正,尽收事于一身,所谓"祖宗家法",导致君权绝对化,国力日益羸弱,军队不能打仗,留下了宋代外患不断的祸根。

宋太祖赵匡胤一生的大部分时间是戎马生涯。黄袍加身之后,平定叛乱,征伐群雄,所进行的也都是些军事行动,包括"杯酒释兵权"这样的调整军事机构的做法,也是从军事角度来考虑如何巩固政权的。然而,从他登上皇位那天起,他就已经开始了从军人向政治家的转化。

张弛有度宽柔为道

赵匡胤懂得,要想皇位坐穿,文治武力全部都得用上,弓弦可以取天下,但弓弦不可以治天下,在百端待举时,应采取怀柔政治,厚着脸皮度过统治路程。

赵匡胤没有变成弓弦。他的国家也没有变成弓弦。在人们眼里,赵匡胤大腹便便,粗疏豪放,始终是一个大度、宽容、随和、松弛,不时喝两口酒,不带什么扈从,在大街小巷溜达溜达，到大臣家里串串门，见人点头寒暄，有事好商量的老好人。

赵匡胤对他的对手采取了宽待政策。历史上逐鹿夺权之战乱混纷纭。胜者王侯败者寇。"胜者"，"王侯"，极少也极难对"败者"，对"寇"，采取宽大政策。这倒不完全是由于胜者心胸狭隘、险狠，而主要是由于"败者"，"寇"，可能成为复辟的旗帜，引起新的逐鹿大战。在新的逐鹿大战中，谁胜谁负，谁王谁寇，那又说不得了。这样，旧的或失败的统治者问鼎者，连同他们的亲属、党羽，往往受到被斩草除根的杀戮。

赵匡胤反其道而行之。后周柴宗训被迫禅位于赵匡胤。赵匡胤仅将其移至房州（今湖北房县）养起来，并未施以杀手，开宝六年（公元973年），柴宗训方才病故。宋朝太庙寝殿，并立有一块赵匡胤的誓牌，上刻"柴氏子孙，有罪不得加刑，纵犯谋逆，止于狱内赐尽，不得市曹刑戮，亦不得连坐支属"等字样。

随着统一战争的进程，诸侯降王陆续到京，伏罪阙下。赵匡胤一律优待礼遇。只要献土交权，均使其居于京师美宅，连同亲属部属授予高官（闲散官职）厚禄。除了蜀主孟昶，在蜀乱又炽的背景下，死得有些不明不白外（赵匡胤亦为之辍朝、厚葬，给足了面子），其他降王都在优厚的物质条件下，过着安逸的生活，并作为熟人经常奉诏与赵匡胤饮宴。

有人力谏赵匡胤诛杀降王，以绝后患。赵匡胤笑道："彼守千里之国，拥十万之军，仍不免为朕所擒，今孤身远客，尚惧其反乎？"

对于微贱时的仇家，赵普曾给赵匡胤开过一张名单，求赵匡胤伺机除之。赵匡胤一笑，撂于一旁，道："若尘埃中总教识天子宰相，则人皆去寻也。"赵匡胤对他的臣属采取了厚待政策。一次谈到后晋宰相桑维汉贪财，赵匡胤不以为然地笑道："既要用其长，就当护其短。桑维翰算什么贪！穷酸措大眼孔小，没见过世面，赏他十万贯，即塞破他屋子了！"

如果说，赵匡胤牢记孔老夫子所言"唯名与器不可以假人"，那么，赵匡胤赏赐自己的臣属，则出手大方，毫不含糊，可称之为豪赏。臣属因病因功，赵匡胤均大加赏赐。范质告病，一次获赏赐金器200两、银器千两、绢2000匹、钱200万。魏仁浦告病，一次获赏赐金银器200两、钱200万。赵普告病，一次获赏赐银器5000两、绢5000匹。等等。曹彬伐江南之前，赵匡胤曾应允凯旋后升他为使相。归来后，赵匡胤耍个滑头，反悔道："现天下未收者尚多，汝为使相，品位极矣。岂肯再战？姑且为朕攻取太原再说罢。"

曹彬怏怏回府，却发现赵匡胤秘密派人送来的赏钱堆满了屋子，竟有50万。因叹道："好官亦不过多得钱耳！"

臣属收受贿赂，赵匡胤睁只眼闭只眼，有时还公然支持。一次，赵匡胤突至赵普家。正巧吴越使者刚给赵普送来了一封书信和10瓶海鲜，赵普没来得及藏起来。赵匡胤指问何物，赵普答"海鲜"。赵匡胤一时兴起，道："海味必佳，打开尝尝！"结果开瓶一看，全是瓜子金！赵普大尴尬，慌忙叩头请罪道："臣未发书，实不知此。若知此必奏闻而却之！"赵匡胤笑道："不防不防！但受之，无害。彼谓国家事皆由汝书生耳。"

南唐灭亡之前,亦曾给赵普送贿赂 5 万两,赵普奉赵匡胤之命全部照收不误。有人弹劾赵普,赵匡胤斥道:"鼎铛尚有耳,汝没听说过赵普是朕的社稷之臣吗?"

赵匡胤对老百姓采取了善待政策。接受征蜀军队劫掠激乱的教训,随着禁军的整顿,每次出征,赵匡胤都把"切勿暴掠生民""慎勿杀戮"作为一条铁的军纪,授予主帅以"不用命者斩"的权力。每取一处,总是首先罢黜当地暴政(如后汉采珍珠的媚川都),蠲免苛捐杂税,禁止买卖人口等,而后尽速发展社会经济。

赵匡胤经常到史馆披览史书,思索议论历代统治者的成败得失,吸取经验教训。经常慨叹降王的失国之由,产生深重的忧患意识。他一时令左右洞开宫殿诸门,造作道:"此如吾心,小有邪曲,人皆见矣。"一时表示自己胜过唐太宗,道:"朕尝夙夜畏惧,防非窒欲,庶几以德化人之义。唐太宗纳谏,固然不错,然若防患于未然,不更好吗?"

他勤于政事,不敢有丝毫懈怠。常常为了自己一时未能控制的焦躁、未能避免的过失,懊悔不已,深深自责。一次赵匡胤在城郊狩猎,马失前蹄,将他掀翻在地。赵匡胤一股无名火直冲上来,宣泄般怒道:"吾能服天下矣,一马独不驯耶?"拔出佩刀,一刀将马首劈为两半。既而悔道:"吾为天子,数出游猎,马失又杀之,其过矣。"自此终身不复猎。

烛影斧声　死因成谜

宋太祖年富力强,大有可作为之时,他却病倒了,而且,没过多久就驾崩归西了。

宋太祖死后,赵光义即位,是为宋太宗。宋太祖之死,虽说是因病,却也死得几分蹊跷,不明不白。

宋代有一个叫文莹的山林老僧在《湘心野录》中记载了赵匡胤之死:在一个大雪纷飞的夜晚,卧病在床的赵匡胤,召见其弟赵匡义,太祖屏退左右,二人对饮。有人远远望去,只见烛光之下,赵光义有时做出避席之态,仿佛有难忍之状。二人直饮到三更时分,此时殿前已积了几寸深的雪,太祖赵匡胤用柱斧戳着雪地,盯着赵光义说:"好做!好做!"然后便回殿解衣入睡,鼾声如雷。这天夜里赵光义也留宿于禁中。没到五更,宋太祖就不声不响了,内侍一看,已经归天了。

关于宋太祖之死,宋代官修史书均语焉不详。这恐怕与北宋自太宗以后全是太宗子孙继承皇位避讳此事有关。

司马光在《练水记闻》中记载:太祖死时已经四更,宋皇后派内侍王继隆召太祖子秦王德芳,王继隆却直接去了开封府找赵光义。时隔不久,宋皇后听到王继隆的声音,忙问:"德芳来了吗?"王继隆:"晋王到了。"宋皇后大惊失色,对着赵光义哭泣说:"我孩子的性命,都交给官家。"在宋代俗称皇帝为官家,赵光义说了一句:"共保富贵,不要发愁。"

太宗继位后,急忙改元。这种未逾年而改元,在宋代历史上绝无仅有。此外,没过几年,太祖子德芳死因不明,德昭被逼自杀,太宗弟廷美贬死房州。种种蛛丝马迹,令人生疑。然而传闻非一,文献难证,难道这位基本上实现了"扫平群雄"和"逐退群星与残月"的雄心大志的宋祖,真的是死于非命?而且是一生神算厚黑,竟落难于自己的同胞弟弟身上?烛影斧声,遂成了千古之谜。

【名家评点】

赵匡胤起介胄之中,践九五之位,原其得国,视晋、汉、周亦岂甚相绝哉?及其发号施令,名藩大将,俯首听命,四方列国,次第削平,此非人力所易致也。建隆以来,释藩镇兵权,绳赃吏重法,以塞浊乱之源。州郡司牧,下至令录、幕职,躬自引对。务农兴学,慎罚薄敛,与世休息。迄于丕平。治定功成,制礼作乐。在位十有七年之间,而三百余载之基,传之子孙,世有典则。遂使三代而降,考论声明文物之治,道德仁义之风,宋于汉、唐,盖无让焉。呜呼,创业垂统之君,规模若是,亦可谓远也已矣!

——元·脱脱等《宋史》

宋太祖赵匡胤以军功起家,即创立朝代之日,仍是现役的高级将领,这与北宋之注重技术,企图在中国历史里打开出路,不因袭前朝作用的趋向有很大的关系。在各代帝王之中可算是最能说实话的一位。……宋太祖赵匡胤没有一般帝王的毒辣。

——黄仁宇《赫逊河畔谈中国历史》

【历史印证】

赵匡胤一生最大的贡献和成就在于重新恢复了华夏主要地区的统一,一举结束了安史之乱以来长达200多年的诸侯割据和军阀战乱局面,使饱经战火之苦的民众终于有了一个和平安宁的生产生活环境,为社会的进步,经济的发展,文化的繁荣创造了良好的条件。实行了"三权分立"的制度设计。为了适应这套官制的运行,势必会有一些人有官有职而没有差遣。随着一年年加入官场的新鲜血液,这些闲官的数量将会越来越多。由此生出的一个怪胎就是相当困扰国家的"冗官"问题。与政治制度的设计比较起来,赵匡胤所设计的军事制度,核心理念在于防止武将拥兵自重。由此导致军队的疲软不振,使军队在对抗外部挑战时,动不动就溃不成军。

元太祖成吉思汗：一代天骄 狂飙席卷

【人物档案】

姓名：铁木真

别名：成吉思汗、元太祖、元圣武帝、成吉思皇帝。

生卒：1162 年 ~ 1227 年

属相：马

在位时间：21 年

谥号：法天启运圣武皇帝

庙号：太祖

主要成就：统一漠北，建立大蒙古国，颁布《大扎撒》，征服金朝大片领土，灭亡西夏，西征花剌子模等国。

陵寝：成陵（内蒙古自治区鄂尔多斯市伊金霍洛旗巴音昌呼格草原）

成吉思汗像

【枭雄本色】

成吉思汗名铁木真，"苍狼和白鹿"的后代。他是蒙古人最伟大的传奇英雄，也是中华民族历史上最杰出的人物之一。

铁木真，少年时代历经磨难，练就一身过人武功和英武干练的性格。他深沉机智有大略，以一种永不言败的精神，激励起蒙古部勇往直前的斗志，先后攻灭塔塔儿、蔑儿乞和乃蛮等漠北各游牧部落，统一蒙古高原，于 1206 年建立大蒙古国。在他的率领下，蒙古骑兵攻金国，打南宋，灭西夏，如狂飙席卷，战无不胜。他和他的子孙还进行了一次又一次秋风扫落叶般野蛮和残暴的西征，蒙古铁蹄从中亚细亚踏到了多瑙河和巴格达，他们留给欧亚大陆的是一个个"黄祸"的噩梦。

呕心沥血　建都立国

　　铁木真（即日后的成吉思汗）的血统很高贵，属蒙古尼伦部孛儿只斤氏族。他的曾祖父是合不勒汗（"汗"，是古代北方民族最高统治者的称号，相当于"王"），为蒙古尼伦部的部落酋长。叔祖父忽图刺汗，是个具有传奇色彩的人物，其歌声使无数少女为之倾倒；其臂力，让所有壮汉深为折服。他曾率兵攻打过远比自己强大的金朝，虽未获胜，亦足以使金人闻忽图刺汗之名而为之胆寒。铁木真的父亲也速该把阿秃儿（"把阿秃儿"，蒙古语中是"勇士"的意思），是忽图刺汗之兄把儿坛的第三子，是高原上的一只鹰。他骁勇、强悍，曾数次击败敌对部落的进攻，遂被拥戴为尼伦部落首领。

　　铁木真的名字还有一个小故事。那是金世宗大定二年（公元 1162 年），也速该率部与世仇塔塔儿部战斗，塔塔儿部首领名叫铁木真，他异常勇猛善战，也速该经过多个回合的较量才勉强将其俘获。铁木真高大健壮，虽身陷囹圄，仍气宇轩昂，也速该不由从内心喜欢上了这个强劲的对手。凯旋回来时，正逢妻子诃额仑生下一个男婴。妻子问满脸征尘的丈夫：给孩子取个什么名字呢？也速该不加思索地说：就叫铁木真吧。

　　铁木真出生于这样一个具有王族血统、英勇善战的家庭，耳濡目染，使他自幼就酷爱骑射。在他刚刚能够爬上马背时，父亲便送给他一副精致的马鞭，摸着他的脑门说："去，是个男子汉，就让战马把你一百次、一千次从背上掀下来，然后一百零一次、一千零一次再跃到马背上去！"小小的铁木真咬着双唇不说话。自此，他仿佛长在了马背上，整日刀劈剑闪，骑射愈来愈娴熟。小小铁木真已初显少年英雄的熠熠风采。

　　但是，有一领域是少年铁木真尚未涉足，也不会搞懂的：这就是部落与部落之间无休止的明争暗斗。少年铁木真有所不知，就在他一天天长大的同时，他所在的部落——尼伦部已经一天天走下坡了。一方面由于上层统治者残酷剥削下层奴隶、自由民，阶级矛盾日趋尖锐；另一方面，由于长期互相攻伐，尼伦部与周围多数部族，如篾儿乞、塔塔儿、主儿勤等部的旧恨新仇日益加深。尼伦部鼎盛时期的繁荣景象正在逐日暗淡下去，而作为尼伦部的"黄金家族"的孛儿只斤氏族则更是像暴风雨前夜海面上的一叶扁舟，即将面临一场惊涛骇浪的冲击。

　　灾祸很快降临在毫无准备的铁木真身上。铁木真九岁那年春天，一个风和日丽的日子，父亲也速该带着铁木真到他舅族那里去相亲。九岁的铁木真还不懂得相亲的真正含义呢，他只觉得在这样一个融融的春日，和父王骑马踏过一片片绿绿的草原心里很快活。他忽而催马急驰，将父亲远远甩在后面，忽而又翻身下马，采一束罕见的野花，乐滋滋地送到父亲面前。也速该疼爱地将铁木真一把抱过自己的马背上，父子二人有说有笑，哪里料到极大的不幸已经悄悄朝他们走来。

离舅族所在的部落还有一段路程的时候，也速该父子遇到了翁吉剌的德薛禅。德薛禅备好酒饭款待也速该，当听说也速该是带着儿子去相亲时，不由咯咯大笑起来："干嘛要舍近求远、劳累健壮的马匹呢？我给你看个姑娘，保准你喜欢。"德薛禅说着拍了两下手，门帘一挑，从帐外进来一个十岁左右的女孩。也速该定眼看去，只见这女孩高高的身挑，双眼烨烨闪光，一条又粗又长的辫子利落地甩在胸前，一副健美的模样。也速该很是喜欢，问德薛禅："这是谁家的孩子？"德薛禅含笑回答："这是我的女儿孛儿帖哪。"也速该忙问："她许配人家了没有？"德薛禅又哈哈大笑起来："早许好了。""谁家？""你也速该家的铁木真啊！"说完二人一齐大笑起来。

这事儿就这么说定了。按照蒙古族的习惯，男方上门求亲，必须送子入赘，也就是通常说的当"上门女婿"。也速该将带来的马匹作为聘礼，把铁木真留在德薛禅家，只身返回家去。

铁木真还没有搞清是怎么回事，见父亲一个人走，却把他留在这儿，心里老大不高兴，可是父命难违，他只好骑着马，送父亲上路。送出很远了，父亲坚决让他回去，铁木真依依不舍地勒住缰绳，挥手和父亲告别。

谁想这一别，铁木真就再也没能见到父亲。

原来，也速该在返回途中碰上一群塔塔儿人举行宴会。战争不举时，两个部族的人也互有来往，何况也速该人逢喜事精神爽，所以塔塔儿人邀他入席，他便很痛快地答应了，宴会很热闹，烤全羊肥得流油，马奶酒浓酽醇香。也速该吃完饭后上马再行，没走多远，突然腹中剧烈绞痛，他这才意识到塔塔儿人在饭里下了毒，可是已经晚了，他勉强回到家，不久便命归黄泉。

首领去世，孤儿寡母难撑局面。原属尼伦部的泰赤乌部奴隶主看到孛儿只斤氏族失去了首领，认为诃额仑、铁木真这些寡妇幼子成不了大气候，便带头脱离了孛儿只斤氏族的统治。另外一些部族的奴隶主和孛儿只斤的那可儿（朋友）、仆从也随之纷纷离去。母亲诃额仑悲愤交加，她不能眼见着偌大的部落顷刻之间瓦解，她亲自乘马执旗，追回一些人。可是这些人认为孛儿只斤氏族的统治如"深池已涸，坚石已碎，留复何为？"认为已没有什么发展的希望，所以，不久又先后离去。诃额仑只剩下有限的几个奴仆和极少的牲畜。尼伦部的"黄金家族"开始衰落了。

当时，铁木真弟妹五人，合起来不过25岁：铁木真九岁、大弟合撒儿七岁、二弟合赤温五岁、三弟铁木格三岁，最小的妹妹铁木仑才刚刚一岁。

母亲诃额仑不愧为一个坚强的女人。为了一家人的生计，她放下贵妇之尊，经常奔波于斡难河上下，拾野梨，掘草根，寻找一切可以进食的东西。

家道衰落使铁木真一夜之间便成了大人，除了母亲以外，他就是这个家的支柱了。铁木真不再贪玩，不再任性，他带着年幼的弟妹，或弯弓射鸟，或纵马猎兔，或拿着母亲用曲针做成的鱼钩，垂钓于斡难河上，每每小有收获，铁木真就将其拿给母亲,安排全家人的饭食。就这样,突然而至的苦难非但没有使铁木真一蹶不振,反而更磨炼了他的钢铁般的意志,为他日后大起大落的艰难历程做好了心理准备。

母亲诃额仑更没有颓丧,在艰苦的生活中,她没有忘记丈夫的宏愿,没有忘记祖上的荣光。她严格管教儿女,期望他们早日成才,有朝一日恢复孛儿只斤氏族往日的光彩。

一天,铁木真和弟弟合撒儿在斡难河上钓到一条金色小鱼,他们正高兴地赏玩,却被异母弟弟别克贴儿和别勒古台把鱼夺走。铁木真回家后向母亲诉说不满,母亲诃额仑马上批评他说:"咱们现在是影外无友,尾外无缨,没有依靠,正需要团结朋友。难道你们忘记了泰赤乌部脱离咱们的仇恨吗? 你们兄弟之间怎么能不和睦呢? 要谦让,懂了吗?"

铁木真毕竟未满十岁,还是个孩子,哪能忍下这口气? 他和弟弟合撒儿跑出帐外,一箭将正在牧马的别克帖儿射死。诃额仑知道后大怒,她亲自把铁木真和合撒儿吊起来鞭笞,大怒说:"败家子们! 你们正在毁掉自己,知道吗? 父仇未报,祖业未兴,你们兄弟却互相残杀,这不正是做了亲者痛,仇者快的事情吗? 你们对得起你们冤死的父亲吗?"

个性刚烈、暴躁易怒的铁木真渐渐低下头,从母亲悲愤的目光中,他意识到了兄弟间团结的重要性。从这以后,铁木真成熟了许多,对兄弟、朋友有礼有节,性格逐渐变得深沉起来,他的领袖天赋,越来越明显地呈现出来。兄弟、朋友们都拥戴他,铁木真的名声渐渐传播开。

尼伦部的属部泰赤乌部的奴隶主塔儿忽台害怕了,他想铁木真如此年轻便已有这等威名,待他长大成人,还不替父报仇? 还是尽早清除这个祸根的好。于是塔儿忽台亲自率领部从,突然包围了铁木真的家。孤儿寡母哪里是强敌的对手,铁木真被他们抓住了。塔儿忽台想来个杀一儆百,让稍有复仇心理的人不敢妄动,于是叫人给铁木真带上木枷到处示众。

铁木真几乎绝望了。入夜,他望着满天星斗,心中悲愤交加:父仇未报,祖业未兴,自己却要做刀下鬼,天理何在呀?

突然,他感到有人从背后抓住了他的手,他刚要喝问,只听那人悄声说:别出声,我是来救你的。

原来,这是塔儿忽台的一个小奴隶,叫锁儿罕失剌,原本是铁木真父亲的部下。他敬佩铁木真的威名,同情他一家人的遭遇,趁黑夜主人不备之机,偷偷前来营救铁木真,他打开木枷,割断铁木真手上的绳索,对铁木真说:"快逃吧,天亮他们就要杀头示众了。"铁木真千恩万谢,立即奔走,并把全家一起迁到不儿罕山(今蒙古肯特山),远离了想要迫害他的人。

铁木真站在肯特山头,遥望天际故乡的方向,心中激荡着复仇的渴望。他发誓要报塔塔儿人的杀父之仇,报泰赤乌人分裂尼伦部、袭击孛儿只斤氏之仇,恢复祖业,振兴部族。他高高扬起父亲送他的马鞭,大吼道:"父亲,您等着孩儿的好消息吧!"

铁木真的优秀军事天赋，使他没有停留在呐喊与激情。他潜心谋划，周密布置，调动了一切有利因素，逐步接近复仇计划的实现。

首先，他主动找到他的岳丈德薛禅家，德薛禅没有因铁木真的落魄而撕毁婚约，而是让他与孛儿帖完了婚。孛儿帖大铁木真一岁。她精明能干，把家内事务管理得井井有条，同时，她还很注意团结各阶层的人民，为丈夫的事业贡献自己的一切。铁木真和孛儿帖感情甚笃，德薛禅暗暗高兴自己有个好女婿。

谁知，正当铁木真夫妇及族人同心协力，抓紧复仇准备的时候，灾难又一次降临了。

一天清晨，宿敌篾儿乞人突然包围了铁木真的住地，铁木真急忙上马迎敌。经过奋力拼杀，铁木真率部下突出重围，可是篾儿乞人却趁铁木真无暇他顾之机，掳走了他的妻子孛儿帖。

这沉重的打击深深刺痛了铁木真的心，他握紧拳头狠狠砸在青石上，青石上顿时殷红一片。铁木真终于明白了，单靠自己的力量是不足以成大事的，要学会利用部族之间的矛盾，联合可以联合的力量，从而壮大自己，打击敌人。只有这样才能使报父仇、振祖业的宏愿得以实现。

于是他详细分析、研究了高原现有部族的情况，制定出联合克烈部、札答剌部，击败篾儿乞部的计划。

克烈部是尼伦部南边的近邻，地广人多，势力很强。其首领脱斡里勒汗刚居大位时，曾被他的叔父古儿汗联合外族攻围甚急。当时，铁木真的父亲也速该派兵援救，打了数日，脱斡里勒汗才转危为安。事后，脱斡里勒汗与也速该结为"安答"（盟友）。札答剌部原是尼伦部的一个部落，紧靠孛儿只斤氏族牧地。札答剌部的首领札木合颇具才识，与铁木真在少年时代就曾结为"安答"。另外，脱斡里勒汗和札木合都曾作过篾儿乞部的俘虏，对篾儿乞部早有复仇之心。

铁木真分析了这些情况后，决计同克烈部和札答剌部结成联盟共同对敌。

铁木真知道，仅靠父辈的交情是不够的。他精心挑选了一件礼物——孛儿帖的陪嫁黑貂裘献给了脱斡里勒汗。这件黑貂裘在整个蒙古高原都是有名的珍品，其毛色纯黑无杂，泛着一层灼目的亮光，手掌放上去，如美人的肌肤柔软温暖、舒适惬意。脱斡里勒汗得到这件宝贝自是欢喜异常。铁木真又趁机跪地拜父，脱斡里勒汗满口答应。铁木真这才诉说篾儿乞人劫走他妻子的罪行，请求义父出兵援助。脱斡里勒汗听是篾儿乞部，气不打一处来，立刻应道："孩儿放心，我一定灭掉篾儿乞部，救我孩儿夫人出来，你送我如此无价之宝，我一定要帮你忙啊。"

取得了克烈部的支持后，铁木真方才去拜访札木合。原来，铁木真听说札木合为人一向小心谨慎，在敌我力量悬殊的情况下，从不轻易用兵。所以，铁木真先去游说克烈部。札木合听说克烈部脱斡里勒汗已答应帮助铁木真，加之自己也要向篾儿乞部讨一箭之仇，所以也欣然答应出兵。

这样，铁木真的联盟共有四万余骑：克烈部两万，札答剌部两万，铁木真仅有千余骑。札木合作战经验丰富，三人便推他为联盟总指挥。根据篾儿乞部首领脱黑脱阿骄傲轻敌,对蒙古人不加戒备的情况,联军决定采取迂回到敌人侧后,从其背部突然发起进攻的作战部署。当时,脱黑脱阿部驻扎在不儿罕山西北数百里的捕兀剌。联军三方军队分别在脱斡里勒汗、札合敢不(脱斡里勒汗的弟弟)、铁木真、札木合率领下的斡难河发源地字脱罕、字斡儿只会师后,约束了军纪,明确了进军的路线,即向篾儿乞部牧地进发。大军先沿不儿罕山麓东侧,向东北进发数百里,至勤勒豁河上游,折向西,再转南,拟乘夜袭击脱黑脱阿主营帐。联军乘坐木筏,偷偷渡过勤勒河。不料,被篾儿乞部的巡逻骑兵发觉,他们连夜奔告脱黑脱阿。脱黑脱阿闻讯即率领少数亲随沿薛良格河(今蒙古色楞格河)北逃。联军奔袭捕兀剌,篾儿乞部众惊惶失措,不战而溃,顺薛良格河奔逃。联军连夜随后追击,掳掠人、畜甚众,夺回了铁木真之妻字儿帖。

这是铁木真一生中第一次参加作战。战斗中,联军不是从南向北作正面攻击,而是迂回到敌人侧后,从其背部突然发起攻击,其指挥是比较出色的。札木合在此战斗中的指挥艺术,对铁木真日后领导和指挥作战产生了积极的影响。

战斗胜利后,铁木真与札木合互赠战利品,再次结为"安答"。这时铁木真的势力已有所壮大,扩充了兵源,马匹增加很多。札木合提议与铁木真合营于豁儿豁纳黑川,铁木真表示同意。这样过了一年半,札木合又提议迁徙。游牧民族一向是逐水草而行的。铁木真有自己的宏图大略,不想总是依赖他人,于是以迁徙不大理想为由,和札木合分手,带领自己的家人及属下,沿斡难河北岸西行,回到其祖先世居的不儿罕山以东的三河发源地游牧,成为独立的武装力量。

经过对篾儿乞部的战争,铁木真的英名传播草原各部。特别是回到祖先发源地自立后,实力越发壮大。于是尼伦部旧时的属民、奴隶又纷纷投靠了铁木真。铁木真帐下便迅速聚集了好几个小部族,可以作战的将士就达近万人。有个名叫豁儿赤的奴隶主颇能审时度势,眼见铁木真已是众望所归,索性顺水推舟做个人情。于是他假托神言"札木合当败,铁木真当兴",提议铁木真为国主。其他奴隶主也看出了眉目,一致赞同。于是金世宗大定二十九年(1189 年),26 岁的铁木真被拥戴为汗。

铁木真为汗后,参与了一系列的军事活动:

十三翼之战。铁木真为汗后,力量一天天壮大起来,但是他的处境并不乐观,甚至可以说是四面被敌部所包围。首先,由于原尼伦部的属部泰赤乌等部仍与铁木真分庭抗礼,不承认其汗的地位,铁木真还只能算是一个小部落酋长,与其他几个大部落相比,力量依然很单薄。再者,这些部族多数与铁木真部的关系不好。居于尼伦部东面的塔塔儿部,东与金朝接壤,自金灭辽之后,便投降于金,为虎作伥,高原各部多以其有金为后盾而畏惧它。昔尼伦部首领俺巴孩亲自送女到塔塔儿成亲,反被塔塔儿人捉住送往金朝,被金人钉死在木驴上。塔塔儿人的不讲信义、残暴傲慢激起各部的仇视,可人们多是敢怒不敢言。忽图剌继汗位后,兴师复仇,与塔塔儿大战 13 次,都未能取胜。铁木真的父亲也速该虽然曾战胜过塔塔儿的一部,但毕竟是个局部胜利。况且,也速该最终也让塔塔儿人毒死。两部之间的仇恨很深。西面的乃蛮部是当时高原各部中人口最多的部落,政治、经济、军事力量都很强大。南面的克烈部人多地广,其首领脱斡里勒汗好大喜功,又是铁木真的义父,不是迫不得已不会甘居于铁木真之下,而且他又贪财好利,优柔寡断,与其盟约易结也易解。东面近邻札答剌部首领札木合能征善战,年轻有为,在当时蒙古高原各部首领中有很高的威望,是铁木真的劲敌。除此之外,南面的汪古部,北面的蔑儿乞残部等,都是铁木真统一道路上的障碍。

环顾四野,面面受敌,熊居虎霸,没有一块好啃的肉。但是铁木真并不气馁,他冷静地分析了蒙古各部的情况,决定首先整肃军队,加强武装力量。整军的主要内容是:(1)组建专门警卫汗的侍卫军。(2)建立训练战马、管理维修战车、负责军队给养等的专门机构。(3)对各队、各种组织、机构分别指定了长官。

游牧民族生就狂放不羁、无约无束的天性,打起仗来亦只凭一时骁勇,并无章法、纪律可言。铁木真如此整肃军队,使原来的散兵游勇凝聚为有法可依、有组织可从的具有先进军事素质的作战将士,从而大大增强了战斗力。整肃军队为其今后统一大业打下了良好的军事基础。

在整顿军队的同时,铁木真运用其聪明的才智,展开外交攻势,寻找各部的薄弱环节。他派遣答孩和速格二人为使,向克烈部脱斡里勒汗和札答剌部札木合报告他被推戴为汗的消息,希望继续得到他们的支持。脱斡里勒汗表示将一如既往。札木合则是另一种态度了。札木合本来对铁木真不和他一起迁徙独自回到祖先居住地自立为业就有意见。当使者报告铁木真为汗后,他感到崛起的铁木真将是他逐鹿高原的劲敌,对铁木真更加仇恨。他暗自寻找机会,要将这个眼中钉除掉。

机会很快就来了。札木合有个弟弟叫给察儿,是个狂妄无知的青年。他仰仗哥哥的权势,到处抢掠,无恶不作。一天,他率部行至铁木真部下的一块牧地,见那些正在吃草的马个个膘肥体壮,很是惹人喜爱,于是顿生歹意,不由分说,便和随从一起上去抢马。铁木真部下哪肯拱手相送,于是双方拼杀起来。争斗中,札木合的弟弟给察儿被打死。

札木合大怒,借此向铁木真宣战。他联合了泰赤乌、亦乞剌思、兀鲁兀惕等十三部,三万余骑,越阿剌屼屼山和土儿合兀山,向铁木真杀来。

昔日盟友,反目为仇,铁木真被迫迎战。他将本部的一万多骑兵召集起来,号称三万骑,也分成十三翼("翼"也称"圈子"。"十三翼"即十三营),迎战札木合。会战地点在答兰巴勒主惕(今克鲁伦河畔)。战斗中,札木合凭借优秀的指挥艺术,指挥联军首先发起进攻,冲乱了铁木真军队的阵形。铁木真深知札木合的指挥水平在己之上,料难取胜,于是率军退走斡难河上游哲列捏山谷。

札木合本已取胜,正可乘势削弱铁木真的力量,但气度狭隘的札木合错走一步棋,致使双方局势有了新的变化。

原来,在战斗中,札木合军俘获了一些铁木真的士卒。札木合为发泄仇恨,竟让士兵们将俘虏肢解然后煮而食之,并下令每个士兵必须喝汤一碗,言此汤可以壮胆。札木合这一残忍的命令激起士兵的强烈不满,有的人愤然脱离大营,趁夜投奔铁木真部。铁木真听到这一情况,便在与札木合部住地接壤的树林里大摆筵席,欢迎各部来投的士兵。这样,投奔铁木真的人越来越多。铁木真在战斗中虽然失利了,但由于札木合部下许多属民来投,他的力量反而比以前壮大了。

答兰巴勒主惕之战,在蒙古史上又称为"十三翼之战",这是铁木真亲自指挥的第一次战斗。此战中,铁木真虽因力量不敌而战败,但是他联合克烈等部,采取各个击破的策略。交战失利后,立即率部退入山谷,使敌难以追击,避免遭受更大的伤亡。并热情招待来投者,分化瓦解敌部。这些策略都是很出色的,也是蒙古人念念不忘"十三翼之战"的一个重要原因。

公元1194年,塔塔儿部首领蔑古真反抗金朝,金章宗派丞相完颜襄征讨,并令蒙古其他各部派兵协助。铁木真闻此讯很兴奋,他看准了这是个消灭塔塔儿的大好时机,便约克烈、主儿勤、泰赤乌等部共征塔塔儿。主儿勤和泰赤乌部不从。铁木真便和克烈部脱斡里勒汗各率本部军队与完颜襄部金兵联合,大败塔塔儿部。铁木真杀其首领蔑古真,获其辎重牲畜甚多。脱斡里勒汗被金朝封为"王",从此史称他为"王汗"。铁木真因战功被金封为"札兀忽里"(前锋司令官)。这是铁木真第一次接受金朝的封职。

铁木真攻打塔塔儿部时,主儿勤部乘机袭击铁木真在哈澧漓秃湖的老营。铁木真闻讯后,率师回救,乘主儿勤部不备,以突然袭击的方式,灭其一部。金承安二年(公元1197年)春,铁木真不待主儿勤部复兴,联合克烈部再讨主儿勤,擒其部长泰出等人,主儿勤部从此灭亡。

铁木真击破强大的塔塔儿部,回师又灭掉主儿勤部,其赫赫声威在尼伦部大振,也因此巩固了他的汗位。

再战札木合,铁木真如一只雏鹰渐渐羽翅丰满,其勃勃英姿在蒙古高原受到越来越多人的瞩目。然而,树大招风,铁木真的节节胜利,同时也引起了他的仇家的惶恐,他的存在已构成了对其宿敌的致命威胁。于是,一个很大的阴谋正在悄悄策划中。

金泰和元年(公元1201年),合答什、朵儿边、塔塔儿、翁吉剌、蔑儿乞、泰赤乌等十一部的首领在阿鲁灰(今内蒙古乌尔虎河)集会,共推札木合为古儿汗("古儿汗",蒙语是天下之主的意思),并决定对铁木真进行突然袭击。

豁罗剌思部的豁里歹向铁木真透露了军情。铁木真大惊,军情十万火急,他立即联合王汗出兵迎击。铁木真部和王汗部各派三将为前锋,在前锋之前由近而远分设三个流动瞭望所,探报敌情、地形,为大军选择进军路线和驻营地点提供情报。部署就绪后,铁木真和王汗亲率大军沿怯鲁连河而下,进至阿带火儿罕,与札木合联军前锋相遇。这时已近黄昏,双方约定次日交战。

第二天一大早,两军便在平川上列阵开战,剑去刀来,战马嘶鸣,几十回合下来,胜负难分。正在僵持阶段,突然暴雨骤降,狂风大作,狂风卷着沙石直扑札木合阵地,士卒们东躲西闪,战马陷泥难行,乱作一团。铁木真大喜,挥师出击。札木合联军阵脚已乱,无心恋战。札木合见败势已定,只好率领部分属民,沿额尔古涅河败退。王汗指挥本部追击札木合。

泰赤乌部在此战中也被击溃。其首领阿兀出把阿秃儿率残部顺斡难河仓皇奔逃。铁木真率骑猛追。阿兀出把阿秃儿见铁木真追得迅猛,料难逃脱,索性收拾余部,决一死战。双方鏖战整日,互有伤亡。黄昏时,铁木真被敌箭射中脖颈,阿兀出把阿秃儿趁机逃走。

这次战斗,虽未彻底消灭札木合联军,但给其重创,足以打击其嚣张气焰,同时俘获甚丰,战马兵器不计其数。最重要的是铁木真得一骁将——原泰赤乌部脱朵格家奴隶只儿豁河歹,铁木真赐名为者别。者别个头极为高大,臂力过人,且忠心耿耿,在后来的统一蒙古各部、攻打金朝、击灭西辽、征服花剌子模、斡罗思等国的系列战斗中,为铁木真立下汗马功劳。

战克烈部。铁木真与克烈部的联盟一向卓有成效,作为义父,王汗对铁木真也鼎力相助。札木合失利于铁木真后复仇无望,于是派人挑拨王汗,使他对铁木真的"友谊"开始怀疑,以至发展到王汗率部临阵逃脱的地步。当时,铁木真的各方压力仍很大。塔塔儿部的败亡,意味着东部强敌已基本解决,所余的几个部落成不了大气候,可以暂放一边。札木合虽然不可忽视,但他缺少羽翼,又值新败,元气未复,在短期内还构不成威胁,于是铁木真便把锋芒移向西部的乃蛮。乃蛮有好几个部分,铁木真灭塔塔儿部后不久,即约王汗合击乃蛮部的古出古惕不亦鲁黑汗,乃蛮部敌杀不过王汗,越过阿勒台败走。铁木真联军飞骑追击,讨平不亦鲁黑汗。铁木真原准备乘胜逐次击灭乃蛮及其他各部,不料,王汗突然宣布不合作,调本部人马回营。铁木真知道自己虽已壮大起来,但羽毛尚未丰满,如果失去王汗这个合作伙伴,将大大削弱自己的力量。为了巩固与王汗的联盟,铁木真采用传统的办法——联姻。他主动提出聘王汗之孙女察兀别乞给自己的长子术赤为妻,再将只儿斤氏族的豁真别乞嫁与王汗的孙子。可是王汗的儿子桑昆反对。但事隔不久,公元1203年春天,桑昆在札木合等人煽动下,又假说同意了铁木真的提议,并请铁木真来喝许亲酒,准备届时将铁木真杀掉。铁木真起初信以为真,仅带十余骑前往。途中经人提醒,识破奸计,半途而返。诱杀未成,王汗、桑昆等便准备次日清晨进攻铁木真。

战争不以铁木真的意志为转移,联盟的破裂虽不是他所愿,但事已至此,也只有出兵迎敌。

对王汗之战是铁木真统一蒙古高原一系列战争中最艰苦、最激烈的一次战争。战争大致可分为三个阶段。第一个阶段:王汗主动进攻,铁木真作战略防御。第二个阶段:战略相持。第三个阶段:铁木真进行战略反攻。

据史书记载,第一阶段战事后,铁木真仅剩二千六百骑。铁木真以弱小之师歼灭数倍于己之敌,一方面是由于敌人内部离心离德,本军内部团结对敌;另一方面则是铁木真的战略战术措置得当。王汗重兵来袭,铁木真连夜撤退,避免不利条件下的决战;地形于己有利时,又摆开决战架势,集中兵力主动进攻,变被动为主动;逐次歼灭敌之数部后,立即率部迅速撤离战场,使部队免遭不必要的伤亡;敌我力量对比有利于己之时，又及时地由防御转为进攻，袭灭王汗，充分表现出主动灵活的用兵特色。至于利用王汗与札木合等人之间的矛盾，实施攻心战，分化瓦解其联盟，则体现了把政治斗争和军事斗争有机结合、交互为用的作战艺术。从对王汗的战争可以看出，铁木真的指挥艺术已近炉火纯青的境界。

攻灭乃蛮。乃蛮部首领塔阳汗得知克烈部被铁木真所灭，惶恐异常，便决计东联汪古部，纠合脱黑脱阿、札木合以及克烈、塔塔儿等部残余势力，共同进攻铁木真。汪古部拒绝出兵，并将乃蛮的作战计划通知了铁木真。

铁木真闻讯，积极备战。在怎么打这一仗的问题上，铁木真的部下产生了两种意见。一种认为正值初夏，我方马瘦，不宜作战。另一种意见恰好相反，认为不能坐待敌人来攻。乃蛮自恃国大民众，傲慢自大，我们正好利用他轻敌不备之机出兵，夺他的"弓箭"。铁木真采纳了后一种意见，他亲自整编军队，制定了主动出兵、远道奔袭、先发制人的作战方针。

公元1204年4月16日，铁木真祭旗出征。者别、忽必来为大将。然而，毕竟道远马疲，部队已显困顿状。铁木真及时召集部下商议对策。常侍朵歹献计说：敌兵多，且以逸待劳，我兵少，又是远道奔袭，唯有暂驻军于此，一面牧放马羊，一面令每人各点燃篝火五处，乃蛮人见我营火众多，必以为我军多而惊惶，不敢来战。敌惊惶之间，我马羊已饱，士卒也因暂息而恢复精力，届时驱骑逐敌前锋，直逼其中军，乘其乱而战，可获全胜。铁木真听后，连连称道："好计！好计！"于是传令下去，依法而行。战斗进展果如朵歹所言，铁木真率部一举歼灭乃蛮。

灭蔑儿乞等部。讨平乃蛮后，蒙古高原还有蔑儿乞、汪古、翁吉剌、朵儿边等少数部族在苟延残喘，札木合在做垂死挣扎。这些势力虽然不大，但仍然是统一道路上的障碍。为此，铁木真制定出大政方针：抗者灭之，降者纳之。

后来与铁木真抗衡的蔑儿乞残部首领脱黑脱阿被击毙，其余部族纷纷归附。四处逃命的札木合十分潦倒，手下仅有从者五人。这几个人也悟到札木合的失败不可挽回，便合谋绑了札木合投降铁木真。铁木真将其处死。

至此，铁木真经过长达十多年的激烈征战，终于战胜了蒙古高原所有部族。

公元1206年，蒙古人民迎来了自己永世难忘的一天——在鄂嫩河畔一望无际的绿色草原上，竖起蒙古人视为吉数的九根白色旌旗。草原上的风，抚摸着猎猎作响的旗帜，那声音激荡着千千万万蒙古人的心。人们唱着、跳着、欢腾着。突然，偌大的草原鸦雀无声，哦，是铁木真来了！44岁的铁木真昂首立于白色大帐前，饱经战争洗礼的面庞透出坚毅、深沉的神情。他说：既然大家推举我为全蒙古的大汗，尊号"成吉思"（蒙语中"成吉思"是什么意思众说不一，有说是"海洋"，有说是"天"，有说是"坚强"，总之是尊贵之称），那我就接受民意，我，成吉思汗，今后要统领大家，建设一个强大的蒙古国，造福子孙万代！

铁木真成为全蒙古的汗，标志着蒙古族的历史进入了新的发展阶段，标志着长期分裂的蒙古高原终于统一起来，建立了自己的汗国。公元1206年也就成为蒙古史纪元正式开始的年代。从此，伟大的蒙古族开始在中国乃至世界历史舞台上发挥其巨大的作用。

统一军事　三战西夏

当时新兴的蒙古汗国,疆域已十分辽阔——东抵兴安岭,西及阿尔泰山,南与西夏、金朝接壤,北至贝加尔湖。在汗国内有一个很重要的问题急待解决,那就是统一军队。

原来,除了蒙古部原有的各路兵马外,那些被翦灭和主动归附的众多部族也都有自己的军队。这些军队五花八门,各有各的传统,各有各的号令。为巩固刚刚统一的蒙古汗国,保护自己的疆域,必须统一军制,建立一支符合当时草原特点的、战斗力强的军队。

成吉思汗根据草原游牧民族的生活、行动特点,在军制上,实行兵牧合一、军政合一的制度。何为兵牧合一? 即"上马则准备战斗,下马则屯聚牧羊",也就是既能打仗又能生产的意思。士卒们平时从事畜牧生产,战时则跃马弯弓驰骋疆场。何又为军政合一? 就是军队将领与行政长官不分,平时是行政长官,战时则率兵打仗。成吉思汗把蒙古牧民按氏族、语言、地理分别编为若干个十户、百户、千户、万户,并设十户长、百户长、千户长、万户长。战时,各户一般出一丁为兵,由本级长官率领参战。

军队体制上,实行蒙古军(原蒙古族人)与"探马赤军"(其他部族人)相结合,以蒙古军为主的武装力量体制。探马赤军由各部首领具体领导,成吉思汗对它有指挥、调动的权力。蒙古军中,又以成吉思汗亲自控制的"怯薛"(成吉思汗的护卫军、相当于汉族的禁卫军)最精锐,有一万一千多人。成吉思汗公开宣布:"怯薛是我蒙古汗国军队的主力,称大中军!"

军队编制上,坚持以既利于战时机动灵活又便于集中统一指挥为原则。以"十夫"为基本战术单位,以"万夫"为最大战术单位。进行大的战役时,根据战争需要,或者各"万夫"成建制地投入战斗,或者临时组建方面军,但原则上不打乱原建制。这样,作战时,散得开,收得拢。由于基本战术单位小,指挥就方便,提高了军队的战斗力。

同时,成吉思汗在军队里设置了负责牧战马、羊、骆驼的总管和管理辎重的官员,以保证军需供应。规定每个骑手在战时必须在自己乘骑之外,另携带从马数匹,以便轮换乘骑。士兵的武器装备,本着轻便又富于攻击力的原则,规定每个士兵出征时只带一毯制肩元、一羊皮外套、一炊锅、一短斧、一小袋盐、一锉刀及针线、少量的粮秣和弓箭、长剑,从而使骑兵无论是近战还是远道奔袭,都异常迅速勇猛。

在整顿军队的同时,成吉思汗还改革了政治、行政制度,如建立司法机构和初步的成文法;任命兀孙老人为"别乞"——蒙古人信奉的萨满教的最高僧侣;设置了掌印官,分封了宗亲和异姓功臣,从而巩固了蒙古各部的统一,增强了蒙古汗国

中华传世藏书

中华枭雄大传

帝王后妃卷

141

的军事封建实力,加强了成吉思汗在国内的统治地位,为下步摆脱女真人长期的民族压迫,对外军事扩张,奠定了基础。

当时蒙古汗国的大门外面有两个强大的国家:一个是女真族建立的金朝,一个是党项族建立的西夏。金朝与蒙古有世仇。早在金朝建立之初,女真统治者为了加强对蒙古地区的统治,就在蒙古各部之间挑拨离间,企图分化瓦解,并不断派兵屠杀蒙古人民,掠夺其财产。成吉思汗的曾祖父俺巴孩又曾被金主钉死在木驴上。因此,摆脱女真贵族的压迫和剥削是蒙古各部的强烈愿望。西夏地处今甘肃、宁夏、陕西北部地区,它名义上自立为政,实系金朝的属国;在地理上,又与金朝成犄角之势,互为援应。成吉思汗为了复仇,在整顿军队及内政之后,便发动了对金朝和西夏的战争。

对两国同时出兵对蒙古汗国是不利的。成吉思汗分析形势后,决定采取各个击破的战术。接下来就是以谁为突破口的问题。金朝虽是世仇,但它雄居中原,地大物博,人众兵强,且有长城阻隔,不便逾越进攻。如果先打金朝,西夏还可能出兵袭击蒙古后方,有造成腹背受敌的危险。西夏的力量较金朝要薄弱得多,与蒙古接壤一线多为旷野,便于骑兵驱驰,只要集中兵力,便可在较短时间内结束战争;且金与西夏之间也有矛盾,攻西夏,对金利益的直接损伤不大,估计金不一定派兵救援。一番审时度势后,成吉思汗果断做出决定:先灭西夏,折断金的羽翼,然后乘胜攻金。

成吉思汗与西夏曾有过一次交锋,那是在公元1205年,成吉思汗尚未即大位。成吉思汗派兵袭击西夏的拔其力吉里堡。因为蒙古军队一向在草原厮杀,没有攻打城堡的经验,所以那次战斗用了很长时间,付出了很大代价。攻陷城堡后,蒙古军便避开坚城东行,夺取许多西夏民众及骆驼而还。

这次算作二征西夏。

金泰和七年(公元1907年)秋天,成吉思汗以西夏不肯纳贡为由,发动了征讨西夏的战争。成吉思汗吸取了前次攻城的教训,改进了攻城战术,很快攻克了西夏斡罗孩城。

金大安元年(公元1209年)秋季,成吉思汗第三次率领军队攻打西夏。西夏军队在蒙古铁骑的猛击下大败,向金朝求援。金朝却坐山观虎斗,不派一兵一卒。蒙古军队长驱直入,进至克夷门(今银川市北),再次大败西夏,活捉西夏将领嵬名令公,蒙古军乘胜包围西夏京城中兴府(今宁夏银川)。蒙古军引黄河水灌城,西夏国王李安全迫于蒙古军威,将自己的女儿献给成吉思汗,双方达成协议,规定西夏每年向蒙古纳贡。

成吉思汗三次征伐西夏,大大削弱了西夏的力量,加深了西夏与金朝之间的矛盾,从而即使西夏无力构成对蒙古的威胁,同时又打掉了金朝在西部的一根支柱,使金朝的力量也随之削弱了。西夏求和之后,成吉思汗便毅然将兵锋指向金朝。

挥戈中原 三战金朝

金朝，是我国女真族建立的王朝，自公元 1115 年金太祖完颜旻建立金朝政权起，至金章宗完颜璟，已历六代。章宗时，国势日衰，军备废弛。但是，金朝毕竟是大国，绝非蒙古的部落和西夏、乃蛮等政权可比。因此，成吉思汗虽早有复仇之心，但一直未敢草率出征。他一面在名义上仍臣服于金朝，一面则派人多方侦察金国的政治形势、地理环境。同时，积极进行战争准备，造箭制盾，秣马厉兵，等待时机。

金大安元年（公元 1209 年），金章宗完颜璟死，卫绍王完颜永济即位，改元为大安。这个完颜永济，成吉思汗并不陌生。几年前，成吉思汗给金送贡品到净州（今内蒙古呼和浩特北），当时金主派完颜永济来接受贡品。成吉思汗看到完颜永济为人平庸，便没有按规矩给他行礼。金大安二年（公元 1210 年），新即位的完颜永济循例遣使传书所属各蕃国。当使者到蒙古下诏书，要成吉思汗按礼拜受时，成吉思汗问道："金朝新皇帝是谁？"金使答道："卫王也。"成吉思汗轻蔑地说道："我以为中原皇帝是天上人做的。像卫王这样平庸之辈居然也做了中原皇帝，我岂能为他下拜。"说罢，飞身上马，扬鞭而去。

金大安三年（公元 1211 年）二月，成吉思汗率领他的四个儿子（术赤、察哈台、窝阔台、拖雷）和者别、速不台、木华黎等将领发兵进攻金朝。这是成吉思汗第一次攻金，揭开了规模巨大、历时 24 年的蒙金战争的序幕。

为了激励士气，成吉思汗以金朝曾杀死其祖先俺巴孩汗为由，誓师伐金。他登上龙驹河（今蒙古人民共和国克鲁伦河）畔一座高山，对天祈祷道："长生之苍天啊，金朝皇帝辱杀了我的祖父，假如你允许我去复仇，就助我一臂之力，并让已经死去的人和各位神仙来帮助我吧！"誓师后，成吉思汗便率领大军越过莽莽大漠南下。

成吉思汗这次攻金，得到为金守卫长城的汪古部人做向导，取抚州，径指金外长城诸边堡。金以招讨九斤、监军万奴等领大军设防野狐岭一带，又以参知政事胡河虎率军为后继，总兵力三十万，号称四十万，企图阻止蒙军前进。成吉思汗先派大将木华黎率领敢死队攻陷敌阵，继而指挥大军冲向敌军。金兵经不起蒙古铁骑的勇猛冲击，向浍河堡（今河北怀安南）一带溃退。成吉思汗指挥军队乘胜追击。浍河堡一战，金朝主力部队大部被歼。金重庆元年（公元 1212 年），成吉思汗派兵攻破宣德（今河北宣化）、德兴（今河北涿鹿）等要塞。金至宁元年（公元 1213 年）秋，成吉思汗率军进抵怀来（今河北怀来），打败了金军元帅高琪，迫金兵至居庸关北口，金兵退守居庸关。

居庸关是太行山最北第八陉，"两山夹持，下有巨涧，悬崖峭壁，称为绝险"，是控扼军都隘道的中枢，河北平原通往山西北部和蒙古高原的重要通道，更是金朝中都西北部的一道险要屏障。金兵企图据此险关，阻止蒙古军东进。成吉思汗知道居庸关难以强攻，便留一部继续攻居庸关北口，牵制金兵，自己则率大军南趋内长城东侧的紫荆关。紫荆关山谷崎岖，易于戍守，为河北平原西入太行山地区的要隘，是兵家必争之地。金朝见蒙古大军云集北口，误以为蒙古军队旨在攻取居庸关，便把主力部队放在居庸关方面，疏于对紫荆关的防备。成吉思汗出其不意南攻紫荆关，金兵大败。夺关后，成吉思汗立即分兵两路，一路自领，拔涿、易二州；一路自南口反攻居庸关，大败金师。居庸关之役，后人常引为骄傲。

居庸关既破，金人在西北的屏障被拆，成吉思汗便令各路军进围金朝中都（今北京市）。金朝当时设五个都城（西京，在今大同市；北京，在今宁城西；东京，在今辽阳市；南京，在今开封市；中都，在今北京市），以中都为核心。因此，中都人多兵众，城坚池深，加之中原科学技术发达，军队武器装备、守城器械远比蒙古军队优良，又有分屯各地的军队支援，在短期内不易攻克。成吉思汗深明此情，他在大军会集中都城外、给敌在心理上造成威胁之后，于这年秋，留一部继续围攻中都，其余大军分兵三路，深入中原腹地，攻掠周围州府，以摧毁金朝的经济潜力和军事实力，绝其外援，使中都成为一座不攻自破的孤城。这三路军是：术赤、察哈台、窝阔台率右路军循太行山南下，抵黄河北岸再折向西北，大掠平阳（今山西临汾）、并州（今山西太原）、潞州（今山西长治）、卫州（今河南辉县）、磁州（今河北邯郸）等二十余州府；合撒儿领左路军攻占蓟州（今天津蓟州区）、滦县（今河北滦县）、平州（今河北昌黎），进入东北辽西地区；成吉思汗与拖雷率主力军沿海南下，攻拔河间（今河北河间）、济南、益都（今山东益都）、登（今山东蓬莱）、莱（今山东<已撤销>）等二十余州府，前锋直抵邳州（今江苏邳州市）。三路大军之外，另派者别率骑攻克东京（今辽阳市），扫荡金朝统治者发源地辽东；又派木华黎领兵攻破密州（今山东诸城）。至此，黄河以北（指当时黄河。当时黄河经今河南商丘、江苏徐州、宿迁、清江，自滨海入海）诸州府，除中都、大名（今河北大名）、真定（今河北正定）等11城未攻下外，其余均被攻克。金贞祐二年（公元1214年）春，各路军高奏凯歌，回集于中都城北郊。诸将建议乘胜攻破中都。成吉思汗认为无须用兵，只要派一使者向金主陈说利害，中都即可不攻自破。情况正如成吉思汗所料，金宣宗听蒙古使者说如不犒师"以弭诸将之怒"，必将攻取孤城中都，十分惊恐，立即遣使求和，并将歧国公主送与成吉思汗为妃，同时献上大量金帛、马匹和童男童女。蒙古军队满载战利品，离开中都北去。金宣宗特派宰相完颜福兴恭送成吉思汗出居庸关。

蒙古军退出关后，金宣宗对蒙古仍怀恐惧，生怕它再次南下进围中都，于是决定迁都汴京（今河南开封市）。成吉思汗获悉，借口金朝对蒙古缺乏诚意，再次发兵南下，进围中都。次年五月，中都守兵经不起蒙古铁骑的勇猛攻击，金守将完颜福兴自杀身亡。不久中都即被蒙古军占领。成吉思汗派使者往告金宣宗说：如果愿以河北、山东未下诸城奉献蒙古，自去帝号为河南王，臣属蒙古，即可罢兵。金宣宗不从。成吉思汗便增派军队南征，其中一军自西夏趋关中，越潼关而东，前锋直抵金朝汴京西12里的杏花营。这次攻金，蒙古军共取金城邑860余座，而后北去。

成吉思汗两次攻金，金朝元气大损。蒙古军队通过战争，不仅增强了经济实力，而且获得了大批工匠以及许多先进的军事知识和武器装备。

另一方面，成吉思汗通过对金作战，进一步认识到中原地广物丰，城池坚固，以蒙古当时兵力，难以消灭金朝。在二次伐金攻陷中都再掠河北诸地之后，便改变战略，以少量兵力交木华黎统率继续攻破金朝州郡，将大部兵力进攻西域诸国，以西域的精兵良将充实蒙古军队后，回师一举击灭金朝。

根据这一战略思想，金兴定元年（公元1217年）八月，成吉思汗封木华黎为国王，专事攻金。木华黎军占领了今山西、山东、河北、陕西的地方。这是成吉思汗时期的第三次攻金。金元光二年（公元1223年），木华黎死，攻金战争方暂告一段落。

成吉思汗三次攻金，所向披靡。分析其原因，一方面是金朝统治者已经完全腐朽，而蒙古汗国正生气勃勃，另一方面则是成吉思汗作战指挥正确。攻金之前，利用金与西夏、汪古的矛盾，先使自己立于不败之地；迫降汪古，征服西夏，翦除金朝羽翼，这是战略上审慎周密的表现；作战中，力避攻坚，坚持运动歼敌，充分发挥蒙古骑兵快速机动的特长；而"绕道紫荆关，袭取居庸关"是灵活用兵的范例，这较征西夏时的攻城战法大大提高了一步。兵围中都，不攻而克，是古代兵法中"伐谋""伐交""伐兵"三种手段综合运用的结果。总之，攻金之战。从战略决策到战术运用，都是比较成功的。

铁蹄西征　威慑欧亚

金兴定二年（公元1218年），成吉思汗派大将者别率两万轻骑攻灭了西辽。从此，蒙古疆域向西扩展至垂河流域（苏联境内的楚河），为蒙古军攻打花剌子模提供了前哨阵地。

击灭西辽后，成吉思汗便在也儿的石河畔（苏联境内额尔齐斯河）休整，准备继续西进，攻击花剌子模。

花剌子模原是阿姆河（苏联境内阿姆河）下游的一个文明古国，到13世纪初花剌子模沙（"沙"即国王）摩诃末时，它已占据了苏联中亚部分、阿富汗、伊朗这片广袤富饶的地方。旧都在玉龙杰赤（苏联乌兹别克共和国郭耳加纳契），后为控制东部国土，又设新都于撒马耳干（苏联撒马尔罕）。成吉思汗统一蒙古后，四处征战，所向披靡，摩诃末曾有所耳闻，但没有把蒙古放在眼里。者别征伐西辽，追击逃敌途中，曾与挑衅的摩诃末率领的军队交过锋。摩诃末所在的中军，险些被者别击溃。经此一战，摩诃末方知成吉思汗军队的厉害。

金兴定二年，成吉思汗组织了一个四五百人的蒙古商队去西方经商。商队行到花剌子模东北边城讹答剌（今哈萨克斯坦境内）时，该城守将认为它是成吉思汗派来的间谍，遂将商队人员全部杀掉。成吉思汗获悉后，怒发冲冠，登上一座山巅，免冠解带，跪地求天相助。据说他断食祈祷了三天三夜，方才下山。下山后，即发动了对花剌子模的战争。

金兴定三年（公元1219年）秋，成吉思汗约西夏出兵攻击花剌子模。西夏不从,成吉思汗便留最小的弟弟斡惕赤斤那颜留守,亲自率约 20 万大军,浩浩荡荡地向花剌子模进军。

摩诃末有军队 40 余万,但是闻成吉思汗来攻后,甚为忧虑。摩诃末以为蒙古军此战旨在掳掠财物,不会攻占城池国土,便采取固守坚城,纵敌入野,待敌撤退时追击的消极防御战略。

成吉思汗率军进抵讹答剌城下,攻城两日不克。他便采取分进合击和中间突破的战法,将军队一分为四:察哈台和窝阔台率本部留攻讹答剌;术赤率本部从右进取忽章河下游的战略要塞毡的;阿剌黑等率军从左翼进取忽章河上游别纳客忒等城堡。以上三路军的目标是攻破花剌子模在忽章河一带的防线,并保障主力南下。与此同时,成吉思汗与拖雷率主力部队渡过忽章河,直取玉龙杰赤与撒马耳干之间的战略要地不花剌(苏联布哈拉)以截断玉龙杰赤与撒马耳干之间的交通,并绝忽章河沿岸受困各城堡的外援。最后各路大军合围撒马耳干。

金兴定四年(公元 1220 年)二月,成吉思汗率军进抵不花剌城下。该城分内城和外城,有守兵二万。成吉思汗指挥军队连续攻城数日,守城诸将自度难守,便在夜里打开城门,冲破蒙古军的包围,向西南方向逃奔。成吉思汗指挥大军猛追,一直追到阿母河畔,将逃兵斩杀殆尽。

成吉思汗以为不花剌城内守兵已全部消灭,第二天,他便率大军,大摇大摆地进入不花剌外城。他骑着战马,过大礼拜寺,问居民这是不是花剌子模沙的宫殿?居民回答说:"这是上帝居住的地方。"成吉思汗便在祭坛前下马,登上讲台,大声命令居民道:"野草都没有了,你们快拿粮食来喂我的战马!"居民们不得不入仓取粮。蒙古兵将《可兰经》柜放在院中代替马槽,将伊斯兰教的圣经取出任马践踏。为了欢庆胜利,特召来舞者歌女入寺歌舞。蒙古兵一面饮酒,一面自唱着蒙古歌,声彻四壁。

如此欢乐了一二个时辰,成吉思汗才去城里居民聚会的祈祷场。他将居民召集到场上,亲自登坛,告诉居民蒙古这次用兵完全是摩诃末挑衅所致,作为蒙古人并不想用兵。然后命令居民检举最殷富的人家,强迫这些富家贡献财宝做军需。

蒙古兵的恶行激起了当地居民的强烈不满,成吉思汗被胜利冲昏了头脑,不知道花剌内堡里尚有四百多名花剌子模骑兵。这些骑兵乘成吉思汗在外城歌舞庆贺之际,加紧增置防御器械以抗蒙古骑兵的进攻。当成吉思汗发现内堡尚有敌兵占据时,内堡的防御已经完成。成吉思汗强迫外城居民搬运土石填塞内堡四周堑壕,然后置炮轰击,连续攻打了 12 天,方把内堡攻破,蒙古军在此战斗中付出了不少代价。

不花剌子被攻陷,玉龙杰赤与撒马耳干之间的交通要道被截断,东西两方面互为援救便很困难了。南部诸地守兵向北面的忽章河、宰利水一带城堡增援也受到阻碍,花剌子模国内立刻呈现出瘫痪状态。攻陷不花剌内堡后,成吉思汗将城内居民编成若干队强迫他们随军而行,并将城堡付之一炬,然后率领大军向撒马耳干进军。为了争取时间,成吉思汗分兵一部攻取沿途所经的答不昔牙、撒儿的勒两堡;

自己率大军径取撒马耳干。这时,术赤、察哈台、窝阔台、阿剌黑等所领的三路军已经分别攻克了讹答剌、毡的、别纳客忒等城堡,花剌子模在忽章河一带的防线全部瓦解,成吉思汗进抵撒马耳干城下不久,其他三路大军便相继来会。

撒马耳干北濒宰利水,南近铁门关,地理条件优越,是花剌子模政治、经济、军事、文化中心,也是其东方第一大重镇。摩诃末为了抵抗蒙古军的进攻,特驱使民众在此城增修了工程浩大的壁垒,调集了善战的波斯、突厥兵四万人,实力颇为雄厚。

成吉思汗知道此城难以强攻,同时也预料到此城被攻破后,身居外地的摩诃末必将外逃,因此,他做出了两项决策:一是对撒马耳干不用强攻,而用智攻。二是在攻城前,便派者别、速不台各率万骑往追摩诃末,并明确规定了追击的原则:若遇重兵,则不要正面迎敌,设法迟滞敌人,等待大军到来;如果摩诃末不战而逃,便紧追不舍,没途诸城降者免死,抗者灭亡。

部署就绪,成吉思汗便亲自指挥攻城。他先派骑兵设阵于撒马耳干城下,次日将各路军的俘虏按十人编为一队,每队执一旗,陆续进至城下,虚张声势。城内守兵以为这些俘虏都是蒙古骑兵,便心怀恐惧。第三天清晨,成吉思汗遣一部诱敌出战。城中一支勇士队出城抵御,被成吉思汗预设的伏兵一举歼灭。由此城内军民斗志愈弱,城中属于突厥人种的康里人的士兵纷纷携眷属、辎重出城投降,法官、僧侣也到成吉思汗军营中洽谈投降条件,受到成吉思汗热情接待。他们回去后便打开城门投降。内堡守兵拼死抵抗,成吉思汗指挥各军从四面同时攻打,傍晚时攻入堡内,尽歼堡内守军。撒马耳干这座坚城成吉思汗仅用五天便攻陷了。

摩诃末在蒙古军进入撒马耳干境内时便逃到阿姆河下游的巴里黑(今阿富汗马·札里沙里夫西)以避兵锋,待听到撒马耳干失守,果然如成吉思汗所料,要向南逃到哥疾宁(今阿富汗加兹尼),以纠集残部抗拒蒙古军。札兰丁坚决反对逃走,摩诃末斥札兰丁年少不懂军事,执意离开巴里黑南逃。成吉思汗早已派出者别、速不台部在般札卜渡过阿姆河,循着摩诃末的踪迹,一直追到宽田吉思海(今里海)。公元 1220 年 12 月,摩诃末病死在宽田吉思海的一个小岛上。

摩诃末死后,札兰丁决计以旧都玉龙杰赤为依托,抗蒙复国。

这时,成吉思汗已经攻占了阿姆河以东大部分地区,将军队屯于撒马耳干与那沙黑不(苏联卡尔希西)之间,进行休整。听说札兰丁集兵玉龙杰赤,便于公元1220 年秋,命术赤、察哈台、窝阔台率军西渡阿姆河,进剿在玉龙杰赤的札兰丁,另外命令在呼罗珊(今土库曼斯坦共和国南部、伊朗东北部和阿富汗西北部一带)的蒙古军戍守沙漠南界一带,以断札兰丁南走之路。术赤所领军前锋初战不利,被札兰丁击败。后因花剌子模统治集团发生内讧,札兰丁被迫带着亲信三百多人离开玉龙杰赤,奔呼罗珊。反对札兰丁的势力拥忽马儿为新沙,组织城内居民继续抵抗蒙古军。由于术赤和察哈台号令不一,蒙古军攻玉龙杰赤历时六个月,仍未攻下。成吉思汗改命窝阔台总统围城大军。窝阔台调解了术赤与察哈台之间的纠纷,申严约束,士气重振,终于于公元 1221 年 4 月,攻破玉龙杰赤。

札兰丁离开玉龙杰赤后,在呼罗珊避开了蒙古军的拦截和追击,从间道进入哥疾宁,收集余部,图谋反攻。成吉思汗深感年轻善战的札兰丁不好对付,便亲自率军追击。在哥疾宁以北的八鲁湾(今阿富汗喀布尔北),前锋失吉忽秃忽与札兰丁遭遇,被札兰丁击败,士卒死亡大半。成吉思汗闻讯,怒形于色,告诫失吉忽秃忽说:"你作战经常获胜,未曾受过挫折,今遭此败,你该认真总结教训了!"接着下令全军疾进。行至八鲁湾战场,成吉思汗和失吉忽秃忽一起察看蒙古军与札兰丁双方作战布阵的地方。成吉思汗仔细察看了地形后,认为失吉忽秃忽战败的主要原因是布阵时择地不当,教导他们要引以为戒。

札兰丁得知成吉思汗率大军追来,估计寡不敌众,便离开哥疾宁东走。成吉思汗命部队急驱,在申河畔(今印度河)追上了札兰丁,并连夜布阵数列,成偃月形,围逼札兰丁。次日黎明发起进攻,先破札兰丁军右翼,继而又取左翼。札兰丁只剩下中军七百余人。成吉思汗想活捉札兰丁,不许将士射箭。战至中午,札兰丁见难破重围,便换乘健马,向蒙古军作拼死突击。待蒙古军后退时,他突然扭回马头,驰向河边,脱下盔甲,负盾执旗,从20多尺高的岩上跃马跳入湍急的申河中,游到对岸,逃入印度。

申河之战的胜利结束,标志着花剌子模国的灭亡。公元1223年春,成吉思汗准备乘胜进取印度,尔后翻越雪山(今喜马拉雅山),从吐蕃(今西藏)返回蒙古。但由于道路崎岖,气候炎热,便放弃了这个计划,改由原路返回蒙古。

从公元1218年派兵攻伐西辽,拉开西征的序幕,到1225年返回本土,前后共用七年时间。西征结束后,成吉思汗在中亚各地设置了达鲁花赤(镇守官),命商人牙剌瓦赤总督一切军政事宜,西辽、花剌子模等西域诸国便正式列入蒙古汗国的版图。

对成吉思汗西征应作怎样的评价呢?

就其作用来说,是具有二重性的:一方面,西征给中亚和东欧人民带来了巨大的灾难,战争创伤使那个地区的经济生产遭到严重破坏;另一方面,通过西征,沟通了中西陆路交通,使中国的驿战制度以及火药、造纸、印刷术等发明辗转传到欧洲,欧洲、中亚的器械、医学等也先后传入中国,对中西方经济文化的交流起了一定的作用。同时,成吉思汗西征中的战略战术思想、指挥艺术,丰富了我国和世界古代军事科学的宝库。

一代天骄　青史留名

成吉思汗的理想,是要创造一个横跨欧亚、广袤万里的强大的蒙古汗国,使其子孙万代享其富贵。因此,西征结束后,他用一段时间休整兵马后,便又兴师征伐西夏和金朝。

成吉思汗为了解决军队粮食问题,一边行军一边打猎。一天,大军在阿儿不合行猎时，一群野马向成吉思汗所乘的赤兔马撞来，赤兔马惊，将成吉思汗掀下马，他的肌肤多处被创。大家主张待成吉思汗伤愈后进军，并将这意见转奏成吉思汗。成吉思汗说："出师半途而废，西夏人岂不说我们心怯吗？"表示不同意退兵。成吉思汗派使者前往西夏国都，向献宗李德旺宣扬蒙古军威，劝他屈身求和。李德旺大言不屈。成吉思汗得知后大怒道："李德旺出此狂言，我们怎能退兵？就是战死，也要把西夏踏平！"当时，成吉思汗的伤口还在发炎，他带病指挥作战。仍然采取过去的战法，由面及点，先弱后强，对重点目标——西夏都城围而不攻，待其自毙。这之后一年中，蒙古军接连攻下甘州（今甘肃张掖）、应里（今宁夏中卫）、灵州（今宁夏青铜峡西）、临洮（今甘肃临洮）、西宁（今青海西宁）等地。公元 1227 年 6 月，西夏王李睍因中兴府长期被围，不能支持，便派使者向成吉思汗请降，并要求宽降一月献城。成吉思汗准许。7 月，成吉思汗在清水县得病，自度难以治愈，但又不能亲自看到西夏和金朝在他的攻势下灭亡，深为不安，临终前，还殚精竭虑地为儿子们运筹灭夏亡金的战策。他告诫儿子们：西夏主只要知道我还健在，他在一月期满后是会来降的，如果知我去世，必然反悔。所以，我死后不要发丧，等西夏主来投降时，执而杀之。又叮嘱灭金之道：金兵在潼关，南据连山，北限大河（黄河），难以遽破。若假道于宋，宋金世仇，必能许我。则下兵唐（今山西临汾）、邓（今河南邓州市），直捣大梁（今开封）。金急，必征兵潼关，然以数万之众，千里赴援，人马病乏，虽至不能战，一定能打败他们。这便是联宋灭金、远程迂回之计。最后，成吉思汗指定第三子窝阔台为他的大汗继承人，并叮嘱儿子们要同心御敌，才能使蒙古汗国不致分裂。

公元 1227 年 8 月 25 日，成吉思汗病死于清水县的军帐中，终年 66 岁。后人按计行事，灭西夏，亡金朝。公元 1234 年，成吉思汗的孙子忽必烈建立起了领土空前广大的元王朝。

"一代天骄成吉思汗"，戎马一生，横扫欧亚，先后征服四十余个部落和国家。其间许多作战都是以弱胜强，以少胜多。其辉煌的武功在中国古代战争史上是罕见的。他所以获得如此巨大的成功，究其原因，首先是当时特定的历史环境为其提供了必要的条件。12～13 世纪初，蒙古族游牧经济有所发展，这些为成吉思汗进行统一和对外扩展的战争提供了必要的人力、乘骑、乳酪、粮秣等物质条件，尤其是矮小精坚、行动快速、耐力久、冲力大的蒙古战马为金朝和东欧各国战马所不及，使成吉思汗能据此实施远距离的作战。蒙古族游牧的生产方式，狩猎的民族习惯，吃苦耐劳的优秀品质，使每个牧民都擅长骑射，惯于征战，从而使铁木真军队不用专门训练即有坚强的战斗力。此外，当时广大人民迫切要求结束蒙古高原各部之间的无休止战争，要求摆脱女真贵族的民族压迫，成吉思汗所进行的统一战争和征伐金朝等战争，正符合人民的意愿，得到了广大人民的支持；另一方面，同蒙古族相反，金朝、西夏、西辽、花剌子模等国统治已经腐朽，走到了历史的尽头。这就为成吉思汗的成功提供了条件。这一系列客观条件的成熟，在成吉思汗政治上军事上成功的诸因素中具有决定性的意义。

此外，成吉思汗卓越的军事才能是他获取成功的重要因素，可从以下几方面略述：

治军思想甚为丰富。向军队灌输"忠汗"思想，这是其治军核心；教育与命令、奖赏与惩罚交互为用；量才用人；关心士卒疾苦。成吉思汗对自己的治军方法曾总结说：我"所以威权日增，如同新月，得天之保佑，地之敬从"，很大程度上是赖于将士的忠诚，用人量才和纪律的维持。如果继承我的人能守同一规则，将在五百年千年万年之中，亦获天佑，在位久而尽享地上之乐。

作战指挥艺术高超。选择作战对象先弱后强、先小后大、先近后远，每次打击一个主要敌人；征战时间选择敌衰我强之时，利用矛盾，恩威并用；作战手段灵活多变，取用于敌，以战养战；察敌情伪，不盲目用兵，主动进击，先发制人，先破面，后取点，迂回侧击，出奇制胜。"摆如海子""攻如凿穿""追如鸷鸟"，无往不胜。

总之，成吉思汗一生战功赫赫，为后所瞩目，至今，中外军事家、学者仍在研究总结成吉思汗的兵法，探寻其中的奥秘。

【名家评点】

一代天骄，成吉思汗，只识弯弓射大雕。

——毛泽东《沁园春·雪》

【历史印证】

成吉思汗的历史贡献之一，是由于他的努力，在历史上形成了一个新的民族共同体——蒙古族。在他之前的数百年间，蒙古高原上部落林立，互不统属，没有形成一个统一的民族。建立军事编制和领户分封制，编纂习惯法法典，建立行政管理体系，创立蒙古文字，确立宗教与政治的关系。对蒙古社会政治经济的发展起了促进作用。然而其连年征战给各国人民带来了深重灾难。然其对外扩张，在客观上颇有积极意义。成吉思汗西征之后，亚欧大陆正式沟通，东西方使节往来不断，极大地促进了东西方经济、文化的交流和发展。一方面是战争风暴，另一方面又是大同世界的开路先锋，推动了人类历史的发展。成吉思汗创造出了蒙古民族最显赫的历史，成为他们永远的精神财富。

中华传世藏书 中华枭雄大传 帝王后妃卷

明太祖朱元璋：旷世奇丐　厚黑天霸

【人物档案】

姓名：朱元璋

别名：朱兴宗、朱洪武、朱重八。

生卒：1328 年~1398 年

字号：字国瑞

属相：龙

在位时间：31 年

谥号：开天行道肇纪立极大圣
至神仁文义武俊德成功高皇帝

庙号：太祖

主要作品：《御制皇陵碑》《大
诰》《御制纪非录》《皇明祖训》《明
太祖宝训》。

主要成就：建立明朝，推翻元朝
统治，休养生息，开创洪武之治。

朱元璋像

陵寝：明孝陵（今江苏南京市玄武区紫金山南麓独龙阜玩珠峰下）

【枭雄本色】

　　朱元璋，安徽凤阳人。他从一个放牛娃、云游和尚、乞丐，最后成为大明王朝的
开国皇帝，他的一生，本身就是一部精彩纷呈的传奇故事。他是中国历史上将帝王
厚黑权谋玩得最为老到的封建君主。

　　朱元璋的创业过程是一个身先士卒，兢兢业业，纳贤用能，从谏如流的开国君
主典范。他用他的雄心，用他的真诚，网罗了天下贤才。徐达、汤和、常遇春一个个
旷世将才都为他效死用命，李善长、刘伯温、宋濂、朱升等一大批天下名士，都为他
呕心沥血，出谋划策。

　　朱元璋的守业手段，又是一个清洗功臣，滥杀无辜，利用皇权高压，制造恐怖政
治的暴君典型。为了朱家天下不变色，李善长、刘伯温、宋濂等这些中国历史上最
优秀的军师人物都成了他的刀下冤魂。就连他的"发小"兄弟开国第一勋将徐达
也不放过。朱元璋就是这样一个人：一个乞丐，一个开国君主，一个厚黑天霸。

【风云叱咤】

当牧童 做和尚 自古英雄多磨难

一代开国皇帝朱元璋,其出生在各代皇帝中最为贫寒,而他却开创大明王朝,一手缔造长达 278 年的明朝帝国,实属一个大奇迹,而他却能勤谨守业,在位 30年,是汉高祖刘邦之后,又一个达到文治武功大成的布衣皇帝。他不乏睿智又锐意进取,使其人生充满了传奇色彩。

公元一三二八年十月二十一日(元天历元年九月十八日),濠州(今安徽凤阳)钟离太平乡佃农朱五四家里诞生了一个小男孩,他就是后来元朝末年有名的农民起义领袖朱元璋,后又成为明朝的开国皇帝明太祖。

朱元璋的远祖是沛县(今属江苏)人,就是我国历史上第一个布衣皇帝汉高祖刘邦的故乡。后来他的先祖迁到句容(今属江苏)通德乡的朱家巷。元朝初年,朱元璋的父亲朱五四家境困难,多次搬家,先到灵璧(今属安徽)、又到虹县(今安徽泗县),再搬到钟离(治今安徽凤阳东北临淮关)的东乡。

随着年岁的增加,朱五四已经有了五个孩子,三男二女,生活当然更感困难。可朱五四的妻子陈氏又怀孕了。为了维持一家人的生活,快要临产的陈氏也不得不下地帮助丈夫干活。这天吃完午饭,收拾好碗筷,陈氏又往地里赶,可走在半道,腹中便一阵阵疼痛起来。她知道怀中的孩子又要出生,就调过头来,往家走。走到村东头,腹痛一阵比一阵厉害,实在支撑不住了,只好走进山岗旁的二郎庙里。刚进庙门,孩子就降生了,是个男孩。朱五四得到消息,才把母子接回家。朱五四将孩子取名朱重八。重八长大后才给自己正式起了名字叫兴宗,后来又改名元璋,字国瑞。

朱元璋出生不几天就得了病,不吃奶,肚子胀得鼓鼓的。虽然家穷,朱五四还是决心把孩子养大。他四处求医,总不见效,急得火烧火燎的。夜里做了一个梦,梦见抱着孩子到庙里请求神佛保佑,可是到庙里找不到和尚,只好又抱回来。走到自家院,看见一个和尚正在那里面壁。朱五四抱着孩子走上去,向和尚说明情况。和尚说:"不碍事,过了子时,孩子就会吃奶了。"孩子的哭声把朱五四从梦中唤醒。半夜后,孩子果然吃奶了,过了几天肚子也不胀了。

又有传说,朱元璋诞生那天晚上,他家屋上红光照天,里人都以为朱家失火了,赶来一看,却并无火灾。他出生后三天,朱五四按照习俗到河旁取水洗儿,忽然有红罗浮至,于是就取回给元璋做衣服。因此,他居住的地方后来被称为红罗障。这些当然是他登上皇位后别人所撰造的。

那时候,正是元朝后期。蒙古贵族依靠他们的政治特权,大量侵占土地,压迫和剥削人民。元朝皇帝经常把大量土地赏赐给他们。大臣伯颜仅在河南就有皇帝赐田五十万亩。蒙古贵族和官僚获得大片良田,就把它改作牧场,不种庄稼,专放牲口;或租给农民,收租剥削;甚至采取更残酷的办法,迫使人民做奴隶,为他们服劳役,交纳贡赋。

元朝皇帝又把大量土地赏赐寺院。元顺帝曾一次赏给一个寺院十六万两千多顷。单是看看这个数字,也很足以令人吃惊了。很多汉族大地主也占有大量土地,拼命剥削农民。有的大地主奴役二三千户佃农,每年收租米二三万石。广大农民很少土地,甚至没有土地。

元朝统治者为了巩固蒙古贵族的统治地位,实行民族分化政策,把全国各族人分为四等。地位最高的是蒙古人。第二等是色目人。第三等是汉人,包括原来居住北方的汉人和女真人等。地位最低下的是南人,就是原来南宋统治下的各族人民。这四等人中,蒙古人和色目人可享受各种特权,汉人却备受欺侮。汉人不能带领军队,高级行政官员也很少让汉人担任。汉人可以担任地方行政官员,但必须有一个蒙古人或色目人总揽一切。法律规定,只许蒙古人打汉人,不准汉人还手。汉人犯了罪,处罚也很重;蒙古人和色目人犯了罪,处罚却轻得多。

元朝统治者害怕汉人起来反抗,还经常下令没收汉人的武器和马匹,不准汉人学习武艺。

元朝统治者这些做法,完全是为了分化各族人民的团结,防止各族人民联合起来进行反抗,特别是防止汉人起来进行反抗。

朱元璋就出生在这样一个极端贫穷的家庭,这样一个充满苦难的时代,等待着他的是艰苦的生活历程。

朱元璋从孩童时起,就过着饥寒交迫的生活。他稍许有点懂事,就替人家看牛放羊,挣一口饭吃。早饭后,朱元璋把牛羊赶到水草丰盛地方,任牛羊自行觅食,自己就和小伙伴们一起玩耍。那些伙伴,包括比他大几岁的,都听他的使唤。传说,他们最常玩的是装皇帝的游戏。别看朱元璋穿得破破烂烂,光着脚,可他找一块破水车板顶在头上作天平冠,往土堆上一坐,装作皇帝,那些小伙伴排成一行行,毕恭毕敬,向他三跪九叩头,山呼万岁。玩过后,大家哈哈大笑,围成一团,格外高兴。但晚上赶牛羊回去就不那么痛快了。地主往往认为他的牛羊没有吃饱,而对朱元璋大加训斥。朱元璋真想把鞭子扔掉,不受他这份气,但为了挣碗饭吃,他只好忍着,把不受苦的日子寄托于未来。

朱元璋十七岁那年,淮河流域发生大旱灾,黄河中下游却发生大水灾,黄河在白茅堤和金堤(都在今山东曹县境)决口,吞没了山东、河南好几十个州县。洪水以后,又是大旱和瘟疫。江淮一带,人民大批死亡。朱元璋的父亲、母亲、大哥和二哥都先后得病死了,死后连棺材都没有。他的生活本来已经非常艰苦,这一来,孑然一身,更没有一个亲人可以依靠了。他左思右想,走投无路,就跑到附近的皇觉寺里出家做了和尚。

皇觉寺是靠收租米过日子的。当时,因为灾荒太重,佃户自己都吃不上饭,哪里还有米来缴租。皇觉寺收不到租米,庙里粮食又不多,也闹起饥荒来了。朱元璋出家还不到两个月,就被庙里的当家和尚撵了出来。当家和尚叫他做游方和尚,去向有钱人家化缘讨吃。

朱元璋只好离开皇觉寺,捧着瓦钵,到处沿门化缘。他先到合肥一带,又到河南东部和南部,后来又到了颍州(今安徽阜阳)地区。

朱元璋的化缘生涯,始于一三四四年(元至正四年)十二月,至一三四七年(元至正七年)底,历时三年。在这三年中,他遇到了很多白莲教徒。从他们那里,这个游方和尚不仅接触到了白莲教这个宗教组织,还了解了它的教义。他开始知道,要过好日子,必须起来进行反抗,推翻元朝的统治。但他是否参加白莲教,因为史籍缺乏记载,已经无法查考了。

朱元璋在化缘期间,除了接触白莲教这一宗教组织外,因为他跑遍安徽北部、河南东部和南部,因此对这些地方的山脉河流、物产风俗和人情世故,也都比较了解。

在这 3 年多时间,他广泛接触社会最下层的贫苦农民,更加了解到社会的黑暗,间接受到当时民间流传的白莲教的影响,广泛结交朋友,增长了江湖义气,丰富了社会知识,经受了磨炼,养成了勇敢坚强的性格,当然也铸就了他性格的另一面——猜忌、残忍。所有这一切,对朱元璋后来乃至一生都有重要的影响。

脱掉袈裟　投靠义军

朱元璋回到皇觉寺后,他已经决定不再过"做一天和尚撞一天钟"的日子,他要在将要到来的时代大潮中谋求自己的未来。朱元璋开始有意识地培养训练自己。童年时,他曾在村里蒙学学过认字,现在他迫切地感到知书识礼才能见高识远,才能使头脑清醒。他想尽办法多读书、多识字;同时下功夫结交有见识、有作为的好汉,互相激发。朦胧的雄心大志在他心里渐渐萌芽。一三五一年(元至正十一年)四月,元顺帝下令派十五万民工去治理黄河。本来已经受尽压榨的民工们,这时对元朝政府更加痛恨了。

老百姓怨声载道,白莲教领袖韩山童见时机成熟,决定利用开河的机会,来发动起义。他暗中派人凿了一个一只眼的石人,背上刻了"莫道石人一只眼,此物一出天下反"数字,把它预先埋在黄陵岗。黄陵岗在山东曹县西南六十里,黄河流经岗下,这个地方是民工挖治河道必经之处。韩山童又编了两句歌谣:"石人一只眼,挑动黄河天下反。"派教徒四出宣传,使这两句歌谣广泛传播开来。不久,民工果然在黄陵岗拉出了这个一只眼的石人,群众惊诧不已,都说歌谣灵验极了。此事一传十,十传百,很快传遍黄河两岸。人们议论纷纷,准备造反,整个中原地区都沸腾起来了。

这年五月,韩山童在颍州颍上县(今安徽阜阳、颍上)一带,召集三千教徒,在白鹿庄杀白马乌牛,祭告天地,筹划起义。他们宣称韩山童是宋徽宗第八代孙,当为中国主,韩山童手下的另一个重要首领刘福通是宋朝大将刘光世的后代,应该辅佐韩山童恢复宋朝天下。韩山童和大家约定日期起兵,并派人四处通知,以便同时发动。不料事情布置未密，就为元朝政府所发觉。元朝政府突然派军包围白鹿庄，韩山童被捕遇害，他的妻子杨氏带了儿子韩林儿逃到武安（今河北武安）山中。刘福通带领一些教徒，经过一番苦战，逃出重围。他整顿队伍，转过头来，一举攻下颍州城，并很快攻下河南南部好多地方。在黄陵岗一带的民工听说刘福通起义，也纷纷响应，参加起义军。不到十天，刘福通的起义军就发展到好几万人。因为这支起义军头裹红巾，所以称为红巾军或红军。又因为起义军大多信教，烧香拜佛，所以又称为香军。

元朝统治者听说红巾军声势浩大，急忙派军队前往镇压，结果元军先后为起义军所败，元军的大批武器都落到了起义军手中。

这时候，正在皇觉寺的朱元璋不断听到各地起事和元军失利的消息。这些消息对他不可能不发生影响。但皇觉寺暂时还能让他继续安身下去，因此，他决计等待观望，看一看形势的发展，然后再作计议。

可是，起义的烈火很快烧到了濠州。刘福通起义后，郭子兴和孙德崖以及姓俞、曹、潘的几个人秘密策划，准备起兵响应。在一三五二年（元至正十二年）的一天黑夜里，郭子兴和这四个人带领几千人一支队伍，冲进濠州城内，杀掉城中的元朝官吏，宣布起义。他们起义后接受刘福通的领导，郭子兴等五人都当上了元帅。

元朝有一支三千人的军队，驻扎在濠州城南，离城只有三十里。这支元军不敢攻城，只是不断地到附近村庄里捉一些年轻农民，包上红布，算是俘虏，送到上面去报功请赏。附近村庄里的农民被逼得无法安身，只好纷纷赶到城中，参加起义军。

这样的形势，使在皇觉寺为僧急于寻找出路的朱元璋处于左右为难的境地。明人记载中讲述朱元璋当时的情况说："出为元兵，恐红军至；欲入红军，畏元兵至，两难莫敢前。"这段记载是很符合当时朱元璋的心理状况的。

这时，突然发生了一件事情。他少年时代的伙伴汤和托人从濠州带来一封信，劝他参加起义军。原来汤和不但参加了郭子兴的队伍，还在他的部下当了一个小头目。这个少年时代的伙伴没有忘记朱元璋，所以写信来了。朱元璋看完信，不敢留在身边，立刻烧掉了，但还是下不了决心。

不料汤和送信一事给人知道了。有人偷偷告诉朱元璋，说有人要去向元军告发，要他早点打主意。朱元璋非常着急，连忙赶到附近村子里，找熟人周德兴商量。周德兴听了，大吃一惊，认为不如投奔红巾军，倒是一条生路，并劝他向菩萨占卜一下。朱元璋想来想去，也觉得只有这样做了。

朱元璋决计再回皇觉寺问卦。他回寺一看，更是大吃一惊，只见一座好端端的寺庙已经烧成一片瓦砾堆，只剩下一间伽蓝殿。原来郭子兴的队伍害怕皇觉寺屯驻元军，所以放火把它烧掉了。连安身之处也没有了，朱元璋没有办法再观望等待了。

多年来，朱元璋受尽苦难，早就非常痛恨元朝的残暴统治，再加上他化缘时又接触过白莲教，听过教徒的宣传，本来就同情起义军，这时他终于做出了抉择：立刻上濠州投奔红巾军。

一三五二年(元至正十二年)闰三月初一日,朱元璋投奔了红巾军,是年二十五岁。这个身强力壮的青年结束了他的和尚生涯,奔向新的前程。

朱元璋脱掉袈裟,换上红袄,成了红巾军的一名步卒。

"蛟龙一日终出头!"

朱元璋到郭子兴的军队,很快就成了队伍中的拔尖人物,可谓"蛟龙一日终出头"!

郭子兴每次出兵打仗,朱元璋都勇敢善战,擒斩超过他人,立下不少战功。这引起郭子兴的注意,遂把朱元璋调为亲兵,让他当了九夫长这个小头目。日子一长,郭子兴感到朱元璋有勇有谋,是个将才,对他更亲近,有事同他商量,命他带兵出去打仗没有不获胜的。郭子兴的队伍一天天壮大,对他也更加器重。

郭子兴有个义女,是他好朋友马三的小女儿。马三死后,郭子兴像对亲生女儿一样,把她交给妻子小张夫人扶养。他想收朱元璋为心腹,就有意把义女嫁给朱元璋。郭子兴同小张夫人商量。他说:"马公同我甚好,把女儿托付给我,我不能辜负他,当挑选一个好样地做女婿。可众人当中,我都不甚满意,只有朱元璋豁达大度,有智略,可将这个孩子许配给他。"小张夫人是个有见识的女人。她说:"我也有这个意思。现在天下大乱,你要举大事,就要收揽天下豪杰,共建功业。一旦朱元璋被他人收揽去,谁与你共成大事呢?"于是,郭子兴就同朱元璋谈了这个意思。朱元璋也知道他的义女知书达理,有一手好活计,就欣然答应。不久,两人成了亲。从此军中就称朱元璋为"朱公子"。有了身份,朱元璋才起了官名叫元璋,字国瑞。马氏能干,识大体,嫁给朱元璋以后,对他的事业曾有不少帮助,后被封为皇后。这个妻子就是后来的马皇后。

朱元璋从一三五二年四月投奔起义军起,在短短的一年多一点的时间里,就充分显示了他的才能。这时他虽然还只是起义军中一个小角色,但是头角却已初步露出来了。

深谋远虑　招兵买马

朱元璋与郭子兴驻守濠州期间就开始自己招募士兵将领了。当时他曾回到故乡招募兵士。不到10天时间,就招募了700人,其中有徐达、周德兴、郭兴、郭英、费聚、吴祯、丁德兴、孙兴祖等等。徐达生于至顺三年(1332年),比朱元璋小4岁。他是钟离永年乡的农家子,少有大志,与朱元璋一见面,两人谈话就十分投机,后来成了朱元璋最得力的大将。朱元璋把这700人带回濠州,郭子兴十分高兴,升他为镇抚,就让他带领所招募的700人。濠州缺粮,朱元璋能筹粮,缺人,朱元璋能募兵。这表现出他的才干不同于其他义军将领。

自从元军退走以后,彭大、赵均用都自称为王。彭大称鲁淮王,赵均用称永义王。郭子兴、孙德崖等五人仍为元帅。彭、赵的部下横暴不法,郭子兴力量单薄,朱元璋觉得跟这些人一道,并非长远之计。早在升任镇抚以前,他就已经看到这个问题。他在《纪梦》中说:"当时予虽在微卒,尝观帅首之作为,度之既久,甚非良谋。"于是在至正十四年初,把700人交给其他人,自己只带徐达、汤和等24人,离开濠州,南下定远,发展势力。

一三五三年(元至正十三年)夏天,朱元璋带了徐达、汤和等人,南下定远。他们沿路又招募了一批人马,很快赶到了定远张家堡。

为了增强力量,朱元璋除了收编军队,开始注意吸收各方面的人才。

定远人冯国用与弟冯国胜聚众保乡里,也率领自己的部队,前来投奔朱元璋。冯国用、国胜(后改名:胜)兄弟都喜欢读书,懂得兵法。朱元璋看他们的样子是读书人,问他们说:"你们是儒生吗?如今平定天下,计将安出?"冯国用回答说:"金陵(今南京市)龙盘虎踞,帝王之都。愿先取金陵,作为根据,然后派将四出,救老百姓于水火之中,提倡仁义,勿贪子女财物天下是不难平定的。"朱元璋听了,非常高兴,把他们留在军中为自己出谋划策。

一三五四年(至正十四年)七月,朱元璋决定继续扩大势力,率军向东南攻滁州(今安徽滁州市)。路上,定远人李善长前来求见。李善长是当地有名人物,从小就有志向,读书有智谋,治法家学问,善于料理事务。朱元璋同他一谈,二人相当投机。朱元璋就把他留作幕府,命他为掌书记。李善长表示感谢,遂攻打滁州。滁州元军力量单弱。朱元璋的前锋花云,单人独骑冲入敌阵,大部队继进,迅速占领滁州。

在朱元璋进攻滁州时,彭大、赵均用率主力攻下盱眙、泗州(在今江苏盱眙北)。不久,彭大死去。郭子兴过去是依靠彭大才在濠州呆下去的。彭大一死,他势单力孤,处处受排挤。赵均用想把他除掉,顾虑朱元璋有3万兵马,势力强大,不敢动手。朱元璋用钱贿赂赵均用的左右亲信,郭子兴才得以脱离濠州,率领手下1万多人来到滁州。

一三五四年(元至正十四年)九月,元朝政府命右丞相脱脱统率大军,前往高邮进攻张士诚起义军。张士诚幼名九四,是泰州自驹场人(今江苏大丰),有膂力,会武艺,以撑船贩盐为业。他贩盐到富豪家,常受欺侮,弓兵邱义也和他作对。士诚非常气愤,就在一三五三年春,与其弟士德、士信以及壮士李伯昇等十八人,杀死邱义和跟他作对的富豪,召集一批青年,占据泰州,起兵反元。一三五四年春,他攻破高邮,自称诚王,国号周,改元天祐。因为元朝政府几次招降,士诚都不肯投降,所以元朝政府派脱脱前来镇压了。

脱脱在高邮城外大败张士诚军,又分兵包围六合。六合在滁州以东,是滁州屏障。六合的起义军首领抵挡不住元军的进攻,派人到滁州求救。郭子兴和六合起义军首领不和,不肯发兵。朱元璋说:"六合滁州,唇齿相依。六合一破,滁州很难独存。难道可以为小的怨恨而放弃大事吗?"郭子兴明白了,同意派兵救援。

当时元军号称百万,诸将都不敢去,朱元璋便自己带兵前往。他和耿再成守瓦梁垒,为六合声援。元军猛烈攻垒,每战一结束,元军一退,朱元璋赶快派人抢筑城垒,第二天再战。这样反复好几次,双方打得都很激烈。但因元军力量强大,六合终于失守了。

朱元璋退守滁州,元军又向滁州大举进攻。朱元璋在一条涧旁埋设伏兵,令耿再成假装败退。当元军渡涧时,伏兵迎头痛击,大败元军,获得很多马匹。元璋因元军势盛,滁州孤城难守,便归还元军马匹,派父老送牛酒慰劳,并欺骗元军说:"我们守城,是为了防御其他盗寇。"元军信以为真,就离开滁州到别的地方去了。

脱脱带领大军,在高邮城外大败张士诚军。形势对张士诚非常不利。不料元朝政府内部有人诬告脱脱,元顺帝颁下诏书,说他"师老财费,已逾三月","虚费国家之钱粮,诳诱朝廷之名爵",削其兵权。诏书一宣布,百万元军顿时四散,有些人无处可去,就投奔红巾军。红巾军声势更大,张士诚也转危为安。脱脱交出兵权后,被鸩死于押解途中。

一三五五年(至正十五年)正月,滁州的郭子兴部队粮食缺乏,众将领商议部队去向问题。朱元璋感到郭子兴提出的想法不对头,多次规劝,他不听。一气之下,朱元璋病倒了。一天,众将又商议转移之事,郭子兴派人找朱元璋,朱元璋以身体有病不去。郭子兴派人三番五次叫他,他只好带病前去见郭子兴。郭子兴问他到哪儿去,朱元璋说:"困守孤城,实在不是办法。要转移只有和阳(今安徽和县)可取。和阳城虽小,却很坚固,可以计取,难以力胜。"郭子兴问:"怎么个计取法?"朱元璋说:"以3000兵,穿上青衣,打扮成'义军'(地主武装)的样子,赶上4只骆驼,带上犒赏的东西,声称庐州(今安徽合肥)使者前来犒赏和州兵。到时和州必然接纳。再派1万军队在后面,与前边的伪装部队相距10里。待前边的部队进城,举火为号,后边的部队遂即攻城,里应外合,定能夺取和州。"郭子兴说:"好吧,就按照你的计谋办。"遂命张天佑、汤和带领伪装的部队,赵继祖为使者,前行。耿再成带领1万军队,跟在后面。

正月二十一日,张天佑、汤和等率兵至徒阳关(在今安徽和县西北)。和阳人听说庐州义兵到,地方父老准备了牛酒,迎接张天佑。时值中午,张天佑率领部队吃饭,走上了岔道,耽误了与耿再成约定的时间。耿再成率兵接近和州,还不见城中起火,认为张天佑一定已经进了和州,就率兵直抵城下。这时城中人才知道滁州兵来攻城。元平章也先帖木儿急忙关闭城门,派兵从飞桥下城出战。耿再成战不利,中箭而走,整个军队溃败下来。元军追击30里,到千秋坝(在今和县西南)天色已晚,收兵回城。这时张天佑率兵才到,正好和元兵相遇。张天佑发起猛烈攻击。元军突然遭到袭击,急忙后撤。张天佑等则猛追,到和州的小西门,城上元军慌忙抽桥,张大佑夺桥登城。汤和用刀砍断桥的绳索,城下的元军无法登城,城上的元军少,衣服又和张天佑兵相同,混杂难辨。城北门原来用的是木栅门,元军在城外的进不来,就烧毁木栅门准备进城。张天佑令军队用石头堵住,于是占领和州。也先帖木儿仓促无措,乘夜逃跑。

耿再成军队失败,士兵跑回滁州,报告郭子兴说,张天佑等都被敌人消灭了。

郭子兴大惊，埋怨朱元璋失策。不一会，有的士兵又报告，说元兵的使者来招降。郭子兴更加恐惧，忙叫朱元璋来商量对策。当时城中士兵都已出征和州，守备单弱，朱元璋遂令三门守兵都集中南门，以示兵众，堵塞街道，然后让元使进来。郭子兴接见使者，心神不定，语言失措。众将想杀掉使者，朱元璋对郭子兴说："不可。我兵大部出征，城防单弱，若杀使者，敌以为我害怕，杀他灭口，就会很快来进攻。不如放他回去，用我兵强大诳骗他，敌人必然有所畏惧而不来进攻。"郭子兴听从朱元璋的计谋，第二天元兵果然退去。

郭子兴不知道张天佑已经夺取和州，令朱元璋带 2000 人去和州，收集败兵并设法夺取和州。中途，耿再成的兵听说朱元璋来了，相继投奔，合在一起，朱元璋有了 3000 多人。朱元璋带领这支队伍过徒阳关后，让大家休息，并命令天黑后每人点起 10 支火把，以迷惑敌人。朱元璋则带领镇抚徐达、参谋李善长及骁勇数十人，直向和州。

夜幕降临，朱元璋等到达和州。这时才知张天佑等已占据和州。朱元璋让人叫出张天佑，摘下头盔，周围燃起火把，张天佑认出是朱元璋，遂进入城中。这之前，张天佑怕守不住和州，打算劫掠城中的财物和人口，退回滁州。朱元璋一到人心始定，准备守城事宜。元军果然来攻城。朱元璋开门迎击，打得元军落荒逃窜。

元朝统治者不甘心和州失守，又派了十万大军前来进攻。朱元璋坚守三月，最后率军击败元军。元军离开和州，渡江走了。

这时，孙德崖也因缺乏粮食，带领自己的部队到了和州。郭子兴听说自己的对头孙德崖去和州，非常愤怒，也带领部队赶到和州。孙德崖听到郭子兴到，就要转移到其他地方去。孙德崖要军队先走，自己殿后。元璋送孙德崖的军队出城，走了三十里，忽然城中有人赶来报告说，孙德崖已被郭子兴拘捕。朱元璋想赶回去，但已无法脱身。孙德崖的兄弟想杀死朱元璋，一个姓张的人拼命劝阻，朱元璋才没有被杀。郭子兴听说朱元璋被捉去，只得和孙军走马换将。朱元璋回来后，郭子兴放回孙德崖。为了这件事，郭子兴非常恼火。不久，他就生病死了。

当时，刘福通领导的红巾军已经在河南一带站稳了脚跟。一三五五年（元至正十五年），刘福通迎韩林儿至亳州，立为皇帝。因为白莲教宣传"明王出世"的说法，韩山童、韩林儿父子又自称为大、小明王出世，所以韩林儿称帝后即称小明王。他建都亳州，国号宋，改元龙凤。这是一个和元朝相对立的新政权。

韩林儿称帝后，派人到和州，命郭子兴子郭天叙为都元帅，子兴妻弟张天祐为右副元帅，朱元璋为左副元帅。朱元璋起初不肯接受韩林儿的封号，反对说："大丈夫宁能受制于人耶！"但他看到北方红巾军势力很大，可以依靠，又同意接受封号，并采用龙凤纪年，不过遇事并不禀告，更不受韩林儿的节制。

朱元璋表示不愿"受制于人"，说明了他当时已决心走独立发展的道路，进而与元末群雄争夺天下，冯国用、李善长等人早就告诉过他平定天下的办法。他听后大为满意，这种平定天下的思想日渐滋长，自然不肯接受红巾军的节制了。

朱元璋在滁州、和州一带已有相当影响，因此投奔他的人相当多。他担任左副元帅前后，虹县人胡大海、邓愈赶来投奔。邓愈十六岁就跟从父兄起兵，父兄战死，他带领部队，每次作战必挺身破敌，军中服其勇。怀远人常遇春，为人刚毅，且有智勇，膂力绝人，本来是强盗刘聚的部下。他看到刘聚只知抢掠，并无远图，于是就离开刘聚，也来投奔朱元璋。这些人都是冲锋陷阵的勇将。朱元璋将领一多，实力当然更大了。

攻占集庆　立足江南

朱元璋虽然在和州帅府中手掌实权，但他并不就此心满意足，而且那里逐年闹起粮荒来。于是朱元璋决定南下渡江，向南扩展范围，来壮大自己的实力。长江江面很宽，自古号称天险，而和州又缺乏船只，他们反复商议，想不出办法来。

那时候，巢湖有一支起义军，其中两个首领，一个叫李国胜，又称李扒头，一个叫赵普胜，又称双刀赵。这两个人都是彭莹玉的徒弟，早在一三五二年（元至正十二年）就举行起义，联合巢湖一带的起义头领廖永安、俞通海等人，反抗元军。后来，他们在巢湖建立水寨，有一千多艘大小船只，一万多水军。他们和庐州（今安徽合肥市）起义军首领左君弼有矛盾，吃了几次败仗，因此派人前来找朱元璋，愿意和他合伙。朱元璋正愁没有船只，忽见有人上门合伙，高兴极了。一三五五年（元至正十五年）夏天，他亲自赶到巢湖洽谈，获得了这支水军。

巢湖水军到达和州后，朱元璋和大家商议进军计划。诸将请直趋集庆（今江苏南京市）。朱元璋说："攻取集庆，一定要先取采石。采石重镇，防守必很坚固。牛渚矶前临长江，难于防御，攻之必克。"计划就这样决定下来。

这年七月十日，朱元璋带领大军，扬帆渡江，顷刻直达牛渚。他们很快击败元军，占领牛渚。采石元军听说牛渚失守，也都溃逃。朱元璋乘胜攻取了采石。采石附近营垒中的元军，不敢抵抗，一齐归附朱元璋。

八月初七，朱元璋等商议攻打集庆。

九月十六日，朱元璋命元帅张天佑攻集庆。十七日，张天佑率兵到达方山，攻破元左答纳识里营。这时陈埜先公开叛变，与元福寿合兵攻张天佑军。双方在秦淮水（今江苏江宁境内的一条河流）展开激战。张天佑失利被杀，郭天叙也被杀。九月二十七日，陈埜先追击朱军到溧阳（今属江苏），经过葛仙乡，被当地的民兵百户卢德茂杀死。他的部队由他的侄子陈兆先统领。陈埜先之死，对朱元璋来讲，除掉夺取集庆的一大障碍。

但另一障碍蛮子海牙并没有被除掉，而且蛮子海牙又率舟师控扼采石江。一三五六年（至正十六年）二月，朱元璋决定搬掉这块绊脚石。二十五日，他率领常遇春等水军进攻蛮子海牙。他令常遇春率部分兵力出疑兵以分散蛮子海牙的兵力，然后以大军进行正面进攻。开战后，以勇敢著称的常遇春驾驶着战舰冲向敌舰队的中部，把敌人拦腰斩断。朱元璋则令部队左右攻击。从早晨一直战到中午，蛮子海牙大败，逃往集庆。朱元璋俘敌以万计，并缴获大量战船。这一战，使元军失去长江上的优势，为朱元璋打集庆扫除一大障碍。

在此之前，朱元璋在陆上命徐达先后攻取溧水、溧阳、句容、芜湖（今均属江苏）等地，孤立了集庆。

夺取集庆的时机成熟了。至正十六年三月初一，朱元璋亲自率兵水陆齐发，攻打集庆。初三，朱军至江宁镇（在今江宁西偏南，靠近长江），进攻陈兆先营，活捉陈兆先，降其众3.6万人。朱元璋善抚降兵，挑选500人直接统领。降兵们表示："既不杀我们，又以心腹对待我们，怎能不尽力报答呢！"初十，朱元璋进攻集庆，士兵个个奋勇争先，集庆元兵吓得魂飞胆丧，完全丧失战斗力。行台御史大夫福寿督兵出战，被打得大败，只好退回城内，闭门据守，但哪里抗得住朱元璋军队的进攻？朱军进抵城下，士兵蜂拥以云梯登城，迅速击败守城元军。福寿还在顽抗，督兵迎战，后战败被杀。元平章阿鲁灰、参政伯家奴及集庆路达鲁花赤达尼达思等皆战死；御史王稷、元帅李宁等300多人被俘；蛮子海牙投奔张士诚；水军元帅康茂才、苗军元帅寻朝佐、许成、刘哈剌不花、海军元帅叶撒及阿鲁灰部将完都等各率所部投降。朱元璋占领集庆，获军民50万。

朱元璋进入集庆，召集官吏、父老人等，对他们说："元朝政治昏暗，兵戈四起，生灵涂炭。你们在这危城之中，日夜担惊受怕，不能自保。我今天率兵到此，是为你们除乱的。你们应该各安职业，不要害怕。有贤能的人愿意跟随我建功立业的，我将录用。做官的不要贪暴，残害百姓。旧政有不便的，我为你们除掉。"城中军民听到这番话，皆大欢喜，相互庆慰。

第二天，改集庆路为应天府，设置天兴、建康翼统军大元帅府，以廖永安为统军元帅，以赵忠为兴国翼元帅，戍守太平。

集庆的获得不仅使朱元璋扩大了地盘，增加了军力，更重要的是使他迈出了以金陵为基地，夺取天下的重要一步。

从此，他有条件和长江中下游的其他割据群雄并驾齐驱，较量胜负了。

广纳人才　刘伯温出山

朱元璋在扩大根据地的同时，又设法发展农业生产，大力搜罗人才，来增强自己的力量。

朱元璋出身农家，深知农村的情况。他成为领导一支大军的主帅以后，更深知粮草对军队的作用。当时，烽火连年，堤防颓坏，农民无法安心生产。针对这一情况，一三五八年（元至正十八年）春天，朱元璋特地设立营田司，专掌水利。朱元璋又命将士屯田垦荒，充实军粮，以减轻农民负担。后来朱元璋在南征北战中没有发生粮食匮乏问题，这和他重视农业生产是分不开的。

朱元璋自从得到冯国用、李善长等人作为谋士后，对有才能的人物也越发重视了。一三五七年（元至正十七年），朱元璋的军队攻克徽州，邓愈推荐朱升，朱元璋亲自前往拜访。朱升，字允升，休宁人，曾为元朝池州学正，后归隐歙县石门。他自幼力学,至老不倦,尤精经学,是一位很有学问的理学家。朱元璋向他问计时,他提出了三句话:"高筑墙,广积粮,缓称王。"这三句话的意思是:要有巩固的根据地,要积储足够的粮食,还要缩小目标,不急于称王。这三句话讲得很有道理,对朱元璋后来的事业具有很大的影响。这次访问以后,朱升就被聘请到军中,成了朱元璋的心腹谋士。一三五八年(元至正七八年)冬,朱元璋攻取婺州。他问朱升:"处州很近,能攻打吗?"朱升回答说:"处州有刘基、叶琛、章溢,皆王佐才,难致麾下,必取处州然后可得。"

刘基,字伯温,浙江青田人,自幼聪明过人,博通经史,懂得天文、兵法,并且很有谋略。当时有人评论长江东南一带人物,"首称基,以为诸葛孔明俦也"。

刘基出身于名门望族。他的曾祖父刘濠很有学问,也很有谋略,曾在宋朝做过翰林掌书。宋灭亡以后,青田县很多人组织反元起义,遭到失败,元朝廷派人携带名册去查抄起义人员,中途在刘濠家住宿。刘濠故意殷勤相待,灌醉使者,放火烧了房子,名册全部毁掉,使很多起义者免于灭门之难。

刘基在这样的家庭里长大,自然受到良好的熏陶。他从小就好学敏求,博览群书,而且对古人论及天文、地理、用兵打仗的书籍总是爱不释手。精心地研读使刘基受益匪浅,而广泛的涉猎不仅开阔了他的胸襟,更促成了他有朝一日大展宏图的志向。

刘基14岁的时候,已经是一个很有才华的少年。他父亲为他请了几位老师,都因为自己觉得无力教授刘基而辞职。最后江南饱学名儒郑复初应聘,也深感刘基非同寻常。一次,郑复初与学生们探讨孔子如何周游列国,宣传道化,刘基突然说:"孔子虽然品德高尚,但是身为鲁国人,国败而难保,饱学而无用,岂不是一介没有作为的书生?大丈夫不应如此!"郑复初大惊失色,对刘基的父亲说:"这可不是一个一般的孩子,以后一定会成为国家的栋梁!"

果然,公元一三三三年(元至顺四年),年仅23岁的刘基以其卓越的文才进士及第,衣锦还乡,做了高安县丞。

少年得志的刘基,颇想为元朝尽忠,做一番轰轰烈烈的事业。当时正处于元朝末期,官场腐败,吏汉贪乱,整个社会统治已是大厦将倾。但刘基并没有感到独木难支。他一方面以身作则,为政清正,一方面与那些贪官污吏做斗争。可是刘基碰了个灰鼻子灰脸,上任不久被人排斥回家。后出任浙江行省都事,因反对招抚方国珍被革职,便回乡组织地主武装,镇压当地起义军。叶琛,字景渊,浙江丽水人,曾跟从元将镇压农民起义,官至行省元帅。章溢,字三益,浙江龙泉人,当时也组织地主武装,帮助元军,与起义军为敌。朱元璋自然想请刘基出山辅传自己,便去请刘基。

刘基起初不肯,孙炎写了一封几千字的长信,反复开导,刘基方才答应。第二年四月,刘基、叶琛、章溢三人应召到应天府。还有一个宋濂,朱元璋在婺州时就已召见。宋濂,字景濂,浙江金华人。他文章写得很好,曾经被推荐为元朝的翰林院编修。他以年老辞谢不去,入龙门山著书。这时,宋濂也和刘基等人一道应召到应天。朱元璋设立礼贤馆，安置这四个人。朱元璋问他们说："我为天下屈四先生，今天下纷纷，何时定乎？"章溢回答说："天道无常，惟德是辅，惟不嗜杀人者能一之耳。"朱元璋听了，很是满意。一天，朱元璋又从容问陶安说："刘基四人之才何如？"陶安回答说："臣谋略不及刘基，学问不及宋濂，治民之才不及章溢、叶琛。"朱元璋听了，称赞陶安知人能让。他命宋濂为江西等处儒学提举司提举，并叫自己的儿子朱标跟他学习经书；命章溢、叶琛为营田司金事；把刘基留在身旁，参与机密谋略。

消灭陈友谅　平定张士诚

　　当刘福通领导的红巾军分兵四出、横截中原之际，元军主力无法南顾，处于长江中下游的各路起义军都趁机扩大自己的地盘。那里逐渐形成了三股强大的势力：朱元璋据有应天府及其附近重要城市，并占据滁州、浙东等地；张士诚据有平江一带，并占据浙西等地；陈友谅据有湖广和江西大片土地。从这三个人的位置来看，陈友谅在朱元璋的上游，张士诚在朱元璋的下游，朱元璋夹在他们中间，处境相当不利。为了争夺地盘，朱元璋首先和陈友谅之间发生了战争。

　　陈友谅，沔阳人，世代打鱼为生。曾做过县中小吏，和上司不和，投奔了红巾军，积功升为元帅。彭莹玉战死杭州，徐寿辉迁都汉阳，天完王朝为丞相倪文俊控制。徐倪不和，倪文俊领兵脱离徐寿辉，逃到黄州陈友谅的地盘。陈友谅使计杀了倪文俊，夺了他的军队，又挟持了徐寿辉。一三六零年五月，陈友谅攻占太平，朱元璋守将花荣战死。不久，陈友谅弑杀徐寿辉，在采石称帝，国号汉，控制赣、湖广各地。

　　陈友谅称帝后，即联络张士诚，两线夹击，攻取应天。汉军声势浩大，水陆并进。朱元璋采取了掌握敌机，诱敌深入的策略，使和陈友谅为老相识的康茂才诈降，提供情报，约定内外夹击。陈友谅信以为真，分兵三路，进取江东桥。朱元璋一面在江东桥设置重兵埋伏，一面派胡大海绕道取广信，断其后路。陈友谅主力来袭后，朱元璋伏兵尽出，陈友谅被杀了个措手不及，主力尽歼。水军也因潮落水浅，退逃不得，尽都降了。朱元璋趁势鼓勇而进，一路取了安庆、信州、袁州，收复太平。张士诚见陈友谅兵败，收兵不发。这一次大战，削弱了陈友谅的实力，增强了朱军的士气，朱元璋和陈友谅实力相抗衡，可以一决雌雄了。

　　一三六一年正月，小明王封朱元璋为吴国公。

　　陈友谅引兵退据鄱阳湖，欲与朱元璋决一死战。汉兵联舟江上，遮断长江十几里，拥有六十万之众；朱元璋水军多为小船，人马二十万，军力上逊于陈。然而天时不如地利，地利不如人和，朱军千里来援，士气高涨，陈军在洪都战役中没有进展，拖困过久，士气萎靡；朱元璋善于用人，将士一心，陈友谅躁怒多疑，内部多有猜惧。另外小船虽不如巨舰有威力，但进退灵活，而汉军战舰铁索相连，移动不便，失去了先机。

战役打响前，朱元璋派兵锁住鄱阳湖通往长江的出口，关门打狗。又切断陈友谅的后方粮道，断其给养。朱军上下怀着必胜的信心，展开了这一场恶战。朱军船为白色，汉军船为红色，战役一开始就进入白热化阶段。战役打得很艰苦，双方将士都很顽强，鄱阳湖里一片血光。朱元璋亲临战场，在炮火中指挥。座舰被毁，还差点被俘，统帅的作为，更激励了将士奋战。一直打了三十多天，还没有分个胜败，这时陈军补给供应不上，军队绝粮了。陈友谅与各将协商，众将意见相左。陈友谅决定烧船登陆，南下湖南。他的左、右金吾将军，看前景渺茫，分别投降了朱军。陈军军力大衰，陈友谅决定率船冲出鄱阳湖，激战中中箭身亡，部将携太子陈理逃回武昌。这场战役，进行了三十六天，朱军死伤近半，而陈系汉军则在这一役中灰飞烟灭，剩余残部逐渐被朱元璋消灭。朱元璋自此控制了汉江流域，成为东南实力最强的军事集团。

一三六四年，朱元璋在应天自立吴王，建中书省，设百官，以李善长为右相国，徐达为左相国，仍沿用小明王"龙凤年号"。

朱元璋的下一步便是针对张士诚了。平定江南，然后北图中原，以成王业。早在1363年，宁海人叶兑便给朱元璋分析了天下大势，提出了具体的战略步骤，叶兑的建议，很大部分成为朱元璋平定南方的重要思路。

张士诚，江苏泰州人，原是私盐贩子，一三五三年起义，占据泰州、高邮等地，一三五四年，自立为王，国号大周。一三五六年，建都平江。张士诚为人宽厚，礼贤下士，建都平江后设立弘文馆，招募了一批文人儒士，这些人尽心为他谋划治国。但他缺乏雄谋远略，又无治人之能，本人贪图享乐，臣僚们也放任贪娱，统治集团内部松散不振，没有战斗力。

张士诚的势力范围是全国最富庶的区域，元人不肯放弃这个重要的粮米之乡，对他多次招降，而张士诚则反复不定，与元朝的关系很复杂。他既利用与元政府建立关系来对抗朱元璋，又不甘心受元人控制。一三六三年，张士诚拘禁江浙右丞相达识帖木儿，自立吴王，史称东吴，以别于朱元璋的西吴，后达识帖木儿自杀。

一三五六年，朱元璋制定了消平东吴的军事部署，分三步进行，第一步：从一三六五年开始，主要攻取东吴北境淮水流域，半年内肃清江北，限制东吴于长江之南。第二步，自一三六六年八月，兵分两路，进取湖、杭，十一月，收降湖、杭两地。第三步，在北西南三面已为朱军所控的形势下，围攻平江，平江军民拼死顽抗十个多月，一三六七年九月城破，张士诚被俘赐死。

一三六六年，朱元璋曾发布了讨张檄文，文中第一次公然指斥红巾军起义，将自己与义军划清界限，开始为自己建立封建正统王朝做舆论准备。

檄文叙述了朱元璋成功立业的经历，文中有六层意思：一、元朝失政，气数已尽；二、起义军妖惑百姓，实为叛逆；三、为地主官吏组织的民兵、义兵正名；四、为自己起兵立名——吊民伐罪，承天治世；五、声讨张士诚叛元的逆行；六、对征服的臣民，顺我者昌，逆我者亡，以严法制之。

朱元璋建立新的皇朝，已是指日可待的事了。

南征北伐　一统江山

　　一三六六年十二月,朱元璋派大将廖永忠迎小明王于滁州,船行中流,廖密遣人将之凿沉,小明王死。朱元璋销毁一切记载龙凤王朝的史料。一三六七年,朱元璋改元为吴元年。

　　灭陈平张以后,朱元璋的势力扩大到两湖、江浙、赣皖和河南东南部,控制了全国经济条件最好、人口最稠密、文化最兴盛的地区。一三六七年,朱元璋制定了南征北伐大计,南北两路同时进军。

　　当时,南方独立的军事势力还有:浙江的方国珍、福建的陈友定、四川的明玉珍,以及被元政府控制的两广、云南。依据叶兑当年的建议,朱元璋南征的策略是先降方国珍,再取福建,然后下两广;云南路途遥远,四川闭国自守,可从容徐图。

　　从一三六七年九月开始,朱元璋命汤和、朱亮祖、吴祯等将几路进击浙江的方国珍。三个月后,方国珍被迫投降。继而汤和、李文忠等率军于1368年二月初消灭了福建的陈友定。随后杨璟进军广西,廖永忠进军广东,至同年6月两广彻底平定。这样整个南征的战略目标实现了。

　　一三六七年十月,朱元璋下达了北伐的命令,出师前,宋濂代拟了《讨元檄文》。檄文在北方汉人中激起了广泛的响应,檄文中提出的恢复汉人统治地位、礼义治国、驱暴安民顺应了当时的民心。另外,对异族,提出都是同生于天地之间的人,当同样对待,这是进步的观念。

　　出师前,朱元璋再次严申军纪:勿妄杀人、勿夺民财、勿毁民居、勿废农具、勿杀耕牛、勿掠人子女。

　　一三六七年十月二十一日,朱元璋在应天祭告天地,发师北伐。

　　北伐军的主帅是徐达,常遇春为副将,北伐军完全按朱元璋的计划进军。

　　十月二十一日,徐达、常遇春等率领军队,按照朱元璋的指示,向山东进发。徐达进入山东,首先夺取沂州(今山东临沂),接着又相继攻克益教、济南。

　　在徐达攻山东取得决定性胜利的情况下,朱元璋于至正二十八年正月初四在应天即皇帝位,定国号大明,建元洪武,以当年为洪武元年,设立全国性的政权机构,以中书省管理全国政务,以大都督府管理全国军事,以御史台为监察机构。朱元璋登基给前方将士以很大鼓舞。

　　夺取山东后,徐、常率军分兵两路进取河南,邓愈从南进军,徐达、常遇春由东挺进,两军包围汴梁,一三六八年(洪武元年)四月,汴梁不战而降。接着进击洛阳,在洛阳击败扩廓帖木儿。洛阳既降,河南已平。五月十三日,另有一军由冯胜率领,攻克潼关,李思齐、张良弼败走。至此,大都已完全失去凭仗,成了一座孤城。

　　一三六八年(洪武元年)八月,徐、常大军越过黄河,沿运河水陆并进。元顺帝在明军到达之前,仓皇逃奔上都。九月二十日,徐达率军顺利进入大都。朱元璋改大都为北平。

稍事休整后，徐达、常遇春领军西进，至一三六九年（洪武元年）年秋，占领了晋陕两地。其后，在关陇一带降了李思齐、杀了张良弼，关陇尽为所有。而与元军主力皇家嫡系军和扩廓帖木儿一军则数次相战，互有胜负。后元军主力退居外蒙，长期成为明王国北疆的威胁，几十年后的土木堡之役，几乎毁了明朝的基业。元顺帝一三七零年死于北漠，太子爱猷识里达腊继位，元朝皇系又在外蒙维持多年。至此，中国基本统一，华夏易主。

在一三六七年，改元吴元年的时候，朱元璋已为下一步称帝全国做了准备。在应天，他修建了天坛、地坛；为四代祖先兴建了太庙；重订了历法《大统历》。另外为专门培养国家管理人才，设立了国子监、翰林院，并开始文武科取。

一三六八年正月初四，朱元璋祭告了天地，正式登基。新朝国号大明，建元洪武。朱元璋在奉天殿接受了百官朝贺，册封马氏为皇后，立世子标为皇太子；封赏百官，立李善长、徐达为左右丞相。新朝诏书采用"奉天承运"为题头。

功臣诛尽　江山永固

明朝初年，统治集团基本为淮西势力控制。淮西集团多为朱元璋的乡里故旧，这批人跟随朱元璋南征北战，为明王朝的建立立下了汗马功劳。淮西集团的中心人物是左相国李善长，继承其位的是胡惟庸。

从赤贫一下摇身变得有权有势，人很难将原有的价值观保留并和变化了的环境适应协调。这些发达显赫的人，在生活中奢靡淫乐，贪婪横暴，欺压百姓，鱼肉地方；政治上独断专行，排挤他人，欺上瞒下，贪赃枉法。当时的另一政治集团浙东集团对淮西人的所作所为很是不满。浙东集团以刘基为首，多是精于宋儒理学的士人。淮西集团和浙东集团的对立，为朱元璋利用彼此互相牵制，从中掌握实权提供了条件。然而，淮西集团的势力还是出乎想象地难以控制。

一三七九年末，占城国派使来朝朝贡，胡惟庸将此事隐瞒不报。朱元璋发现真情后大为震怒，将胡惟庸的左右膀汪广洋处死，同时惩处了中书省中有关的一批官吏。这已暗示了清理胡党的先声。朱元璋早已对胡惟庸与罪臣陆仲亨、费聚关系密切不满，另外胡党势力在军队中也渗透颇深。一三八零年，利用中书涂节状告胡惟庸勾结蒙古、日本，试图弑君叛乱，处死了胡惟庸，并进行了整个官僚机构的大清洗。清洗扩大到全国，连坐族杀，从中央到地方，各级机构中大量官员被处死，其中包括李善长。

李善长对朱元璋当上皇帝起着至关重要的作用。前文曾提过，李善长是朱元璋的淮西老乡，他比朱元璋大了十几岁，在朱元璋还寄人篱下的时候，他便看出这个年轻的将领气度非凡，是汉高祖刘邦一类的人物，毅然投奔其麾下，在早期那松松散散、军纪不严的义军队伍中，他协调诸将、整顿军纪，为增强义军的团结，提高其战斗力，做了许多卓有成效的工作，但他更大的贡献还是在筹饷、理财、供应等后勤工作方面。在那些战乱频繁、饥荒连年的时代，他以其杰出的理财能力、管理能力和组织能力，将粮饷和兵员源源不断地输送到前方，使部队总是保持着充沛的战斗力，对朱元璋的胜利取得了决定性的作用。而当大局已定，又是他带头劝进，请求朱元璋及时称帝，并主持了登基大典。

朱元璋在册封功臣时，李善长名列第一，封为银青荣禄大夫、上柱国、录军国重事、中书左丞相、宣国公，成为开国的第一位丞相。后来，又将自己的大女儿临安公主下嫁给善长的儿子李棋，这是朱元璋的第一个女婿。二人在君臣关系之外，又成了一对亲家翁。

几乎就在这同时，朱元璋已对李善长戒备起来，原因很简单，善长的种种能力、本事，在打天下时固然可以为我所用，而在自己坐天下以后，却可能是一种威胁，因此，在当上皇帝后的第三年，利用李善长受党祸牵连他便毫不顾情面地将善长从丞相的位置上拉了下来，赶回了凤阳，从此再也没有给他任何实权。可是，李善长老而不死，这不能不使朱元璋忧虑，于是，在胡惟庸一案已经过去十年以后，却以李善长是胡惟庸一党的罪名，将这个已经七十七岁的老战友逮捕入狱，同时被株连的还有妻女弟侄七十余人。临刑的那一天，李善长手捧皇帝在开国之初赐给他的免死铁券悲愤地高呼："免死！免死！谋逆，谋逆！欲加之罪，何患无辞！"

一三八八年，朱元璋命令编撰了《昭示奸党录》，公布胡党罪状。淮西集团的政治势力从此大为削弱。

一三九三年，又发生了兰玉党案，早在吴王时期，就发生过邵荣谋反，谢再兴投敌的事件，对这桩旧案，明末史家谈迁道："渡江勋旧，俱鱼服之侣，臣主未定，等夷相似，见兵柄独握，未免为所欲为耳。"建明后，虽然君臣名分早定，朱元璋又分设兵部、都督府，并委派封王执掌重兵，然而对执掌军权、拥有嫡系、威信早立的大将仍然深以为忌。

兰玉案起于锦衣卫蒋谳的揭举，蒋谳指控兰玉密谋兵变，并列举了其他罪状：滥用职权，非法惩处官兵，私自蓄奴，对皇帝心怀不满等。兰玉被判肢解，株连人员达到一万五千人。几乎所有执掌军权的功臣战将都受到了清洗，被解除兵权。其中有朱元璋少年同伴徐达。

徐达，被视为朱元璋的韩信。就军事指挥才能，就战功，他与韩信完全可以相提并论，但就与帝王的关系而言，韩信可就不能望其项背了。

他不像韩信中途入伙，他是朱元璋同乡邻居、童年伙伴，小时候一块放牛、做游戏，与朱元璋同时投身义军，真可谓情同手足，异姓兄弟。关于他的战功，实在难以一一备述，他几乎参加了朱元璋义军所有重大战役，从江南打到漠北，元朝的末代皇帝是被他逼逃的，元朝的首都北京是被他收复的，元军的主力是被他最后消灭的，绵亘在祖国大地上的万里长城，是在他的督建之下，才变得像今天所见到的那样坚固和宏伟的。

他不但战功卓绝，而且品德高尚，平时，他与士卒同甘共苦，打起仗来，冲锋在前，他不贪财，不贪色，沉稳大度，少言寡语，一心一意指挥打仗，对军中朝中大事，从来也不说长道短，更不参与大臣之间的派系之争。朱元璋对他十分赞赏，说："受命而出，成功而旋，不矜不伐，妇女无所爱，财宝无所取，中正无疵，昭明乎日月，大将军一人而已。"

像这样的大功臣，想找一个杀害的借口都不好找，但朱元璋依然不放过他，公元1385年，一辈子鞍马劳顿的徐达背上长了脓疮，这也是由于他常年衣不解甲，皮肤磨破，汗水浸渍所致，只要敷药调养，并不难好。可当朱元璋得知这个消息以后，却命令正驻防北京的徐达立刻回南京就医。试想千里迢迢，舟船车马，风餐露宿，对一个有病在身的人有什么好处呢？可是，徐达不能不遵旨，待回到南京后，病更加重了。

据说得了这种背疮的人，最怕吃蒸鹅，一吃蒸鹅必死。可朱元璋偏偏赐给徐达一只蒸鹅，并命他立刻吃下。徐达知道，这是皇帝对自己在下毒手，可他不能不吃，否则会给家人带来更大的灾难。于是他含泪谢恩，食鹅而死。

朱元璋就以这样卑劣的手段，杀害了他的童年伙伴，开国功臣。只有汤和极早交回兵权，得以幸免，安享晚年。兰玉党案发后，又编纂了《逆臣录》。军队也彻底地大换血。朱元璋清除了军政两界的绊脚石。

胡兰党案共清洗了四万众人。在清洗中，朱元璋借重自己控制的特务机构检校和锦衣卫，进行了恐怖屠杀。检校是朱元璋组织的专事监视探听的特务人员。没有正式机构，只有探查报告之责，没有拘押审讯之权。然而检校的活动无所不至，甚至连大臣的私房话都被探听报告给皇帝，以致人人惊惧。朱元璋曾道："有这几个人（检校），譬如人家养了恶犬，则人怕。"一三七四年，朱元璋专门设立了特务机构锦衣卫，给予司法审讯权，经理一切皇帝需要直接干预的案件，锦衣卫内设置诏狱，是著名的酷刑实施之处，锦衣卫是皇帝的打手。朱元璋还"发明"了"廷杖"制度。即在殿廷内由锦衣卫负责杖责鞭打朝廷官吏。著名的被廷杖处死的有朱文正、朱忘祖、薛祥、茹太素等人。

一方面，朱元璋精心策划清除朝廷中掌握实权的势力集团，一方面，又采取严厉政策，制裁贪官污吏，维护朝廷法纪。朱元璋曾道："奈何胡元以宽而失，朕收平中国，非猛不可。"这种"以猛治国"的政策，贯彻洪武始终。朱元璋坚持严法精神，然而枉过而不及，以小节而大纠，由一人而蔓延全国，随意扩大案件，导致官庭空虚，官吏人人自危。一三七二年，发生了"空印案"，其后一三七五年又发生了"郭恒案"，两案牵连六部、使司、府县官员以及地主八万余人。"空印案"起于户部严格的财政报告制度。明朝要求各地按期上报地方粮税收入，并严加查核，一有不符之处，立即驳回重报。很多地方为免去来回更换填报的麻烦，预先备有盖有各级政府印章的空白印信，印信为骑缝印，不能用作他途，朱元璋发现后，认为上下贪污舞弊，大开杀戒。一三七五年，郭恒案发。郭恒是户部侍郎，利用职权，贪污浙西秋粮。朱元璋以此为机，普遍清查了各地官员并牵连许多和官府有关系的地方富豪。这一案，不仅诛杀了很多官吏，江南许多世家富族也因此铲除几尽。对待查出归案的官吏，朱元璋任意运用酷刑。他说："其贪婪之徒，闻（恒）之奸，如水趋下，半年间弊若蜂起，杀身亡家者不计其数。出五刑以治之，挑筋、剁指、刖足、髡发、文身。

罪之甚欤!"另外又有凌迟、肢裂、剥皮、抽肠种种名目,刑罚惨无人道,古今罕见。为警戒官吏,朱元璋编撰了《大诰》《大诰续编》《大诰三篇》《大诰武臣》四书,罗列各样罪案和刑处。

朱元璋实行大清洗和严猛之治,一方面是出于猜忌之心,消灭不利政治集团势力。另一方面,也是本于他出生农家,生于乱世,对为害百姓的恶官恶吏深恶痛绝,务必根除而快之。然而官僚制度的内在的腐败性,使他政平吏清的梦想不可能实现,反而引起各阶层人的不满。一些耿直官员上书反对滥杀酷刑。

用尽权谋心术　只为朱家天下

朱元璋这个贫苦农民的儿子,经过血与火的洗礼,登上了皇帝的宝座。在腥风血雨、群雄逐鹿的战争年代,他不贪女色玉帛,身先士卒,艰苦创业;当了皇帝以后,他不忘创业的艰难,励精图治,呕心沥血。他为大明帝国的建立和昌盛辛勤奋斗了一生。

在历代帝王中,朱元璋素以作风务实、办事果断干练而著称。不论干什么事,他从不拘泥形式,不摆花架子,只讲求实效。公元一三六六年(至正二十六年),朱元璋看到部下所进的笺文,多是歌功颂德之词,而无规谏之意,便引起了重视。他认为这有背君臣相成之道,发展下去,危害甚大,于是下令禁止笺文颂美。一三六七年(至正二十七年)三月,朱元璋开科取士。他强调:"应文举者,察之言行以观其德,考之经术以观其业。试之书算骑射以观其能,策之经史时务以观其政事。应武举者,先考以谋略,次试以武艺。务求实效,不尚虚文。"朱元璋特别反对那种空话连篇、华而不实、繁琐冗长的文风。一三七六年(洪武九年)十二月,刑部主事茹太素应诏上书,区区5件事,竟写了1.7万多字。朱元璋让中书郎王敏读到6300多字,还没进入正题,全是些空话、套话,就大发脾气,把茹太素打了一顿。第二天深夜,朱元璋又叫人继续往下读,一直读到最后500多字,才涉及本题。朱元璋认为5条建议中,有4条可行,命有关部门办理。同时指出,这5件事有500字就足以说清楚了,却啰啰唆唆写了1.7万多字。我生气打人是不对的,可这种风气也是万万要不得的。为了扭转这种风气,他把这件事的经过亲自写成文章布告天下,并规定了上书言事的格式,要求今后官民上书言事,只许直陈实事,不许繁文,违者问罪。

朱元璋一生勤于政事,日夜为国操劳,简直可以称得上是一个工作狂。除了工作和看书之外,他没有其他嗜好;他把自己的全部心血都倾注在治理国家上。每天天不亮,就起床办公,接见大臣,商讨国事,处理政务,忙个不停。一直到深夜,仍在灯下伏案批阅奏章。特别是废除中书省以后,政务就更加繁忙了。据统计,仅一三八四年(洪武十七年)九月十四日到二十一日的8天时间内,各机关的奏章就达1660件,共计3391事,平均每天要处理400多件事。朱元璋一工作起来,常常是废寝忘食。由于长期过分紧张的工作,身体受到损害,50岁以后,他就患上了心跳病和神经衰弱症。后来他变得多疑,脾气暴躁,可能与此有一定关系。

一三九八年六月二十四日(明洪武三十一年闰五月初十日),朱元璋病死于南京西宫,年七十一岁。葬于南京钟山,名孝陵。谥高皇帝,庙号太祖。

朱元璋临死前,曾立下遗诏。遗诏中说:"朕膺天命三十有一年,忧危积心,日勤不怠,务有益于民。奈起自寒微,无古人之博知,好善恶恶,不及远矣。"

【名家评点】

太祖以聪明神武之资,抱济世安民之志,乘时应运,豪杰景从,戡乱摧强,十五载而成帝业。崛起布衣,奄奠海宇,西汉以后所未有也。惩元政废弛,治尚严峻,而能礼致耆儒,考礼定乐,昭揭经义,尊崇正学,加恩胜国,澄清吏治,修人纪,崇风教,正后宫名义,内治肃清,禁宦竖不得干政,五府六部官职相维,置卫屯田,兵食俱足。武定祸乱,文致太平,太祖实身兼之。

——清·张廷玉等《明史》

朱元璋有许多功绩,也有许多缺点,就他的功绩和缺点来看,还是功大于过的。他是对社会生产的发展、社会的前进起了推动作用的,是应该肯定的历史人物。

——吴晗《朱元璋传》

【历史印证】

朱元璋是中国历史上唯一一位出身贫苦农民的开国皇帝。清代的史学家赵翼曾说:"盖明祖一人,圣贤、豪杰、盗贼之性,实兼而有之者也。"他身上的豪气和匪气并存。从朱元璋参加农民起义军,到他在金陵称帝,用了17年的时间。在当时所处的年代,群雄竞起,逐鹿中原,先后出现了天完、龙凤、大周、大汉、夏、吴等诸多政权,然而却是后起的朱元璋完成了一统帝业。可见其卓越的个人能力和坚毅果决的性格魅力以及与生俱来的雄才伟略。由于朱元璋善于网罗人才,使其身边聚集了大批文臣武将,为他夺得江山立有赫赫功勋。

明成祖朱棣：文治武功　千古风流

【人物档案】

姓名：朱棣

生卒：1360 年~1424 年

属相：鼠

在位时间：22 年

谥号：启天弘道高明肇运圣武神功纯仁至孝文皇帝

庙号：成祖（嘉靖时改为成祖，原庙号太宗）

主要作品：《圣学心法》《大明太宗皇帝御制集》《为善阴骘》。

主要成就：编修《永乐大典》，经营东北，派郑和下西洋，营建紫禁城，占领安南，五征漠北。

陵寝：明长陵（今北京昌平十三陵）

朱棣像

【枭雄本色】

1360 年 4 月 17 日，马皇后在应天府生下朱棣，朱棣是朱元璋的第四子，直到 7 岁时，他的父皇朱元璋才给他起名叫朱棣，11 岁（1370 年）时被封为燕王，随后镇守北平当藩王。他曾引兵围剿元朝的残余势力并大获全胜，明太祖对他极为赞赏，并将北部边境兵马的指挥权交给朱棣。由于皇太子先过世，所以明太祖病逝后，皇太孙朱允炆继承皇位，称建文帝。建文帝登基后听从齐泰和黄子澄计策，开始削藩。朱棣引用《皇明祖训》中"有敢更改祖制者，以奸臣论处"的条文，以"诛齐黄、清君侧"为由。于 1399 年起兵"靖难"，在姚广孝、张玉、朱能等众将的大力协助下，经过四年的艰苦内战，攻陷京师应天府。1403 年 6 月 17 日举行登基典礼，年号为永乐。

清除君侧　靖难夺位

　　元朝末年,战乱不断,百姓流离失所。朱元璋参加义军后,势力迅速壮大,在占领了应天(今南京)后,开始积极扩充自己的地盘。元至正二十年(1360年),朱元璋正与陈友谅展开殊死的拼搏,当年的四月十七日,马皇后(也有说是硕妃)在当时的应天府产下一子(朱棣),这时,陈友谅进攻太平(今安徽涂县)的消息传到应天府,如果太平失陷,应天府也岌岌可危,军情紧急,朱元璋还没来得及给儿子起名字,就急匆匆地领兵出发了。至正二十七年(1367年)年底,当时的形势基本上安定下来,朱元璋准备在第二年就正式登基做皇帝,他看到七个活泼可爱的儿子,心里非常高兴,到这时,他才想起要为儿子们正式取名。十二月二十四日,朱元璋祭告太庙后,为自己的第四个儿子起名叫朱棣,当时他已经七岁了。洪武元年(1368年)正月初四日,朱元璋在南郊祭拜天地后,正式登基称帝,册封马氏为皇后,长子朱标为皇太子。在随后的几年里,国内动荡的局势逐渐稳定下来,年仅11岁的朱棣被封为燕王。

　　皇宫里虽有富足的物质生活,但每天都要学习枯燥乏味的各种礼仪,除此之外,就是一本正经地参加各种朝见和祭仪。朱棣的幼年除了跟随大儒们诵读经书外,就是练习骑射。朱元璋曾告诫他们兄弟几人:"宜习劳,令内侍制麻履行滕。凡

棂星门

诸子出城稍远,马行十七,步行十三。"随着年龄的不断增长,皇子们开始定时到演武场上练习武备,这使朱棣练出了一身好本领。洪武九年(1376年),朱棣已经成为英俊青年,并在随父征战中显露出自己的文才与武略。于是,朱元璋决定派皇子们到外地当藩王,临走之前,他怕皇子因贪图享受而扰民,便命朱棣兄弟们到安徽凤阳老家体验生活。当时,那里被称为"中都",埋葬着朱棣的祖父母,也是父皇朱元璋小时候替人放牛的地方。朱元璋当上皇上后,虽然多次免去徭役赋税,还大力发展农业生产,但那里依然经常发生灾荒,百姓们在贫困的环境里挣扎着。朱棣能

够想象得出父皇小时候遭受的苦难和他创业的艰难程度。他在这里居住了一段时间,对民间生活有了深刻的印象,并直接影响了他的思想意识。朱棣为人胆大心细,记忆力极好,能够做到"民间细事,无不究知"。

返回应天后,朱元璋选中中山王徐达的长女为朱棣的妻子。因为他听说徐达的长女"贞静,好读书",有"女诸生"之称,于是就将徐达找来说:"你我乃是布衣之交。古代君臣之间经常结为婚姻,我看把你的长女嫁给我的四子朱棣吧。"徐达满口答应。于是,朱元璋于洪武九年(1376年)将其册封为燕王妃,第二年两人就成亲了。当时朱棣18岁,徐妃16岁。这位贤淑贞静的徐妃,在朱棣夺天下、治天下时,成为他的贤内助。洪武十三年(1380年)春天,21岁的朱棣奉命到北平就藩,他没有留恋南国春色,毅然冒着北国风寒,率领着几千名护卫赶到北平。他在北平的府邸是元朝的旧宫,它的规模和建筑形式就如同天子的宫殿一般。按照当时的规定,藩王的府邸应当低于皇宫一个档次,其他的众位藩王都是如此。为了这件事,朱元璋还曾经特地告诫诸位藩王,说燕王府邸是元朝的旧宫,不用重新建设,那些新建的府邸就需要按规定办事。并一再要求他们不要与燕王攀比。不光如此,北平的地理位置极为险要,又是元朝都城,燕王的两位哥哥在两年前就藩时,朱元璋

石牌坊

把他们分别派往西安和太原,而没有让他们去北平,将北平留给燕王,其中自然寄托着他对燕王的厚望。从朱元璋为皇子选妃子的方面来看,燕王妃乃是明王朝第一功臣徐达的长女,这种婚姻掺杂着政治因素,这也是其他皇子比不了的。所有的这些,都是朱棣以后得以发展的重要因素。

朱棣在北京就藩时,元朝的大部分势力已经逃到了大草原上,但剩下的军事实力依然很强大,他们不断出兵骚扰明朝的边境重镇。北京时刻都有受攻击的可能,对于明朝来说,北京就成了军事重镇。朱棣来到北京后,在众多文臣武将的指导下,对敌经验迅速提升,很快成长为出色的军事统帅。1390年,朱棣率兵攻打元朝的残余势力——乃儿不花,在他的英明指挥下,全军将士勇猛杀敌,获得大胜,大军

回师后,朱元璋对其大加赞赏,并将守卫北部边境的重任交给他,因此,朱棣拥有了控制北部边境全部兵马的指挥权,军事力量极大加强。在此后的多次出征中,朱棣都亲自挂帅,带领将士们取得一个个骄人的战绩,朱棣因此而威名大振,到洪武末年,他已经成为北方最强大的诸侯。朱元璋60多岁的时候,太子朱标因病死了,朱元璋便将朱标的儿子、自己的长孙朱允炆立为皇太孙。这样一来,在各地驻守的藩王差不多都是朱允炆的叔叔,他们眼睁睁看着皇位的继承权落到侄儿手里,心里都很不舒服。特别是带兵驻守北平,多次立下大功的燕王朱棣,对侄儿朱允炆继承皇位一事更不服气。

朱棣的聪明能干是有目共睹的,在明太祖众多的儿子中也算是佼佼者。据传说,有一天,朱允炆进宫向明太祖请安,明太祖便出了一副对子的上联——"风吹马尾千条线",让朱允炆对出下联,朱允炆犹豫片刻说出了"雨打羊毛一片毡"。明太祖嫌他的下联不好,立即沉下了脸。这时,正好在一旁站立的朱棣开口道:"父皇,儿臣也想出一个下联。"明太祖叫他讲出来听听,朱棣道:"日照龙鳞万点金。"龙是皇帝的象征,金又代表着富贵。朱棣的下联,赢得了明太祖的欢心。他连连夸赞朱棣对得好,朱棣自此更不将朱允炆放在眼里了。朱允炆老实、缺少心机,但叔父朱棣瞧不起自己,他还是能看得出来。皇太孙朱允炆有个伴读老师叫黄子澄,很有才学。有一次,他见朱允炆一个人在东角门坐着,皱起眉头,显出心事重重的样子,便问他为什么犯愁。朱允炆将心中的忧虑讲了出来:各地的藩王和自己的叔父都拥有兵权,自己登基后,怕管不住他们。黄子澄了解了朱允炆的心事后,便对他讲述了西汉平定七国战乱的故事,并说:"当时的七国诸侯实力那么强大,但是当他们发动叛乱时,汉景帝刚派出人马,他们就垮了。殿下乃是皇上嫡孙,皇位的正式继承人,也不用怕他们将来造反。"朱允炆听后,心里才稍微放宽了一点。

明太祖朱元璋去世后,朱允炆登基当上了皇上,是为建文帝。他心肠软,没有像他祖父那样施行恐怖统治,而是释放了一些政治犯,撤销了部分惩罚性的税赋,并且将部分权限下放给地方,这就使皇权得到了削弱。朱允炆登基没多久,各地的谣言就传到了京城,百姓们纷纷议论说许多藩王互相串联,准备起兵谋反。建文帝听到消息后非常害怕,他急忙把自己的伴读老师黄子澄找来,并对他说:"先生是否还记得在东角门说过的话?"黄子澄立即回答:"陛下放心,我没有忘记!"黄子澄出宫之后,就去找忠于建文帝的大臣齐泰,共同商量此事。齐泰认为在各地驻守的藩王们,只有燕王的兵力最强,他的野心也最大,只要先消除燕王的兵权,其他各藩王就好控制了。黄子澄却没有赞成这个做法,他认为燕王早有谋反之意,肯定有了适当的准备,如果从他下手,恐怕会适得其反,不如先撤除其他藩王的兵权,等燕王的帮手都被撤掉之后,最后再对付燕王。两人经过仔细研究,将头一个目标定为驻守开封的燕王的弟弟周王,认为除掉周王,就等于砍掉了燕王的一只翅膀,等铲除燕王时就容易多了。两人当即就向建文帝做了汇报,建文帝一听很高兴,就找了个名目派兵将周王抓起来,削去王位后,将其充军云南。随后,又接连削去了三个藩王的王位。

燕王朱棣早有登上皇位的野心,在很早以前,他就招兵买马,为自己的兵变做着准备。当他听说建文帝开始消藩,便极大地不乐意,由于当时还不具备起兵的条件,他就假装生病来麻痹建文帝,整天大吵大闹,有时还躺在地上大哭。建文帝得到消息后就派使臣以探病为名前去查证,使臣到达北平时,正是夏天,他见到的燕王朱棣正穿着皮袍坐在火炉边烤火,嘴里还直喊冷。使臣回去将此事如实地禀报了建文帝,建文帝也就真的相信燕王有病了。但是大臣齐泰和黄子澄却始终怀疑燕王是在装病,他们在建文帝的许可下,派人将燕王的家属抓起来,然后让建文帝下密旨,命北平的都指挥使张信领兵逮捕燕王,还与燕王府的一些官员约定,让他们当内应。没想到张信早已投靠了燕王,他接旨后急忙将此事密报燕王。燕王得到消息后,不再装病,当即命人将建文帝安插在王府里的内应官员抓起来。但燕王是非常精明的人,他知道建文帝是法定的皇帝,自己起兵属于公开反叛,这对自己很不利。于是,他就引用《皇明祖训》中"有敢更改祖制者,以奸臣论处"的条文,以"诛齐黄、清君侧"为名,将不听从自己的北平官员全部抓到了大牢。但在当晚,北平刮起了阵风,燕王府的屋瓦被扫落了几块,朱棣以为这是不好的预兆。他的手下谋士却将此事解释为:建文帝将要灭亡的征兆。并说:"'飞龙在天,从以风雨',屋瓦坠地,是上天示意燕王

麒　麟

移居黄瓦屋(皇宫)。"于是,建文元年(1399 年)七月五日,燕王宣布起兵,这次内战在历史上叫作"靖难之变"(靖难是平定内乱)。燕王刚刚起兵之时,建文帝没有太在意,只是命北平附近的军队前去围剿,自己照常处理事务。然而朱棣却以突袭的形式打败了朝廷的数万大军,北平附近州县的官员逃跑的逃跑、投降的投降。建文帝这才感到事态的严重,急忙派大军前去抵抗,由于大部分能征惯战的良将都被朱元璋杀害了,建文帝只好派那些年轻的将领挂帅,第一支出动的朝廷军队数量庞大,但朱棣指挥得当,又有一支训练有素的精兵,反倒使朝廷的军队处处失利。在连番战败下,建文帝又派出了第二支约 50 万人的大军,前去攻打北平。当时正值晚秋,将士们出发时,只穿着夏季的军装,来到北平后,士兵都感到寒冷。虽然如此,大军还是开始进攻北平,万箭齐发,人山人海地向前冲去。当时燕王朱棣正领兵攻打其他城池,驻守北京的将领急忙派人求援,朱棣领兵回救,两军在北京城外展开混战,朱棣利用地利和当时寒冷的气候,采用坚守的策略。虽然朝廷军队的兵力占优,但是在连续的作战下,却损失惨重,无奈之下被迫撤退。朱棣率领军队展开反攻,占领了许多城池。

建文三年(1401 年)春季,建文帝再度集结军队,使用破坏力极大的火铳,向朱

棣展开了猛烈的攻击。这次交战，使朱棣损伤惨重，牺牲了多名得力干将，他本人只得率领部分兵马后撤。但是，没多久朱棣又被包围了，他的马匹也受了伤，幸好有将士拼死保护，他才突出重围。在众将的劝告下，燕王率军撤回北平，战争暂时陷入了僵局。建文四年(1402年)，朱棣领兵南进，在淮北遭到了朝廷军队的顽强抵抗，战斗打得十分激烈。燕军的部分将领认为应暂时撤兵，稍后南下，但燕王却下令，只许前进，不许后退。没多久，燕军夺取了朝廷军的粮草，燕军大获全胜。

当时，由于建文帝禁止宦官干涉朝政，引起了宦官们的不满，有名宦官就投奔了燕王朱棣，并将京师驻军的情况告诉燕王——京城只有很少的军队。朱棣得到消息后，采取避重就轻的进攻战略，攻占了大量的城镇。在安徽境内与朝廷军队交战时，朝廷军的指挥出现失误，朱棣率领燕军发动猛攻，杀敌无数，并因此而取得决定性的胜利。随后，燕军势如破竹，包围了南京城，建文帝迫于无奈，一面命将士们死守城池，一面派人向燕王求和，愿意让出大量的城镇，请求燕王退兵，燕王朱棣断然拒绝了。尽管朱棣已经做好了准备，但是，要想攻占南京城，还是很费时的。因为南京的城墙又厚又高，镇守京城的禁军纪律严明，实力非常强大。然而建文帝身边的部分官员这时候却有了投降的企图，他们在朱棣还未包围南京时，就开始派人到燕王朱棣的军中，商讨和平解决的方式，并制定了弃城投降的协议。建文四年(1402年)六月，负责守卫京城的大将李景隆率兵投降朱棣，燕军终于进入了南京城。

荣登皇位　清除异己

燕王朱棣占领了南京之后，在文武百官的"劝说"下，于1403年6月17日在南京称帝，年号永乐(永远欢乐)，他就是明成祖。1421年，明成祖迁都北平，此后北平一直是明朝的京城。

朱棣在登上帝位之后，先下令清宫三日，将服侍过建文帝的宫人、女官和太监全部杀死。接着，就是对不肯归降自己的建文帝旧臣展开大肆杀虐。燕王朱棣攻陷南京之前，两名主张削弱燕王势力的顾命大臣齐泰及黄子澄，看出南京城将被攻破，曾经设法逃出南京。据说，齐泰将自己的白马用墨水涂黑，但他在出城时，由于马匹出的汗是黑色而被朱棣抓获。黄子澄逃到苏州，组织义军反攻朱棣，但是遭到失败，他也因此被抓。朱棣以叛国罪处死黄子澄，对其施行残酷的凌迟。

兵部尚书铁铉被捕后押在大牢中，朱棣提审他时，他见了朱棣却站立着坚决不肯下跪，朱棣问话，也遭到了他的谩骂。朱棣勃然大怒，命差人将他的耳鼻割下来，等煮熟后再硬塞到他嘴中，而且还问他是何滋味。铁铉厉声回敬道，忠臣孝子的肉要比叛逆奸贼的肉好吃。朱棣当即又命人将他一刀一刀地割死。将他80多岁的父母流放海南，儿子流放河池，妻子和两个女儿充当妓女。

文学博士方孝孺穿着孝服，边哭建文帝边走入宫中，朱棣将其打入大牢。过了几天，朱棣登基需要草拟诏书，便命他代笔，但方孝孺却将笔折断后扔在地上，并哭骂道："乱臣贼子，要杀就杀，我是绝不会替你写诏书的。"朱棣却问他："你是不怕死，但你连自己的九族都不顾了吗？"方孝孺愤声说："你就是灭我十族，我也不在乎。"说完，捡起地上的笔随手写了几个大字，朱棣仔细一瞅，写的竟是"燕贼篡位"，朱棣一怒之下，令人将方孝孺磔杀，同时将与方孝孺有联系的十族873人全部处死。对于归降自己的旧臣们如杨士奇、杨荣、杨溥等人，朱棣既往不咎，量才录用。对于帮助自己夺取皇位的宦官，他也给予前所未有的权力。

御史大夫景清前去刺杀朱棣被捕，朱棣残忍地命人用铁刷子将景清的肉刷掉，把骨头打碎，而且还实施了瓜蔓抄，这种瓜蔓抄比灭十族还要残忍，在当时也更为广泛，稍有牵连就会被治罪。朱棣初年，残害的朝廷旧臣多达万人。由于牵连太广，百姓怨气极大。朱棣为了掩盖自己的暴行，想尽办法。永乐二十二年（1424年），在甲辰科举考试中，状元应该是孙日恭，但朱棣认为这个名字不好，日恭两字落在一起就是暴，有损大明形象。当时，有名考生叫邢宽，因为和刑宽谐音，朱棣为了显示其量刑以宽、昭示仁德的治理方针，就将邢宽点为状元。

朱棣的迫害使朝中大臣都异常畏惧，上朝的时候都不敢直言，中央集权因此得到加强。但是，政治决策中出现偏差时却无法调节，在此情况下，朱棣的宠臣和内宫太监逐渐掌握了大权。在朱元璋年间废除的锦衣卫，在永乐年间又得到恢复，锦衣卫能够侦察皇帝以下的任何人，并可以直接逮捕及审讯官员和平民，刑部和大理寺无权改变锦衣卫的审判，当锦衣卫的指挥使纪纲被处死后，宦官得到朱棣的倚重。永乐十八年，朱棣又开设东厂，权力大于锦衣卫，职责是"缉访谋逆妖言大奸恶"。东厂归司礼监管理，东厂提督由司礼监秉笔太监充任，称为督主，有关防一颗，篆文是"钦差总督东厂官校办事太监关防"。这就使得宦官外出办事，都拥有"钦差"的身份。东厂活动的范围极广，上至文武百官，下至平民百姓。但是，东厂人员常常徇私枉法，成为"内戚、中宫泄愤抱怨"的机构。自此，厂卫祸乱朝纲，加大了君臣之间的猜忌和隔阂，造成宦官和朝臣之间的巨大冲突，以致"士大夫不安其职，商贾不安于途，庶民不安于业"，宦官掌权的机会增多，为后期宦官乱政埋下祸根。

出使西洋　大明扬威

明成祖朱棣夺取政权以后，为了发展海外贸易，宣扬国威，决定派使者出使西洋。可是，谁来带领船队呢？想了很长时间，他突然想起跟随自己多年的宦官郑和。

郑和的原名叫马和，小名三保，出生于云南的一个回族家庭。他的父亲、祖父都是伊斯兰教的信徒，曾经到麦加（伊斯兰教的主要圣地，在今沙特阿拉伯）去朝过圣。马和从父亲那里听到过许多外国的情况，并且他还懂得航海知识。洪武年间,朱元璋在南京登基称帝,但云南尚在元朝统治之下。洪武十四年(1381年),朱元璋派征南将军傅友德等人率30万大军攻打云南。马和的父亲在元朝任滇阳侯,在两军交战中,元军战败,马和的父亲被杀,全家被俘,年仅十岁的马和遭阉割,成为宦官,随后就被送到北平燕王府伺候朱棣,由于聪明能干,马和深受朱棣的信任,朱棣在起兵争夺皇位时,对领兵的将领存有戒心,便启用亲信宦官,充任监军,掌控兵权。年仅28岁的马和得到重用,在朱棣称帝前的战争中,马和誓死追随,并大显身手,屡建战功,立下了极大的功劳。明成祖便赐"郑"姓,并提拔他为内官监太监,内官监掌管土木瓦石、油漆火药等作坊,是正四品官员,相当于知府级别。但是百姓都习惯叫他的小名,称他为"三保太监",有的书上也写成"三宝太监"。

当时34岁的郑和身材魁伟、相貌威严。具有穆罕默德后裔的高贵身份,对信仰回教的西洋各国很有号召力。而且他还是佛教徒(当时的太监都信奉佛教),与东南亚信佛国家交往时,也极具亲和力。最重要的是,他忠于朱棣。于是,朱棣任命他为外交大钦差、船队"总指挥""卫队总司令"等职务,负责远航的全部事务。

1405年的6月,船队都已准备妥当,郑和带领船队出使"西洋"。当时的"西洋"只是指我国南海以西的沿海各地。这次出使,郑和共带领二万七千八百多人,62艘大船。人员中除了水手和士兵外,还有许多技术人员、翻译、医生等。而所有的船只都长44丈,宽18丈,这是当时最大的舰船。永乐三年六月十五日(1405年7月11日),船队从苏州的刘家河(今江苏太仓浏河)港口出发,浩浩荡荡地扬帆南下,先到占城(今越南南方)经爪哇、旧港(今印度尼西亚苏门答腊岛东南岸)到苏门答腊、满刺加、古里、锡兰等国家。沿途,郑和将带着的大批金银财物分送给每一个国家的国王,并将明成祖的书信交给当地的国王,希望同他们进行友好交往。各个国家的国王

郑 和

见郑和态度友好,也都热情接待。1408年9月,郑和回国,西洋各国也都派出使者带上礼物来到明朝。明成祖为此非常高兴。后来,明成祖确信建文帝已经死了,认为没有必要再去寻找。但是出使海外,既能提高国家的威望,又能促进和西洋各国的贸易往来,对明朝有很多好处,所以,明成祖又多次派郑和带领船队出使西洋。从1405年开始,在将近30年的时间里,郑和七次出使海外,先后到过印度洋沿海的30多个国家,最远的地方到达了非洲的木骨都束国(今索马里的摩加迪沙一带)。

文治武功　兴盛一时

　　明成祖朱棣即位之初,为了加强对东北边境地区的管理,于1403年派邢枢偕同知县张斌率领部分军队跋山涉水,行程将近万里,前往奴儿干,招降了吉烈迷部落的首领。永乐七年,奴儿干首领忽剌冬奴率领许多部落首领朝见明成祖朱棣,希望明朝能在奴儿干设"元帅府",明成祖根据当时形势的需要,决定设立奴儿干都指挥使司,是明政府在黑龙江口、乌苏里江流域设置的最高地方行政机构。康旺、王肇舟、佟答剌哈被任命为都指挥同知、指挥金事等官职,他们在钦差内官亦失哈的率领下,一同前往奴儿干任职,身为都司的主要官员最初为流官,后来可以世袭。同时,沿江设立驿站,方便各类物资的运输,当时各部落都向明朝进贡,贡物都是当地的特有产品,如海青、貂皮等。随后在都司的职务下设置经历司一职。自奴儿干都指挥使司建立之后,明政府在奴儿干的驻军最多时达到三千人,最少也不低于五百人。奴儿干都指挥使司的设立,加强了各族人民之间政治、经济、文化的交流,促进了当地社会经济的发展。为明朝统辖东北边境地区做出了重大贡献。

　　朱棣在注重武力统治国家的同时,在文治上也有很高的建树。永乐元年(1403年)令大臣解缙着手编纂《文献大成》,第二年竣工。永乐三年(1405年),朱棣再次下令重修,历时三年多完工,将其命名为《永乐大典》,共二万二千九百三十七卷,一万一千零九十五册,三亿七千多万字,集中八千余种图书,依照洪武正韵将相关资料进行整编,按韵分列单字。在每一单字下面都有音韵和详细的训释,并有篆隶楷草各种字体,字的下面有相关人物、事件、号令文章、诗词歌赋、山川河流、天文地理、制度名物之类的收载,《永乐大典》只是对古代的书集做了收集、整理和分类,没有进行大的改动。由于内容丰富,被后人誉为古代类书之冠。

　　朱棣在做藩王时极力反对建文帝削藩,但他执政后,也认为藩王势力太强,尾大不掉,对皇权构成了威胁,于是他也开始削藩。朱棣倚仗手中的重兵,强行解除了各藩王的兵权,并将他们或迁往南方,或贬为庶人。削藩成功后,明成祖的政权逐渐得到巩固,于是决定迁都北平,并于永乐四年(1406年)下诏营建北京城和建造紫禁城,并征用30多万工匠,百万名民工。修建所用的材料来自全国各地,有四川、两广等省的楠木、东北的松木、苏州的金砖、房山大石窝的汉白玉、河北蓟县盘山的艾叶青石等,历时四年的时间才建成。故宫的建筑布局遵循《周礼·考工记》:前朝后寝、左祖右社。前朝以太和殿、中和殿、保和殿为中心,是皇帝召见文武百官的地方。后寝以乾清宫、交泰宫、坤宁宫和御花园为中心,是后妃居住的地方。左祖右社,就是午门的东侧为皇帝祭祖的场所太庙,西侧为皇帝祭社稷的地方社稷坛。城周长四十五里,城内以皇宫为中心,形成从正阳门、天安门、午门、三大殿到钟楼的南北走向中轴线。城中的重要干道都是南北走向,小巷以东西向为主,整齐严肃,城市规划建筑具有一定的规模。北京因此成为中国历史上城市建筑的典范,也是当时世界上雄伟壮丽的城市。1421年,明成祖朱棣正式迁都北京。

由于边境上经常受到外族的骚扰,明成祖下令重新修筑万里长城(现在所见的长城就是明代修建的),并且于永乐十年开始,明成祖开始亲率大军北征。原来,在元朝被推翻以后,元朝皇族虽然开始退回蒙古草原,但他们仍保持元朝的国号,继帝位者仍称为皇帝,所以历史上叫作北元。到建文四年(1402年)的时候,才开始废除元朝的国号,改称鞑靼,皇帝再次改称可汗。但是元朝统治者在中原统治失败后,内部已经出现了分裂的情况,早在明朝初年的时候,就已经被分裂为鞑靼、瓦剌和兀良哈三大部。鞑靼部居住在今鄂嫩河、克鲁伦河以及贝加尔湖一带。瓦剌部居住在今科布多河、额尔齐斯河和准噶尔盆地一带。兀良哈部居住在今兴安岭以东,松花江以西,呼伦湖以南,西剌木伦河以北。

勋 臣

永乐七年(1409年),明成祖派遣使臣与鞑靼通好,但是被鞑靼杀死。明成祖大怒,立即发兵讨伐鞑靼,但是被鞑靼击败。第二年,明成祖第一次亲率50万大军北征,在现在的鄂嫩河沿岸击败鞑靼主力军,鞑靼归降明朝。明封鞑靼首领阿鲁台为和宁王。瓦剌与鞑靼矛盾严重,曾攻杀鞑靼可汗。后又准备进攻明朝。明成祖于永乐十二年(1414年)第二次北征,大败瓦剌军于忽兰忽失温(今乌兰巴托东)。瓦剌请降,明封其首领脱欢为顺宁王。鞑靼后来又兴兵南下侵犯明的边区,明成祖连续北征,鞑靼也都北撤,未发生战斗。1424年,已经65岁的朱棣下令第五次北征,他在身患风痹的情况下仍坚持亲自领兵,来到了人烟稀少的荒漠,此次出征根本没有找到鞑靼军,只能算是一次出巡。大军在返回途中,明成祖的病情突然加重,于是他召见英国公张辅立下遗嘱——太子朱高炽继位。

1424年7月17日,明成祖朱棣在榆木川(今内蒙古多伦县西北)病逝。终年65岁,在位25年。葬于北平(北京昌平天寿山长陵),被谥为"孝文皇帝",庙号"太宗",1538年,嘉靖帝将朱棣的庙号改为"成祖",历史上又称为"永乐皇帝"。

【名家评点】

文皇少长习兵,据幽燕形胜之地,乘建文孱弱,长驱内向,奄有四海。即位以后,躬行节俭,水旱朝告夕振,无有壅蔽。知人善任,表里洞达,雄武之略,同符高祖。六师屡出,漠北尘清。至其季年,威德遐被,四方宾服,明命而入贡者殆三十国。幅员之广,远迈汉、唐。成功骏烈,卓乎盛矣。然而革除之际,倒行逆施,惭德亦曷可掩哉。

——清·张廷玉等《明史》

朱允炆既死,朱棣继位。他可以说因祸得福,如果不是削藩,他不过仍是亲王。但他对力主削藩的黄子澄一批人,并不因此而予宽恕。他效法老爹朱元璋的手段,展开合法的屠杀。在这次屠杀中,刑事诉讼法中的"瓜蔓抄",发挥了强大的威力。那就是,逮捕行动像瓜藤须蔓一样,向四面八方伸展,凡是能攀得到的,就攀住不放,辗转牵引,除非当权人物主动停止,否则能把天下人都网罗俱尽……"瓜蔓抄"和妻女发配,不起于朱棣,而起于朱元璋,但在朱棣手中建立成为一种血腥制度。

——柏杨《中国人史纲》

【历史印证】

　　肃清旧党,巩固皇权;恢复生产,发展文化;交好邻国,加强交流;五征大漠,民族融合。设立东厂,埋下祸根。

清圣祖康熙：少年天子　盖世奇皇

【个人档案】

姓名：爱新觉罗·玄烨

别名：康熙帝、蒙古汗号恩赫阿木古朗汗、西藏尊称文殊皇帝。

生卒：1654年~1722年

属相：马

在位时间：61年

谥号：合天弘运文武睿哲恭俭宽裕孝敬诚信中和功德大成仁皇帝

庙号：圣祖

主要作品：《御制道德经讲义序》《四书讲疏义序》《庭训格言》。

主要成就：擒拿鳌拜，平定三藩，收复台湾，三次亲征噶尔丹，驱逐沙俄，开创康熙盛世。

陵寝：清景陵（今河北省唐山市遵化西北七十里处，在孝陵之东南）

康熙像

【枭雄本色】

康熙大帝，爱新觉罗·玄烨，是有清一代最有作为的皇帝，也是中国历史上值得一书的盛世明君之一。

玄烨，八岁登基，十四岁亲政，在位六十一年，是中国历史上在位时间最长的皇帝。他一生大智大勇，除鳌拜，平三藩，统一台湾，三征噶尔丹，平定漠北，亲征雅克萨击败俄罗斯，订立《尼布楚条约》，稳定中国疆域，铸就"康熙盛世"，其文治武功，堪与汉武帝并列。

胸怀大志　果敢坚决

1654年,爱新觉罗·玄烨出生,父亲顺治,母亲佟氏父皇顺治皇帝的庶妃。祖母孝庄太后。由于顺治帝宠爱董鄂氏,佟氏受到冷落,玄烨也极少与父皇相处,但是,他的祖母孝庄皇太后对其非常疼爱,命顺治的乳母朴氏看护玄烨,自己的侍女苏麻喇姑教玄烨读书识字。她还经常亲自教导玄烨,聪颖好学的玄烨不负祖母厚望,能文能武,而且还没有其他不良嗜好。但顺治并不喜欢他,并决定立宠妃董鄂氏之子为太子。没曾想到,董鄂氏的孩子出生没多久便夭折了。这时,顺治对玄烨的态度才开始有所改变。有一天,玄烨与皇兄福全、皇弟常宁在宫人的带领下,去向父皇请安。顺治看着三名满脸稚气的皇子围在自己身边,非常高兴,便问儿子们长大有何志向。常宁三岁,只是望着父皇,并不会回答。七岁的福全说自己愿做一名贤士。而六岁的玄烨却高声说:"效法父皇,励精图治。"玄烨的此举深深打动了顺治帝,也反映出培养者明确的施教方针。顺治明白这是太后的心意,便

康熙通宝

有了立玄烨为继承人的想法。玄烨七岁那年,顺治皇帝染上天花,顺治十八年(1661年)正月初六的夜晚,顺治皇帝福临感到自己快要不久于人世,便在孝庄皇后的极力坚持下留下了遗诏,命自己的第三个儿子玄烨继承皇位。

由于玄烨年幼,便指派索尼、苏克萨哈、遏必隆和鳌拜四位大臣共同辅政,四大臣曾在顺治皇帝的灵前立誓:竭尽忠诚,不谋私利,不结党羽,不受贿赂,忠心回报皇恩,全力辅佐君主。之所以选拔四位异姓大臣,是为了让他们相互制约,防止有人专权,同时,皇族宗亲有权对辅政大臣进行监督。顺治留下遗诏的第二天,就驾崩了。当月初九,孝庄皇太后亲自主持登基大典,年仅八岁的爱新觉罗·玄烨即位,玄烨即位后,当即大赦天下,并将第二年(1662年)年定为康熙元年。

玄烨登上皇位的初期,四位辅政大臣同心同德,一心为江山社稷着想。凡遇奏事,四大臣都先进行协商,经太后决策后,以皇帝或太后的名义发布谕旨。

四大臣之中的索尼地位最高,但体弱多病,徒有辅佐皇上之名;鳌拜人称满洲第一勇士,他野心勃勃,又善于玩弄权术,逐渐骄横跋扈;遏必隆与鳌拜同属一旗,怯懦没有主见,逐渐依附鳌拜;苏克萨哈与其他三人的关系生疏,处于孤立无援的境地。这样一来,共同辅政的局面很快就被打破,朝中大权都落到了辅政大臣鳌拜手里。他任人唯亲,广置党羽。大学士班布尔善、吏部尚书噶褚哈、工部尚书济世都成为他的亲信。鳌拜的权势越来越大,朝中政事都在私下商定后,才上奏皇帝,

有时他还私自将奏章留下,隔断玄烨同大臣们的联系。鳌拜专权,引起了孝庄皇太后的注意,为了让玄烨早日亲政,孝庄皇太后决定为玄烨举行大婚,以此来作为过渡性措施。

康熙四年（1665年）九月初八,年仅12岁的玄烨在坤宁宫,与索尼之孙女赫舍里氏举行大婚典礼,随后便开始处理朝政,玄烨亲政,成为鳌拜专权不可逾越的障碍。但他干政的步伐却随之加快。康熙五年（1666年）,鳌拜在索尼、遏必隆的支持下,强行将正白旗

坤宁宫

的大部分良田拨给镶黄旗,随后将圈占的大量民田补给正白旗。户部尚书苏纳海、督抚大员朱昌祚、王登联等人上书反对,鳌拜就寻找理由矫诏将这三位大臣处死,而其他反对圈换土地的大臣,全部被降职或治罪。此时的康熙帝,虽然对鳌拜极为不满,但已经无法管束,只好等待着自己亲政的一天。鳌拜的行径令百官不满,要求康熙亲政的呼声日益高涨。康熙六年（1667年）三月,辅政大臣索尼等人上奏:世祖章皇帝（即顺治）14岁亲政,如今皇上年龄功德皆与先皇相同,对天下事务应付裕如,恳请亲政。康熙在祖母孝庄太后的许可下,准索尼所奏。七月七日,康熙在太和殿举行亲政大典,当即宣诏天下"政在养民"。康熙亲政后,鳌拜已经成为首席辅政大臣,他独掌朝政,公然抗旨、拦截奏章,排除异己,朝中出现了"文武各官,尽出门下"的局面。在同一年,辅政大臣索尼病逝,鳌拜又"一连七日强奏",逼迫康熙同意处斩辅政大臣苏克萨哈及其全部子孙,没收他的家产。康熙无法忍受鳌拜的专权行径,时刻都在想制伏鳌拜的办法。但他深知鳌拜在朝中的权势,也知道宫中也有他安插进来的奸细,如果自己稍不谨慎,就会打草惊蛇,到时反而会害了自己。

经过深思熟虑,康熙在祖母的支持下,拟定了清除鳌拜的全盘计划,并逐步付诸实施。他先挑选了几十名少年组成善扑营,做自己的侍卫,由索尼之子索额图统领,让他们在宫中练习武艺。随后,又下旨将鳌拜的部分党羽派往各地办事,以分散其力量。1669年的夏天,鳌拜称自己有病,很多天都没有上朝。康熙就亲自去探视,当他来到鳌拜的床前时,见他神色慌张,康熙帝在主动为鳌拜盖被子的时候,发现其床上藏有利刃。当时鳌拜脸色大变,康熙却装作没将此事放在心上,若无其事地笑着说:"刀不离身是满人的传统。"随后,他又叮嘱鳌拜要好好调养,国家大事还等他处理等等,然后离开鳌府。康熙回宫后,将侍卫们叫到身边,问他们是怕

自己呢,还是怕鳌拜,侍卫们都说只怕皇上。康熙激动地说:"鳌拜是先皇指定的辅政大臣,但他却违背了先皇的重托,为了自己的私利,任意乱杀忠臣。现在居然想要谋反。所有的国家大事都必须听他的,他这样做根本没将我这个皇帝当回事,祖上辛辛苦苦打下来的江山怎能由他这么专权,长久下去,国家何时才能够安定富强呢?"小侍卫们听后也都非常气愤。康熙又说:"你们都是我的左膀右臂,能否除掉鳌拜这个奸贼就全靠你们了!"侍卫们见皇上如此重视自己,纷纷表示愿誓死效忠皇上。于是,康熙就把擒拿鳌拜的计划详细地讲了一遍,嘱咐他们按计行事。当年的五月十六日,康熙派人请鳌拜进宫商议国家大事。没多久,鳌拜就像往常一样,独自一人大摇大摆地走上大殿。康熙先夸赞鳌拜劳苦功高,说国家的事情全等着他来打理,同时,发出暗号,侍卫们一哄而上,有抓胳膊的、有抱腿的、有搂脖子的。但鳌拜号称满洲第一勇士,他根本没将这些侍卫放在心上,他挥动拳脚,将侍卫打倒了许多,但侍卫们不要命地继续扑上来,正在这紧要关头,康熙拔出随身携带匕首,趁

鳌 拜

鳌拜与侍卫打斗之时,慢慢靠过去,一刀刺伤鳌拜,终于将其制服。随后,康熙召集心腹大臣,共同拟定出 30 条罪状,每一条罪状都足以将其处死。但康熙却看在他为国家立有显赫战功的分上,免了他的死罪,只是判他终身监禁,鳌拜最后死在狱中,而鳌拜的同党也全都被打入大牢,按所犯的罪行给予相应的处罚。

对另一辅政大臣遏必隆,康熙看在他是元老的情分上,仅革去他的太师之职,封给他没有实权的爵位,让他颐养天年。康熙恩威兼施,既清除了鳌拜及其同党,又稳住了朝中的局势。年仅 16 岁的康熙皇帝沉着机智,周密部署,处理得当,机智地除掉了权臣鳌拜,使自己得以掌握朝政,开始全力治理国家。

帝威初现 平乱三藩

康熙亲自执政后,着手改革农业生产,大力惩办贪官污吏,使清朝的国库逐渐充盈,百姓的生活也好了起来。但是康熙却有一块心病,就是南方的三个藩王:在云南镇守的平西王吴三桂,在广东镇守的平南王尚可喜,在福建镇守的靖南王耿精忠,他们原本是明朝将领,后来归顺了清朝,并且在帮助清兵入关、镇压当地农民军

时立下大功,因此被封为王。三藩分别占据着军事要地,手下拥有重兵。在三藩之中,实力最强的要数平西王吴三桂。

吴三桂占据云南,肆意圈占民田,增加多种繁重的赋役,强迫百姓交租纳税。将许多平民定为奴隶或佃户,还私自设卡征税,将盐井、金矿、铜山等收到自己手中,以此牟取暴利。同时还向朝廷索要大额军饷,既令当地百姓民不聊生,又消耗了国家的财政收入。而吴三桂却用所有的银两大肆招兵买马,扩充自己的实力。他在掌管着云贵地区的所有文武官员的同时,规定总督、巡抚都得"听王节制",公然将朝廷派来的命官"指为外人"。所有官员都由自己指派,称为"西选"。其他两王也都如此。

吴三桂

当时,吴三桂有旗兵五十三佐领(八旗兵的一个基本编制单位,每三百人为一佐领,满语称之为"牛录额真"),绿旗兵十营;耿、尚各有旗兵马十五佐领和六七千的绿旗兵。庞大的军队,需要巨额的军费支出,甚至还曾出现过天下财富多半消耗于"三藩"的局面。财政上的巨大困难和"三藩"势力的急剧膨胀,严重威胁着清政府的统治。康熙经过深思熟虑,决定撤藩。康熙十二年(1673年),平南王尚可喜上奏章,请求告老还乡,自己的王位由其子尚之信承袭。康熙认为这是撤藩的大好机会,就下旨同意他还乡,但没有批准尚之信袭爵,而且还命令他将藩兵撤出后回归故里。这道圣旨一下,消息就传到了吴、耿两个藩王那里,他们为了试探康熙的态度,也上奏请求撤藩,同时加紧布置兵力,准备叛乱。当时,朝中大臣的意见发生分歧,多数人都反对撤藩,认为下旨撤藩,必将引起兵变。只有户部尚书米思翰、兵部尚书明珠等少数人主张撤藩。康熙认为,藩王久握重兵,势力逐渐壮大,况且,现在撤与不撤他们都会反,倒不如先发制之。于是,就下令撤藩。

吴三桂接到撤藩令后,气急败坏。他仗着自己兵强马壮,决定起兵谋反,当年的十一月,吴三桂杀死坚决执行撤藩令的巡抚朱国治,将反对叛乱的官员全部关进监狱。随即起兵发动叛乱,他在发出的檄文中称,清"窃我先朝神器,变我中国冠裳",声称要"共举大明之文物,悉还中夏之乾坤"。吴三桂手下的将士蓄发、恢复前朝衣冠,所有旗帜都为白色,自封为"天下都招讨兵马大元帅",他打着"反清复明"的旗号,欺骗百姓。由于吴三桂早有图谋,所以军队的实力很强,在很短的时间内就攻占了湖南。随后,孙延龄率众在广西反叛,罗森和郑蛟麟率众在四川反叛。

康熙十三年（1674年）三月，耿精忠也在福建反叛。在不到半年的时间里，滇、黔、湘、川、桂、闽六省全部被叛军占领。康熙十五年（1676年）二月，尚之信在广东反叛，这样一来，战乱迅速扩大到了赣、陕、甘诸多省份。

各地将领纷纷率兵反叛的消息传到北京，满朝文武大为震惊。以大学士索额图为首的官员主张追究撤藩者的责任，并且取消撤藩令，以求得各地罢兵。当时在京城的达赖喇嘛也暗中帮助吴三桂，提出"裂土罢兵"的方案。康熙力排众议，采取招抚的手法笼络其他叛乱分子，取消撤耿、尚二藩的决定，集中优势兵力打击元凶吴三桂。于是立即下令罢免吴三桂的王爵，将他的儿子吴梦熊杀死。并且迅速在军事上制定出一套详细的作战计划，下令讨伐。还任命顺承郡王勒尔锦为宁南靖寇大将军，由他率领八旗的精锐部队开赴荆州，与吴三桂的军队隔江对峙；命西安将军瓦尔喀率领骑兵前往蜀地；命康王杰书等人率大军前去讨伐耿精忠；命副都统马哈达领兵在兖州驻守、扩尔坤领兵在太原驻守，方便随时调遣。尽管如此，清军却还是接连战败。这其中的一个重要原因就是兵马调动不灵活，其次是八旗兵的斗志不强。

湖南守将在吴军的凶猛攻势下，很快就丢掉了大部分的城池。前往武昌等地的八旗兵谁都不敢渡江。而叛军却与之相反，吴三桂在许多年前就开始训练将士，因此兵强马壮，接连取得胜利。但是叛军也有无法克服的缺点。首先，百姓渴望统一，对发动战争的吴三桂比较敌视，这就使三桂在人力、物力、财力的支援上得不到补充；其次，军队内部将领都有私心，各自为战，无法形成整体，虽然在短期内军队的势头很猛，但难以持久。康熙依据时局的变化，向各路大军下达了指令：将湖南作为主战场，调动主力前往，坚决打

皇帝宝玺

击湖南的叛军；以陕、甘、川和江西、浙东为辅，三个战场的清军相互配合，将叛军分割开。这一决策起到了极大的作用，使清军顺利地切断了耿、吴叛军之间的联系。由于陕西的王辅臣态度不明确，有时归顺，有时又反叛，甚至还杀死朝廷派去的命官。康熙为了拉拢他，一再表示"往事一概不究"，康熙十五年（1676年），王辅臣终于决定归顺朝廷，这就保住了陕西，也使朝廷可以将更多的兵力调往南方。与此同时，康熙对耿精忠进行多次招抚，终于使他也归顺了朝廷，福建的战事也因此而解除了。康熙十六年（1677年）五月，尚之信归降，广东得以保全。吴三桂的外援相继归顺大清，他在军事上已经被孤立起来。这时，清军已经占据了优势。

康熙十九年（1680年），玄烨令清军分兵三路进军云南，向苟延残喘的叛军发

动总攻。第一路大军由章泰率领攻打贵阳;第二路大军由赖培率领进兵云南,同第一路大军会合后,攻打昆明;第三路大军由赵良栋率领攻打四川。随后,三路大军猛攻昆明。康熙二十年(1681年),经过长达八年的艰苦征战,祸及大半个中国的三藩之乱终于平定。平叛胜利的消息传来,朝野上下一片欢腾。康熙挥笔写就《滇平》诗一首:"洱海昆池道路难,捷书夜半到长安。未矜干羽三苗格,乍喜征输六诏宽。天末远收金马隘,军中新解铁衣寒。回思几载焦劳意,此日方同万国欢。"

收台驱俄　巩固边陲

　　康熙登基前后,郑氏家族始终控制着台湾(顺治十八年,也就是1661年,郑成功率军从荷兰殖民者手中收复),并不断出兵骚扰清政府的临海城市。康熙二年(1663年11月),康熙派军攻打郑经驻守的厦门,郑军在清军的猛烈攻击下,寡不敌众,被迫后撤,清军占领厦门,随后又攻下了金门、浯屿、铜山(今福建东山),郑氏的军队全部退回台湾。从1664年开始,康熙命施琅率领福建水师攻打台湾,但是两次出兵都无功而返。过了一段时间,康熙派人与郑经谈判,但两方都不同意对方的条件,使得和谈没有成功。在随后的十六年时间里,谈判始终没有间断,但是都没有取得什么进展。康熙二十年(1681年)三月,郑经因病过世,郑氏王朝因此发生内乱,再加上多年来天灾人祸不断,台湾市场物价飞涨,各阶级的矛盾日益激化,百姓怨声载道。康熙认为攻打台湾的时机已经成熟。于是在1681年7月,下令福建方面的将领做好攻打台湾的准备。

　　当年9月,康熙任命施琅为福建水师提督,负责攻打台湾。康熙二十二年(1683年)七月八日,施琅率领二百多艘战船、二万多名将士从铜山出发,向澎湖、台湾进发。大战之初,清军陷入重围,施琅率领士兵拼死突出重围。经过短暂的休整后,清军以五只船为一个作战单位,相互配合默

金嵌株天球仪

契,在澎湖海面发动反攻,战斗从清晨持续到傍晚,郑军全面败退,共损失了一百九十四艘大小船只,伤亡、投降的将士共有一万七千多名,残兵败将慌忙逃回台湾,施琅在对待俘虏上采取优待政策,赏赐所有被俘的郑军将士,医治负伤兵卒,愿意回台湾的可以派船送回。这一政策实施后,效果显著,台湾的郑军很快军心涣散,许多将领主张投降清朝。无奈之下,固守孤岛的郑经的继承人——郑克塽——不得不派人向清军送上降表。收到降表后,康熙谕准郑军投诚,并决定对投诚的官员加恩予以安置。八月十三日,郑军列队恭迎清军登上台湾岛,十月三日,施琅接管台湾,自此,台湾正式纳入清朝版图。战争结束后,为加强对台湾的控制,康熙设立台湾府,隶属于福建。台湾府下面设置三个县——台湾县(今台南)、凤山县(今高

雄)、诸罗县(今嘉义),派一名总兵率领八千名士兵长期驻守台湾。派遣二千名士兵驻守澎湖。这就加强了清朝对台湾的管辖,同时,也促进了台湾与内地的经济文化交流与发展。

统一台湾之后,康熙大宴群臣,正在此时,东北边境又传来沙俄军入侵的消息,俄军迅速出兵占领了黑龙江流域的雅克萨(今阿尔巴津)、尼布楚(今涅尔琴斯克)、呼玛尔(今呼玛)等部分地区。康熙二十二年(1683年)九月,康熙决定采取武装手段,驱逐沙俄侵略者,保卫边疆安宁。于是康熙下旨,勒令在雅克萨等地盘踞的沙俄军队撤离大清领土。但沙俄军根本不听,反而又出兵到爱珲等地进行掠夺,在大清将领萨布素的率领下,清军予以坚决的还击,在将沙俄军打败后,清军夺回了黑龙江下游沙俄军建立的据点,然后,放火将其焚毁,这就使雅克萨成为一座孤城,虽然如此,沙俄军依然负隅顽抗。康熙二十四年(1685年)正月二十三日,康熙命彭春率军前往爱珲,负责收复雅克萨。随后,三千多名清军携火炮和刀矛、盾牌等兵器,在彭春统率下分两路向雅克萨进发。大队人马来到雅克萨后,立即发出通牒,命沙俄军头领托尔布津率众离开清朝领土。但托尔布津仗着城墙坚固,火炮、鸟枪、弹药充足,拒不从命。彭春按当地的地形,将兵士火炮等安排好,于五月二十五日黎明开炮轰城,沙俄军死伤惨重,在无力抵抗的时候,托尔布津派人出城和谈,同意撤离雅克萨,但要求保留武装。彭春同意后,俄军撤走。彭春命将士们拆毁雅克萨城后,留下少部分士兵驻守爱珲,大队人马班师回朝。但沙俄军并没有死心,他们继续组织兵力,当得知清军已经撤走时,沙俄军在托尔布津率领下再次来到雅克萨地区,并在原来的城址上新建雅克萨城。康熙得知此事后,下令予以坚决反击。并派二千多名清军前去增援,清军包围了雅克萨城,在托尔布津拒不投降的情况下,开始发动攻势,在激烈的交战中,托尔布津中弹身亡,俄军伤亡很大,但他们在杯敦的指挥下继续顽抗。战争持续到秋天,清军考虑天冷后江面结冰,舰船行动不便,粮草运输困难,便先储藏粮食,打算长期围困雅克萨,并且在雅克萨城的南、北、东三面挖掘壕沟,派兵士把守,在城西的河面上派战舰巡逻,彻底切断城内守敌的外援。清军围困雅克

皇帝宝座

萨期间,曾打败多只前来增援的俄军,城内的大部分守军都战死或病死了,原有的826名俄军只剩下了66人。雅克萨城旦夕可下,俄国沙皇见多次增兵都没奏效,便派使臣向康熙议和,请求清朝撤围。康熙答应后,雅克萨的几十名俄军撤回了尼布楚。康熙二十七年(1688年)三月,大臣索额图、都统公佟国纲及尚书阿喇尼等人带着康熙的谕旨:"尼布潮(楚)、雅克萨、黑龙江上下,以及通此一河一溪,皆我所属之地,不可少弃之于俄罗斯"参加谈判,由于噶尔丹叛乱,谈判改在次年元月在尼布楚举行。两国代表经过紧张激烈的谈判,双方于康熙二十八年(1689年)七月二十四日,签订《中俄尼布楚条约》,条约明确规定,黑龙江以北,外兴安岭以南和乌苏里江以东地区都是中国的领土。此次谈判还就两国贸易、边民等事宜做出明确规定。条约内容用满、汉、蒙、俄、拉丁五种文字刻成界碑,矗立在中俄边界上。这是中国历史上同外国签订的第一个平等条约。

平复叛乱　三征噶尔丹

康熙登基后,一直宽待蒙古的各部落。沙俄政府战败后,很不甘心,唆使准噶尔部(蒙古族的一支)的首领噶尔丹率军攻打蒙古的其他各部落。一时间,蒙古草原战火纷飞,民不聊生。沙俄趁机胁迫蒙古草原的上层人物投降沙俄,在这关键时刻,喀尔喀蒙古宗教首领哲布尊巴丹拒绝了沙俄的诱降,毅然率领喀尔喀三部蒙古军民数十万人南下内徙。康熙二十九年(1690年),噶尔丹的势力逐渐壮大,他以追击喀尔喀为名,率两万叛军杀进了内蒙古地区,其前锋一直打到了距北京九百里的乌珠穆沁。噶尔丹的叛乱,对清朝构成了威胁,康熙派使者到噶尔丹那里,叫他撤兵,但噶尔丹仗着沙俄为他撑腰,非常蛮横,非但没有撤兵,还率大军攻打漠南。康熙当即决定亲自领兵攻打噶尔丹。

1690年,康熙将调集的大军分成两路:任命福全为抚远大将军,率领左路军队,从古北口出发;命常宁为安北大将军,率领右路军,由喜峰口出发,康熙亲自率领一队人马在后面接应。但是,噶尔丹率领军队长期征战,实力很强,清朝的右路大

皇帝的笔墨、砚等

军在与噶尔丹军的交战中打了败仗。噶尔丹率军乘胜追击,很快就攻打到了乌兰布通(今内蒙古昭乌达盟克什克腾旗),此地离北京只有七百里。连番得胜,令噶尔丹产生了骄傲的情绪。此时,康熙命福全率军迅速反击。两军在大红山下相遇,噶尔丹命大队人马驻扎在树林边上,同时,摆成一个驼城:将骆驼的四条腿绑住,让它们躺在两军中间的地上,骆驼的外围再放上箱子。这样一来,叛军就可以用驼城作掩护,阻止清军进攻。福全将全军的火炮火枪都放在阵前,同时向驼城开火,在

炮火声中,驼城被炸开了缺口。福全指挥步、骑兵同时向前冲杀,在人喊马嘶声中,两军展开混战,由于清军人数众多,再加上福全指挥得当,叛军被冲散了,许多士兵都开始逃命。

葛尔丹见形势不利,为了获得喘息的机会,急忙派人假意向清军求和。怯懦无能的福全立即下令停止追击,同时向康熙请示如何处理。康熙看出葛尔丹的求和只是缓兵之计,便下令道:"赶快派军追击!这是贼人的缓兵之计。"康熙果然猜对了,当清军再度追击时,葛尔丹带领着残兵败将已经逃到漠北去了。由于叛军已经远逃,康熙当时又身患重病,清军只好班师回京。随后,葛尔丹表面上对清廷恭顺,但暗地里却重新招兵买马。过了几年,葛尔丹又扬言沙俄派兵六万协助自己,在克鲁伦河畔发动叛乱,蒙古的各部落亲王都很慌张,急忙请求康熙派兵围剿。

1696 年,康熙开始第二次亲征,命将军萨布素领兵从东路进发;大将军费扬古统率陕西、甘肃的军队,从西路进发,两军对葛尔丹形成夹击之势;而康熙自己率领中路军,从独石口出发。几路大军按约定的时间展开夹攻。当康熙的中路大军到达科图时,与敌军的前锋相遇,此时,东西两军还没有到达,康熙没有退缩,他立即指挥军队向克鲁伦河进兵,同时派使者去通知葛尔丹,说康熙帝亲自带兵出征的消息。葛尔丹见清军中飘扬着黄旗,而且军容整齐,心中胆怯,连夜率军撤退。康熙领兵追击,同时通知西路军主将费扬古,马上率军在半路上截击。当葛尔丹的军队来到昭莫多(今蒙古人民共和国乌兰巴托东南)时,与费扬古的大军相遇。由于费扬古按照康熙的部署,事先在附近的树林茂密处设下伏兵,葛尔丹进入埋伏后,清军迅速出击,利用有利的地势,对叛军发动猛烈的进攻。在激战中,费扬古又派一

皇帝用膳的餐具摆设

支人马袭击了叛军的辎重,然后对其实行前后夹击。叛军伤亡惨重,只有葛尔丹带领几十名骑兵脱逃。两次大战,消耗了葛尔丹的绝大部分兵力,使他无力再战,但是却拒不投降。先是欲投沙俄,遭拒绝后又开始招兵买马。

为了杜绝后患,康熙三十五年(1697 年),康熙再度率领兵马渡过黄河亲征。此时的葛尔丹仍负隅顽抗,在接连战败的情况下,派使者面见康熙,表示愿意投降大清,但是希望康熙先将投靠清军的葛尔丹将士放回。康熙识破了葛尔丹的缓兵之计,继续对其穷追不舍,葛尔丹在走投无路的情况下,自杀身亡,其他众将也纷纷投降清军。随后,康熙封赏当地蒙古贵族,给他们封号和官职。同时又在乌里雅苏台设立将军,负责统辖漠北蒙古。1720 年,康熙帝出兵远征西藏,并护送达赖喇嘛

六世进藏，在拉萨设置驻藏大臣，与达赖、班禅共同管理西藏。康熙曾经说："昔秦兴土石之工，修筑长城。我朝施恩于喀尔喀，使之防备朔方，较长城更为坚。"

重文治吏　宽政勤俭

　　康熙在位初年，为缓和满汉民族矛盾，采取多种措施，争取知识分子投靠清朝。除了进行传统的科举考试外，康熙还特设"博学鸿词科"，康熙十八年（1679年），在一次体仁阁考试中，康熙就将50人授予翰林院官职，命其编修明史。对那些拒绝参加应试者，康熙也采取了宽容的态度：关中大儒李颙拒绝应试，官员无奈，只好任其自便。康熙点名要见李颙，李颙拒不应召，康熙非但没有降罪，还赐予"志操高尚"的匾额以示褒扬。

　　康熙一生好学不倦，博学多才，在中国历史上是少有的嗜书好学的帝王。他昼夜苦读，不论寒暑。对书法也非常爱好，要求自己每天都写千字，从无间断。他在读"四书"时，都达到了能够背诵的程度，就连外出的时候，他也会带上大量书籍以便随时阅读。他所读之书涉猎范围极广，从中国的四书五经、辞章、历算等传统文化到西方的天文、地理、医学、几何等自然科学知识，无不研读。他曾向法国传教士白晋、张诚等人学习几何、代数三角等课程，进步极快。并组织编写《律历渊源》《数理精蕴》《康熙字典》《古今图书集成》《律历渊源》《全唐诗》《清文鉴》等。同时组织进行了全国性的土地测量，并绘制了《皇舆全图》，这次地理测绘，对世界地理学有着巨大的贡献。

　　当白晋等六位科学家受到康熙的重用后，又有许多西方科学家来到清朝。康熙在位期间曾经因为过于操劳而得过几场大病，这使他开始研究医学。康熙40岁那年，身患疟疾，太医们开的中药都无法治愈，御医们束手无策。当时，信奉耶稣的洪若翰、刘应得知此事后，将西药金鸡纳霜（奎宁）进献给康熙，他服用后，病情减轻，很快就全好了。康熙龙颜大悦，立即召见洪若翰、刘应，并将西安门内的房屋赏赐给他们。后来，康熙得知大臣曹寅也患有疟疾，便将金鸡纳霜赐予他，曹寅服后，身体很快也好了。在这之后，康熙对西药产生了浓厚的兴趣，还指定专人在京城内炼制西药，在宫中也设立专门的实验室，康熙经常前去观看药品试制过程。康熙因出过天花，留下了满脸的麻子，当他听说种痘能够防止天花病时，便大力推广，并率先让自己的子女及宫人种痘。以前蒙古贵族为了减少出天花的机会，可以不入京朝觐。现在，他便命人专门给蒙古49旗及喀尔喀

康熙御玺

蒙古牧民种痘，这使千万人免去了因患天花而死亡或者留下麻子的悲剧。为了将

西方医学引入中国,康熙令耶稣会士巴多明将西洋《人体解剖学》翻译成汉文和满文,他自己还曾参加过动物的解剖实验。

有一次,康熙在处理政事时因为不懂得自然科学而遇到了困难,在这次事件之后,他开始研习自然科学。当时,朝中大臣杨光先与汤若望对天算历法展开了大争论,康熙便命文武大臣到午门前观测日影,但是满朝文武全都不懂天文历法,就连康熙也不懂。他不禁心想:自己不懂,如何判断谁对谁错呢?于是,他开始学习和研究自然科学,并于康熙二十七年(1688年)十一月二十八日,在乾清宫召见了白晋、张诚等六位外国科学家。科学家们献上他们带来的几十件科研仪器和各方面的书籍。这令康熙非常高兴,当即让这六位科学家入宫,担任自己的科学顾问。从此,清朝宫廷便出现了外国科学家从事科学活动的现象。

在完成国家统一的同时,康熙没有忘记壮大国力,发展生产。在他登基的初年,就屡次下令停止圈地,鼓励百姓开垦荒地,并将税收的年限放宽。还兴修水利,促进农业生产;治理黄河、淮河、运河、永定河等,以避免出现涝灾。如果地方上出现灾情,康熙就会立即派官员去开官仓赈灾,避免百姓流离失所。康熙十六年(1677年),康熙到塞外视察民情,在出行的半路上发现有人躺在地上。康熙亲自上前,见他已经昏倒,便急忙命人给他喂热粥。原来那人是个佣工,正打算回家,因为饥饿便倒在地上起不来了。康熙立即命人给他部分银两作盘缠,送他回家。康熙十八年(1679年),北京发生了大地震,康熙下令在京城附近开设了几个粥厂,同时命令太医免费给伤病者治病。康熙主张宽刑政策,在康熙二十二年(1683年),全国被判死刑的犯人只有区区几十人。

康熙二十三年(1684年),康熙一改清初的禁海令,在广东澳门、福建漳州、浙江宁波、江苏云台山四处开设海关,管理往来商船,征收关税。使南洋的香料、棉花、药材,西欧的自鸣钟、玻璃、呢绒、仪器等源源不断地流入中国,而中国的茶叶、生丝、绸缎、陶瓷也大量输入世界各地。海外贸易的发展,使清政府获得了相当客观的财政收入,促进了东南沿海地区手工业的发展,涌现出来一批如南京、广州、佛山、厦门等新兴的工商业城市,使资本主义的萌芽在这些地区得以发展。康熙还逐步放宽了对采矿的限制。康熙二十一年(1682年),康熙诏令,允许私人开矿。不久各地的采矿业便兴旺起来,仅云南一省的铜产量每年就达到四百万斤。至康熙末年,云南一省就有铜矿18处,矿工近百万人,广东、广西、四川、贵州等富矿地区采矿业也有了较大规模的发展。但是,康熙仅仅把开海、开矿当作经济上的权宜之计,并没有做出更长远的考虑。当经济发展到一定水平以后,他认为开海、开矿在政治上的危害远远大于经济利益时,又做出了禁矿、禁海的决定。康熙五十四年(1715年),他以矿产采尽,矿工难以遣散及矿工造反为由,禁止任何人再兴开矿。这样,刚刚发展起来的矿业重新衰落下去,云南的铜产量下降到每年一百万斤。康熙五十五年(1716年),又以防止海盗骚扰为由,禁止商船前往南洋各地,只允许去东洋贸易。这样,曾经开启的古老帝国的大门,最终又关闭起来。

康熙深知贪官污吏的勒索和压榨是民变的直接原因,因此他非常重视整顿吏治,在他的整个政治生活中,整顿吏治是最重要的组成部分。

第一,注重充实对官吏的考核制度,严申考核,整顿"京察""大计"制度。在将近四十年的时间里,康熙共举行大计14次,罢斥、更换官员六千多人。

第二,注重惩治贪官污吏。对那些被查处出来的贪官污吏,进行严惩。康熙曾经在官员面前表示要"摈斥贪残""重惩贪酷"。在1681年前后的近

乾清宫

25年里,康熙惩办贪赃的总督、巡抚等地方大员多达26人。官员的贪污之风有所收敛。第三,提拔行为端正、能体会皇帝心意的官员。他曾说:督抚清廉,下面的属员就会交相效法,皆为良吏。为了考察官员的实际政绩,康熙常常派遣钦差大臣,视察各地督抚等官员的表现,官场为之清明。

第四,注重奖掖廉洁、表彰清官。康熙认为,为官要"德胜于才,始称可贵"。康熙在位期间,多次训谕臣下,要向朝廷举荐清官。据统计,他亲口称赞的清官多达二三十人。例如于成龙为遏止统治阶级的奢侈腐化,带头实践"为民上者,务须躬先俭朴",廉洁奉公、政绩卓著、刻苦一生,深受百姓爱戴,康熙知道后,就称赞他

紫禁城全景

为"今时清官第一"。康熙大力表彰清官,既为朝中的大小官员树立了榜样,养成官吏清廉的风气,又可借以打击贪官污吏,还能推行"仁爱"理念,为自己博得仁政的好名声。清官难当,在历朝历代都是如此,但是,康熙却能明察是非,信任并保全

194

清官,这使康熙年间很少出现大贪官。

康熙勤勉为政,在他执政的61年间,他始终兢兢业业地处理国家政事,即使在深夜得到急报,也要披衣起身,详细研究奏章,给予批复。当右手患病不能执笔时,他便用左手批阅奏章,从不让别人代笔。外出避暑狩猎时,他也从不耽误自己读诵奏章,还一一批签。因此,康熙曾自豪地说:所有奏折上的朱笔谕旨,皆出自朕手,没有代书之人。

康熙以明代奢侈亡国为教训,十分注意节约俭省。他在生活上的要求极低,龙袍破损了,也舍不得扔掉,命人缝补之后继续穿。康熙以身作则,节俭之风在宫中以至在全国盛行,单宫廷的花费就比明代大大减少。在此基础上,康熙反对浮夸虚饰,提出"满招损,谦受益",大臣们曾多次上疏,为他上尊号,都断然拒绝。对官员们说:"无视无听,视乎民生,后人自有公论。若夸耀功德,取一时虚名,大非朕意,不必敷陈。"

当朝臣以各种名目晋献贺礼时,他婉言拒绝道:"你们晋献,各省督抚定会仿效,我不能接受。"康熙保持清醒的头脑,在内政外交上取得了重大胜利,拒绝臣民颂扬,抑制虚饰浮夸之风在封建王朝中是难能可贵的。

康熙治理国家的各项政策实施后,取得了很好的效果,官员一心为民,吏治清廉,农工商快速的发展,令百姓丰衣足食,国库充盈,到1722年,全国人口达到了2570余万,土地的垦田数量达到735万余顷。康熙在位期间被称为"康熙盛世"。

心力交瘁　后继有人

康熙雄才大略、勤勉为政,但是,随着国力的日益壮大,他在晚年时,开始变得保守,放宽了对贪污官吏的处罚力度。他曾说:廉吏也并非一文不取,否则,他的家人胥吏如何生活。由于康熙晚年的放纵,清朝吏治开始变坏,百姓在日益严重的压迫下出现反抗。非但如此,就是在朝廷内部,斗争也趋于白热化,最为突出的就是"立储"一事。作为封建帝王,康熙拥有众多嫔妃。子女自然也很多,单皇子就有35名,这本是皇族兴旺的标志,但康熙却将此看成难题,并为此心力交瘁。康熙十四年(1675年),21岁的康熙采用汉族统治者嫡长子为皇位继承的制度,将中宫孝诚仁皇后所生的年仅有一岁多的胤礽立为太子,并在当年的十二月举行了隆重的立储大典。在胤礽的成长过程中,康熙派专人教他学文习武,当胤礽的年龄稍大后,康熙又让他协助处理政务。他的心愿就是将胤礽培养成理想的君主。胤礽不负所望,他勤学上进,能文能武,唯一的缺点就是养成了骄纵任性的性格。

康熙四十二年(1703年),依附胤礽的元老重臣索额图因"结党"被幽禁。康熙四十七年(1708年),康熙因不满胤礽的所作所为,痛下决心,在去木兰围场秋猎途中宣布废掉太子胤礽。但康熙却为此事连续六个昼夜无法安睡。当时,多位皇子都已经年长,各自结交权贵,发展自己的势力,觊觎皇位。废掉太子后,诸皇子夺权的欲望更加强烈,活动日益加剧。这时,皇八子胤禩在诸皇子中实力最强,他秘密授意暗中拥护自己的部分大臣推举自己为太子,康熙知道后,立即斥责举荐之人。胤禩怕康熙再一次立胤礽为太子,便想方设法谋害胤礽。康熙听到消息后,大为震怒,想亲手杀死胤禩,幸亏皇五子胤祺苦苦哀求,父子相残的悲剧才没有发生。但胤禩却因此而丢掉了贝勒封号。后来,皇长子胤禔使用巫术诅咒胤礽,事情败露后被康熙一怒之下革去王爵,终身监禁。参与这场争斗的其他几位皇子,也都受到了相应的惩处。康熙在这种错综复杂的局面下,难以决断。他曾痛心地对皇子们说:"在我百年之后,你们必定会把我丢在乾清宫内,只顾束甲相争。"

康熙御碑

康熙四十九年(1709年)三月,康熙对自己曾经仓促废掉太子一事有些后悔,同时认为胤礽有悔过表现,也想断绝诸子争立的念头,于是对胤礽提出忠告后,又将胤礽复立为太子。他本来希望以此来平息争储的争端,可是事与愿违,形势反而愈加严峻,皇子间的权力之争趋于白热化。胤礽为保住储君地位,再次收罗党羽,扩充实力。康熙看在眼里,非常忧虑,经过深思熟虑,于康熙五十一年(1712年)九月以太子"行为乖戾""大失人心"为由,再次废黜太子胤礽,并降旨将其永远禁锢于咸安宫。

养心殿东暖阁

此时,年近花甲的康熙由于多年来的操劳,体质越来越差,但他却不许朝臣议论立储之事。而是准备在临终前留下传位遗诏,暗立即位人。他晚年最中意皇十四子胤禵,特任命其为抚边大将军,派他前往西北边陲,扭转事关重大的西北战局,让他建立功绩,提高自己在群臣中的威望,为继承皇位创造条件。

康熙六十一年(1722年)十一月八日,康熙身染重病,而且还发起了高烧,经过太医们的诊治,有所好转,于是居住在畅春园静养。十一月十三日,康熙突然过世,终年69岁,在为61年。葬于河北省遵化市西北的"景陵",庙号为"圣祖仁皇帝",史称康熙皇帝。康熙从8岁开始即位,16岁的时候开始亲政。他一生北巡51次,下江南6次,一生之中不断东巡西察,他为政勤勉,外御侵略,内平叛乱,重农贵粟,整饬吏治,用自己的文韬武略亲手勾画了清帝国辽阔的版图,成为大清帝国繁荣局面的开创者。

康熙过世后,内侍当着朝中大臣的面,宣读康熙的遗诏:传位于皇四子。于是胤禛登基,将第二年改为雍正元年。

【名家评点】

满族是个了不起的民族,对中华民族大家庭做出过伟大的贡献。清朝开始几位皇帝都很有本事,尤其是康熙皇帝。

——毛泽东

康熙帝是一位很有作为的君主。

——白寿彝《中国通史》

玄烨大帝,这个中国历史上最英明的君主之一,年轻气壮,有刘邦豁达大度的胸襟和李世民知人善任的智慧。

——柏杨《中国人史纲》

【历史印证】

利用智谋除掉奸臣,削平三藩,抗击沙俄,统一台湾,励精图治,使社会经济得到长足发展,成为被后人赞颂的明君。

清世宗雍正:厚黑心肠 霹雳手段

【个人档案】

姓名:爱新觉罗·胤禛

别名:西藏称呼为"文殊皇帝"

生卒:1678 年～1735 年

属相:马

在位时间:13 年

谥号:敬天昌运建中表正文武英明宽仁信毅睿圣大孝至诚宪皇帝

庙号:世宗

主要作品:《雍邸集》《大义觉迷录》。

主要成就:平定罗卜藏丹津叛乱,推行国计民生改革,设立军机处,设立会考府。

陵寝:清泰陵(今河北易县西 15 公里处泰宁镇永宁山下)

雍正像

【枭雄本色】

为了显示自己的仁孝,雍正以不忍动用乾清宫内先皇的遗物为由,将皇帝处理朝政的地方移到了养心殿。在铲除异己的同时,雍正没有忘记集权中央,因此,他将自己的心腹、在自己登基过程中立有大功的隆科多和年羹尧视为大敌。在对二人的处置上,雍正也没有手软,以"居功自傲,蔑视皇权"等缘由,对其施以削权、监禁、抄家直至处斩。并且在此期间,他还大兴"文字狱",导致许多书生惨遭杀害。雍正登基,没有忘记整顿朝廷机构和吏治,经深思熟虑,他下旨进行了一系列的改革措施,如创设军机处,整顿吏治,清理钱粮,扩大垦田,出兵平定青海叛乱,为加强对西南少数民族的统治,实行摊丁入地、建立养廉银制度等。因此,促进了国内各项生产发展,使雍正年间国家经济日益繁荣,百姓丰衣足食,国库充盈,政局相对稳定,也为乾隆创建清朝的全盛之势提供了有利的条件。

韬光养晦　觊觎皇位

1678 年 12 月 13 日,孝恭仁皇后乌雅氏生下一子,他是康熙皇帝的第四个儿子,康熙为他起名叫胤禛,皇子的生活虽然是锦衣玉食,却枯燥乏味,这使胤禛逐渐养成了孤僻的性格。胤禛出生前的 1674 年,皇后赫舍里氏生下了皇二子(实际是六子)胤礽,由于难产,赫舍里氏当即死亡。康熙与皇后的感情很深,他为此非常伤心,并将对赫舍里氏的感情放到了胤礽身上,对他特别钟爱。康熙在 22 岁时,就将年仅两岁的胤礽立为皇太子。随后他也竭尽全力地教育皇太子,在康熙十七年(1678 年),皇太子出天花,当时,朝廷正在全力平定三藩之乱,但康熙却亲自护理太子,一连 12 天没有处理朝政,由此可见康熙对太子的感情。胤禛 20 岁时,被封为贝勒,第二年又晋封为雍亲王。由于康熙的孩子众多,在这段时间里,皇子们开始培植自己的势力,相互间开始了明争暗斗,希望有机会能争夺皇位的继承权。在这段时间里,依附皇太子的官员越来越多,在朝廷中逐渐形成了太子党。康熙知道这件事情后,对太子严加斥责。

康熙四十七年(1708 年),康熙帝在木兰围场的布尔哈苏台行宫休养期间,以皇太子胤礽"不法祖德,不遵朕训,惟肆恶虐众,暴戾淫乱"的名义,废除胤礽的皇太子之位。但是废皇太子之后,其他皇子为了争夺储位相互间的斗争更为激烈。康熙怕兄弟相残的事情出现,便于第二年又把胤礽立为

清朝服饰

皇太子。当时,皇太子在朝廷中已经形成了自己的势力集团。胤礽生母赫舍里氏的祖父是辅政大臣索尼,父亲是领侍卫内大臣噶布喇,叔父是当朝的大学士、领侍卫内大臣索额图。索额图笼络了许多官员,维护在皇太子身边,经常在一起议论国事,秘密筹划着未来。康熙为了警告皇太子,便以党争的名义下令处死了国丈索额图。可是,皇太子非但没有收敛自己的过激行为,反而更嚣张跋扈,变得肆意妄为。万般无奈之下,康熙于五十一年(1712 年),第二次废除皇太子胤礽,并对其加以严惩,其同党尚书齐世武也被用铁钉穿体而过,钉于墙壁上而死,在狱中自杀的步军统领托合齐也被锉骨扬灰。皇太子的再一次被废,又引起了一个严重的后果——皇子们的野心空前的膨胀起来,都认为太子既然已经被废掉,皇位是谁的还无定数。于是,开始大力拉拢朝臣,结党营私,密谋篡夺皇位。并逐渐形成了皇八子胤

禩集团和皇四子胤禛集团。胤礽的太子之位虽然被废，但他依然没有放弃，三位皇子集团之间的权力相争愈演愈烈。

皇四子胤禛城府很深，他一直都在暗地里结交朝臣，以壮大自己的势力，真心投靠他的有：十三皇子胤祥、十七皇子胤礼，以及大臣隆科多、武将年羹尧等人。胤禛很有心计，他通过仔细地观察、细致的分析，制定出"鹬蚌相争，渔翁得利"的计划。于是，他将自己的野心收藏起来，对康熙极尽孝道，做任何事情都力求表现出自己"安静守分"，潜心向佛，善待天下。在皇八子胤禩的任何事情上，既不参与，也不反对。只是尽可能地在父皇面前显示自己的忠孝，在兄弟面前显示自己的友善，同时，积极地与朝中大臣交往，力求在官员心目中树立良好的印象。就连自己同母所生的十四皇弟与皇八弟允禩结党，他也没有出面反对。在国事上，胤禛勤勉敬业，全身心投入，凡是康熙派给自己的事情，都会按父皇的意愿竭尽全力、认认真真地完成，尽量做到让他满意。当胤礽与胤禩的皇位之争趋于白热化时，胤禛也在积极地努力着。康熙五十二年（1713 年），他的心腹戴铎向他进言，劝他不要过多暴露自己的野心，学会更好的伪装自己，对待其他的兄弟要宽容以待，对待自己的父皇要诚挚孝顺。胤禛深知博取父皇信赖和欢喜的重要性，于是他接受戴铎的建议，将孝顺父皇作为自己的一项宗旨。

此后，在皇子们争夺皇位时，他并不公开竞争，也没有支持谁，反而劝慰康熙保重龙体。康熙在第一次废太子时，心中悲痛彻夜难眠，很快就病倒了。胤禛就专心地守在一旁，还奏请康熙同意自己选择太医与懂得药性的皇子胤祉、胤祺、胤禩等共同检视方药、尝试汤药，随后服侍父皇服药治疗。康熙心中宽慰，病体逐渐痊愈。后来，康熙曾命梁九功传谕道："当初，在拘禁胤礽时，没有人出面替他说话，只有胤禛晓得大义，重手足情，在我面前多次为胤礽保奏，只有像他这样的心胸和行事作风，才能够成就大事。"胤禛的付出终于得到了康熙的回应。

在对父皇"诚孝"的同时，胤禛也知道，处理好兄弟之间的关系，也是一件非常重要的事

养心门

情。有一次，胤禛跟随康熙出京，在途中，他创作《早起寄都中诸弟》，诗中说："一雁孤鸣惊旅梦，千峰攒立动诗思。风城诸弟应相忆，好对黄花泛酒卮。"诗中的意思很明显：胤禛不愿做孤雁，而有做群雁的心意。他在登基之前也尽量地做到了一

点,在处理兄弟关系时,履行"不结党""不结怨"的原则。这使他游走在皇子与皇父之间的缝隙中,巧妙地躲避着各方面可能对自己造成的伤害。

虽然如此,来自各方面的压力还是改变了胤禛的性格,他开始变得喜怒不定,遇事急躁。康熙很了解胤禛的性格,因为此事他曾经批评胤禛,并把喜怒不定四个字做成对胤禛的批语记录下来。康熙四十一年(1702年),胤禛来到康熙面前,央求道:"父皇,我现在都20多岁了,求您开恩将'喜怒不定'四个字去掉,不要记载了行吗?"根据胤禛的表现,康熙点头同意,重新为他写批语。胤禛在登基时,曾经对大臣说过:先皇经常教导朕,遇到任何事情都要避免急躁,而应该忍。因为此事,先皇还曾多次降旨,朕要将其敬于居室之中,经常观看,以提醒自己。过了一段时间,胤禛专门命人定做"戒急用忍"牌子,挂在居室之中,当成座右铭,时刻警示着自己。

胤禛在几十年的实际磨炼中,终于安然无恙的到达了权力的高峰。1722年,康熙在北京畅春园驾崩,去世之前,他将胤禛安排到天坛祭天,随后召见七名皇子,并让理藩院尚书、步军统领隆科多传旨,将皇位传给将近45岁的四子胤禛,称为雍正。《康熙遗诏》原文为:"皇四子胤禛,人品贵重,深肖朕躬,必能克承大统,着继朕登基,即皇帝位。"爱新觉罗·胤禛登基后,将年号定位雍正。意思为:雍亲王得皇位是天意,乃正君。

君临天下　屡兴冤狱

雍正继承皇位,君临天下的时候,朝中气氛非常紧张,雍正的即位引起了诸多皇子的不满,并出现了与之抵制的情况。京城的全部城门关闭六天,没有觐见圣旨召见,所有的王爷皇子们不得进入大内。这时,各股势力都在密谋,可谓箭已上弦,形势非常紧张。但是此时的雍正已经恢复了心狠手辣、刻薄寡恩的心性,并且早已谋划好了措施,在接下来的几年间,众多皇子都因犯罪而被削职或处死。雍正对自己的骨肉同胞没有手软,对待自己的心腹近臣也毫不容情。他猜忌跟随自己的有功之臣,许多大臣都被杀害,最突出的例子就是年羹尧和隆科多的死,真可谓:飞鸟尽、良弓藏、狡兔死、走狗烹。

年羹尧是镶黄旗人,他的父亲年遐龄曾官至湖广总督,年遐龄的女儿长大成人后嫁给了胤禛,胤禛登基后,将其封为皇贵妃。康熙在位时,年羹尧被委任为四川巡抚、定西将军,并立下了赫赫战功。因为他与胤禛有亲属关系,所以在众多皇子争夺皇位时,年羹尧始终站在胤禛一边,为其出谋划策,由于他手中拥有兵权,成为胤禛集团的一张王牌。胤禛称帝时,年羹尧起到了不容忽视的作用,所以胤禛继位后,专门下旨将抚远大将军皇子允禵调回京师,命年羹尧前去接任大将军之职。当朝中的局势稳定下来后,雍正皇帝于雍正三年(1725年)二月,将其调回京城,并以他在《贺疏》中将"朝干夕惕"写成"夕惕朝干"为由("朝干夕惕"是《周易》中的一句话,代表勤勉努力、只争朝夕的意思。雍正认为年羹尧是故意将这句话写反的,目的就是不想让自己拥有"朝干夕惕"的美名。此后,雍正皇帝开始兴起文字狱),当即罢免了年羹尧的将军职务,随后又将他的其他官职全部罢免。当年,雍正就为年羹尧定下了 92 款大罪,其中的 32 条都是死罪,每一条都将杀掉年羹尧的头。经过简单的审问,全部罪名都成立,雍正令年羹尧在狱中自裁,并将他的儿子年富镖处斩,年羹尧府中满十五岁的家眷全部充军。

隆科多是满洲镶黄旗人,他的父亲佟国维是一等公,他的妹妹就是康熙的孝懿仁皇后,他是雍正的亲舅舅。康熙晚年,隆科多升任理藩院尚书、步军统领。在康熙过世时,宣读遗诏说雍正继承皇位的就只有隆科多一人。康熙发丧期间,隆科多率兵把守京城的九门,积极打击与雍正为敌的各种势力。雍正能够继位,隆科多在中间起到了非常重要的作用。隆科多也知道自己所做的事关系重大,他在雍正即位后,曾经说过:"白帝城受命之日,即死期将至之时。"隆科多所言很快就得到验证。他虽然被封为一等公、吏部尚书、加太保等官职,但依然被雍正找到了四十一款大罪,不过,雍正没有将其处死,只是将其监禁在畅春园外的三间房中,永远不得外出。雍正六年(1728 年)六月,孤苦伶仃的隆科多在禁所过世。

雍正在排除异己、以各种名目处死大臣的时候,百姓中流言四起,许多关于他的即位的猜测在全国内迅速蔓延。许多文人都将此事著书,并在民间广为流传,这对雍正的统治极为不利,为此,雍正下旨,将所有著书反对大清朝的文人一律处死。这被人称为"文字狱",虽然康

清朝寿字花瓶

熙年间也曾经兴起过"文字狱",但在雍正朝代变得更加严重。在这次"文字狱"中,最出名的就是"吕留良事件"。

吕留良原本是一名著名的学者,大清入关消灭了明朝以后,他积极参加到反清复明的斗争中,斗争失败后,吕留良就回到家中,开始收学生教书。由于他的名气很大,便有人推荐他到朝廷为官,吕留良坚决拒绝。当地的官员前来好生劝说,可他不听,官员没有办法,就派人威胁他,吕留良依然没有同意,他见朝廷逼得太紧,就找了一家寺院,剃头当了和尚。官员们见他当了和尚,也就不再去找他了。吕留良到庙里当上和尚之后,开始偷偷著书立说,书中自然有许多反对清朝统治的内容。好在书写成之后,没有在民间流传开,到吕留良死后,根本就没有人再注意他了。

曾静是湖南人,一个偶然的机会,他看到了吕留良的文章,认为文章写得很好,

对吕留良的学问非常敬佩。有一天,他将自己的学生张熙叫到跟前,对他说:"你到浙江吕留良的老家去一趟,打听一下他遗留下来的文稿,能找到的话就带回来。"张熙答应后,准备好吃喝路费就启程了。他来到浙江,很快就打听到文稿的下落,在寻找书稿时,他还找到了吕留良的两个学生,并与他们很谈得来。张熙回到湖南向曾静详细诉说了此次的经过,曾静便与吕留良的两个学生见了面,四个人在一起交谈时,议论起清朝统治,都非常愤慨。几个人开始秘密商量,想找个办法来推翻清王朝的统治。他们也有自知之明,知道只是依靠几个读书人无法办成大事。

过了一段时间,曾静听说担任陕甘总督的汉族大臣岳钟琪是岳飞的后代,他在讨伐边境叛乱的时候立了许多战功,雍正帝非常器重他,便将陕甘地区的兵权交给他。曾静心想,如果能够劝说岳钟琪起兵反清,成功的希望就大了很多。于是,曾静便将自己的打算写成一封信,让张熙带着去找岳钟琪,趁机劝他起兵。张熙见到岳钟琪后,将老师的书信呈上去,岳钟琪打开一看,见信中的内容是劝说自己反清,不由大吃一惊,当即质问张熙道:"你是从哪里来的,是何人指派,胆敢将这样大逆不道的信送到我的府上。"

张熙气定神闲地说:"将军和清人有世仇,难道您就不想报仇吗?"

岳钟琪当时一愣,又问道:"这话从何说起?"

张熙接着说:"将军姓岳,自然是南宋岳忠武王(岳飞)的后人,现在的清朝皇帝,他的祖先是金人。当年,岳王就是被金人和秦桧共同害死的,这乃是千古奇冤。现在,将军手握重兵,如果起义,正好替岳王报仇。"

远眺雨华阁

岳钟琪一听,当即翻脸,大喝一声:"住嘴!来人,将这个逆贼给我拿下。"有兵丁从外面进来,将张熙押进监牢。随后,就有官吏提审张熙,追查他的幕后主使人。大堂上的各种酷刑都用到了张熙身上,可他依然不招,还一口咬定说:"要杀要剐随便,要找指使人,没有!"岳钟琪见多次用刑都没有结果,心说,张熙虽然是文人,但称得上是一条硬汉,既然动硬的治不了他,那就给他来软的。第二天,岳钟琪命人将张熙从大牢中放出来,并以非常秘密的方式接见他。他还假惺惺地说:昨天对他用刑,只是想试探他,昨天听了张熙的话,深受感动,经过一夜的思考,他已经决定起兵反清,希望张熙为自己出谋划策。刚开始,张熙根本不相信他的话,但是,岳钟琪装得非常像,而且还赌咒发誓,张熙才逐渐地相信他。在随后的几天交谈中,两人的关系越发的近了。张熙完全相信了岳钟琪,对他无话不谈,并将老师曾静交代自己的话全抖了出来。岳钟琪得到张熙提供的情况后,立即派人到湖南捉拿曾静,同时,写了一份奏章,将曾静和张熙图谋造反的情节,如实地上报给雍正皇帝。

雍正皇帝看到奏章后,气急败坏,当即下旨,命令岳钟琪将曾静和张熙押送京城,对其进行拷打审问。到这时候,张熙才知道上了岳钟琪的大当,但是悔之晚矣,不招也不行了。这样,雍正皇帝就知道曾静跟吕留良的两个学生还有来往,这样一联系,案子就牵扯上吕留良家。当时吕留良已经过世,雍正就命人将吕留良的坟刨开,把棺材劈了,将其尸骨抛在荒野之中。即便如此,雍正还不解恨,又将吕留良的后代和他两个学生的九族全部处斩。就连许多与吕留良有关联的读书人也受到株连,被充军到边远地区。

雍正实行的文字狱,虽然有一些是反对朝廷的活动引起的,但大部分文字狱,都是牵强附会,完全是在挑文字过错,有时,就连一句诗中的一个字也会惹出大祸。一天,翰林官徐骏在写奏章时,将"陛下"的"陛"写成了"狴"。雍正帝见后,立即将徐骏革职。随后,派人到他家中搜查,有人在徐骏的诗集里找到了两句诗:"清风不识字,何故乱翻书?"雍正认为"清风"是指清朝,便以诽谤朝廷的罪名,杀死了徐骏。像这样的事情,在雍正年代数不胜数。

加强皇权　大力改革

雍正登基称帝后,在铲除异己的同时,继续执行先皇康熙统一国家的政策,打击分裂活动。雍正元年,曾经被康熙消灭的噶尔丹的侄子策妄阿拉布坦与青海和硕特部落首领罗卜藏丹津召集20万大军,起兵反清,大军开始攻打西宁。当时,年羹尧是大将军,他和岳钟琪分兵两路,前去讨伐,清军来到前线后,将士们奋勇杀敌,经过几次交战,清军大胜,随后,大队人马乘胜追击,终于将青海纳入了清朝版图。雍正五年,雍正皇帝为了稳定中俄边界的局势,派遣策凌为清朝的全权代表,与俄国签订了《布连斯奇条约》,在第二年又签订了《恰克图条约》,详细划定了中俄边境,对中俄边界地区的经济和贸易发展起到了促进作用。

在发展生产方面,雍正继续执行康熙时的政策:鼓励百姓开垦荒地,调动人力物力兴修水利。雍正在位的13年间,全国的田地从735万顷增加到890万顷,对卫河、淀河、永定河等进行了疏通,重新修建了黄河、运河的堤岸,直隶营田工程、浙江和江南海塘工程也在这段时间内相继完工,这对灌溉农田,防止涝灾起到了积极的作用。不但如此,雍正还免去了受灾区12年的赋税和部分地区的漕粮。

康熙在位时出现的太平盛世,令各地官员滋长了懒惰的情绪,在处理朝政时,都抱着多一事不如少一事的原则。由此而来的是各地官僚腐败现象越来越严重,吏治松弛,严重威胁着"盛世"的存亡。雍正深知这种现象对国家的危害,于是他在即位初年便开始大力惩治腐败、整顿官场,在雍正元年(1723年)正月,他连续颁布了十一道圣旨,开始实行改革措施。

养心殿西暖阁

第一,整顿吏治。雍正在训谕各级文武官员时称:不许暗通贿赂,私受请托;不许库钱亏空,私纳苞苴;不许虚名冒饷,侵渔贪婪;不许纳贿财货,戕人之罪;不许克扣运费,馈遗纳贿;不许多方勒索,病官病民;不许恣意枉法,恃才多事等。除此之外,他还严诫:因循不改者,必将受到严惩。同时,将亏空钱粮的各地官员革职查办,不得留任,严令禁止官员纵容下属勒索地方。而且还在当年成立"会考府",对国家的财政支出进行审计,重新制定收支预算。在这一年中,就有几十名各级官吏被革职抄家,其中,三品以上的大员就占据了将近一半。吏治的整顿,取得了初步的成效。当一大批贪官被绳之以法后,官场面貌大大改善。社会风气逐渐转好,国库收入逐年增加。

第二,密折制度。雍正为了在第一时间了解实际情况,实行密折制度。"密"就是机密,只有皇帝特许的官员才有资格上奏折,其官员数量比康熙时期多出十倍。奏折上内容广泛,几乎无所不包:天气状况,官场隐私,百姓家事,社会局势等等。此外,皇帝可以通过奏折直接与官员对话,方便皇帝更加准确全面地了解实际情况,以便采取相应的政策。因奏折有着特殊的运转处理程序,官员之间不能互相得知。从而避开了不必要的人为干预,有利于各个官员之间互相监督、告密。这样一来,什么事情都瞒不了雍正,加强了皇帝掌控国家的权力。

第三,设立军机处。为了更好地辅佐皇帝处理日常事务,雍正设立了军机处。军机处位于紫禁城隆宗门内北侧。军机大臣没有固定名额限制,有时多,有时少。依具体情况而定。军机大臣的主要职责是每日觐见皇帝,商议处理军政事务,并起草公文,对各部门做出指示。在清初,共设立了三个重要的军政机构:议政处、内阁、军机处。议政处的官员多数是王公贵族,称为议政大臣。后期又设立内阁,将军务、政务分开处理,削减了议政处的权利,使这个部门的地位开始下降,到乾隆年

紫禁城三大殿俯瞰

间便撤销了。军机处建立后，负责处理重要的军务，军权被军机处掌握，这就使它的权力高于内阁，内阁也就虚有其名了。军机处建立后，具有很强的排他性，所有事务的决定全都落在皇帝手中，标志着皇权专制开始极端化。

第四，废除少数民族的土司制度。土司制度是中央与地方各民族统治阶级互相联合、斗争的一种妥协形式。在土司统治下，土地和人民都归土司世袭所有，土司各自形成自己的势力范围，造成分裂割据状态，从而使民族之间和民族内部产生仇恨和战争，其主要分布在我国西南各省。于是，雍正决定在云、贵、粤、桂、川、湘、鄂等省少数民族地区全面实行"改土归流"制度。改土归流，就是在这些地方革除当地的土司制度，重新设立府、厅、州、县，由朝廷委派有一定任期、非世袭的"流官"任职管理。这样一来，土司的特权没有了，各种的赋税得以减少，这就大大减轻了广大农民的负担，促进当地的文化和经济发展。至此，西南的民族问题得到了很好的解决。加上前朝几位皇帝已经解放了东北、蒙古、台湾等地。也就是说，除了新疆和西藏的问题有待解决之外，大清朝的边疆与民族问题得到了圆满的解决。

第五，在税收方面实行"摊丁入户"政策。康熙在位期间，曾经下令实行"盛世滋生人丁，永不加赋"。意思是从此以后出生的人无须缴税，但在此之前的人仍然需要缴纳丁银。雍正实行丁银摊入地亩的政策，取消了人头税，贫穷没有土地的百姓负担因而得到减轻。但是这样一来，社会人口却快速增长起来。以至于在道光年间，国内人口就突破了四亿。

驿站乘马铜牌

第六，废除贱籍。所有不属于"士、农、工、商"的人都称之为"贱民"，"贱民"的身份世代相传，他们没有参加科举和做官的权利。主要有广东疍户、浙江惰民、北京乐户、陕西乐籍等，他们主要从事一些小买卖行为，有的世代为奴，甚至是卖淫。人们的生活凄惨，受尽他人的侮辱和虐待。于是，雍正下令，对历史上遗留下来的乐户、惰民、丐户、世仆、伴当、疍户等一律除籍，将其定为平民，编入正户。

　　雍正在位时的另一项重要举措，就是建立秘密立储制度。清朝在皇位继承人问题上，发生过多次的悲剧，雍正深刻的体会到了这一点，于是，他想出一个办法，既能事先立下皇位的继承人，又不用公开宣布，因此称之为秘密立储。将传位诏书密封在锦匣中，将其收藏在乾清宫"正大光明"匾后。这既有利于选择优秀皇子即位，又避免了皇子们为争夺储位而发生互相伤害的惨剧。秘密立储制度一直流传到清朝的后期。

　　雍正在处理国事上可称为勤政，像雍正这样勤勤恳恳处理朝政的皇上，几乎可以说是达到了前无古人，后无来者的地步。雍正曾经自诩"以勤先天下"，他自己也从没有出外巡幸、游猎，整天在宫中处理政事，多年没有改变。他平均每天夜间要亲笔批阅将近十件奏折，许多奏折上的批语都达到一千多字。

　　雍正十三年（1735年）八月二十三日，雍正皇帝突然在圆明园去世，终年58岁，在位13年，葬于河北易县清西陵"泰陵"，庙号世宗，谥"敬天昌运建中表正文武英明宽仁信毅睿圣大孝至诚宪皇帝"。他过世之后，将皇位传给四子宝亲王弘历，即乾隆皇帝。乾隆在位60年，大力发展经济等，令国家日益繁荣昌盛，他与康熙执政期间被后人称为"康乾盛世"。

【名家评点】

　　圣祖政尚宽仁，世宗以严明继之……帝研求治道，尤患下吏之疲困。

——赵尔巽等《清史稿·世宗本纪》

　　从雍正时期开始，专制主义中央集权程度又进一步大大提高，就有清一代来说，雍正的君主权力可以说达到了登峰造极的地步。

——白寿彝《中国通史》

【历史印证】

　　在位期间，整顿吏治，建立密折制度，设立军机处，巩固了皇权，实施改土入流政策促进了生产发展。但在文化上大兴文字狱，使得文化受到摧残。

清高宗乾隆：风流天子　盛世大帝

【个人档案】

姓名：爱新觉罗·弘历

别名：元寿（幼名）、十全老人（自称）、文殊皇帝（西藏尊号）。

生卒：1711 年~1799 年

字号：号长春居士、信天居士，晚号十全老人。

属相：兔

在位时间：60 年

谥号：法天隆运至诚先觉体元立极敷文奋武钦明孝慈神圣纯皇帝

庙号：高宗

主要作品：《乐善堂全集》《御制诗初集》。

主要成就：开创"十全武功"，"康乾盛世"达到全盛，编著《四库全书》，有很高的书法、诗文造诣。

陵寝：清裕陵（今河北唐山遵化孝陵以西的胜水峪）

乾隆像

【枭雄本色】

乾隆皇帝弘历是我国古代最后一位有所作为的封建君主。他在位六十年，实际执政六十七年。他统治时期，中国封建社会出现了回光返照式的最后一次盛世，也是中国古代文明最后的绝唱。

乾隆一生，虽比不上祖父康熙大帝那般轰轰烈烈，但凭借其自身的雄心大略，在治国安邦方面也颇有建树。他两平准噶尔部叛乱，削平回疆大小和卓叛乱，剿灭大小金川，颁布《钦定西藏章程》，为巩固新疆和稳定西藏做出贡献。他又大纳天下名士，编成《四库全书》，虽有好大喜功之嫌，却也从客观上保护了古典文化宝藏。

乾隆皇帝，好弄文舞墨，琴棋书画，样样精通。他生性风流，不仅嫔妃成群，而且六下江南，踏遍秦淮花巷，尝尽苏杭风月。一部清代野史，多半由乾隆风流故事写就。

为政之道　宽猛互济

清代经顺治、康熙、雍正三朝近百年的经营,封建统治比较稳定。从表面上看,弘历从他的祖父、父亲手里接过的是太平江山,用他自己的话说:"朕承祖宗积德累仁之后,海宇乂(义)安,人民乐业,幸共享太平之福矣。"但是,清王朝这时已存在着深刻的社会矛盾和潜伏的危机。康熙一朝,为清代统一中国并持续二百余年的统治最终奠定了基础,政治上巩固了统一的多民族国家,经济上逐渐走上繁盛的道路,但一代英主的玄烨到了晚年,面临诸皇子争夺储位的斗争,为之心力交瘁。胤禛本人有雄才大略,能洞悉世情,夺取皇位后勤于政务,以严治国,为清除康熙末年吏治废弛、贪污盛行的各种积弊,特别是反对贿赂请托、朋比因循之风,竭尽心思,取得一定的成效。可是他为人猜忌多疑,刻薄寡恩,也产生一些消极后果。弘历即位之初,汲取康熙、雍正两朝为政的经验,标榜自己以"执两用中"为准则。他说:"从来为政之道,损益随时,宽猛互济。"所谓"损益随时",是指不拘泥于成法,应当根据具体情况制定政策;所谓"宽猛互济",是指恩威兼施,有刚有柔。他认为,"以刻下时势观之",可以施行"惇大之政",诸事从宽,矫正雍正一朝过严之弊,才能符合"一张一弛,文武之道"。即位伊始,他采取一系列措施,使胤禛在位时绷得很紧的弦子稍稍松弛一下。例如:

——为解决俸禄很低,不足以维持官吏本人和家属的生活,给在京职官加添双俸;外省大小官员皆给予"养廉"。对以往文武官员受到"议""革"处分的,皆予宽免。各部院受到"降""革"处分的汉人司员,开复后准许通算前俸。

——为解决康熙末年诸皇子争夺储位遗留的历史问题,对宗室觉罗因罪革退者,子孙分别赐以红带子、紫带子,附载玉牒,恢复其贵族的身份。对受到削爵圈禁惩罚的允禩、允禟,予以宽释。以后,对胤禛视为最大政敌的允禟,还以"家居十数年来,安静循分,并未生事"为由,封为贝勒,命照常上朝。

——对各旗、省历年的亏空案件,一改胤禛时追赔到底的成例,其情罪有一线可以宽恕的,不但免予治罪,即已经没收入官的房地产,也予发还。凡应追赔的贪污侵占款项,倘本人家产已尽,都予以宽免。

这些措施是很大的政策转变。弘历还采取一些安定社会秩序的重要决策,如解决八旗生计问题,定八旗家奴"开户"之例,许其脱离奴籍,自立门户为"自由"旗人;准许八旗汉军出旗为民。秋审、朝审判决人犯,和民命出入攸关,乾隆二年、三年(1737、1738 年),弘历皆命官员详加覆勘,尽量予以减等免死。弘历还极力笼络官僚士子,命大学士以下、三品京堂以上官员,不拘资历都可以举贤荐能。特别值得一提的是,弘历对读书人示以优礼。以往规定,考生入闱,穿的衣服必须"皮衣去面,毡衣去里",以防止在衣服里夹带。读书人把好端端的皮袄面子拆去,穿着光板皮桶去应试,不但有失体统,简直是污辱人格。弘历令"将皮衣去面之例停止",士子莫不感恩戴德。所有这些措施,对于笼络人心,安定社会秩序,加强封建专制统治,都收到很好的效果。在弘历初政的十余年间,社会经济稳定发展,府库充实,成为康乾盛世的顶峰。

当然,弘历也不是诸事一概从宽,他说:"当宽而宽,当严而严。"他也有一些比较严峻的措施。例如,乾隆元年(1736年)四月,制定清厘僧道之法,严厉取缔"应付僧"(依附寺院为生的冒牌和尚)。弘历认为,"天下多一僧道,即少一力作之农民",因此规定,凡戒僧、全真道士发给度牒,以为凭执;嗣后出家者必须请领度牒,方准剃头受戒,如有借名影射私行出家者,查出治罪。妇女年过四十方准出家,年少者严禁出家当尼姑。这些规定,一度限制了僧道的泛滥。弘历在上谕中还严词谴责,"盗贼""赌博""打架""娼妓"为"四恶",是"劫人之财,戕人之命,伤人之肢体,破人之家,败人之德,为善良之害者莫大于此"。命以后州、县官如因政令废弛使"四恶"复行于境内者,各省督抚察访得实即应严参;督抚、司道、郡守有不能督促州、县悉心捕治者,必以渎职治罪。还严禁烧酒制曲,使"有用之麦不致耗费于无用之地"。这类禁令,有的以后虽然成为一纸空文,但他的用心还是应当肯定的。

务本足国　首重农桑

弘历秉承康熙、雍正两朝施政,比较重视农业生产。他相信"民为邦本,食为民天","务本足国,首重农桑"。因此,他非常关心农事收成,关心水、旱、风、雹、虫等自然灾害,关心各地雨水、粮价。他深知年景丰歉、粮价涨落直接关系到社会秩序的安定和封建统治能否巩固。他遵守前两代皇帝的成例,命各地大员必须定期向他报告天气情况、庄稼长势、谷物商情,隐瞒灾情是要受严重处分的。如遇到天久旱不雨,他便要到天坛、社稷坛、黑龙潭去祈雨。旱情严重时,要"下诏修省",斋居,素服,不乘辇,不设卤簿,步行去求雨,同时命刑部清理庶狱、减刑,乃至命群臣"直言得失"。在他一生写下的许多诗文中,有不少是"喜雨""报雪"等即兴吟咏之作,反映了他"崇敦本业"的思想。

在发展农业生产中,弘历还十分注意提高耕作技术。他曾经比较我国南北方耕作技术的差异,认为北方粗放,南方精细,因此在上谕中说:"北方五省之民,于耕耘之术更为疏略,一谷不登即资赈济,斯岂久安长治之道?其应如何劝诫百姓或延访南人之习农者以教导之。"有的地区遍地皆桑,但不知蚕丝之利,弘历责成地方官雇募别省种棉织布、饲蚕纺绩之人设局教习。为了保持水土,他提倡植树,上谕说:"朕御极以来,轸念民依,于劝农教稼之外,更令地方有司化导民人时勤树植,以收地力,以益民生。"在治河、海塘等项工程中,他都谆谆嘱咐要多种树木。他还经常训勉各地官员要不误农时。

弘历提倡开垦荒地。乾隆十一年（1746年）三月为此发布的上谕称："各省生齿日繁，地不加广，贫民资生无策，无论边省内地，零星土地听民开荒。"其时广东有山场地七万多亩，他鼓励该地民人耕种，一概免其"升科"，并责令地方官给予印照，垦荒者可以永世为业。贵州的荒地也不少，他要求"穷民无力垦种者官给工本，分年扣还；豪强阻抑者，官给执照。"《熙朝纪政》一书载有清代的垦田数字，雍正二年（1724年）全国垦田六百八十三万七千九百余顷，乾隆三十一年（1766年）全国垦田七百九十一万五千二百余顷，增长了百分之十五有余。

弘历非常强调预防自然灾害给农业生产带来重大损失。他很注意水利建设，特别重视治理黄河。历史上黄河不断决口改道。乾隆时期，解决黄河水患的关键工程在清口（今江苏淮阴西）、高家堰。清口地处黄淮交汇，为河防要地，弘历多次到这里勘察水情，亲自部署整治河道，对治导、疏浚、护岸等项工程做出一些较好的决策。水利建设的另一项大工程是海塘的修建。这是雍正时期就开始的。弘历在位时，在江苏境内修建了自宝山至金山的"块石篓塘"，在浙江境内修建了自金山至杭县的"鱼鳞石塘"，在钱塘江南岸也修建了许多石塘和土塘。这些工程有力地保护了江浙一带富饶之区，使大片良田不致受到海潮的侵袭，对促进农业生产的发展大有裨益。

弘历比较注意关心人民疾苦。他认为，旱灾是逐渐形成的，可以防之在先；水灾则系骤至陡发，一旦洪水猝至，田禾浸没，庐舍漂流，生命财产荡然遗尽。他要求地方官员在水旱灾害发生后，一定要亲临灾区踏勘，"视百姓之饥寒为己身之疾苦，多方计议，此则封疆大吏之责无旁贷者。"他解决灾荒的措施大致有：

蠲免。因水旱灾害减免赋税，比康熙、雍正年间皆有所扩大。康熙、雍正时，被灾五分以下不免。弘历说："田禾被灾五分，则收成仅得其半，输将国赋未免艰难。嗣后着将被灾五分之处蠲免十分之一，永着为例。"除了因灾蠲免，还有国家有重大喜庆的恩蠲。弘历在位六十年，三次普免全国钱粮。

赈郵。弘历说："查赈之方在于无遗无滥"。灾情勘实以后进行赈济，分为极贫、次贫等级别。极贫之户，于冬初先行赈济；其次则俟寒冬，又次则待明春青黄不接之时。按定例，极贫之户赈四个月，次贫者赈三个月，又次贫者赈两个月。有时也酌情放宽，如乾隆四年（1739年）正月，因前一年江苏受灾，上谕称："三、四月间正青黄不接之际，在官仓虽有平粜之米，而无力之穷民仍苦籴买无资，难以糊口，著将极贫之民加赈一个月，上江（今安徽省）去年歉收较下江（今江苏省）为甚，著将被灾五分以下之州县加赈极贫、次贫者一个月，被灾四分以下之州县加赈极贫一个月。"雹灾向无赈济之例，偶尔也有例外。

平粜。由地方官动支库帑，丰年时按照时价购粮储存，既不至于有谷贱伤农之虑，又可在歉收之年减价平粜或平借，以收平抑粮价之效，也有截留漕粮为受灾地区赈粜之需。

此外，还借给灾民口粮、种子、耕牛价银，一般不计利息，约期归还；也有以后蠲免不还的。在可以安排劳力的地区（如河工），还有以工代赈等措施。

与此同时，鼓励商贩从事粮食运销。商人到歉收之省运销粮食，可以免去关榷米税。如直隶因灾歉收，令将经过山东临清，天津两关装载米豆之船免其纳税。浙江歉收，由芜湖、浒墅、北新三关前往浙江的外省米船一律免税。甚至可以开海禁调剂粮食，如允许奉天、直隶、福建、浙江等沿海省份商人贩运豆麦由海口转入内河。弘历曾说："严禁米谷出洋，原以杜嗜利之徒偷运外洋，若出口、入口均系内地，自应彼此流通，岂可因噎废食？"

在封建社会，旱灾、涝灾、蝗灾等自然灾害，是连年不断的常见现象。弘历能够把预防自然灾害和赈灾救荒放在重要地位，反映他比较重视黎民生计。这些措施如果认真办理，对于减轻灾情，度过荒年歉岁，是有积极作用的。但由于封建社会晚期的种种弊病，政治腐败，各级官吏层层中饱，仓贮不敷赈粜之用，自然灾害仍不免造成人民生命财产的重大损失。弘历只好以"自古救荒无善策"来自解。至于蠲免赋税，首先是对业主有利，对拥有少量土地的自耕农和无地的佃农，虽然多少也减轻了一些负担，但不能从根本上改变他们贫困的处境。乾隆中叶以后，封建统治由盛转衰，水利失修，广大农村灾害频仍，流民遍地，使社会矛盾更加尖锐。

整顿吏治　贪风难挽

乾隆时期，天下承平日久，官员腐化日深，弘历为维持清朝的鼎盛局面，不得不用很大的精力来选拔官吏，惩治贪污，澄清吏治。他从祖、父辈的统治经验中得益不少，某些方面甚至更为严格。但官场的贪风并未收敛，吏治废弛，日甚一日。

弘历自称"用人之权，从不旁落"，大臣的任命，都出于自己的裁夺。他召见大臣，往往随手记下观察得来的印象，作为日后用人的参考。他也要求臣僚荐贤举能，但对于滥举官员的，无论满汉大臣，都要受到严厉谴责或处分。乾隆三十一年（1766年）上谕中规定，督抚妄荐人员要判罪。此后，确有督抚因徇私妄荐而坐罪。清代考核官吏，三年一次，京官称为"京察"，外官称为"大计"，经过考核，将不称职的官吏分年老、有疾、浮躁、才力不及、疲软无为、不谨、贪、酷八种，给予不同处置。弘历认为，这是荐剡（音眼）人才、参革衰冗的大典，一定要认真执行。他连篇累牍地训斥部院堂官和督抚的姑息瞻徇之习，要求在"京察""大计"中秉公查核。乾隆十八年（1753年）以后，多次对"京察"各官亲自裁定。以后又宣布对过去一向不考核的各省藩臬人员亦须考绩，并传谕京官可以密折奏闻属吏贤否。乾隆四十八年（1783年）规定"京察""大计"中保举的卓异官如发现有犯赃行为，原保荐上司要受到议处。有资料统计，乾隆一朝，在考核中因"不谨""罢软"而被革职的，因"老""疾"被勒令"休致"的，因"才力不及"和"浮躁"而被降调的，合计受处分的达六千多人，这在中国封建社会政治史上是少见的。

弘历认为，题补官员，应当选择"年力精壮，心地明白者"，因而屡次对题补老冗或隐瞒他们年龄的大臣从重处罚。他强调指出，衰庸老官"留一日即多误一日之事"，特制定八旗式职年老休致例和各类衰惫老官休致例。乾隆二十二年（1757年）和三十三年（1768年）分别规定部院属官五十五岁以上要详细甄别，"京察"二、三等六十五岁以上要带领引见，"候朕鉴裁"。对于边疆办事司员，年过六十以上就不许保送。他非常重视文官中的知县、武官中的总兵的年龄结构，因为"知县为亲民之官，一切刑名、钱谷、经手事件，均关紧要，自不便以年力就衰之人听其滥竽贻悮"；"总兵有整饬营伍、训练兵丁之责，岂可任年老衰颓之人因循贻悮"。只是漕务职司可以"稍有区别"，其他任何"亲民之官"均不得以任何理由留于原任。

弘历对自己身边的文臣要求更加严格。他即位后的第二年，在上谕中提出："翰林乃文学侍从之臣，所以备制诏文章之选。朕看近日翰、詹等官，其中词采可观者固不乏人，而浅陋荒疏者恐亦不少，非朕亲加考试无以鼓励其读书向学之心。"他亲自命题、阅卷，命"自少詹讲读学士以下，编修检讨以上"皆要参加，且不审许"称病托词"，考试后按其优劣分别升降。这样的考试曾举行过多次。

弘历坚决反对各级官员授意属员或地方缙绅为自己树立德政碑、去思碑，认为这是"俗吏不务实政"，是"欺名盗世之术"，"属员藉以逢迎上司"，下令一概毁掉。

封建社会的官场，贪赃枉法是难以挽救的痼疾。弘历即位初期，虽然政崇宽大，但对贪官污吏决不轻纵。他告诫督抚等"务以休养吾民为本，而一切扰累之事速宜摒除"，禁止督抚接受属员补物。乾隆三年（1738年）六月，上谕中把贪官污吏比同恶棍奸民，如果包容，便是好坏不分，要严惩。随着官场贪污行贿的恶性发展，他下决心整顿。在秋审中处决了一批大贪污犯。他希望"经此一番办理，所谓文官不要钱，武官不惜死，人人奉公洁己，勉为良有司"。

乾隆后期，和珅地位显赫，深得弘历的倚重和信任，贪名最著，搜刮了骇人听闻的巨额财富。他是满洲正红旗人，出身低微，在銮仪卫充当校尉，因仪度俊雅，机灵善辩，受弘历宠信，很快就升为内务府大臣、户部尚书、文华殿大学士，晋封一等忠襄公，任军机大臣二十四年。他善于揣摩和迎合弘历心意，恃权恣横，贪财嗜货，生前在蓟州（今天津蓟州区）为自己营造坟茔，设享殿，置隧道，规模宏大，像皇陵一样，被人称为"和陵"。他对不肯依附自己的人，往往故意激起弘历发怒进行陷害；对纳贿者，则在皇帝面前为他说好话。朝内外大官僚都倚仗和珅为后台，往往"剥削其下以供所欲"。盐政和河工都是当时的肥缺，因为和珅征求无厌，逐渐陷于困境。以弘历的奢靡，加上和珅的贪婪，吏治的腐败，可以想见。所以，弘历与和珅是官场贪污之风的总根子。后世有人评论说，乾隆一朝"诛极愈重而贪风愈甚"，"明为惩贪，其实纵贪"。弘历死后的第五天，嘉庆帝颙琰宣布和珅二十大罪。和珅被捕下狱，不久被责令自尽，查抄的家产总计不下白银八亿两，民间有"和珅跌倒，嘉庆吃饱"的谚语。

编纂《四库》 兴文字狱

　　清王朝竭力吸收并利用汉族的思想文化,以巩固封建统治。为了笼络汉族知识分子,表示"稽古右文,崇儒兴学"之意,康熙、雍正、乾隆时都招罗大批知识分子,大规模地搜集、编纂和注释古代典籍。

　　最大规模的编书是乾隆朝所编的《四库全书》。乾隆三十七年(1772年),安徽学政朱筠奏请自《永乐大典》中辑录古代亡佚典籍,弘历亲自批准设置四库全书馆,准备以十年时间,集中大批人力物力纂修一部规模庞大的丛书《四库全书》。编纂工作从乾隆三十八年(1773年)开始,至五十二年(1787年)《四库全书》缮写完毕,历时十多年。以后又检查书籍内容,校对错误缺漏,并补充一批书籍入四库,直至五十八年(1793年)编纂工作才全部告竣。它基本上包括了我国历代的重要著作,分经、史、子、集四部,共收图书三千四百五十七种,七万九千零七十卷,包罗宏大,丰富浩瀚,收录书籍远远超过历史上任何一部官修的大类书,为我国古代思想文化遗产的总汇,使许多有价值的古代典籍得以保存和流传下来。

　　参加《四库全书》编纂工作的有五百多人,除担任总裁官的多为宗室、大臣外,其余分任总纂官、总阅官、编纂、校勘、提调等职务的,不少是当时的知名学者。纪昀(晓岚)为实际主持者,次为陆费墀,有较大名望的还有戴震、邵晋涵、周永年、王念孙、姚鼐、翁方纲、于敏中、金简、陆锡熊、程晋芳、任大椿、朱筠等。四库著录的书,除小部分御制作品和奉旨撰述的官书外,其来源有的是清廷内府藏书,有的是从各省采进,有的是各地官员和藏书家私人进献,也有的是从明代《永乐大典》中辑出的已散佚的古籍。在编纂过程中,纪昀等著有《四库全书总目提要》共二百卷,对著录的三千四百五十七种书籍和未著录而存其"目"的六千七百六十六种书籍,简要地叙述这些书籍的学术渊源、版本异同和内容,评论其优劣得失,是一部重要的目录学著作。弘历自始至终关心编纂工作,经常向四库全书馆馆臣赏赐食品、文房四宝、衣物等,书成之后,大宴群臣庆功。

　　《四库全书》共缮写七部,分藏于宫中文渊阁、圆明园文渊阁、沈阳文溯阁、承德避暑山庄文津阁和扬州文汇阁、镇江文宗阁、杭州文澜阁。文渊、文源、文津、文溯称为"内廷四阁",又称"北四阁",大臣经批准可以查阅。文汇、文宗、文澜称为"江浙三阁",又称"南三阁",弘历南巡时谕令准许读书人前往抄阅,但不得私自携出阁外。还有一部副本藏于翰林院。可惜圆明园文渊阁本毁于英法联军之役,翰林院副本毁于八国联军之役,扬州文汇阁、镇江文宗阁藏本毁于太平天国战火。原在避暑山庄文津阁一部最完整,现藏北京图书馆。

　　在编纂《四库全书》的同时,弘历命对全国书籍做了一次大规模的检查,查禁、销毁和删改了许多所谓"悖逆"和"违碍"书籍。在开设四库全书馆征求天下遗书的第二年,即乾隆三十九年(1774年),上谕中提出:"明季末造,野史甚多,其间毁誉任意,传闻异词,必有抵触本朝之语。正当及此一番查办,尽行销毁,杜遏邪言,以正人心而厚风俗,断不宜置之不办。"此后,在各地遍贴晓谕,劝令藏书之家呈交"违碍"书籍;官府也派人到各地查访,对各类书籍进行甄别,将查到的禁书送往北京;四库全书馆也从采进本中查寻禁书。这些禁书由弘历过目批准后,在武英殿前投炉烧毁。

弘历除了焚毁和删改大批书籍外,还大兴文字狱,对不利于清王朝统治的思想言行进行严厉钳制和残酷镇压。

文字狱自古以来就是统治者借挑剔文字的过错而兴起的大狱。清代自顺治初就有,经康熙、雍正两朝,到乾隆时期更为苛细频繁,案件比前两朝合计增加了四倍以上。其株连的广泛,惩治的严酷,都大大超过前两朝,反映了弘历对汉族地主官绅的猜忌,和他为了维护至高无上的封建专制皇权而使用的残忍手段。

乾隆朝的文字狱,除了少数几起是追查清初文人著作中流露的反满思想外,大部分是望文生义,捕风捉影,任意罗织罪状,滥杀无辜。如乾隆二十年(1755年)内阁学士胡中藻的《坚磨生诗钞》内有"一把心肠论浊清"之句,其所拟的试题为《乾三爻不像龙说》,弘历横加指摘说:"加浊字于国号之上,是何肺腑?"并认为试题是讥讽皇上,将胡中藻处斩;胡的座师鄂尔泰已故,命撤出贤良祠;鄂尔泰的侄子鄂昌(蒙古族)因和胡中藻交往,以比昵标榜问罪,后来又因他的《塞上吟》诗中,称蒙古为胡儿,说他"忘本自诋",令其自尽。乾隆四十三年(1778年),浙江举人徐述夔《一柱楼诗集》内有"明朝期振翮,一举去清都",还有咏正德杯诗"大明天子重相见,且把壶儿(谐音胡儿)搁半边",弘历认为他有反清复明之心,徐述夔已故,照大逆罪戮尸;前礼部尚书沈德潜是弘历宠信的文学侍从,因给《一柱楼诗集》作序,沈德潜已故不予深究,仅撤销谥号,并将御赐碑文销毁。曾任大理寺卿的尹嘉铨,向弘历上疏为他父亲尹会一请谥,弘历批驳不准,认为赐给谥号是皇帝的权力,不能由臣下主动要求,同时告诫他家居要"安分";尹嘉铨又上疏请将他父亲和本朝名臣汤斌、范文程、李光地、顾八代、张伯行等一起从祀文庙,这一下触怒了弘历,认为是"大肆狂吠,不可恕矣",命锁拿解交刑部审讯。在抄尹嘉铨的家时,详细搜查他所著书籍,发现其著作中有"为帝者师"之句,弘历生拉硬扯,竟然认为尹嘉铨是"俨然以师傅自居",又指责说:"无论君臣大义不应如此妄语,即以学问而论,内外臣工各有公论,尹嘉铨能为朕师傅否?"尹嘉铨年过七十,自称"古稀老人",源出于杜甫的诗"人生七十古来稀",没想到弘历自称"古稀天子",这又构成触犯御名、"僭妄不法"的大罪,尹嘉铨被处以绞刑。类似的冤狱几乎遍于全国。清代诗人王撰有《闻雁有感》一诗:"数声哀怨半天闻,无限离愁寄白云。赠缴每从文字起,书空咄咄却忧君。"龚自珍也有诗:"避席畏闻文字狱,著书都为稻粱谋",都是文字狱残酷迫害知识分子的生动写照。

文字狱是封建专制统治空前强化的产物。其根本目的是要在思想文化领域树立皇帝至高无上、生杀予夺的绝对权威,维护满洲贵族统治的核心地位。它和笼络羁縻汉族知识分子是"刚柔相济,宽猛并用"的两手政策,起着禁锢思想、箝制言论、摧残人才的恶劣作用，其后果是很严重的，造成政治上和学术上沉寂窒息的局面。读书人不敢议论时政，不愿意探讨与现实关系密切的义理经济，而把时间和精力用在古代典籍的整理上，寻章摘句，爬来梳去，以逃避现实。弘历统治后期，各地人民纷纷起义，使他注意力转移，顾不上在文字上吹毛求疵，才不得不放松文网，文字狱逐渐减少。

十全武功　志骄意满

弘历自称文治武功为古今第一人。在"武功"方面，乾隆时期也号称极盛，先后有：两次平定准噶尔之役，回疆之役，大、小金川之役，镇压林爽文领导的台湾人民起义，两次廓尔喀之役，缅甸之役，安南之役。弘历对这些战役都非常重视，亲自遴选将帅，批答奏章，每克一敌下一城，都要举行盛大仪式，祭告宗庙，大赏有功将士；又在紫禁城建紫光阁，将一些战役中有功之臣绘像于其上，赋诗立传，极尽渲染之能事。这十次战役，对国内边疆少数民族的战争取得了胜利，对外战争也以邻国请和而结束。弘历因此志骄意满，夸耀为"十全武功"，晚年自号"十全老人"。在承德兴建规模宏大的普乐寺、普宁寺、安远庙、普陀宗乘之庙等建筑，以纪念这些历史性事件，并为自己记功。

清代康熙、雍正、乾隆三朝，最突出的成就是奠定了中国这样一个版图辽阔的多民族统一国家的基础。弘历完成了对新疆、西藏行政体制的改革，加强了对这些地区的管辖，使我国的版图最后稳定下来。这时的疆域，东北至外兴安岭、乌第河和库页岛，北达恰克图，西北到巴尔克什湖和葱岭，南及南沙群岛、西沙群岛，东括台湾及其附属岛屿钓鱼岛。在这个境域之内，除顺天府和盛京外，还划有直隶（河北）、山东、山西、河南、陕西、甘肃、四川、湖北、湖南、广东、广西、福建、江西、安徽、浙江、江苏、云南、贵州十八个行省，以及内蒙古、青海蒙古、喀尔蒙古、唐努乌梁海、新疆、西藏等几个边境特区。国土的辽阔和国势的强大，边疆地区对清廷中央政府向心力的日益加强，国内各民族人民经济、文化的联系，都是以往任何朝代所不能比拟的。这是清王朝超过历代封建王朝取得的历史业绩。这一业绩当然不能完全归功于弘历。清代的大统一是中国历史长期发展的必然结果，但弘历个人的作用也是不能抹煞的。

骄奢淫逸　财用耗竭

弘因秉政时，清朝的统治达到鼎盛阶段，经济已经恢复并有较大的发展。到乾隆中期，全国耕地面积已超过明末耕地的最高数字，达六百余万顷，比顺治末年增加了三分之一左右。已拥有两亿多人口。随着商业的发展，城市也日趋繁荣。社会财富大量积累起来,统治阶级追求享乐之风也日盛一日。皇帝居于封建统治的最高层,饮食服御,尽情挥霍,骄奢淫逸,达到惊人的程度。

弘历仿效玄烨六次南巡,所到之处,大肆铺张,修行宫,搭彩棚,办酒筵,糜费特甚。自北京到杭州,往返近六千里,途中建行宫三十处;每隔二三十里设尖营。巡幸的队伍沿运河南行,船只千余艘,舳舻相接,旌旗蔽空。随行的有后妃、王公、亲贵、文武百官以及担任警卫扈从的大批士兵。帝后妃嫔乘坐的御舟,用纤夫三千六百名,分六班轮流拉纤。搬运帐篷、衣物、器具,动用马六千匹,骡马车四百辆,骆驼八百只,征调夫役近万人。不仅地方官要进献山珍海味、土产方物,还要从全国各地运来许多水。每逢皇室的喜庆盛典,更是穷奢极欲。如乾隆十六年(1751年)皇太后六十寿辰,二十六年(1761年)皇太后七十寿辰,在京的文武百官和各地大僚、富商,极力搜求贡品,网罗能工巧匠,制办各种奇异珍玩器物。庆祝活动瑰丽无匹,自紫禁城的西华门至清漪园(颐和园),一路张灯结彩,两旁遍设戏台,陈列各种贡品。生日前后,内廷每日恭进寿礼九种,每种九件,凡金玉珠宝、犀角象牙、玛瑙翡翠、佛像佛经、冠服簪珥、珍贵裘衣、工艺陈设,无一不是工巧精致的旷世稀珍。弘历晚年还两次举行"千叟宴",据礼亲王昭梿在《啸亭杂录》中记载,赴宴者一次是三千九百余人,一次是五千九百余人。弘历喜爱摆排场,显示皇家的煊赫豪富,于此可见。

弘历还大兴土木,修建了不少宫殿、园林和寺庙。为皇太后六十岁生日修建的清漪园(颐和园前身),工程历时十五年,耗银近四百五十万两。雍正时开始扩建圆明园,弘历又花费大量人力物力增修扩充,许多景观是仿照江南园林修建的。近代学者、文学家王闿运所作长诗《圆明园》有"谁道江南风景佳,移天缩地在君怀"之句,描绘了圆明园当年的秀美壮观。承德避暑山庄和周围宏伟的寺庙群(外八庙),大部分也是乾隆时期修建。仅须弥福寿之庙和普陀宗乘之庙的鎏金铜瓦就用去黄金三万两。弘历后来也感到南巡和营建过于耗费民力,他说:"朕临御四十余年,凡京师坛庙、宫殿、城廓、河渠、苑囿、衙署,莫不修整。皆物给价,工给值。然究以频兴工作,引为己过。"尽管承认糜费太大,但他晚年仍复如此。

皇帝过着锦衣玉食般的豪华生活,影响整个社会风气由俭入奢。满洲亲贵,汉族官僚,大地主、大商人,无不挥金如土,竞相奢靡。封建社会的盛世,必然蕴藏着走向衰落的危象。骄奢淫逸之风正是社会衰败和动荡的反映。弘历即位初期,国库丰盈,贮存常达七八千万两。弘历南巡和营建,连年用兵,耗费极大,使国家财力日绌,到他退位的时候,已经是国库空虚,财用耗竭了。

盛极转衰　遍地烽烟

乾隆三十九年(1774年)八月,山东省寿张县爆发了白莲教支派清水教领袖王伦领导的农民起义。对于正处在鼎盛阶段的清朝统治者来说,是"日久将夕,悲风骤至"的严重讯号。

这次起义酝酿已久，王伦揭竿而起后，几天之内就骤集义军二千余人，攻入寿张县城，杀死知县沈齐义，乘胜攻打阳谷、堂邑。义军"攻城只杀官劫库，不杀百姓"。在击败清军兖州总兵唯一和山东巡抚徐绩的围剿后，义军北上直逼临清。临清位于山东西北部大运河畔，是南北水路交通的枢纽，控扼漕运的要地，每年东南数省有数百万石粮食由运河北运，万一阻塞，关系清王朝的安危。义军攻占了临清旧城后，清军躲在临清州城待援。弘历这时正在承德避暑山庄，闻讯后，立派大学士舒赫德、额驸那旺多尔济、左都御史阿思哈率健锐、火器二营禁卫军千余人前往镇压。在清军兵力占绝对优势的情况下，义军失败。王伦举火自焚，壮烈牺牲。

这次起义规模不大，为时短暂，只持续了一个多月，但给予清朝统治者一次很大的震动。因为它是明末农民大起义以后，清朝承平一百多年所未有的，也是以后一系列武装起义的序幕。以此为开端，乾隆四十六年（1781年）在甘肃循化（今属青海）爆发了由苏四十三领导的撒拉族人民起义。四十七年（1783年）爆发了田五领导的回民起义。五十一年（1786年）在台湾爆发了林爽文领导的汉族、高山族农民的大规模起义。五十九年（1794年）爆发贵州、湖南苗民起义，这次起义前后达二十年之久，是清朝苗民规模最大的反抗。嘉庆元年（1796年），弘历名义上已退居太上皇，实际上仍掌握军政大权，这时，川楚白莲教大起义爆发，人数达四五十万人，遍及川、楚、陕、甘、豫五省。"渔阳鼙鼓动地来"，惊破了弘历"太平天子"的美梦，他当然不会甘心。他决心要扑灭这遍地烽烟，在他生命垂危的时刻，还拉着嘉庆帝颙琰的手，"频望西南，似有遗憾"，把"剿贼"的重任托付给新皇帝。无奈"盛世"的繁荣已经一去不复返，从此清王朝一步一步地走向"衰世"。

弘历在位六十年，他勤于政事，大权独揽，标榜自己"宵旰勤劳，无间寒暑"，实际上晚年有些倦勤。他对汉族文化有较深的素养，自称对喇嘛教经曲颇有研究，并懂得蒙文、藏文、维吾尔文等多种民族文字，能在召见各少数民族王公贵族时"弗籍舌人通译语"。他精通骑射，每年都要到木兰围场走马行围，经常告诫子孙毋忘满洲贵族重视骑射的"家风"。他自己到七十八岁时才在阅兵中改乘"轻舆"，不再骑马射箭。他即位时曾焚香告天："若蒙昊苍垂佑，得在位六十年，即当传位嗣子，不敢上同圣祖康熙纪元六十一年之数。"他遵照雍正帝胤禛密建储位之法，初以次子永琏为皇位继承人，书名密置于乾清宫，两年后，永琏病殇；以后又想使七子永琮继位，永琮也早逝。乾隆三十八年（1772年）他决定以皇十五子颙琰为嗣子，因为两次建储遭到挫折，这次特地郑重其事地祭告上苍，并祭告盛京祖陵。乾隆六十年（1794年），弘历已经八十五岁了，他下诏谕正式册立皇十五子、嘉亲王颙琰为皇太子，于次年正月初一举行传位仪式。届时，弘历御太和殿宝座，亲自将宝玺授予嗣皇帝，颁发传位诏书，改元嘉庆，自己退为太上皇。这时嘉庆帝颙琰已经三十七岁了，弘历仍紧紧抓住军国大事和用人行政大权，躬亲处理，嗣皇帝只能"朝夕敬聆训谕"。

弘历当了三年太上皇，嘉庆四年（1779年）正月初三日辰刻病卒于养心殿，终年八十九岁，谥曰纯皇帝，庙号高宗。同年九月葬于河北遵化马兰峪裕陵。他曾册立过三位皇后，有妃、嫔、贵人等四十多人，子十七人，女十人。

【名家评点】

高宗运际郅隆,励精图治,开疆拓域,四征不庭,揆文奋武,于斯为盛。享祚之久,同符圣祖,而寿考则逾之。自三代以后,未尝有也。惟耄期倦勤,蔽于权幸,上累日月之明,为之叹息焉。

——赵尔巽等《清史稿·高宗本纪》

弘历,这个在位六十年之久的皇帝,在后半段时间,开始对政治厌倦,但并不对权力厌倦,他沉湎在"下江南"的游荡生活中……六次下江南发泄他的自炫欲。弘历最得意的是宣称他有下列十大武功,因而自称"十全老人"……认真的研究结果。弘历的武功只不过一个——征服准噶尔汗国,但他却把一个分为三个——平准部、再平准部、平回部。一百九十万平方公里疆土的开辟,仅此就可在历史上占不可磨灭的一页,弘历的大头症却使他非凑足十项不可,结果反而使他的丑态毕露……无论如何,我们都看不出什么武功和大武功,但我们却可看出死伤狼藉,以及军事和政治的腐败。

——柏杨《中国人史纲》

【历史验证】

勤政爱民,废除苛政;贯彻祖宗之法,致力编撰典志书籍,保存文化遗产。武功卓著,加强统一。但宠信奸臣,败坏国家机体。

后妃篇

吕雉：第一位向皇位叫板的巾帼枭雄

【人物档案】

姓名：吕雉

别名：吕后、汉高后、吕太后。

生卒：前241～前180

字号：字娥姁

关系：汉高祖刘邦皇后

朝代：西汉

谥号：高皇后

主要成就：与刘邦共定天下，临朝称制十六年，为"文景之治"奠定基础。

陵寝：长陵（陕西省咸阳市东约20千米的窑店街道三义村北）

吕　雉

【枭雄本色】

在中国上古时代，处于权力顶峰的国王、君主、皇帝宝座，是男人的专利，女性可望而不可即。

经过楚汉相争战火洗礼的吕雉，巾帼不让须眉，在历史上第一个站出来向皇位男性传统格局叫板，勇于在男人垄断的政权世界里角逐争锋，斩韩信，剁彭越，临朝称制，开外戚专权先河，变刘家江山为吕氏天下，呼风唤雨，让男人们低下高贵的头颅，拜倒在自己的石榴裙下。她俯视众须眉，雌威伏万民，无为治天下，成了中国历史上第一个执掌国家大权、政绩卓著的巾帼枭雄！

在我国第一纪传体历史专著《史记》中，汉太史令司马迁给吕雉以显赫的地位，为其专辟《吕太后本纪》一章，使其享有与帝王相等的待遇，成就了吕雉封建历史女性第一人的地位。

相面择婿　野鸡下嫁无赖汉

　　话说2000多年前的秦朝末年,在黄河下游微山湖西边的单父县(今山东省单县),发生了一起惊人的仇杀案。案犯姓吕,因为他的岁数已经不小,人们都习惯称呼他为吕公。吕公为了报仇,杀了人,害怕仇家的人再反过来报复,就连夜卷起铺盖,带着妻儿老小离家逃走,逃亡到了远离家乡的沛县(今属江苏省)地方,投靠自己的老朋友沛县县令门下,请求庇护。沛县县令本着朋友义气,很好地接待了吕公一家,让他们在沛县郊外僻静的乡下安了新家。

　　吕公膝下有个女儿,名雉,字娥姁。雉是一种野鸡,这位吕雉姑娘生性又很是泼辣,所以小名就叫野鸡。吕野鸡年方二八,虽无沉鱼落雁之容,闭月羞花之貌,却也长得五官端正,身材苗条。在人面前一站,显得亭亭玉立,颇为招人喜欢。因此,自从吕家在沛县定居以后,前来向吕野鸡求婚的人就络绎不绝,几乎把吕家的门槛要踏平了。吕公的好朋友沛县县令,这时正死了老婆,中馈犹虚,竟也想娶吕野鸡为续弦,曾多次委婉曲折地向吕公提起过这件事。可是吕公挑选女婿的标准极高,他不光对其他的求婚者挑肥拣瘦,不肯轻易许婚,就是对自己的好朋友沛县县令,也设法找个借口,说是自己的女儿年纪还小,予以婉言谢绝。

　　吕公早先在故乡单父县的时候,是个小有名气的豪杰,家中常常是宾客满座的。到了沛县以后,虽然有意隐居乡下,杜门谢客,可是沛县的豪杰还是很快都知道了,他们纷纷前来拜会,愿意与之结交。沛县县令手下有个功曹,也就是专管记事的小小书记官,名叫萧何。他奉沛县县令之命,前来帮助吕公接待宾客。萧何本人也是个小小豪杰,在沛县颇有人缘。他担心前来拜会吕公的豪杰太多了,吕公会应付不过来,就自作主张定下条规矩,那就是凡来拜会吕公的,至少得送一千钱的礼金。送礼不满一千钱者,只许远远站在堂下,瞻仰吕公的风采,不得跑到堂上与吕公面对面交谈。即使规定这样高额的礼金标准作为限制,而前来拜会吕公的豪杰也还是车水马龙,络绎于途,每天至少也得接待二三十起。

　　沛县有个泗水亭长刘季,听说从单父县来的豪杰吕公到了沛县,也想前来拜会,结识结识。这刘季原是个游手好闲之徒,平日里结交的都是些酒肉朋友,互相打打闹闹,吹吹拍拍,吃吃喝喝,很少干正经事情。后来有个邻居劝刘季干点正当的营生,不要再糊里糊涂地混日子了,并且推荐他做了泗水亭长,这刘季才算是有了个正当的职业。亭是县下面最小的基层行政单位,10里一亭,设一亭长,负责传达县里命令,承担征发徭役、护送役夫去都城等一类的差使,实际也就是替县令在下面跑腿的人。亭长的收入很是微薄,社会地位也极其低下,加之刘季本人又好酒色,爱赌博,喜欢海阔天空地说大话,所以正经人都不大爱搭理他,对他抱着敬而远之的态度,连萧何也有点看不起他。可是刘季不管别人看法如何,依然我行我素,到处吹牛,招摇过市,以英雄豪杰自居。他听那些拜会过吕公的豪杰说起,吕公是个了不起的人,讲义气,因此他心头痒痒的,总也想去见一见吕公。一天,刘季从朋友那里借了一身体面的衣服穿上,大摇大摆地来到吕家门口,请求通报,说是泗水亭长刘季想要拜会吕公,并吹牛说愿送一万钱的礼金。一万钱是一千钱的10倍,送如此高额的礼金,理所当然地有资格坐在堂上,与吕公面对面地促膝交谈。可是萧何熟悉刘季的底细,知道所谓一万钱的礼金乃是句空话,其实刘季口袋里不名一文。但是萧何怕得罪刘季,不便当面戳穿阻挡他与吕公见面,只是在暗地里提醒吕公:"这刘季好说大话,做不成什么正经事情,你随便与他说上几句,就打发他走算了,犯不着跟他费唾沫耗精神。"

吕公为人豪爽,视钱财为身外之物,他倒并不在乎什么千钱万钱的礼金。他认为只要是重义气,有作为的人,就是穷得叮当响,也愿与之结交,所以他对萧何的提醒并不放在心上,而是抱着见了面再说的态度。可是当刘季一踏进吕家门槛,来到客堂上坐定以后,吕公只是看了眼来客,就像发现了什么奇迹似的,高兴得几乎要跳起来。他觉得真是三生有幸,在沛县居然能遇到这样一位举世无双的真豪杰。原来吕公早年学过相面之术,善于为人看相。他见刘季天庭饱满,地角方圆,长脖高鼻,双目炯炯有神,嘴角两绺微微上翘的胡须,俨然是一副真龙天子的相貌。有着如此这般相貌之人,不管他眼前的处境如何,将来迟早是会成就大事业的。吕公怎敢怠慢这样的真豪杰,他立即吩咐赶快备酒,邀请其他几位来访的豪杰与刘季一起饮酒畅谈。他斟了满满一盏酒,恭恭敬敬地向刘季敬酒。刘季见吕公如此敬重他,就更加觉得飘飘然起来,他认为自己比在座的豪杰都要高出一头,就越发肆无忌惮地比往常更加不着边际地说起大话来。他说,前些年自己曾经押送一队役夫到京城咸阳去服徭役,修建阿房宫。在半路上,十分凑巧地见到了秦始皇出巡。那皇帝出巡的排场可真够气派,仪仗队有好几里路长,金瓜斧钺,刀枪戈矛,威风极了。皇帝的銮驾是用金子铸造的,金碧辉煌,在太阳光的照耀下,闪烁着夺目的光彩,使得人们的眼睛都睁不开了。路旁成千上万的军民人等,都齐刷刷地跪下来夹道欢迎,山呼万岁之声震天动地,看了这情景真叫人羡慕。刘季说到最后,站起来一拍大腿,提高了嗓门,像是总结地说:"做皇帝真是太威风了,有朝一日,我刘季踹定也要尝尝那做皇帝的滋味。人生在世,只有到了那个地步,才算是没有白活一场!"

对于刘季说的这一番大话,在座的其他人都是左耳朵进,右耳朵出,并没有往心里去。有的人还从鼻子里轻轻地哼了一声,意思是:你刘季配当皇帝吗?真是癞蛤蟆想吃天鹅肉,活得不耐烦了,要是被皇帝的密探听见了,不掉脑袋才怪哩!可是吕公对刘季的这番话很感兴趣,他不但句句话都听进去了,并且还深深地印入脑海之中。他把刘季的话与他的相貌联系起来,心里未免暗暗高兴,认为这一下女儿的终身可有依托了,他和老伴后半辈子也有指望了。于是在酒阑人散之后,吕公先客客气气地送走了其他宾客,却单单把刘季挽留下来,说是还有几句话要与他单独谈谈。吕公把座位直挪到刘季跟前,几乎与他脸贴脸地说道:"不瞒阁下说,我吕某自幼学过点儿相面之术,曾为许多英雄豪杰看过相,却从来没有见到过如同阁下这样的大富大贵之相。希望阁下今后要自爱,努力去实现自己的远大志向。吕某膝下有一小女,如蒙不弃,愿许配阁下为妻,望请万万不要推辞!"

这刘季真是做梦也没有想到过,自己海阔天空地一番胡吹乱说,竟能骗来一个老婆。他刘季生性风流,善于勾引妇女,已经有过不少情妇,但那都是逢场作戏,并无天长日久的打算,互相热乎一阵,各奔东西,很快把对方忘到九霄云外。如今却是白白得个黄花闺女做老婆,能够天天陪着自己,为自己做饭洗衣生孩子,使自己能有一个温暖的家,这又何乐而不为呢?于是他当即一口应允说:"承蒙不嫌弃我刘季这小小的亭长,愿将令爱的终身相托,刘季岂敢不识抬举。请岳父大人上坐,受小婿一拜。"说罢,扑通一下跪倒在吕公面前,低头便拜。吕公生怕折了自己的福,赶快离座双手扶起刘季,连声说:"免礼!免礼!"他怕日子长了刘季会变卦不承认这门婚事,就当面讲好不要一文钱聘礼,愿意白赔嫁妆并立即挑选了黄道吉日,举行婚礼。由于吕雉生得端庄秀丽,丰采逼人,父亲视她为掌上明珠,许多权势大户人家来求婚,吕公都没有答应。他扬言女儿生得富贵,一定要嫁给一个贵人,如今竟轻率地嫁给一个穷亭长,吕夫人知道后,也很生气,埋怨吕公道:"你这老糊涂昏了头,竟把女儿许配给这等人!你常说咱们女儿有'贵人'相,必配贵人,沛县令和你很要好,他三番五次来求婚,却都被你拒绝了,今日无端要许配给刘季,难道刘季是贵人吗?我不同意,一个不务正业的穷光蛋,日后会有多大出息,嫁给他,女儿岂不要受委屈吗?"吕文并不动气,笑呵呵地解释说:"这里面的事你有所不知,我的眼光决不会错,你就相信我的话,听我的吧。刘季一表人才,气度非凡,将来一定是个大贵人。"吕夫人无奈,只得勉强答应了这件事,但在心里却暗暗为女儿的命运担忧。她怎么会想到:丈夫酒宴许亲,竟使女儿日后有机会登上政治舞台,驾驭中华大地!就这样,避仇客吕公之女吕野鸡,很快就嫁给了沛县泗水亭长刘季为妻。亲爱的读者朋友!你知道这沛县泗水亭长刘季是谁?原来他就是中国历史上大名鼎鼎的西汉皇朝的开国皇帝汉高祖刘邦。那吕野鸡又是谁?原来她就是汉高祖刘邦的结发妻子,后来临朝称制治理天下的吕后,她是中国历史上第一个站到了政治权力顶峰上的妇女。

历经磨难 性格坚毅成女枭

吕雉嫁给刘邦后,生了一儿一女,儿子就是汉朝的第二个皇帝惠帝刘盈,女儿就是鲁元公主。婚后,生活过得很清贫,但夫妇间相亲相爱,勤俭度日。为了生计,刘邦四处奔波,而吕雉没有因为自己曾是大家闺秀,对贫困叫苦连天,反而情愿帮助丈夫,挑起了一家生活的重担。她除了操持家务,抚养儿女外,还经常从事农田劳作。她相信父亲的眼力,眼前的贫困生活迟早会结束的。

有一天,吕雉带着两个孩子下地干活,因为天热,孩子光吵着要喝水,赶到吕雉想喝口水润润嗓子的时候,带的水只剩下一点儿了。正好这时,有个老头从地头经过，向吕雉讨水喝。吕雉便把剩下的水全给了他，又留他吃了一顿饭。临行时，为了感谢吕雉的款待，老头子特地为吕雉相面，说道："你生就一副贵相，将来要成为天下的贵人！"吕雉听了满心欢喜，暗想这个老头说的和父亲一样。于是又找来两个孩子，让老头子为他们相面。老头子一见到吕雉的儿子刘盈，便惊异地说："夫人，你所以富贵，就因为生了这个男孩啊！"这个预言后来应验了，因为刘盈被立为太子，吕雉理所当然地成了皇后。吕雉又请给女儿看相，也说是富贵之相。老头子刚走，刘邦从外边回来了，吕雉兴冲冲地告诉刘邦刚才相面的情况，告诉他说："老头子说我们母子都能大富大贵。"刘邦急忙问："那个人呢？"吕雉回答："还不会走远！"

刘邦追上了老头，向他请教。老头仔细为刘邦相面，说道："刚才给您夫人、孩子看相，都是贵相。现在看来，这都因为你的缘故。你的相貌是大贵之相，富贵到我都没有办法说了。"刘邦道谢说："如果真像您老说的那样，我一定不会忘了您的好意。"刘邦心想：吕公善于相人，说我前途不可限量，这个老头也说我贵不可言，莫非我真的能交上好运吗？他们说的大富大贵又是指的什么呢？

在这之前刘邦被委派向骊山遣送服劳役的人，这些人知道劳役很苦，修造秦始皇陵墓是一件无休无止的苦差事，所以半道上便跑得差不多了。刘邦明白自己即使把剩下来的一半人送到骊山，也不会逃脱对自己的惩罚，所以索性把剩下的人全部释放了，要他们自谋生路，刘邦也跑回家。因为害怕官府追究，便躲藏到芒山、砀山一带去。这时，正好秦始皇对东南很不放心，说："东南这个方向上有象征天子的云气。"于是秦始皇来到东南一带巡视，想镇压一下这里的"天子云气"。

刘邦心中暗想：这种天子云气是否与自己有关系呢？吕公和那个老头子所说的大富大贵是否暗示我将登上天子之位呢？为了不被秦始皇发现，刘邦躲藏到更为隐蔽的山林沼泽中去。但不管刘邦躲到什么地方，吕雉和其他人一块去找他，总是很容易地便能找到。刘邦很奇怪，问他们是什么原因。吕雉见他那样惊奇，便半真半假地说："你所停留的地方，上空常常有一种特别的云气，我们往那儿去找便一定能找到。"刘邦一听，暗合自己所猜想，更加高兴。听到这种传说后，沛县的年轻人都很敬重刘邦，都跑来追随他。

公元前 209 年，为推翻秦王朝的残酷统治，爆发了陈胜、吴广在大泽乡领导的农民大起义，东南各郡县纷纷响应。刘邦平日就痛恨皇帝的残暴无能，借此机会，他在沛县召集了三千多人，打开了沛县县城，杀了县官，发动起义。他被推举为县令（沛公）。因受刘邦起义的牵连，吕雉以叛贼家属被官府抓进大牢抵罪。后经刘邦的好友萧何、任敖等的多方帮助，才暂且免罪获释。这时，刘邦响应起义，离家去投奔项梁的部队，一家人的生计就全部落在了吕雉一人身上，她不仅要抚养儿女，还要照顾刘邦的父亲刘太公，在战乱祸灾的年代，生活得异常艰辛。

吕公见天下大乱，正是群雄竞起的大好时机，刘邦又很有可能成大气候，便让吕雉的两个哥哥吕泽、吕释之跟随刘邦一起起义征战。

刘邦整天在外打仗，行踪不定，吕雉和两个孩子只好待在家里。天下大乱，刘邦的家乡同样人心不稳，都没有心思做庄稼，整天东躲西藏的。吕雉每天惶惶不安，操心着刘邦的安全，四处打听刘邦起义军的情况，盼望着他能平安回家，祝愿两个哥哥顺利，能建功立业。刘邦也无日不记挂着家中的情况。四年后，即公元前206年，刘邦回师关中，派薛欧、王吸出兵武关（今陕西丹凤县东南），与王陵合兵出击南阳，进而前往沛地老家迎接刘太公与吕雉。楚王项羽听到这一消息，派兵前往阳夏（今河南太康县）阻拦，刘邦与家人团聚的愿望未能实现。公元前205年，刘邦为义帝发丧，号召各诸侯国讨伐项羽，遂进攻项羽大本营彭城（今江苏徐州市），结果惨败，几乎全军覆没。这时刘邦只率领几十名骑兵向西逃去，想经过沛地时带上家室妻子一起走。楚王发现刘邦向西逃窜，便派飞骑前去追赶，提前赶到沛县，捉拿汉王的家室。刘太公、吕雉和儿女在谋臣审食其的陪同下，正走小道赶赴刘邦军队所在地，不幸在路上遇见项羽派来捉拿刘邦家室的军队，刘太公、吕后被抓住，儿子刘盈和鲁元公主逃散了。刘太公和吕后被关进囚车，押送到彭城，被楚军作为人质扣押了两年半，尝尽了囚徒的滋味。

这时，吕雉的哥哥吕泽正带兵驻守在下邑（今安徽砀山县），刘邦便率领残部去投奔吕泽。半道上，遇见失散的儿子和女儿，便把他们载在车上一同赶路。不料，项羽的骑兵很快地又追了上来，这时刘邦乘车的马匹已经十分疲乏，跑得越来越慢了。眼看着楚军的距离越来越近，汉王刘邦发了急，便把儿女都推下车去。汉王的随卫滕公夏侯婴说："虽然危急，不能跑得更快，但怎能忍心抛弃亲骨肉呢？"于是跳下车去，又把两个孩子抱上车来，把他们都抱在怀里。刘邦一看情势紧急，又把两个孩子夺过来，推下车去；夏侯婴又把两个孩子救上来，这样一直反复几次，夏侯婴总是不肯舍弃两个孩子。刘邦气得咬牙切齿，直想斩了夏侯婴，但夏侯婴躲来躲去，刘邦又无可奈何。就这样，刘邦想杀掉夏侯婴共有十多次，终于得逃脱，把两个孩子送到家乡沛县的丰邑。这年六月，汉王下令立儿子刘盈为太子，同时大赦天下。又命令太子守卫栎阳（古县名，今陕西临潼北渭水北岸）。

刘邦在彭城大败后，并没有从此一蹶不振，他退回自己的根据地关中，休整养马，以利再战。而项羽称霸心切，不愿持久作战，便天天到刘邦阵前挑衅，刘邦稳中取胜，置之不理，气得项羽咄咄咆哮。

一天，一军士慌慌忙忙前来禀告刘邦，说："不好了！楚霸王将太公和夫人押在阵前，就要下俎烹杀了！"刘邦赶忙走出军营观望，果真如此。只见项羽骑着战马，挥戟大吼："刘邦你小子听着，若还不肯出降，我便烹食汝父！"而在项羽的身后，又见自己白发苍苍的老父亲双手被捆绑，坐在一青铜制成的大俎上，俎下堆满了干柴，一派肉要上锅的架势。不远处，自己的妻子被绑在一个木桩上，看起来已昏死过去。几年来穷困生活的煎熬，她已经瘦得不成样子，今天又让她无故经受这种折磨，真是太残酷了。自从她嫁给我，没有享过一天福，日子贫困艰难……刘邦不忍心再想下去，看下去了，他心如刀绞，不知如何摆脱眼下的危难。大丈夫不能坐食苦果，他要冲出去与这个楚霸王拼个死活。但这个鲁莽的想法被军师劝阻，他献上妙计。

项羽急不可耐，这时汉营中传出话来："汉王说：我与项羽曾共奉义帝，情如手足，我翁即是汝翁，若想烹食汝翁，请分我一杯羹喝。"项羽听罢，气得火冒三丈，大骂刘邦这小子无赖，喝令士卒立即点燃俎下的柴火。正在这危急时刻，项羽的叔父项伯急忙出来劝阻，说："这样做未免有些太过分了，何况争天下者多不顾家室。你杀了刘太公，并无多大益处，刘邦会更加仇视你，而天下人恐怕也难以安抚，到那时我们就走投无路，大败天下。"项羽认为此话有理，便命令撤去铜俎、干柴，将吕雉和刘太公又押回营帐。吕雉才幸免一死。

在这场风险中，吕雉历经磨难，但她真正磨炼了自己的胆量和顽强坚毅的性格，她惊叹项羽的英勇盖世，但更佩服丈夫的临危不惧的大将气度。从这时起，在她的心里就深深地立下了做人的信念：无毒不丈夫。

公元前203年9月，楚汉战争停战，达成和约：划鸿沟（古运河名。故道自今河南荥阳北引黄河水，到淮阳东南入颍水）为界，沟以西归汉，以东归楚。项羽把吕雉及刘太公归还刘邦。当吕雉从楚营出来跨过鸿沟，进入汉军阵地时，汉军将士三呼"万岁"。父子夫妇一别六年再度重逢，悲喜交加，美不胜言。

公元前202年2月，刘邦战胜了项羽，登基做了皇帝，建立西汉王朝，吕雉被尊为皇后。从此，吕后开始了她的政治活动生涯。

阴计阳谋　废立太子获胜算

在刘邦打天下的过程中，吕后不可能跟着丈夫随军行动，他们俩长时期过着夫妻分离的生活。夫妻分离久了，免不了会另找新欢。天下虽然到手了，夫妻间的感情却逐渐疏远，不如新婚时那样甜蜜。吕后虽已为刘邦生有一子一女，可是靠着幼小的子女，也无法能笼络丈夫的心，使他终日守着妻子儿女，不去另找新欢。刘邦生性风流，惯于拈花惹草，他早在与吕后结婚以前，就已经与一个姓曹的女人姘居，生了个比吕后所生的儿子还大一岁的儿子，因为这儿子生下来就胖乎乎的，取名为刘肥。后来在打天下的过程中，刘邦不耐寂寞，到处寻找女人，又搞上个姓戚的美貌女子，也生了个儿子，因为相貌长得跟刘邦一模一样，使刘邦十分喜欢，就取名为刘如意。不久，刘邦又搞上个姓薄的女人，又生了个儿子。这位姓薄的女人希望刘邦永远爱她，不要抛弃她，就给儿子取名刘恒，即提醒刘邦要永恒地记得她们母子俩。自从刘邦做了西汉开国皇帝以后，天下成了他的私产，普天下的女人，他想要谁，谁也得乖乖服从。于是，由他自己选中，或别人帮着物色，搞到皇宫里来的女人自然就更多，所生的子女也就成群结队，连刘邦自己也认不过来。

当汉军攻下定陶（今山东定陶区）时，刘邦下令找个漂亮的姑娘陪伴自己。部下找到一个姓戚的姑娘，长得美貌又能歌善舞，刘邦很喜欢她，每次出征去关东打仗，总要随身带着她。遂封她为戚姬。刘邦和项羽交战上百次，开始时力量相差悬殊，兵力十分微弱，因此战争十分残酷。每次交战之后，刘邦都觉得出于九死而得一生，侥幸逃脱了死亡之神。这个时候，聪明、年轻的戚姬总能给刘邦一些安慰和愉快，刘邦也从感情上更加依赖戚姬，远在他乡的吕后渐渐被疏远了。

随着楚汉战争一天天地接近尾声，吕后的忧虑也与日俱增。原来，戚姬和刘邦生了个儿子，名叫如意，这个孩子活泼、聪明，深得刘邦的喜爱，刘邦把战争闲暇的时间差不多都花在和儿子如意的嬉闹上。戚姬心中很明白，一旦刘邦当了皇帝，按照礼法，应立长子刘盈为太子，吕雉便是皇后。但那样一来，如意就不能继承父位，而要被封到边远的地方去做藩王。想到这里，戚姬不由得一阵阵心中发凉，想着自己要和儿子远离刘邦，生死祸福都要掌握在吕雉的手中，禁不住泪如雨下。

汉高祖刘邦到了晚年，自知一生征战，身体大不如以前，加之又带有箭伤，便想早点安排后事。心想：辛辛苦苦打下的江山，一定得安排个放心的接班人。刘盈懦弱，不能接受重托，遂下决心立赵王如意为太子，以接替自己。山东谋臣叔孙通听到这一消息，立即请见高祖，谏净说："春秋时，晋献公因为宠爱骊姬而废掉太子，立骊姬所生的奚齐，从此晋国战乱几十年不得安宁，为天下的人所耻笑。秦始皇因为不能早点定长子扶苏为太子，使得赵高有机会假称皇帝命令而立幼子胡亥，自己种下恶果，使秦国的祭祀断绝，这是陛下您所亲眼看到的事情啊！现在太子仁义慈孝，天下的人都有所闻，吕后与陛下同甘共苦，又是结发夫妻，又怎么能够背弃她呢！陛下一定要废掉嫡生长子而立少子，臣愿先被砍头，以头颅的血染红眼前之地！"说着拔剑就要自杀。刘邦急忙让左右制止叔孙通，笑着对他说："你站起来吧，所说废立太子的事，只是我开玩笑的话而已，你何必当真！"叔孙通严肃地说："太子是国家的根本，根本一旦动摇，天下就要震动，陛下为什么要拿天下开玩笑呢！"高祖立即郑重其事地说："我听从你的意见。"

吕后很快就知道了叔孙通与高祖刘邦的这次谈话内容，她从心眼里感激叔孙通。但当她知道刘邦并没有就此甘心，仍在寻找机会说服大臣时，不由又忧心忡忡，然而又不知道该怎么办好。

公元前197年，一天刘邦临朝，突然提出废太子刘盈，立赵王如意为皇太子这项事宜，让大臣们商议。满朝文武一听，大为惊骇，一下子讨论开了，大多数人都不同意改立太子，他们认为古往今来，立太子都是立嫡以长，太子已册立（公元前205年被立）多年，并无什么过失，为什么今天突然提出改立呢？望着文武大臣不解的面孔，刘邦郑重地说："太子盈天资平庸，生性懦弱，如此怎能继承大业？赵王如意，年龄虽小，却十分聪明伶俐，说话办事也很像我，唯有他，能继承大统！"说罢，便命人起草废立诏书。大臣们见刘邦态度坚定，都沉默不语。

突然，一个相貌魁伟，举止庄重的大臣猛然起身，上前一步，跪拜在御座下，说了声："陛下，不可啊！"众臣们定睛一看，原来是御史大夫周昌。周昌为人耿直，是刘邦敬重的老臣。刘邦见周昌上前禀奏，知道要坏事，他深深地领教过周昌的厉害，但只得勉强问道："卿意如何？"

周昌本来有些口吃，越着急，越说不出话来，他嘴唇掀动了几下，好一会儿才迸出一句："臣口……口虽不能畅言，然臣……臣……期期知……知其不可，陛下……若…若废太子，臣期……期不……不奉诏！"周昌双目圆睁，满脸涨得通红，刘邦见状,忍不住大笑起来,大臣们也跟着笑起来,朝廷上本来紧张的气氛被冲淡了。刘邦改立太子之事也只好暂时作罢。

周昌退朝后,走出金殿。刚走到东厢偏殿,突然看到吕后从那里走出来。周昌一见是皇后,赶忙要上前行礼,谁知周昌还没来得及下跪,吕后却抢先跪在他的面前,口里说道:"多谢先生,要不是先生敢为太子力争,太子一定会给废了!"吕后的行动,把周昌弄得手忙脚乱,一时不知如何是好,当今的皇后为自己下跪,他赶快跪下请皇后起来。听了刚才吕后的话,他觉得这个女人怀有私心,因为我在皇上面前为她的儿子刘盈说了话,便下跪表示感谢。我不会买她的账,反对改立太子,我是出于社稷国家考虑,并不是为了某个人的私利。看来废立太子中蕴藏着许多问题。

废立太子问题由来已久。赵王如意是戚夫人所生,这时年仅十岁。戚夫人是刘邦在彭城大战的逃跑途中收得的夫人。当年刘邦在彭城败于项羽后,仓皇逃命,当跑到离定陶城不远的戚村时,精疲力尽,饥肠辘辘,恰被戚夫人的父亲搭救,并把他视为家中上宾。当时的戚夫人年方十八。长得眉清目秀,亭亭玉立,但尚未定亲,刘邦便把她收为第二夫人。戚夫人年轻貌美,擅长歌舞,经常跟随刘邦在军中,转战南北,很受刘邦的宠爱。为了让自己的儿子能取代太子刘盈,她白天黑夜地在刘邦身边哭诉。吕后年长色衰,长期留守在家辅佐朝政,很少见到刘邦,久而久之,她与刘邦之间的关系日渐疏远。吕后对自己的失宠,并不以为然,但要废掉自己的儿子,她理当不让,"夫可让,子不可夺"这是她暗自立下的意愿。因为从自己的切身利益考虑,如果儿子的皇位保不住,母以子贵,将来自己的地位也要受到威胁。她早就看出,刘邦近些年来,越来越宠爱戚夫人和赵王如意,总想改立如意为皇太子。所以,每次刘邦临朝,她都要派心腹前去偷听,密切注意废立的动向。今天,刘邦果真提出了此事,恰好她亲自偷听到,同时,她还摸清了大臣们的想法,似乎大多人都反对改立太子,这对太子是有利的。于是,吕后设法竭力去拉拢那些拥立太子的朝中大臣,逐渐形成了一个以吕后为首的政治集团。

公元前195年,刘邦因征伐英布而前胸中过一箭,现箭伤日益严重。这时,他担心自己活不了多久,再次想废太子刘盈,立赵王如意。吕后非常恐慌,急忙找她的哥哥建成侯吕释之来商议。吕释之认为,此事目前只能去求救足智多谋的张良,此人善于出谋划策,皇帝又器重他。商议之后,吕释之亲自出马代吕后求教。起初,张良执意不肯出主意,以废立太子是皇家的私事,大臣不宜过分干预为由,默不作声。后来惮于吕后的威势,在吕释之的胁迫下,才献出一计:改立太子之事很难用口舌去争辩取胜。但是,秦末时有四位老人,他们都以为皇亲对人轻慢骄傲,因此逃匿山中,誓不为汉朝的臣。然而皇帝对此四人却很敬重。如果太子能亲书一封,派人多带金玉璧帛,卑辞安车去请他们来,他们是能够来的。请来之后,让他们时时随太子入朝,有意让皇帝看见他们,皇帝知道了有这四人辅佐太子,就不会再改立太子了。于是,吕后便依张良之计,一一照办,果然很快就把四位老人(称"商山四皓",因为他们一直隐居在商山之中)请到太子府。

刘邦自生病以来,更想废太子。上文提到的英布叛乱,刘邦又对太子进行了一次考验。"商山四皓"给吕后献计，吕后阻止了太子的出征，这使刘邦更坚定了改立太子的决心。只是在等待合适的机会。吕后依靠张良，不断地从中周旋，使刘邦一直未能得手。

一天，刘邦在未央宫前殿举行家宴，太子刘盈自然在座。刘邦满面笑容，接受太子和诸王敬酒，心中甚喜。忽然，他看见有四个鬓发斑白、衣冠楚楚的老者在太子左右侍奉，心中很奇怪，忙问他们是干什么的。那四位老人缓步上前各自报了自己的姓名，刘邦一听，惊异得瞪大了眼睛，这不是"商山四皓"吗？好半天才说："我访求了你们多年，你们都逃走躲避起来，今日为什么在太子身边？"四人齐声回答："陛下轻贱士下，喜欢辱骂，我们不愿受你侮辱，便躲藏起来，做个隐士。今听说太子仁义孝顺，礼贤下士，天下人没有不愿意为太子效命的，所以我们愿意来服侍太子。"刘邦听了，沉思了长久，又吩咐道："你们要好好地照顾太子。"

酒宴散后，刘邦目送"商山四皓"簇拥太子离去，长叹一声，对戚夫人说："我本想改立太子，但太子有了这四人辅助，羽翼已成，天下人心归之，哎，很难再有所变动了。看来，吕后真要成为你的主人了！"听了刘邦无可奈何的话，戚夫人痛哭不止。她深知吕后的心狠手辣，因为我能得宠和刘邦打算改立太子，吕后对我已恨之入骨，以后刘邦不在，我母子的生命必定很难保。她越想越哭得伤心，刘邦便安慰她说："不要哭了，以后再慢慢想想办法。现在，你为我跳楚舞，我为你唱个楚歌吧！"刘邦唱道："鸿雁高飞，一举千里。羽翮已就，横绝四海。横绝四海，当可奈何！虽有矰缴，尚安所施！"其意思是说，鸿雁羽翼已成，我也无可奈何，虽有捕杀此鸟的射具，但无处可以安放。刘邦唱了一遍又一遍，音调十分凄怜。戚夫人边舞边哭，到最后倒地不起，昏厥过去……自此以后，刘邦看到了吕后的强大势力，再也不提废立太子之事了。吕后的意愿(夫可让，子不可夺)实现了。

呼风唤雨　计斩韩信剁彭越

刘邦称帝，并不是战争的结束，被分封王的割据叛乱，边境匈奴的侵扰，使他继续南征北战。这时朝中大事多由吕后和丞相萧何代理承办，"吕后为人刚毅，佐高祖定天下，所诛大臣多吕后力"。汉初，为了加强中央集权统治，打击封建割据势力，吕后辅佐刘邦，先后诛杀了几个受封异姓王，安定了天下。其中，以韩信、彭越为首。

韩信原为刘邦手下的大将，为刘邦打天下立过大功，可谓"一代功臣"。但是在楚汉战争最后与项羽决战的关键时刻，他曾以重兵要挟，迫使刘邦分封大片土地，并被封为楚王。当时，刘邦已对他存有疑悸。刘邦登位的第二年的一天，有人密告楚王韩信有谋反的意图，但无真凭实据，刘邦忙召陈平进宫商议对策，陈平献上一计。

第二天一早，刘邦派出八名使者，分别奔向楚、韩、梁、赵等八个诸侯国传皇帝诏书，圣驾近日将南游云梦(江南洞庭湖一带)，命各诸侯王会集陈地(今河南淮

231

阳)迎候。韩信接旨后,丝毫不敢怠慢,立即赶往陈地迎驾刘邦。不料中计,被刘邦逮捕,由楚王贬为淮阴侯,并被软禁在长安。韩信自认不平,受人陷害,心存怨气,整日托病不出,闷闷不乐,在长安住了四年。

代国丞相陈豨对刘邦的统治很不满,公元前 197 年,他发动叛乱,自立为王。刘邦亲自率兵出征讨伐,要韩信一同前往。韩信自被罢官后心中怨气一直未消,假装称病,拒不从征。吕后便乘机除掉了这员大将。

一天,吕后收到一份密奏,说:不久前,陈豨秘密进京,在韩信家里与他密谋,他们计划先由陈豨在代国举兵,等刘邦带兵讨伐,长安空虚之时,韩信再率兵杀进未央宫,诛灭吕后及太子,一举捣毁汉室皇基。吕后一看奏章,惊慌失色,心想难怪你托病不出征呢,而且你与陈豨一向为知交,我以前的猜疑没错,我要先发制人,让你尝尝我的厉害。

吕后连夜召萧何入宫密商对策。她故意流着眼泪,孤苦凄凉地对萧何说:"皇上远离都中,如果韩信阴谋得逞,非但我母子性命难保,只恐汉室社稷一倒,黎民百姓又将遭受离乱之苦。请相国速速定计铲除逆贼。"萧何听后,沉默不语,十分为难,不相信此事吧,证据确凿;相信吧,又怎么忍心下手呢? 他很赏识韩信的将才,当年推荐给刘邦,未得重用,韩信曾一气离去,萧何又月下追回韩信,登坛拜将。他执掌三军,战功赫赫,尤其是楚汉战争最后的垓下一战,他用"十面埋伏"之计,使楚军全军覆灭,使项羽自刎于乌江,结束了相持多年的楚汉之争,为汉朝的建立,立下了不可磨灭的丰功伟绩,有目共睹。今天,他犯了死罪,我该怎么惩治他呢? 但刚才吕皇后的一番辞言,自己身为丞相,岂能不以江山黎民为重,庇护叛逆? 事到如今,只能以大局为重,不徇私情。他安慰吕后道:"皇后陛下请放心,臣自有良策擒拿韩信。"于是,两人密商至深夜,才定下一良计。

几天后,一匹快马从前线驶回洛阳,直奔吕后的住处长乐宫。他自称是皇上派他回来报捷的,捷报说:"反贼陈豨已被杀死,赵、代的叛乱已被平定,近日皇上将班师回京。"这个报信的人,实际是吕后的心腹,回京报捷不过是吕后所导演剧目的揭幕。

果然,第二天一早,未央宫钟鼓齐鸣,阙门大开,不明真相的文武大臣争先到宫中向吕后道贺。唯独韩信觉得其中有诈,他这次学得聪明了,推说因病不能亲往宫中祝贺。吕后一见韩信没有上当,就派萧何亲自去请他。因为韩信一直感激当年萧何推荐和挽留之恩,决不会怀疑自己这个老朋友的。萧何奉命赶到韩府,一见韩信,便说:"皇上打了胜仗,大臣们都进宫去祝贺,唯独你未到,这样会遭到大臣们的议论,将来对皇上也不好交代。"韩信信以为真,便随萧何来到长乐宫。

萧何先前进殿奏道:"淮阴侯韩信在宫门外等候召见。"吕后心中一喜,鱼上钩了。转而又目光炯炯,厉声厉色地说:"传旨命韩信上殿见驾!"不一会儿,韩信无精打采地信步进来,刚迈进殿门,两旁早已埋伏好的武士们一拥而上,将韩信五花大绑推到御座前,韩信不由大叫:"丞相救命! 萧何丞相在哪里?"萧何此时早已不见踪影。吕后朝韩信怒吼道:"无知莽夫! 皇上待你不薄,为何与陈豨串通一气谋反?"韩信并不跪倒，气宇轩昂地站在吕后面前，神情自若道："并无此事。"吕后冷笑一声，恶狠狠地说道："早已有人告发，你还想抵赖不成？今奉皇上诏令，将反贼韩信立即斩首，灭三族！"说完，便命武士把韩信拉到偏殿处决。

韩信明白了吕后的用心，知道自己又一次中计，死到临头了，他仰天长叹道："不想一世英雄，今日竟死于一妇人之手！"不久，刘邦真的平定陈豨的叛乱，班师回朝。当他听到韩信被吕后杀了之后，不由连声称赞吕后果断能干，为自己除去心中一患。但又觉得有些遗憾，韩信毕竟是个难得的人才，为打天下立了汗马功劳，如今无辜被杀，实在可惜。

设计诛灭韩信，使吕后对参与朝政更自信了，女人也可以主宰天下。同时，她也清楚地意识到，这些功高位重的异姓诸王都将成为她的绊脚石，她要设法借刘邦之手，把他们一一铲除。

几个月后，厄运又降临到彭越身上。彭越也是刘邦手下的著名大将。在楚汉之争中，他为刘邦立过大功，被封为梁王。后因有人诬告彭越伙同部将合谋造反，又因无证据，皇上只得免于死罪，废为庶人，发配蜀中。吕后得知此消息，立即起驾从长安赶往洛阳来见刘邦。车驾走到郑县（今河南新郑），恰巧与发配途中的彭越相遇。吕后见身穿囚衣，披戴镣铐的彭越，装出十分惊讶的神色问道："彭将军所犯何罪，竟至于此？"彭越一见吕后，如同见到救星一般，恳切地向她诉说了自己的冤屈，他几乎是呜咽说："臣不幸受小人诬陷，多亏皇上开恩，才幸免一死，发配蜀中。这可实在是冤枉啊！"吕后听了此话，故作同情地轻轻说道："是这样——。"彭越以为吕后真的会同情他，通过她为自己多多美言，皇上也许能有回转之意，他又哀求吕后说："臣多年跟随皇上，东征西伐，为汉室江山不知立过多少战功。望皇后能在陛下面前为臣陈述真情，能让臣回昌邑故里（今山东巨野），臣将永世不忘皇后的大恩大德！"说完，叩头不止。吕后看起来似乎被这一番话感动了，她温和地安慰道："你的话说得实在可怜，我一定尽力帮忙。这样吧，你也不必到蜀地去了，跟我回洛阳，我一定为你说情。"（当时，长安的未央宫还没有建成，西汉的京城在洛阳）。

吕后风尘仆仆地回到洛阳以后，立即去见刘邦，对他说："臣妾在长安闻报，梁王彭越谋反，陛下不加以重罪，恐有放虎归山之患。"刘邦说："梁王谋反，查无实据。姑念他垓下决战时，立功卓越，才饶他一死。"吕后连连摇头道："彭越乃一大丈夫，岂肯就此伏罪？若将他发配蜀中，万一他再图谋反，凭借天府膏腴之地，兵精粮足，只怕陛下无良将可抵御！"刘邦听后，觉得言之有理，沉吟间，吕后又进言："太子仁孝，望陛下为汉室长治久安多作考虑！"一语切中要害，刘邦点了点头，但是如何重新定罪呢？吕后悄悄说道："臣妾以为，仍以谋反之名，把他杀掉，既可以去掉一个祸根，又可以震慑群臣。"

彭越一心等着吕后说情，能免罪，哪知几天之后，诏令下，竟是"判死罪，立即枭首示众，夷三族"。彭越这才明白自己的愚蠢，中了吕后的计谋。彭越死后，他的尸体被剁成肉酱，并派人分送到各地诸侯那里，以示警告。

　　淮南王英布见到送来的肉酱，十分惊恐，终日坐卧不安。他知道，韩信、彭越被冤死，下一个可能轮到他了，因为他与韩信、彭越是被分封的异姓王中势力最大的，两次诬杀的教训，使他已明白刘邦、吕后的真正用心之所在，他决不想重蹈韩、彭二王被冤杀的覆辙。不反叛，如同束手被擒；反叛，意味着要冒更大的风险，但这样或许能争取一条生路，如果成功了，还可以与刘邦争争天下。于是，英布率部将发动叛乱。

　　消息传到京城长安，刘邦身体欠佳，打算派太子刘盈率军去讨伐英布，一来试试太子的胆量，测测他的才能；二来借此机会可改立太子。因为刘邦知道刘盈很无能。很宠爱另一儿子赵王如意，他曾说过，一定不能让没有出息的儿子，居于爱子之上。吕后得知这些情况后，似乎明白了刘邦让太子率军出征的用意，她担心太子不能取胜，这既便宜了英布，留下一条祸根，恐怕又要使儿子丢掉太子的宝座，左右权衡，急得不知所措。这时，太子请来的"商山四皓"为吕后出谋划策，他们说："太子率兵出征简直是有劳无获的事情。即使平定了叛乱，取得了成功，也不过还是太子，地位不可再高；如果无功而归，恐怕会遭到灾祸。况且随太子出征的各位将领，都是曾经和皇帝一起打天下的老将，现在叫太子统率他们，不等于叫羊去统帅狼吗？将领们哪一个肯为太子尽力，恐怕是败局已定。"吕后急得哭了起来，连声道："怎么办？怎么办呢？"他们又献上计谋，"皇后赶快去找皇上哭诉这些吧！"吕后为了杀掉英布，更为了儿子的太子位，自己的皇后位，她立即找到刘邦，痛哭流涕，按照事先预谋好的哭诉一番，又说："英布乃是出名的大将，阵前威风，酷似项羽，不可小看。陛下虽然有病，若能率兵亲征，就是躺在车上，哪位将领能不为您尽力呢？"刘邦目睹了吕后的一阵表演，也觉得有一定的道理，生气地说道："太子不争气，不足以负此重任，朕只好亲自出征了。"刘邦率大军征伐英布，很快就取胜，平定了叛乱。吕后为之大快，又铲除了一条祸根。但一想到太子的废立，她心中又不禁升起了疑团，太子未出征会不会在皇帝心里留下什么可怕的印迹呢？这是后话。

　　吕后辅佐刘邦，在汉朝建立后的七年间，先后翦灭了韩信、彭越、英布、陈豨、卢绾等异姓诸王，打击了分裂割据势力，巩固了汉朝的统一，客观上符合了人民要求统一、安定天下的愿望，这是积极的一面。但其根本目的还是为了保证汉室江山、刘氏天下的长久。在此过程中，吕后显示出不平凡的政治才干，为人刚毅果敢，处事多谋善断，审时度势，果断泼辣。可是，她的心狠手辣，令满朝文武敬畏，甚至刘邦也为之悚然。还应该强调的是，吕后的势力已渗入朝廷，并成为以后夺取刘氏天下的一股潜在力量。

心毒手辣　临朝称制发雌威

　　公元前195年四月，汉高祖刘邦病重，死于长乐宫，享年六十三岁。刘邦死后，十七岁的皇太子刘盈继皇帝位，史称汉惠帝，吕雉被尊为皇太后。这其间也有一段奇异的过程。

皇帝驾崩以后,按理说,头一件事情应当是赶快讣告天下,发丧料理后事,然后宣布由太子继承皇位,大赦天下,给百官升官晋爵,让他们宣誓为新皇帝效忠。可是吕后没有这样做,她觉得自己的儿子刘盈才17岁,并且为人优柔寡断,缺乏进取心,皇位很可能会被汉高祖的爱妃戚夫人的儿子赵王刘如意抢走。刘邦当年把戚夫人之子取名为如意,就是因为喜欢他长得跟自己一模一样,很如自己心意的缘故。刘邦生前还曾多次想要废掉刘盈,改立如意为太子。因此,吕后在汉高祖刘邦死后,第一件想到的事是要先除掉戚夫人和赵王如意母子二人,并连带着除掉众多的宗室亲王,和那些帮助过汉高祖打天下的功臣,以便扫除种种障碍,使自己的儿子刘盈能安安稳稳地做个太平天子,不至于发生皇冠落地的意外。正是因为有着这样的打算,所以吕后在汉高祖刘邦死后四天,一直没有向外发讣告,告诉大家皇帝已经驾崩,而是偷偷地把自己的亲信审食其召进宫来,与之密谋杀害赵王如意等宗室亲王和功臣的事。这审食其原是刘邦的朋友,在刘邦撇下妻子儿女去打天下的时候,他一直陪伴着吕后。他不但保护过吕后母子的安全,并且每当吕后孤衾独宿长夜难熬的时候,还常常秘密地把他请来,请他代行过丈夫的职责,说白了,他乃是吕后的情夫,所以是吕后最信得过的一个人。审食其一进宫来,吕后对他说:"你大概知道,我和太子到了最为难的时候,很需要你的帮助。"审食其问究竟是怎么回事,吕后说:"朝廷上几位握有重兵的大将,当初与先皇帝都是难兄难弟,肩并肩、手拉手地一块儿打天下的。后来先皇帝登了大宝,他们表面上跪下叩头称臣,山呼万岁,但是只要仔细观察,可以发现他们的内心其实是不服气的,所以才先后有臧荼、韩信、彭越、英布等人的叛乱。如今先皇帝已经驾崩,年轻的太子将要继位,难道他们还会服服帖帖叩头称臣吗?我看是不大靠得住的。如不趁早把他们斩尽杀绝,他们迟早会步韩信等人的后尘,起兵作乱。还有那些宗室亲王,表面上他们是太子的叔伯或兄弟,可是他们也都不是善类,特别那些惯会迷惑先皇帝的姬妾所生的儿子,像妖魔鬼怪一样可恶,如果不把他们除掉,嗣君的皇位是坐不稳的。你与我是生死与共的患难之交,曾经给予我很大的帮助与安慰,最能体会我的心意,我也最信得过你。今天找你来的目的,就是希望你能像过去一样的帮助我和嗣君,除掉那些居功自傲的武夫和不安分的宗室亲王。"审食其听了吕后的吩咐,特别是当他看到这位新寡的皇后,仍像过去那样,两眼含情脉脉地对着他时,就赶快连连点头表示遵命,并且还挪近一步,与吕后几乎脸贴脸地说着悄悄话,进行秘密的策划。

可是世上没有不透风的墙,审食其应吕后之召进宫,与吕后密谋杀害功臣和宗室亲王的事,未能瞒过众人的耳目,消息很快走漏了。有人赶快把这消息告诉了大将郦商。这郦商为人正直敢言,从不隐瞒自己的看法。他听说后,立刻找到审食其,当面警告说:"我听说先皇帝晏驾已经四天了,宫里不向外发讣告,却在打算杀害功臣和宗室亲王。这事如果属实,那么天下就危险了。如今陈平、灌婴带着10万兵马驻守在荥阳,樊哙、周勃率领20万兵马在平定燕、代一带的乱事,他们只要听说先皇帝已经晏驾,宫里正在密谋杀害功臣和宗室亲王,就一定会联合起来造反,向京城杀来,那样,天下岂不就要大乱了吗?"审食其听郦商这么说,心里暗暗吃惊。他权衡轻重利害，觉得杀害功臣和宗室亲王的事，万万不可轻易造次。即使对某些人不放心，想要除掉他们，也只能慢慢来，找借口陆续地加以个别处置，决不能莽撞从事，操之过急，树立众多的敌人。于是他赶快进宫去找吕后，先把郦商的话照样学说一遍，再把自己的想法和盘托出，请吕后仔细考虑。吕后听了，默默沉思了很久，最后，她同意审食其的想法，决定暂时放弃原来的打算，改行慢慢来的策略。她当即派人向外发讣告，宣布先皇帝已经驾崩，遗诏由太子刘盈继位为嗣皇帝。刘盈就是汉惠帝，他即位后，尊奉自己的母亲吕后为皇太后。这样，吕后就由西汉皇朝的第一位皇后，上升成为皇太后。

吕太后虽然接受了审食其的意见，被迫暂时放弃立即杀害功臣和宗室亲王的计划，但是对于戚夫人和赵王如意母子，她是决不肯轻易放过的。她决定先从这母子二人开刀，好让人知道她的厉害。

就在刚刚料理完汉高祖刘邦的丧事和汉惠帝刘盈的即位大典之后，吕太后立即发布懿旨说："先皇帝原本身体健壮，偶有小恙，是不至于迅速晏驾的，只是因为负责照料先皇帝的戚姬侍奉无恙，所以才使得先皇帝遭遇不测。如此对先皇帝不忠之人，理应将其打入冷宫，禁锢终身。"于是当即派人去把戚夫人抓来，先是一顿痛打，然后拔掉发髻上的金银首饰，剥去身上的锦绣衣衫，给她穿上赭色囚衣，在脖子上套个作为囚犯标志的铁箍，关进长巷深处的冷宫之中，罚她舂米，规定每天舂不满一石米就不给饭吃。可怜那戚夫人原本是汉高祖的心头肉，夜夜紧紧依偎，卿卿我我地受宠幸的。平日里，她有大批宫女服侍，衣来伸手，饭来张口，从来没有干过体力劳动，如今叫她每天舂一石米，她如何能完成得了，所以她三天总有两天吃不上饭，实在饿急了，只好从石皿里抓一把米糠和着泪水吞咽，一天到晚舂呀舂呀不停地舂米。

吕太后囚禁了戚夫人以后，又派人去召赵王如意进京。使者来回跑了三趟，也没有能把赵王如意召来，原来赵王的国相建平侯周昌知道此行凶多吉少，怎么也不肯让赵王进京。周昌对吕太后派去的使者说："赵王是高帝的亲骨肉，如今还很年少。听说太后怨恨赵王之母戚姬，欲召赵王一并加以处治。我受高帝托付保护赵王，所以不能让赵王进京，况且赵王如今正在病中，也不可能奉召进京。"吕太后听到使者的回报，不禁勃然大怒，她又派人去改召赵相周昌进京。周昌身为人臣，接到太后懿旨，自然不敢不奉召。可是周昌刚一上路，吕太后派去召赵王进京的使者又到了赵王那里。这一次，赵王如意没有国相周昌在身边帮他出主意了，就糊里糊涂地跟着使者进京了。

汉惠帝刘盈与赵王如意的年龄差不太多，两个人从小就在一起玩耍，同吃同睡，虽是异母兄弟，感情却很是融洽，甚至比一母同胞的亲兄弟还亲。惠帝刘盈听说赵王如意被母亲吕太后召来了，料想他此来定是凶多吉少，为了保护这位可怜的弟弟，他赶快叫人准备好銮驾，抢先一步，亲自到长安城外的霸上去迎接，把如意接到自己宫中保护起来。他整天跟如意在一起，两个人连吃饭睡觉也在一起，形影不离地以尽到保护之责。惠帝还派人去禀告吕太后说："皇帝一个人觉得太寂寞，想叫赵王做伴。太后如果对赵王有什么吩咐，皇帝可以负责转告。"因为有惠帝的保护，吕太后想要杀害赵王如意的打算，一时无从下手。

转眼到了十二月的隆冬季节，惠帝刘盈一向有冬天清早起床进行射猎锻炼的习惯，每天天刚蒙蒙亮，他就起床到校场上去了。赵王如意却有贪恋热被窝睡懒觉的习惯，一次也没有跟着去。吕太后打听到这种情况后，就有了下手的机会。一天，惠帝刘盈刚走，吕太后就派人给赵王如意送去一杯酒，说是天气太冷，请赵王喝杯酒暖暖身子。一杯酒刚落肚，赵王如意立即感到腹痛如绞。他浑身抽搐，紧接着就七窍流血，一命呜呼了，原来那是一杯毒酒。等到惠帝射猎归来，已经晚了，事情已无可挽救了。

吕太后害死赵王如意以后，又叫人砍断了戚夫人的手脚，挖掉了她的眼珠，熏聋了她的耳朵，给她灌了哑药，使她叫不出声，然后把她关在厕所里，给她吃屎喝尿，称之为"人彘"，供人观赏取乐。过了几天，吕太后把儿子惠帝刘盈找来，说是请他观赏人彘。惠帝定睛一看，这哪里是什么人彘，分明是他父亲汉高祖生前最宠爱的戚夫人。他吓得号啕大哭，当场昏厥过去，从此病了一年多。他在病中派人给母亲吕太后送信说："把人害得这般模样，简直不是人的行为。我作为有如此行为的太后之子，实在不配做皇帝治理天下。"病愈以后，惠帝无心再处理国政，他一天到晚喝得烂醉如泥，表面上是在寻欢作乐，实际上是在折磨自己，以求速死。果然，在即位后的第七年八月，汉惠帝刘盈就糊里糊涂地死去了，死时才只有23岁。

汉惠帝死后，吕太后对于这个与自己不是一条心的儿子，欲哭无泪，恨多于哀。她只是在儿子的遗体边干号，同时盘算着今后该怎么办。这时候，留侯张良的儿子张辟强在朝廷上任侍中之职，他虽然只有15岁，却看出了吕太后欲哭无泪的秘密。他跑去对丞相陈平说："太后只有皇上一个儿子，如今晏驾了，可是太后欲哭无泪，只是干号，丞相大人知道这其中的缘故吗？"陈平反问说："你说这是什么缘故呢？"张辟强说："皇上死得太早，还没有成年的儿子能继承大统，太后是害怕你们这些功臣会篡夺政权。如果您现在去请求太后任命她的侄子吕台、吕产、吕禄为将军，由他们统率南北军，并让吕家其他人入宫执掌大权，太后就会放心了，而你们这些辅佐过高帝的功臣，也就不会遭到太后的猜忌而发生危险了。"陈平虽然号称足智多谋，但是一向不愿承担风险，喜欢太太平平地过日子，他觉得张辟强的话很合乎自己的心意，可以使自己少担些风险，就真的进宫去请求吕太后让吕家的人出来掌权。这样一来，自然使得吕太后心中暗暗高兴，她再到儿子遗体边哭泣时，眼泪就犹如泉水似的一个劲儿往外流。她觉得儿子虽然已经死去，而她的权力地位却仍然稳如磐石，不至于动摇。于是，她下令料理惠帝的后事，宣告由年幼的太子继承皇位，号称少帝。因皇帝年幼，由太皇太后临朝称制，代为执掌朝政大权，治理天下。从此，太皇太后吕野鸡就成了中国历史上第一个临朝称制的女人，站到了政治权力的顶峰之上。

独揽朝政　刘家江山变吕氏

惠帝死时，并没有年长的儿子，只有一个年纪很小的儿子，就这个儿子也不是惠帝的亲儿子。原来惠帝即位后，吕后把女儿鲁元公主所生的女儿，即宣平侯张敖的女儿嫁给惠帝做皇后。论辈分，张皇后应把惠帝叫舅舅呢！这时张皇后只有九岁，惠帝已十七岁。吕后这样做，为的是便于控制皇帝。为了夺得政权，巩固政权，吕后竟做出了如此荒唐的事情！惠帝和张皇后并没有生孩子，吕后为此想尽了办法，请尽了名医，可是一无所济。于是，便让张皇后装着已经怀有身孕，然后夺取美人所生的儿子，假称为张皇后生的儿子。后来，又杀了美人，以断绝口实。不久，立这个孩子为太子。这时，他的年纪尚且很小。

惠帝死后，太子继立为皇帝。小皇帝稍微长大懂事以后，风闻自己的生身母亲被迫害而死，自己并非皇后所生，便气愤地说："皇后怎么能如此残酷地杀害我的母亲，反让我认她为母亲！我还没有长大，长大以后一定要报杀母之仇。"

小皇帝的话被人报告给吕后，吕后怕他作乱，便把他幽禁于永巷狱中，对外称小皇帝病得厉害，吩咐不许任何人见到他。吕后召集众大臣说："凡拥有天下治理万民的君王，如像上天覆盖于上，大地承载于下，上有欢心以安定百姓，百姓欢欣以侍奉君主，欢欣交通而天下大治。现在皇帝久病不起，已经糊涂昏乱，不能继承帝业奉守宗庙祭祀，不可托付天下大事，应该更换了他！"众大臣叩头说："皇太后为了治理天下百姓，谋虑安定宗庙社稷想得周到深刻，群臣叩头，接受诏令。"小皇帝被废除，吕后杀了他。又立常山王义为皇帝，实际上吕后公开出面处理天下大事，古称为"临朝称制"。

吕后老是不放心那一批老臣，担心他们反对自己临朝称制。因为女人当皇帝，以君主的名义号令天下，吕后还是第一个。有句古话说："母鸡打鸣，只会倾家荡产。"所以吕后遇到了很大的阻力。她想出两条办法克服阻力，其一是扩充吕家的势力，其一是削夺大臣的权力。

王陵、陈平提出请吕家的人担任宫廷守卫，正中吕后下怀，所以她欣然接受。但她并没有就此满足，还想封吕家的人为王。吕后知道一帮老臣追随刘邦打下天下，心中向着刘家，肯定不会同意吕家的人封王，于是便在朝会的时候试探地问右丞相王陵，王陵回答："高帝临终时放心不下，杀了白马与众大臣歃血盟誓说：'不是刘家的人如果称了王，天下的人联合起来击破他！'现在封吕姓为王，不是当初的盟约啊！"吕后听了这话老大不高兴，又问左丞相陈平、太尉周勃，周勃等人回答："高帝平定天下，封王刘氏子弟；现在太后君临天下，封王吕家的人，没有什么不可以的。"吕后非常高兴，宣布散朝。

王陵十分恼怒，责问陈平、周勃："先前与高帝歃血盟誓，各位难道不在场吗？现在高帝去世，太后以女主临朝，想要封吕氏为王，诸位纵容太后的欲望，曲从她的心意，背弃当年的盟约，试问你们有什么脸面再见高帝于九泉之下！"陈平、周勃回答:"现在当面驳斥太后,在朝廷上公开坚持自己的意见,我们不如您;但将来保全社稷、安定刘家的后代,您却比不上我们哪!"王陵无话可说了。

为了不致因封吕家的人为王而引起太大的震动,吕后做了许多铺垫性的工作。吕后先封吕家已经去世的人为王。追封父亲吕公为吕宣王,兄长吕泽为悼武王。封这样的人等于再次放出试探气球,借死人先造舆论。接着,吕后又封非刘非吕的人为侯。封高祖时功臣、郎中令冯无择为博城侯,齐国丞相齐寿为平定侯,少府阳城延为梧侯,高祖骑将张越人的儿子张买为南宫侯。其三,再封惠帝后宫嫔妃、美人所生的儿子为王。封刘强为淮阳王,刘不疑为常山王,刘山为襄城侯,刘朝为轵侯,刘武为壶关侯。其四,封那虽是吕家后代,却又是异姓的人为王,即封鲁元公主的儿子张偃为鲁王。吕后在做完这些事后,才大封吕家的人。吕后执政八年,封吕氏四王八侯。四王是:吕台封吕王,吕通封燕王,吕产为吕王(后来又迁徙为梁王),吕禄为赵王。八侯是:吕他封俞侯,吕更始封赘其侯,吕忿封吕成侯,吕荣封祝兹侯。吕氏四王八侯分据朝廷各重要部门,成为吕后的心腹和左右手。

当封高帝儿子刘肥的儿子刘章为朱虚侯后,吕后便把侄子吕禄的女儿嫁给他。这样做的目的,一是为了拉拢,二是为了监视。高帝刘邦的第六个儿子赵王刘友对吕后的这一做法很反感,结果招来杀身之祸。

赵王刘友的王后,便是吕家的姑娘,刘友很不喜欢她,却喜欢其他的妃嫔,使得吕王后十分恼火。妒火中烧,她跑到吕后面前告状,挑弄说赵王对吕后一点都不恭敬,赵王说:"吕家的人怎么能封王!太后百岁之后,我一定要去破他们!"吕后勃然大怒,派使者星夜从千里之外召回赵王。这是吕后七年(公元前181年)正月间的事。赵王来到京城后,被囚禁起来。吕后并不接见他,命令士兵严加看管,不许给他饭吃。有人可怜赵王,暗中给他送些食物,这事被吕后知道后,立即处死了这个人。从此,再没有人敢接近赵王。赵王饿得不行了,唱起凄凉的歌,歌词道:"吕家人当权啊刘氏危机,胁迫王侯啊强配我王妃。我妃妒火中烧啊诬陷我以大罪,谗女乱国啊皇上竟不察觉!我没有忠臣啊何故失国?自裁在田野啊苍天正直!哎呀不可追悔啊不如早点自杀。身为大王却活活饿死,又有谁怜惜!吕氏灭绝天理啊,托皇天为我申冤鸣屈!"最后,赵王活活饿死,被按照普通老百姓的身份安葬。

同年二月,吕后又迁徙刘邦第五个儿子梁王刘恢为赵王。刘恢心中好生晦气,赵王刘友刚刚饿死,自己又被迁为赵王,这实在不是一个好兆头。为了监视赵王刘恢,吕后把侄子吕产的女儿嫁给他做了王后。王后随从的人也都是吕家的人,他们横行无忌,施展权势,赵王的一切行动自由都被剥夺了。赵王有一位宠幸的爱姬,被王后派人用毒酒毒死。赵王敢怒不敢言,只好赋诗四章,教给乐人歌唱,聊以解除心头的郁闷。六月时,赵王便自杀了。吕后认为赵王因为爱姬而自杀,丢弃了祭祀宗庙的职责,便废弃赵王继承人,使他们成为平民。吕后还把妹妹吕媭的女儿嫁给高祖堂兄弟——营陵侯刘泽为妻。

吕后想尽办法,削夺大臣的权力。吕后嫌右丞相王陵不听话,便任命他为辅导皇帝的太傅,明升暗降,夺他的权。王陵心中明白,请了病假,回家休养去了。又提升左丞相陈平为右丞相，任命辟阳侯审食其为左丞相。按说左丞相并不治理什么事情，只是监护、管理皇宫中的事务，职位在右丞相之下。但审食其是吕后的亲信，重大事务参与决策，朝廷大事不通过审食其就不能决定，右丞相陈平只能俯首听命而已。

这样一来，刘家的江山成了吕氏的天下。

无为而治　是非功过后人评

尽管吕太后的为人凶狠残忍，而在治理天下这方面，她确实也是有胆识有魄力。她发布的第一道制书是：废除屠三族和治妖言罪的旧法令。屠三族的旧法令原是从秦朝沿袭下来的，犯法者不光本人被杀戮，并且父母、妻子、兄弟三族也都要被屠杀，例如彭越就因为谋反被屠三族，其实他的父母、妻子、兄弟未必知道他谋反的事，可以说是冤枉了他们，法令太过于严酷了。汉惠帝刘盈在位的时候，就觉得这条法令过于严酷，曾准备予以废除，可是当时朝廷上议而未决，没有废除。如今吕太后终于下令把它废除了。所谓妖言罪指的妖言，乃是个十分笼统的说法，并没有明确的标准说明什么样的话是妖言，凡是统治者认为不合他们心意的言论，或者是谣言传闻，有可能危害统治的，都可以称之为妖言。秦始皇的时候规定，妖言惑众者斩。汉朝也沿袭了这条法令。汉惠帝也曾想要废除这条法令而没有最后决定下来，吕太后也终于把它废除了。废除旧有的严酷法令，减轻刑罚，使政治更为宽松，这是吕太后临朝称制后做的第一件好事，官民人等对此自然都是欢迎的。

不久，吕太后又下制书赐民爵，户一级，初置孝弟力田2000石者一人。原来从秦朝开始，民间有二十等爵位。赐民爵，户一级，就是让每户人家的爵位都提高一级，这是朝廷赐予民众的恩典。孝弟力田是新设置的一种选举官吏的科目，孝弟是指孝敬父母，和睦兄弟，这是人伦的根本。力田是努力耕种，增产粮食和桑麻，是生产的根本。孝弟力田这个选举科目，就是把那些在家庭里讲究人伦道德，在生产上又很卖力气的人选拔出来做官。2000石是俸禄标准，就是给予因孝弟力田而被选拔为官吏者以2000石粮食的俸禄。一年有2000石粮食的俸禄，大约相当于当时太守的待遇，虽然全国只选孝弟力田2000石者一人，但是也能说明吕太后对孝弟力田者是十分重视、大力奖励的。

过了一年，吕太后下制书把列侯的功绩排定先后次序，将名单藏于高祖神庙，让他们的子孙世世代代承袭禄位。这道制书的用意是拉拢汉高祖时代的功臣，完全改变了吕太后当初想要杀戮功臣时的主意，原因是汉高祖旧日的功臣已经死的死，老的老，不足以危害吕太后的权力与地位了，而表彰一下功臣，对于还活着的一些功臣则是一种安慰。这样一来，陈平、周勃、郦商、灌婴、王陵等还健在的功臣，对吕太后临朝称制也就不怎么反感了。

吕太后规定了对待边疆少数民族的政策，并重新确定了边境戍卒的更换制度。西汉前期，边疆少数民族的麻烦仍然来自匈奴。汉高祖刘邦在世时，曾亲征匈奴，但是打了败仗,在白登(今山西省阳高县境内)被匈奴围困七天七夜,差点被抓去做了俘虏。后来汉高祖采用娄敬的建议,实行跟匈奴和亲的政策,以公主下嫁匈奴首领单于,双方结成亲眷,以求和好相处。吕太后临朝称制后,为了防备匈奴和其他少数民族在边疆制造麻烦,严申边防禁令,规定民间与少数民族可以往来贸易,但不许可卖给他们铁制农具和马牛羊。如要卖给马牛羊,必须交边防官员查验,只许可卖给公畜,绝对不许可卖给母畜,以防少数民族大量繁殖幼畜。边境戍卒的守边,原先规定一年一更换,便于戍卒及时能回到内地家乡与家人团聚,但是这个规定早已遭到破坏,有的戍卒一派出去就是许多年得不到更换,有的甚至直到老死也不得回家。戍卒的父母年老无人照顾,妻子在家守空房。有些戍卒的妻子受不住煎熬或被生活所迫,与人私通或另嫁他人,造成了人世间的许多悲剧。吕太后了解到这种情况后,重新确定边境戍卒一年一更换的制度,必须严格执行,谁也不许破坏。边境戍卒得知吕太后的这个规定后,无不额手称庆,感谢太皇太后的大恩大德。

吕太后治理天下有一个总的原则,那就是清静无为。凡是汉高祖规定下来的行之有效的法令制度,她决不轻易改动,所改动的只是那些民间感到不便的,或者过于严酷的法令制度。她规定,除了修筑边境上的长城和修理都城长安破旧的宫殿以外,不许大兴土木,不许大量征发徭役,必须让农民安心生产,增产粮食桑麻,解决全国上下衣食的需求。在吕太后临朝称制时期,中国的经济发展和民间的生活状况,不但大大好于秦朝末年,并且比汉高祖在世的时候也有所改善。就这些方面来看,吕太后不愧为一位有作为的妇女。

吕后八年(公元前180年)三月,吕后到外地去举行了祈求免灾的祭祀,回宫时途经今西安市东北的轵道亭,忽然看见眼前有一个黑乎乎的什么东西,像是一条狗,一下子钻进自己的腋下,转眼就不见了。回皇宫之后卜了一卦,说是赵王如意在作祟。从此以后,吕后便有了腋病。

到了七月中旬,吕后病得更加厉害,她自知活不长了,便把侄子梁王吕产、赵王吕禄找来嘱咐说:"我很快就要离开你们,去会见高帝了。高帝生前曾在太庙立过盟誓,'非刘姓为王,天下共击之'。如今我给你们封了王,大臣们口头上不说,内心一定是不服气的。我死后,皇帝年幼,那些不服气的大臣一定会引高帝的盟誓反对你们,找你们算账。你们千万要抓好兵权,守住皇宫,控制住皇帝。我死后,你们不必为我发丧,谨防被人暗算。"嘱咐完毕,吕太后又留下了一份准备公开宣布的遗嘱。即指定由梁王吕产担任相国,指定把赵王吕禄的女儿配给小皇帝刘弘做皇后。然后,她深情地扫视了一下守候在病榻前的吕氏子侄,闭上眼睛,十分安详地死去了。

吕太后一死,反对吕氏家族掌权的刘姓宗室和大臣们很快就行动起来。赵王吕禄的女婿朱虚侯刘章,是汉高祖长子齐悼惠王刘肥的儿子,他对吕氏家族的情况了解得一清二楚,实际上成了反吕斗争的内应。吕太后一死,刘章就赶快派人去约自己的哥哥齐哀王刘襄,请他起兵从外面打进来,消灭诸吕,他自己准备在都城内

中华传世藏书 中华枭雄大传 帝王后妃卷

策应。

齐哀王刘襄起兵后,写信给刘姓诸侯王,要求他们保卫刘姓的汉朝,消灭妄图篡权的吕氏家族。相国吕产听说齐哀王刘襄起兵,就派大将灌婴带兵去阻挡。灌婴带兵到了荥阳,他不但不向齐哀王刘襄发动进攻,反而与之订立密约,准备联合起来共同消灭吕氏家族。

在都城长安,赵王吕禄、梁王吕产分别控制着北军、南军。军队的最高统帅本来是太尉周勃,但他被剥夺了军权。周勃与丞相陈平商量后,决定软禁与吕氏家族关系较好的曲周侯郦商,叫郦商的儿子郦寄去警告吕禄,令其交出军权,说如果这样做了,齐哀王刘襄就可以退兵,双方相安无事;否则,刘襄和灌婴的联军打来,必将玉石俱焚,后悔也来不及了。吕禄胆子小,他准备把军权交还给太尉周勃,但吕氏家族的其他人不同意这样做。

太尉周勃在派郦寄去警告吕禄的同时,设法弄到了进入北军的符节。这符节就是调动军队用的凭证。吕禄知道符节已落入周勃之手,估计自己不是周勃的对手,只好乖乖地交出大印,溜到自己的封地上去了。周勃一进入北军,立刻发布命令说:"如今吕家的人想要夺取刘姓的汉室江山,你们愿意跟着吕家走的,脱下右臂的衣袖;愿意效忠刘姓皇室的,脱下左臂的衣袖!"命令刚宣布完毕,只听得哗啦啦一片响,士兵们全都脱下了左臂的衣袖,并且还振臂高呼,表示愿意为刘姓皇室效忠,消灭吕氏家族。这样一来,太尉周勃就把北军控制在自己手中了。

梁王吕产仍然把持着南军不肯撒手,想要进行顽抗。丞相陈平派朱虚侯刘章去协助太尉周勃。周勃命令刘章把守军门,并命令曹参的儿子御史大夫平阳侯曹窋去通报守卫皇宫的武官,叫他们把守住宫门,不许相国梁王吕产进入皇宫。吕产当时还不知道吕禄的北军已被周勃接管,他以为只要占领皇宫,挟持了皇帝,就能以皇帝的名义发号施令。可是他走到皇宫东门,东门的卫兵挡住了他的去路,走到皇宫西门,西门的卫兵也不许他进入,他只好在皇宫外面徘徊,考虑对策。

太尉周勃不愧为指挥军队的得力干将,他不容许吕产有充分的时间考虑对策,早已经派刘章率领1000名精兵来围捕吕产。吕产想要发动南军进行对抗,可惜已经晚了一步,南军也已经跟着北军拥刘反吕,他只得匆匆忙忙地逃到郎中府的厕所去躲藏,结果被刘章带兵搜出来当场杀了。

第二天,周勃与文武大臣商量以后,派兵赶到吕禄的封地上,把他逮捕后杀了。接着,又派兵到各地去搜捕吕氏家族中人,见一个,杀一个,见两个,杀一双,把他们杀了个一干二净。

吕太后临朝称制,站到了政治权力的顶峰之上,在中国历史上产生过一定的影响。她杀害戚夫人和赵王如意的手段极其残酷,对待功臣也有过想要斩尽杀绝的错误打算。她大量提拔娘家人,给他们封王封侯,想叫他们帮着她掌权,开了外戚专权的先例。她以清静无为的政策治理天下,废除严酷的法令,与民休息,发展生产,表现出卓越的政治才能。她实在是一个充满矛盾的女人。中国伟大的历史学家司马迁,在他的名著《史记》中,用两点论评论吕太后,既充分地记载了她冷酷残忍地对待戚夫人和赵王如意,记载了她利用外戚干政来巩固自己的统治地位,也充分肯定了她临朝称制治理天下的政绩。对她的总评价是:"女主称制,政不出房户,天下晏然。刑罚罕用,罪人是希。民务稼穑,衣食滋殖。"太史公的这个评价应该说是十分公正的。

【名家评点】

偏憎偏爱,系妇人之通病,而吕后尤甚。亲生子女,爱之如掌上珠,旁生子女,憎之如眼中钉……

——蔡东藩《前汉演义》

妇道从夫,乃古今之通例,吕雉若不为刘家妇,如何得为皇后,如何得为皇太后!富贵皆出自夫家,奈何遽忘刘氏,徒欲尊宠诸吕乎?

——蔡东藩《前汉演义》

刘邦豁达刘盈弱,吕氏专恣独断多。
不有周陈为左袒,谁知汉帜竟如何?

——张英玉《历代名媛百咏》

西汉窦后:幸运女神　干预朝政

【人物档案】

姓名:窦氏

别名:窦皇后、窦太后、窦猗房。

生卒:？～前135年

关系:汉文帝皇后

朝代:西汉

谥号:孝文皇后

主要成就:关注民生,能够体会民生的疾苦,但是也是霸道心狠的,对于反抗她的人不留情,总的来说,她对于西汉的发展,功劳还是很大的。

陵寝:霸陵(陕西省西安市白鹿塬江村大墓)

窦　氏

【枭雄本色】

窦氏(？～前135)汉文帝皇后,公元前178年被立为皇后。她聪明贤惠,相貌出众,辅佐汉文帝、汉景帝治理国家。她崇尚黄老,是中华帝国最后一位拥附黄老思想的统治者,在她的影响下,西汉政权能继续由刘邦时期定下的以民生息、无为而治的精神,把汉王朝推上了强盛的高峰。自她之后,没有一个中华帝国的统治者能像她一样真正的以黄老思想来无为而治。她身为国后却从不与后宫其他人争宠,也不因此而失意。她的一生是极其幸运的,从秀女到宠姬再到皇后,她基本上没有经历什么风浪,这与她谦让律己,宽容豁达是分不开的。但文帝刘恒死后,她干预朝政,溺爱幼子刘武,赏赐不可胜数,恨不得让他登上皇位。

母以子贵　荣登皇后

　　窦皇后原名窦姬,清河人,因家贫入宫做了秀女,后被吕后分赐给代王刘恒。窦氏年轻貌美,虽居后宫未得高祖临幸,但依然妩媚动人,而且聪明伶俐。在新来的五个嫔妃中脱颖而出,刘恒一见到她就喜爱不已,很快窦氏就成了代王的宠姬,刘恒特别喜欢窦氏,经常与窦氏同欢。

　　几年后,窦氏生了一个女孩,取名刘嫖。后又生下了第二个孩子,是个男婴,取名刘启;之后又生一子取名刘武。

　　公元前180年,吕太后去世。她死后,汉高祖之老臣周勃等人发动宫廷政变,杀掉了当权的吕氏子弟,废黜刘弘,迎立代王刘恒为帝,是为文帝。

　　在刘恒称帝之前,他的结发之妻王后便病逝了;而且她生的四个儿子在刘恒君临天下后不久,也相继病亡。文帝即位不久,群臣上书,奏请立皇太子。这时,在文帝诸子中,数窦氏所生的刘启年龄大,刘启被立为太子。母以子贵,窦氏随之也就成了皇后,入主后宫。

　　窦皇后双亲早亡,葬在观津,薄太后下令追封窦后之父为安成侯,母亲为安成夫人,并在家乡清河郡安置陵园,其规格和仪式与薄太后父亲的灵文园一样。

　　窦后有兄弟二人,兄长为窦长君,弟为窦广国。广国字少君,在四五岁时,因家境贫困,被人掳掠贩卖到外地,渺无音讯。后又被人辗转贩卖了十几户人家,最后到了宜阳(今河南宜阳西),在那里替人家进山挖石炭。一天黄昏,山崖边有一百多人在睡觉,山崖突然崩塌,睡在崖边的人都压死了,只有少君脱险逃生。没几天,他跟随主人到了长安,在那里他听说新封的皇后姓窦,原籍在观津。窦广国离家的时候虽然年纪幼小,却记得自己的籍贯和姓氏,还隐约记得与姊姊一起去采桑叶,从树上摔下来的情景。他把这些事详细地写下来后,托人转交给了窦后。窦后见到了这些材料后,把广国召来并详细问了其他一些情况,果然是她的亲弟弟。皇后还要弟弟回忆一些过去的情景,少君回忆道:"姐姐离我西去的时候,我记得在驿站分别时,讨来米汤水给我洗头,临走时又给我吃了饭才走的。"当窦后听到此情时,握着弟弟的手已泣不成声。窦皇后重赏两个兄弟,都把他们安置在京师居住。后来又为他俩请了有德行的长者与他们住在一起,对他们进行教育。由于这样,窦长君、窦少君兄弟俩后来成为谦让有礼的君子,不敢因为地位显贵而盛气凌人。

　　不久,窦皇后的小儿子刘武被封为代王。过了两年,改封为淮阳王。汉文帝沿用惠帝以来"无为而治"的黄老思想治国理民,这对于恢复、发展战乱后的社会经济、文化是极为有利的。窦皇后也十分热衷这一思想,她的儿子刘启和窦氏子弟都学习黄老学说。

　　过了几年,窦氏年长色衰,在一场大病中失明。从此,她逐渐失宠,文帝另结新欢。对此,窦皇后自然是无可奈何,只能暗自悲叹而已。但令她欣慰的是,最喜爱的小儿子刘武在公元前 168 年改封为梁王。

溺爱小儿　干预朝政

公元前 157 年,汉文帝刘恒病逝。皇太子刘启即位,是为景帝。这样,窦氏便由皇后变成了皇太后。景帝即位的第四年,窦氏的小儿子梁王刘武入朝,景帝款待他的皇弟。

酒席间,喝到高兴的景帝,兴奋至极时对皇太后窦氏说:"朕千秋万岁后,把帝位传给皇弟。"此言正中太后下怀,因为在太后心中下一任的帝位她的小儿子刘武当之无愧。岂料,她的侄子窦婴端着一杯酒,敬献给景帝,直言极谏道:"天下,乃高祖的天下。父子相传,是汉家的祖制,皇上怎么能传位给梁王!"这下可惹怒了他的姑姑窦太后。过了几天,愤懑难平的窦太后下令把窦婴从皇戚的名簿上除了名。

到汉景帝时,在秦代遭到禁锢的儒学已有很大的恢复、发展,开始与黄老思想抗衡。景帝对儒学和黄老思想都不置可否,这实际上是怂恿了儒学与黄老思想的争权夺利。在这种局面下,窦太后坚决维护黄老思想的统治地位,打击儒学。有一次,齐儒、《诗》博士辕固生,当着窦太后的面轻辱黄老思想的代表作《老子》,结果太后大怒,下令把辕固生扔进猪圈,让他和野猪搏斗,幸亏景帝暗中送给他一把利剑,刺死野猪,方幸免于难。窦皇后默然不语,没有再对他治罪。事后不久,景帝便打发辕固生离开京师,去做清河王太傅。

窦太后一直没有放下想让景帝立刘武为皇位继承人的想法。尽管景帝曾在酒酣之时说要让刘武做太子,但这不过是一时戏言,其实他是不愿意传位给弟弟的。但当时说让刘武做太子的话时又是当着母后窦太后说的,如果不这样做,又违背母后的意愿。正左右为难之际,公卿大臣以古制、祖训为由,坚决反对兄终弟及。景帝乘机立了儿子刘荣为皇太子。

但好景不长,景帝便瞧着刘荣不顺眼,又把他废除了。窦太后见状,乘机再次进言,让景帝立刘武为嗣。有个叫袁盎的大臣,听说窦太后要景帝传位刘武,便上书景帝,说此事不妥。景帝乘机立刘彻为太子,窦太后的愿望再次落空。梁王刘武听说袁盎从中作梗,气急败坏的他便派刺客去刺杀袁盎。景帝龙颜大怒,敕令缉捕凶手,刘武怕事情暴露,他迫令参与刺杀的刺客自杀,又托姐姐馆陶长公主刘嫖去求母后为他说情。在窦太后的干预下,梁王无罪开释。

公元前 144 年,梁王刘武病死。窦太后闻讯整日涕泣,不吃不喝,骂道:"皇上果然杀了吾儿!"景帝惊慌,不知如何是好,姐姐馆陶长公主给景帝出主意,让景帝把梁国一分为五,刘武的 5 个儿子都封为王,5 个女儿都赐给汤沐邑,窦太后转悲为喜,可见刘武在窦太后的心中所占有的位置。

三年后,景帝病逝,太子刘彻即位,是为武帝,尊窦太后为太皇太后。这时有个叫田蚡的人,是武帝的舅舅,颇受信用。田蚡便通过太皇太后,推荐窦婴出任丞相。

武帝听从之,以窦婴为相,拜田蚡为太尉。窦婴、田蚡举荐以传《诗》闻名的儒学大师申公的学生赵绾、王臧为御史大夫、郎中令。为弘扬儒学,还打算在长安建一座太学,推举申公来主持太学。武帝派人携带厚礼,用安车驷马把申公接到了长安。

太皇太后窦氏听说此事,一向崇奉黄老思想的她怒不可遏,把武帝责备了一通,罢免窦婴、田蚡的官职,迫令赵绾、王臧自杀。其实到此时,黄老无为而治的思想已经不适应封建统治的需要了,改弦更张,用儒家思想来治国理民,是历史发展的趋势。但此时的太皇太后却不能审时度势,完全扮演的是逆历史潮流而动的角色。

公元前135年,太皇太后窦氏去世,死后与文帝合葬霸陵。

【名家评说】

有薄太后之为姑,复有窦皇后之为妇,两人境遇不同,而其悲欢离合之情迹,则如出一辙,可谓姑妇之间,无独有偶者矣。语有之:塞翁失马,安知非福,两后亦如是耳。

——蔡东藩《前汉演义》

中华传世藏书

中华枭雄大传

帝王后妃卷

赵飞燕:后宫弄权 三千宠爱在一身

【人物档案】

姓名:赵飞燕

别名:赵氏、赵宜主、孝成赵皇后。

字号:字飞燕

生卒:? ~前1年

关系:汉成帝刘骜皇后

朝代:西汉

主要作品:《双凤离鸾曲》、《归风送远操》、掌上舞

主要成就:得宠晋为婕妤,其后立为皇后。

陵寝:延陵陪葬墓(陕西省咸阳城北5公里处渭城区周陵乡马家窑村)

赵飞燕

【梟雄本色】

赵飞燕(? ~前1),西汉时期成帝刘骜的宠后,她后宫弄权,骄妒淫乱,残忍无度,能"使三千宠爱在一身",但是,她又富有机智、才华,能协助成帝理顺政务。能歌善舞,体态纤美,轻盈如燕,相传其能在掌中起舞,故称"飞燕"。赵飞燕不仅容貌艳丽,而且身材窈窕,体态极其轻盈,举步翩然若飞。飞燕本是阳阿公主家的一歌女,偶被成帝看到,马上将她带回宫中,先封为婕妤,然后又把许皇后打入冷宫,把飞燕封为皇后。成帝专宠飞燕,夜夜宿于飞燕的未央宫中,以致最终亡于飞燕的床上。平帝即位后,飞燕被废为庶人,自杀而亡。

万种风情　尽献成帝

　　赵飞燕和她的孪生妹妹赵合德生在江南水乡姑苏。赵飞燕原名宜主,只因窈窕秀美,凭栏临风,有翩然欲飞之概,邻里多以"飞燕"誉之。久而久之,人们渐渐忘记了她的本名,而把她叫作赵飞燕。她妹妹赵合德风姿迥异,生得体态丰腴,玉肌滑肤,美艳妩媚与赵飞燕不相上下。

　　赵氏姐妹的母亲本是江都王的女儿——姑苏郡主,后嫁给中尉赵曼,不想在她嫁给赵曼不久,赵曼便生了一场大病,从此丧失了男人的能力,寻访各种名医都不能得治。

　　后来姑苏郡主暗中与赵曼的朋友冯万金私通而生下双胞胎姐妹,后怕事情败露,便将她们丢在郊外。不想这对姐妹居然三天不死,姑苏郡主以为命大福大,才又抱回抚养。

　　由于赵曼死得早,赵氏姐妹早年也备尝艰辛,母女三人从姑苏一直流落到京师长安。住在城郊的陋室之中,靠着纤纤双手,替人做女红为生。赵母在贫病交加中撒手人寰后,赵氏姐妹便倚托在同里的赵翁家中,成为赵翁的义女,过着一种寄人篱下的生活。

　　赵翁当时年近花甲,膝下犹虚。如今平白捡到一对豆蔻年华的少女,乐不可支。他知道以赵氏姐妹美艳的姿貌,再稍稍加以琢磨、培植,不愁没有脱颖而出的机会。于是在她们身上不惜工本投资,加意教养,赵氏姐妹聪颖慧黠,居然也像模像样地学会了不少大家闺秀的风范。

　　不久,赵氏姐妹便被阳阿公主罗致府中,充任歌舞姬,阳阿公主见赵氏容貌俏丽,体态轻盈,而且聪明伶俐,心里十分喜爱,就让人教她们演歌习舞,充作府中的舞伎。凭着天赋聪明和辛勤苦练,几年下来,赵宜主歌如莺语,舞似燕翔,技艺远在群芳之上。公主当下替她取名曰:飞燕。一时间,飞燕声名鹊起,长安城里都知道阳阿公主府里有个色艺双绝的赵飞燕。

　　此时,正值西汉后期,在位的乃是汉成帝刘骜。汉成帝既无开疆拓域的雄韬伟略,又乏守城安邦的治国之才,是个地地道道游手好闲的昏君,这一天,成帝微服来到了阳阿公主的府第。

　　皇帝突然造访,公主府上下一片忙乱。公主盛情设宴,为成帝接驾洗尘。为了助兴,公主命府中舞伎献技。环佩金玉声中,一位绝色佳人款款而来,成帝一见,十分倾心,不知不觉竟看呆了。只见她面如娇花,目似秋水,体态轻盈;歌舞起处,似花枝轻颤,如燕子点水,一曲未尽,便有万种风情,妙不可言。再看她纤眉如画,秀发如云,尤其是一对流星般的眸子,含情脉脉地回身一瞥,闪烁出无限诱人的风情与醉人的魅力,顿使汉成帝如痴如呆。

毕竟是身为大汉皇帝,岂可为一个平民女子而失态,立即端正身板,漫不经意地询问赵飞燕的背景情况。

席罢,成帝便要带赵飞燕一同回宫。公主便做顺水人情,将她献给了成帝。不久,成帝又听说赵飞燕的妹妹赵合德婉丽美艳,不逊于飞燕,亦令其入宫。

工于心计　摧残后宫

赵氏姐妹虽然出身微贱,但极工于心计,她们以姿色将皇上迷得神魂颠倒,如醉如痴。从此,成帝一心迷恋赵家姐妹,每天在后宫与她们饮酒作乐。然而,赵家姐妹仍不满足。尤其是赵飞燕,她觊觎皇后的宝座已久,处心积虑地要搞垮许皇后以及班婕妤等人。

成帝时期,以许氏外戚与在朝掌权的王氏外戚为代表的外戚争权夺势的斗争十分激烈,几经较量,许氏外戚已呈明显颓势,此时许后已人老珠黄,失去了皇帝的欢心,只能在宫中如履薄冰地挨度时光。赵飞燕看准了这一有利时机,为了登上皇后宝座,她与其妹赵合德参与陷害许氏。

鸿嘉三年(前18年),赵飞燕发难告发许皇后之姊许谒,设坛诅咒已怀孕的王美人以及王凤,其中也提到了班婕妤。当时,已过而立之年的成帝正苦于膝下无子,皇统无嗣。飞燕的告发正好触动了成帝,盛怒之下,成帝下令将许谒问处死罪,许皇后则被废入冷宫;班婕妤也受牵连,避往长信宫。就这样赵飞燕巧施计谋,轻易扫清了通往皇后宝座的两大障碍。

情敌既去,赵氏姐妹志得意满,除了竭尽所能,使出浑身解数讨好皇帝之外,再就是一步一步有计划地进行夺权固位的步骤。成帝也有了立飞燕为后的念头,没想到,这事遭到太后王政君的反对。太后虽不是出身于显赫官宦家庭,却也十分看重门第。尤其令成帝恼怒的是,一些大臣也竭力阻挠立后之事,使得成帝进退维谷,左右为难。

正当成帝踌躇之际,淳于长为他谋划。这淳于长是太后王政君的外甥,官拜卫尉。

他摸透成帝的心思,感到这是一个巴结成帝的好机会。于是,他便经常到太后那里,一会儿夸奖成帝如何孝顺,飞燕如何贤惠;一会儿又言国家不可一日无后。如此再三,凭着三寸不烂之舌,一年的时间过去了,淳于长终于说动了太后。永始元年(前16年),飞燕被册封为皇后,戴上了她渴望已久的凤冠。而妹妹赵合德也被封为昭仪,两人并得宠幸,权倾后宫。这种地位的得来是非常艰难的,因为总揽了朝纲的王太后以赵飞燕出身微贱,对立后之议曾加阻挠。汉成帝排万难而前进,为了搪塞母后,也为了防杜天下悠悠之口,乃封收养赵氏姐妹的赵翁为咸阳侯,赵翁终于得到回报。虽然如此,朝堂上仍然啧有烦言。

飞燕当上皇后以后,与其妹合德双艳并峙,独宠后宫。许多妃嫔根本难见君王一面,只能暗叹命薄。

随着时光的流逝,飞燕姊妹又开始担忧起来。飞燕姊妹虽然长期侍奉,却始终未能生下一男半女,而成帝偶尔临幸的其他妃嫔宫女,不少人都怀有身孕。为了继续赢得皇帝的专宠,保住凤冠和昭仪封号,她们决定铤而走险,由飞燕幕后操纵,合德前台动手,姊妹俩极力摧残后宫有子的嫔妃。

元延元年(前12年),有个叫曹宫的宫女,偷偷地告诉宫婢道房:"陛下幸妾。"过了几个月,一个叫曹晓的宫婢发现曹宫腹部隆起,便将她拉到一旁悄问其故,曹宫喜不自禁地说:"御幸有身。"这年十月,曹宫分娩,生了一个儿子。皇上欢喜不已,可是不敢告诉赵氏姐妹,他特地派了6个宫女去伺候曹氏母子。赵合德听说后,大怒,指使中黄门田客暗杀了这个新生儿。

后来,一个姓许的美人又生下了一个儿子。赵氏姐妹知道后大怒。昭仪竟然指着成帝责问道:"你常说没到别的宫妃处,只是去过皇后的中宫。那么,许美人是怎么生子的?皇上一直在骗妾。"说完,从床上滚到地下,用头猛烈地撞门边的柱子,嚎哭着说:"陛下今天就打发我走好了!"宫人将饭送来,她也不吃,哭着叫着寻死觅活。

成帝见她平静下来,马上好言安抚道:"既答应了你们姊妹,就不会再宠许氏了。朕保证没人超过你们姊妹,不要担心。"有了皇上这句话,赵合德才破涕为笑,转而撒娇央告皇上,将孩子带来,让她看看。皇上满口答应。过了一会儿,成帝派中黄门靳严赐给许美人一道诏令,他吩咐靳严:"美人会交给你一件东西,你拿来,放在饰室门帘的南面。"

许美人看了皇上的诏令,很放心地把孩子放进一个苇箧里,交给靳严。但她万万没想到,这竟是她和孩子的永别。靳严按成帝的吩咐把孩子放在饰室门帘的南面,然后离去。

成帝与合德昭仪坐在殿上,叫昭仪身边的侍者于客子打开苇箧,然后叫于客子和其他侍者都出去,关上门。须臾开门,呼于客子等人进来,叫他们把苇箧缄封起来,放在屏风的东面。诏令中黄门吴恭把苇箧交给籍武,并赐诏与籍武:"箧中有死儿,将他埋掉,不可让他人知晓。"籍武在暴室狱的墙下挖了个坑,把死婴埋了。

树倒猢狲散

赵氏姐妹继续摧残怀孕嫔妃,以致"生子者辄杀,堕胎者无数"!致使成帝从此绝嗣,只能在皇族中另择皇储。

绥和元年(前8年),诸王来朝,围绕着立储问题,众藩王之间自有一番明争暗斗,其中,争夺的中心人物是中山王以及定陶王刘欣。刘欣祖母傅昭仪私下以财宝贿赂赵氏姐妹,她们欢喜自不必言,又念自己年长无子,正需找个依靠,此后,便常在成帝面前为刘欣说情,盛赞其贤德。绥和二年(前7年),成帝立刘欣做了太子。

绥和二年(前7年)三月十八日,成帝宿于未央宫的白虎殿。天要将明的时候,穿着裤袜的成帝想起床,找衣服,没找到,旋即昏倒,口不能言而死。成帝体格健壮、素无病恙,突得暴病而亡,一时间,宫廷内外众说纷纭。飞燕姐妹承宠已久,在宫中树敌太多。成帝一死,众人便群起而攻之。皇太后王政君下令大司马大将军王莽追查成帝死因,矛头直指合德。合德深感大势已去,只得自杀。

成帝驾崩,飞燕感到失去了靠山,幸喜哀帝刘欣即位后,念及当年推荐有功,对她仍是礼仪有加,尊她为皇太后。

哀帝即位后,外戚斗争更加激烈,哀帝一派的傅氏和丁氏外戚,与在朝掌权的王氏外戚争权夺利,在这场斗争中,飞燕站到傅、丁外戚一边,使得王氏十分嫉恨。

元寿二年(前1年),哀帝崩,王氏外戚扶持9岁的平帝刘衍登上了帝位。平帝年幼,朝中大权一并归于王氏。王氏取得绝对权势后,大肆讨伐自己的旧敌,而首当其冲的就是身为太后的赵飞燕。

时隔不久,王氏外戚以残害皇子的罪名,将飞燕削去太后封号,幽禁在北宫。在一次次的打击之下,赵飞燕彻底地绝望了。

公元前1年,赵飞燕终于含恨自尽。

【名家评说】

燕燕双飞入汉宫,皇孙啄尽血凤红。
古今不少危亡祸,半自蛾眉误主聪。

——蔡东藩《前汉演义》

姐妹相将入汉宫,花开两朵向阳红。
争春媚语知多少,合让昭仪占上风。

——张英玉《历代名媛百咏》

东汉窦皇后：淫乱无度　权倾朝野

【人物档案】

姓名：窦氏

别名：窦皇后、章德皇后

生卒：？～前97年

关系：汉章帝刘炟皇后

朝代：东汉

主要成就：窦氏被立为皇后，宠幸特殊，独占后宫之爱。

陵寝：敬陵（河南省洛阳市偃师区寇店镇郭家岭村西南）

【梟雄本色】

窦氏（？～97），东汉前期人，汉章帝刘炟皇后。她是东汉开国元勋窦融的曾孙女，在汉章帝时被立为皇后。章帝死后，封为太后并辅佐年幼的和帝，此后窦

东汉窦皇后

氏家族权倾朝野，也出现了东汉一朝窦氏家族的辉煌时代。窦皇后可以说是东汉一个干政的皇后，她可以说是东汉时期的一个美女，但又非常有手段。在章帝去世后，新帝年幼，窦太后开始偷情，此时大汉灾害四起。窦皇后却沉溺于淫乱之中，对政事置之不理。但她又临朝执政将近10年之久，此时的东汉一朝，由皇太后临朝执政人数之多，可以说在中国的历史上是首屈一指的。

【风云叱咤】

家族破落　收放自如

窦氏是窦融的曾孙女，窦氏家族到汉明帝时，在洛阳城已是官府邸宅相望，奴隶成群，其辉煌局面在当时已是无人能及。而窦氏就是出生在这样显赫的官宦之家，她是窦勋的大女儿。

但自从永平五年（62年）78岁的窦融病逝之后，窦家已开始走向下坡趋势，首先是窦融的儿子窦穆不修品行，只因拥有万贯家财，就被明帝借口窦穆无力打理家财，时常派人监护他家。随后找到一个理由明帝便下令赶窦穆父子离京城回老家。而因为窦勋的夫人是沘阳公主，所以明帝开恩让他留在京城。可好景不长，窦穆又因贿赂官吏而入狱，而窦勋也因此受牵连入狱，死在洛阳狱中。

从此，窦氏一家日趋衰落，而窦氏窦章德的童年便是在这样的一个破落"名门"度过的。不过，破落的家族，也使这位知书达理的窦氏练就了极强的个性。

窦氏在6岁时就能做很好的文章了，而且天生丽质。在建初二年（77年）八月，窦氏和她的妹妹都被选入了长乐宫。因为窦氏那如花似玉的容貌和她那非凡的举止言谈，不仅得到马太后赏识，更是得到了当朝天子章帝刘炟的喜爱。窦氏以她那聪明的智慧与后宫嫔妃相处得极为融洽，所以，在后宫中对于窦氏的口碑自是甚好，这也为她在群芳中竞争皇后的宝座奠定了很好的基础。

另处，窦氏还竭尽女性之媚，独占后宫。建初三年也就是公元78年，窦氏被封为皇后，而她的妹妹也被封为贵人。后来，马太后病逝。于是宫内权力最大者莫过于窦后了。身为帝王的女人，无论是哪个女子都想集万千宠爱于一身，窦后也不例外，她利用章帝宽厚的性格，独享龙颜。

起初，深得章帝喜欢的还有其他的贵人，像宋贵人和梁贵人。而这位宋贵人自建初二年（77年）人选宫中后，第二年便生下皇子刘庆，建初四年（79），刘庆被立为皇太子。别人的儿子立为皇太子，窦后的嫉妒心与日俱增，于是她串通她的母亲沘阳公主，开始密谋陷害宋贵人。

这天，窦后在掖庭门截住了宋贵人的一封信。信上说："久病思生兔，让家里求生菟。"窦后便借此诬陷她想设蛊道诅咒。章帝经不住窦后接二连三地从中挑拨，于是章帝渐渐地疏远了宋贵人和皇太子刘庆。

建初七年（82年），章帝便废除皇太子刘庆为清河孝王，从而立了由窦后抚养的刘肇为皇太子。而此时的宋贵人则被逐出正宫，并且派小黄门（太监）拷打审问她，宋氏饮药自杀身亡。

宋贵人已死，这里就要说说梁贵人，梁贵人是梁统的小孙女。而这梁统早年与窦融是多年的老朋友。建初二年（77年），梁氏姐妹双双入选长乐宫，并封为贵人。建初四年（79），梁贵人生下刘肇，而此时的窦后一直无子，所以，窦后便过养刘肇为她的儿子。梁家暗自庆幸，他们相信将来这刘肇是会被立为皇太子，而且将来还是会做皇帝的，想必做了皇帝的刘肇一定不会亏待他的生母和母亲一家人的。谁知这话传到了窦后的耳朵里，所以除掉梁氏也成了她的目标。

解决了宋贵人及刘庆后的窦氏，在建初八年，就开始诬陷梁贵人，走投无路的梁氏姐妹双双被谮杀身而亡。

宋贵人及梁贵人相继惨遭毒害，使得后宫的妃嫔整日惊恐不安，而此时的窦后却以她独有的魅力赢得了章帝的更多宠爱。

而在窦皇后在后宫地位巩固后，她便开始涉足于朝政。而这种插手是由她的兄弟们参政开始的。

权倾朝野　再创辉煌

窦氏初登皇后宝座不久，汉章帝下诏，赐她的哥哥窦宪为中郎，不久，又升迁为侍中、虎贲中郎将；而她的弟弟窦笃任黄门侍郎。这窦宪兄弟深得汉章帝的信任，一直都参与宫内的机要，并且还得到皇帝的大量赏赐。窦皇后的哥哥窦宪却恃宠日骄，根本不把别人放在眼里，甚至连那些皇亲国戚他也敢公然挑衅。而汉章帝就算发觉，但面对窦后的哭哭啼啼，章帝竟毫无办法。

章和二年（88）二月，33岁的汉章帝驾崩于章德前殿，年仅10岁的皇太子刘肇即位，帝号汉和帝。而窦皇后尊为皇太后，因和帝年幼，由母后临朝执政。登上皇太后的窦氏，首先要做的事就是下诏。她在诏书中这样讲道：汉章帝圣贤明达，奉行祖宗的治国之道，使天下安宁。现今皇帝年幼多病，我权且辅助他处理政事。边外的天国贤王，都是我国的藩属屏障；朝内文武百官都能严格要求自己，来协同处理本朝的事务，这样，方能解除我后顾之忧。只是在守天下祖业之际，需要有内辅来出谋决断。侍中窦宪兼有才能品行，更以忠孝为重，汉章帝亲受遗诏，任命他为掌典辅助。太尉邓彪有三让的高德和海内归仁的品行，聪颖明达，又是群贤之首，章帝多次赞扬他，并想以此来教化百姓。因此，窦太后便任邓彪为太傅，赐爵关内侯，录尚书事，处理百官之事。接着她还更改了章帝时的一些规定。建初三年（78年），章帝不忍与诸王分离，就留诸王住在京师，而这时的窦太后却怕诸王共起反对她，所以以守边为重作为借口，下令把诸王全部派遣回封国。

在当时，北方匈奴却不断侵扰汉朝的边关，使得北方的老百姓无法过上安宁的生活。于是窦太后想借盐铁税来增加军费，从而改变章帝对匈奴安抚妥协的政策，以便大举进攻匈奴。

就在此时一直都很讨窦太后欢心的都乡侯刘畅却被她哥哥窦宪派刺客暗杀了。而原因却很简单：因为这刘畅一直深得窦太后的欢心，所以时常被召到上东门议事。而窦宪害怕刘畅被窦太后宠幸，分割他的权力，便派刺客暗杀了刘畅，并归罪于刘畅的弟弟利侯刘刚，还派侍御史与青州刺史严刑拷打刘刚等。所谓法网恢恢疏而不漏，此事最终还是被窦太后发觉了，于是将窦宪关闭在内宫。恰巧北匈奴再次扰边，南匈奴请求朝廷出兵征讨，窦宪害怕被杀，于是请求戴罪出征匈奴，窦后就同意了他的请求。任窦宪为车骑将军，联合南匈奴大举进攻北匈奴。

永元元年（89年），双方大战于稽落山，汉军连战连捷，窦宪登上燕然山，刻石勒功，得胜还朝。旗开得胜的窦宪便升任大将军，封武阳侯。大将军一职仅次于太傅，但却拥有实权。此时是窦氏家族的鼎盛时期，这时窦太后的弟弟窦笃也被封为卫尉，窦景和窦环皆任侍中，弟兄三人官职的升迁之快超出常人。

窦氏兄弟借窦太后的势力，位居高职，从此目中无人开始祸害百姓，引起了众愤。汉和帝永元四年（93年），窦宪大胆密谋叛逆，但走漏了消息。和帝与宦官密议,决定诛之;因窦宪在朝外,怕他为乱,所以先隐忍未发。等到窦宪和邓叠班师回朝,和帝立即下诏执金吾、五校尉率兵先逮捕了邓叠、邓磊等叛贼,下狱并处死;然后派谒者仆射收了窦宪大将军的印绶,只封冠军侯;然后又逼迫窦宪、窦笃、窦景、窦环自杀,窦氏宗族处死的处死罢官的罢官。

而窦太后由此也被软禁宫中,不得参与政事,在汉和帝永元九年(97),这位长期操纵政局的太后忧郁而死。此时的汉和帝已知自己的身世,但念及养育之情,仍然把窦后按皇太后的仪式,将她与汉章帝合葬于敬陵。

【名家评点】

窦皇后疾,失明。文帝幸邯郸慎大人、尹姬,皆无子。

——《汉书·外戚列传卜》

有薄太后之为姑,复有窦皇后之为妇,两人境遇不同,而其悲欢离合之情迹,则如出一辙,可谓姑妇之间,无独有偶者矣。语有之:塞翁失马,安知非福,两后亦如是耳。

——蔡东藩《前汉演义》

贾南凤：心狠手辣　一代悍后

【人物档案】

姓名:贾南凤
别名:贾旹、惠皇后
生卒:257 年~300 年
关系:晋惠帝司马衷皇后
朝代:西晋

【枭雄本色】

主要成就:由于乱政与陷害他人的事迹,贾南凤一直被视为后宫乱政的典型负面人物,其为人凶妒暴虐,手段往往残忍而极端。

贾南凤(257~300),晋惠帝司马衷皇后。小名旹。司马昭和司马炎父子吞魏建晋的功臣贾充之女。在武元皇后杨艳的利益权衡之下,又丑又坏的贾南凤被立为太子妃,后来又成为皇后。但贾南凤是一个心狠手辣的女人,

贾南凤

为了夺取大权,贾南凤设计折磨死了当时的太后杨芷,控制了朝廷。但使她想不到的是,在她铲除心腹之患太子司马通时,也为自己掘下了坟墓,最终死于非命。

贾南凤长得身材矮胖,相貌黑丑,史书上形容她"丑而短黑""短形青黑色,眉后有疵"。然而就是这样一个丑陋的女子,却能在错综复杂的西晋王朝中,运用谋略和政治手腕,有计划有步骤地将国家的最高权力据为己有。

257

儿痴媳丑 为子立妃

贾南风太平元年（256年）生于平阳襄陵（今山西临汾西南），父亲贾充是平阳襄陵的世家大族，为司马昭杀死魏帝曹髦、篡夺帝位立了汗马功劳，因此受到宠信，执掌大权。曾在司马昭面前竭力推荐司马炎立为晋王太子，后又助他登上王位。他与裴秀、王沈等人是司马氏灭亡曹魏、建成西晋的功臣，而贾充更是立晋之勋。贾充奸恶险诈，精于权术。在晋初，贾充与太尉、太子太傅荀觊，侍中、中书监荀勖，越骑校冯结为党羽，和侍中裴楷、任恺及河南俨庚纯等人为敌，明争暗斗，不遗余力。

晋武帝司马炎继承其父兄遗志，于公元265年篡夺曹魏政权，他的妻子杨艳当上了皇后。不久，晋武帝与皇后杨艳商议立太子事。杨艳深得司马炎宠爱，而杨艳在立嗣问题上，以长子必为太子而执意立白痴司马衷为太子，对杨艳百般疼爱的武帝司马炎听从了杨艳的意见。

岁月易逝，转瞬之间，又到了武帝和杨艳皇后择立太子妃的时候了。太子妃乃来日的皇后，满朝文武无不关注此事。而这对于一个天生白痴的太子而言，无疑尤为重要。

泰始七年（271年），鲜卑部落酋长秃发树机能入侵，司马炎万分忧虑。任恺乘机推荐贾充前去镇压，以便把他排挤出朝。于是，司马炎就派贾充前却镇压。这年七月，司马炎让贾充前去镇抚外患。贾充无法推辞，忧心如焚。直拖到十一月，才准备启程。临行前，贾充向荀勖求救。荀勖左思右想，终于想出一个办法，就是把贾充之女嫁给太子司马衷为妃。并说，如能成就此事，武帝自然将贾充留下。贾充听了此话，加以荀勖又自告奋勇，设法促成这门亲事，自然高兴万分。

于是，贾充当即唆使其妻郭槐，以大量的金银财宝贿赂杨皇后及其侍从，以求嫁其女为太子妃。尽管杨艳及武帝司马炎的左右近侍，都在其耳边灌输贾充之女的美貌贤惠，武帝还是犹疑不决。

原因很简单，只因这司马炎本是打算娶卫瓘的女儿为太子妃。经杨艳再三争辩后，司马炎仍不同意娶贾充之女为太子妃，但因杨艳一再固执己见，荀觊、荀勖等贾充的死党为了将贾充留在京师，也极力赞扬贾女美丽贤淑。终于，司马炎做出让步，决定娶贾充的女儿为太子妃。

在选贾女时，本来选的是贾充的次女贾午，她长得虽不是多么美丽动人，但还算顺眼。当时司马衷13岁，贾午12岁，也还般配。可是贾午由于年龄小，未发育成熟，个子太矮，穿礼服都撑不起来，于是就换了贾充的长女、15岁的贾南风。这贾南风就在这一换中，载入了历史的史册。

泰始八年（272年），贾南风嫁给太子司马衷，正式被册封为太子妃。

心狠手毒　恩将仇报

　　就在册立贾南凤为太子妃前，皇后杨艳已病入膏肓，奄奄一息。临终前，她让武帝娶自己的堂妹杨芷为后，武帝也被感动得掉了几滴眼泪，并答应了皇后杨艳的请求。只因这杨芷貌美而温存，武帝还是将她立为皇后，并十分宠爱。

　　这时，当上太子妃的贾南凤本性妒忌，又多权诈，能震慑太子，所以太子非常怕她，任其驾驭。在太子宫里，贾南凤稍不如意，就杀死宫人。一次，她听说一个宫人为傻太子怀上了孩子，大怒，便派人将宫人带到跟前，随后抄起一支短戟，向宫人的大肚子上刺去。宫人惨叫一声倒地，随着血花飞溅，孕期的孩子掉在了地上，真是惨不忍睹。

　　贾南凤的妒忌主要是受她母亲郭槐的影响。郭槐是贾充的次妻。贾充前妻李氏是个美丽贤淑的女子，因为父亲犯罪被株连，流放到边远地区。后来，贾充才娶了郭槐。司马炎篡魏后，李氏被赦。司马炎特下诏允许贾充置左右夫人，意即要他迎回李氏与郭槐并列为夫人。贾充的母亲也让儿子迎回日夜想念的儿媳李氏。郭槐知道后，又哭又闹，口口声声辱骂罪妇李氏哪能和自己并列。贾充无奈，只好说自己无德无能，不敢设两个夫人。贾充与李氏曾生有两个女儿，长女嫁给司马炎的弟弟司马攸为王妃。她听说母亲不能回家，三天两头在父亲面前哭泣，责备贾充没有良心，贾充只好偷偷为李氏盖了房子。

　　这郭槐以忌妒成名，并且心狠手毒，她亲生的两个男孩，都死在了自己手里。事情是这样的：那时，郭槐的大儿子 3 岁。有一次，孩子的乳母抱着他玩耍，正好贾充进屋。孩子伸出两手要求父亲来抱，贾充贴近身从乳母手中接过。不料被郭槐看见了，以为贾充与乳母有染，竟将乳母活活打死。长子因失去乳母啼哭不止，不久病死。而第二个男孩刚满周岁，也是因为贾充走去摸了摸乳母怀中的婴儿，被盯梢的郭槐看见，以为乳母勾引贾充，又毒打乳母至死。这个孩子终日啼哭，不久也随乳母而去。但从此以后郭槐再也没有为贾充生下一子，这也许是上天对她的报应。

　　其实，司马炎对贾南凤之母的妒忌成性，早已了如指掌，当初贾充战战兢兢、不敢遵诏置左右二夫人，就是因为悍妇尤妒，他并因此而反对过立贾女为太子妃，但这时，他一个人的力量又显得是那么薄弱。

　　不久，贾南凤刺死怀有身孕的宫女的事传到司马炎耳中，他勃然大怒，悔恨自己听了杨艳的话，当即决定废掉贾南凤，打入冷宫，以便为太子另选贤淑女子为妃。当时，知书达理、非常贤惠的杨芷已入宫当了皇后。她向皇上进言，不能废太子妃贾女，说是贾南凤还小，尚可训育；又说贾充是晋朝的一大功臣，不能因为贾南凤就忘了贾家的恩德。这时，贾充的党羽也个个进言，不能废太子妃贾女，司马炎无奈，只好放弃废妃的想法。

　　后来，作为长辈的杨芷多次告诫贾南凤，要其遵守宫廷礼仪，不得随心所欲。

贾南凤不仅不感婆母之恩,反而以为公公欲废自己完全是因为杨芷在公公面前说自己的坏话,于是贾南凤对她怀恨在心。

自欺欺人　痴儿称位

太子司马衷是个白痴,这是满朝文武尽人皆知的事。作为父亲的司马炎并不是一直不知的,但既然当初立了他做太子,又怎能在群臣面前承认自己的过失。如果承认了,那就等于承认自己在立太子的问题上实属荒唐可笑。为了堵住大臣们的嘴,身为皇帝的司马炎便上演了一出测试太子智力的把戏。

一次,司马炎设下筵席,命太子宫的大小官员欢宴,然后让手下写封奏折,请示关于几件事情的处理办法,密封后派人送给太子,请他裁决。不想这个消息传到太子妃贾南凤耳中,她随即想到办法,忙令她的亲信张泓设法代答,以免露出破绽。张泓认为,应当量体裁衣、就事论事,简单明了地写出处理意见。贾南凤一听,正中下怀。张泓写好由太子抄写好送交司马炎。司马炎接过仔细过目后,喜出望外,觉得道理讲得十分清楚,不禁眉开眼笑,当即得意地拿给曾劝他更换太子的少傅卫瓘看。卫瓘明知是假,可又无言以对。大家见太子如此"聪明",自然忙不迭地向皇上道贺,口称"万岁"。从此也就堵住了那些说司马衷痴呆的大臣们的嘴,更换太子的事再也无人敢提了。

可以说,司马炎虽因前皇后杨艳固执己见,自己也出于种种考虑,明知司马衷是白痴而又立为太子;对太子进行测试,也不过是自欺欺人,掩人耳目,彼此心照不宣而已。

其实,真正让司马炎打消废太子主意的还有另一件事。当年,白痴太子娶丑女贾南凤之初,一直未见太子妃怀孕,武帝怀疑司马衷不懂房事,却又未便动问,就让自己曾经临幸过的宫女谢玖与司马衷同房,以观动静。事有凑巧,不久,谢玖竟有了身孕。为避免贾南凤妒火横烧,做出蠢事来,武帝忙令人将谢玖迁出东宫。

果然,谢玖生子,武帝得孙,他喜出望外,额手称庆,赐名为通,常将他留在身边。至此,连白痴太子司马衷对此也毫不知情,直至一次他向其父请安,司马炎指着正在嬉戏的稚童,说这是他的儿子时,才似乎明白过来。

司马炎的这个孙子却是一个十分聪明的孩子,很是讨得司马炎的喜欢。有一次,后宫失火,武帝司马炎站在城楼上观望。蓦地,5岁的孙子跑来拉着爷爷的手,煞有介事地说:"夜间失火,十分危急,圣上不应站在有光亮的所在,以防不测。"司马炎大喜过望,没有想到白痴太子竟能有这样绝顶聪明而又如此机警的皇孙。又一次,司马通随其祖父去到猪圈,见群猪皆肥,却还在拱槽争食,他问武帝为何不将肥猪宰杀,奖赏将士,反叫它们糟践粮食。于是,武帝下令,凡肥猪不能再留圈里,一律宰杀犒军。司马炎还常说他的这个孙子像晋宣帝司马懿。所以,武帝就断了废司马衷另立的念头,把继承祖业的期望寄托在了皇孙身上。

永熙元年(290年)四月,晋武帝司马炎终,太子司马衷继位,尊皇后杨芷为皇太后,贾南凤被封为皇后。

为夺大权　害死婆母

这时的贾南凤虽贵为皇后,但手中并无一权,无论是在朝政还是在后宫,都被身为太后的杨芷把持着,这让一直雄心勃勃的贾南凤很是不爽。所以贾南凤一心想从杨氏手中夺取大权,太后杨芷之父杨骏也知贾后乖张残暴,有所畏忌。早在武帝辞世之前,杨骏已权重一时,以致司马炎临死,被其族党围住病榻。为了保住大权,杨骏多树亲党,让他的党羽统领中央禁军。为了取悦于众,他大肆封赏,但因其为政严酷,刚愎自用,反而引起了朝臣的不满。尤其是他排斥汝南王司马亮等辅政,引起了朝臣上下的一致反对。这时贾南凤一直站在一旁隔岸观火,伺机而动。杨骏对殿中郎孟观、李肇一向态度傲慢。贾南凤遂利用二人与杨骏的矛盾,密命他们设法诛杀杨骏,废除皇太后杨芷。

永平元年(291 年)三月八日,孟观、李肇在贾后的指使下,向惠帝司马衷上奏,诬称杨骏谋反。于是惠帝深夜下诏,撤销杨骏所有官职,并下令捉拿杨骏,而他的女儿杨芷也被牵连在内,安上了一个与父共同谋反的罪名。于是杨骏被杀,连带其弟弟杨珧、杨济等亲戚、党羽,并灭其三族,当晚即杀戮数千人。

三月九日,贾南凤假惠帝之名,令后军将军苟悝押送皇太后杨芷到永宁宫幽禁,但这时杨芷仍是皇太后,贾南凤不便骤下毒手,于是便暗中指使爪牙上表请废太后。随后,贾南凤又指使爪牙上表,说杨骏妻庞氏必知其夫谋反内情,现在太后已因同罪废为庶人,特请将庞氏正法。

在行刑那天,不仅刑场,整个洛阳城都显得阴风惨惨、杀气腾腾。百姓们无不为庞氏母女之冤愤愤不平,却又都噤若寒蝉。杨芷在其父亲、叔叔被灭绝后,本已和母亲在囚禁中苦苦挣扎,苟延残喘。得知又要诛杀其母,简直无法自持。她想,如果说父亲杨骏为权力之争,结果如此也算是咎由自取。但母亲庞氏却完全是无辜的,那完全是受到自己的牵连。为此,杨芷在刑场上抱着母亲号啕大哭之余,割发叩头,表示愿为贾南凤侍妾,或以自己的命替老母一死。然而贾南凤却无动于衷,毫无半分恻隐之心。最后,当庞氏被斩时,刑场上一片恸哭,被废的太后杨芷却是欲哭无泪,欲嘶无声,昏死过去。

元康二年(292 年)杨氏被活活饿死。至此,杨氏三族终于一个不剩地被全部灭绝。

其实,杨太后之父杨骏虽曾在武帝司马炎辞世前后猖獗一时,也只不过是仗恃其女为后,并备受宠爱,因而自己也陡登高位,只不过是小人得志,尚不知宫廷之中的权力争斗之严酷,至于篡位之说,则纯属子虚乌有。但可惜的是当今圣上乃是一个白痴,他根本没有分辨事实的能力,所以杨骏之死,怪也只能怪他不能审时度势。可是作为皇太后的杨芷却是个心地善良、贤惠宽厚的女人,既未参与其父弄权,更没有对刁后贾南凤存任何歹意,甚至贾后能有今日之贵,还得益于杨芷当年在武帝面前的好心劝说，才打消了司马炎废贾南凤的念头。哪知贾后不仅不因此而感其恩，反倒恩将仇报，乃至置之死地而后快，这里足以看出贾南凤的狠毒。

十九日，惠帝司马衷召汝南王司马亮任太宰，与太保卫瓘同时掌权辅佐朝政。而楚王司马玮也被封为卫将军，直接掌握宫廷卫戍。

司马亮和卫瓘十分讨厌刚愎横暴、诛杀成性的司马玮，盘算着剥夺他的军权。司马玮愤恨之余，决心找一个后台来帮助自己，这时他看到了贾后，于是决定向贾后靠拢。贾南凤也非常高兴自己能得一亲王为助，遂留司马玮任太子少傅。在以前一向跟杨骏过往甚密的岐盛，在杨骏失势时曾帮助司马玮图谋杨骏。卫瓘对这个反复无常的小人，更是厌恶万分，打算逮捕他。岐盛听到风声后，遂与司马玮合谋向皇后贾南凤诬陷司马亮、卫瓘策划废帝另立。贾后对司马亮、卫瓘共辅朝政非常不满，于是决定利用司马玮与司马亮、卫瓘二人的矛盾，再一次发动政变。

永熙元年（290年）六月，贾南凤指使司马衷亲手写下诏书，下令司马玮，让他免去司马亮和卫瓘的官职。司马玮遂令公孙宏、李肇率军包围司马亮王府，命侍中、清河王司马遐逮捕卫瓘。司马亮的部下听到消息后，急忙向其报告，要求火速调兵抵抗。司马亮不肯，终于被杀。与此同时，司马遐率军包围了卫府，卫瓘左右的人要求抵抗，卫亦不以为然，遂束手就擒。

司马玮年轻气盛，对卫瓘、司马亮有私怨，对贾氏后党也心怀不满。在杀死司马亮、卫瓘之后，他的部下劝他乘势诛灭贾后从弟贾模、从舅郭彰，司马玮犹豫不决。贾南凤也怕司马玮权势太大，对己不利。正无计可施，太子少傅张华献计贾南凤，要她最好趁司马玮的权势尚未稳固，指控他擅自杀戮，可将他除掉。贾南凤认为这堪称良策，于是以皇帝的名义派人对司马玮的士兵说楚王假传圣旨杀害两位大臣，实属大逆不道。士兵们听了，一哄而散，只剩下司马玮一人，呆若木鸡，束手就擒。贾南凤一小小女人，竟然略施小计一箭三雕。

骤下毒手　为非作歹

贾南凤把她所谓的绊脚石都一一搬开，可谓颐指气使，耀武扬威。但她还有一个心病，那就是自从她的两个小儿因她而死后，一直都没有亲生儿子。

而一直被司马炎藏在宫中的司马通，在永熙元年（290年）八月二十六日，被刚当上皇帝的司马衷封为太子。她的母亲谢玖也被封为夫人。

贾南凤嫉恨司马通被立为太子，只是由于时机不到，不便骤下毒手。司马通深知贾南凤不会宽容自己，可他毕竟是个10多岁的孩子，他认为只要给人留下不问政事的印象，就可以避其暗算。于是，他每日跟左右的人游戏、作画，就是不认真读书，甚至也不出席金銮殿上的朝会。不料，他这样做正中贾南凤的圈套，于是，她密令宦官引诱太子挥金如土，胡作非为。本来太子宫预算50万钱，司马通每每消耗成倍的用度，却仍不够挥霍。这样，司马通的名声一天天坏下去，为贾南凤废太子奠定了基础。

这时,曾和司马遹结怨的贾谧也在贾南风面前陷害他,说太子聚敛金银财宝,疲于交往,矛头正对着贾家;不如及早下手,另行选立性情温顺的,才能保住自己。这话正中贾南风下怀,于是,她便开始宣扬司马遹的短处,使人皆知。贾南风又诈称她已怀有身孕,然后暗中把妹妹贾午的婴儿韩慰祖抱进皇宫,打算接替太子。

贾南风的母亲郭槐虽心狠手辣,但还算有点自知之明。对于自己的女儿贾南风她还是相当了解的,于是她劝女儿应抚爱太子,为自己留条后路。郭槐病重时,司马遹亲自伺候,使郭槐深受感动。临死前,一再劝贾南风善待太子。贾南风却根本无视母亲的用心良苦,对她的劝告不仅充耳不闻,反而加快了陷害太子的步伐。

元康元年(300年)十二月,太子司马遹的长子司马彪患病,司马遹请求封司马彪一个王爵,司马衷不准。司马彪病势日重,司马遹忙于为子求巫祈神,贾南风认为陷害司马遹的时机已到,便三次派人前去探视,并说皇帝让司马遹快去。

次日一早,司马遹急急忙忙来到宫中。其父皇司马衷让他去见皇后。司马遹来到贾南风的住处,却未见到皇后,反被领到一个空房间里。贾南风派宫女送来美酒三升、红枣一盘,命他全部吃下。司马遹在她的逼迫下三升酒下肚时,身热心躁,头昏脑乱,身不由己。贾南风命宫女捧出两份早已拟就的草稿,传贾南风的话说是父皇让他抄写一遍。司马遹虽惊疑有顷,却因饮酒过量,无力判断,只得从命。这两份文件的草稿大意是:皇上和皇后都应自己裁处,不然,司马遹就要亲自去结束他们的性命;要其母亲谢玖同时行动,切勿犹豫,以防后患。司马遹昏醉之中,神志不清,就照抄了一遍。贾南风看后,又令人做些修补,送给司马衷。

次日,惠帝司马衷召集文武百官,命黄门令拿出司马遹照抄的信和写妥的启书,按贾后事先传授的把司马遹处死。随后,把信交给大臣们观看。大家争相传阅后,面面相觑,目瞪口呆。只有老臣张华担心因为废黜太子引起变乱,请皇上三思。接着大臣裴頠认为,应和司马遹平常的笔迹比较一下,不然可能有假。贾南风立即拿出司马遹平时所写的书札,对照之后,无人敢说不是司马遹的笔迹。然而因事出突然,又和太子平时言行相距太远,难以为信,使得文武大臣相互辩解,莫衷一是,直到太阳西斜,仍在议论纷纷,还不能做出结论。贾南风担心这样持续下去于己不利,于是改变主意,建议撤销死刑,仅废黜太子为平民。贾南风命东武公司马澹率兵卒押送司马遹、太子妃及3个儿子,一齐囚禁于金墉城。不久,在贾南风的指使下,诛杀了司马遹的母亲谢玖、妃子蒋俊。

贾南风并就未此罢休,又命一黄门向宫廷自首,招认曾与太子司马遹合伙谋害皇帝。又指使惠帝下诏,押解司马遹前往许昌(今河南许昌)囚禁。

三月二十二日,贾南风命令她的情夫、太医令程据配制毒药,以皇帝名义,命黄门孙虑前往许昌,毒杀司马遹。司马遹自从被押解到许昌后,生怕受到谋杀,常在床前自己煮饭。孙虑见无法将药掺入菜里,就强迫司马遹服毒。司马遹不肯,要去厕所,孙虑伺机用药杵将司马遹打死了,当时司马遹23岁。

中华传世藏书 中华枭雄大传 帝王后妃卷

263

淫乱后宫　终食恶果

司马通死后，丑后贾南凤真可谓大功告成，踌躇满志。虽说还有个白痴司马衷坐着帝位，实则自己事事越俎代庖，俨然女皇。唯一感到遗憾的，是自己终系女后，不能像皇帝那样三宫六院、嫔妃成群。而后宫除了宫女就是阉男，皇帝司马衷根本不能满足贾后的淫欲。所以贾后经常派年老的心腹奴婢，在洛阳城里寻找美男子，秘密引他们入宫，与她交欢。贾皇后怕这些宫廷丑闻传播出去，所以，把这些男子玩腻了之后，都一律处死。

就在贾皇后沉醉在淫欲和权欲之间，心花怒放、神魂颠倒的时候，一场血光之灾正离她越来越近。早在太子被废时，一向浑浑噩噩却又见利忘义的司马伦（即汝南王司马亮之弟），在东宫旧将的鼓动下，由投靠贾南凤，转而成为讨伐皇后的急先锋。

公元300年四月二日三更时分，赵王司马伦与孙秀策划，手把伪造的皇帝诏书逮捕皇后。贾南凤看到大势已去，只得束手就擒。随后，惠帝在司马伦的挟持下，下诏贬贾南凤为平民，羁押建始殿，又下诏搜捕贾氏党羽。

永康元年（300年）四月，黑丑矮小、凶残成性的贾南凤被司马伦矫诏用金屑酒赐死。

【名家评点】

自来称悍后者，莫如吕、武，然吕雉有相夫开国之才，故渐得预政；武曌有益主倾城之色，故渐得弄权。何物贾氏才不足以驭众，色不足以动人……古人谓貌美者心毒，不意丑黑如南凤，其毒亦若是其甚也！

——蔡东藩《两晋演义》

褚蒜子：历经六帝 三次听政

【人物档案】

姓名:褚蒜子
别名:康献皇后
生卒:324 年~384 年
关系:晋康帝司马岳皇后
朝代:东晋
籍贯:河南郡阳翟县(今河南省禹州市)
主要成就:三度临朝,扶立六帝。
陵寝:崇平陵(今江苏省江宁县蒋山)

【枭雄本色】

　　褚蒜子(323~384),晋康帝司马岳皇后。祖上累世为官。身为女人,褚蒜子实在是太可怜了,年轻时死了丈夫,人到中年又丧了儿子,寡居一生。可作为皇后、皇太后,她经历六帝,三次临朝听政,稳定了动荡的东晋政局。把持东晋朝政长达40年之久,与东晋历史上众多的著名人物如庾冰、何充、桓温、谢安等人或密切合作,或机智周旋,为稳定东晋司马氏家族立下了不可磨灭的功绩。如果她身非女性,不至于屡进屡退,使政策缺乏了连续性,这样东晋的时局可能会另有一番景象。

　　桓温这样一个久经沙场,蔑视群臣,甚至敢于诽谤皇帝的野心勃勃的阴谋家,却对褚蒜子很是敬畏。可见褚蒜子绝非一般的女流之辈。称其为巾帼枭雄,不足为过。

【风云叱咤】

一步登天 由妃变后

　　褚蒜子太宁元年(323 年)出生在河南的阳翟(今河南禹县),她的曾祖父褚洽曾在晋武帝时当过安东将军,祖父褚给做过武昌太守。其父褚裒以"皮里春秋"闻名东晋,外表谨慎寡言,口不言人优劣,但内心褒贬是非分明。褚蒜子继承乃父之风,聪明而有器识,胸有城府。其父后因参加了平定苏峻之乱而被封都方侯,累迁为司徒、左将军、兖州刺史,都督兖、徐、琅琊诸军事等职。

褚蒜子生长在这样的官宦人家,耳濡目染自然是见多识广;特别是其祖父、父亲在官场上的争斗,使其早年就懂得了很多为人、为官之道。如其父褚裒是"皮里春秋"的代表人物,他表面上谨慎寡言,从不议论谁人之好坏,可内心却褒贬是非分明。这些都为褚氏在日后的宫廷斗争中积累了经验。

褚氏以其出身、美貌、聪明和才智被成帝亲自选聘给弟弟琅琊王司马岳。在晋成帝死时,两个皇儿都在襁褓之中,无法继承皇位。当政的中书监庾冰极力劝说病危的成帝将皇位让给自己的同胞弟弟琅琊王司马岳,认为此举对国家和社稷有益。于是成帝就在病榻边召入庾冰、何充等人,起草诏书,立司马岳为储君。3天后,成帝驾崩,21岁的司马岳登位,为晋康帝。

褚氏也因此被封为皇后,一步登天。可谁知好景不长,康帝司马岳不久也一病不起,命归黄泉。

康帝病重时关于选什么人继承帝位,在朝引起了激烈争论,庾冰仍主张立年长之君,建议推会稽王司马昱嗣君,因为此时康帝长子、褚皇后所生的司马聃只有两岁。庾冰这样做,仍是为了保持庾家的权位,因为皇帝年幼,太后临朝,必然由太后的外家专权,这是前朝的惯例。但是,作为庾冰的对头,建议立康帝儿子司马聃为太子。

建元二年(344年)九月,下诏立聃为太子。这就奠定了褚后的母后地位。在司马聃被立为太子的第三天,父皇去世,何充奉其即位,是为穆帝。尊褚后为太后。此时穆帝年仅两岁,褚太后开始了她垂帘听政的生涯。

想想这褚氏仅做了两年皇后,就被尊为皇太后,别的人如何能服?但两岁的婴儿怎么能管事?何充与司徒蔡谟一起,请求褚氏临朝听政。大臣们对这位皇后的政治才能是有信心的,因为康帝在位时,她曾帮助处理了不少军政大事,都很有分寸,因此别的大臣一时也无话可说。

褚氏阅罢奏章,又下了一道诏书,写得很感人,大意是:皇帝年幼,应赖公卿大臣同心辅政,现在大家既然恳切上词,我理当不辞众请,只是心头难免又悲又怕,自当勉力从事。这样的批答恰到好处,表现了褚太后高超的政治手腕和领导艺术。

垂帘听政　勤劳执政

于是,太后就在太极殿上设下白纱帷帐,抱着3岁的穆帝垂帘听政。这一年,是晋穆帝永和元年(345年),褚太后22岁。何充又投太后所好,上表推荐太后父亲褚裒入朝总揽朝政,但是褚裒很有自知之明,他认为外戚应该避嫌,不应重演前朝故事。所以坚决不肯,仍坚持领导镇守京口(今江苏镇江市)。这时,褚太后决定仍请庾冰入朝,但庾冰已患重病,不久就去世了。

说是听政,此时的东晋大政褚太后一人也难以决断。庾冰此时已死,庾翼为荆州刺史居兵上游,何充领扬州刺史居重朝中,庾、何二人水火不容,政令难以推行。为缓和这种局面,褚裒向太后推荐会稽王司马昱为扬州刺史,录尚书事,渐夺何充之权。永和元年(345年)八月,庾翼卒,徐州刺史桓温被任命为荆州刺史。褚裒又向司马昱推荐名士殷浩为建武将军、扬州刺史。实际上既增加了抗衡桓温的力量，又分了司马昱之权。这样，桓温居上游，殷浩据下游，褚衮据江北，三足鼎立，司马昱仍居中辅政。东晋政局相对稳定了多年。

当时的东晋小朝廷，只占有江南一隅，中原和关中以及川蜀的大片土地都被少数民族占领。有占洛阳、邺城一带的后赵石虎（羯人）；占辽宁朝阳地区的前燕慕容儁（鲜卑人）；占巴蜀一带的成国李势（氐人）；关中、陇西一带出现了前秦的苻坚（氐人）；还有占据陇西、西域大片土地的前凉张骏（汉人）。北方百姓长期遭受战乱之苦，翘首盼望东晋朝廷能早日北伐，收复失地。东晋一些将领如祖逖、庾亮、褚衮等都做过这方面的努力，但一些大臣往往力加阻挠，一方面是害怕北上将领因此获得成就和威望，影响这些人的政治地位，另一方面是怕北进中原要支出大量国库财富，失去自己在江南的经济利益。

褚蒜子在临朝的 12 年里，却有了较大的作为。升平元年（357 年）春正月，晋穆帝司马聃已 15 岁，褚太后为他举行了冠礼之后，便下诏提出归政给穆帝。她的诏书写得委婉动人，满朝大臣听了之后无不感动泪下。从而可以显示出褚蒜子既是一位忧国忧民的太后，也是一位慈爱的母亲。

二次听政 受制于人

升平五年（361 年）夏五月，穆帝却暴病而死，死时才 19 岁。穆帝没有儿子，辅政大臣司马昱请立成帝长子琅琊王司马丕为帝。所以他就询问褚太后的意见，褚太后表示同意。司马丕即位为晋哀帝。21 岁的他本应励精图治、振兴社稷，但他是个昏庸糊涂的皇帝，对政事不感兴趣，却迷信方士，成天不吃饭，只吃金石药饵，因此年纪轻轻便病倒在床。拖了一年，仍不见好。大臣们忧急异常，只得再次请出褚太后临朝摄政。

但是褚太后这次的摄政却比不得以前，因为在这几年间，桓温势力继续发展，已加官侍中、大司马，都督内外诸军、录尚书事、假黄钺，位极人臣。所以，褚太后听政之初，便加桓温扬州牧，召其入朝参政，但都被桓温有心机地推辞掉了。

兴宁三年（365 年），哀帝司马丕去世。因哀帝无子嗣，褚太后立哀帝之弟琅琊王司马奕为帝继续听政。这时，桓温已年近 60 岁，但他雄心不死，于太和四年（369年），发起第三次北伐，想先建大功，再谋帝位。但遭到失败。

桓温于是接受臣僚建议，准备废司马奕，改立新帝，借以树立自己的威权。他先令人散布流言，称司马奕患有性病，不能生育。后宫田美人、孟美人同嬖男通奸生有三男，准备建储立王。一时间，京城内外谣言四起。

咸安元年（371 年）十一月，桓温亲自赶赴建康，暗示褚太后，请废司马奕，改立丞相司马昱，并代太后拟下诏令，呈其过目。虽然桓温握有朝中大权，但废立之事在表面上必须由太后做主。因此，桓温将诏令传入内宫后，也是心中惴惴，唯恐受阻。但此时的太后早就料到会如此。诏令看到一半，就索性交给侍从，取笔答道：

"未亡人遭此百忧,感念存没,心焉如割。社稷大计,由六卿们做主罢了!"实际上是对诏令表示认可。

桓温立即召集百官,宣布此诏,废司马奕为东海王,立司马昱为帝。褚太后自然也就无须临朝听政了,被尊为崇德太后,移居崇德宫。大臣们对此都愤愤不平,但慑于桓温的威势,不敢出头讲一句话。接着,司马昱登上帝位,称晋简文帝。

三次听政　后相携手

自司马昱坐上皇位后,国政大事皆委桓温,可以说是身无大权,完全受制于人。但他唯恐帝位被废,整天战战兢兢。

即位的第二年六月,简文帝司马昱病重,立 10 岁的司马曜为皇太子。七月,简文帝卒,群臣立太子曜为帝。曜年幼,又请出褚太后听政。

桓温本以为简文帝感激自己对他的拥立之功,临终一定会将帝位禅于自己,没想到会把皇位让给司马曜,于是心中十分恼怒,便气冲冲地带着人马赶回建康。文武大臣见桓温来势汹汹,都有些担忧。

当时朝中最有名望的大臣是吏部尚书谢安和侍中王坦之。桓温回朝,独有谢安坦然自若,毫无惊慌之色。谢安与王坦之二人反而率文武百官去郊外迎接桓温,但见数百名武士簇拥着桓温走来,刀光剑影,旗甲鲜明,吓得王坦之和大臣们手脚冰凉,只有谢安从容不迫。桓温见谢安如此,肃然起敬,请谢安入座。

第二天,桓温入朝见孝武帝,见谢安站在皇帝肩下,目光炯炯,端庄严肃,有一股凛然正气,使桓温不禁悚然。因而只是向皇帝说了一些零星杂事,便告辞出宫。几天后,大臣们见桓温没有什么举动,这才放心了一些。

不久,桓温病倒,辞别孝武帝,回到阵地姑孰(今安徽当涂),上表请求加九锡(皇帝赐给有大功或有权势的大臣九种物品,以示特殊的荣宠)。谢安虽然不敢拒绝,但他知道桓温病势日益严重,故意拖延不给答复。过了几天,果然有桓温的丧报传来。

桓温死前,留遗嘱让弟弟桓冲统率他的部众。桓冲便被封为中军将军,都督扬、雍、江三州军事,兼领豫、扬二州刺史,仍镇守姑孰。谢安怕桓冲兵权在手,重复桓温的故事,又想请褚太后出来临朝听政,以便用太后的声望抑制桓冲。有大臣出来反对,说从前太后临朝,只因皇帝年幼,母子一体;而今皇上将及冠婚之年,反令堂嫂训政,古来无此礼法。谢安置之不理,仍率文武百官上表请太后出来。

再说这褚蒜子是个有政治头脑的女人,为了平衡朝中的政治势力,使晋室有足够的力量对付北方的敌人,她欣然同意了。于是,又帮助皇帝辅政 3 年,等孝武帝举行了冠礼并册立了皇后,才归政,退居后宫的她仍居崇德宫。

太元元年(376 年)元旦,褚太后下诏归政,孝武帝开始亲政,太后又被称为崇德太后,移居显阳殿。

太元九年(384 年),褚蒜子去世,终年 61 岁。

【名家评点】

　　于是太后复临朝。帝既冠,乃诏曰:"皇帝婚冠礼备,遐迩宅心,宜当阳亲览,缉熙惟如。今归政事,率由旧典。"于是复称崇德太后。

　　　　　　　　　　　　　　　　　　　　　——《晋书·后妃列传下》

北魏冯氏：权力之争　夺儿性命

冯氏

【人物档案】

姓名：冯氏

别名：文明皇后、文成文明皇后、文明太后。

生卒：441年~490年

关系：北魏文成帝皇后

朝代：北魏

籍贯：长乐郡信都县（今河北冀州）

主要成就：临朝摄政，诛杀权臣，太和改制，奠基孝文。

陵寝：永固陵（山西省大同市镇川乡西寺儿梁山南部）

【枭雄本色】

南北朝时期振兴北魏的"太和改制"，人们往往在习惯上把这一功劳归于孝文帝拓跋宏。其实"太和改制"的真正主持者是文明太后冯氏，翻开史籍，冯太后锐意改革的蓬勃英姿便会展现你的眼前。

冯太后伴随着一道"神光"降世之后，历尽常人少有的艰辛与磨难，从一个卑贱的宫中婢女，一跃成为母仪天下的皇后。文成帝死后，她采取果断措施平定乙浑之乱，鸩杀献文帝，两度垂帘听政，执掌朝纲二十年。在以男宠为股肱之臣的核心集团辅佐下，大力推行"均田制"和"三长制"，严厉打击贪官污吏，实行汉化政策，富国强兵，把北魏的封建化推向一个新的里程碑，对我国封建社会产生了深远的影响。

冯氏这一生逐步实现了皇后、皇太后、太皇太后的三级转换，并因此而先后两次临朝听政，前后执政共二十多年。虽然冯氏也有阴暗的一面，不过无论如何，她都不愧是北魏时期杰出的女政治家。

内室闪神光　冯家生贵人

在动乱不息的南北朝时期,中国的北方出现一位杰出的女性。她在鲜卑拓跋部建立的北魏王朝发展史上创下过彪炳后世的光辉业绩。

这位曾在封建时代政治舞台上叱咤风云的人物,就是北魏文成帝拓跋浚的皇后冯氏。因为她在临朝称制期间,被其子孙先后尊为皇太后、太皇太后,死后谥号为文明太后,所以历史上习称冯太后。

冯氏在北魏太武帝拓跋焘太平真君三年(442年),生于长安(今陕西省西安市)城里的一户汉族官宦人家。

当时,冯氏的父亲冯朗担任秦、雍二州刺史,封西郡公。冯家在北魏王朝虽然算不上十分显赫,但也很有权势。

冯后的母亲王氏,是冯朗在北燕时所娶的妻子。王氏是乐浪(今朝鲜平壤)人。二人能够成亲,也有一段曲折历程。主要得益于当年北燕地邻高丽,再者冯跋与慕容云是至交。慕容云本姓高氏,是高丽国王的远房亲戚,前燕国慕容氏击破高丽之际,他被强行迁至青山(今辽宁锦州西北),当慕容宝在位时,高云成为后燕建威将军、夕阳公,且成为慕容宝的养子,遂改姓慕容氏。高云一向不善交际,别人对他也不甚留意,只有冯跋与之倾心相交,并在灭慕容氏后推戴高云。冯家因此与高丽名门大姓有一定关系,冯朗的母亲也是王氏夫人,其父冯弘受北魏兵逼无奈,也向高丽请求庇护。因此,冯朗能娶乐浪女子王氏为妻,并不奇怪,只是北燕国灭后,夫妻双双从遥远的渤海之滨来到了三秦之地,居住于长安(今陕西西安)。

来长安之前,因多年动荡不安,王氏夫人没有能给冯朗生下一儿半女。在随夫任官长安后,生活暂时地安定下来,很快她就给冯朗生下一个胖儿子,取名冯熙,这就是冯后的同母兄长。到了太武帝太平真君三年(442年),王氏夫人又生下了一个女儿。据说,女儿出生的时候,天空中有神奇的光亮。这道异光不知是福是祸,冯朗的后半生却充满了坎坷与不幸。这个女儿,就是本文的主人公冯后。她也因出生时的不同寻常,小小年纪就饱经人间沧桑,历尽了常人少有的艰辛与磨难。甚至一生当中也备尝艰阻。她出生时这道奇异的"神光",确实预示着她一生命运的不同寻常。冯氏出生之时,距她祖上建立的北燕灭亡已有六七年的光景。北魏太武帝拓跋焘也已完成了中国北方的统一,并与南朝形成了对峙的局势。而身为北燕国国主后裔的冯氏家族,在这种南北对峙的大局下,能否永远享受安逸的生活,实在是难说。

冯氏出生后不久,哥哥冯熙就因叔叔冯逸战入蠕蠕(柔然,居于阴山一带的少数民族),被人带着逃避到氐、羌中生活,差点走失,多年以后才把他找回。年幼的冯氏,又突然遭遇了飞来横祸:不知是朝廷对她那位曾为北燕王子的父亲心存疑虑，还是冯朗果真有什么不轨之举，总之是冯朗因受一桩大案株连被太武帝下令诛杀了。按照惯例，冯氏因尚年幼又是女性，便被没配入宫，成了拓跋氏的婢女。也算是不幸中的万幸，冯氏在宫中得到了她姑母的多方照应。

原来，在冯朗兄弟逃出北燕投降北魏后，穷蹙的冯文通在太兴四年（34年）派尚书高颙奉表入魏，请罪称藩，乞求太武帝，愿以小女儿充入掖庭，以求生路。太武帝答应后，冯文通就派人将最小的女儿送给了太武帝，不久被立为左昭仪。她在冯氏被没配入宫后，动了恻隐之心，求得皇帝允许后，让冯氏与自己同住，这样，冯氏避免了学做苦役的营生。由于姑母待她"雅有母德"，冯氏虽然仍是卑贱的宫中婢女，但她幼小的心灵却得到了几分慈母般的温情。

冯氏幼年的坎坷，多亏了姑母的悉心照料。姑母的抚养，使她慢慢长大成人；姑母终日的训导，使她逐渐熟悉了北魏皇宫内的礼仪和其间的微妙；姑母的教育，使她能够学习文化知识，接受精神的熏陶。常年的宫中起居，冯氏已渐渐积累起了丰富的人生阅历，也养成了她复杂的感情性格。她11岁的时候，宫中发生了一场重大事变。正平二年（452）三月，中常侍宗爱谋杀了太武帝，然后秘不发丧，假冒皇后赫连氏的名义将尚书左仆射兰延、侍中和匹等召入宫中依次缚绑起了砍了脑袋。东平王拓跋翰也被他秘密处死，尔后立吴王拓跋余为帝。宗爱自为大司马、大将军、太师，都督中外诸军事、领中秘书，封冯翊王。既录三省，又总戎禁，坐召公卿，大权在握。拓跋余也深以为忧，便想谋夺其权，结果又被宗爱派小黄门贾周等在一天夜里，趁着他祭神的机会，把他杀了。短短几个月，宗爱连杀两位皇帝，引起朝野震动。就连雄才大略的太武帝拓跋焘最终也死于宦官手中，这令人对宫中势力不得不刮目相看。此事给在宫中的冯氏心中留下了难以磨灭的痕迹。不过，宗爱虽手握军政方面的大权，毕竟是个刑余之人，不可能自己去坐皇帝的位子。不久，殿中尚书长孙渴侯与尚书陆丽又迎立了宗室拓跋濬，即位后即为北魏高宗文成皇帝。文成帝拓跋濬是太武帝太子拓跋晃的长子。太武帝对他十分喜爱，拓跋濬小的时候就常在祖父身边，聪明伶俐，太武帝称其为"世嫡皇孙"。拓跋濬5岁的时候，曾因随祖父北巡，遇到一位刚刚降服的部族首领处罚他的手下，拓跋濬没等祖父发话，就自作主张，对那位首领下令说："这人今天有福气，他有幸遇到我，你就应当立即释放他。"拓跋焘闻听，深感惊奇，说道："这小子年龄虽小，却知道处理大事，看来有天子之风度。此儿不可小瞧。"拓跋濬被选中登临帝位之后，其性格能力得到更充分的施展。

13岁的文成帝登基不久，就选中冯氏做了贵人。这一年，屈指算来，冯氏才只有11岁。比起文成帝，她尚年幼二庚。

必然加偶然　力挫群芳成皇后

冯氏因为做了文成帝的贵人，就只得离开了抚养自己长大成人的姑母，来到了文成帝的寝宫，陪王伴驾。冯氏也更有条件熟悉和了解国家的最高统治者是怎样处理军国大事的。

太安二年（456年），拓跋濬决定册立皇后。当时，后宫中嫔妃众多，除冯氏外，还有李氏、沮渠氏、曹氏也都很得宠。宫中嫔妃要得正位中宫，必须先要手铸金人，若能铸造成功，则视为吉祥如意，若是铸而不成，则妃嫔不能立为皇后，这在北魏历史上属于"故事"，也就是定制。魏道武帝拓跋珪时，曾宠幸慕容宝的小女儿慕容氏，手下左丞相卫王仪等奏请立为皇后，拓跋珪遂从群臣之议，让慕容氏先铸金人，铸成之后方得立之。拓跋珪登国（386—396）初年所纳刘氏夫人，专理内宫事务，深受宠爱，但以铸金人没有成功，而无法成为皇后。北魏明元帝时，曾娶姚兴之女西平长公主为夫人，姚兴及后秦国君，承其姚苌之业，灭前秦、西秦及后凉，成为关中强国，与北魏、东晋相抗衡。北魏明元帝娶姚氏后，也是她铸金人不成，无法册为皇后，因为与后秦的关系，明元帝对她很是宠幸，出入居处，都享受皇后的礼遇，后来屡屡想立她为皇后，终未如愿。只等泰常五年（420年）不幸死去，明元帝才赠予皇后玺绶，加溢为昭哀皇后之号。所以，按北魏旧俗，要正位中宫，铸成金人是必不可少的。

如今拓跋濬遵照祖制，令冯氏等四个受宠的嫔妃铸造金人。这本不是一件简单的事情，它涉及较为复杂的工艺技术，一时很难掌握。

由于冯氏久居宫中，深知北魏朝廷的各项典制，极有可能早有准备，因此竟一举而告成功，铸成了金人。而其他三人全未铸成。年仅十四岁的冯氏力挫群芳，被立为皇后，成为拓跋濬后宫的主宰。从原来一个卑贱的宫中婢女，一跃成为尊为天下国母的皇后，确实是天壤之别。入主中宫以来，冯后勤劳地操持宫中事务，不时对朝廷上的事情给予关注。

太安二年（456年）二月，也就是冯氏被册为皇后的第二个月，李贵人的儿子拓跋弘被立为皇太子。按照道武帝拓跋珪当年所定的规矩，凡后宫妃子所生之子被立为储君，太子生母皆要赐死。以防母以子贵，专擅朝政。这样，皇太后就按祖宗家法将李贵人赐死。冯后哺育太子，竭尽慈爱，使文成帝也深感快慰。

果断平叛乱　临朝称制代行天子权

贵为皇后的冯氏，生活中一帆风顺。她理解文成帝为国操劳的艰辛，尽力为他排解各种烦闷与不快，特别在生活上给他以温存体贴，每次文成帝出征、巡幸归来，冯后都以她的百般柔情化解皇帝的一路风尘。在冯后身边，文成帝仿佛忘却了朝廷上大臣的争斗，忘记了柔然、刘宋于南北的威胁。总之，冯后与文成帝的后宫生活是美满和谐的。然而，天不作美。冯后做皇后尚不到10年，这种借鸾效鸯的生活就画上了休止符。和平六年（465）五月十一日，被誉为"有君人之度"的文成帝竟英年早逝，崩于平城（今山西大同）皇宫的太华殿，年仅25岁。

真如晴天一声惊雷。丧夫之哀，令她痛不欲生。几天中，冯后以泪洗面，呜咽不止。她为丈夫离她早去而悲伤，更为自己命运多艰而哀痛。三日后，按照北魏的旧俗制度,焚烧文成帝生前的御衣器物等——这种葬俗至今在中国北方的一些乡村仍有遗存,谓之"烧三"——朝中百官和后宫嫔妃一起亲临现场哭泣哀悼。当火光燃起,悲哀不已的冯后仿佛又看到风格异常、仪表堂堂的文成帝,依稀再现在她的眼前,向她微笑。此情此景,不禁触动了她无尽的情思……突然,她身不由己地高声悲叫着,扑向熊熊燃烧的大火。周围的人都被她的举动惊呆了,待他们回过神来,急忙冲上去从烈火中救出冯后,幸亏及时,冯后才未被烧死,但烟熏火烤,冯后早已不省人事。过了很久,她才慢慢地睁开眼睛,周围的人们方松了口气。冯后幽幽地苏醒过来,突然间似乎对生死之事顿悟了。她想:自己生来如此坎坷多艰,或许正是冥冥之中神灵的安排。既然如此,何不咬咬牙挺过去!想到这,冯后就像换了一个人一样,悲伤的双眼又透出了一股坚毅的光芒。

此番经历,果然使冯后在此后的风云变幻中得益良多。

文成帝死后第二天,年仅12岁的皇太子拓跋弘即位,是为献文帝,冯后被尊为皇太后。贪权狂傲的太原王、车骑大将军乙浑便有欺凌这孤儿寡妇之心,阴谋篡位。北魏政治又面临严重的危机。

天安元年(466年)二月时,乙浑三番五次地对安远将军、吏部尚书贾秀说:"你应该要求朝廷给你妻子加封公主的名号。"乙浑的僭越用心昭昭。贾秀却说:"像我们这样的庶姓哪配称公主?我贾某宁愿死在今朝,也不会自不量力,贻笑后世!"乙浑大怒,恶狠狠地骂道:"老奴官,真是不识相的东西!"侍中拓跋丕(后改为元丕)听到这一消息,知道乙浑要迫不及待地谋反,便急告朝廷。早已胸有成竹的冯太后立即进行秘密布置,定下大计,她下令拓跋丕、陇西王源贺和牛益等人率兵收捕乙浑,镇压叛乱。半年多来,由于乙浑专制朝廷,飞扬跋扈,滥杀无辜,不得人心,朝野上下对他甚是怨恨。很快,乙浑便被捕杀,夷灭三族。

平定乙浑之乱,稳定政治局势,冯太后表现出果敢善断的政治才干。接着,她再露锋芒,宣布由自己临朝称制,直接掌握朝廷大权,以杜绝因皇帝年幼发生朝廷再遭奸臣凭凌的事情。献文帝只好听任这位嫡母皇太后代行天子之权。

冯太后这次临朝听政,前后仅有18个月的时间。这期间,她凭借多年宫中生活的阅历和非凡的胆识,使北魏动荡的政局稳定下来。

鸩杀献文帝　再度临朝听政独揽大权

到皇兴元年(467年)八月戊申,平城(今山西大同)的紫宫传来了婴儿的啼哭,原来是献文帝的妃子李夫人为她生了个皇孙——拓跋宏。冯太后喜得长孙,自然是件十分馏意的事。这一天,天气清爽,她见拓跋宏长得白白胖胖,心情格外舒畅。时隔不久,她就决定停止临朝,不听政事,转而担起了亲自抚养皇孙拓跋宏的责任,由已经14岁、初为人父的献文帝亲政。献文帝亲政以后,想有所作为,对冯太后宠重与信任的人加以贬斥,而试图重用提拔一些对冯太后不满的人结成自己的心腹。结果,与冯太后发生了冲突。冯太后虽然心中对献文帝的作为感到不快,但也没有立即发作。到了皇兴四年（470年），冯太后却再也忍不住了。事情是从李弈身上引起的。

李弈是冯太后非常喜爱的一位内宠。自文成帝死后，年轻的冯太后不耐守寡的孤寂与冷清，再加上北魏乃是一个少数民族政权，这一时期的拓跋氏，在婚姻关系上尚保留着许多的原始婚姻形态与遗风，男女之防不甚讲究，贞节观念更是淡薄。冯太后便很注意那些美貌男子，以便选来做伴。李弈是官宦子弟，长得仪表堂堂，风流倜傥，兼之多才多艺，善解人意，深得冯太后的喜爱，经常居于宫中。他给冯太后带来了无法言喻的愉悦与慰藉。皇兴四年（470年）秋天，李弈的兄长、尚书李敷的好友——相州刺史李䜣因罪被告发，主持审理此案的官员提示李䜣牵连李敷兄弟，结果，李䜣为了自保平安，出卖旧友，竟无端捏造、罗列李敷所谓隐罪二三十条。献文帝借机下令，将李敷兄弟打入死牢。这年冬天，李弈与哥哥李敷、堂兄弟李显德等人同时被杀。李弈死后，冯太后失去了一位甚是相得的情人，心中极难平静，据《北史·后妃传》载：献文帝诛李弈，"太后不得意"，后来，献文帝又把李䜣擢为尚书，参决国政，使冯太后更无法容忍。于是，她立即利用自己的声威与势力逼迫献文帝交出皇位。最后，文明太后决心铲除后患，杀掉献文帝。六月辛未这天，文明太后派心腹害死了献文帝，没有留下任何痕迹，因此，后世的史家只能对此事做出如下推测：(1)将他毒死;(2)在禁中埋伏壮士，乘他朝拜之机将他暗杀。

献文帝的死，引起了很多人对冯太后的不满。兰台御史张求见冯太后杀戮无辜，对献文帝的死因产生了怀疑，便联络献文帝生前的亲信，及京城中忠于献文帝的将士，策划一场政变，废掉文明太后，并杀之。他们商议乘天宫寺一年一度的大法会，设下埋伏，乘文明太后进香拜佛之机，将她囚禁，命她归政于孝文帝。但事情很快败露了，文明太后派人拘捕了张求诸人，并杀死与此案有牵连的几千人。为稳定政局，文明太后再次临朝听政。

守寡不守身　股肱皆是性伴侣

冯太后再掌朝纲，也面临着新的挑战。不仅献文帝死后政局的动荡是个迫切的现实问题，而且，官吏贪残刻剥，民众反叛屡起，也使北魏统治面临潜在的威胁。为了北魏的长治久安，巩固自己的权力地位，冯太后面对现实，充分施展了她高超的政治智慧和政治才干，恩威兼施，慰抚杀戮并用。临朝之初，冯太后就对当初诬死她内宠李弈的李䜣下了杀手。这李䜣贪婪无度，是名"盗臣"，杀了李䜣，既给心上人李弈报了冤，又除掉了一个人人痛恨的贪官。对其他的不法者，如泰州刺史尉洛侯、雍州刺史宜都王目辰等也处极刑，而对为官清正廉洁者，则加以表彰、赏赐，以正吏风。

为了大权独揽，她还以谋叛罪诛杀了孝文帝的外祖父南郡王李惠。当时被杀者还有李惠的弟弟、儿子和妻子。为了清除隐患，冯太后不惜大开杀戒，对她所疑忌的人都加诛戮，以至于因猜忌嫌疑被覆灭者十余家，死者数百人，率多枉滥，天下冤之。不过，冯太后也不是一味滥杀，对那些不怀政治野心者，往往能加以安抚、笼络。如献文帝的亲信、任内三郎的娄提对献文帝被害，表示愤慨，拔刀自刎，却未死成，冯太后不仅不怪罪他，反而下诏嘉奖，有些心怀不满的大臣也被她的这种举动所感服，潜在的不安定因素遂被化解。

冯太后为了充分施展自己的政治抱负，还特别注意培养扶植一些贤能之士作亲信，组成一个效忠她的领导核心。在这个领导集团中，有拓跋氏的贵族，也有汉族名士，有朝廷大臣，也有内廷宦官。而其中的汉族名士，不少又是她的宠幸之臣。

自从献文帝杀死她的情夫李弈之后，冯太后的私生活依旧毫无顾忌，十分自由放荡，不少健美强壮的男子被她纳入宫中，伴她度过一个个寂寞长夜。据说，冯太后临朝称制以后，对于男性的需求也越来越强烈。由于多年生活在鲜卑贵族的圈子里，冯太后对于男女之情的热烈追求竟使得江南来的使臣都为之倾倒。萧齐使臣刘缵就是这样一位与冯太后有染的人。

冯太后对于所进用的男宠，也分门别类，加以任用。对于他们当中的才干之士，则任以要职，委以心腹，不仅充当她生活中的伴当，而且也成为她临朝称制时期政治上的得力帮手和股肱之臣。

此外，冯太后还对宦官大加委任。宦官本来供事宫中，经常生活在帝妃周围，冯太后临朝听政，对其中有才干者也引为亲信。所以像杞道德、王遇、张祐、苻承祖等皆由微阉提拔，岁中而至王公，冯太后利用他们出入禁闱，预闻机要，形成了"中官用事"的局面。这些宦官拜官赐爵一同常人，而且冯太后还特赐恩诏。许以不死，大加赏赐。冯太后虽然利用宦官居中用事，但对其行为做了严格的限制。《魏书·皇后列传》称："（冯）太后性严明，对阉官虽假以恩信、待以亲宠，决不放纵自流。左右之人虽有纤介之愆，便遭棰楚杖责，多者至百余，少亦数十。不过冯太后生性宽豁仁裕，不计前嫌，事后仍待之如初。有的还因此更加富贵。正因如此，人人怀于利欲，至死而不思退。"这一时期，也没有发生宦官专权、胁迫朝廷的现象。

正是由于冯太后培植起一个忠心耿耿的集团，使她临朝专政得以成功，所谓"事无巨细，一禀于太后，太后多智，猜忍，能行大事。杀戮赏罚，决之俄顷，多有不关帝者。是以威福兼作。震动内外。"显然，正是由于冯太后高超的政治智慧和钢铁般的手腕，使她在临朝期间能够纵横捭阖，排除干扰，对北魏的政治、经济和风俗习惯进行了改革，这一改革宏业所取得的巨大成效及其深远的历史影响，也正说明冯太后是一位成功的政治家。

开拓进取　推行"太和改制"强北魏

太和，是孝文帝的年号。历史上把这一时期的一系列改革称为"太和改制"。由于旧史的记载，人们往往在习惯上把这一功劳归于孝文帝拓跋宏，甚至径直称为"孝文帝改革"，而忽视了冯太后的实际作用。其实，在太和十四年（490年）之前，冯太后一直临朝听政，她才是北魏的实际执政者。在此之前的"太和改制"，冯太后才是真正的主持人。翻开史籍,冯太后勇于改革的蓬勃英姿便会展现在你的面前。

太和八年(484年)六月,在冯太后的主持下,北魏仿效两汉魏晋旧制下达了"班俸禄"诏书。规定在原来的户调之外,每户增调3匹、谷2斛9斗,作为发放百官俸禄的来源。内外百官,皆以品秩高下定其禄次,禄定之后,赃满1匹者,处死。此法对百姓"虽有一时之烦,终克永逸之益"。

为了切实贯彻俸禄制,冯太后还派使者分巡各地,纠举食禄之外犯赃者。太和八年(484年)九月间,孝文帝的舅舅、任秦益二州刺史的李洪之,因贪暴无度,首以赃败,押解平城,令其自裁于家,其余地方官员坐赃处死者40余人。经此整饬,北魏史治大有改观,贪赃受贿者也大有收敛。所以,班禄的实施,为冯太后进行其他方面的改革创造了条件。

太和九年(485年)十月,冯太后在大臣李安世的建议下,颁布了"均田令",从而开始在社会经济方面进行重大变革。均田令就是国家对无主荒田以政府的名义定时、按人口分授给农民。均田制度使失去了土地的农民重新回到土地之上,流亡无居者和荫附于豪强名下的佃客也摆脱了束缚,成为政府的编户齐民,从而增加了国家控制的劳动人户和征税对象,提高了农民的生产积极性。这一制度,使北魏落后的社会经济结构迅速向先进的封建化的经济结构过渡,同时为封建经济结构的灵活运转补充了新鲜血液,这正是北魏统治者开始转向接受汉族的封建统治方式的开始。这一制度历经北齐、北周,到隋唐约300年,不仅使北魏社会经济得以发展,而且也成了后来隋唐社会的经济基础。显然,冯太后主持推行的均田制,对北魏历史的发展做出了重大贡献,而且也为后世留下了宝贵的遗产。

几乎与均田制实施的同时,到太和十年(486年)时,冯太后又主持对地方基层组织宗主督护制进行了改革,实施了"三长"制。

自西晋灭亡后,居于北方的豪强世家多聚族而居,设坞壁自保,自给自足。北魏建立后,任命坞主(豪强地主)为宗主,代行地方行政权力。这种宗主督护制度之下,户口隐匿现象十分严重,政府征收户调时,只能依据户籍上登记的户口,而实际上往往三五十家方为一户,千人百口共为一籍,而当时实行的九品混通法,是把一家一户的自耕农同这种实际上有众多荫附人口的宗主的户等量齐观的,这势必造成国家赋役征发时的数额、轻重不均,影响国家的财政收入。为了把豪强隐匿的劳动人口编入国家的户籍,增加政府的编户,抑制豪强势力,大臣李冲提出废除宗主督护制,实行三长制。三长制即按照汉族封建统治的什伍里甲组织的形式,重建北魏的地方基层机构,规定五家为一邻,五邻为一里,五里为一党,邻、里、党各设一长,合谓三长,由本乡能办事且守法又有德望者充任,负责检查户口,催征赋役,管理生产,维护治安,任三长者,可优复免除一至二人的官役。

在冯太后的大力支持下,李冲建议得以付诸实施。这样,北魏建立起了较为完善的地方基层组织,既便利清查荫附户口,增加国家控制的人口,又使国家确定了课征赋税的统一准则,防止那些企图逃避赋役者再钻空子,从而削弱了地方豪强的经济实力,增强了国家的力量,有利于提高中央政府的权威。

总之,冯太后采取的这些重大改革措施,对于北魏由鲜卑族落后的生产方式向汉族先进的封建生产方式的过渡,即封建化起到了推动作用。在促进北魏封建化的过程中,冯太后还大力提倡汉化,以便使鲜卑逐渐适应汉族人民的生活方式和礼仪制度。为此,她大兴教育,建立学校,尊崇儒法,禁断卜缌、筮纬之学,从而开始了鲜卑族的汉化过程。而这一点,又为后来孝文帝南迁定都洛阳,推行大规模的汉化措施打下了基础,清除了障碍。

冯太后主持下的"太和改制",对历史发展进程起了不可低估的作用。

惩治贪官　为民众谋利益

自从临朝听政以来,文明太后对宗室子弟严格要求。太和九年(485 年),她将拓跋宏的弟弟拔跋禧封为咸阳王、拓跋幹封为河南王、拓跋羽封为文陵王、拓跋雍封为颍川王、拓跋勰封为始平王、拔跋详封为北海王,下令建立学馆,给他们提供系统学习的环境。文明太后还把她亲自撰写的从各个方面为北魏宗室子弟制定做人处事准则的三百多章(劝诫歌)分发给他们,让他们反复学习,自觉遵守。

作为太后孙子辈的诸王一般能够接受她的思想,遵照她的教导,可作为与她同辈的诸王就不同了。怀朔镇将汝阴王拓跋天赐和长安镇将雍州刺史南安惠王拓跋桢都是文明太后丈夫文成皇帝的弟兄,在文明太后临朝听政时掌握一定权力。他们以老资格自居,对文明太后的话置若罔闻,贪赃枉法。文明太后对他们毫不客气,于太和十三年(489 年)把他们捉拿归案。

文明太后对二王都如此严惩,对其他贪官污吏就更不手软了。太和三年(479年),她得知秦州刺史尉洛侯、雍州刺史宜都王目辰和长安镇将陈提等人贪污不法时,立即派人调查他们的罪行,在基本弄清他们的犯罪事实后,下令处决洛侯、目辰,发配陈提,然后通过孝文帝将一千多名只对小贪污犯吹毛求疵而对大贪污犯不管不闻的侯官全部撤换。此后,不少贪官污吏被迫收敛起他们的罪恶手脚。

文明太后幼年时过了一段颠沛流离的生活,亲眼看到平民百姓的生活是多么凄苦,在她临朝听政后,了解到平民百姓是那么的纯朴。只要谁同情他们,哪怕仅说上几句同情的话,他们就对谁感恩戴德,顶礼膜拜。由此,文明太后经常给平民百姓一些实惠,对他们不同程度地表示同情。在均田过程中,她特意对老、少、残疾人、没有改嫁的寡妇作了颇有人情味政策优惠。十一年(487 年)从春到夏,整个北魏统治的地方,种植物大都枯死,又发生了瘟疫,夏种无法进行,颗粒无收,庶民活活饿死。文明太后立即召集内外大臣献计献策。太和三年七月己丑,文明太后命令有关单位派专人编造户籍,分配去留名额,并通知各地三长,对前去就食的人一律赡养。同年不久,又停止制作绵绸绫罗,还把御府中十分之八的衣服珍宝、太官杂器、太仆乘具、内库弓箭刀铃以及一大半的外府衣物、缯布、丝纺分发给百司、工商皂隶、六镇戍兵和光棍、寡妇、孤儿、孤独老人、贫民和残疾人。文明太后的一系列举措收到了效果。

文明太后发现,长期生活在她身边的工作人员对她谨小慎微,胆战心惊。她明白,这些人之所以怕她,全是她平时对他们言辞过于严厉的缘故。文明太后以为,自己并没捞到什么好处,他们内心的牢骚也是很大的,只是不敢公开发作而已。如果再让他们整天提心吊胆,长此以往或许会让人利用,其后果也是不堪设想的。不如对他们和颜悦色,既可以显示自己大度,又可以让他们成为自己的忠实走狗。此后,文明太后在她的工作人员面前十分注意自己的言行。

后继有人　堪称杰出政治家

冯太后在进行全面改革的实践中,并没有把孝文帝排斥在外,相反,她倒是尽可能让他参与,以便使他接受锻炼。正是冯太后的悉心培养,孝文帝才逐渐成熟起来,而且能够继承冯太后的改革大业,把"太和改制"推向高潮,这恰恰也是冯太后作为一位杰出政治家的成功之处。

从未生养的冯太后以一个慈祥的祖母身份培养、训导这位雅有至性的皇孙孝文帝。同样,孝文帝也逐渐感到祖母皇太后是那样的和蔼可亲,并且也为她临朝时那钢铁般的性格和无所畏惧的气度所威慑,对她产生了深深的敬佩与仰赖。正因如此,孝文帝逐渐地成了冯太后得意的事业继承人。

在冯太后的亲自教育与监督下,孝文帝手不释卷,刻苦读书,努力提高自己的文化素养。

看着孝文帝一天天长大,为了使他更加符合自己的要求,冯太后亲自作《劝诫歌》300 余章和《皇诰》18 篇,作为他学习的指南和行为准则,从思想上向他灌输治理天下的原则。

不仅如此,冯太后还以身作则,现身说法地对孝文帝进行教育和示范。

冯太后执政,十分注意在生活上厉行节约,反对浪费。入朝之初,她就下令取消了鹰师曹,禁止各地上贡鹰之类的伤生鸷鸟。在宫中,她的生活也十分俭约朴素。平日的穿戴,皆是些缦缯而已,从无锦绣华丽的装饰;至于膳食,也改变了原来宫廷之中食不厌精、脍不厌细、花样繁多的旧制,她平日仅在一种特制的几案上就餐,这种几案宽仅几尺,使原来的食谱减少了十分之八九,杜绝了奢侈、铺张。孝文帝在冯太后的表率之下,也养成了节俭朴素的性格,平日穿着打扮也多是澣濯之衣,坐骑的鞍辔也是铁木做的。冯太后对此极表赞赏。平日除了听政、临朝,冯太后还经常外出巡视,每到这时,她一般都将孝文帝带在身边,以便让他随时随地得到磨炼。

太和十四年(490 年)九月,49 岁的冯太后走完了自己叱咤风云的一生,死于平城(今山西大同)皇宫的太和殿,谥号文明太皇太后,故史称文明太后。

冯太后的改革大业后继有人,并能发扬光大,也足以使她长眠地下、瞑目黄泉了。

毕竟,冯太后将政权交给孝文帝是放心的。她那非凡的气度和坚定不移、敢于改革的精神,在孝文帝身上仍然熠熠生辉。她在推动北魏封建化、汉化的进程中所做的艰难探索和卓越贡献,令那些出于男女性别的偏见、侈言"文明(冯太后)邪险",从而对她大加诋毁的陈词滥调显得苍白无力。历史是这般的公正无私,它将会永远记住这位一生中历经磨难并获得了巨大成功的杰出政治家。

【名家评点】

太后每至褒美睿等,皆引丕等参之,以示无私。又自以过失,惧人议己,小有疑忌,便见诛戮。迄后之崩,高祖不知所生。至如李诉、李惠之徒,猜嫌覆灭者十余家,死者数百人,率多枉滥,天下冤之。

——北齐·魏收《魏书》

文明邪险,幸不坠国。

——唐·李延寿《北史》

北魏胡太后：宠男作歹 母子相斗

【人物档案】

姓名：胡氏
别名：灵太后
生卒：？～528 年
关系：北魏孝明帝太后
朝代：北魏
主要成就：聪颖有悟性，多才多艺，醉心政治，其为太后之后，下令造申讼车，以接受投诉冤情，又在朝堂亲自策试孝廉、秀才、州郡上计簿的官吏。

【梟雄本色】

胡氏（？～528），原名胡充华，北魏孝明帝太后。安定临泾（今甘肃泾川北）人，早年被宣武帝宠幸，生下太子元翊，封为充华世妇。延昌四年（515 年），孝明帝元翊即位，

胡太后

尊其为皇太后。谥号"灵太后"。其父胡国珍，官至司徒；母皇甫氏。坐上太后宝座的胡氏，开始掌握大权。在她参政生涯中，反对改革，大兴土木，内乱外患不已，致使国力日衰。在武泰元年（528 年），胡太后被义军杀害，北魏也在她死亡后走入尾声。

281

【风云叱咤】

得入掖庭　冒死生子

　　随着一阵清脆的啼哭声，一个漂亮的女婴降临人世。刹那间，红光环射，艳丽夺目。这时，一位名叫赵胡的算命先生对这个女婴的父亲预言道："你女儿有大福大贵的外表，长大后将会成为太后，生天子的。不过，这件事天知地知、你知我知就行了，不要再让第三个人知道此事。"不知是出于偶然还是必然，事实应验了算命先生的话。这个女孩长大以后，果真成为中国历史上一个不寻常的女人。她曾两次临朝称制，先后达13年之久。她就是北魏宣武皇帝元恪的充华嫔，北魏孝明皇帝元诩的生母胡太后，谥号"灵太后"。

　　这位胡太后原是安定临泾人，她是司徒胡国珍的女儿，她的母亲是皇甫氏。由于生长在高贵的家庭环境中，胡氏从小就受到了良好的教育。她知书达理，赋诗弹琴，击剑射箭，样样全能，才华横溢。而作为一个女孩子，除此而外，她更有着令自己骄傲和令别人嫉妒的资本——婀娜的身姿，姣好的容颜。

　　但仅仅拥有这一切是不够的。有时机遇对一个人的一生起着至关重要的作用。而对改变胡氏一生命运立下汗马功劳的要当数胡氏的姑姑了。胡氏的这位姑姑是个吃斋念佛的尼姑，在当地颇有名气，对佛教经典很有研究。在宣武皇帝初年，这位尼姑就经常到皇宫中宣讲佛道佛法，历时数年。久而久之，她便和宫人们混熟了，谈话的范围自然也就渐渐地扩大了。尼姑经常在那些宫人们面前夸耀自己有个侄女，美貌绝伦，盖世无双。这话便在宫里传开了，不久就传到了宣武帝元恪的耳朵里。宣武皇帝元恪，本是一个好色之徒，听到这消息，十分高兴。于是元恪便下令将胡氏召进宫中，一见，果如尼姑所言，一见钟情，当即将胡氏封为承华世妇。

　　元恪的第一任皇后于氏，是太尉于烈的侄女。于烈因手中执掌着军权，很有权势。他曾暗示其属下在皇帝面前大力称赞他的侄女才貌双全，是一位难得的皇后人选。于氏被招进宫中以后，先是被纳为贵人。于贵人性情温和，少言寡语，待人宽厚，很受元恪宠爱，不久就被册封为皇后。于皇后生有一皇子，名元昌。

　　不幸的是，这位于皇后于正始四年（507年）突然无病暴亡。当时宫中上下对此事均感意外。但事实上不少人怀疑于皇后的死是高贵人一手造成的。这位高贵人是元恪的生母文昭皇后的侄女，入宫后不久便被纳为贵人，当时她正受着元恪的宠爱。她的伯父高肇是元恪的舅舅，位高权重，势力很大。宫中上下因惧怕高氏势大，因此无人敢向元恪透露于皇后被害的真情，替于皇后喊冤。于皇后死了，高贵人甚至对于皇后留下的皇子元昌也不肯放过，她串通了侍候元昌的宦官王显，使元昌有病不得医治，终因病情加重而命归西天，死时年仅3岁。

　　皇子元昌死后不久，元恪即册封高贵人为皇后。彭城王元勰数次进谏元恪，度支尚书元匡甚至以死相谏,反对此事,均未被元恪所纳。元匡后被贬为光禄大夫,元飚则被高皇后和高肇等人以勾结元愉谋反为罪名,说服皇帝,秘密将其毒害。高皇后先后为元恪生有一儿一女,皇子早殇,女儿名叫建德公主。高氏当上皇后以后,专宠多年。她生性好妒,最不能容忍皇帝与别的女人接近。如果让她知道皇帝临幸了哪位嫔妃,必定要大吵大闹,搅得后宫不宁。因此,除她而外,其他嫔妃都难以接近皇帝,为皇帝侍寝。

言归正传。再说胡氏入宫以后,面对高皇后的飞扬跋扈,她也自有高招。她凭着自己的美貌和聪明才智,竟博得了元恪的宠幸,使高皇后也奈何她不得。在宣武皇帝元恪以前,北魏有这样一条制度,规定:帝王在选定太子后,须将其生母处死,以防将来太子继承王位后,母后临朝称制,外戚专政,危害朝廷。因此,在当时的椒掖之中,众嫔妃们都希望自己能为皇帝生诸王、公主,却不愿生太子,谁愿惹来杀身之祸呢?但胡氏却不苟同于他人,她每每对其他嫔妃们说:"天子怎么能没有儿子呢?你们怎么这样自私,怎么能因为害怕自己身死而使皇室无嫡嗣呢?"这话令元恪感动得直流热泪。

不久,她怀孕了,有好心人劝她早点堕胎除掉孩子,以防后患,但她却说什么也不干。在一个万籁俱静的深夜,她曾对着上天发誓:"假使我腹中所怀是男儿,排行当为长子。如果生下他我必须去死,也在所不辞!"

永平三年(510年)三月,胡氏果然生下一个皇子,她因此由承华世妇晋为充华嫔。这时,宣武皇帝已经27岁,年近中年。此前,与皇后和高皇后所生的皇子均已早夭,元恪一直为"无嗣"的痛苦所困扰,此时喜降皇子,分外高兴,自是人之常情。他亲自给皇子取名元诩,而对皇子的养护,他也付出了极大的热情和关心。因为害怕皇后和其他嫔妃妒忌,最重要的是害怕皇子再遭意外,元恪下令从民间找来经验丰富的妇女做保姆,并且将皇子置于另一别宫中精心养育,高皇后甚至连元诩的生母胡氏也不知皇子究竟养在何处,更无从前往探视了。

首次听政　敢想敢干

转眼间三年过去了,3岁的元诩被立为太子。元恪下令改元,即将永平五年(512年)改为延昌元年。而且,元恪废除了北魏过去"立子杀母"的旧制,并没有赐死胡充华。这一举动是高皇后始料不及的。高皇后原想太子一立,胡充华必死无疑,如今一看美梦落空,她便和高肇一起劝说元恪还是依前朝旧制,置胡氏于死地。

而此时的元恪非但丝毫听不进高皇后的话,反而将胡氏由"充华"晋为"贵嫔"。心狠手毒的高皇后,见事情愈发的于己不利,便要对胡氏下毒手,准备秘密将其杀害。在千钧一发之际,胡氏得到了中给事刘腾、左庶子侯刚、领军将军于忠和太子少傅崔光的营救。两天之后,元恪下了一道诏令,将胡贵嫔迁居别宫,并下令由亲军严加守护,其他人不得通行。这样,使高皇后无从下手,胡氏才得以保住性命。

延昌四年（515年）正月十三日，宣武皇帝元恪在式乾殿驾崩，时年33岁。为怕高皇后和高肇排斥皇太子，在元恪去世的当夜，于忠、崔光、王显、侯刚等去东宫迎太子元诩到内殿即位。王显是高皇后的心腹，当时他劝其他三位说等到天亮后再让新帝登基，也为时不晚。崔光毫不客气，立刻反驳道："天子之位不该有一时旷缺，为何要等到明天登基？"王显又道："太子即位，也应奉明中宫（太后）"。这是指须得高皇后同意。王显此意是想拖延时间，好让高皇后等争取主动。听了王显的话，崔光直言道："皇帝驾崩，太子继位，这是国家常典，何须得到中宫的命令！"紧接着，由于忠扶住太子元诩站在东边，面向西举哀恸哭，过了一会儿，元诩便被令停止。这时，崔光以太尉的身份奉册进玺绶，太子元诩跪受，然后请太子进入太极殿，即皇帝位，是为孝明皇帝，当时年仅6岁。元诩即位后，崔光召集群臣入殿，匍匐朝贺，山呼万岁。次日，尊高皇后为皇太后，尊胡贵嫔为皇太妃。

元诩即位后，于忠、刘腾等人联合起来，除掉了高太后的心腹王显和高太后的伯父高肇。待高肇一死，胡太妃便与于忠等人商议，令高太后削发为尼，迁居瑶光寺，除非大的节庆日子，不得入宫面见君王。不久，胡太妃便改尊为胡太后，居崇训宫。于忠、崔光、刘腾、侯刚——胡太后的四个救命恩人，后来成了她的心腹，都受到了重用。

延昌四年（515年）八月，由于忠、崔光等人奏表，以皇帝冲动，不能亲祭祖庙为由，请太后临朝称制。在封建时代，女人干政，不是一件简单的事情，这需要很大的勇气和能力，胡太后二者兼具。可以说，从一开始，胡太后就不甘心做一个普普通通的女人，而依靠于忠等人的帮助，加之她本人的努力，她终于等到了这一天。

据史载，胡太后非常聪明能干，多才多艺，文武双全。她临朝称制后，日理万机，亲自手笔断决。最初，群臣奏事还称太后为"殿下"，太后下发指示称"令"。后来，她索性改"令"为"诏"，改"殿下"为"陛下"。她自称为"朕"，完全以皇帝自居了。

胡太后有一个很大的特点，就是敢想敢干，敢于干一些被人认为是不能干的事情。

她刚刚临朝称制时，想以《周礼》中的有关内容作依据，代皇帝行祭祀之礼。在封建社会，人们把祭祀祖先作为诸礼中最重要的一项，规定只能由男子进行，女人是不得参预的。胡太后的想法已经超越了封建礼仪所许可的范围，从而遭到了所有礼官们的反对。但胡太后不肯轻易放弃自己的主张，她表示可用帏幔遮挡自己，而在一旁观看三公行事。为了找到理论根据，她还请教了当时最博学、最有威望的大臣、侍中崔光。崔光很想讨好太后，便举了东汉和熹邓后曾亲自祭祀的例子，说明女子并非不能参加祭祀。胡太后听后大喜，她终于如愿以偿，亲自参加了初祀。

宣武皇帝元恪的生母高氏，是被孝文帝元宏的继皇后冯氏毒死的。元恪登基后，追认她为孝文昭皇后。元诩即位后，商议改葬高氏。依传统规定，葬礼该由高氏的嫡孙元诩作丧主，主持葬礼，但胡太后偏偏要依她的主意办，她决定自己做丧主改葬婆婆。因此，从送葬终宁陵，到祭奠，以至还哭太极殿，整个葬礼，她都亲自主持。

胡太后还忘不了经常在群臣和侍从面前显示自己的才能。

有一天，胡太后与元诩一起临幸华林园。在都亭曲水大摆宴席款待群臣。席间，太后诗兴大发，即令王公以下各赋七言诗。太后赋诗一句为开头："化光造物含气贞。"元诩接着联了一句："恭己无为赖慈英。"接着每人各联一句，成为一长篇。太后很高兴，下令赐王公以下每人布帛数量不等。

还有一次，胡太后临幸西林园法流堂，看到一些皇家子弟正在习武，她便联想起小时候父亲教她舞刀射箭的情景。此时，她突然心血来潮，手心发痒，便下令命身边的侍臣们比赛射箭，表现好的有奖，差者则被罚。她还亲自给技艺差的人讲解射箭的要领：怎样拉弓、搭箭和用力等等。比赛结束后，胡太后亲自做精彩表演。她命侍臣以一根针作箭靶，令针孔朝上，只见她随手挽弓搭箭，那箭一发而中针孔，在场的人无不拍手称绝。太后本人自是十分高兴，便下令赐给侍臣们布帛数量不等。

胡太后还曾临幸阙口温水，登上了鸡头山，她忽然又射兴大发，她先是令群臣赛射，最后，她拔下一根象牙簪，命文武百官们射。群臣知道太后又在炫耀自己，谁也不敢射中。最后还是太后亲自引射，一箭即中。随从的文武百官一起山呼万岁。这回，胡太后更为得意，她专门派了一个侍臣，高举象牙簪及箭，遍示群臣。

此外，她还亲自坐上申讼车，出宫采纳冤讼；亲自在朝堂上策孝廉、秀才，评议官吏政绩等等，都是胡太后喜欢干的事情。

胡太后没有忘记曾有恩于她的人：于忠晋封为尚书令，崔光晋升为车骑大将军，刘腾成了太仆，侯刚则跃居侍中。为了加强胡氏的力量，她的父亲胡国珍被封为安定公，兼职侍中，并可以随便进出皇宫。她的妹妹胡氏原配给江阳王元继的儿子元叉。元继曾因强夺民女为奴而被加罪罢官，胡太后便授元叉为通直散骑侍郎，其妻为新平君，并拜为女侍中。胡太后后来还让元诩将她的侄女胡氏立为皇后。

当时，全国上下收受贿赂代人求官之风盛行。元诩即位之初，吏部尚书是元修义。当时上党郡太守有空缺。有个中散大夫高居，已得皇帝允诺让他优先补官，他便求补上党郡守。但是，元修义因接受了别人的贿赂，不肯给高居这个位子。高居便在公堂之上大喊有贼。有人问他："光天化日之下，哪来的贼？"高居指着元修义说："坐在这里的人，因为别人出了高价，他便违背皇上的命令，不让我去当官，这难道不是白日行抢吗？"由此我们不难看出当时朝政的乌烟瘴气。

在当时收受贿赂的人当中，尤以刘腾为最。刘腾，字青龙，是北魏平原城人。儿时因受株连，身受腐刑，没入宫中当了小太监。由于自幼戴罪入宫，所以他没读过书，也不会写字，长大后仅会写自己的名字。但他虽不能读书写字，却为人机敏，尤其善于察言观色，善揣人意，诡计多端。因此，很快被提升为中黄门。

刘腾是靠告密起家的。当年孝文帝还在位时，他因揭发了冯皇后与高菩萨的暧昧关系，从而博得孝文帝的信任，被孝文帝提拔为冗从仆射。从此，他便不断高升,历任中常侍、龙骧将军、大长秋卿、金紫光禄大夫、太府卿等职。如今,他更因为保护胡太后有功而官位直升至侍中、右光禄大夫,并开始干预朝政。

刘腾掌握大权之后,满门富贵。他的两个养子,一为郡守,一为尚书郎。一些醉心官爵的不肖之徒,纷纷奔走于他的门下。他广收贿赂,结党营私,气焰十分嚣张,文武百官都看他的眼色行事。河间王元琛作定州刺史时,因为贪污国库而被罢官发送回洛阳。连胡太后都说:"元琛在定州什么都要,就差没把后燕故宫中山宫搬来,这种人怎么能用呢?"元琛便巴结刘腾,把刘腾的另一养子像亲生儿子一样养在家中,又以上万件的金银财宝贿赂刘腾。刘腾便在胡太后面前为元琛说情,终于使元琛得以东山再起,出任秦州刺史,还兼任都官尚书。

公元519年,崔亮任吏部尚书时,创立并使用了一种"停年格"。即为官者一律只论年限,顺序补官。虽然有人认为此方法不好,因为它不论人才高低,不管人品好坏,易使有贤才的人因此负屈,庸才反而依次升迁。崔亮也承认这些意见言之有理,但认为不合"权宜"。"停年格"的实行,一方面反映了当时官位竞逐的剧烈,也说明了朝廷在处理这个问题时的无可奈何。

政治上的腐败和生活上的奢侈常常是紧密相连的。当时许多贵族官僚的生活都极度奢侈腐化。如临川王堆放钱财的库房就有30多间,其中每间库房存钱1000万,总计存钱3亿多。高阳王元雍是当时有名的富户,他家的宫室园圃的规模并不亚于皇帝的禁苑。他拥有僮仆6000多名,歌伎500多人,一顿饭要花去数万钱。河间王元琛,好与元雍争富。他派人从波斯购来名曰"追风赤骥"的骏马10余匹,并以白银作马槽,用黄金作马的环锁。他邀请王公饮宴,所用食器有水晶(玻璃)钟、玛瑙碗、赤玉壶等,制作精美,全是外国购来的稀世珍品。在他的府库中,藏满了线绢和各种织物,有毛织的锦厨(音计,地毯),麻织的越葛,丝织的绸绫,罗的颜色洁白如雪,縠(音胡,罗的一种)轻得像雾。他对章武王元融说:"不恨我不见石崇,恨石崇不见我。"元融见了这般侈豪,既羡慕,又嫉妒,竟一病在床,三天起不来。江阳王元继来看他,说:"你何必要这样呢?你的财产,其实也不见得比他少呀!"元融说:"过去我总以为只有高阳王的财产比我多,现在才知道河间王又胜过高阳王!"

为了奢侈的生活,王公贵族们自然十分贪婪。偏偏胡太后在高兴时很喜欢赏赐下属,便迎合了那些王公贵族们难以满足的贪欲。胡太后有个爱好,就是欣赏左藏。左藏是国家贮放财物的仓库,库中堆积着成千上万匹上等布、绢。一天,胡太后临幸左藏。随同她一道前往的王公、嫔妃、公主等不下百余人,太后高兴之余,忽然想出了一个有趣的决定:她让大家比赛背布绢,能背多少就尽管背,只要能拿得动背得走,即成为自己的。

听罢此言,那些王公、嫔妃、公主们也不顾是否有失体面了,他们个个争先恐后,你争我夺,丑态百出。其中拿得最多的,超过了200匹,而拿得少的也不下百余匹。只有两人与众不同:长乐公主只拿了20匹,侍中崔光只拿了两匹。胡太后问他们为什么不多拿些,长乐公主说:"拿多了背不动,不拿又会引起别人不高兴,所以只好少拿点。"崔光说:"臣只有两只手,只能拿两匹。"胡太后听了他们的话,大加赞赏,而陈留公李崇、章武王元融非常贪心,因为负绢过重,被绢压倒在地。李崇扭了腰,元融伤了脚。胡太后骂他们太贪心,命令手下把二人的绢布全部收回,让他们空着手出去。长乐公主、崔光因此得了谦廉的美名,而李崇、元融则被人们讥笑为贪财的人。

崇尚佛教　大建寺庙

胡太后还有个最大的爱好,就是事佛。

胡太后的姑姑,是当地有名的尼姑,她是依托姑姑长大的。耳濡目染,她也非常虔诚地信佛,而且对佛教经典也颇为熟悉。胡太后相信佛法能减轻人的罪过。

其实,北魏大兴佛事,始于宣武皇帝元恪时。元恪曾为诸僧和朝臣宣讲《维摩诘经》。元恪临死的那一年,专门为从西域来的3000多名僧侣在嵩山修建了一座闲居寺,内设庙屋1000多间。当时事佛之风十分昌盛,远近官民无不事佛,全国州郡竟造寺庙1.3万个。元恪在皇宫之侧建造的瑶光寺,至胡太后听政时,仍尚未完工。

这种事佛活动,至胡太后称制时,愈演愈烈了。熙平元年(516年),胡太后下诏在崇训宫侧营建永宁寺。寺内有一尊高1丈8尺的金像;与一般人等高的金像10尊;另有两尊玉石雕像。寺中还有一座九级塔,塔高90余丈,上刹(相轮)又高10丈。上有金铎120枚,金钉5400枚。每当夜深人静之时,塔上的铎铃之声令10里之外的人都能听到。永宁寺仅佛殿的铺设面积已相当于皇宫的太极殿。寺院南门的大小与皇宫的端门等同。寺内有僧房1000间,均用珠玉锦绣作装饰。自佛教传至中国以来,这样大规模的佛寺、佛塔,还是第一次出现。

宣武皇帝元恪初年,为了祈求佛祖赐福给他已逝世的父亲孝文帝元宏和母亲文昭皇后,曾下令在洛阳的龙门山上开凿了两个佛龛,每龛各高100尺,至胡太后时,又凿一龛(这些佛龛即今仍存于世的洛阳龙门石窟)。此项工程前后历时达24年之久,为此共征用了80多万民工。至公元520年以后,北魏的佛寺共达3万余所,僧尼多达200万人。胡太后为其生母皇甫氏所建造的太上君寺,其壮丽程度更胜于永宁寺。

熙平三年(518年)十月,胡太后曾遣使者宋云与僧人惠生去西域取经。正光三年(522年)二月,宋云等取经170部返回洛阳。胡太后还经常到各地佛寺顶礼膜拜。有一次她到永宁寺朝拜,僧尼士女赴者数万人。她还曾临幸嵩山,随从的夫人、九嫔、公主等有数百人。胡太后信步而上,直至山顶,下令除胡天神以外,其他淫祀统统废除。

胡太后不但信佛,她还非常迷信。熙平三年(518年),有人献上了一只异龟,她视之为神龟,便下令改元为神龟元年。不久,天象告变,发生了几次月食。这种征象在当时被认为是皇宫闺中将要有人大祸临头。胡太后很害怕这一不祥之兆应验到自己的身上,这时她便很自然地想起了她的仇人高太后。于是,她密诏心腹内侍到瑶光寺,将高太后毒死。对外伴称高太后是得暴病而亡的,殡葬均以尼礼待之,草草地治丧,埋在了北邙山上。

识人不准　遭人陷害

熙平元年至神龟三年(516~520年),胡太后临朝称制5年,因为奢淫无度,滥发奖赏,大兴佛寺,耗资巨众,加之朝制多废,为官者贪赃纳贿,终使国库亏空,只好减少百官俸禄,四成中抽去一成,弄得上下不满,怨声载道。

在北魏的上层人物中,也难得有清正廉洁、秉公执法的人。清河王元怿就是其中一位。元怿,字宣仁,本是孝文帝罗夫人所生,是元诩的叔叔,胡太后的小叔子。元怿自幼聪敏,他天生美姿丽貌,英俊潇洒。他博览经史,兼采众言。他不仅好读书,且有文才,又善谈哲理,对人宽厚谦和,喜怒哀乐不形于色。孝文帝非常喜欢他。宣武帝元恪初年,任侍中,后来转任尚书仆射。至元诩初年,又迁任太尉。胡太后临朝后,委之以朝政,因太后经常在宫中与之商议国事,接触的机会很多,元怿当时30出头,而胡太后的年龄也只在30岁左右,胡太后年轻守寡,她很渴望爱情生活。渐渐地,胡太后喜欢上了这位美男子,对元怿格外关心,并赐给他许多珍宝。开始,元怿并不在意,可时间一长,他发觉了其中的奥秘,便小心谨慎起来。可胡太后不是能轻易放弃自己的追求的人,她终于逼幸元怿,使元怿服从了自己。这以后,胡太后便公然与元怿亲亲热热的,好似夫妻一般,不久,宫里宫外尽人皆知。

所不同的是,元怿虽然得宠于胡太后,却依然秉法行事,一丝不苟。先后因不愿同流合污而得罪了侍中、领军将军元叉和卫将军、仪同三司刘腾。吏部的官吏为了讨刘腾欢心,保举刘腾的弟弟为一郡之长,这一任命被元怿所阻止。元怿想整顿一番朝政,不仅对刘腾进行了抑制,而且将于忠赶出了中央,放到地方。对胡太后的妹夫、领军将军元叉也三番五次地予以限制。元叉仗着自己是胡太后的妹夫,有恃无恐,欺压百姓,无恶不作。身居太尉的元怿几次想要罢黜元叉,均未成功。因此,刘腾和元叉均对元怿怀恨在心,一直在等待机会准备报复,务必除之而后快。

元叉害怕元怿最终不会放过自己,便与刘腾密谋,陷害元怿。但他们深知胡太后十分宠幸元怿,因此仅靠一些谗言是告不倒元怿的。于是,元叉指使他的下属通直郎宗维,诬告司染都尉韩文殊要造反,准备拥立清河王元怿为帝。胡太后对此颇为重视,立即将元怿拘禁起来。对有关人犯严加审讯,结果没查出任何谋反证据,元怿这才免遭横祸。刘腾、元叉见诬告不成,便又密谋,干脆杀掉元怿,废掉胡太后,搞一场政变,让小皇帝元诩当傀儡,而由他二人执掌朝政。计议已定,他俩便私下多方准备,伺机发动政变。

神龟三年(也就是正光元年,公元520年)七月的一天,刘腾等发现胡太后没有像往常一样同孝明帝元诩一起到前殿来,而是留在了后宫中。刘腾与元叉认为时机已到。首先,由刘腾出面向元诩报告,说他已获知清河王元怿以高官厚禄为诱饵,驱使小太监胡玄度、胡定列往皇帝的御膳中下毒,准备在毒死皇帝之后,元怿本人自己当皇帝。孝明帝元诩马上传讯胡玄度、胡定列,二人在刘腾的指使下,一口咬定说确有此事。年少的元诩听信了这番假话,匆匆忙忙地来到了显阳殿。

这时,刘腾下令关闭永巷门,杜绝了太后的出路。元诩宣诏元怿见驾。元怿入宫走到含章殿后面时,被元叉截住,不让进入。元怿大声地呵斥道:"你想造反了吗?"元叉却也怒叱道:"元叉不敢反,特地来逮你这个反贼。"元怿再想辩论,元叉便指挥军士将他推搡至含章殿,并派人看守。然后,刘腾称诏召集公卿,罗织了元怿的大堆"罪状",准备处死元怿。公卿们都害怕元叉,所以没有人敢反对,只有仆射新泰文贞公游肇表示了不同意见,刘腾根本不予理会。元叉、刘腾接着就入殿禀报元诩说处死元怿是公卿大臣们的一致意见。年仅十岁的皇帝根本不明白这到底是怎么一回事,便稀里糊涂地表示同意。就这样,元怿当天夜里便被处死了,年仅34岁。

同时,刘腾等人还宣读了一份伪造的"皇太后诏书"。那"诏书"的大致内容是:皇太后因身体有病,不能处理朝政,故此从今日起还政于皇帝元诩。从此,胡太后便被幽禁在北宫的宣光殿中。宫门昼夜关闭(只在送饭时开一下),内外音讯隔绝,刘腾本人亲自掌管着宫门钥匙,他人均不能见太后本人,即使是皇帝元诩也不得入内省亲。

到了这般境地,胡太后自然在精神上和肉体上均受到了巨大的打击。她服膳俱废,不免饥寒,伤心地说:"养虎伤人,这是我自作自受啊!"至此,由元叉、刘腾等人精心策划的一场宫廷政变宣告结束。此后,元叉和刘腾,专擅朝政,元叉外御,刘腾内防。

政变之后,元叉与刘腾还镇压了三起反对政变的活动。

一次是胡太后的从子、都统僧敬和备身左右张车渠等数十人谋划杀掉元叉,再次拥立太后临朝,结果在事发之前便被人告发,僧敬被流放到边疆,张车渠等多人被处死。在朝中任职的胡太后的亲人们绝大多数都被罢免了官职。另一次是皇族安西将军、相州刺史、中山王元熙为首,联合皇族并州刺史、齐王萧宝夤等起兵反对刘腾、元叉,但不到10天,起兵便失败了,元熙被处死。

最后一次是右卫将军奚康生想在宴会上刺杀元叉,结果也未成功。奚康生在上次宫廷政变中,本与元叉、刘腾是一伙,后与元叉发生了矛盾,二人都心存戒备,唯恐对方陷害自己。事情的经过是这样的。胡太后被幽禁之后,元诩一直很想念母亲,他向元叉提出要见母亲一面,元叉同意了。正光二年(521年)三月的一天,元诩率领文武百官在西林园朝见胡太后。母子相见,双双洒泪。元诩临时决定要在园内设宴款待群臣。

开宴之后,元诩及百官们陪着太后喝酒。酒饮数杯,元叉起身以双手捧杯来到太后面前,施过礼后,声泪俱下地说:"臣听外边传闻说太后您准备加害我和刘腾,不知是否真有其事?"胡太后听了此言,赶忙抢过话头,和颜悦色地说:"这是哪儿的话呀!将军,咱们是至亲,刘腾是我的近侍,我怎么会有这种想法呢?妹夫,你可千万不要听信那些恶人的胡言乱语,实在有伤君臣、骨肉的情义啊!"胡太后虽这样说,但她心里却很慌,她还以为元叉、刘腾要对她下毒手了呢。

这时,有武官在一边起舞为大家助兴。轮到右卫将军奚康生时,他表演"力生舞",只见他一边旋转着,一边做着劈杀的动作,并不时用目光示意胡太后。胡太后对他的举动心领神会,明白他是想让太后在宴会上下令抓住元叉,将其杀头。但太后慎重考虑后,终于丝毫没动声色。

夕阳西下,夜幕即将降临。胡太后从座而起,紧握着元诩的手走下堂去,说道:"我们母子二人已经很久没有见面了,今天晚上让皇上陪我一宿,请诸位大臣送我们娘俩回去吧!"胡太后想留住元诩,目的在于防止刘腾等人对自己下毒手。这时,刘腾的党羽将军侯刚一看,觉得情势不妙,以为太后要加害皇帝,于是赶忙在一边强调说:"圣上已经朝见了母后大人,妃嫔们都在等待圣上回去呢,就不劳太后留宿了吧?"奚康生立刻打断侯刚的话说:"圣上是太后的儿子,太后既然有命,圣上不能不听。"听罢此言,群臣便无人再敢反对。胡太后借机拉着元诩朝园东北的一个小阁走去。奚康生紧随其后大喊万岁,群臣们也只得跟着随声附和。元诩刚入阁,禁兵们也抵住殿门想往里挤,唯恐皇帝遭到不测。奚康生见此情景,从儿子奚难当手中夺过一把千牛刀,砍倒了一个名叫元思辅的禁兵,才稳定住了局面。

不一会儿,元诩随胡太后上了宣光殿,左右侍臣们都立在西面的台阶下。此时,奚康生有些得意忘形,他以为自己建了盖世之功。借着酒势,他跑到殿外准备开口传诏抓住元叉,却不料想元叉已早有防备,指挥军士们七手八脚便将奚康生绑了起来。这时,殿外台阶下一片哗然。刘腾的帮手、太监贾粲趁机对太后说:"外边群臣惶恐不安,可别出什么乱子,最好请圣上亲自出去安抚一下。"胡太后觉得他言之有理,就让贾粲陪元诩一起出去看看。谁知元诩刚一出宣光殿,贾粲立即让小太监扶皇帝从东边的小门出去,还至前边的显阳殿。同时,贾粲立刻返身关了殿门,把胡太后又囚禁在了宣光殿中。当胡太后发现自己上当时,已经为时太晚了。

接着,元叉、刘腾、侯刚、贾粲等人忙作一团,命十几位大臣共同审讯奚康生,结果判处奚康生斩刑,其子奚难当绞刑。奚难因为是侯刚的女婿,才被免于死刑,被流放至安州,但不久也被元叉所派的刺客所杀。在这次事变中,尝食典御奚混,因为和奚康生一起执刀入内,也被判处绞刑。

在这次事变后,刘腾晋升为司空,位列三公。八座九卿等官吏,常常一大早就到刘腾府上领旨察言,然后依其意各自去省府办事。刘腾从此公私请托,专视贿赂多少而定,他每年的收入以巨万计。崔光、元继也以司徒和太保的身份分享朝权。他们贪污贿赂的事不可胜述。

用尽心机　东山再起

光阴飞逝,又是几年过去了。正光四年(523年)三月,刘腾死了,这时崔光也已不在人世了,只剩下元叉一人,却也高枕无忧。他除了"酒色"二字,很少考虑其他事情。而且经常留宿在外,流连忘返。因此,对太后的看护也就慢慢地放松了。这些情况,胡太后是非常清楚的。她一想起自己被幽禁、失权,全是由刘腾及元叉等人一手造成的,就恨从心来。如今刘腾已死,胡太后想抓紧时间,将元叉罢黜,除掉政敌,以解心头之恨。

正光五年(524年)秋季的一天,胡太后乘元叉出外游玩之机,召皇帝元诩和群臣入见。她对元诩和群臣说道:"现在我们母子被隔绝了,不能往来,我还继续留在宫中有什么用呢?不如让我出家为尼,我要永远离开这繁纷的尘世,到嵩山闲居寺中修道,以了却余生。"说着泪流满面,并令使女拿过剪刀来,便要自行落发。元诩这时虽已年满15岁,但毕竟还太年轻,阅历太浅,斗不过老谋深算的胡太后。他辨不清太后此言的真伪,信以为真,起忙跪下叩头劝阻,一急之下,涕泪横流。众大臣们也都随元诩跪下,苦苦哀求太后千万不要那样做。面对着元诩和大臣们的苦求,胡太后丝毫不为所动,她不仅提高了声调,而且脸色也变了,情绪颇为激动,似乎出家的决心已定,谁也无法使她改变初衷。此时便有大臣劝元诩留宿太后的嘉福殿,让皇帝陪陪母亲,互叙母子相思之情。这样过了几天,元诩被母亲说服了,和胡太后一起密谋如何除掉元叉。

元诩虽然年纪很小,却很能自制,丝毫不露形色。待到元叉来上朝时,元诩便把母亲大人大发脾气以及要求能往来显阳殿的话,全都告诉了元叉。又对元叉流泪哭泣,叙述了因为得知母亲要出家为尼,做儿子的忧伤恐惧之情,每天都再三再四地涌上心头。元叉听了此言,一点也不疑心,他巴不得太后出家,便劝说元诩应该顺从母意。

在这以后,胡太后经常去显阳殿,南宫北宫之间,来往密切,不再有禁制。

丞相、高阳王元雍,官位虽比元叉高,但对元叉十分畏惧。一天,趁太后和元诩同游洛水之际,元雍邀请太后母子驾临自己的家宅。夜晚,太后和元诩到元雍内宅就寝,侍从人员均不得入内。胡太后等人密定了铲除元叉、夺回政权的计划。

不久,胡太后对元叉说:"元郎,你如果对朝廷忠心不二,不准备做出叛逆的事,为何不辞去领军将军,仍保留其他的官职,继续辅佐皇家呢?"元叉听罢此言,惊恐万分,赶忙脱下官帽,请求解除他领军将军的职务。于是,由元诩下诏命元叉为骠骑大将军、开府仪同三司、尚书令、侍中等职。

元叉虽被解除了领军将军一职,却仍掌握着大权,控制内外,一点也想不出自己会被罢黜的理由。而胡太后此时反而犹豫不决了。正巧此时发生了这样一件事。元诩的皇后是胡太后的侄女胡氏。元诩也是一个酒色之徒。胡氏因姿貌平庸,不受元诩爱宠。后来,元诩又选中了后宫一个姓潘的女子,这女子不仅貌美,而且特别会向元诩献媚,元诩特别宠爱她,封其为充华,名曰外怜。此时张景嵩、刘思逸等太监因失宠于元叉,便到潘充华处诉说元叉有害她之意,张、刘二人是想借刀杀人。潘充华闻听此言,信以为真,便到元诩面前哭诉道:"陛下您可要给我做主啊!元叉他不仅要杀我,也将对陛下您不利啊!"元诩对此深信不疑。一天,趁元叉回家住宿之际,下诏解除元叉的侍中职务。第二天一早,元叉要入宫,守卫的禁兵拒绝他入内。

正光六年(525年)四月十七日,胡太后登上显阳殿,再次临朝摄政,并改元为孝昌元年。她下诏历数元叉、刘腾的罪状,罢黜元叉并贬为庶人,追削刘腾生前的所有官爵。这时清河国郎中令韩中熙趁机上书,为清河王元怿申冤,要求诛杀元叉,屠戮刘腾尸首。于是,胡太后下令掘开了刘腾的坟墓,暴尸抛骨,并将其养子全部杀死,没收全部家资。

元叉当初被解除领军将军时,胡太后认为他的党羽仍十分强大,仓促之间不能完全铲除,因而用侯刚代替元叉当领军将军,因侯刚与元叉是同党,关系不一般,此举可使元叉放心。另外,派遣侯刚当冀州刺史,加授仪同三司。侯刚前往就职,尚未到任即被贬降为征虏将军,后来未及被杀就病死在家中。胡太后还打算诛杀贾粲,因元叉的党羽很多,恐引起骚动,于是外放贾粲任济州刺史。不久,派使节尾追而至,将其斩首,家产没收。元叉因是太后的妹夫,考虑到这一层关系,顾念妹妹的利益,胡太后不忍诛杀元叉。

此前,给事黄门侍郎元顺,曾因刚强正直,冒犯过元叉,被逐出中央,外放任齐州刺史。如今,胡太后召他回京任侍中。有一天,他在胡太后身边陪坐,正巧元叉的妻子、太后的妹妹胡氏也在太后身边,元顺便说道:"陛下怎么能为了一个妹妹,而使元叉不受到应有的裁决呢?陛下您这样做,使天下人士刻骨的怨恨,难以申雪!"一句话说得太后张口结舌。

过了几天,胡太后神色安闲地对左右侍从说:"刘腾、元叉从前曾向我要求免死铁券,希望一旦有错的时候,得以免除一死,幸亏我没有给予。"韩子熙这时反驳道:"事情只看杀与不杀,跟免死铁券有什么关系?陛下从前虽未给免死铁券,但又怎么解释今天的不杀呢?"胡太后无言以对。

不久,有人告发元叉与其弟元瓜谋反。在查获了元叉的亲笔信之后,胡太后仍不忍行刑。这时有文武百官一再请求,胡太后这才批准。于是,元叉、元瓜在家中被赐死,后来,仍追赠元叉侍中、骠骑大将军、仪同三司、尚书令、冀州刺史等职。元叉的父亲江阳王元继也被罢了官,病死家中,元叉的另一党羽卢同,也被免除了所有官职。

至此,胡太后对她的政敌们一一做了称心如意的报复。

胡太后再次临朝后,北魏的江山,已显现出无法收拾,天下大乱之势。首先,两次政权易手过后,朝政日废,皇恩不施,皇威不立,朝廷上下贪盗成风,文武解体,土崩离析。

此时的胡太后,年不到40,她依然喜化妆爱修饰,经常出宫游乐。对她的这些举动,元顺很是看不惯,曾当着侍从人员的面,规劝太后道:"《仪礼》上言:女子的丈夫去世,则自称'未亡人',头上不戴珠宝碧玉,身上不穿彩色衣服。陛下以国母身份治理国家,年近40,却还浓妆艳抹,怎么能当后世的模范呢?"此话说得胡太后大为羞惭。返宫后,太后便召见元顺,责备他说道:"千里之遥,我把你请回来,难遭只是为了要在大庭广众之下羞辱我?"元顺回答说:"陛下不怕天下人耻笑,为什么单怕臣的一句话呢?"

此时胡太后仍不能选贤任将,而将大政委任于郑俨、徐纥、李神轨、袁翻诸人。郑俨,徐纥、李神轨还被太后纳为舍人,轮流侍寝。郑俨,字季然,容貌壮丽,当初曾是太后父亲、司徒胡国珍的行参军,胡太后早就私幸过他,只是此事未被外人所知罢了。在胡太后被幽禁后,萧宝夤西征,任其为开府属。胡太后第二次临朝后,郑俨请求还朝。待其回到朝中,便又得到太后的宠待,拜为谏议大夫、中书舍人、领尝食典御等职。胡太后对其宠幸至甚,无论白天黑夜,他都住在宫中。每逢休假回家,胡太后还派小太监随同前往,监视其行动。郑俨见到他的妻子,也只能谈谈家务诸事,而不能叙夫妻之情。徐纥,字武伯,有点文学修养,文章以文辞见长。曾经先后趋附于赵修、元怿和元叉。元怿当年曾以文翰待之。太后还政后,念其曾得元怿的厚待,便将其命为中书舍人。郑俨和徐纥二人,郑俨看出了徐纥精通官场诀窍,便以其为智囊;徐纥呢,因为郑俨是太后最宠爱的近臣,权力坚强稳定,于是使出全身功夫,密切配合。他们共相表里,势动内外。当时号称"徐郑"。

郑俨一帆风顺,官位后来升至中书令、车骑将军;徐纥升至给事黄门侍郎,仍兼理舍人、中书、门下的事务。无论政治军事、皇帝诏书、国家法令,凡事均由他裁定。据说徐纥反应敏捷,精力充沛,处理公务,很少休息。文章也写得好。然而,他却缺乏治理国家的方略,只是熟悉官场上的小动作,对人故意做出谦卑的样子。但内心中对有才能的人,却充满强烈的嫉妒猜疑。

当时的诸王之中,广陵王元雍、汝南王元悦都因为庸劣的辅政而无所建树。城阳王元徽虽对国事颇为用心,但他又附属于郑俨、徐纥,与广阳王元深作对,对国事不能有所补益。元徽还曾与徐纥配合,在胡太后面前,共同陷害元顺。致使胡太后下诏免去了元顺侍中的职务,改任其护军将军、太常卿。元顺在西游园叩辞,正好徐纥也在胡太后身边陪坐,元顺指着徐纥,对胡太后就:"此人是魏国的伯嚭,魏国不亡,他永不死。"徐纥耸耸肩膀退出,元顺紧接着对他喝责道:"你不过在文笔上有点小才华,只能伏案写写文章,怎么可以污染门下,败坏帝国法纪!"元顺说此话时,激动得跳了起来,胡太后没有表态。

腐败的政治使得北魏上层的一些有识之士也为之担忧。都统、太后的从子僧敬曾哭着对太后说:"陛下威仪声振海内,现在天下百姓缺衣少食,而为官者却依然贪赃枉法,朝廷也不闻不问,可太后您怎么能轻易推脱责任呢?"听了僧敬这番话,太后气得把僧敬大骂了一顿。从此僧敬便被太后冷落一边了,再也没有受到太后的召见。

其次,由于国库亏空,不得不大加征敛,转嫁危机。孝昌二年(526年),胡太后下令预征六年的田赋捐税,仍不够开支,只好取消文武官员的酒肉供应,规定凡到市场的人,都抽税一钱。店铺旅舍,都要缴税。沉重的赋税,繁重的劳役(戍边和兴建佛寺等),加上天灾人祸,搞得民不聊生,百姓纷纷起事反对政府。北魏的政权在危机四伏中挣扎着。

宠男作歹　鸩杀亲子

再说此时的孝明帝元诩已年龄渐长,知识也日益丰富。胡太后自知自己的行为不端,恐为宗室所嫌,更害怕左右侍从人员报告元诩,于是便对元诩严加限制,凡是受孝明帝元诩宠信的人,太后必定要找一个罪名,扣到对方头上,把他排除。其目的在于蒙蔽元诩的耳目,使他对外界的事情不得而知。

通直散骑常侍谷士恢,受元诩宠信,常侍元诩左右。胡太后害怕他说及秽事,便多次暗示谷士恢,打算命他出任地方州长。而谷士恢此时因正受着皇帝的高度宠信,便不肯离开中央。胡太后就给他扣上了一个莫须有的罪名,诬陷他犯法,令其自尽。

又有一个蜜多道人,会讲胡语,经常出入宫廷,与元诩关系密切。太后猜测此人传递消息,是元诩的心腹,于己不利,便派人在洛阳城南一大巷中把他刺杀,又一面假装悬赏捉拿刺客。另外,还歼除了元诩的心腹鸿胪少卿谷会、绍达等人。由于这些事情,母子之间猜忌憎恶之情,日益深重。

在这场母子争权的斗争中,胡太后的实力日趋巩固强大。元诩深恶郑俨、徐纥、李神轨等人,但又苦于无法阻止太后,于是他密诏尔朱荣率兵进军京师,想以此胁迫太后。尔朱荣在正光年间曾因平定了南秀容人乞伏莫于的叛乱而受魏官职,官至车骑大将军、仪同三司,兼任并、肆、汾、广、恒、云六州的讨虏大都督,马壮兵强。此前,当胡太后和元诩母子矛盾日趋尖锐时,驻兵晋阳的尔朱荣,正受部下高欢及并州刺史元天穆、都督贺拔岳等人的建议,准备以讨伐太后亲信郑俨、徐纥为名,发兵洛阳。因此,当他接到元诩的密诏后,喜出望外,立即命高欢为前锋率兵南下,直趋洛阳,行至上党时,却又接元诩的另一密诏,命其暂且屯兵。

此时,郑俨、徐纥等人急得如同热锅上的蚂蚁。因为他们知道,一旦元诩夺回权力,等待他们的将是死路一条。于是,他们便加强攻势,以种种利害游说胡太后。胡太后不想放弃自己的任何权力,在权力和情人面前,她终于丧失了人性——她竟然与郑俨、徐纥等人一起密谋,鸩杀自己的亲生儿子。

这年,元诩的潘充华生下一女,太后假称是皇子,马上下令大赦并改元为武泰元年。过了一个月,即武泰元年二月二十五日,孝明帝元诩暴崩,年仅19岁。孝明帝一死,围绕王位继承人的问题,胡太后也大做文章。先是下诏宣布太子继承帝位,过了些日子,见人心已经稳定,便又下诏说"潘嫔(潘充华)所生本是皇女,不是皇子,而临洮王元宝晖的嫡长子元钊,是高祖(孝文帝元宏)的后裔(元宝晖是元宏的孙子),应该继承大统"。

就这样,元钊即了皇帝位,时年仅3岁。胡太后想长久地独揽朝政,便又立了这样一个小皇帝即位。

河阴之变　北魏分裂

元诩的暴崩，胡太后立潘妃女及三岁的元钊的消息传到晋阳，正好为尔朱荣进军洛阳又制造了一个很好的理由。尔朱荣对元天穆说："圣上逝世时，已经 19 岁了，可天下人还认为他是幼主。现在竟把一个还不会说话的娃娃，弄到宝座之上，治理国家，这怎么能使国家政治安定呢！我打算率铁甲骑兵，前往皇帝陵园，致哀悼念，然后翦除奸邪马屁精，另立君王，你以为如何？"元天穆说："此举乃伊尹、霍光再现！"

于是，尔朱荣发表抗表指控说："圣上弃离人间，四海以内，皆认为是被鸩毒所致。哪有天子生病，既不召请医生，而皇亲国戚、高官贵族们又不在病床边侍候之理？突然驾崩，怎能不使远近为之惊骇？而今竟然命皇女当继承人，随意大赦，上欺下瞒，愚弄民众。继而又在一群娃娃之中，挑选君王，这实际上是邪恶之徒，想要专制政权，践踏法纪，这与捂住眼睛捉麻雀，塞住耳朵盗铜铃之举有何区别？故请准许我到京师宫门之前，参与高层决策，向侍臣查问圣上死亡原因，对宫廷禁卫，追究其疏职责任，并将徐纥、郑俨之辈，交付军法审判，洗却不共戴天之仇，以平远近怨恨，然后更在皇族之中，挑选合适的人选，继承大统。"

抗表既发，尔朱荣即率所部将赴洛阳。胡太后得到报告，大为恐慌，立即召集全体亲王、公爵等进宫召开御前会议。皇族高级官员，大多痛恨胡太后的行为，因此无人肯发言。只有徐纥说："尔朱荣不过一匈奴部落小头目，竟敢冒犯京师，文武百官及禁卫部队，足以把他制服。现在只要据守险要，以逸待劳，他们的军队跋涉于千里之外，人困马乏，定能把他们击破。"胡太后即命李神轨为大都督率军抵抗，另派郑秀明、郑先护为别动部队将令，保卫河桥，武卫将军费穆驻防小平津。郑先护，是郑俨的堂兄。

与此同时，尔朱荣又派从子尔朱天光、亲信奚毅及仓头王相秘密来到洛阳，与从弟尔朱世隆密议废立之事。认为彭城王元勰为国家立过功勋，他的第三个儿子长乐王子攸名声在外，打算拥他为帝。尔朱天光找到了子攸，面陈尔朱荣想立其为帝的心愿，子攸自然高兴。

武泰元年（528 年）四月，子攸等人北渡黄河来到尔朱荣军中，军内上下皆称万岁，子攸在此即了皇帝位，是为魏敬宗孝庄帝。子攸即位后，封其兄劭为无上主，其弟子正为始平王，尔朱荣则身任使持节、大将军、尚书令、领军将军、太原王等职。

郑先护跟元子攸本是老友，听到元子攸登极的消息，就跟郑秀明一起大开北中城门迎接。李神轨听说北中失守的消息后，立刻逃回。费穆这时也投降了尔朱荣。这时京城洛阳已是人心大乱。徐纥假传圣旨，夜晚打开宫门，到御马房牵出御马 10 匹东奔了兖州，郑俨也逃回老家去了。胡太后见大势已去，便赶忙想退路。她召集后宫中元诩所有的嫔妃，命她们全部出家当尼姑。胡太后自己也剃光了头发。

随后，尔朱荣传下话来，命京城文武百官迎接皇帝（元子攸）大驾。武泰元年

(528 年)四月十二日,文武百官携带皇帝玉玺,备妥皇帝的法驾,出城恭迎元子攸。四月十三日,尔朱荣派兵进入洛阳,逮捕了胡太后及年仅 3 岁的元钊,并下令送至河阴。胡太后见到尔朱荣后,对她的行为反复辩护,竭力解释。尔朱荣听得很不耐烦,竟拂袖而去。他下令将胡太后和太后所立的幼主元钊一起扔进黄河中淹死。可怜一个还不懂事的元钊,竟也做了政治斗争的牺牲品。

接着,尔朱荣将文武百官 2000 余人召集至行宫西北,诈说祭天。待文武百官到齐后,尔朱荣即派骑兵四面将他们包围。他指责百官们骄侈成俗,贪虐致乱,并借口高阳王元雍谋反,命令部下大开杀戒。在场的文武百官均被杀死。这就是历史上有名的"河阴之变"。

胡太后的一生,很是热闹。她经历了好几次大的风浪,而且每一次风浪,似乎都可以把她淹死,但都被她化解了。作为一个封建时代的女子,她的敢想敢干精神,是难能可贵的。但由于她所用非人,大兴佛事,耗费了大量资财,造成府库空虚,民怨四起,加上生活上骄侈淫逸,不能自律,因此她在政治上却是失败的。最终惨死黄河,亦咎由自取。

胡太后死后没几年,北魏分裂为东、西魏。东魏受高欢家族控制,西魏受宇文泰氏族控制。高家代魏而为北齐,宇文氏代魏而为北周。这自是后话。

【名家评点】

灵后淫恣,卒亡天下。倾城之诚,其在兹乎。

——唐·李延寿《魏书》

北魏故例,后宫生男,立为太子,即赐母自尽,此为夷狄之敝俗,不足为训。但胡氏不死,后竟临朝称制。恣为威福,穷极奢淫。论者或归咎魏主恪,谓其不遵古制,致贻后患,实则未然。北魏之宫闱不正,非自胡氏始;就使胡氏已死,而貌美心狠之高皇后,安知其不与胡氏相等耶!高氏专横已甚,天特假手胡氏,令其翦灭。胡氏不惩前辙,尤而效之,罪又甚焉;故其后日之结果,亦较高氏为尤甚。

——蔡东藩《南北史演义》

(胡氏)有才华,处理政务获得朝野的好评,但私生活糜烂,权力欲望强烈,当上太后之后,不欲让成年儿子亲政,造成宦官之祸。其实,历史上最多欲求的女性,不是慈禧,她要的只是富贵和权势;不是武则天,她要的只是天下;也不是赵飞燕,她要的只是肉体之欢——而是胡太后,她既有文才,又贪武艺;既爱天下,又喜金钱;既信佛教,又善权术;既贪图玩乐,又耽于情欲……未发迹时,胡氏的铁心肠是英豪大略宽宏量,从未将儿女私情略萦心上;而独掌政权后,同一副心肠就成了无情无耻凶残暴虐的代名词。

——侯红斌《点评历代红颜》

独孤伽罗：功勋显赫 身为摄政

【人物档案】

姓名：独孤伽罗

别名：独孤皇后、文献皇后。

生卒：544 年~602 年

关系：隋文帝杨坚皇后

朝代：隋朝

主要成就：辅佐隋文帝开创隋朝基业

陵寝：泰陵（陕西省咸阳市杨陵区城西 5 公里处三畤原上，即：杨陵区五泉镇王上村）

独孤伽罗

【枭雄本色】

独孤伽罗（544~602），隋文帝杨坚的皇后，洛阳（今河南洛阳）人，其父独孤信，曾任北周大司马。14 岁时许配杨坚为妻。581 年，杨坚登基，被立为皇后。谥号"文献"。独孤伽罗美丽大方，生性仁爱，为人节俭，聪明睿智。独孤伽罗又生性妒忌，在她在世的几十年中，杨坚始终就她一个妻子。杨坚处理国事的时候，她也帮着出谋划策，其思想对隋朝影响很大。

【风云叱咤】

命中富贵 注定为王

独孤伽罗的父亲独孤信，是北周的名将，作战勇敢，战功卓著，官拜上柱国大都督，封河内公，他共有 7 个女儿，其中长女是北周明帝的皇后，可谓名门望族。

公元 553 年，独孤伽罗出生，她就是独孤信最小的女儿独孤氏，日后成为隋文帝杨坚的皇后。独孤伽罗出生将门，曾经历过北魏末年的战乱，随父母逃到长安。在逃难途中常听父亲讲惊心动魄的战争事迹，因此不喜欢做女红等家事，喜爱读书，很有个性。她的这些喜好深得其父独孤信的喜爱，所以独孤信视他这个小女儿为掌上明珠。

独孤伽罗 14 岁时，出落成为身材颀长、亭亭玉立、面如满月、凤眼杏腮、眸如点漆、照人有神的美丽姑娘了，引得众士家大族子弟纷纷慕名前去求聘。环顾满朝青年子弟，独孤信最后选中杨坚，这杨坚生得一表人才，出身名门望族。相传他是西汉太尉杨震的十四代世孙。其父杨忠，是北周名将之一，早年随宇文泰在关西起义。赐姓普六茹氏。立过大功，官拜柱国大将军，封隋国公。杨坚为人深沉稳重，不苟言笑，谈吐极有见识，令很多人刮目相看，说他风骨特异，必有飞黄腾达之日。他 14 岁就担任京兆尹曹，15 岁因父望被授散骑常侍、车骑大将军、仪同三司。16 岁迁为骠骑大将军、加开府。周明帝时，任右小宫伯、进封大兴郡公。

独孤信有意将女儿许配给杨坚，也是经过他亲自考察一番才决定的。独孤伽罗真该感谢父亲，正是由于父亲的用心良苦，才得来女儿婚后十分美满的生活。

杨坚婚后不久，靠父亲之荫官为车骑将军。当时是北周明帝宇文毓统治时期，这明帝的皇后就是独孤伽罗的大姐，杨坚占上这一点也算是皇亲国戚。可是，早在明帝登上帝位以前，就曾听人说过杨坚相貌贵不可言，如今皇权不振，他害怕正如相士所言，这杨坚是和自己争夺帝位之人。于是，明帝密遣相术家赵昭前去观察，如果发现杨坚真如相士之言，真有帝王之相，不用回报可立即把杨坚处理掉。

赵昭奉皇帝之命去见杨坚，但见这杨坚上身特别长，一对三角眼，眼神如闪电，照人有威；声音洪亮，铿锵有力。额头中央微微凸起，愈往头顶愈凸起，像一根肉柱，头顶两角也各突起一块。果然生得气宇不俗，赵昭不禁啧啧称赞：这真是个真龙天子之相。为图日后富贵，赵昭不再顾及明帝，而是直言对杨坚说明："将军之相，真乃五百年也难得一见。额广，中央凸起，直贯入顶，相术上称之为'五柱贯顶'，此相当为天下之君。异日富贵时，愿将军不要忘了我今天的论断。"听得杨坚半信半疑。

想这赵昭也是聪明之人，深谙相术的他不会傻到自断后路。于是完成明帝任务的赵昭回到皇宫，奏禀明帝，说杨坚虽奇，顶多只不过做到柱国之类的军职，根本不会威胁到明帝的皇位。此话消除了明帝心中的疑惑，也避免了杨坚的杀身之祸。

功勋显赫　身为摄政

听了赵昭一番话的杨坚，半信半疑地和独孤伽罗谈起了这番经过；可是独孤伽罗也半信半疑地奉劝杨坚，不可全信此事。不想，杨坚一把拉住独孤伽罗的手臂，走到窗前，伸开左手，将手心迎向窗前的阳光，只见杨坚的掌纹明显地组成一个"王"字，同时，左右两手的掌心下端，各有一个回旋螺纹。独孤氏看后大惊："掌心有螺纹,主大贵,你两手都有,又有'王'字在上,确是异相。"

接下来杨坚又给她讲了自己小时出现的种种异相。听完杨坚的话,独孤伽罗确信,自己的夫君将来一定大有作为,但是心思缜密的她略一思索,正色对杨坚说:"夫君的确不是常人,但是现在权臣当道,你要特别小心。依我看来,成大事的人,一定要有几个志同道合的人帮助才能成事。你应该结交几个真心朋友。"听到独孤伽罗这些话,杨坚茅塞顿开受益匪浅。

不想此时,国家却出现了政变。当时的明帝受宇文护的辖制,一心想除掉他,不料宇文护竟先下手把明帝毒死。继立的武帝,即宇文邕,经过 11 年的准备,设计杀死了宇文护,尽诛其党羽,掌握了大权。武帝亲政以后,积极整练军队,灭了强敌北齐。此时杨坚的父亲杨忠已死,杨坚袭爵为隋国公。

身为隋国公的杨坚在多次征战中,功勋显赫。再加上杨坚听从夫人独孤氏的话,结交了一帮志同道合的朋友。他的这些朋友不时地在武帝前吹捧杨坚,所以,杨坚的声誉日渐上升。武帝的太子宇文赟到了择婚的时候,武帝择杨坚的长女为太子妃,这样杨坚成了太子的丈人,地位更是不同往日。

公元 578 年,武帝驾崩,太子宇文赟即位,史称周宣帝。当时杨坚 37 岁,而周宣帝却是个 21 岁的青年,性格暴躁,嗜酒如命,喜怒无常。杨坚以皇后之父被任命为大后丞。宣帝远游时,就派杨坚居守。杨坚常借机弄权,为讨好内外,对宣帝也时常规劝,要他注意政事。但生性顽劣的宣帝,不但不听从杨坚的劝告,还对他渐渐感到不耐烦甚至不满。

看到宣帝对自己日益厌烦,杨坚知道自己已不再被皇帝信任,此时的自己唯有外放,离开朝廷,才比较安全,不然后果不堪设想。这样,由好友郑译策划,杨坚被外放任扬州总管。但,就是被外放,杨坚还放不下朝廷之事。在他上任前,还不忘关照郑译等人,以后朝中政情大事,都要随时向他通报消息。

可就在杨坚准备起身去扬州之时,郑译却传来消息,宣帝因饮酒过度,已昏迷两天,怕命不能久矣。杨坚听到这个消息后,一时拿不定主意,便找夫人独孤伽罗商议。

独孤伽罗审时度势,以古为鉴。她认为,以当下的形势,杨坚绝对不能离开京城。机不可失,失不再来。她让杨坚装病,延迟一下上路的时间。其他的事情,赶快找刘昉、郑译一班好友商议。杨坚依独孤氏的主意而行,一面装病,宣布行期延缓,一面秘密与刘昉、郑译等商议,定下策略。

宣帝暴饮昏迷了 10 天,郑译乘机草拟一诏令,策命杨坚入朝辅政,并都督内外军事。此时,杨坚的女儿杨皇后全力支持她的父亲,诏令在皇帝病床前宣读,当时宣帝不能言语,算是宣帝口授诏书,立刻正式宣布。杨坚轻易取得辅政大权。两天后,宣帝驾崩,7 岁的太子宇文阐继位,此时的杨坚身为摄政,大权在握。

助夫称帝　有胆有识

权力有时可以蒙蔽一个人的心灵，就算是身为摄政的杨坚也不例外。杨坚的作为，渐渐显出揽权的野心，不想在杨坚的面前却出现了赵王这面大墙。有一次，赵王宴请杨坚，并准备在宴席上以伏兵杀之。好在杨坚在随从元胄的保护下，免遭毒手。独孤氏看到丈夫如此的犹豫不决，便向他提出了"无毒不丈夫"的建议。正是因为独孤氏的这句"无毒不丈夫"，才使中国历史上出现了翻天覆地的变化。于是，杨坚命人告发赵王等同尉迟迥的叛乱有勾结，一气杀了5个亲王和他们的全家老小，凡是不附和他的朝臣也被一一翦除。此后，在杨坚的面前出现了一条阳光大道。

两年以后，杨坚发现时机成熟，于是在郑译、刘昉的策动下，杨坚逼静帝宇文阐禅位。

公元581年，杨坚登上帝位，建立隋王朝，史称隋文帝，独孤氏也被立为皇后。杨坚登基以后，勤于政务，政治才能颇高，在他的治理下，国势日强。

杨坚登上皇位后，却一直就独孤氏一个皇后侍奉左右，这在中国历代皇帝皇后中，实属罕见。其实，不是杨坚不想在后宫设立妃嫔，只因这独孤皇后在她和杨坚结婚时，就有言在先，"她与杨坚今生今世，只属于对方一个人"。所以迫于独孤皇后的压力，杨坚就算登上皇位，也没有再娶其他女子为妃。直至独孤氏去世，杨坚的后宫才设立妃嫔，这在历史上也是前所未有的。在这里可以看出独孤后御夫有术。

杨坚能平步青云，职位不断提高，最后登上皇帝的宝座，这多得益于独孤后的帮助；登基后，国势蒸蒸日上，也有独孤后的一份功劳。独孤后一直在幕后为杨坚出谋划策，因而杨坚既爱又畏独孤后，对她言听计从。每天上朝，独孤后总要陪杨坚共乘一坐舆，杨坚在前殿听政，她就坐在后殿等候；杨坚如有失误，独孤后立即指出，杨坚下朝，他们又一同回内殿，可谓是夫唱妇随。

但哪个男人不偷腥，杨坚毕竟是个40出头、精力旺盛的男人。一天，他来到后院洗衣局，几个女子正在洗衣，见皇帝驾到，都慌忙伏跪行礼。其中一个年约20岁的女子，眉清目秀，气质典雅，鹤立鸡群，杨坚不由心动。杨坚为美色所迷，加上尉迟氏又体贴人意，他遂开始暗中常与她欢聚。

但好景不长，很快独孤伽罗就知道了此事。独孤伽罗气愤斥责文帝对她不忠，必是嫌弃她年老色衰。杨坚一向敬爱独孤氏，此刻也有些心虚，连连地向独孤伽罗道歉。但独孤伽罗是毫不理让，非要文帝把尉迟氏撵出宫去。杨坚深知独孤伽罗的脾气，没法缓和，只有遵命。

但是，事后独孤伽罗越想越恨。她知道，只要放松一次，就会有第二个、第三个类似尉迟氏的女人出现。她越想越有气，决定给丈夫点颜色看，给他来个小惩大戒。

第二天，正当杨坚退朝后思考如何打发尉迟氏时，只见独孤伽罗命人提来一个盒子，放在内寝走廊上。独孤伽罗命令内侍打开盒子，杨坚一看，脸色陡然大变，原来盒内盛着他喜爱的尉迟氏的人头。杨坚气得说不出话来，而独孤伽罗却冷冷地看着文帝。

忍无可忍的杨坚大怒，愤然离去。文帝发疯似的骑上马，从右侧门直出长安北门，没有目的地狂奔而去。此时的文帝心情很复杂，他想惩罚独孤伽罗，让她吃尽苦头，但想想为皇后吃醋而大发雷霆，听来实在可笑。但若不惩罚她，文帝只觉自己受了很大的委屈。

其实，当文帝气愤而去时，独孤后也有些后悔自己的莽撞。她生怕出事，就让近侍召来杨坚的两个亲密大臣——高颖和杨素，告知他们事情的原委，请他们出面帮忙解决难题。所以，高颖和杨素急忙赶去劝文帝。在高颖、杨素的劝慰下，杨坚怒气才稍平，同意回宫。

这时，愧疚的独孤伽罗早已在宫中阁道前迎候，一见杨坚回来，她便呜咽流泪，跪在地上请罪。文帝看她如此，心头的火气才有所下降。

经过这一番波折，独孤伽罗自知理亏，为讨杨坚欢心，独孤伽罗刻意修饰，以重拾文帝对自己的感情。这一绝招用对了地方，夫妻二人重温旧情，和好如初。

事以大局　为国为民

虽然独孤伽罗生性有一点嫉妒之心，但她并没能超越封建礼教的束缚，她柔顺恭孝，谦卑自守。从她当上皇后以来，凡事都要遵守礼的要求，而且事事都以礼教来要求自己。

独孤伽罗生性非常节俭，不好华丽。面对大臣们送的金银珠宝，她根本不为所动，而是把它们用到该用的地方，用于远在边塞辛苦作战的将士们。

作为皇后，独孤伽罗遇大事能从大局出发，为国家的江山社稷考虑。如独孤伽罗的表兄大都督崔长仁犯了死罪，皇上杨坚念其和皇后的亲戚关系，准备赦免他。独孤伽罗知道此事，对文帝杨坚说："处理国家大事，怎么能顾念私情呢？"随之，崔长仁被处死。独孤伽罗的深明大义，博得了臣子们的称赞。由于她对时政的精辟看法和处事中的遵守礼法，当时的人们将文帝杨坚和独孤后并称为"二圣"。

但是，作为皇后，她的固执却导演了儿子悲惨的人生。由于独孤后痛恨男人纳妾的心理，导致了太子杨勇失欢于她，最终被杨广取而代之，演出了一幕家庭悲剧，最终使得杨坚辛勤建立的大隋王朝随之覆亡。这对独孤伽罗来说，不得不算她人生的一个败笔。

独孤伽罗为隋文帝杨坚生了5个儿子。杨坚长子杨勇，次子杨广。杨勇品性宽厚，恣意任性，没有心计。杨广生得仪态俊美，善于察言观色，深藏心计。5个儿子中，杨广是最讨独孤伽罗喜欢的。

杨坚登基以后，杨勇因为是长子，被立为太子，杨广却被封为晋王。开皇八年

（588年），杨坚兴兵大举伐陈时，杨广被封为行军元帅，究御各路军马，战功卓著，为此也赢得杨坚对他的喜爱。

太子杨勇的原配夫人元氏，是前朝北魏的皇族。元氏虽出身高贵，但她不够美丽，所以太子并不喜欢她，而是宠爱出身低微的幸姬云氏。可作为杨勇的母亲独孤伽罗却是不能容忍的，因为在独孤伽罗心目中，一个男人一生只能有一个妻子。为此，独孤伽罗常斥责太子，要他礼爱元氏，但是太子只是对他这个母后应付了事，而对她的话根本不放在心上，依然我行我素。

可能杨勇不知道，他的母后为此还常常派人伺察太子杨勇的举动，很多事情使她不满，因此少不了在杨坚面前说这个儿子不堪重任。而品性宽厚的杨勇又不够警觉，大祸临头他还不知道。

有了母后在父王面前的煽风点火，所以杨坚对他这个大儿子也渐渐的不满。在一次大阅中，杨勇在他的铠甲上加上了金珠等装饰，这更招得重视节俭的文帝的反感。为此，杨勇受到了文帝狠狠地斥责。又一次冬至节令，杨勇在太子宫接受百官贺节，场面极铺张。杨坚得知后，大为气愤，责问众臣。文帝甚至怀疑太子此举乃是暗中弄权收揽人心，于是对太子很不放心。晋王杨广却在此时看出破绽，他觉得有机可乘，遂设计图谋夺取太子宝座。

杨广与杨勇的性格却是迥然的不同，杨广阴险狡诈，富于心计。他知道文帝崇尚节俭，就把自己的家布置得十分寒素。杨广表面上谦逊有礼，对杨坚的宠臣杨素更是虚心结纳，所以他在许多大臣中也获得很好的赞誉。

杨广还让他的夫人萧氏在母亲独孤伽罗面前大献殷勤，显得十分恭敬孝顺。他很会投其所好，知道母亲恨男人纳妾，他就视萧氏为上宾，有时独孤伽罗派宫婢传话，或是有所赏赐，杨广甚至和萧氏同寝共食。回去的人自然在独孤伽罗面前夸赞晋王夫妇的美德。日久天长，杨坚也对他刮目相看。杨广通过各渠道得知母后对太子极为不满，觉得取代太子大有可为，遂和心腹定下计谋，深交杨素，以便让杨素帮助他谋求皇太子之位。

而杨素早已看出独孤后对太子不满，于是决定投其所好帮助杨广。这天文帝让杨素到太子家观察他的言行，杨素知道机会来了。他来到东宫外通报进见，杨勇冠带整齐，在台阶下等候，但杨素故意迟迟不进，以激怒杨勇。杨勇果然中计，见面时，内心的愤怒都流露出来了。杨素回宫报学太子有怨气，恐怕有变。杨素的进言，再加上独孤伽罗也时常派人秘密刺探太子的过失。天长日久，杨坚深感忧虑，认为自己处境危险。杨素一手遮天，搜罗太子的过失，把太子饲马千匹和将庭前枯树制成火燧千杈等事说成是蓄谋政变。杨广见时杨成熟，也派人胁迫姬威诬告太子谋反。文帝杨坚终于听信了谗言，遂于开皇二十年（600年）将太子杨勇废为庶人，封杨广为太子。

仁寿二年（602年）八年，年近50岁的独孤伽罗病故。

【名家评点】

文献德异鸤鸠，心非均一，擅宠移嫡，倾覆宗社，惜哉！《书》曰："牝鸡之晨，惟家之索。"高祖之不能敦睦九族，抑有由矣。

——唐·魏徵等《隋书》

太子勇非无过失，误在无正人以辅导之。如洗马李纲言，最为剀切。然有独孤后之偏爱，与晋王广之诡谋，就使勇无失德，亦必致废黜，况更有杨素之助桀为虐耶？隋主坚惩高欢覆辙，自谓不致纵予，而抑知妻儿谮想，堕彼术中，其惑且比高欢为尤甚也。

——蔡东藩《南北史演义》

武则天：独一无二　后人评说

【人物档案】

姓名：武则天

别名：武媚、武后、则天顺圣皇后

生卒：624 年～705 年

关系：唐高宗李治皇后

朝代：唐朝

主要作品：《臣轨》《如意娘》《神宫大乐》等。

主要成就：建立武周，为中国历史上唯一的正统女皇帝开创殿试、武举，奖励农桑，改革吏治。

陵寝：乾陵（陕西关中地区唐十八陵之一，位于陕西省咸阳市乾县县城北部 6 千米的梁山上）

【枭雄本色】

女皇的圣灵诱惑着武则天为达目的不择手段，最大限度地开发青春美貌和肉体资源，勾魂摄魄迷住唐太宗，施展媚功拴牢唐高宗；扼死亲生女儿换凤冠，毒

武则天

杀亲生儿子霸皇权；利用酷吏消灭政敌，借助鹰犬头颅平息危机。心狠手辣被后世称为"杀人魔王""千古未有残忍之人"。她极有耐心地经营了 50 年，终于打破皇位男性化传统格局，成为历史上唯一的女皇帝，为中国历史增添了新的篇章。

武则天以自己杰出的才能和超凡的智慧，统治了中国将近半个世纪。她留给世人的印象，多半是巾帼英雄，不让须眉，在激烈的政治斗争中，她靠自己的果断与毒辣将敌人一个一个击败。然而在生命走到了尽头的时候，她还是选择了去掉帝号，恢复高宗皇后的身份。

大吉大利　女诞武家

　　武则天,山西文水县人,公元 624 年生。其父武士彟,以贩卖木材为生,早年日子过得并不红火。后来因为经营山林发了大财,成了方圆几百里内有名的大富翁。成为富翁之后,武士彟并未因成为一个腰缠万贯的大富翁而满足,他有意结交朝中达官显贵、地方官员,时刻谋求着有朝一日能够飞黄腾达。

　　大业十一年(615 年)隋炀帝特派遣袭爵唐国公的李渊,前往山西,坐守太原,镇压农民起义。此乃天赐良机。李渊一到文水县,便结识了武士彟,能结交李渊这样的达官贵人,使武士彟惊喜万分。他不仅备办了丰富的财帛礼物,登门贵送上,还特意邀请李渊到家做客,杀鸡宰牛,摆酒设宴,盛情招待,并唤出娇妻艳婢,左右逢迎伺候,甚得李渊欢心。不久,李渊被任命为太原留守,武士彟因巴结周到,便在李渊麾下做了官。从此,武氏一家也就由世代经商的商人之家转而成为新的官僚之家。

　　些时,反抗隋朝统治的农民起义风起云涌。可一向放荡不羁的隋炀帝,依然驻骅江都(今江苏扬州),游山玩水,寻欢作乐,沉湎于酒色之中。面对这种局势,李渊料定不久隋朝将出现一个四分五裂的局面。于是,他便暗派亲信,招募军队,扩充力量,谋求占领一方。不料,事情败露,被两名隋朝官员发现,欲向皇上告发。按照当时法律,各地将领未经皇帝同意,不得擅自招兵买马,否则,即遭杀头灭族之罪。武士彟得知此消息后,一方面急忙向李渊报告,一方面携带大批的金银财宝贿赂那两个隋朝官员,并想尽一切办法替李渊解脱,事情才算罢休。

　　大业十三年(617 年),李渊见夺取隋朝江山的时机已经成熟,便统率兵马,大举向关西进攻。一路势如破竹,直驱隋京都长安,攻取长安后即在那里建立政权,自称唐王。武士彟保驾有功,便提升为光禄大夫、封太原郡公。

　　自此以后,武士彟愈加体验到巴结权贵的好处,时刻谋求着更大的政治投机,对李渊更尽阿谀奉迎之能事。不久李渊宣布建立唐朝,做了皇帝。改年号为“武德”,这便是唐高祖。武士彟因此便再次被提升,封为应国公。后来唐高祖的儿子李世民当了皇帝,武士彟又被任命为工部尚书,和州和荆州都督等职。

　　武士彟娶过两妻,大老婆姓相里,生有两男,名曰元庆和元爽。高祖武德初年,相里氏去世。高祖见武士彟中年丧妻,深为同情,便让他娶了隋炀帝皇族杨达的俊俏端庄、温柔贤惠、寡居多年的女儿杨氏为妻。

　　洞房花烛夜时,杨氏已半老徐娘,但善于调养打扮,42 岁的她,依然体态丰满、姿色照人。宛如仙子下凡,令 45 岁的武士彟喜不自胜,春情难抑。

　　春雨润春田。只要有耕耘,自然会有收获。第二年,杨氏便生下一个天真可爱的小女孩,次年又有一个女孩降世。这二闺女便是武则天(则天是她做皇帝后的称号,由于当时社会重男轻女,女孩儿的名字,往往不外传,所以世人并不知其乳名)。尽管古人有"无后为大"的遗训,但生男生女不是人为,况毕竟是自己的骨肉,因此,武家夫妇对女儿喜爱有加。

武则天 3 岁时,其父武士彟升任利州(今四川广元)都督。利州山清水秀,人杰地灵,造就哺育了武则天作为女孩不应有的放荡不羁的性格,她好动、好玩、好皮、好吵闹,母亲杨氏多次规劝,但她仍我行我素,无拘无束,一切皆顺其自然。

利州有个相面亭,亭外高挂杏黄旗,上书"子牙下马抽签,诸葛摇扇问卦",其主人乃大红大紫的袁天纲。

一日,袁天纲专意来到武士彟家中,替一家人看相。当他看到身着男装的武则天时,十分惊奇,便道:"此小郎君神色奥彻,不易知晓,让他走走看。"于是,乳母把她放在地上。孩子走了几步,袁天纲又让她抬头看,大惊说:"这位小郎君龙颜凤颈,伏羲之相,富贵之极。"袁天纲又从侧面将这孩子审视了一回,又惊奇、又遗憾地说:"可惜是郎君,若是女,当为天下主。"看!袁天纲多么会阿谀奉承啊。

听罢袁天纲这一席话,武士彟满心欢喜,酬谢已毕,不觉玩味起来。特别是对"若是女,当为天下主"这句话更使他又惊又喜。他油然记起他的高祖武居常的一桩往事。武居常双颊下有胡须,像猿猴的下巴,人们戏称为"猴颊郎"。有一天,他在伊水遇见一个乞丐,那人说:"郎君当有身后名,八十年后有女暴贵。"这件事是武士彟听父亲武华讲过的。今天回忆起来,觉得格外有分量。他不禁想:难道那神秘的乞丐和这位高明的相士所言都是灵验的吗?难道这个不被看重的小女孩真的会成为天下之主吗?他既相信,又不敢相信;既喜悦,又不无惊慌。在当今之天下,妄称他武家的孩子日后将成天下主,岂不是大逆不道?所以,他再三嘱咐家人,万勿泄露此事,免得大祸临头。

然而,在武士彟的心中,却耿耿难忘。有一天,他偶然记起《论语·泰伯》篇的一句话:"唯天为大,唯尧则之。"孔夫子称只有天是最高大的,只有尧才能效法天。自己的女儿既然日后将主天下,何不叫她则天呢?她从心里为女儿祈祷,希望她真能应相士之言,一主天下,并成为像尧那样高大、那样贤明的国君,干一番历来只有男人才能干的那种御天下、治万民、至高无上的大事业。

真是一方水土养一方人。武则天六七岁时,就发育得像一个十三四岁的少女:白皙的面颊,晶亮的双眸,墨黑的秀发,桃红的小嘴,风姿绰约,健康美丽。她不像女孩子通有的腼腆、文静、贤淑,而却有男孩子所常有的活泼、好动、开朗。她不喜欢坐在屋子里听乳母唠些家长里短,更不喜欢那些针织女工、婆婆妈妈,她却喜欢紧跟两个哥哥到嘉陵江边看船只、听号子,喜欢在龙门山追逐蝴蝶,捕捉鸟儿,采摘野果,甚至站在高山之巅,向茫茫的云海,巍巍山峦高声呐喊。

武士彟与长孙顺德是老相识,顺德的事给他很大触动,更加强了他为官的谨慎。他知道,皇上是知人善任的,用人不私亲戚,不避仇敌,不计门第。武德三年曾轰动朝野的安徽亳州布衣马周入仕的事便是有力的证明。他认定:只要躬身所事,不负圣望,前程无可忧虑。

贞观五年下半年，武士彟调任荆州（今湖北江陵）任都督。刚到任时，有白狼见于郊野，有嘉禾生于垄亩。白狼是白色的狼，嘉禾是生长特别苗壮的禾稻，古来都认为是祥瑞。古称："白狼，王者仁德明哲则见。""甘露降，风雨时，喜禾生。"当武士彟将此祥瑞上报京师以后，很快得到太宗皇帝的手敕奖谕，内中说："公比洁冬水，方思春日，奸吏豪右，畏威怀德，善政所暨，祥祉屡臻，白狼见于郊野，嘉禾生于垅亩，其感应如此。"

荆州之任是武士彟生命旅途的最后一站。贞观九年（635年），武士彟病死在荆州任上，终年五十九岁。唐太宗闻讯，不胜伤感，委派并州大都督英国公李世勣前来荆州，监护丧事，所需费用，一律官给。李世勣本姓徐，曹州离狐人。原为瓦岗军李密部将，武德二年归唐，赐李姓。曾随太宗伐王世充，平窦建德，破刘黑闼、徐圆朗，此后又与赵郡王李孝恭讨辅公祐。太宗即位拜并州都督，贞观三年又与李靖等击败了强悍的东突厥，为大唐建立了赫赫战功，是太宗皇帝的著名武臣。太宗派李世勣前来主持丧事，足见对武士彟的恩宠。唐太宗降恩，许武士彟的灵柩归葬他的老家并州文水。李世勣身为并州都督，又受圣上之托，处理十分完善。武士彟从并州步入政界，最后又叶落归根，长眠在这块故乡的土地上。

武士彟死后，武则天和母亲杨氏也移居并州。少年武则天失去了喜爱她、教育她的父亲，失去了父亲庇荫下的那种良好的生活环境。她再也不能无忧无虑地游嘉陵江、登乌龙山，像小公主一样地悠然来往于街市民间，她开始了另一种生活，一种受冷遇、遭白眼的生活。

武则天的两个异母哥哥元爽、元庆对杨氏母女是看不起的。这一方面因为杨氏是他们的继母，另一方面是受封建礼教的影响。在那个时代，孤儿寡母在家庭、在社会的地位是很低的，是受歧视的。更何况杨氏身下只有三个年幼的女儿，而自己也是五十多岁的人了。

元爽、元庆理所当然地继承了他父亲的家产，管理起这个家庭。杨氏母女无异于寄人篱下，饱受了欺凌。

武则天那种受宠的小公主的地位丧失了。她不得不听命于她的两个异母哥哥，有时还得学做一些她所不情愿的纺织、刺绣等女工。她读诗习文的时间少了，但仍挤出时间来读些《毛诗》《昭明文选》等书籍。她也很知道体贴孤寂的母亲，爱护妹妹。她已经十二岁，她像个大人了。

异母哥哥对武则天的读书是从来不关心的。在他们眼中，女孩子做不了什么事情，无非是将来嫁个人，读不读书实属可有可无之事。只要将来给她找个好人家，也便尽了他们当哥哥的义务。他们不仅不给武则天创造读书的条件，有时甚至压制、指责。武则天对这些并不理会，她在默默地反抗着。生活道路上的波折反而使她变得更加坚强。

父亲死后，武则天也得到过温暖。这温暖不是来自这个家庭，而是来自宫中。原来，武则天母亲杨氏有一表妹在宫中，她是杨氏的堂叔杨士贵的女儿，原为齐王李元吉的妃子，玄武门之变时，齐王元吉被杀，杨妃无以依托，被接到秦王府。李世民见她年轻貌美,纳为妃子。杨妃近几年很得宠。她没有忘记寡居的表姐和外甥女,不时派人捎点东西来以示关怀。武则天没有见过这位表姨,但她在武则天心目中是一个十分美好的形象。她想,表姨一定生得端庄俊秀,举止高雅,性情温和。她经常向母亲打听这位表姨的情况,当她把俊美的表姨和神秘的宫廷联系在一起的时候,更增加了对这位皇妃的敬慕。杨妃在宫中确实是很受宠爱的。贞观十年以后,她已势压群芳,与宫中女主无异。因为这年十月,皇后长孙氏薨逝了。太宗皇帝中年丧后,空虚寂寞,自然增加了对妃子杨氏的宠爱。太宗皇帝与皇后长孙氏是一往情深的。她比唐太宗小四岁,父亲长孙晟仕隋为右骁卫将军。长孙皇后精通文史,贤惠豁达,是唐太宗的内廷良佐,宫中盛传着关于她的佳话。有一次,唐太宗要让她哥哥长孙无忌任左武侯大将军、吏部尚书、右仆射,长孙皇后不愿兄弟子侄布列朝廷,反复劝说唐太宗停封无忌官。长孙无忌是唐太宗的布衣交,又是功臣元勋,唐太宗执意不肯。但经不住长孙皇后的多次苦求,只好改授他没有多少实权的一品文散官开府仪同三司。还有一次,著名的谏官魏徵因犯颜切谏,激怒了唐太宗,一气之下,大嚷要杀掉魏徵这个"田舍翁",长孙皇后知道这件事,朝服面君,向太宗祝贺。太宗不解,惊问缘故,皇后说:"妾听说主明臣直。今魏徵忠直,是因为陛下贤明,妾怎敢不贺?"太宗闻此,恍然大悟,不再视魏徵为仇敌。长孙皇后有很大的气魄和胸怀,对子女管教较严,对妃嫔也颇亲密,在宫内外很受爱戴。她临死时还嘱咐不要厚葬,因山为陵即可,免得增加费用,劳民伤财。

柔情缠绵　入宫受宠

长孙皇后的薨逝,使唐太宗怅然若失。他令人在苑中造了一座层观台,经常登层观台远望昭陵皇后葬地,思念皇后的好处。

聪明的杨妃看出皇上的心思,百般娇媚,为皇上解闷,消除他思念皇后的痛苦。有一天,她单独与皇上对座的时候,向他说:"万岁如此伤神,长此下去,有碍圣躬。以臣妾看,莫如到民间寻几个美女子来,充实后宫。"唐太宗未置可否。因为他历来主张,君主应少奢费,务节俭,他还几次下诏精减宫人,放她们出宫,声称:"宫人久闭宫中,实可怜悯。"这件事给他这个明君脸上增添了不少光彩,他怎能前日恶之,今日爱之呢?但是,哪个君王不爱色?尽管六宫妃嫔成群,民间的绝色照样有强大的诱惑力。杨妃看出了他的难言之隐,又进一步对他说:"臣妾有一外甥女,堪称绝色,今年已届及笄之年,不知陛下是否有意?"唐太宗不再沉默了:"你的外甥女?哪方人士?"杨妃笑道:"就是下世不久的荆州都督武士彟的次女武则天啊!这小女子出落得像一朵花,并州远近闻名。"杨妃在兴致勃勃地介绍过程中,发现唐太宗听得很认真。李世民虽为一代名君英杰,却也摆脱不了历代帝王寻芳逐艳之癖,于是,他便当即下了诏书曰:"朕闻故臣武士彟之女武则天,年方一十四岁,花容月貌,堪称天下第一美女,更加她德性贤淑,极富文采,册封为才人,今宣她入宫。"贞观十一年(637 年)春上的一天,一纸册书由两名黄衣使者送到了并州文水县。

那一天,当传达圣旨的官员飞马来到武家宅地。则天的母亲惊恐不安,不知此是祸还是福,竟一时急得哭了起来,她知道皇帝的妻妾如云,除皇后外,还有妃嫔13人,婕妤、美人18人,这之后才是才人,又是9人。才人不过是皇帝的五等小妾。杨氏生怕女儿得不到皇帝的宠爱,被关进那深宫的大院里,反受一辈子苦。临行时,杨氏更加痛哭不止。武则天则落落大方,俨然像出一次远门那样神态自若。她还安慰母亲说:"女儿这次去宫里,说不定就是咱们全家的福气,你老何必哭哭啼啼为此伤心呢?"杨氏听了,觉得女儿说得也是,想起她虽尚年幼,可心眼活,到了宫里也许真能得到皇帝的宠爱。想到这里,杨氏赶紧抹了把老泪,给爱女收拾了东西,便送她出了家门。

唐太宗是在武则天进宫的当天召见她的。当这个艳妆少女出现在唐太宗面前的时候,他一下子惊住了。这位四十岁的君王凝神注目、理着胡须把武则天上上下下打量了个遍,从她那黑如墨染的秀发,到她那丰满稚嫩的容颜;从她那微隆的前胸,到她那颀长的、婀娜的腰身,一处也不肯遗漏,像是要把她的魂魄都摄了去。唐太宗显然有些震惊:这个年方十四岁的少女何以发育得这样成熟、这样秀美!此刻,后宫的妃嫔在唐太宗的心目中都大为逊色,连举荐武则天的杨妃他都无暇去想了。唐太宗一边端详着,一边情不自禁地赞道:"美容止!美容止!"君王的赞赏使武则天感到一种难言的满足。她从小就爱虚荣、喜称赞,尤其愿意别人发现自己的美。这也许是女人的一种天性。不过,这种天性在武则天身上表现得要更为突出一些。武则天的紧张心情有些缓解了。她偷偷地、不胜娇羞地抬起头来,只见面前的君王头戴双脚幞头,身穿白色的绣着金龙的无领衫,身材伟岸,相貌英俊,目光炯炯,美髯飘拂,根本不像四十岁的人。

武则天曾多次听父亲颂赞过当今皇上的明达睿智,早就景仰这一代明君。今见皇上如此英伟慈祥,想到自己从此将幸伴君侧,颇觉荣幸。她不再惊慌,不再惶惑,甚至为进城时那种对故乡、对过去的眷恋而感到好笑。谁说宫中红颜多薄命,此时此刻,不是高贵莫名吗?她感到,只靠回忆过去时光是没有出路的,只有以坚强的意志去适应,去主宰新的环境方得立足。她不想、也不愿意重蹈宫中女人们那种可悲的、玩偶的道路,她要当自己命运的主人,在这个陌生的天地里当一个强者。

武则天下意识地挺直了身子,以安然的、带有几分娇媚的微笑等待着君王的发问。

"你就是已故荆州都督武士彟之女?"

"婢女正是。祖籍并州文水。"

"听说你兼通文史,可有此事?"

"婢女见识浅薄,不过初知而已。"

唐太宗笑道:"看来还是个女才人呢!"

君王一字值千金。这次召见之后,武则天真的被册为才人。才人是晋武帝时所制,爵千石以下,宋齐时为散职,梁于九嫔之下置五职三职,才人列位三职,比驸马都尉。唐承隋制,设才人五人,正五品。

武才人正值豆蔻年华，柔情缠绵，很会讨皇上喜欢。初幸之日，唐太宗便为之倾倒。此后，几乎夜夜召她侍寝，并把她安置在福绥宫，亲自派出自己贴身的宫人前去服侍。唐太宗深爱她的娇小稚嫩，特别是喜欢她那种为一般妃嫔所不具备的特有的妩媚，爱怜地叫她"媚娘"。武媚娘这个御赐芳名也不胫而走，传至宫中。那些失意的妃嫔、年长的宫娥，暗地里在风传着这位新得宠的才人的幸遇，她们也不无忌意地窃窃私语："圣上心里只有一个媚娘，这掖庭宫快成虚设了！"

武媚娘之媚不仅在于她娇媚的外表，还在于她那种颇带男子气的刚毅的大胆的性格。这也许和娇媚是不可混为一谈的，或者说根本不能归之为娇媚。但一个不容置疑的事实却是：唐太宗喜欢她这种性格。在她看来，这种性格也是一种诱人的妩媚，是枕席间那种令人心醉的妩媚的又一种表现形式，这种表现越充分，越是增加了她的妩媚。

曾有这样一件事：太宗有一爱马，叫狮子骢，这是一匹威武雄健、性情暴躁的名骏，是西域蕃国所赠。唐太宗喜欢它的剽悍，也苦于它桀骜不驯。一日，太宗召了几位文武大臣去御厩，一边赞赏着狮子骢，一边问大家："如此良骏，徒闲厩中，诸卿谁能驾驭？"大家面面相觑，无人敢应。这时，跟在太宗身后的武媚娘飘然转到太宗面前，躬身道："臣妾可以驾驭。"唐太宗看了看她，笑道："你？就凭你这个娇嫩的身子？"媚娘却一本正经地说："只要陛下给臣下三样东西，管保叫它服服帖帖。"太宗问："哪三样东西？"媚娘说："一条铁鞭，一个铁锤，一把匕首。先以鞭笞，不驯则施以铁锤，若再乱踢乱蹦，就用匕首切断它的咽喉！"媚娘话音刚落，唐太宗便击掌而赞："好一个媚娘，有胆略，有气魄！朕原以为你是个弱女子，听你这番话，勇力不让须眉，堪称巾帼人杰也！"

当然，唐太宗没有把这匹狮子骢交给这位坚韧的媚娘驯治，不过，从这件事情以后，武媚娘的性格的一个侧面却在唐太宗心目中留下了深刻的印象。他惊喜武媚娘的丈夫气概，但也不无担心地想：媚娘既有以铁鞭驯马的严酷，就会有以铁鞭处世的冷峻。设若此人大权在握，即将是怎样的情景呢？

武才人虽然以其特有的妩媚博得了唐太宗的欢欣，但终究未能进位皇后。究其原因，史载不详，只能推断。可能是太宗担心坏了他圣明的声誉。长孙皇后死后，唐太宗曾产生过继立杨妃为后的想法，但魏徵谏阻说："陛下的贤德可比尧舜，怎以辰嬴自累呢？"魏徵提到的辰嬴是春秋时秦穆公的女儿嬴氏。公元前650年，晋公子圉在秦国作人质，秦穆公把女儿嬴氏嫁给了他。公子圉逃归，嬴氏没敢跟随。后来，晋公子重耳入秦，秦穆公热烈地欢迎了他，并以五名宗室女子给重耳做妻，其中就包括嬴氏，也就是辰嬴。魏徵援引辰嬴得宠于两个君主的事是讽谏太宗不要再立皇后。唐太宗是个虚荣心很强的人，他常以明君自誉，群臣也将他与尧舜并称，因而，一听此事将影响他的名声，便将立杨妃事作罢。此后，太宗一直未提立后事，皇后的位置整整空了十三年。除了这一方面原因以外，还有一个原因，就是唐太宗纳武才人后，又得了一个美女。此人姓徐名惠，比武才人小三岁，不仅相貌极美，且极聪慧。据说她刚刚五个月时就能讲话，四岁时就能读《论语》《毛诗》，八岁则能写出漂亮的文章。她遍涉经史，手不释卷。唐太东听说后，召她入宫，纳为才人。太宗喜欢她文章华美，挥翰立成，不久又拜为婕妤，继而又迁充容，品级很快地遥居武才人之上。娇媚的武才人被聪慧的徐充容取代了，君王时常光顾的福绥宫冷落起来，素不相信红颜薄命、不知忧虑为何物的武才人，也可悲地陷入红颜薄命的忧愁之中。她尝到了失宠的滋味，丰满的面颊上失去了妩媚的微笑。

这时，年轻貌美、兼通文史的徐充容却大得青睐，春风得意。她不仅是唐太宗的枕席佳偶，而且成了太宗的政治上的内助，大有已故的内廷良佐长孙氏之风。她关心着太宗政治的得失，萦挂着大唐的皇祚长久，每见太宗有过，便直言切谏，好言相劝。唐太宗从她身上仿佛看到了长孙氏的影子，所以倍加宠爱。有一次，徐充容见太宗兵马屡动，宫室互兴，百姓苦于劳役，便以她卓越的政见和绮丽的文笔得了一纸才华横溢的谏书。那谏书说：自从贞观以来，风调雨顺，年登岁稔，国无饥馑。但近年役戍过多，百姓不堪其苦。为了大唐的盛业长久，应行无为之策，减少劳役，与民休息。劝谏太宗牢记桀纣亡国之际，居安忘危，慎终如始，"消轻过以添重德，循今是以替前非。"

徐充容得宠的时候，武才人是不无嫉意的。但是，她没有过于伤感、自暴自弃，而是把她那含情脉脉的目光转移到太子李治身上。她看到，太宗因对声色缺少节制已日渐衰老，而太子李治则正当有为之年。她深知，妃嫔们不过是皇上的玩偶，皇上驾崩之后，妃嫔们也便失去了依附，其命运往往不佳。像她的表姨母杨妃，原为齐王李元吉妃，李元吉在玄武门被杀，她也成了无枝可栖的鸟儿。依附当今皇上后，先前还算得宠，但随着年大色衰，也落了个独守寒宫，悄然而逝。武则天没有子女，前景更使她担忧。她不愿意充当悲剧的角色，她要为自己的今后做出安排。至于辈数，大可不必多虑。皇家多有乱伦事，自古已然。

太子李治是唐太宗的第九子，长孙皇后所生，比武才人小四岁。他既非嫡长子，又为何得到储位了呢？这中间，有一段曲折的经历。

唐太宗共有十四个儿子，长子承乾，武德二年（619 年）生，按皇位继承制，他理所当然地被立为太子。唐太宗起初对他很是看重，政治上也很信任，有时离京出巡，常令他居守监国。可后来太宗渐渐看他不起了，因为承乾喜好声色，也缺少政治才能。贞观十年前后，唐太宗开始产生易储的念头。他选中了第四个儿子魏王李泰。李泰比承乾小一岁，相貌英俊，聪敏好学，很有文才，在太宗眼中是一个合适的皇位继承者。唐太宗在生活上给予李泰许多优待。比如，看他腰腹洪大，趋拜不便，特准他乘小舆上朝，还恩准他搬到宫中武德殿来居住。唐太宗想逐步树立李泰的威望，在适当的时候将承乾取而代之。魏王泰因之恃宠骄横，加紧培植自己的势力，准备夺嫡。承乾深感自己地位之危，便拉拢兵部尚书侯君集和左屯卫中郎将李安俨打算发动兵变夺取帝位，同时派人刺杀魏王泰。这次政变因密谋泄露而流产，承乾被废为庶人，侯君集等同谋者被诛。承乾被废后，魏王泰自以为大功垂成，一方面极力讨好太宗，一方面想方设法挟制他的新对手晋王李治。唐太宗看出李泰的心思，为了避免李唐宗室的互相残杀，在长孙无忌等人的怂恿下，改立李治为太子。就这样,李治于贞观十七年(643年)四月,被正式立为太子,承乾被贬居黔州(今四川彭水县),李泰徙居均县(今湖北均县北)。

在唐太宗健在的时候,武才人对太子李治的好感是不便表露的,她只能把这种感情深埋于心中,焦灼地盼望有一天能够如愿以偿。这种等待是渺茫的、痛苦的。值得庆幸的是,到了贞观二十二年,她的愿望实现了。但是,命运却首先和她开了一个大玩笑,使她险些大祸临头。

旧梦重圆　蓄发返宫

武媚作为太宗的才人,在宫中度过了整整12个春秋,她从一个初涉世的少女逐渐走上了成熟。不过这一时期,武媚既没为太宗生养子嗣,自己也没有得到升迁,总之,这一时期她并没有能得到太宗的宠遇。这种寂寞的深宫生活,使武媚慢慢体味到宫廷生活的方方面面,这对于一个不甘于现状的人来说,倒成了一种受用不尽的财富。然而,当她还未来得及为自己前途作打算的时候,就同其他未生养子女的宫人们一起被剃度落发,到了感业寺。

原来唐太宗迷信图谶,一回他占卜算卦,得一图谶,图谶上说夺李唐天下者必是武氏。当时他身强力壮,便不以为意。现在他病入膏肓,便宁可信其真了。他躺在病榻上思来想去,离皇室最近的武姓人氏仅武媚一人。即使他不相信武媚能对大唐天下造成什么危害,也想借故除去,以绝后患。

一日,他把武媚召到榻前,对她说:

"朕病体日重一日,恐不久于人世了。朕撒手归西,撇下你一个人,实在放心不下。朕死之后,你打算怎么办呢?"

武媚听了,心头一震。她知道,自古以来就有皇帝驾崩,以宠姜殉葬的先例。皇上今日此言,岂不是让自己相随于地下?想到这里,她抬眼望了望唐太宗。那太宗久卧病榻,骨枯肉销,那眼睛现在却咄咄逼人地望着她,似乎在考察她对他的忠心和贞情。她赶快垂下眉眼,心里对自己说:我还年轻,宏图未展,抱负未施,怎能白白葬送自己?我得想法活下去!来日侍奉太子治,以图东山再起。

想到这里,她应声答道:

"陛下待我恩重如山,妾恨不能一死以替陛下!如果陛下恩准,妾愿自今日起削发为尼,长斋拜佛,日日为陛下的健康长寿祷告,以报陛下十余年错爱!"

唐太宗听了,心想也好,她离了皇宫,入了佛门,想来绝不再会有危李唐天下的,便挥了挥手,说:

"难得你一片忠贞。你这就去收拾收拾。进京城感业寺为尼,为朕祈禳吧!"

就这样,26岁的武媚离开了深宫,开始了她的青灯古佛为伴的尼姑生涯。然而,武媚却深信这样的日子不会很久,她把感业寺当成了蜇伏地。

她等待着,期望着。她相信终有一天已经即位的太子李治(唐高宗)一定会将她救出苦海。因为她与李治有一段剪不断的情缘。

太子李治自父皇病倒之后，受命暂领军国大事。因担心父皇病体，故日日进宫看视请安。日日进宫看父皇，便日日见到服侍父皇的武媚。

太子治正值青春年少，日日见到这样一位风华绝代的美貌女子，不禁萌发爱慕之情。武媚与李治是同龄人，她已经敏感地觉察到皇太子的眼神里有着青年人的赞美、憧憬与一种神秘的感情。这时她尘封已久的少女情窦启动了。她向皇太子送去一束秋波。她发现李治向她眨眨眼，飞回一束欣喜的光芒，她觉得自己的脸颊上飞来一片红晕。青年男女的眼神交汇在一起就会奇怪地撞击出爱情的火花。武媚是个精明之人，她明白未来的李氏天下是属于当朝皇太子的，自己还年轻，不能把自己的青春与生命完全和老皇帝绑在一起，要想在后宫呆下去，只有倚靠太子治。李治当政之后，大唐国力并未衰退，百姓安乐，政局稳定，史称有贞观之风。

永徽二年（651 年）五月二十六日，是唐太宗的忌日。这天，李治趁国事之暇率侍从数人出了宫城，前往感业寺。他是到感业寺进香的。还有一个目的，就是想看看久违了的武才人。

进香已毕，当武才人奉召来到李治面前的时候，李治不禁大吃一惊。他看到，武才人虽然娉娉婷婷，姿色不减当年，但满头墨染一样的乌丝不见了，眉宇间还隐藏着无限惆怅。她行礼过后，半晌无言，只是默默流泪。李治心软，往昔的旧情，今日的重逢，使他顿增对武才人的怜爱。他亲手为武才人拭去她脸上的泪水，安慰说："朕未尝一日忘情，只因丧服未满，不便传召。今日到此，便是为了重续旧情。"

武才人感到一阵温暖。她情深意笃地向李治述说了别后的情景，倾诉了她的思念、痛苦和愁闷。她没有乞请皇上传召，但那感人的话语深深地打动了高宗李治。他向武才人表示一定争取尽速降旨，召她返宫。

公元 652 年，唐太宗逝世三周年纪念日来临，高宗李治亲自到感业寺进香祭典。事毕之后，他命随从寺外等待，自己匆匆去探望武媚。

武媚听说皇上驾临，一早起来便刻意装扮起来，她脱下僧衣，换上当年从宫中带来的华服，扔了僧帽，梳起美丽高耸的云鬟；细扑珠粉，淡施腮红，精描柳眉，浓抹朱唇……

高宗踏进云房，以为见到的必是愁眉苦脸、无颜无色的小尼姑。一见明眸皓齿、华服盛装的武媚，他一时惊得愣住了，昏昏然恍若梦中。等到武媚一声"臣妾媚娘给陛下请安"，才把他从梦境中唤醒。

他情不自禁，又像往日一样去搂武媚，武媚却灵巧地躲闪开，在一旁抽泣起来。高宗忙趋前安慰道：

"爱卿别哭，别哭嘛！朕一时一刻也没忘记当年的誓约。今天朕不就是践约来了吗？"

武媚这才止住啼声，温顺地伏在高宗怀里，款款地诉说着三年来的苦苦相思。说到伤心处，高宗也陪着直掉眼泪。

这时，高宗三年身孝已满，王皇后又从中支持，所以第二天，高宗便派人把武媚接回宫中。

武则天重返宫廷的当天，皇上特地令人置上一席丰盛的御宴，为她接风。席间，杯来盏去，歌舞助兴，其乐无极。酒宴之后，武则天带着三分酒意游览了久日不见的殿堂。旧地重游，追思往事，百感交集，流连忘返。她仿佛第一次踏上这皇家禁地，生活刚刚开始。

聪敏过人的武则天对王皇后躬身侍奉，处处讨她喜欢，投其所好。她摸透了王皇后的脾气秉性，千方百计地使她高兴，殷勤得不亚于服侍在左右的宫娥。

王皇后被感动了。她把武则天当成知音，视武则天如同手足，一有机会便在皇上面前夸奖她。夸她的天姿神韵，夸她的谦卑让人，说她的品格、她的节操可以垂范后宫。王皇后说这些话的时候，当然也要顺便提一下萧妃。不过，那是为了给武则天作个陪衬，一个反面的陪衬。

头脑简单的皇上降旨册封武则天为昭仪，与此同时，对萧妃的百般恩爱、千种柔情也在淡漠、在消逝，宠极一时的萧妃尝到了失意的苦头。

王皇后如愿以偿了。她感激武昭仪的帮助，庆幸自己手段的高明。但是，她很快就发现，她的良苦用心却召唤来一个新的对手，她的惨淡经营造成了一种新的不利的形势，她将疲惫地面对这种新的、使她难以应付的局面，吞下这个她自己培育的苦果。

在王皇后悔之不迭的时候，武昭仪却沉浸在按捺不住的喜悦之中。她暗笑王皇后的愚钝，为返宫后的这个最初的胜利而感到欣慰。这标志着，经过一年多的磨难，她又重新进入宫廷，立足于这个权势和利益的角逐场上。但是，争得了昭仪的封号显然不是她的最终目的，挤倒萧妃也不是这场争斗的最后一个回合。她想得要远得多、高得多。册封礼的鼓乐声还在耳畔萦绕，她的目光便投向更加光明的前程，以新的运筹准备向下一个目标进攻。

虎毒食子　扼死亲女

在入宫后的第二年，武媚生了一个儿子，高宗给他取名弘。武媚有子，高宗正式册封她为"昭仪"，地位仅仅次于皇后，这样一来，武媚的地位就更加稳固了。

光阴似箭，一晃就是3年，武昭仪一直得到宠爱。她死去的父亲也被追封为太原郡公，母亲杨氏封为太原郡君。高宗还在长安城内赐武氏家族官府邸一区，并授其家族官职，她们一个个都成为长安城中的新贵。

通过与高宗耳濡目染的一段接触，武昭仪觉得高宗是一个心地仁厚、安于现实、很少主见，且很容易接受别人意见的人。她摸透了高宗的性格后，觉得可以操纵他来实现自己的野心，而且唯一巩固地位的可靠保证，就是让自己的儿子能被立为太子，于是她便处心积虑，以实现这个企图。而要实现这个目的，首要的是自己须登上后位，儿子才能有被立为太子的可能。这就必须首先除去王皇后。

自萧淑妃失宠之后，渐渐地武昭仪与王皇后又初步形成对立。王皇后总以为自己对武昭仪有恩，她应感恩知报。萧淑妃虽失宠，而武昭仪却比萧淑妃倍加受宠，这又使她感到内心不安，每每利用皇后地位来压抑武昭仪。起初，武昭仪也觉得王皇后对自己有恩，要谋害她，实在不太忍心。但最后她还是野心战胜了一切良心和道义。有道是："无毒不丈夫。"心肠软岂能成大事！

永徽五年是武昭仪返宫的第三个年头。这年初，她又生了一个女儿。这孩子是早产，又小又弱，整日啼哭不止，武昭仪很不喜欢她。生下来不久，就把她交给了乳母，也不大去照看她，而对于她的小儿子代王弘却是关怀备至。背地里，宫娥们都说她太偏心。

小公主一百天了。她的小脸蛋已变得圆鼓鼓、红扑扑的，两颗黑珠子似的眸子也放出了光彩。她不再那样没完没了地啼哭，她会笑，而且笑得很响。有时竟摩挲着两支小胳膊，像是要人抱她、逗她。当乳母向武昭仪报告了小公主的长进之后，武昭仪经过了一阵短暂的沉默，忽然一反常态，表现出极大的兴趣。她先是不厌其烦地询问了一番小公主的哺育情况，接着便来到了她很少光顾的育婴室。她破天荒地第一次抱起了她的小女儿，又亲又逗，引得那小公主嘎嘎地笑个不停。乳母暗自纳闷：昭仪今天是怎么了，难道有什么喜事？跟随昭仪前来的一位掌管昭仪宫中衾褥铺设的贴身宫娥悄悄地告诉乳母：昭仪又有了身孕。二人相视一笑，脸上现出看破谜底似的得意。

对宫娥和乳母的窃窃私语，精明的武昭仪听得真真切切，她的嘴角上微微露出一丝不易察觉的冷笑，又继续若无其事地逗起孩子来。少顷，她对宫娥说，今天小公主挺惹人爱，快去请皇后来看看。宫娥遵命，乐颠颠地去了。那宫娥走后，武昭仪说要亲自去报告皇上，去去就来，让乳母在此迎候。

不多工夫，王皇后来到。王皇后自己没孩子，对婴儿格外喜欢。她抱着孩子，怜爱如亲生。直到孩子困了，才放下孩子，恋恋不舍地离去。在王皇后看孩子的时候，那个宫娥惦着武昭仪，便离开了育婴室去找武昭仪。王皇后走后，乳母见孩子已睡熟，皇上和昭仪不见前来，便回到自己的房中歇息去了。

育婴室变得异常肃静，听得见小公主均匀的呼吸声。孩子的嘴角上仍然挂着微笑，这是方才那番欢乐的遗迹，也许她正遨游在甜蜜的梦乡，在梦境中继续她还很少享受过的这种抚爱。

门轻轻地打开了。随之，风一样地闪进一个人来。她是武昭仪。她的脸色不大好，有些发紫的双唇紧闭着。进得门来，她悄悄地插上了门栓，背靠在门上，闭上了眼睛，深深地呼了一口气。少顷，她的眼睛睁开了，那目光咄咄逼人，严酷凶狠。她走到婴床前，弯下腰去，在那孩子的小脸上热烈地、长时间地亲吻了一下。与此同时，两滴冰冷的泪珠滴在孩子稚嫩的面颊上，惊得孩子猛地一动，转过身去。

凄然自语道："儿啊，不是娘不疼你，不爱你！可舍不得孩子套不住狼，娘只有委屈你了。"

说罢，双眼一闭，双手使劲，把自己的亲生骨肉活活勒死了。接着她就悄悄溜出宫门，谁也没有察觉。

高宗每天退朝后，总要来武昭仪宫中看望爱女，武昭仪估摸着高宗要来的前一刻,也便回到宫中,刚刚坐定,便听门人报皇上驾到。武昭仪雀跃而起,迎接高宗,与高宗一起来到女儿床前,一见女儿浑身青紫,气息全无,她便号啕大哭起来。一边哭,一边叫来宫女问道:

"孩子刚刚还睡得好好的,怎么一会儿就死了呢?我不在的时候都有谁来过,快快从实招来!"

那宫女一见皇上震怒,昭仪痛哭,早吓得周身颤抖,魂飞魄散,遂慌不择言地说:

"刚才只有皇后娘娘来过,还逗着孩子玩过一会儿,再无旁人来过……"

武昭仪一听,就扑通一声跪到高宗面前,扯着他的衣服,哭着说:"皇上,你可要替我做主,替死去的孩子报仇啊!"

高宗看着死去的娇女,又看着哭成泪人似的武昭仪,一时心如刀割,便抹着眼泪命人立刻把王皇后叫进来,厉声骂道:"你,你……罪该万死!怎敢掐死朕的爱女啊!"王皇后跪在高宗面前,连连叩头,苦苦申辩。虽然她一再申辩孩子不是她害,可这时纵有百口也难辩解。高宗悲愤交加,心乱如麻,也无法决断,只好将皇后狠狠痛骂一顿,喝令退下。自此之后,高宗便产生了废后的念头。

武昭仪掐死亲生女儿,嫁祸王皇后,这一计算是成功了。可要促使高宗废掉王皇后,立自己为皇后,并非易事。因为皇后的废立,直接影响到朝政牵涉到和皇后亲近的朝臣的命运,关系到太子的更换。

永徽五年(654年)十二月十七日,武昭仪为唐高宗生下第二个龙子,取名贤,封潞王。潞王贤四个月的时候,有一天,高宗来看他的六子。武昭仪亲自抱着儿子,在宫门迎候,极尽殷勤。二人逗了一会儿孩子,武昭仪忽然长叹一声,道:"真是知人知面难知心啊。有人备受皇恩,不仅不以恩报答,反而祈神弄鬼,明咒暗诅。"高宗怒问:"是谁如此大胆?"武昭仪把嘴一撇,说:"除了那一位,还能有谁?"接着,武昭仪悄声细语地对高宗说,她有一个宫娥与王皇后一个贴身宫娥相好,那宫娥偷偷地告诉过她一桩秘事,说王皇后同她母亲魏国夫人偷偷地令人做了一个小木人,形似皇上。她们在小木人身上钉上铁钉,整日焚香祈神,咒皇上早崩。

高宗听罢,半信半疑地问:"此事当真?"武昭仪蛮有把握地说:"这是皇后近人所言,难道还能有假?"接着,她又劝说高宗:"臣妾不过是心里有气,向陛下说说算了,陛下千万别当回事,免得影响圣躬。"这几句火上浇油的话使高宗火冒三丈,当即就要把王皇后召来责问。

武昭仪笑道:"陛下没拿到证据,凭什么责问?"高宗一想,也是,凭这几句话就能定人以罪吗?武昭仪趁势又献计:"陛下不妨悄悄去后宫查验一番,证实之后再作处置。不要打草惊蛇,那样反倒难办了。"高宗感到很有道理,当即前往王皇后寝宫。

自打皇上产生了废立想法以后,王皇后心中一直惶惶不安,总害怕有一天会突然降下一纸诏书,夺去她的凤冠。尽管朝中有长孙无忌等一班大臣做主,她仍放心不下。她在背地里时常流泪,不思饮食,埋怨自己命运不好。她的母亲柳氏心疼自己的女儿,就对她说,现在屡遭磨难,可能是冲了小人。应多焚几炷香,祈神消灾。她秘密地请来一个僧人,念了一会儿佛,那僧人削制了一个小木人,钉上铁钉,嘱咐她每天在佛前焚香叩拜,百日之后,即可大顺。高宗来到皇后寝宫的时候,王皇后正虔诚地焚香叩拜,脚下放着那个钉着铁钉的小木人。这绝非巧合,而是武昭仪的精心安排。原来,武昭仪为了彻底扳倒王皇后,背地里买通了王皇后的贴身宫娥,那宫娥及时地报告了王皇后这一行动。武昭仪感到有机可乘,就诬告王皇后厌圣,大作起文章来。高宗看到这种情景,肺都快气炸了。"悍妇""佞人"等最难听、最严厉的话语像一阵冰雹砸向王皇后。王皇后此时浑身是嘴也难以争辩,哭得死去活来,乞请皇上恕罪。高宗已经绝情,丝毫不为所动。

王皇后的母亲闻讯赶来,见此轩然大波,吓得非同小可,赶忙跪地请罪,并说,这一切都是她一个人的主意,与皇后无关,要治罪,就处置她一个人好了,请求不要连累皇后。高宗一见这老妪,更是气不打一处来,当即严令柳氏立即出宫,永远不得返回。

至此,王皇后失去了有力的靠山,高宗则进一步坚定了废王立武的决心。

但是,他仍不能做出最后的决定。因为大臣们主要是长孙无忌等人反响如何,他还难以确切估量。

为了更加稳妥,他想出了一个试探性的办法:特设宸妃这一名号,赠予武昭仪。后宫中原有贵妃、淑妃、德妃、贤妃等,都视为一品,不曾有过宸妃。高宗特设的宸妃,高出所有妃嫔之上,实际上是皇后的代名。

高宗把这个主意告诉群臣,征求他们的意见。侍中韩瑷,中书令来济首先出来极力谏阻。他们的理由是:宸妃的名号古来未有,不宜特置。这两个人都是五月间刚刚接任新职的。在此之前,韩瑷是黄门侍郎,来济为中书侍郎,皆同中书门下三品。来济在贞观时曾与长孙无忌一道力主立李治为太子,也可称作是一个勋臣元老。高宗新将他二人提拔为宰相,显然是出于信任。今见自己信任的大臣也不同意,高宗只好取消了这个打算。

针锋相对　拉帮结派

武昭仪痛苦地认识到:皇后的桂冠是等不来的,也是求不来的,必须从根本上解决,即组织自己的力量,建立自己的队伍,与长孙无忌等权臣分庭抗礼,针锋相对。

武昭仪将搜索的目光投向群臣。她注视着每一个人,了解他们的来龙去脉,观察他们的立场态度,一经发现可以为我所用的才智之士,就不失时机地把他们吸引过来。

永徽六年五月,一直对李义府耿耿于怀的长孙无忌向皇上奏了一本,说他不堪重用,建议将他调往他州。朝中也有不少人说李义府的坏话。说他相貌虽然温和,未言先笑,但内怀狡诈,笑里藏刀,还送给他一个绰号,叫"李猫",意即以柔害物。

这种情况高宗是清楚的。他批准了长孙无忌的建议,拟将李义府派往壁州做司马。敕令未下,李义府已预先得知了消息。他十分恐慌,如坐针毡,前去求助于好友、中书舍人王德俭。王德俭想了想说:"当此之时,我看只有一个人能救君于倒悬。"李义府急问:"哪一位?"王德俭道:"圣上一直想立武昭仪。"李义府摇头道:"怕不行吧。这两年,圣上一直想立武昭仪为后,只是因为有长孙无忌那老顽固在前面挡着,竟未实现。武昭仪自己的事都没办好,岂能管得了别人?"王德俭笑道:"看来你是聪明一世糊涂一时啊。现在皇上想立武昭仪而不果,全因怕大臣有异议,无人支持。朝中大臣畏惧长孙无忌的权势,不敢讲话。如果你能独陈己见,上表请立武昭仪,定能博得龙颜大悦,这样,即可转祸为福。"李义府高兴地一跺脚,说:"有道理,有道理!我怎么没想到这一层?"当天,他和王德俭商量好,代替王德俭在值宿阁值班,以寻找接近皇上的机会。同时,充分发挥他擅长文辞的才能,迅速恳切地表奏,一步一叩地呈给皇上。他流着泪说,废王皇后,立武昭仪是人心所向,大势所趋,请皇上勿再迟疑,当机立断。

自打废立之义公开之后,朝臣中基本上是一面倒。除少数默不作声以外,大多数都站在长孙无忌一边,反对废王立武。高宗迟迟不决就是因为他无法改变大臣们的看法,今见李义府这与众不同的表奏,心中大喜。他看到,在废王立武的大旗下,不仅仅孤零零地站着他和武昭仪,还有若干赞同者,李义府便是第一个走到这杆大旗下的勇士。

人在孤立的时候是非常珍视支持的。这种支持哪怕是极其微小的,也会被看得十分重要,甚至被刻骨铭心,永志不忘。李义府这份上表便是如此。这个平时不大引人注意的中书舍人一下子占据了皇上心中的重要位置。高宗皇帝把他当成久旱后的春雨,艰难中的知音,忠贞无二的贤臣,敢于独树一帜的英雄。对这样的人是不能不赏、不能不用的。他传下圣旨,赐宝珠一斗,取消调任旨令,让他仍留旧职。武昭仪闻讯,更是欣喜万分,秘密派人前往李义府的宅第加以慰劳勉励,并送上许多礼品。此后,经武昭仪的努力,又提拔为中书侍郎。李义府感激涕零,表示定为皇上、昭仪竭尽赤诚,不惜肝脑涂地。

在李义府之后,又有一个人投入武昭仪的怀抱,他便是御史大夫崔义玄。

继崔义玄之后,御史中丞袁公输也来依附。这样的武昭仪就不再是孤立无援了。

她身边聚集起一支较为可观的队伍:许敬宗、李义府、崔义玄、袁公输。这些人都可为腹心,可以依靠。她的腰杆挺起来了,她不再向长孙派低三下四地乞求,她可以拉出自己的人马,与之分庭抗礼,较量一番了。

九月,武昭仪的膀臂许敬宗被任命为礼命尚书,紧接着,高宗正式召长孙无忌、李勣、于志宁、褚遂良等人入内殿,公开讨论废立事宜。

高宗征求李勣的意见,说:"朕打算立武昭仪为皇后,褚遂良等人固执地认为不可。你是顾命大臣,这件事你看怎么办?"李勣不假思索地说:"这是陛下的家事,何必再问外人?陛下完全可以自作主张!"

李勣的话虽然不多,却起着十分重要的作用。他也是开国元勋,担任司空。尽管不掌握实权,但地位很高,他的话具有很大的权威性,可以说是废王立武的关键一票,这一票使迟疑不决的高宗皇帝打定了主意。

为了彻底压倒长孙派,武昭仪的心腹许敬宗在朝中制造舆论,说:"田舍民夫多收了十斛麦子,还想换个妇人,何况天子要换皇后呢?这完全正当,不能容许他人异议。"武昭仪令左右的人将这些话委婉地传给高宗,高宗的决心更坚定了。他不再留恋那位他素所敬重的顾命大臣,将褚遂良贬谪到京师南两千多里外的潭州去任都督。

永徽六年(655年)十月,唐高宗下诏,称:"王皇后、萧淑妃谋行鸩毒,废为庶人,其母及兄弟一并除名,流徙岭南。"许敬宗又奏请削除王皇后之兄司空王仁祐的告身,使其不得荫及子孙,高宗准奏。至此,王皇后及其亲族大势已去,如残烛之将尽。

接下去,便是一个册立皇后的程式了。先由百官上了呈请立中宫的表奏,一份立后诏书便正式颁发下来。诏书说:"武氏门著勋庸,地华缨黻,先前曾以才行选入后庭。朕昔在储贰,特荷先慈,常得侍从,弗离朝夕。宫壶之内,恒自访躬,嫔嫱之间,未尝连目。圣情鉴悉,每垂尝叹,遂以武氏赐朕,事同政君之赐,已经八载,必能训范六宫,母仪万姓,可立为皇后。"

十一月一日,唐宫举行了隆重的册后仪式。在更立皇后中起了极关键作用的司空李勣得到了极大的荣誉。他被任命为礼使,将皇后的玺绶恭敬地奉献给武则天。新皇后向他微微颔首,对这位得力的匡赞者报以深深的感激之情。接着,盛装的新皇后由侍女簇拥着,行过了受册礼,乘着皇后的重翟车前往肃仪门。在那里,文武百官,四夷君长,均于门楼下恭候。新皇后登楼后,门下恭贺之声顿起,盛况不亚于皇帝登极。朝拜皇后之仪武则天首开先例。

至此,武则天经过和长孙派旧势力的激烈较量,终于取得了这场争夺凤冠之战的胜利,登上了皇后的宝座。是年,她三十三岁。

剪除政敌 斩尽杀绝

唐高宗李治生为须眉男子,却优柔寡断,多愁善感。武皇后媚娘生为俏丽女子,却雄才大略,工于权谋。高宗皇帝厌烦政治,且又体弱多病。媚娘皇后却热衷政治,且权力欲极强。这就必然造成了阴盛阳衰,皇权旁落的局面。

武媚娘被册封皇后的第二年,高宗便疏于国事,隔日临朝。即便临朝视事,亦不过形式而已。实际上军国大事的处置权落在武后之手。及至封后的第五年,高宗基本上不再过问朝政。武后直接批阅百官奏本,发号施令,只不过以皇上名义而已。这样便渐渐地给了武后弄权的机会。在外廷中,许敬宗、李义府等人,因支持她当皇后有功,武后对其倍加重用,把他们一个个提拔到重要职位。不久,她又运用其权谋,以李义府、许敬宗为心腹,内挟高宗。为报长孙无忌不赞同立她为后之旧恨,武后又支持和唆使许敬宗、李义府等人大肆制造谗言,以各种罪名诬陷褚遂良、韩瑗、来济、柳奭等。但长孙无忌并不是一个容易对付的敌手,武则天对他虽恨之入骨,也不敢马上对他下毒手。

她的行动计划是:先清枝叶,再伐主干。褚遂良、韩瑗、来济、柳奭的被贬谪,可以看作是这个计划的一部分,但远不是这个计划的全部。为了如愿以偿,她不失时机地开始了下一步行动。

长孙无忌有一个表兄弟,叫高履行,是文德皇后的舅舅、贞观朝太尉高士廉的长子。高履行贞观初历祠部郎中,娶太宗女东阳公主,拜驸马都尉。永徽元年,拜户部尚书,检校太子詹事,太常卿。永徽元年以后,这位太常卿被外放到益州大都督府当了长史。长孙无忌还有一个侄子长孙祥,原为工部尚书,也被外放到荆州大都督府当了长史。这两个人调离京师,并非寻常的内外迁移,而是经过精心策划的。这两个人被外迁以后,连皇帝也敬他三分的凶神长孙无忌已经孑然孤立了。长孙无忌也意识到自己处境的不妙,心中很是不安。但他已经无力改变这种局面,随着双方力量对比的变化,他目前只有招架之功了。与此相反,武后的新官僚则锐气正盛。武后密令许敬宗,让他寻找机会,向长孙派旧势力进行最后一击。

显庆四年(659年)四月,机会到来了。洛阳人李奉节向朝廷呈了一张状纸,告的是太子洗马韦季方和监察御史李巢朋比为奸,预谋不轨,皇上让许敬宗鞫问此案。许敬宗心中暗喜,就此大作起文章来。他先是逼令韦季方扳连长孙无忌,韦季方不肯,许敬宗则施以严刑。韦季方受刑不过,引剑自刺,未死。许敬宗趁机罗织:韦季方想伙同长孙无忌构陷忠臣近戚,使大权总归无忌,伺机谋反,今见事将败露,才情急求死。

李治闻听,大惊道:"哪会有这种事?舅被小人诬陷,稍生疑虑沮丧,或许难以避免,何至于谋反?"

许敬宗道:"这件事的前因后果都经臣详细推究,长孙无忌谋反的迹象是十分明显的,陛下仍疑惑不决,恐怕不是国家之福。"

李治伤心地哭道:"我家太不幸了,亲戚间屡有人图谋不轨。前几年,高阳公主和房遗爱谋反,现在元舅又是这样,真叫朕羞见天下人。此事如真属实,该怎么办呢?"

这实在是一个使他不敢去想的问题。他不能断然做出结论。他命令许敬宗再加审察,然后禀报。

第二天,许敬宗又来到皇上的寝宫,奏道:"禀陛下,昨天夜里,韦季方已招认与长孙无忌预谋反叛!"

李治大吃一惊,急问:"到底是怎么回事?"

许敬宗绘声绘色地说:"臣曾问过韦季方,长孙无忌乃圣上至亲,累朝宠任,有何怨恨使他谋反呢?据韦季方讲,韩瑗曾对无忌说,梁王立为太子,是柳奭、褚遂良劝你做的事,现在梁王既已被废,皇上对你也产生怀疑,所以才把你的表兄弟高履行调任外州。长孙无忌听了韩瑗这番话,很是忧虑,筹谋自安之计。后来又见他的侄子长孙祥也被调出，韩瑗也获罪贬官，便孤注一掷，日夜与韦季方等人密议谋反之事。对韦季方的上述供词，臣曾反复核实，都与事实相符。铁证如山，请陛下马上下令将长孙无忌收捕！"

许敬宗的报奏有板有眼，无懈可击。高宗皇帝信实了，但他仍然难断与长孙无忌的甥舅之情。他流着泪说："元舅如果真的如此，朕也决不忍心杀他。这样做，天下人将怎样看朕，后人将怎样看朕？"

许敬宗道："薄昭是汉文帝的母舅，文帝从代邸入立，薄昭是有功的。后来因杀人获罪，文帝派百官往哭，含泪将他杀了。文帝虽杀母舅，至今仍称贤明。而今，长孙无忌忘掉两朝的大恩，谋移社稷，其罪过远非薄昭所能比。幸亏其奸状败露，逆徒服罪，陛下还有什么疑虑，不早决断呢？古人有言：'当断不断，反受其乱。'安危之机，刻不容缓。长孙无忌是王莽、司马懿一样的奸雄，臣恐陛下迁延时日，将来变乱生于肘腋，后悔也来不及了！"

李治迟疑了一会儿，心情沉重地、痛楚地点了点头。他没有差人把长孙无忌召来核实一番，竟下诏夺回长孙无忌的官爵封邑，贬谪他为扬州都督，安置在黔州，准予一品官的供给。

初战胜利后，许敬宗又连续进攻。他向皇上再次奏道："长孙无忌谋反，是由褚遂良、柳奭、韩瑗等人臂助煽动而成。柳奭潜通宫掖，谋行鸩毒，于志宁也属长孙无忌一党，这几个人也应一并加罪，不能让他们逍遥法外。"李治准奏，下诏追削褚遂良的官爵，将柳奭、韩瑗除名，于志宁免官。同时，派人将长孙无忌送往黔州。长孙无忌的儿子、秘书监、驸马都尉长孙冲也被除名，徙流岭南。褚遂良的儿子褚秀甫、褚秀冲徙流到爱州，行至半路，被人杀死。原先贬官到益州大都督府当长史的高履行再度被贬到边远之州洪州去任都督。

凉州刺史赵持满，他的姨夫是韩瑗，舅舅是长孙无忌的族弟、驸马都尉长孙铨。长孙铨因受到长孙无忌一案的牵连，被流放巂州。许敬宗对赵持满很不放心，因为这个人有勇力，善骑射，而且很讲侠义。许敬宗于是也诬告赵持满与长孙无忌同反，用驿骑将他召至京师，投入大狱，百般刑讯。但这赵持满始终不肯招供，强硬地说："身可杀，但辞不可更！"狱吏将其罪状上奏，显庆四年五月间，赵持满被杀于城西。长孙铨到巂州后，也被县令奉旨棒杀。既而，又穷追其案。显庆四年七月，命御史前往高州追捕长孙无忌的族弟长孙恩，往象州追捕柳奭，往振州追捕韩瑗，一并械至京师，并命所在州县簿录其家。紧接着，又命李勣、许敬宗等再次查按长孙无忌一案。许敬宗派中书舍人袁公输等前往黔州，逼令长孙无忌招供反状，还奏高宗，然后逼令其自缢。一个势倾朝廷的两朝元老，孤立无援，大势已去，绝望地将绞索套在自己的脖子上。李治下诏：韩瑗、柳奭到京后，立即斩首。但使者到了象州后，不及回京，便杀死了柳奭。韩瑗在使者来到之前已死，使者发棺验尸，见韩瑗确实已死，才回京复命。

常州刺史长孙祥，因与长孙无忌通过书信，也牵连进去，处以绞刑。长孙恩又流放到京师东北两千五百多里外的檀州。长孙、韩、柳三家的财产，一并籍没，远宗近戚,都充军到岭南,降为奴婢。长孙氏、柳氏两家被贬降的有十三人,于志宁也被贬为荣州刺史,于氏被贬降的有九人。连本已调任益州刺史的高履行也被再贬为永州刺史。

至此,唐皇室曾图形于凌烟阁的老臣除李勣任官依旧,尉迟敬德、魏徵等先已徂逝外,几乎已被一网打尽。

独揽大权　弑杀亲儿

在长孙氏、柳氏、于氏都被摧毁以后,李唐皇室失去了强有力的支撑,再没有其他力量可以与武则天对垒了。恰在这个时候,武则天的另一心腹李义府却再起为相,以普州刺史兼吏部尚书,同中书门下三品。他和许敬宗为武则天的膀臂,唐室大权基本上落在武则天手中。

即便实权在握,武后仍不甘心老是呆在高宗皇帝的阴影里作幕后指挥。她要从幕后走向前台,她要使自己成为朝廷百官公开承认的统治者。于是,她策划了几次祭祖封禅活动。

在封建社会,祭祖先、祭天地,是国家极为重大的政治活动。历来都是由皇帝亲率文武百官进行祭典,女性一律不得参与。然而,公元666年,武后却设法使高宗同意她率内外命妇参加封禅典礼。此后,她又两次获准主持祭典活动。她主祭时,百官奉陪,三跪九叩,一呼百诺,全然帝王一般。

眼见武后在朝中的势力日益壮大,她的做法使高宗越来越无法容忍。一天,高宗悄悄召来宰相上官仪,忧心忡忡地说:"武后如今权势越来越大,连朕都不放在眼里,朝政都得听她摆布,朕该怎么办呢?"上官仪原是太子李忠的亲信,对武后干预朝政向来不满,听了高宗的话,趁机建议说:"皇后专政,早已为天下舆论所不容。臣认为应即刻下诏,废掉皇后。"于是,高宗便让上官仪去拟定废后诏书。

武后在宫中到处布有耳目,高宗废后的行动,很快就被武后察知。武后大惊,便立即前去质问高宗:"我犯了什么罪,你要废掉我?"高宗见武后突然来到,早已胆怯。遂辩解说没有此事。武后见桌上草稿抢过来一看,正是废后诏书,更加发威道:"你还不承认,这是什么,做何解释?"说着装出一副委屈而痛苦的样子,挤出几滴眼泪。在武后的软硬兼施下,一向软弱而窝囊的高宗,竟然支支吾吾地推诿说:"我本无此意,都是上官仪出的主意。"结果,上官仪做了牺牲品。

上官仪事件之后,武后知道人心不服,遂实行恐怖政策。宫廷内外,遍布密探。凡探听到内外官员有谁同情废后的,一律杀无赦;弄到后来,只要怀疑谁是主张废后的,立杀无赦。一连数年,京城内外一片凄风惨雨。再没人敢有废后之议,武后权势得到了巩固。

公元674年,皇室诏告天下,高宗与武后并称"二圣",高宗称天皇,武后称天后。天后位置神圣不可动摇。

公元675年,高宗正式诏令武后摄政。高宗于公元650年即位,至683年驾崩，在位34年，实际后二十年均由武后摄政。不过先前皇上并未下诏正名。自这一年起，高宗完全放弃权力，武后则名正言顺地当起统治者来了。

公元678年元月，武后在光顺门，第一次独自接受文武百官和八方夷狄的朝贺。武后高高在上，独坐龙廷，众人跪拜于下，三呼万岁。武后终于大权独揽了。

大权独揽的武后并非没有顾虑。她知道，高宗在时她尚可打着高宗的旗号稳坐龙廷。然高宗体弱多病，百年之后，她还能发号施令，一呼百应吗？要想永远把持大权，就得把太子控制在自己手里。这一点武后十分清楚。

武后共生育四子一女。长子弘，次子贤，三子哲（又名显），四子旦，女儿太平公主。

长子弘已于数年前立为太子。太子弘与其父高宗性格不同。他为人宽厚，头脑冷静，关心国事，颇有主见，得望于朝廷内外。朝中不少大臣都指望太子弘即位之后，能一改武后专权的局面。

知子莫若母，武后日益意识到太子弘对她的严重威胁。几乎可以断定，一旦高宗驾崩，太子弘即位，李弘本人和文武百官都会迫使她这个皇太后还权皇上。这种结局对她来说比死还难受。不！现在就要行动起来，趁高宗未死，还来得及！

人说虎毒不食子，武后可比虎还毒！为了争夺皇后桂冠，她曾牺牲一个女儿。这一回为了独霸皇权，她又要毒杀自己的亲生儿子了。

一天，太子弘奉召来到后宫。宫女说皇上皇后正在午休，让他在外室稍候。许久，未见动静，太子弘正欲退出中宫，却见一宫女手托酒壶酒盅，从内室款款出来，为他斟满，端至面前，口称："太子殿下，皇上皇后命赐酒，请喝了吧！"

太子弘颇觉蹊跷，便不肯喝。

不料那宫女当下变了脸色，阴冷逼人地说：

"皇上皇后赐酒，殿下敢不喝？莫非这酒中有毒不成？"说着，眼角向内室瞟了瞟，颇有狐假虎威的气势。

太子弘无奈，便端起酒盅，一饮而尽，心想，父要子死，子不得不死；何况亲生父母未必就会下狠心毒杀自己吧？谁知刚一饮尽，那宫女又斟酒盅，递了上来，太子弘忙摆手说：

"不胜酒力！"

"皇上皇后赐酒，殿下能不饮尽？"那宫女又一句咄咄逼人的话扔了过来。

太子弘只得横下一条心，一盅接一盅，喝了个壶底朝天，饮罢栽倒在地，便再也没有醒来。

武后称太子弘饮酒过量而死，哭得比谁都伤心。为掩饰罪状，她立令查处责任者。结果，那奉酒宫女以假传圣旨罪被杀头灭口。

长子弘死，次子贤被立为太子。太子贤亦非百依百顺的性子。而武后权欲熏心，极端多疑，决不允许自己的意志和权威受到任何冒犯。结果，太子贤又很快失欢于母后，被废为庶人。于是，第三子哲被立为太子。

武后的目的达到了，不过，新的对手又出现在宫中，就是她的胞姐韩国夫人及其女儿。

也许是天意,也许是巧合,在深冬的一个夜晚,她的姐姐韩国夫人死了。据说韩国夫人的病很特别:惊悸、发烧、思维混乱,昏睡中总说胡话,大喊她活不成了,有人要杀她,宫娥们得日夜守在她的榻前,紧攥着她的手方能安静些。在病重的那几天,除了贴身的宫娥外,她不让任何人进入她的屋子,一听到有外人的声音,顿时就浑身冒汗,惊坐而起,让宫娥赶快把来人赶出去,甚至连皇上、御医、她的女儿都被拒之门外。她的死是孤独的、悲凉的,因她在垂危时刻,已经赶走了包括宫娥在内的所有的人,而且命令紧紧地关上了房门。武后以隆重的葬仪埋葬了她的姐姐。她表面上很悲哀。她去首饰,穿素衣,籍蒿而坐,并亲送于墓地。灵柩下葬前,她扶棺痛哭,哀叹姐姐命苦。她还请皇上罢朝三日,为之举哀。然而,在她的内心深处,却在暗自庆幸这次天助的胜利。

韩国夫人死后,李治好多天都陷于沉重的悲痛中。这是真正的悲痛,是迥异于武后的悲痛。他茶饭无心,思念不已,每当想起韩国夫人的好处,常潸然泪下。为了报答韩国夫人的情谊,加封其女为魏国夫人,还想册封她为妃嫔,只是因为怕武后不答应才未决定下来。聪敏的武后早已猜透李治的心思,但她故作不知,不露声色,弄得李治想言又不敢言,那滋味十分难受。涉世尚浅的魏国夫人却有些欣喜若狂了。为博得君王一笑,她每天都要在妆台前耗去好多时间,她很庆幸,很得意,却丝毫不曾料到,她的行动已经引起了她姨母的憎恨,她每向皇上献上一分温情,自己的处境也便增加一分危险。

这天,京城来了一些刺史,是来朝见皇上的。他们献上了许多方物食品,以表示对皇上的虔敬。在这些人中,有始州刺史惟良和淄州刺史怀远。二人到京后方在客馆安歇,忽有内侍来报,皇后召他们去荣国夫人杨氏宅。二人不知何事,不敢违命。

使他们大为吃惊的是,皇上和魏国夫人也在那里。二人参拜已过,忽听武后道:"听说你们带来许多食品,要献给圣上,何不取来?"

二人恍然大悟,忙说,是带来一些食品,有柑、橙、白鱼、糖蟹等。武后听罢,道:"听说龙州的白鱼是很鲜美的啊,圣上一定喜欢,何不烹它几尾,我兄妹陪圣上共饮几杯?"

李治点头默许。当下,惟良兄弟派人将食品取来,跪献皇上。武后挑出几尾白鱼,令人送至厨下,并亲自到厨间嘱咐再三。

宴席开始了。武后把烹好的一盘白鱼端到魏国夫人面前,面有哀容地说:"自你母韩国夫人没世之后,我最怜爱你,你一心侍奉圣上,也很辛苦,这献给圣上的白鱼就请你先尝吧,也略表姨母一点心意。"

魏国夫人很感激,起身谢恩,说:"家母已逝,姨母有胜于亲母。甥女年幼无知,今后还靠姨母多多教诲。"说罢,便带着一种难以名状的荣誉之感,先尝了白鱼。

谁知,鱼方下肚,便觉腹痛,霎时间,口鼻流血,跌倒在地,惨叫几声,一命呜呼。家宴上顿时大乱,皇上没有了主张,伏在魏国夫人身上大哭不止。惟良、怀远更是乱了方寸，六神无主，颤抖着身子跪在地上，连呼："这究竟是怎么回事啊！"

突然，武后沉下脸来，厉声喝道："两个忘恩负义的贼子，真是恶毒至极，竟想用白鱼毒死圣上！"

惟良、怀远争相辩解，可是武后哪里肯听，连请李治赶快拿下这两个逆贼。李治信以为真，遂将满腔愤怒都倾泻到二人身上，两兄弟糊里糊涂地成了刀下之鬼。

自不待言，鱼中的毒药是武后放的。武后一计杀三亲这件事曾被后人大加指责，认为她太残忍暴戾，嫉妒心过重。其实，武后之所以这样做不仅仅是嫉妒和报复心的促使，而是由强烈的权势欲所制约。她是一个不达目的决不罢休的铁腕女人，她的最终目的是独揽国家大权。在走向擅权的道路上，她不允许任何人来妨碍她、影响她，即便是兄弟姐妹也毫不例外。

上元元年（674 年）三月，武则天经过深思熟虑，把她的侄子武元爽之子武承嗣从流放地岭南召回京师，赐其袭爵周公，拜殿中省管衣服的尚衣奉御，四月间，迁宗正卿。

武承嗣袭爵四个月，皇上下诏称天皇，皇后称天后。这是武则天的意愿。表面上是避先帝、先后之称，实则是为了自尊，进一步突出自己的地位。天莫大焉，天后乃亘古后妃之最，武后之用心，可谓良苦矣。

人头警告　荣登宝座

公元 683 年十二月四日，五十六岁的高宗李治驾崩于东都贞观殿。遗诏太子枢前即位，军国大事有不决的，都兼取天后进上。甲子，中宗即位，尊天后为皇太后。中宗性情柔顺，很惧怕他母亲，一切政事均归太后裁决。

太后武则天担心泽州刺史韩王元嘉等人会因地利和威望发生变故，并加三公等职进行安抚，以稳定局势，又以刘仁轨为左仆射，以裴炎为中书令。

次年春正月，改元嗣圣，立太子妃韦氏为皇后，擢皇后之父玄贞自普州参军为豫州刺史。韦玄贞刚到职，韦皇后又请新即位的中宗皇帝再为其父加官。中宗应允，准备再提拔他的岳丈为尚书省长官侍中，进位宰相，还想授予他乳母的儿子五品官。但是，这道任命未能落实，反倒引起一场轩然大波。

先是中书令裴炎进宫谏阻，劝皇上应因才赐官，勿私亲戚，以免引起朝野议论。中宗皇帝也许是因为初登帝位，对利害缺乏周密权衡，根本听不进裴炎的劝告。他很不满地说，他是一国之君，他有权选官任人。韦玄贞是大唐国戚，把天下都给他都不过分，赐一侍中，有何不可？

裴炎碰了个硬钉子，只好向太后武则天诉说。武则天听罢，心中燃起愤怒之火。她想，皇帝不过是刚登大位，尚未布政天下，却要大封亲戚，私树党羽，这样下去，大唐岂不要成了韦家的天下？韦玄贞既非元勋，又无奇能，不过一个小小的参军，有什么资格入朝当宰相？皇帝眼中只有韦家，把我这个皇太后置于何地？此儿既不争气，我一定要给他点颜色看看。我可以立他，也可以废他，我决不能看着他一意孤行!

想到这里,她对裴炎说,皇上弄权,大臣理应谏阻,你做得对,难得你对大唐的一片忠心。同时,密向裴炎说出了废立之意。裴炎闻听,大吃一惊,以为自己说错了话,请太后宽恕。武则天正色道:"废立大事,岂能戏言? 我意已决,你能否为我效力?"裴炎久处朝中,深知太后为人,他也敏锐地看到,太后并不满足于母临天下,她有着更为远大的意图。裴炎更知太后的威势,他认识到,皇上不过在她的操纵之下,并无实权。今见太后打定主意,他哪敢不从? 遂即跪地叩拜说,他身为朝臣,自当为国效命,为了大唐帝业,他不怕赴汤蹈火。武则天的脸上露出满意的微笑,嘱咐他,一定要缜密行事,万勿打草惊蛇。

二月五日,太后武则天大集群臣于东都乾元殿,裴炎等率兵进宫,当众宣读了太后的圣旨,废中宗皇帝为庐陵王。听此宣敕,中宗皇帝大惊失色,跪问:"儿受诏继位,不过数日,一直勤于国政,不知因何获罪?"

武则天威严地说:"天下乃大唐的天下,你想把天下奉送韦玄贞,怎说无罪?"中宗皇帝还想辩解,只见大殿前刀光闪耀,兵将齐集,大殿上没有一个大臣敢替他说话,心中一阵慌张。他自知事情已不可逆转,难拒太后天威,只好心灰意冷地低下头去。这时,武则天目示裴炎,裴炎会意,遂命令两个兵士将中宗皇帝押下殿去,囚禁起来。可怜的中宗李显,只当了两个月的皇帝便从皇位上被赶了下来。李显之子皇太孙重照不久也被废为庶人。李显岳父韦玄贞被流放到钦州。

接着,武则天又立李旦为皇帝,是为睿宗。李旦是李显之弟,高宗第八子,时年二十二岁。初封殷王,后为雍州牧,封豫王。这李旦是个地地道道的新傀儡。他不过得了个皇帝名号,毫无实权。他被安置于别殿,不许干预国家大事,大权完全控制在武则天手中。

这时,武则天已成了事实上的女皇。闯过了险风恶浪,经过了近三十年的苦心经营,这个多谋而又刚强的女人终于在六十一岁时实现了她的愿望,掌握了大唐的最高权力。她胜利了,一批又一批的对手都惨败在她的手下。但是,今后的道路是否就坦荡笔直了呢? 是否还会有新的反对者呢?

女皇没有高枕忘忧,她在深沉地思索着,警惕地注视着……

进入光宅元年(684 年)以后,武则天不断接到来自全国各地报祥瑞的绿章,但在这"吉祥"的颂扬声中,竟有人胆大妄为地反叛她,那就是徐敬业在扬州的叛乱。

在武装镇压徐敬业叛乱的同时,翦除肘腋之患的斗争也在进行着。手段仍然是相同的:铁的手腕。

由于徐敬业的叛乱,宰相裴炎受到牵连,被斩于洛阳都亭。

裴炎既死,籍没其家。先前因替裴炎求情而下狱的刘景先、胡元范也受到处罚。刘景先被贬为普州刺史,胡元范流放到琼州,忧郁而死。

徐敬业的叛乱曾轰动一时。声势、规模都是大唐开国以来第一次,但是他没有成功,失败得很惨。

武则天对平叛的胜利是非常得意的,为庆贺这次胜利,她在宫中举行了一次盛大的宴会,召文武大臣举杯共饮。

表面上,武则天总是那么轻松、畅快、怡然自得,对一切都视若等闲,但她心中却是一个极不平静的世界。她时刻都没停止过政治上的精心擘画,每天都在思考着如何给她的敌人以无情的打击,以便清除任何一点潜在的威胁和危机。

今天,当她谈笑风生地喝着平定徐敬业叛乱的庆功酒的时候,一个新的谋划在她心中成熟了。庆功宴后第三天,她在洛阳宫乾元殿又召集了一次群臣集会。这是一次迥异于以往的集会,没有歌舞,没有酒宴,没有欢快的笑声,没有随意的谈吐。大殿之上是使人不敢仰视的威严,是紧张得令人屏息的气氛。

太后武则天坐在御座上,用逼人的目光扫视着鹄立于两厢的群臣,用带有几分尖刻的语调问:"朕自亲政以来,自以为无负于众卿,无负于天下,众卿知道吗?"

众大臣齐声应诺:"陛下功高德厚,天下尽知。"

武则天又接着说:"朕奉事先帝二十余年,一直是尽心所事,心忧天下。众卿的富贵,是朕赐给的;天下人的安乐,是朕养育的结果。先帝驾崩后,将天下托付于朕,朕夙夜忧叹,唯恐不能上承天意,下符民愿,所以不爱惜自己而尽心存爱百姓,对臣下更是爱之如子,恩宠有加,使你们出将入相。可是,你们为什么辜负我呢?"

武则天讲到这里,略微停顿了一下,以便安定一下她激动的情绪。文武大臣们面面相觑,低头屏息,谁都不敢吭一声,动一下。他们知道,太后发怒,事出有因。在这之前,她刚刚杀掉了裴炎和程务挺这两个功高位显的大臣,显然是杀猴给鸡看,以裴、程为例对他们进行训诫。

大臣们猜着了。果然,武则天很快地道出了正题。她十分严厉地说:"你们中间有的是先朝老臣,可是倔强难制有超过裴炎的吗?你们中间有不少将门之后,可是纠合亡命之徒有超过徐敬业的吗?你们中间也有不少握有兵权的宿将,可是领兵攻战有超过程务挺的吗?这三人,都是颇有声望的,但他们不利于朕,与朕为敌,朕都能杀掉他们。你们有比这三人更厉害的,要有异图请早点动手,不然的话,就该革心洗面,老老实实,免得身败名裂,贻笑天下!"

这番话字字千钧,铿锵有力,如重锤一样敲击在大臣们的心上。他们浑身颤抖,热汗淋漓,一齐跪地叩首道:"陛下天威,臣等愿效犬马之力!"

武则天冷冷地一笑,说:"朕并不想强迫任何人。你们应当识时务,明是非,趋利避害,否则,利欲熏心,一意孤行,悔之晚矣!"

武则天无畏的气概,藐视一切的神情,使大臣们俯伏在地,深深地认识到这个女强人的威严和不可冒犯。

集会之后,武则天又令大臣们排着队伍前往朝堂。那里,悬挂着徐敬业、裴炎、程务挺三人的首级。这人头已不再流血,但殷红的血光似乎还在大臣们眼前闪动。这血光是刻骨铭心的教训,是令人胆战心惊的警告:一切人,不管有多么高的地位和名誉,若敢反对太后,必将遭到致命的打击,必须付出血的代价。

这"人头警告"产生的强大的震撼作用使武则天感到满意。

公元690年,武后正式登基,改国号周,自封为大周金轮圣神皇帝。她还另创官制,另制朝服,立武氏宗庙,甚至命庐陵王李显改姓武。李唐王朝全面演变为周王朝。当年李世民的五等小妾武媚娘,成了中国历史上空前绝后的女皇帝。李世民若地下有知,一定深悔自己没有当机立断,让武媚随他一起归天。李唐天下果然让她夺了去。冥冥之中还真有天意存乎?

称帝后武媚自取名"则天",后又改为"曌"。因此后世称她为武曌天,亦称她为武曌("曌"是武则天自造的一个字,意为日月在空,不可动摇)。

武则天堂堂正正地登上了女皇宝座。为这一天的到来,武则天历尽坎坷荆棘,尝尽了种种酸甜苦辣,极有耐心地经营了50余年。女皇的圣灵诱惑着她从媚娘、才人、昭仪、宸妃、皇后、天后、太后、圣母神皇到女皇,极不容易地一步一步爬上权力的峰巅。从此,中国历史上出现了唯一的一位女性帝王,打破了皇位男性化的传统格局,为中国的历史增添了新的篇章。

借助酷吏　利用鹰犬

武则天虽然坚强刚毅、深谋大略、雄心勃勃,但她毕竟是一个女人,一个难得正名的皇上。她面对着的是众多的、或明或暗的敌手,时刻在威胁着她及新王朝的生存。而且,朝廷内外反武言行极为普遍,如狄仁杰的姨母卢氏不许儿子"事女主",连自己的亲信刘祎之也劝她"返政"以安人心。更甚之,鄱阳公李谭竟要谋迎中宗于庐陵。

面对这些潜在的反对力量,武则天为了巩固自己的地位,多年来她一直企图在棘手的政治漩涡中寻求依靠。

正在这时,侍御史鱼承晔的儿子鱼保家奉献"良策":在朝堂上设置铜匦(检举箱),收受天下投书。

武则天接受建议,诏令铸造四个铜匦,分别涂上青、丹、白、黑之色,分列于朝堂。青匦称为"招恩"置于东,丹匦称为"诏谏"置于南,白匦称为"伸冤"置于西,黑匦称为"通玄"置于北。敕令正谏大夫(谏官)为知匦使,侍御史为理匦使,受理天下告密文书。

为了方便告密者,武则天又诏令各州县,凡有欲进京投书告密者,沿途给予驿马和五品官待遇。告密者不分贵贱,一律接见,告密属实擢官赏赐,不实者也不追究。一时间,四方告密者蜂拥而来,进京投书铜匦者络绎不绝。

在那些日子里,武则天每天都要翻阅从铜匦中取出的告密信。这些告密信为她提供了许多重要线索,使她对敌对者的活动了如指掌。她十分感激这些告密者,破格提拔他们做官,不论其门第和资历。于是,一批新官僚出现了:他们专门掌管告密之事,用非常残忍的手段帮助武则天镇压异己。他们是武则天手中的刀斧,凭借这柄刀斧,武则天大施淫威,敌对者闻之丧胆。

武则天通过这个告密制度,很快物色到一批酷吏,其中,索元礼、周兴、来俊臣最为臭名昭著。这些人大都出身无赖,性情残忍,专以告密陷害为事。来俊臣和万国俊等还专门编写了一部告密专著《罗织经》,作为培养新酷吏的教材。他们创造了名目繁多颇有诗意的审讯酷法,如果犯人不肯马上招供认罪,就将犯人的手脚捆绑起来,像陀螺似的在地上旋转,这就是"凤凰晒翅"。

用绳索紧缚犯人的腰部,将绳端固定在架上,然后使犯人前进,随着前进使得绳索在腰上愈束愈紧,假如再要前进,连肠胃都会扭断,此即"驴驹拔橛"。

"仙人献果"是让犯人跪在碎砖瓦片上,高举双手,托起重物,手上沉重的压力会使瓦片碎砖刺入胫骨,使犯人痛得昏厥。

"玉女登梯"是在很高的地方,令犯人站在上面,用绳索捆住腰,慢慢向后拉。这样一来,即使没有惧高症的人,也会因恐惧而发狂。

这些骇人听闻的酷刑,使囚犯"战栗流汗,望风自诬"。

在恐怖政策下,武则天放手任用酷吏,被杀和遭流放者动辄几十、几百,甚至上千人。酷吏们在审讯犯人之前,都是先把刑具摆在地上,犯人们等不到酷刑加身,已是魂飞魄散,于是随口诬供,以逃避重刑之苦。每有赦令,来俊臣等都是先派狱卒尽杀重囚,然后才宣示赦令。

武则天很满意酷吏们的做法,多次给以赏赐,官吏们争相效仿,酷吏越来越多。朝中和各地的宗室大臣,人人自危,个个胆寒,谁也不知自己死在何时。每入朝,则与家人诀别道:"上朝如永诀,不知还有无见面机会!"

武则天与酷吏,完全是一种利用关系。她重用他们,宠信他们,都是为了自己的政治需要。可以说,酷吏是武氏政治的产物,是女皇在顽强地与政敌斗争中产生的畸形儿。这是一批无能的官员,但对武则天来说,却是救其燃眉的有用的官员。有用即真理,武则天坚信这一点。她作为一个被传统观念鄙视的女人,有那么多政敌,不雇佣几个心狠手辣的打手怎么能行?统治集团间的政治斗争本身就是残酷的,血腥的,双方都要用最残忍、最有力的手段制政敌于死地,武则天用酷吏不过是在险境中采取的一种强硬措施,大可不必厚非。在下几章里我们将会看到,武则天用酷吏完全是实用主义的。待鹰犬们完成了自己的使命,便一个个地向着女皇为他们安排下的归宿走去了。

李唐宗室是酷吏们打击的主要对象。他们不甘心先帝的事业落在异族女性手里,极端仇视武则天,反抗越烈,打击越重,宗室子孙除李显、李旦及其子女尚能保全外,只有唐高祖的千金公主因百般献媚得以安宁,其余的或被杀、或自杀、或流放。

元老大臣是酷吏们打击的另一对象。这些人每每以唐家老臣自居,以匡救社稷为己任,对武则天的"倒行逆施"深恶痛绝,因此,武则天对他们防范甚严,只要稍露形迹,甚至只凭诬告,就对他们下手,据统计,武则天临朝称制期间,做宰相的共有24人,在6年零7个月中,被杀或贬流罢相的就有17人,只有4个宰相做到武则天称帝以后。而这四人中,武承嗣、武攸宁是武则天的本家侄子,另外两个邢文伟和岑长倩也都好景不长,一年之内先后被杀了。

然而,善有善报,恶有恶报,自古皆然。酷吏周兴案使得"请君入瓮"的故事广为流传。

酷吏周兴是一个工于心计而又非常残忍的人。自垂拱以来,被他陷害的多达数千人。天授元年九月武则天革唐命以后,刚刚授官尚书左丞,便上书请除李家宗正属籍,其凶狠刻毒,足见一斑。

周兴等酷吏残害无辜,恶贯满盈,引起朝野上下的公愤,官员们恨不得餐其肉,饮其血。天授二年(691年),御史中丞李嗣真向女皇上了一道奏疏,历数酷吏之罪,请求制止滥刑。李嗣真的奏章写道:"而今告密纷纭,但虚多实少,恐怕有凶慝阴险之徒离间陛下君臣。古时断狱,都是逐级呈报,公卿参听,君王宽免三次才行刑。而今定案,都是狱官单车奉使,自己推断,也不重加审理。或者临时决断,也不奏报天听。这样将生杀大权委之臣下,不是审慎的办法,倘使有冤案和滥刑,怎么能知道呢?何况以区区九品之官就可专命推断,判案既不通过秋官,也不经门下省复审,国家大法,轻易交给别人,臣担心这样下去会导致社稷之祸!"

李嗣真的谏言说出了唐廷大臣们的心里话,也揭露了社会的弊端。尽管武则天未予应允,但在她心中也引起了震动。

在这不久,酷吏丘神勣因罪被杀。有人告发周兴与丘神勣通谋,武则天令来俊臣审理此案。来俊臣本与周兴是一路货色,但女皇的圣旨也不好违抗。况且,这般酷吏都是嗜杀成性的,所以默然受命。

说巧也巧,太监把武则天的密旨送到来俊臣家,来俊臣正跟周兴在一起,边喝酒,边议论案件,来俊臣看完武则天密旨,不动声色,把密旨往袖子里一放,仍旧回过头来跟周兴谈话。

来俊臣说:"最近关了一批犯人,大多不肯老实招供,您看该怎么办?"

周兴捻着胡须,微微笑着说:"这还不容易!我最近就想出一个新办法,拿一个大瓮,把它放在炭火上烤热,谁不肯招认,就把他放在大瓮里烤。还怕他不招?"

来俊臣听了,连连称赞说:"好办法,好办法。"他一面说,一面就叫公差去搬一只大瓮和一盆炭火到大厅里来,把瓮放在火盆上。盆里炭火熊熊,烤得整个厅堂的人禁不住流汗。

周兴正在奇怪,来俊臣站起来,拉长了脸说:"接太后密旨,有人告发周兄谋反。你如果不老实招供,只好请你进这个瓮了。"

周兴顿时呆若木鸡,好半天,才结结巴巴地说:"老弟,我们还是喝酒,……别,……别取笑了!"来俊臣却拉下脸来,从袖中取出圣旨,说:"老兄,别执迷不悟了,有圣旨在此,岂能笑谈?"

周兴如遭五雷轰顶,六神无主,哆嗦着跪了下来,慌忙低头认罪,并请来俊臣帮助。来俊臣道:"不是我无情,是圣旨不可违。事已至此,我也无可奈何了!"说罢,令人将周兴捆了,押往宫中。

按法律,周兴当判死罪。武则天宽宥了他,改处流刑。天授二年(691年)二月,周兴被解送流放地岭南,刚到半路,就被仇人拦住杀死了。

几乎在这同时,武则天又杀死了酷吏索元礼,以平民愤。这样,罪恶昭彰的酷吏便只剩下一个来俊臣了。

周兴死后，女皇并未马上杀死来俊臣。因来俊臣为武则天出过大力，武则天还不忍心将他置于死地。她采取的办法是：先限制他的权力，削减他的气焰，然后再待机杀之。

来俊臣处死了周兴，并无自危之感，相反，凶焰更烈。天授二年(691年)八月，他将玉铃卫大将军张虔勖拘捕入狱，虔勖向徐有功申冤，来俊臣得知，不容分说，即命卫士用乱刀将张虔勖杀死，然后枭首于市。九月间，又将岐州刺史玄弘嗣拘捕，也不问口供，先砍下脑袋，尔后才立假案奏报。天下闻之，为之钳口。

长寿二年(693年)，裴匪躬、范云仙两个官员因私自谒见了被软禁的皇帝睿宗李旦，被腰斩于市，自此公卿以下不得见皇嗣，只有太常寺的乐工得在左右。这时，有人告发李旦有异图，武则天令来俊臣审问李旦身边的人，他们不胜酷刑，都想自诬。一个叫安金藏的太常工人对来俊臣大呼说："既然不相信我的话，那我把心挖出来证明皇嗣不反!"说着便用佩刀割开肚子，五脏皆出，血流满地。则天闻听，命令以鳃载金藏入宫中，派御医将他流出的五脏置回原处，用柔皮线缝好，并敷上药，细心治疗。安金藏苏醒过来后，武则天还亲自前去探视，说："是因为我的儿子自己不能申明原委，才使你受此痛苦啊!"她命令来俊臣停止审理此案，免除对李旦的惩罚。在这之后，又有人告发岭南流人谋反，武则天派司刑评事万国俊以监察御史的身份前去查按，万国俊到了广州，大肆杀戮，一天就杀了三百人。武则天起初以为万国俊忠于所事，提拔他为朝散大夫。谁知，以后再去岭南的官员也效仿万国俊所为，杀死一千多人。武则天得知，深觉杀人过滥，就下了一道诏书，允许流人未死者可以和家属一道返归乡里。

与武则天刑罚思想的改变相补充，武则天于神功元年(697年)将来俊臣斩于街市。

来俊臣被杀的消息一经传出，时人无不拍手称快，仇家争着去割来俊臣的肉，不多时就剐尽了。他们还挖出来俊臣的眼珠，剖出他的五脏，将他的尸体践踏成泥。这种情景使武则天很受触动，深觉来俊臣恶贯满盈，罪有应得。为了争得民心，她下了一道制书，历数来俊臣的罪状。制书中说："来俊臣是民间小人，一向冒险投机，因为他很会揭发审讯，只能说稍微尽到了一点忠诚。因此，把他从很低的地位提拔起来，任为朝官。岁月既久，他专门勾结奸邪，狼狈为奸，结党作恶。他隐匿逆贼之妹，极为宠爱；逼迫良家之女，以为妾室。他作威作福，无礼无义，剥夺他人财产比盗贼还凶，所得赃物贿赂多如山积。他妄想把诸王全部杀死，文武百官也都受到严重威胁。他还心怀不轨，企图谋反，不把国君放在眼里，想做叛逆之臣的行动已非常明显。天下人都侧目看他，恨得咬牙切齿。拔起他的头发不足以历数他的罪行，将他粉身碎骨也难以平息众怒。应给以灭族的惩罚，以洗雪天下人的怨恨。"

武则天在制书中，把一切罪过都推在来俊臣身上，自己却洗了个干净，其权术之高明，足见一斑。

来俊臣灭族之后,士庶男女互相庆贺,都说:"今后平安无事,用不着提心吊胆不敢睡觉了,不然的话,不知什么时候就会大祸临头!"

来俊臣之死标志着武则天时期一代特殊官吏——酷吏命运的终结。武则天处斩来俊臣的制令,既是对酷吏的宣判,也是对其政策改变的宣言。女皇因政治的需要起用了酷吏,同样是因为政治的需要将酷吏送进了坟墓。她借助酷吏之手消灭了怨敌,现在她需要借用鹰犬们的头颅平息危机。多谋的女皇十分欣赏自己高明的政略,但她并不满足。深宫的帷幕内,女皇又筹划起巩固统治的大计。

从临朝称制到称帝前期,武则天运用其铁的手腕,残忍的性格,实行了十余年的酷吏政治,后世有人称之为"杀人魔王""千古未有之忍人"。

一代女皇　政绩斐然

武后的一生,由一个宫女而成为一个大帝国的女皇帝,是中国历史上一个了不起的女性。作为一个女性的最高统治者,她唯权力是务,为达目的不择手段。尽管她重用酷吏、男宠和武氏子侄,政治上有欠缺的一面。但她在执政的50年间,社会秩序安定,人口增长,生产发展。她统治下的政治状况,虽比不上唐太宗的贞观时期,但确为唐玄宗的"开元盛世"奠定了基础,使它成为盛唐的极盛时期。之所以能够出现这种局面,是与她推行的政治措施分不开的。则天重视农桑,施行屯田制度,选拔人才时,不拘资历,不问门弟,确有治国之才的人,能给以信任和重视。知人而纳谏,贤才之士,多予以擢用。同时,不惜官爵,笼络豪杰,有不称职者,诛杀随之。所以才俊之士,也乐为所用。武则天可谓中国历史上一代女英主,"封建时代杰出的女政治家"(宋庆龄语)。

有个叫朱敬则的,官至右补阙,其职责是专门向皇帝进谏。他看到武则天把专门为她和男宠寻欢作乐服务的"控鹤监"扩建为"奉宸府",加选美男宠,十分不满,就向武则天进谏。大意是说,陛下的男宠已有恭怀义、张易之、张昌宗等好几个人,该是够的了。最近听说又在补充人员,使一班无耻的小人竞争挤进来,这就不妥了。武则天听了不但没有恼恨,反而予以奖励。又有一次,朱敬则向女皇进谏,劝她及时改变法度,广布恩德,铲除诬告制度,罢黜酷吏,以安定民心。武则天又接受了他的意见,不久还把他提升为宰相。

"初唐四杰"之一的骆宾王一生仕途坎坷,郁郁不得志。光宅元年(684年)随徐敬业参加扬州起兵,起草了有名的《讨武曌檄》,曰:"昔充太宗下陈,常以更衣入侍,洎乎晚节,秽乱春宫(指纳男宠),密隐先帝之私(指为太宗才人),阴图后庭之嬖(指争夺皇后),践元后于翚翟,隐吾君于聚麀。加以虺蜴为心,豺狼成性,近狎邪僻,残害忠良。杀姊屠兄,弑君鸩母(指杀王皇后)。人神之所用嫉,天地之所不容。试看今日之域中,竟是谁家之天下!"

武则天看完这篇文笔精彩却又极尽谩骂攻击之能事的檄文,丝毫没有动怒的样子,竟坦然地询问檄文的作者。当她得知是骆宾王所写时,感慨地说:"这样的人才使之流为叛逆,宰相之过也。"

武则天开明的用人政策与强有力的专制统治相结合,使整个国家机器能够在酷吏猖獗,幸臣弄权下,保持了正常的运转。

武则天继承了贞观时期的基本国策,把发展农业生产放在了首位,实行无为而治的经济政策。她在政纲《建言十二事》中把"劝农桑,薄赋徭"列为第一条,并由高宗诏令全国施行。"田畴垦辟,家有余粮"和"为政苛滥,户口流侈"成为地方官升降的标准。武则天还组织北门学士编写了农书《北人本业》,颁发全国各地,指导农业生产。

这时期,水利事业也有重大发展,在今天的陕西、河北、河南、山东、湖南、四川、浙江、江苏、甘肃、青海、内蒙古等地,都兴修起了大小不等的水利工程,大的工程流经几省,有的能灌溉田9万亩之多。

武则天时期人口殷茂,由唐高宗末年的380万户,增加到中宗即位时的615万户,人口达3714万多,平均年增长率为千分之九点一。

在文化上更有陈子昂、刘知几为代表的一代文学家、史学家的崛起,是为开元文坛繁盛的先声。如果可以将空前繁荣的大唐文学艺术誉为我国的文艺复兴时代,那么,武则天为它的滥觞拥有推波助澜之功绩。

风流成性　淫风四起

武后一生风流成性,她的生活情趣,对于色情的需要却是老而弥笃。还在高宗晚年卧病期间,她就和太医程据私通。高宗一死,她更是无所顾忌,广事搜求俊美男子,供其享用。武后听政之余,纵情行乐。虽时年六十有余,因善保养,又爱化妆,看起来并不显老。一时间朝中很多人都梦想能做武后的男宠,有的甚至毛遂自荐,说自己如何壮伟。有个文学侍从,唐代有名诗人宋之问,长得仪态俊美,自我感觉良好,梦想进入武后的男宠之列,为其赏识,可他始终无此艳福。他受宠心切,便作了一首诗献给武后,其末尾结句道:"明河可洁不可亲,愿得乘槎一问津。还将织女支机石,更访成都卖卜人。"黄得大胆,不打自招。后来有一天,武后当着众人给了他一个无情的讽刺:"宋卿各方面都不错,只是你自己不知道,你有口臭的毛病。"宋之问一听,羞得无言以对。从此见武后时嘴上经常衔着鸡舌(一种有香味的植物),以解其臭。

古人云:"天下事,上有所好,下必甚焉。"由于武后好淫,唐代宫廷性关系也就很乱,贵族官僚对性也不避讳,一时间洛阳城淫风四起。有个关中鄠县人叫冯小宝的,阳具壮大,公然在洛阳城街头裸露下体,当众做自我"广告"。此事恰好为适此路过的高祖的千金长公主所见。长公主为讨好武后,遂将冯小宝罗入私邸;后把他献与武后,大得武后爱幸。为了便于他在宫中行动,武后命他剃发为僧,并任其为白马寺主,改名薛怀义,让他冒充和太平公主的驸马薛绍同族,让薛绍认他为义父,以提高其身份。怀义受宠之后,无恶不作,横行洛阳,出入宫禁,连武后的家族武承嗣、武三思也得尊重他，不敢开罪。

后来御医沈南璆得到则天新宠，怀义心怀愤恨，一气之下，于一天夜里，放火烧毁了白马寺的明堂和天堂，大火熊熊燃烧，把个洛阳城映得如同白昼。则天知是怀义所为，却佯装不知，搪塞、隐瞒。后来，怀义愈加骄傲放肆，在外骄恣不法，并大肆泄露宫中私密，激起文武百官反对。则天于是悄悄地派武攸宁带领壮士把怀义打死。

怀义死后两年，两个年轻英俊的美少年张易之、张昌宗兄弟又成为则天的男宠。张氏兄弟出身于世代官宦之家。万岁通天二年（公元697年），太平公主见张昌宗少年貌美，面似桃花，体格健壮，便将他推荐给武则天，则天甚喜。张昌宗得到武则天宠爱后，又向她推荐自己的哥哥张易之，说："我兄比我聪明能干，还会炼长生不老之药。"于是，则天又派人把张易之召进宫中。张易之时年20岁左右，皮肤白嫩，容貌俊美，且通音乐，擅歌唱，则天更是喜出望外。这兄弟俩，日夜陪伴则天左右，为了博得武则天欢心，哥俩经常涂脂抹粉，打扮得十分漂亮。武氏封这兄弟俩为朝中大官，还特意赐给豪华住宅、奴婢和驼马。

圣历二年（公元699年），武则天特地设置了3个名曰控鹤监的机构，命张易之为长官。里面的官员，不是她的宠人，就是一些浪荡公子，或是一些缺德无行的轻薄文人。每逢宴会时，武氏便让他们出来嘲笑和戏弄公卿大臣，以引众人狂笑而来取乐。每次内殿赐宴，张家兄弟都在武氏身旁侍候。有些献媚之人便趁机吹捧二张长得如何漂亮。有的甚至把张昌宗比作传说中的仙人王子晋。于是，武则天便让张昌宗穿上羽衣，吹着箫，骑着木鹤，装扮成传说中的王子晋乘鹤升天的样子，来为大家玩赏。是时，武则天已80有余，体力和精力已经很差，有些朝政，便交给二张处理。有一次，太子李显的儿子重润和女儿永泰公主，曾私下议论张氏兄弟专权蛮横之事，不知怎么竟传到了张易之耳里，张易之立即向则天申诉。武则天把此事交给太子处理。太子吓得魂不附体，赶紧把两个儿女杀死，才算无事。

被迫退位　归政于李

性格果敢善断的武则天，只有一件事，使她称帝后在七八年的时间里举棋不定，犹豫不决。这便是继承人的选择。

然而，对于已经70多岁的武则天来说，安排继承人已是势在必行；由于周围一些大臣像狄仁杰等经常劝奏，使她感到"天下士庶未忘唐德"，而武氏又实在是难孚众望。所以，在698年，经过八年的波折，终于将庐陵王李哲（显）迎还，立为太子，确立了儿子的继承权。有意思的是，又赐姓武氏。看来，武则天仍然在尝试把传子与传同姓统一起来。但是通过随后的一件事来看，武则天对于身后之事的安排，并没有对赐太子姓武而抱以厚望。699年，武则天命令太子、相王（睿宗）、太平公主与武攸暨（则天侄孙、太平公主的丈夫）等在明堂（举行大典的地方）祷告天地、共立盟誓，表示两家共结友好，并将誓文铭刻于铁券之上，藏于史馆之中。

不过，既然已经选择了儿子，武则天对那些劝她归政李唐，传位太子的话也能听得顺耳了，不再像以前动不动就将人诛杀。所以，在长安元年（701年）八月和次年五月，一位叫苏安恒的人两次上疏请她禅位东宫，要她不要贪恋李家的宝位而忘了母子之情，应该顺乎天意人事，把帝位还给李唐。武则天也丝毫没有动怒，更没有怪罪他。这说明，武则天对自己已经认定的事情是毫不动摇的。既然已经选定了自己的儿子，武则天也就考虑到让位的问题了。

公元705年，武则天一病不起，住在洛阳宫长生殿。张易之、张昌宗挟宠居中用事。许多朝中大事，都由他们进行决断。后来，则天的病一天重似一天，张氏兄弟仍在她身边处理政事，诸大臣都不能近前。于是丞相张柬之、崔玄暐等秘密筹划，以利害说动羽林大将军李多祚，拥太子登基，待机迎太子于东宫，从玄武门斩关而入，进到武后所居长生殿，捕得张易之、张昌宗，斩于殿下。随后紧闭城门，收捕诸武及其党羽，均予以诛戮。

武则天正卧床闭目休养，忽闻外面一阵吵嚷，接着见人蜂拥而入，大吃一惊，慌忙坐起问道："是谁在制造乱子？"张柬之等回答："张易之、张昌宗谋反，我们奉太子之命，已将他们杀死，事先恐泄露秘密，没敢奏闻陛下，请陛下原谅我们的罪过。"则天瞥见太子站在一边，转过脸来，对太子说："这事是你指使的吗？既然把那两个小子杀了，你可以回东宫去了。"桓彦范赶紧走上前去，奏道："太子怎能老住在东宫呢？以前大帝把爱子托付给陛下，现在，太子年纪已经不小了。况且，天意人心，也都思念李氏。群臣不忘太宗、天皇（即高宗）的恩德，所以奉太子之命诛杀贼臣，希望陛下传位给太子，以上合天意，下顺民心！"这时，则天看到崔玄暐，便说："别人都是经过他人推荐来到朝中，只有你是我亲手提拔起来的，你怎么也在这里呢？"崔玄暐理直气壮地说："我正是来报答陛下大恩的。"则天知此情形已无可改变，也就没有再说什么。

政变不久，武则天被迫传位给太子李显，他就是唐中宗。中宗复位后，首先下诏把以前被酷吏陷害的官吏，一个个给平反昭雪。则天随后便迁到上阳宫去住。皇帝每隔几天，前去向她请安一次。不久，便恢复了唐的国号，武周政权便告寿终正寝了。

武则天于是从宫城搬到了洛阳西南的上阳宫。乍然走下风云一生的政治舞台，她内心的失落是可想而知的。武则天好似一夜之间苍老了许多，当中宗再一次来上阳宫向她请安时，发现一直容颜不衰的母亲已经成了名副其实的老太婆。82岁的武则天，已是风烛残年。

705年十一月初二，武则天在洛阳上阳宫的仙居殿去世。临终前遗制："祔庙归陵，去帝号，称则天大圣皇后。"武则天虽然一度改变了男子为中心的政局，却不能改变男子为中心的社会制度。终于从前台的主演退到幕后，甘做李唐的皇后。武则天的女皇生涯结束了，但她也心安泰然地配享太庙，受到李氏子孙的尊扬与优礼。

706年正月，武则天的灵柩在儿子中宗皇帝的亲自护送下，从洛阳回到长安。

五月,按照她的遗愿,与唐高宗合葬在乾陵(位于今陕西乾县)。

【名家评点】

武后自高宗时挟天子威福,挟制四海,虽逐嗣帝,改国号,然赏罚已出,不假借群臣,僭于上而治于下,故能终天年,贻乱而不亡。

——宋·欧阳修等《新唐书》

长孙无忌,高宗之母舅也,而构陷之者,始自武氏,成于许敬宗。武氏之欲杀无忌也,因无忌谏阻易后,致有此嫌。敬宗与无忌何集雠?与褚遂良、韩瑗等又何怨?其所以必加陷害者,无非受武氏之嘱托耳。夫唐廷以上,臣僚甚众,宁必为武氏爪牙,方得居官食禄,况无忌等未尝有罪,而乃任意扳诬,恶同蛇蝎,吾不意忠良之后,而竟生此奸赋也。故武氏之恶固大矣,而敬宗之恶为尤大,揭而出之,恶其何自遁乎?

——蔡东藩《唐史演义》

唐朝韦氏：母女乱伦 亲手毒夫

【人物档案】

姓名：韦氏

别名：韦皇后、韦庶人。

生卒：？ ~710 年

关系：唐中宗李显皇后

朝代：唐朝

主要成就：在男权社会里，身为女性的韦后，能竭力、且成功地提高女性的地位，充分肯定女性在政治领域中的权利。

陵寝：荣先陵（陕西省西安市长安区原韦曲镇东北韦曲原上的南里王村）

【枭雄本色】

韦氏（？ ~710），唐中宗李显皇后。京兆万年（今西安）人。其父韦玄贞，曾为豫州刺史，母崔氏。后嫁给太子李显为妃。李显两次登基，所以，韦氏也因此而两次被立为皇后。李显在母后武

韦 氏

则天的压力下，受尽折磨，但面对贫困，韦氏还是义无反顾地追随在李显身后。但韦氏的政治野心、权力欲望并不亚于她的婆婆——武则天。有了武则天的前车之鉴，所以，为了达到自己登基称帝的目的，韦氏和亲生女儿安乐公主也大胆地将自己的丈夫中宗皇帝置于死地。尽管如此，韦氏还是没有逃脱掉厄运，最终被处死，死后追贬为"庶人"。

【风云叱咤】

一言惹祸 颠沛流离

韦氏是豫州刺史韦玄贞的女儿，她可算出身高贵，因为受家庭熏染，自幼读书，

增加自身的情趣。韦氏天生丽质，妩媚诱人。所以，当李显为太子时，韦氏被选为太子妃。韦氏与李显平时相亲相爱，李显即位后，对韦氏的感情依然如故，百依百顺。可是随着韦氏地位的提高，韦氏家族的地位也跟着显耀起来，韦氏的父亲韦玄贞也父凭子贵，从普州参军一下晋升为豫州刺史。时隔不久，韦玄贞又到宫内当了侍中。

韦玄贞依仗韦皇后的地位，官职一步步地往上升。一个无功的人晋升如此之快，当然会引起朝中大臣的不满。为此，裴炎入朝劝谏，中宗十分反感，他以天子的身份向裴炎吼道："我把天下给韦玄贞也没有什么了不起，何止一区区侍中呢？"裴炎当即就把这话传给了太后武则天。

武则天听后大怒，当下与裴炎商量，决定要挟中宗退位。这年二月，武氏密召中书侍郎刘传之，羽林将军程务挺、张虔勖等率兵入宫，在乾元殿召集百官，太后临朝。裴炎大声宣布太后敕令：废中宗为庐陵王。突如其来的敕令使中宗惊慌，连连问道："为什么，为什么，我有何罪？"武则天大声呵斥："你连天下都要拱手送给韦玄贞，还能说无罪？"中宗愤愤地瞪着裴炎，可又奈何不了。中宗万万想不到一句气话，引得丢掉皇帝的宝座，韦皇后更想不到自己刮的枕边风竟然把中宗吹下了台。

中宗被废为庐陵王后，携永泰、永乐、长宁公主迁到房州（今属湖北）。在赴房州途中，韦氏分娩，中宗脱衣做褓褓，于是起名裹儿。在随后的14年中，韦后一直陪伴中宗备尝苦难。但所幸的是夫妻两人情感笃深，十分恩爱。

可是当中宗每次听说敕使到来，便犹如惊弓之鸟，免不了恐惧一场。因为中宗深知武则天的厉害，他怕自己将来也会落得兄长李弘、李贤的下场。想到自己每日提心吊胆地生活，中宗真想早早去死，于是中宗想自行寻死，了结残生。但是，看到中宗这样，韦后多次劝阻："祸福没有长久的，敕使来，未必是赐死，何必这般慌张呢？"时间长了，中宗完全相信了韦后所言。所以，这时的中宗精神上完全是依赖韦氏的。他十分感激在房州的这段日子，韦氏与他相依为命，百般照顾、安慰。心存感激的中宗与韦氏发誓："我若重登皇位，只要是你要干的事，想要的东西，我定满足。"所以，等到以后中宗复位后，韦氏才敢胆大妄为地做出无法无天的事情。

圣历元年（698年）三月，年老的武则天经过权衡利弊，终于将李显一家接回东都，立李显为皇太子，韦氏再次当了太子妃。

神龙元年（705年）正月，宰相张柬之和羽林将军桓彦范、敬晖等五大臣乘武则天患病之时发动政变，杀了武则天的面首张昌宗、张易之及武氏家族数人，迫使武则天传位给太子李显。太子李显即位，仍称中宗，恢复唐朝。

从此，韦氏开始利用皇后的权威，为所欲为。

效法武帝　朝中弄权

中宗被武则天召回宫中时，房州路上所生的裹儿已长至十几岁，被封为安乐公主。这安乐公主天资聪慧，貌美秀丽，韦后、中宗特别宠爱她。武则天见了裹儿，也爱她秀外慧中，甚至感到裹儿很像自己，于是，令她嫁给了侄儿武三思的儿子武崇训。安乐公主的婚礼，十分隆重，不亚于皇太子成亲。贵戚显宦，无不前来贺喜，宰相李峤、苏味道、郎官沈佺期、宋之问等文士，以诗文称颂祝贺。上官婉儿也作诗贺喜，而这上官婉儿是上官仪之子上官庭芝的女儿。

这次婚宴之中，中宗见到姿色诱人、诗才横溢的上官婉儿，从此对她便念念不忘。中宗复位后，召幸婉儿，封为婕妤。上官婉儿的祖父上官仪，父亲上官庭芝，高宗时因参与反对武后摄政一事，父子同被诛杀。母亲郑氏带着襁褓中的婉儿被罚到宫中做苦役，婉儿长在宫廷，长大后，容貌迷人，写得一手好文章，被武则天召到宫中参与政事。后来婉儿与武则天的侄儿武三思勾搭成奸，故而中宗复位，婉儿为了巴结韦后，又把武三思介绍给了韦后。从此，二人常在中宗面前夸耀武三思的才能，极力推荐，中宗也就满足了这两个女人的愿望，任命武三思当了司空，同中书门下三品。

重新被立为皇后的韦氏，并不吸取以往的教训，继续给中宗吹枕边风，甚至压抑已久的政治奢求、权力欲开始萌动。身为皇后的韦氏上表中宗，请求修服役制度，23 岁为成丁，开始服役，59 岁免役，减短服役时间。中宗欣然允许。修改后的服役制度受到百姓的欢迎。每次朝廷议事，韦后必定布设账帷，像武则天和高宗时那样，也坐在殿上，干预起朝政来了。

韦氏干预朝政，许多大臣自是不满，大臣桓彦范上表说："自古帝王，凡与妇人共议政事的，最后没有不国破人亡的。"可是中宗面对自己的恩爱妻子，自是不听。中宗不久又追赠韦后的父亲韦玄贞为上洛王，左拾遗贾虚己上疏说："自古的惯例对异姓人不封王，现在陛下中兴之日刚刚开始，千万百姓对大唐复兴拭目以待，您却先封后族为王，这可不是推广德行、实施仁政的行为。"中宗仍然执迷不悟，在这一点中宗远远不如他的母后来得明智。不但如此，中宗还把左拾遗贾虚己上疏的话告诉了韦后，韦后于是对贾虚己怀恨在心！

母女乱伦 蒙蔽中宗

韦后与武三思私通的事宫廷内外人人皆知，只有中宗蒙在鼓里，张柬之、崔皎多次进谏，要中宗压抑诸武势力。中宗哪里能听得进去？后来，中宗采纳上官婉儿明升暗降的建议，封张柬之为汉阳王、桓彦范为扶阳王、敬晖为平阳王、袁恕己为南阳王、崔玄为博陵王，把诸大臣赶出朝廷。但是，武三思等人还怕有后患，又进一步加害五王。

武三思设计令人写了皇后的肮脏事，要求废黜皇后，贴在皇宫附近的天津桥边。又让人通报给中宗，中宗得知，大怒，令御史大夫李承嘉调查真相。而这李承嘉却是武三思的死党，不几天就上奏中宗道，那是张柬之等人所为，虽说是废皇后，实际是谋反，应当诛族。听了李承嘉的话，中宗再次下诏，把五王流放边州。而韦后和武三思等人却篡改诏令，在五王流放的途中，派人将他们分别杀死了。

中宗凡事都和韦氏、武三思商量，蒙在鼓里的中宗哪里想到自己身边的韦氏、上官婉儿这两个女人都和武三思通奸。而他还专情于她们，并按她们的意思委以武三思重任。可以说，此时的武三思权倾天下。他想要做的事，通过韦皇后、上官婉儿这两个女人他都能一一如愿。

武三思、韦氏，甚至中宗的女儿安乐公主都有争做天子的野心。对于武三思、安乐公主来讲能做皇太子、皇太女是他们通往皇上宝座的第一步。然而，立太子之事，中宗恰恰没和韦氏、武三思商量，却立李重俊为太子。中宗的这种作为，早已引得他们耿耿于怀。

更何况这太子李重俊是后宫所生，因为他生母出身低微，所以，遭到不满。为立太子之事，韦氏心中也是非常的不快，但又无可奈何。因为她唯一的儿子邵王李重润，很早就夭折了。中宗的爱女安乐公主为立太子之事也跑来找父皇，在她的心中，她想要像她的祖母武则天那样做女皇。可优柔寡断的中宗，在朝臣的再三要求下，才立李重俊为太子。

李重俊被立为太子后，韦后非常嫉妒，安乐公主更瞧不起他，丈夫武崇训也时常教安乐公主如何欺辱太子，称太子为奴。太子李重俊生活在唾骂、白眼之中，时间久了，自然咽不下这口气。神龙三年（707年）七月，太子和魏元忠、李多祚等大臣，密商斩杀诸武党羽和宫中淫妇。这天夜间，李多祚假托圣旨，率300多羽林军，随太子闯入武三思家，杀了武氏父子，接着率兵直入禁宫。中宗与韦氏、婉儿、安乐公主刚刚吃罢晚宴，悠闲自得地谈天，忽报太子谋反，正向皇宫杀来，中宗不觉胆战心惊乱了方寸，上官婉儿在武则天身旁多年，朝中发生的大小事情，风风雨雨，都经历、目睹过，所以她十分沉着，急令羽林军大将军刘景仁调兵保卫宫廷，守住玄武门，让皇上、皇后等迅速上玄武门楼，那里坚固可守，一来可暂避锋芒，二来可向下宣布急诏。皇上与皇后在羽林军的保护下，登上玄武门，而且，援兵已埋伏玄武门楼周围，这时李多祚也率300多名羽林军来到玄武门楼下，中宗对着李多祚说："我平时待你不薄，你为何谋反？"李多祚回答："陛下您难道不知道武三思等在后宫淫乱吗？我等已奉太子之令杀了武三思父子，宫闱还有乱贼，特来诛杀。"

中宗知武三思父子被杀不由一惊，韦后、婉儿、安乐公主一听更是受不了，忍不住泪雨涟涟，牵着中宗的衣襟，要中宗报仇雪恨。李多祚又大声说："上官婉儿勾引武三思入宫，理当处死。"但此时李多祚的300多人马，已悄悄被皇帝的羽林军团团包围，混战中，李多祚等将领被杀，太子率领几个人逃出京师，后又被左右随兵刺死。

太子死后不久，韦后、婉儿、安乐公主就逼中宗究治余党。九月，中宗改元景龙，并下诏追赠武三思太尉梁宣王，武崇训赠开府仪同三司鲁忠王。安乐公主自幼情深，为了将来同穴安葬，又要求把武崇训墓改称陵，仿永泰陵墓。

其实安乐公主早就与武崇训同族兄弟武延秀相好。武崇训一死，安乐公主干脆让父皇召武延秀入宫。名目上帮助治丧，背地里陪侍枕席。中宗知道后，令武延秀娶了安乐公主，并授他太常卿兼右卫将军，封昌国公。在父亲的撮合下，两人名正言顺做了夫妻。延秀入朝谢恩，又拜见了韦后，韦后见他风度翩翩，欲火复燃。

想来，自三思死后，韦皇后无可续欢，竟然迫令爱婿侍寝，安乐公主就算知道也不点破。母女同欢，可谓古今丑事。

利欲熏心　亲手毒夫

中宗只知道天天与韦后等以嬉游、宴乐为事，又有那些追逐名利的谄佞之臣趋承陪奉，所以中宗很少关心国政大事。

景龙四年(710年)正月十五上元灯节，韦后知道外边有灯会，便和上官婉儿、各位公主请中宗换上便服，一同出外观灯。中宗不管议论，专拣热闹处游玩。等回宫清点，竟然发现许多宫女逃掉。灯节过后，中宗、后妃、公主又一起来到玄武门，看宫女打水仗，赐群臣筵宴，中宗命令各献上技艺取乐，有的投壶，有的弹鸟，有的弹琴，有的击鼓，国子监祭酒祝钦明竟然跳起八面舞，弯腰曲足，舒臂耸肩，丑态百出，中宗、韦后见了拊掌大笑。

安乐公主趁中宗高兴时要求父皇把昆明池划为她的私池。中宗想来这昆明池祖祖辈辈都没把它赐给私人，所以……高宗没有说完，公主便软磨硬泡，高宗无奈，只得允许她另开凿一池。于是，在耗费许多民财和民力后，公主的私池终于凿成，公主还在这个池上修起了亭台酒醋之处，供宫廷取乐的优人跳起"回波"舞。庆贺时中宗十分兴奋，韦后又怂恿中宗下令以"回波"开头，作诗助兴。文学士沈佺期也在赐宴之列，他想趁机赋回波诗自嘲，以感动君心，吟道：回波尔如佺期，流亡岭外生归。身名幸蒙齿录，袍笏未复牙绯。中宗听了微微一笑，安乐公主说："以他的才学，持牙笏、穿绯袍，上朝议政，也不算过分要求。""陛下现在就要委他重职！"韦后在旁怂恿道。中宗随即任命沈佺期为太子詹事。沈佺期感恩流涕，谢恩退下，就在母女的三言两语中，国事就被这母女二人篡权了。

韦后想学武则天，挟持夫君，中宗很怕她，因此臧奉吟诗，公然颂扬韦后，根本不把中宗放在眼里。韦后听完欣然含笑，洋洋自得。正直的谏议大夫李璟伯十分恼火，愤然站起："陛下，我的职责是规劝皇上，现在喝酒太多，不要做出格的行为。"中宗听了不大高兴，这时同三品谏议大夫萧至忠奏称："这是肺腑之谏，望陛下珍重对待。"中宗兴致荡然无存，随即传令罢宴，起驾回宫。第二天，中宗想治罪臧奉，但听说韦后赐臧奉大量金帛财礼，只好叹息作罢。

早在神龙三年(707年)，太子李重俊起兵被杀，韦后就自封为"顺天翊圣皇后"。景龙二年(708年)，宫中传闻说皇后衣裙上有五色云凝聚，是祥瑞。中宗听后，不但没有明白其中所含的深意，反而马上令宫监绘成图样，拿给朝中百官看。

景龙三年(709年)冬至，中宗到南郊祠堂祭天，国子祭酒祝钦明等提议"皇后也应合祭"。中宗准奏，结果中宗初献，韦后亚献。

景龙四年(710年)，韦后随中宗游春，赐宴群臣，当时散骑常侍马秦客、光禄少卿杨钧也在座，韦氏见他们二位年轻貌美，顿时欲火随起，散宴后，密令二人到宫中"待命"，趁中宗另幸别宫，即令二人轮流侍寝。韦氏的淫乱行为日益明目张胆，朝廷内外，几乎人人皆知。不久，定州人郎岌、许州参军燕钦融就韦后淫乱干政、图危社稷上疏中宗。中宗还未来得及处理，就被韦后探知，韦后立刻假传圣旨，将他们捕杀。

此时的韦后觉得，要想成为女皇，必须及早杀掉中宗。安乐公主也希望父亲早早死掉，母亲当了皇帝，自己就可以堂堂正正地成为继承人——皇太女。

景龙四年（710 年）六月，韦皇后忘记了与中宗患难与共的岁月，病态性的权力欲望驱使她与自己的爱女安乐公主合谋想杀死中宗。

于是，韦后把此事告诉了杨钧，这杨钧、马秦客想韦皇后一旦当政，将会有享不尽的荣华富贵等着他们，他们就合计欲用毒药害死中宗。第二天，马秦客、杨钧秘密把药带到宫中。

这天，中宗正在神龙殿闲坐，还没吃午饭，韦后亲自把放有毒药的三酥饼供上，中宗一连吃了八九个，还连夸好吃。就这样，中宗在不知不觉中，被他所信赖的妻子、女儿陷害了。

中宗死后，韦后秘不发丧。一面把各宰相召入禁宫，征集各府兵 5 万人屯守京城，让其家族人分领府兵，中书舍人韦元缴巡行京都六街；一面与太平公主、相王旦、上官婉儿议立太子一事。太平公主对韦氏族党在朝廷为所欲为一直不满，又觉得中宗暴死，所以，极力拥立相王旦再次为皇帝。但她一个人的力量终显微小，最终还是遭到韦后、安乐公主的强烈反对。她们草定遗诏，拥戴 5 岁的温王李重茂即位，温王非韦后亲生，韦后以皇太后自居，临朝摄政。

正当韦后积极布置称帝的仪式时，中宗的侄子、相王旦的三儿子临淄王李隆基却在太平公主里应外合的配合下，深夜三更，率领禁卫军杀进皇宫。李隆基毫不留情地处死了韦氏。接着又下令捕杀武延秀等韦氏族党，安乐公主和上官婉儿也相继被李隆基杀死。

韦氏的皇帝梦终于结束了，应该说是她丧失人性的病态性的权力欲，为自己的一生画了一个可悲的句号。

【名家评点】

韦氏乘夫，淫蒸于朝，斜封四出，政放不一，既鸩杀帝，引睿宗辅政，权去手不自知，戚地已疏，人心相挺。玄宗藉其事以撼豪英，故取若掇遗，不旋踵宗族夷丹，势夺而事浅也。

——宋·欧阳修等《新唐书》

韦氏淫而且贱，仇若三思，甘为所污，忠若五王，反恐不死。有武氏之淫纵，无武氏之才能，其鄙秽固不足道。独怪中宗以十余年之幽囚，几经危难，备尝艰苦，尚不能练达有识，甚至纵妇宣淫，引奸入室。臣民明论暗议，彼且甘作元绪公，杀人惟恐不及，倘所谓下愚不移者非耶？

——蔡东藩《唐史演义》

刘玉娘：荣登宝座　蛇蝎心肠

刘玉娘

【人物档案】

姓名：刘玉娘
别名：刘皇后、神闵敬皇后
生卒：？～926年
关系：后唐庄宗李存勖皇后
朝代：五代·后唐
主要成就：姿色绝众，能歌善舞，因生子逐渐得宠。凭借自己的美貌和心机从一个流浪的小女孩一步步成为了皇后，最终又悲惨地死去。

【枭雄本色】

刘玉娘（？～926），后唐庄宗李存勖皇后。魏州成安人，其父刘叟。原为李母曹氏身边的一个婢女。后来，因为她长得漂亮又工于心计，做了晋王夫人。但刘玉娘生性心狠手辣，而且多谋善变。所以有她在的后宫，笼罩在一片血雨腥风之中。甚至后来，她为瞒自己的歌女出身，棒笞生父。为掌朝政，残害忠良。甚恶劣行径，令人发指。

【风云叱咤】

丧心病狂　棒打老父

刘玉娘自幼随父亲刘叟流浪各地，四处为人行医问卜。后梁乾化元年（911年），他们在成安（今河北成安），遇到晋王李存勖的手下袁建丰率兵在街头烧杀劫掠。袁建丰正愁所获无几时，看到一老一小的刘玉娘父女，老的半脸黄须，形容枯瘦，小的只有五六岁，生得聪明伶俐，讨人喜欢。袁建丰情急之下将刘玉娘抢到马上，回营孝敬了主帅李存勖。李存勖见刘玉娘精灵秀慧，小巧可爱，便带到晋阳（今

343

山西太原南），令其侍奉生母曹氏。刘玉娘从小随父在外谋生，懂得不少人情世故，虽年纪幼小却善于察言观色，既能端茶递水，又善承人旨意，因而深得曹氏宠爱，每逢闲暇之时，曹氏便教她学习吹笙弹琴及歌舞诸技。她生性聪颖，所教无不心领神会，曲尽微妙，被曹氏视若掌上明珠。

刘玉娘长成十五六岁时，已经出落得貌美动人。一日晋王李存勖出征归来，入内庭拜曹氏，母子相聚，欢乐异常，曹氏命刘玉娘歌舞弹唱，以助雅兴。刘玉娘在年轻的晋王跟前，显得格外妩媚，她轻歌曼舞，间以吹笙弹琴，悠扬婉转。李存勖深通音律，听到刘玉娘抚琴弹曲，已是惊喜不已，又看她千娇百媚，楚楚动人，更觉得可怜可爱，两眼一眨不眨地盯视着她，竟忘了同母亲说话，曹氏早已心中了然，便将刘玉娘赐给李存勖。李存勖大喜过望，当即将刘玉娘带回。当时，李存勖的正室为卫国夫人韩氏，二房为燕国夫人伊氏。刘玉娘作为第三妻房，封为魏国夫人。

在此之前，李存勖攻打后梁夹城时，房守将符道昭之妻侯氏，侯氏尚在惊魂不定之际，便被李存勖纳为己妾。侯氏姿色超众，正值豆蔻年华，又有芙蓉脸面，很快得到李存勖的专宠，行军打仗，也将侯氏带在身边，弄得室中其他妻妾全被搁置一旁，她们不免含酸吃醋，骂侯氏为"压寨夫人"。自从刘玉娘进府后，侯氏很快被李存勖冷落了。

刘玉娘不但年轻貌美，多才多艺，而且多谋善诈，暗中设置障碍，阻止李存勖与其他妻妾见面；同时又百般献媚，想方设法让李存勖专心于己。后梁贞明元年（915年），后梁天雄军节度使降李存勖，李存勖率军前去受降，刘玉娘使尽手段强请随行，获准。从此以后10余年，李存勖每次出战，她必随军而行，彻底取代了侯氏，专宠一身。

刘玉娘获得专宠靠的是她的美貌和心术手腕，而她的儿子李继岌更使她的地位得以巩固。李继岌生得酷似李存勖，深得李存勖喜爱，将他立为王位继承人。

李存勖进驻魏州，经过河北时，仍以医卜为生的刘叟闻女已显贵，赶到王宫，自称为刘夫人的生身之父，求见刘玉娘。李存勖令袁建丰审视，袁建丰说当初确曾见此黄须老人挈着刘夫人。确信老翁正是刘玉娘的父亲。但刘玉娘却称其父早亡，此人必是贪图富贵、假冒王亲的市井无赖，令人将老翁打二十军棍，立即轰走。其实，刘玉娘也知老翁是她的父亲，只是为了争夺皇后宝座，不得不下此狠心。因为她不想暴露微贱的出身，以免给反对她立后的大臣以口实。所以她宁可受天理良心的谴责，也不认父亲。最后，她还残忍地命兵士棒笞刘叟百下。老迈的刘叟昏晕了几次，最后只好哀号而去。李存勖相信了刘玉娘的话，认为那个黄须老头攀亲附贵可笑之极。

不想，一日李存勖兴起，背起行囊药箱，与儿子继岌一起，扮成医卜的模样，乐不可支地跑到刘玉娘卧室，并称作"刘叟访女"，硬是把刘玉娘从睡梦中闹醒。刘玉娘睁眼一看，正中其隐痛，顿生无名怒火，但她又不能将李存勖怎么样，无处撒气的刘玉娘，只好将继岌重笞一顿，以示警诫。

贿赂重臣　荣登宝座

后梁龙德三年（923年），李存勖称帝，建立后唐王朝，改元同光。李存勖即后唐庄宗。此时，庄宗最棘手的问题是立谁为皇后。庄宗有意立刘玉娘为后，但是卫国夫人韩氏为正室（第一夫人），燕夫人伊氏位次也在刘玉娘之上，越次册立，违反常规，无法向群臣交代，故庄宗就此事一再拖延。

刘玉娘表面上装出一副无所谓的样子，每天佯作欢笑，可暗中早已焦灼异常。偏偏此时又生出两件事情，一是同光二年（924年）正月，庄宗又派皇弟李存渥、皇子李继岌去晋阳迎接皇太后及韩氏、伊氏来洛阳团聚。韩氏、伊氏来到洛阳，无疑给刘玉娘又平添了两个对手，这对刘玉娘做皇后形成了极大的威胁。

而以前对自己很是喜欢的皇太后曹氏也不如原先那样喜欢刘玉娘了，对她有许多不满。更叫刘玉娘头痛的是河南尹张全义上表奏请庄宗到洛阳举行郊祀之礼，庄宗大喜，准备立即举行。郊礼是一种盛大的国礼，新即位的皇帝要与皇后及群臣参拜天地祖宗，敬告神鬼和列祖列宗。刘玉娘心急如焚，万一在立皇后之前举行郊祀之礼，卫国夫人韩氏必定以第一夫人的身份参加，那就成了事实上的皇后了，刘玉娘可不会傻到坐以待毙。

所以，刘玉娘即刻开始行动，一方面亲自出马，盛饰入谒庄宗，以仪物未齐，不足显示尊严，需要再加制造为由，请求改定郊祀礼仪的日期。庄宗经不住她的劝说，遂将日期推至仲春二月。另一方面，她情急生智，嘱使伶人和宦官四下活动，运动朝臣。丞相豆卢革经刘玉娘的金银贿赂，加之说客劝说，便对立刘玉娘为皇后之事大表赞同。最难说服的是枢密使郭崇韬，他位兼将相，为人正直，为官清廉，他反对越次册立刘氏。刘玉娘无奈，便找到郭崇韬故友的子弟，重金赂之，请他们前去劝说郭崇韬。郭崇韬正对宦官把持朝政忧心忡忡，故友子弟乘机献策说："为公之计，不如主动奏请册立刘玉娘。她专宠，路人皆知，且皇上早就有意立她为后，公何不顺水推舟，送个人情呢？公若率先奏请，上可得皇上的欢心，内可得到刘玉娘的报答，虽遭别人评说，但可推行公之改革措施，何乐而不为。"这一席话，终于说动郭崇韬，他马上与丞相豆卢革联名上书，请立刘玉娘为皇后。庄宗接到奏章，正中下怀，刘玉娘佯装不知，暗自欢喜若狂。

郊祀之礼终于按照刘玉娘的意愿举行了。二月朔日，庄宗亲祀洛阳南郊，群臣毕聚，宰相以下按次称贺，颂声连天。过了数日，即正式册立刘玉娘为皇后，封皇子李继岌为皇太子并魏王。刘玉娘受册封之后，便乘上重辇，在庞大仪仗乐队的簇拥下，参拜太庙。她本来就姿色迷人，这时又加珠冠玉佩，罗衣迭雪，更显出万种娇娆，千般婀娜，引得洛阳男女老少无不夹道聚观。刘玉娘礼毕归宫，朝廷内外，百官相率朝拜，贺她荣居皇后之位，唯独卫国夫人韩氏和燕国夫人伊氏愤愤不平，不肯朝贺。庄宗不得已封韩氏为淑妃，封伊氏为德妃。

搜刮民脂　为所欲为

一个会行贿的人他必会受贿，所以早在庄宗即皇帝位之前，刘玉娘就开始伙同一批宦官伶人操纵朝政，受贿索贿。后梁宋州节度使袁象先入朝，辇带珍宝数十万遍赂刘玉娘及宦官伶人，此举很是讨得刘玉娘开心，讨得刘后开心自然就取得了庄宗的欢心。所以他立即就得到了庄宗的召见，庄宗再三慰劳，倍加宠信，赐名李绍安。随后还有后梁的降将霍彦威、戴思远等，因纳贿刘玉娘，而同样得到了庄宗恩赐。

荆南（今湖北江陵）节度使高季昌，闻庄宗已灭梁，颇为畏惮，为了避庄宗祖父国昌庙讳，改名季兴，然后亲自入朝拜见庄宗。庄宗和郭崇韬对他以礼相待，赐以盛宴，命其归镇，官任原职。当高季兴辞朝南归至襄州（今湖北襄阳）时，突遭追缉，幸亏在卫士的保护下，乘夜逃脱，才幸免一死。

原来，这高季兴一世英明，却在刘后面前棋落一招。在高季兴入朝时，因为馈赐刘玉娘及伶宦不足，使得刘玉娘心中不平。刘玉娘便同伶宦一起，进谗言于庄宗。庄宗素来听信刘玉娘，加之对高季兴始终不放心，立即令襄州刺史捉拿季兴，致使高季兴怀恨在心，暗中召纳后梁散卒，练兵屯粮，随时准备兵击后唐。

庄宗李存勖自幼喜好音律歌舞，所以在他的家中就养了一批伶人。做皇帝后，这些伶人立即得宠。他自己也常常粉墨登场，每次出行，也带伶人同行。这些伶人可以随时出入宫廷。刘玉娘借机遍插伶官，位在群臣之上。她曾鼓动庄宗用伶人杨婆儿为卫州（今河南新乡）刺史，伶人为官从此开始。

刘玉娘依仗庄宗对她的宠爱，就煽动庄宗任用宦官为监军，并下令：前朝宦官，不论贵贱，都可回朝廷任事。当时庄宗身边有1000多名宦者，皆是给养丰厚，委以重任，成为腹心耳目。

从此宦官、伶人在刘玉娘的帮助下高权在握，他们恃宠怙势，与刘玉娘串通一气，控制朝野。而那些朝廷大臣为保住身家和官位，也多附托他们以求恩泽。四方藩镇为免兵祸，也争以财宝贿赂交结。宦官伶人唯利是图，毫无治国之术，只知陷害贤能忠良，搜刮民脂，为所欲为，而一些贪官污吏，又倚他们为后援，殃害百姓。

刘玉娘的钱财欲可谓达到后唐的顶点，成为后唐最大的搜刮民财的暴贼。她被立为皇后后，公开聚敛财宝，凡州县方镇贡纳之物，皆先入后宫，然后再交纳府库。租庸使孔谦为了取媚于皇后，将朝廷下文所定的租赋之数，加倍征收。他还发明租庸使贴，不经州县以上的藩镇许可，直接下达到州县，催征租税，横征暴敛。天平、平卢两镇上书抗议，朝廷亦指责孔谦"有紊规程"，孔谦却依仗刘玉娘的后台，对其他官员置若罔闻，行之如故，他还大胆地在民间发放高利贷。在他的带领下，各州县官吏遂群起效法，并且变本加厉，层层加码，造成了百姓流亡，士卒冻馁，国家财政危机愈演愈烈，但是身为皇后的刘玉娘，却金银财宝充斥后宫。

有了金钱和地位，刘玉娘并不感到满足，当她看到别的妃嫔常回家省亲，她不免有点失落。她一生中最为遗憾的是没有一个富贵的娘作为依靠,她那可怜的生父遭谙后已不知下落。若有所失的她只好拉着庄宗耽情声色,肆意畋猎游乐。除了打猎以外,她还常常陪伴庄宗造访大臣宅第,饮酒作乐,通宵不归。最常去的是张全义宅中。张全义原为后梁河南尹,镇守洛阳,后唐灭梁后,他投靠后唐,被庄宗拜为太师、尚书令。张全义为了保全身家性命,常常纳贿后宫,刘玉娘对他很是满意。终于在一天,刘玉娘奏报庄宗,说她自幼失去父母之爱、孤苦无依,想认张全义为父,以慰心愿。

庄宗向来对刘玉娘是言听计从,对她这个芝麻般的要求,当然是慷慨允诺,并立即与她再幸张宅。皇上皇后双双驾到,张全义竭诚迎接,摆酒设宴,陪皇帝皇后品尝山珍海味。酒过三巡,刘玉娘让张全义上坐,向他行父母之礼,不知所以的张全义吓得马上离座而起,他可不敢身居这位貌美心狠、显赫无比的皇后之上。

但是,刘玉娘令强扶张全义入座,自己款款下拜,惹得老迈的张全义眼热耳红。他再次趋避,但又被诸宦官强拥入座,万般无奈,只好受了全礼,认下义女。庄宗坐在一旁喜笑颜开,叫张全义不必辞让,并亲自筛酒举杯,为张全义上寿。张全义谢恩饮毕搬出很多金银首饰,赠献义女刘玉娘。

恩将仇报　陷害忠良

同光三年(925),不太喜欢刘玉娘的皇太后曹氏病逝。失去了这个眼中钉,刘玉娘更是春风得意肆无忌惮。

刘玉娘开始着手对付那些对她不利的功臣将相,而作为刘玉娘第一个开刀的对象,就是对刘玉娘妨碍威胁最大的郭崇韬。他本为李克用手下的一名教练使,机警英武,才干过人。李克用死后,他辅佐庄宗,参谋军机大事,在危难之际,他率军冲锋陷阵,出奇制胜。在后唐灭后梁的过程中,他力非众议,一手谋划进取之策,布置攻战方略,特别在占领汴梁、诛杀梁末帝的过程中,他的功勋尤为显著,成为后唐举足轻重的人物。郭崇韬身兼将相,官居要位,以枢密使、检校太保、守兵部尚书加升府仪同三司、守侍中、临修国史,再兼真定尹、成德(今河北真定)军节度使,封太原郡侯。他为人刚正不阿,为官清廉,勇于革新,反对唐末以来宦官充任枢密使的陈规,请求革除所有朝中任事的宦官伶人。可想而知,郭崇韬的一系列改革,与刘玉娘依靠宦官伶人干预朝政、为所欲为的做法却是水火不容的。所以为了自己的切身利益,以刘玉娘为首的伶宦集团便同以郭崇韬为首的权臣集团开始了轰轰烈烈的斗争。

后唐同光三年(925年)秋,庄宗派郭崇韬讨伐前蜀。郭崇韬奉命出征,仅用了70天时间就消灭了前蜀。郭崇韬在征蜀途中,曾对魏王李继岌说:"待平定蜀地后,王立殊功,威望遽升,日后继位做主,要尽除擅威作福的伶宦。若不改变伶宦恃宠怙势的弊风陋习,必将造成上下离心,民怨沸腾的局面。"这发自肺腑的忠良之言,被刘氏的亲信听到并告诉了刘氏,因此,刘氏对他更加恨之入骨。

347

在刘玉娘没有登上皇后之位时,郭崇韬一力奏立刘玉娘为皇后。他原以为一力拥立刘玉娘,日后便可以换取她的支持,推行维护自己的改革措施,并制服宦官伶人。结果,郭崇韬没有想到,刘玉娘当了皇后,却伙同伶宦攻讦诬陷郭崇韬。

此时的庄宗也开始担心,郭崇韬功高盖主,便遣宦官向延嗣来蜀,催令大军还朝。延嗣一到成都,李从袭便密告延嗣道:"蜀中军事措置,全由郭崇韬把持,他的儿子每天与军中骁将及蜀地豪杰,饮酒发誓,不知是何用意。军中诸将也都是郭崇韬的党羽亲信,一旦有变,不仅我等性命难保,魏王恐怕也难免身遭大祸。"向延嗣本来就对郭崇韬没为他举行欢迎仪式而不满,听了这话当即表示一定要让小瞧自己的郭崇韬好看。

第二天,回到洛阳的向延嗣,向刘玉娘进谗言声称郭崇韬准备谋反,魏王李继岌危在旦夕。刘玉娘听后,认为除掉郭崇韬的时机已到,马上向庄宗添油加醋地哭诉,请求庄宗派人杀掉郭崇韬,救出皇子继岌。庄宗一听顿时怒气冲天,当即遣宦官马彦珪去成都,敦促郭崇韬火速还朝。

刘玉娘却决意利用这次机会立即除掉郭崇韬,便自行起草敕令,由马彦珪送交魏王继岌,命令他就地暗杀郭崇韬。

同光四年(926年)正月初六日,郭崇韬正在布置班师回朝事宜。马彦珪从洛阳赶至成都,李从袭、马彦珪等人暗自采取行动,伏兵杀死了郭崇韬。

心狠手辣　终遭恶果

郭崇韬被诛,以郭崇韬为首的权臣集团也随即瓦解,而以刘玉娘为首的伶宦集团彻底得胜,他们逐渐操纵了朝廷大权。这时的刘玉娘加紧扫除了郭崇韬的同党,一面更加紧了对庄宗的挟制,将庄宗玩弄于股掌之间。

可是,在后宫中有一位貌美如花的女子,深得庄宗喜爱,被庄宗纳为姬妾后,很快生下贵子,这下可气坏了霸道的刘玉娘。刘玉娘可不希望在她春风得意的时候,眼前出现障碍,于是玉娘便想方设法要把这位新来的爱姬赶出宫廷。

恰巧武宁军节度使李绍荣(原名元行钦)丧妇,庄宗赐宴抚慰,并在宴席上承诺给李绍荣再娶一美妇。刘玉娘在旁一听,马上召来庄宗爱姬,让庄宗把此女赐给李绍荣,庄宗一时不好反驳,只好佯装答允。不料刘玉娘得寸进尺,立即让李绍荣拜谢庄宗,并嘱咐宦官送庄宗爱姬与绍荣一同出宫进了绍荣宅第。看到美人离宫而去,庄宗快快不乐,连续几天称病不食不饮。但最终他还是不能拿刘玉娘怎么样,此时的庄宗,已没有能力与刘玉娘对抗了。

此事传出去以后,那些见风使舵的臣子皆知刘玉娘权重,于是不论大小臣子争相向刘玉娘献谀。大批的钱财流入后宫,百姓流离失所。刘玉娘日夜与庄宗花天酒地,纵情欢愉。宫中住得厌了,就游山玩水,打猎解闷。在派人杀害郭崇韬的同时,刘玉娘同庄宗率领诸皇子及后宫嫔妃,浩浩荡荡,穿越伊阙,扎营宄涧山,围猎捕兽,数日不归。当时正值隆冬大雪纷飞,随从不堪寒冻,沿路抢劫民衣民食,甚至拆民舍焚火御寒，比强盗还要逞凶，致使沿途各县吏因畏惧而逃避他乡。时至三月，天上流星频繁出现，占星者趁机上书说："流星出现，是有兵变的预兆，应将内府钱物散发天下，救济贫民，祛除灾祸。"庄宗信以为真就命令将内府及后宫财物拨给军士，以稳军心。刘玉娘不以为然，说什么也不把后宫财物拨给军士。

庄宗无奈，只得找宰相商量对策，准备暗中开府散粮，不料，这时又被刘玉娘从屏后偷听去，当即取出一些梳奁用品扔到庄宗面前，柳眉倒竖，向庄宗撒起泼来，庄宗只好赔礼道歉，开府散粮之事，从此不谈起。

郭崇韬死后，庄宗听信刘玉娘及宦官景进的诬告，又冤杀护国军节度使朱友谦全家。于是功臣宿将，皆怀自危之心，军队乏粮，将士愤愤不平，各地节度使、兵卒纷纷起兵反叛。庄宗派藩汉内外马步军总管李嗣源率侍卫亲军前往讨伐，结果亲军士卒发生哗变，胁迫主帅李嗣源攻取汴梁，住在洛阳的庄宗和刘玉娘闻变，为激励将士尽力抗守，急忙将内府钱帛赏赐给洛阳军士。

但为时已晚，妻儿早已饿死家中的军中将士面对金钱只能痛哭流涕。所以金钱非但没有激起他们的士气，反而适得其反。

最后，在与洛阳驻军混战时，庄宗亲率近卫骑兵抵御。结果被乱箭射中，流血盈身，将士扶他退到凌霄殿中。刘氏见庄宗气息奄奄，竟命宦官给他灌注酪浆。这时如果给庄宗灌水，庄宗可能还有生存的可能，但不幸的是刘氏故意给庄宗灌下了酪浆，一杯下肚，庄宗便一命呜呼了，时年42岁。

刘玉娘见庄宗已死，又命人将庄宗尸体化为灰烬。然后，她便与庄宗四弟李存渥及行营招讨使李绍等人，收拾宫中金银财宝，烧毁嘉庆殿，出洛阳狮子门，向西逃去。在逃往太原的途中，刘玉娘因怕李存渥弃她而去，索性委身于他。不想在太原时，李存渥被部下杀死。刘玉娘无处存身，万般无奈之下削发为尼。

后唐天成元年（926年）四月，李嗣源即帝位，是为后唐明宗。明宗派人来到太原赐刘玉娘自尽，坏事做尽的刘玉娘终于得到了她应有的恶果。

后晋天福五年（940年），高祖石敬瑭追谥刘玉娘为"神闵敬皇后"。

【名家评点】

昔三代之兴亡，虽由于帝王，亦承于后妃。故夏之兴也以涂山，及其亡也以妹嬉；商之兴也以简狄，及其亡也以妲己；周之兴也以及母，及其亡也以褒姒。观夫员简之为人也，虽未偕于前代，亦无亏于懿范。而刘后以牝鸡司晨、皇业斯坠，则与夫三代之兴亡同矣。

——宋·薛居正《旧五代史·唐书》

唐主李存勖，以英武闻，总有强兵猛将，不足以别之，而独受别于一妇人之手！倘所谓以柔克刚者非耶？

——蔡东藩《五代史演义》

宋朝刘皇后：太后临朝　垂帘听政

【人物档案】

姓名：刘氏

别名：民间相传为刘娥、章献皇后、章献明肃。

生卒：968年~1033年

关系：真宗赵恒皇后

朝代：宋朝

主要成就：发行交子，终结天书政治。

陵寝：永定陵，位于河南省巩义市蔡庄北1公里，陵尚未正式发掘。

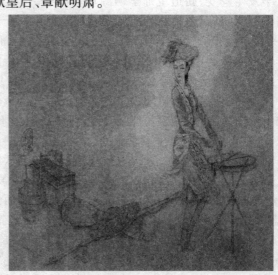

刘　娥

【枭雄本色】

刘氏（968~1033）是宋真宗的皇后，小名娥，华阳（今双流区）人，父亲刘通，官至嘉州刺史，1012年被册为皇后，谥号"章献明肃"。刘娥出身于一个低微的家庭，可是她绝顶聪明、貌美如花。自嫁给第一个丈夫龚美后，又凭借自己的美貌与才智，把太子勾引得神魂颠倒。后来，太宗知道此事后，对太子的做法大为不满，于是太子金屋藏娇，和刘氏秘密同居15载。真宗登基后，入宫后的刘氏左右逢源，笼络皇上，欺压大臣。其高明的手段与其他的后宫贵人不差上下。

【风云叱咤】

传说遗世　后人纷争

很久以来，在民间就流传着这样一个故事：宋朝第三代君主宋真宗的时候，后宫里有二位妃子，一位是玉辰宫李娘娘，一位是金华宫刘娘娘，二人同时怀有身孕。中秋之夜，皓月当空，清光四射，宋真宗和二位妃子在一起赏月吃酒，勾起自己多年无子的愁绪，遂说了一句："二妃如有生太子者，立为正宫。"谁知由此话，生出无限风波。那刘娘娘一心想要皇帝立自己为正宫，唯恐李妃生下太子。于是在归宫以后和总管太监郭槐定下了毒计。就在李妃产育时，乘李妃分娩后一时血晕不省人事之机，用剥了皮的狸猫把太子换出，让宫女寇珠抱到无人处弄死。那寇珠是位心地善良，为人正直的好人，把太子抱出后，心中又悲又气，正在无奈的时候，遇到了太监陈琳，遂把本末对陈琳说出，由陈琳悄悄地把太子送往南清宫八王千岁那里。

再说那刘妃早已将李妃产生"妖孽"的事奏明皇上，真宗大怒，立时将李妃贬入冷宫，加封刘妃为玉宸宫贵妃。刘妃见毒计见效，满心欢喜。到了十月怀胎期满，安然地生了一位太子。真宗大喜，马上立刘妃为正宫，谁想仅过了六年，刘后所生之子竟得重病，一命呜呼了。真宗大为悲痛，连日卧病床上。正值八千岁进宫问安，真宗问道："你有几位世子，都多大年纪了？"八千岁一一奏对。说到三世子，恰与刘后所生之子岁数相仿。真宗闻言，很是高兴，立刻召见三世子。及至三世子见驾，真宗不由的满心欢喜，即传旨将三世子承嗣，封为东宫守缺太子。那三世子恰恰就是李妃生的被狸猫换去的太子。真宗立了太子以后，传命太监陈琳带太子往各宫看视，刘后一见太子，立刻觉察出很像李娘娘。当太子路过冷宫的时候，看到李娘娘在受苦，虽然不知道这就是自己的生身之母，但母子天性，相见之下，不由得泪流满面。太子向刘皇后面恳，请求把李娘娘救出。刘后心中起疑，拷问寇珠当年把用狸猫换出的太子带到哪里去了。寇珠怎肯招认，被打得体无完肤，最后撞柱身亡。那刘后一心欲置李娘娘死地而后快，在皇上面前又拨弄是非。真宗听信谗言，立即赐李娘娘自尽，吉人自有天相，李娘娘被宫人救出，又由人送至陈州百姓家里安置。

转眼过了十几年，真宗去世，仁宗皇帝即位。这仁宗皇帝就是李娘娘的亲生儿子。一次，陈州地区遇上了荒年，皇帝派包拯去陈州粜米。包拯到了陈州。住在破窑里的李娘娘得知这是一位刚正的朝臣，就到包公那里喊冤，并把事情的始末说出。于是包公把李娘娘带回府内，又乘八王千岁府狄娘娘寿诞之日，送李娘娘进王府，并乘机和狄娘娘相认，狄娘娘召来仁宗皇帝，于是母子相认。仁宗皇帝既认了生母，又知道了当年自己落生时所经过的那些磨难，于是怒冲冲进宫去找刘皇后，病中的刘皇后得知当年狸猫换太子之事已经败露，立时惊惧而亡。仁宗诛杀了助纣为虐的太监郭槐，超度为救主而死的寇珠，嘉奖赤胆忠心的陈琳，把受尽千磨万难的李娘娘迎请回宫，平息了宋真宗时一场震惊朝野的冤案。

这个故事几乎家喻户晓。很多人都知道宋朝真宗时有一个用狸猫换太子的奸妃刘娘娘。但是故事毕竟是故事，往往和历史是有很大出入的。那宋朝确有一位刘娘娘，曾经辅助不知自己生身之母的仁宗垂帘听政十年，生前享尽荣华富贵，死后被谥为章献明肃皇太后。刘娘娘是宋朝第一位参政的女主，且又出身微贱，难免后人有许多非议。

摇鼓女子　入主中宫

公元 960 年,宋太祖在陈桥兵变中被黄袍加身,登上了皇帝的宝座,开创了宋朝的江山,又南征北战统一了大江南北。在这个时期,因军功被升迁为虎贲都指挥使领嘉州刺史的刘通,在跟随宋太宗讨伐北汉时,死在途中。那刘通身后并无男儿,只有一个还在襁褓中的女孩,小字刘娥。据说,刘通的妻子庞氏在生这小女孩的时候,梦见天上明月突然飞入自己的怀中,立时,婴儿呱呱落生,其父觉得这个女孩子来历不凡,非常珍爱。刘通去世以后,家道就衰败下来了。庞氏失去了依靠,只得把女儿刘娥带到母家抚养。刘娥在外祖母家渐渐长大成人。由于外祖母家也不富裕,小刘娥吃尽了苦头,就在这艰难困苦的环境里,如同一株生长在荆棘乱草中的牡丹,随着年龄的增长,刘娥长得亭亭玉立,花容月貌,竟然出落成一位国色天香的美人。

十四五岁的时候,她有一位表兄叫龚美,是一个擅长鼗(桃)技的银匠,看到表妹出落得如此漂亮,心中大为惊诧,觉得表妹长得是那么富贵脱俗,被埋没在穷乡僻壤实在可惜,就悄悄地对她说:"像你这样的美人,只要能够暂时忍受屈辱和辛苦,日后自能大富大贵。"刘娥虽然人还不大,但是又聪明、又有志气,一听这话,觉得大有来因,就要求龚美把话说清楚。于是龚美说:"你跟我进京城去,一路上我教你学习鼗技,你身段好,又聪明,练好鼗技,碰到好运气,得到王孙公子的赏识,不就一步登天了嘛!"所谓鼗,是一种长柄的摇鼓乐器,俗名叫拨浪鼓,表演鼗技时,鼓点、舞蹈和唱词互相配合,在民间很受欢迎。听了这番话,刘娥小心眼一转,觉得表哥说得很对,窝身在这穷乡僻壤中,永远也熬不出头来。就一口答应了下来,背着家人跟从龚美进了京都。一路上就向他学习鼗技。刘娥学习得很刻苦,再加上自己天生的聪明伶俐,很快摇鼓、舞、唱样样皆精,配上那出色的容貌,真是色艺双全。

到了京城汴梁以后,刘娥就住在龚美那里,每天都到街市的繁华之处表演鼗技,鼓音抑扬顿挫,身上随着鼓点左摆右扭,前进后退,又是那么婀娜多姿,真是动人心弦,一时引来了众多的王孙公子前来观看。顿时,银匠龚美家的小表妹不但生得艳如桃花,而且善于摇鼓的名声很快传播开来,惹得那些狂蜂浪蝶纷纷前去龚美家一睹为快。刘娥的名声传开以后,吸引了少年风流的皇子元侃,他是太宗皇帝第三个儿子,刚满 15 岁,和刘娥恰好同年,都是初解人事的少年男女。当时元侃被封为襄王,还没有被立为皇太子。由于龚美善于打造银器,经常出入襄王府。那时,太宗还没有为元侃选王妃。一天,龚美被下人引到元侃那里,元侃按例询问他哪里人氏,提起四川,就问:"听说蜀中多出聪明美丽的女子,你是蜀中人,希望给我物色一个。"龚美闻言,心中暗暗欢喜,立时回家,把情况对刘娥一说,刘娥听了,也是欢喜不尽,想不到自己真的苦尽甘来,精心梳妆打扮一番,随龚美进了襄王府。刘娥一到府中,马上被召见。当刘娥款款来到襄王面前的时候,襄王立觉眼前一亮,觉得王府内虽有佳丽若干,谁也不及这小门小户之女清新、可爱,又命她表演鼗技,那刘娥使尽全身解数,随着铿锵有力的鼓点又唱又舞,真是歌有裂石之音,舞有飞燕之姿,把个襄王乐得拍手而呼。一时舞罢歌停,襄王当即把她留下。刘娥到此真是平步青云,对襄王百依百顺,曲意承侍,再加上两人年龄相当,性情相似,又正值青春年少,所以深得元侃的宠爱。

谁知元侃的乳母秦国夫人,对这位出身微贱的女子却是看不上眼,又看她花枝招展地勾引元侃,把个襄王招得每天失魂落魄,最后竟是面容憔悴,萎靡不振,心中更是不满。心想:若是皇子如此迷恋女色,不图上进,将来皇上查问,自己是有担不完的干系。于是就乘机把刘娥进府的事向太宗皇帝做了汇报,并又添油加醋地说了刘娥许多坏话,最后还恶狠狠地加上一句:"像这样的妖精不把她赶走,将来难免皇子的身体不被她搞垮。"太宗一听大为恼火,把儿子召去痛加训斥一番,并命他立刻把刘娥轰出府去,不准再见。那元侃一听此话,恰如头上响了一个炸雷。他和刘娥正在难解难分之际,这一声君父之命,要棒打鸳鸯,心中难忍。但既是皇父发话,君命难违。他回家急急和心腹之人商议,决定把刘娥藏在心腹下人家里,由王府仆人张耆把她带到自己家里供养起来。两人明里暗里,不断幽会。

太宗虽斩断了儿子与刘娥的关系,但也怕元侃再招来这么妖精似的人物,于是给他选定了一门亲事,就是开国大将潘美的八女儿。时间不长,即把潘氏迎娶入襄王府,被封为莒国夫人。那潘氏出身侯门,是贵家小姐,可以说与元侃门户相当,年龄也相仿,但元侃并不喜欢她。嫌她呆板,没有什么情趣,也不十分亲近。潘氏郁郁不得志,为时不长,便一命呜呼,年仅22岁。元侃即位后,追谥为庄怀皇后。

四年后,太宗又为元侃选聘了另一位王妃,是南院宣徽使郭守文的二女儿,初封鲁国夫人后又进封秦国夫人。史料记载,郭氏贤淑,生活俭朴,和襄王元侃也能和睦相处。大概是和刘娥总也是不见面的缘故,只好移情别恋罢!

就在元侃一味地沉迷酒色,纵情声乐的时候,皇室宫廷发生了一系列事件。原来宋太祖皇帝赵匡胤按照金匮藏盟中母亲遗嘱,把皇位传给二弟赵光义以后,满心希望二弟再把皇位传给三弟,三弟再把皇位传给自己的儿子,如此循环往复地传下去。谁想太宗即位以后,一心想把皇位传给自己的儿子,唯恐落入他人之手,先后把太祖的两个儿子逼死,又把自己的弟弟赐死。看看没有什么障碍了,就想把皇位传给自己的长子元佐。哪里知道元佐对父皇的做法深为不满,又同情叔叔廷美的遭遇,不断装疯卖傻,拒绝接受太子的头衔,因而被废。元佐被废,太子的头衔应该落在太宗次子元祐的头上。谁知元祐又因妻妾争风死于非命,原来元祐原配王妃李氏,不受宠爱,元祐真正喜欢的是侍妾张氏,人称张梳头。元祐暗中有废李立张之意,张氏也过于性急,看到元祐马上要做太子,唯恐李氏一旦做了太子妃不好再做手脚,便急于害死李氏。在一次宴会上,张氏亲自端着两个同样的酒杯,向王和李氏祝酒。当时正是中秋佳节,夫妻换盏,元祐接过酒杯,一饮而尽,很快死亡。经过调查,才知元祐喝的酒是毒酒,于是张氏被处死。元祐死后,太子位置只能落在老三元侃的头上。

时光如箭,转眼又过了十几年,太宗皇帝在至道三年(997年)三月,一病身亡,享年59岁。太宗驾崩以后，元侃即位，这就是宋真宗。原王妃郭氏被立为皇后。郭皇后平素为人谦和恭谨，生活也很俭朴，不好奢侈。来拜见她的亲属如有穿华丽服装进宫的，必受斥责。据说郭皇后的侄女出嫁，因家境不十分丰厚，想依赖姑姑的地位得到朝廷赏赐，郭皇后当面拒绝，最后用自己的私房钱为侄女置办了一套嫁妆。凡有人因私事托皇后向皇上说情的，郭氏一概拒绝，从不干预政事。对人也比较宽厚，平易近人，乐善好施，颇得众人的好评。真宗对她也很尊重。但是这位皇帝君临天下以后，一直不忘那刘娥。郭后见真宗眷恋旧的情人，立即派人接刘娥进宫，封为美人。刘娥聪明乖巧、圆滑机变，对郭皇后毕恭毕敬，与众妃嫔和睦相处，人缘很不错。皇上对她旧情萌发，专宠异常，很快把她进位修议（宫中的女官），不久又立她为德妃。

郭皇后因9岁的儿子病死，心中悲痛不已，并由此而得病，终于一病不起乃至身亡，终年32岁。

郭皇后去世以后，中宫一直虚位，真宗想立刘德妃为皇后，但遭到众多大臣的反对。翰林学士李迪就曾当面向真宗奏道："刘妃出身微贱，且来路不正，不能母仪天下。"为此，宋真宗曾千方百计地想为刘妃拉一位显贵的亲戚做靠山。一天，开封知府刘综入宫奏事完毕后，真宗突然说："因你与刘妃是本族近亲，已准备另派你官职，你知道此事吗？"显然，真宗是有意启发刘综昌认刘妃本家，并许以高官厚爵。但刘综从内心里看不起那位刘娘娘，又不愿攀附权贵，故意用浓重的关中口音说："臣本是河中府人，出身孤寒，从不曾有人在后宫。"真宗只好作罢。不久，刘综莫名其妙地被调任庐州（今合肥）。又有一次，刘妃把龙图阁直学士刘烨召进宫，对他说："听说你出身名门望族，已兴盛十余世，我想看一下你们的家谱，或与我本是同一个祖宗。"刘烨很明白刘妃的用心，但他同样看不起这位刘娘娘，只是沉默不语。刘娥再三追问，刘烨谎称头晕逃出宫去。不久，刘烨也被调离朝廷。

刘娥从做真宗的情人到做真宗的妃子，共三十几年了，一直专宠不衰。仗恃着真宗对自己的宠爱，早已在垂涎着皇后的位置，不时地在枕边往真宗耳朵里吹风，并千方百计地讨好真宗，哄的皇上心无它顾，一直迷恋着刘妃，虽然都已到中年了，依然和过去一样，爱宠有加。

一次，真宗不顾大臣的反对，坚持立刘妃为后，迂执的王安石和李迪又提出反对，真宗立时把脸一沉，说："德妃的祖父和父亲是世代将门，只是父亲死于国事之后，家世才衰败下来，而且德妃才貌兼备，为什么不能做皇后！"于是，众大臣又以刘妃多年无子为由，还是反对立刘妃为后。看到大臣们都反对立刘妃为后，真宗不好拂逆大家的意见，只好把中宫的位置空着。

刘妃看到自己的目的不能达到，心里暗暗策划，想到真宗到现在还没有子嗣，如果能为他生下儿子，立自己为皇后的希望就大了！偏偏肚皮不争气，于是，日夜祈祷，但还是无济于事。后来，终于让她想出了一个主意。她思量着，既然自己多年不育，这也是天意，何妨来一个借胎。

当时，刘妃身边有一个姓李的亲信侍女，生得美貌而端庄，进宫以后从未有和皇帝亲近的机会。一天晚上，皇上又临幸到刘妃的宫里，喝得醉醺醺以后，就倒在刘妃的凤床上，刘妃按着自己的计划，让李氏侍女侍候真宗，为真宗铺床叠被，搀扶坐卧。真宗睁开朦胧的醉眼，看到面前有一个白皙美丽的宫女，一时兴起，就召幸了李氏。同床共寝一宵以后，那李氏果然怀了身孕。一次，真宗带领妃嫔游砌台，李氏也在，一不小心，李氏头上的玉钗坠落在地，她吃了一惊，真宗却在心中默默祈祷，假如玉钗落地后完好无损，李氏则生男孩。然后拾起玉钗一看，果是完好无损。真宗大喜，以为必得男孩。后来，李氏分娩后，真的生下了一个皇子，取名受益。真宗中年得子，大喜过望，对这个孩子分外疼爱。刘妃仗恃皇上对自己的宠爱，当即向真宗提出：把受益作为自己的儿子来抚养。真宗很快就答应了，于是刘妃马上派人从李氏身边抱走孩子，并告诫左右，任何人不准泄露此事。那李氏性情淡泊，与人无争，见刘妃如此霸道，也只得忍气吞声，不与争执。于是刘妃宣称自己生了儿子，真宗也立时对外宣称："刘德妃45岁生了皇子。"朝野共知。很快增加了刘妃做皇后的资本，这就是世传"狸猫换太子"的由来。

宋真宗大中祥符五年十二月，刘德妃终于被立为皇后。李氏所生的儿子被立为皇太子。刘妃苦心经营多年，终于得意地登上了皇后的宝座，拉开了有宋以来女主专政的序幕。而生皇太子的李氏宫女，仅仅被封崇阳县君，是妃嫔中的最低一级，只是到后来才被晋升为才人、婉仪，一直到死，也没敢和儿子相认。

恃宠参政

刘娥当上了一国之母，真是尊荣无比，但是多年来在后宫生活的经验告诉她，没有权势就没有一切，自己皇后位置得来的是多么不容易！因此，她决心使自己成为权力的核心！于是她博览经史，留心国事。早先在襄王府的时候，就已经开始浏览群书、着意经史，一直到当了皇后，她始终是手不离卷。由于她天资聪慧，机警敏捷，再加上勤奋好学，居然成了一位博学多识的人。她的知识不亚于真宗，处理问题的能力也不逊于须眉。每当真宗退朝，常常在后宫批阅奏章，她总是在一旁陪伴侍候，日久天长，宫廷内外的大事，她都能了如指掌。皇上有什么事难以处决，偶一询问她，居然能引经据典，以古喻今地做出使真宗吃惊而又满意的回答。这样一来，真宗便越来越喜欢和信任她，她也逐渐地开始干预起朝政来。

宋真宗天禧四年（公元1020年），53岁的真宗患了一场重病。他感到全身无力，精神倦怠，几乎卧床不起，很难亲自坐朝理事。朝中大事，大多交给刘皇后去处理。

妇人干政，自然会引起一班以正统派自居的大臣们强烈不满，以宰相李迪、寇准为首，是坚决反对妇人参政的。李迪、寇准二人在真宗皇帝准备立刘娥为后的时候就曾强烈地表示过不满，现在看到这个女人又在干预朝政，更是不能容忍。但朝中还有以丁渭、钱惟演为首的大臣，乘机讨好刘皇后，支持刘皇后主持朝政，企图利用刘皇后控制朝廷。寇准等人见状暗暗着急。一天，寇准进宫探视真宗，见四下无人，悄悄地向真宗进言说："皇太子天资聪慧，足可托付大事，现在陛下身体欠安，何不以天下为重，令太子监国，并选派忠正能干的大臣辅政，则没有后顾之忧了。"真宗当时并未领会寇准的真实意图，当场点点头表示同意。寇准既得圣旨，立即找到翰林学士杨亿，让他连夜起草命太子监国的诏书，并答应事成之后由杨亿取代丁渭左仆射的位置。这是朝政的大变故，涉及许多人权力的消长，一定会遭到一些人的反对，因此只能秘密进行，严加防范以免走漏风声。谁知这天寇准自以为事情办得万无一失，只要圣旨一下，就会马上实施，因此很是得意。谁知乐极生悲，在这关键时刻，寇准心安理得地和几位同僚在一块喝酒，由于饮酒过了量，嘴巴不严，把这件事说了出来，很快传到丁渭那里，丁渭心中暗恨。

本来，寇准和丁渭的交情很好，寇准曾认为丁渭是个人才，向当时的宰相李沆推荐。李沆却一直不提拔他，寇准忍耐不住，对李沆说："宰相身负重任，理应为国家选拔贤才，丁渭堪当大任，宰相为什么不予以重用呢？"李沆说："丁渭的确有才能，但品德不好，把大权交给他，我是不放心的。"寇准听了，很不以为然，说："像丁渭这样的人才，宰相能压得住吗？"李沆不再辩驳，只是微微一笑说："以后你会知道我这话是不错的！"寇准不同意李沆的看法，仍然极力推荐丁渭，这样丁渭才当上了左仆射（相当副宰相）。丁渭因此非常感激寇准，对寇准十分的恭顺。曾经有一天，寇准、丁渭和其他大臣在一块喝酒，丁渭看见寇准的胡须沾上了汤水，马上来到他面前掏出手帕亲自擦干净，并小心地把他的胡须捋顺。寇准笑着说："副宰相是国家大臣，怎能给我擦胡须呢？"一句未完，早有人笑了，当众让丁渭闹了一个大红脸，丁渭顿时又羞又恨又懊悔，就跟寇准结上了仇。

现在听说要让太子监国，还要让杨亿取代自己的位置，心中又妒又气。认定这是寇准巴结皇太子。万一他们得势，就没有自己的地位了。于是他一边勾结宦官，让宦官向宫里刘皇后报告，说寇准这样做的目的是排挤中宫，想要自己掌权；一边公开在大臣们面前表示反对，说："现在让太子监国，到皇上身体康复以后怎么办呢？"李迪反驳说："太子出则抚军，入则监国，古来就有这样的制度，有什么不可以呢？"丁渭一听，更觉事情不妙，于是一不做二不休，立时向真宗进谗言说："寇准让太子监国是对皇上存心不良。"而这时的刘皇后，正想乘真宗病中尝试一下代行皇权的滋味，听到丁渭的报告，自然愤恨异常。于是一边在真宗面前诋毁寇准；一边想办法把寇准踢出朝廷。真宗听信谗言，一时糊涂，竟然忘记了让太子监国是自己的主意，于是听从刘皇后的意见，将寇准免去宰辅的职务，授任太子太傅，莱国公这一虚职，并让丁渭取而代之，任宰相的职务。

过了几天，真宗身边的近侍周怀政去看寇准，他问寇准："皇上前几天躺在我的大腿上，曾经委托您让太子监国，为何至今不见动静？"

寇准怅然叹息道："内有皇后干政，外有丁渭专权，皇上早已失权，叫我有什么办法呢？"周怀政见左右无人，上前密语说："您何不直言，劝说皇上，请皇上把皇位让给太子呢？"寇准连连摆手说："丁、刘勾结，权势熏天，此事要成功谈何容易？"周怀政不以为然，对寇准说："杀了丁渭，幽禁刘后，事在人为，您未免太胆小了，此事包在我身上!"说完,扬长而去。

周怀政回宫以后,立即找人密谋,准备奉真宗为太上皇,把皇位传给太子,停止皇后干预政事,杀死丁谓,重新让寇准当宰相。谁知不慎,走漏了消息。丁谓知道后,连夜化装乘牛车到同伙曹利用家商量对策,并把情况报告给刘皇后。刘皇后一听,花容失色,立命逮捕周怀政,严刑拷打,逼他说出背后主谋。怀政致此,誓不牵连别人,挺身独当,才使寇准免遭此难。刘皇后哪里甘心,把寇准看成了眼中钉,想再度兴风作浪,拉倒寇准。恰逢真宗病体略有好转,才不敢擅自行动。于是,在真宗面前又拨弄是非,她惨切切地说:"皇太子继位心切,在皇上病中,曾鼓动寇准等大臣,妄想逼迫皇上禅位。"真宗一听,大为恼怒,不仅下旨杀了周怀政,还想废掉太子。大臣们竭力为太子辩白,说他10岁的孩童,哪会做这种事。李迪也从容奏道:"陛下要责及太子,您有几个儿子呢?"太子是真宗第六个儿子,这时,前五个都已死去,经李迪这么一提醒,太子才没被废掉。但是把寇准贬到远离朝廷的相州去做官,与寇准亲近的一些官员,也都遭到贬斥。这就是宋代历史上所谓的"倒后运动"。这时的刘皇后,已充分暴露了临朝称制的野心,但是真宗软弱昏庸,对刘后已失去了控制。寇准被贬到地方上做官以后,刘后又几番假传圣旨,对寇准一贬再贬,最后把他贬到道州去当司马。当真宗得知刘后擅权矫旨后,想到自己重病在身,多亏刘后陪侍,也不敢对刘后进行斥责,只是叹息几声了事。

这年秋天,真宗的病奇迹般的好了,能够亲自坐朝理事了。十一月,真宗下诏,从今以后,军国大事由皇上亲自裁决,其余政事,由皇太子同宰相、枢密使等共同商议施行。这时的太子受益才11岁,稚气未脱,对国家大事大多似懂非懂,所以一些大事,只能由母后来决定,而刘皇后又是依靠丁谓的,那丁谓本是一个怀有异心的小人,既然刘后依靠这样的人,怎么能让那班正直的大臣心服呢?于是大臣又分成两派,有的借助皇后的力量反对太子,消除异己;有的借辅助太子反对皇后。两派明争暗斗,使朝廷陷于混乱的局面。太子随着年龄的增长,对身边有一位母后来代自己行使权力也不满意,于是母子之间开始出现矛盾。副宰相王曾看到这种情形,心想如果再这样下去,势必会带来政局的不稳,这不仅给国家带来灾难,对大臣也是不利的,只有使皇后和太子融洽和睦,才能使政治稳定、解除危机。但是,谁能调解两宫的关系呢?太子并非皇后所生,这是举人皆知的,只有太子一人不知道。而今要想调解两宫的关系,这不是一般人所能担当的,弄不好不仅会断送前程,还会有生命危险。他左思右想,不得其法,后来也终于想出了一个主意。

原来刘皇后从四川到开封,家里已没有亲人,和她唯一亲近的人就是龚美。是龚美把她带入京师,后来又献给襄王,也就是现在的真宗,使她得以平步青云,他是刘皇后的大恩人。真宗即位,赐龚美姓刘,算作刘娥的哥哥,充做外戚,后来大臣钱惟演看到龚美炙手可热,就把自己的妹妹许配给了这位银匠出身的皇亲。钱惟演也就成了国戚龚美的妻兄,当了皇后的亲戚。

在这关键时刻,王曾心里暗思:让钱惟演去调解两宫的矛盾是最为稳妥可靠的。于是去见钱惟演,寒暄几句,就直接进入了话题,他诚恳地说道:"太子年幼,没有皇后的庇护是不能自立的。但是，皇后毕竟是女流，如果不扶持太子，那么人心就不会服顺，假如为皇后的利益着想，皇后应该诚心诚意地辅佐太子，太子地位稳固了皇后地位自然会稳固，正所谓一成俱成，一损俱损。你想想，我说的话有没有道理？"钱惟演一听，立时明白，心想：将来能当皇帝的毕竟是太子，要想使自己富贵长存，从长远利益想，还是应该依靠太子。于是就答应了为皇后和太子的和好去做工作。

为时不长，钱惟演看准一个机会把王曾的话传给了刘皇后，这时的刘皇后，虽想大权独揽，但没有打算当女皇，只是担心皇太子不是自己的亲生，将来对自己不好。听了这一席话以后，顿时豁然开朗，点点头说："我何尝不想如此，只怕太子年幼不懂事，被人挟制，万一不孝，我反受制于人。"钱惟演赶紧说道："母慈子孝，只要皇后耐心开导太子，太子对皇后无不尽心，皇后但请放心。"于是刘后对皇太子倍加亲热起来，一来二去，竟能像母亲一样地关心、爱护他，并且还常常亲自教导他。很快和太子就消除了隔阂。太子也从中体会到了母亲的温暖，而副宰相王曾由此事也获得了皇后的信任。

垂帘听政

乾兴元年（1022 年），元宵节刚一过，真宗的旧病又复发了。病得一天比一天重。刘皇后守候在床边，看看真宗已病入膏肓，往事一幕一幕地在眼前闪过。想想自己自 15 岁进入襄王府陪伴真宗，和真宗共同生活了 30 多年，一直专宠不衰，自己虽然是摇鼓女出身，但皇上始终没有以下贱之人看待，后宫多少出身高贵的佳丽都没有夺去皇上对自己的宠爱。太子虽然不是自己的亲生，但仗恃皇上的宠爱把他据了为己有。表兄龚美，更是得到皇上特别的眷顾，由一个普通的银匠，居然当上了国家大臣，并且不断升迁，最后一直升为武胜军节度观察留后的职务。死时，皇上还为他废朝三日，追赠太尉、昭德军节度等职，真是尊荣倍至。就连曾收容自己的张耆，也特别受到皇上的垂顾，做过州、军节度使，一直拜为枢密使，封岐国公。30 多年来，皇上对自己几乎百依百顺，言无不依，计无不听，自己和皇上可谓是情投意合，情深意笃。想想这些，又看到皇上已如风前残烛，病将就木，真是心如刀绞，痛心疾首，禁不住珠泪纷纷，忙将太子拉过来，揽入怀中。

看看到了三月仲春，真宗已危在旦夕。那天，他把刘皇后召在身边，断断续续地嘱咐道"太子年幼，即使天资聪明，也还不懂得如何处理国事。大臣中，还是寇准、李迪二人最为忠直，可托大事。"话没说完，两手一松，眼睛一闭，就去世了。刘后哭了几声，赶紧忍悲收泪，密嘱亲信宦官，立刻把丁渭以及参知政事王曾两人召进宫来，向他们传达真宗的遗诏："皇太子即皇帝位，尊皇后为皇太后，淑妃杨氏为皇太妃，并由皇太后处理军国重事"。很明显，刘皇后并没有把皇上的真正遗嘱传达给大臣，而是按自己的意愿伪造了遗嘱。当下，丁渭和王曾两人拿起笔来起草真宗的遗诏，王曾左思右想总觉得刘后所传达的遗嘱有假，但是由于没有亲耳听到皇上临死时说了什么，也不好和刘后分辩。于是就在"皇太后处理军国重事"这一句中加了一个"权"字，即"皇太后权处理军国重事。"意思是由皇太后暂时处理朝政。这一招大大限制了皇太后专权的时间。丁谓看了，马上变了脸，他大声地质问道："遗诏是皇太后口授，明明白白，清清楚楚，你怎么敢擅自增加一个权字呢？"王曾严肃地答道："我朝一向没有母后临朝称制的规矩，但现在皇帝幼小，请太后暂时辅政，这是国运不佳，加上一个"权"字，是为给后人做个榜样。再说，决定大行皇帝的遗诏如何起草，本是我们做相臣的分内事，我们怎能不按先朝规矩办事呢？"一番话，说得丁谓哑口无言，只好表示同意。同时，刘后也为王曾的直言敢谏所打动，立即褒奖王曾说："国家有这样的忠臣，邪气是很难嚣张起来的，何愁江山不稳？这真是社稷的福气！"立即命人把王曾起草的诏书颁发下去。

这一天，天气明朗，风和日丽，在一派鼓乐声中，13岁的皇太子在真宗的灵柩前登上皇位，尊刘后为皇太后，尊杨淑妃为皇太妃，这个新皇帝就是宋仁宗。

新皇帝即位，皇太后处理军国重事，这在宋朝自开国以来是第一次。按规矩，皇帝自然而然面南坐在宝座上，皇太后应该安排在什么位置上呢？又以怎样的形式辅政？朝仪该如何安排？这一系列问题，都让大臣们大伤脑筋，于是中书（最高行政机构）和枢密两府专门开会商议这一棘手的问题。商量来商量去，由于都怕得罪皇太后，始终找不出一个好办法。还是副宰相王曾想出了一个主意，他援引了东汉时太后临朝辅政的事例，说道："东汉时，皇帝幼弱，皇太后坐在皇帝右侧，垂帘听政。作为权宜之计，也只好效法这个办法。太后和皇帝每五天在承明殿接见群臣，议定大事，太后坐在皇帝右侧垂帘听政。"王曾的话音刚落，只听得一声："不妥！"宰相丁谓早已抢过话题说道："皇上年幼，一切大事应由太后处置，皇上只需于每月初一、十五召见群臣两次，遇有军国大事，由太后召集宰臣商议决定。至于一般小事，由押班（宦官中的领班）传奏进去，盖上玉玺颁行下去便可。"很明显，丁谓提出这样的意见，是不愿让别的大臣直接参与朝政，由自己独揽大权。王曾一听，立时变了脸色，怒斥道："太后与皇帝不在一起议事，反倒让宦官传来传去，这不是想把朝权让宦官掌握吗？这样下去，还了得？"丁谓撇撇嘴，做出一个不置可否的样子，挥挥手，让大家议定。大臣们议论不决，各持己见，一时无法定下来。

谁知就在这时，丁谓暗中疏通了内侍雷允恭，在太后面前搬弄是非。过了不几天，一道手谕颁布下来，说辅政形式，就按丁谓的意思做。

从此以后，刘娥正式以皇太后身份垂帘听政，皇太后颁布诏书称"吾"，以区别于皇帝称"朕"。皇太后出入乘大安辇，鸣鞭，侍卫等仪仗均与皇帝相同；议定皇太后的生日为长宁节，与皇帝生日乾元节一样，为国家重要节日；刘娥父亲名通，令天下避"通"字讳，即凡有以通为名者都要改为他字。群臣为刘娥上尊号曰应天崇德仁寿慈圣太后。这些仪式成为宋代以后皇太后垂帘听政的定式。

这时的刘娥以合法身份掌握了朝政的大权。第一件事，就是对阻止自己做皇后和临朝听政的朝臣再次实行报复。把已贬到道州去当司马的寇准又贬到雷州（今广东雷州市）去当司户参军。把李迪贬到衡州（今湖南衡阳市）当团练副使。

而丁谓和内侍雷允恭互相勾结,专看刘太后的脸色行事,暗暗地擅权谋私,把新皇帝加以架空,图谋把天下变为丁刘天下。幸亏有以王曾为首的一班正直大臣从中不断矫奸,而刘太后也还能纳谏明察,因而朝廷内外还较为安定。

丧葬风波

新皇帝即位,刘太后辅政,面临的一件大事就是真宗的丧葬大典。因此,第一要为去世的皇帝选择一个风水最好的地址,再就是要选一个最吉利的下葬日期,这是最为严肃、隆重的大事,不能有丝毫的含糊和草率。丁谓由于深得皇太后的信任,又位居首相,所以刘太后就委任丁谓担任了营建山陵使,指示他竭尽全力做好皇陵的营建工作。

经过多次勘测,决定在河南巩义市建造皇陵,并择定七月安葬。这时,很多宫中宦官都被派去操办山陵。雷允恭被留在了京城,他请求刘太后也派他去,没有答应,这个雷允恭顿时痛哭流涕起来,边哭边说:"臣侍奉先帝,不比别人差,却只有我不能到山陵效力,莫非太后不信任我?"刘太后只是摇摇头说:"我是担心你轻举妄动,做出不利的事情。"由于修建皇陵,需要很多花费,从中可以渔利,雷允恭只是看中了这个差使又体面,又有利可图,同时和丁谓勾结,口衔天宪,擅权施威。现在把他留在皇宫,他哪里甘心。再三地在刘太后面前恳请,太后无奈,只得派他为山陵都监,协助丁谓办事。

雷允恭得到太后的恩准,得意扬扬,前去山陵。一到山陵,就被丁谓请到下榻之处,恭恭敬敬,曲意逢迎。那雷允恭更是不知天高地厚,指手画脚,乱说一通。说来也巧,负责天象的大臣邢中和看到雷允恭是太后面前的红人,也凑到面前,对他说:"现在山陵地址虽然确定的很好,但从天象来看,如果再往上百步,实在是再好不过的地穴,如果真宗葬在那里,对后世子孙大有好处。可惜地下很可能有石头和水。"雷允恭一听此话,想要显能,就赶紧答道:"先帝只有一个儿子,如果山陵能使后世多子多孙,就往上移百步,有何不可?"邢中和说:"选定山陵,事关重大,迁移新址,又要踏勘上报,一定费许多日子,恐怕赶不上七月的葬期。"雷允恭偏要逞能,告诉邢中和说:"你只管改移,太后那里,由我去请示。"

雷允恭指指点点,安排迁移新址。丁谓不想得罪雷允恭,任他一意孤行。新址动工以后,雷即动身前往京都禀报刘太后。见了刘太后,雷允恭先吹嘘了一通自己辛苦,又大张其辞地说山陵旧址怎么不好,往上移是怎么合适,真宗葬在那里,一定会对后世子孙大有好处。又无不得意地说:"臣已命人开挖新址。"他满想此行,定会让太后夸奖一番。哪知刘太后听后把脸一沉说道:"如此重大的事情,你怎敢擅自轻易变更?"雷允恭还是那一句:"先帝的山陵改移新址穴,对子孙有好处,怎么不可以呢?"太后满心不高兴,但又想确实如此,改了也未尝不可。就对他说:"你去同山陵使好好商议一下,如果确实可行再行。"山陵使丁谓是通过雷允恭专擅大权的,当然不敢得罪他,急忙表示赞成。事已至此,刘太后也就表示同意改迁新址。

于是雷允恭亲自监工，命监工夏守恩率领数万工匠在新址开挖山陵。雷允恭本来是个不学无术、一无所长的皇宫里奴才，没有一点施土动工的学问，但又自恃皇太后信任，处处装模作样，摆出一副无所不知、无所不通的样子，自以为是地指挥数万工匠动土施工，哪里摆布的开，幸亏工匠们都是在全国挑选的技术最精湛的，也是最富有经验的，彼此相互调配，同心协力，很快进入了关键部位。但是随着开掘的深入，越挖越是难挖。先是石头累累，等到千方百计把石头凿开挪移之后，突然出现了地下水，遇上了大问题。怎么也不能把真宗的棺木放到水坑里去呀！挖墓遇到了这种情况是非常忌讳的，称为绝地。工匠们一时无措，议论纷纷。监工夏守恩怕工程出问题，吃罪不起，命工匠停工，请山陵使向朝廷报告。而作为山陵使的丁渭和雷允恭串通一气，怕太后怪罪下来，拖着不处理，也不报告。情况很是难办，再拖下去，就会耽误真宗遗体下葬的日期。

内使毛昌达看看情况不妙，马上回到皇宫，向太后一五一十地做了汇报。太后一听，立即召见丁渭，追问山陵情况。丁渭无法隐瞒，只得支吾地说派使臣前去查看。使臣不敢得罪丁、雷，回来后模糊地上奏太后，建议仍用旧址。刘太后拿不定主意，再派副宰相王曾亲前去复查。

王曾对丁、雷专权早已心怀不满，想趁机把这二人搞垮。就乘丁雷二人不备的时候，单独向太后奏报说："臣遵旨前往山陵检查，新址的确不能用，丁渭包藏祸心，要使雷允恭把先帝遗体移入绝地，真是大逆不道。"太后顿时大吃一惊，柳眉倒竖，怒不可遏。由于丁渭耳目极多，早有人把消息透给了丁渭，丁渭赶紧见刘太后为自己辩护，絮絮叨叨地说了个没完。刘太后越听越气，也不作答，立起身就走了。只见内侍卷起帘子说道："宰相同谁说话，太后早已起驾回宫了！"为时不长，太后下旨捕拿丁渭、雷允恭，从严治罪。

第二天，刘太后召见大臣说："丁渭官居宰相，竟然同宦官勾结！"边说边让内侍把丁渭托雷允恭让后苑为自己打造的金酒器，以及雷允恭托丁渭举荐他的书信拿来给大臣们看，并气愤地说："过去丁渭通过雷允恭奏事，总是说已同卿等商议过了，所以我一概照准。现在才知道根本没和各位商议。营造先帝山陵，他竟敢擅自迁移，几乎误了大事。"听了太后的话，大臣们都说："先帝去世以后，政事都是丁渭和雷允恭议定，又说是奉太后旨意，臣等无法区分虚实，幸而太后圣明，洞察其奸，真是社稷之福！"

刘太后闻听此言，更加愤怒，一气之下，要下旨诛杀丁渭。一位大臣奏道："丁渭的确有罪，然而皇上即位不久，先帝还没有安葬，突然诛杀大臣，恐怕震动朝野。依臣之见，丁渭并不是有意谋逆，只是对山陵大事有失奏报。"太后想了一想，觉得也有道理，怒气才消了一些。又有一位同丁渭有交情的大臣也趁机奏道："丁渭是先帝托孤之臣，虽有罪，请按照律令论功减罪。"副宰相王曾厉声说道："丁渭得罪宗庙，对国家不忠，难道还能论功？"刘太后到底还是一位有识之人，决定只诛杀雷允恭和邢中和，对于丁渭，先罢除了他宰相的职务，降为没有实权的太子少保，继而又贬为崖州（今海南）司户参军。丁、雷的党羽也相继被逐出朝廷。于是，丁、雷擅权而引起的山陵事件才告结束。

刘太后把自己的亲信丁谓由首相的高位给拉了下来，这体现出她决断杀伐的魄力。山陵事件之后，王曾被晋升为宰相，另外，晋升吕夷简、鲁宗道为副宰相。

乾兴元年七月的一个吉日，宋真宗的遗体终于在隆重的葬礼中下葬了。刘太后辅佐年幼的宋仁宗在整个丧葬活动中行使了至高无上的皇权。

虚心纳谏与武后之心

刘太后垂帘听政，掌握大权，虽然是政出宫闱，但都能虚心纳谏、号令严明，因而朝纲肃整。宗族贵戚和左右亲信都不敢凭借太后的权势胡作非为。更难能可贵的是，她对那些溜须拍马，邀功取宠之人也从不买账。据说，有一个小臣叫方仲宫，想讨好太后，上书请求太后仿效武则天，为刘氏七代立宗庙。按当时的制度，只有皇帝才能如此。三司使程琳也不甘落后，赶紧为刘太后献上了《武后临朝图》。刘氏见此，就试探地问鲁宗道说："唐朝的武后是怎样的君主呀？"鲁宗道一听，立即严肃答道："是个危害唐室社稷的千古罪人！"太后把那《武后临朝图》狠狠掷于地上说："这些人无非是想借着改朝换代之机承恩固宠，加官晋爵，却把我推入不义境地，我绝不做这种对不起祖宗的事。"

掌管漕运的大臣刘绰，从京西回来，对太后说那里的仓库里还剩有粮食一万多斗，请求上缴给三司。其实这些粮食都是救济灾民的，即使都发放下去，也不能解决饥荒问题，刘绰这样做的目的，无非是想踏着灾民的尸体邀功讨赏。出身贫苦的刘太后看透了这一用心，毫不留情地斥责他说："升官要有真才实学，凭政绩。靠上缴多余的救济粮是不行的。王曾、张知百、吕夷简、鲁宗遭这四位大臣难道是因为多进献救济粮而列位朝班的吗？"刘绰羞愧得无地自容，灰溜溜地退出去了。

一次太后和仁宗一道去慈孝寺，太后想走在仁宗的前面，鲁宗道马上进谏道："皇上是一国之主，又有夫死从子之义，太后怎么能走在皇上的前头呢！"刘太后听了，立即接受劝谏，把自己的辇车停下来，让仁宗的辇车先行。

天圣七年（1029 年）冬至，按照惯例，仁宗先率百官给皇太后上寿，然后一同上朝，对此，任秘阁柱理的范仲淹上了一道奏疏说："天子有奉养双亲之道，但没有做臣子之理；有南面称帝的礼节，没有北面叩拜的仪式。皇帝向太后行礼，只应在家里。现在率百官跪拜于朝廷，有伤皇帝体面，难为后世法。"奏疏上达以后，没有回音，范仲淹又上了第二次，指出："现在皇帝已经近 20 岁，又天资聪慧，我认为太后辅佐皇帝，垂帘听政，已为时不短，现应还政于皇帝，自去享受天年，安度晚年。"疏入，又没有回音，遂请求离开朝廷。但由此在朝廷中形成一股要求皇太后撤帘还政的呼声，许多大臣都众口一词。有一次，李遵勖进见，太后问："现在外边都有些什么议论？"李答道："我没听到其他事，只知有人说天子已长大成人，太后应及时还政。"刘太后解释说："我并非留恋垂帘听政，只是现在皇帝年纪尚轻，宫中内侍又多，我恐怕他不能驾驭！"由此可见，刘太后不愿还政，也确有她的一番考虑。

为了防止执政大臣们利用职权安插亲信，结成帮派，败坏朝纲，刘太后在开始听政时就向执政大臣们说："先皇早逝，皇上年幼，在国家多难之际，如果没有卿等齐心协力地辅佐幼帝，哪里会有今天这个局面？我很是感念你们，卿等可把子孙及内外亲族的姓名开列给我，我当于常法之外，按姓名一一另给恩泽。"大臣们信以为真，兴冲冲把自己族亲及左右心腹的姓名开列给太后，太后得到名单绘制成图，张贴在寝室的墙壁上。此后再授官时，必定先去看图，一一查对姓名，直到弄清楚确实不是执政大臣的亲属心腹，才予批准。

明道元年（1032年）二月，宋仁宗的生身母亲李氏病危，刘太后不觉心中有愧，将她由第九级的顺容升到第五级宸妃，算是给她一个安慰，这个苦命的女子，儿子贵为皇帝，却始终不能相认。她安分守己，安身立命，同妃嫔们和睦相处。宫中上下，谁也不敢泄露真情，以至仁宗都快20岁了，一直不知道自己的亲生之母。一直到她离开人世，都没有听到自己的儿子喊自己一声：母亲！这是多么大的遗恨。

李宸妃去世后，刘太后想按普通宫人去世的规矩处理丧事，宰相吕夷简径去见太后说："听说有个宫嫔死了？"

太后一听，很不高兴，反问道："宰相想干预宫中的事吗？"边说边站起身，领着皇上退朝了。过了一会，她独自返回，怒冲冲地责问吕夷简道："卿难道想离间我们母子吗？"

吕夷简不慌不忙地回答道："难道太后不愿意顾全刘氏一门的安全吗？"经他这么一点，刘太后才恍然大悟，怒气顿消，忙问："依你之见，该当如何？"

于是吕夷简提出，应在皇仪殿为李宸妃隆重治丧，用一品的礼仪，暂时殡在法福寺。吕夷简又对内侍罗崇勋说："应当给宸妃穿上皇后衣服，并且在棺材里装满水银，以免尸身毁坏。"有人为了讨好刘太后，以岁月不吉利为借口，想把宫墙打开一个口子，从那里把棺材运出去，悄悄把事情办了！吕夷简一听，赶忙去见太后，太后让罗崇勋问吕夷简有什么话说，吕夷简说道："挖开宫墙给李宸妃出丧，不合于礼，应该出西华门。"太后一听，遣罗崇勋对吕夷简说："你的意见都采纳了，不料你又出了这个主意，何必管得那么多！"吕夷简回答道："臣位居宰相，理当据理力争，太后不答应，臣就不退下去。"罗崇勋把这话禀奏太后。太后坚决不许。罗在太后与宰相之间跑了三次，太后仍然坚持。于是吕夷简正色说道："宸妃是圣上的生母，不按礼仪丧葬，将来必然有人要受其祸，我已把这个底交给你，以后不要怪我今天没有把话说清楚！"一听此言，罗崇勋也害怕了，赶紧向太后一一奏明，刘太后这才完全听从吕夷简的话，隆重地把李宸妃的丧礼进行完毕。

以后事实证明，吕夷简的意见是正确的。就在刘太后死后不久，有人就揭穿了仁宗之母是李宸妃这个事实。还有些人上奏仁宗说："李宸妃死于非命。"仁宗一听，又恨又怒，亲往法福寺李宸妃停枢处祭吊，并瞻仰遗容。但见他母亲穿戴皇后的衣冠，面色如活着时一样（棺内放水银的缘故），这才消除怨恨，回到宫里，感叹地说："人言终究不可全信啊！"于是，仍厚待刘太后的母家。

刘太后虽然贵为一国之母，却是很注意节约有度，从不挥霍浪费。她自己平时总是穿着粗绸织成的练裙，偶尔赏赐大臣和宗族亲戚，也能掌握适度，并不滥赏。据说太宗皇帝的两个女儿回宫朝见太后，由于家道中落，没有金银首饰，头发也秃了，只得戴着假发。太后很是可怜她们，便赏赐她们珠玑帕首。润王元份的妻子李氏知道了这件事，也去见太后，希望太后也赏赐给自己一份。太后很是耐心地对她说："我赏赐的那两位公主，是太宗的女儿，先帝真宗的妹妹，我可怜她们家道中落，才破格赏赐，你是润王妃，家境优裕，怎好和她们攀比呢？"润王妃无话可说，只得退出。

太后有时赏赐娘家人一些食品，总是要他们归还金玉镶嵌的盛食品的器皿，她说："这些器皿是天子御用之物，不可让它随便成为我娘家的东西。"

她的侍从宫女见仁宗左右的宫女都戴着金簪玉珥，显得异常华贵，也想仿效她们。太后便说："她们都是皇帝的宫人嫔御，才能戴那样的首饰，你们怎么能效法他们呢？"

明道二年（1033年）三月，刘太后不顾大臣的劝阻，头戴皇帝的仪天冠，身穿皇帝的衮龙袍，去祭祀太庙。祭毕归宫，因风寒成疾，遍请名医诊治，也不见效。仁宗又大赦天下，为太后祈祷，也无济于事，终于去世。享年65岁。弥留之际，已经说不出话来，只是几次用手拉自己的衣服，仁宗不知道是什么意思，就去问大臣。副宰相薛奎说："太后的意思是叫摘下仪天冠，脱去衮龙袍，穿上后服才好去见先帝呢。"仁宗这才明白，赶忙下令给太后穿上了后服，太后才慢慢闭上了眼睛。

刘太后死后，谥庄献明肃皇太后，后改为章献明肃皇太后。宋初宗后谥号都是二字，从刘太后始，改为四字。追赠刘氏三代皆至太师，尚书令，兼中书令，其父刘通封魏王。

太后临终前还留下遗诏："尊杨太妃为皇太后，与皇帝同议军国事。"刘太后此举，意在报答当年杨淑妃对她的好处。但大臣们一致反对，御史中丞蔡齐说："皇上已到成年，已经熟悉了天下情况，有能力独立处置军国大事，因而应该总揽朝政，岂能使女后相继听政？"大臣都同意蔡齐的意见，于是只尊杨太妃为皇太后，并不垂帘听政。从此，22岁的仁宗才独立亲政。

辽朝萧太后：铁马红颜　开创盛世

【人物档案】

　　姓名:萧绰

　　别名:萧燕燕(小字)、萧太后(民间称谓)。

　　生卒:953 年~1009 年

　　关系:辽景宗耶律贤皇后

　　朝代:辽

　　主要成就:在辽景宗时代以及辽圣宗前期参决军国大事,数次击败宋军并取得军事优势,重用各族大臣使得辽朝达到国力鼎盛时期,完成契丹族的汉化以及封建化。

　　陵寝:辽乾陵(辽宁锦州北镇富屯乡龙岗子村一带)

萧绰

【枭雄本色】

　　萧绰(953~1009),辽景宗耶律贤皇后。小名燕燕,宋称雅雅克。父亲萧思温,曾任北府宰相,母亲叫吕不古,是辽太宗长女。969 年被册为皇后,谥号"睿智"。在辽国 9 帝 208 年的历史中,萧绰在其政治、军事舞台上整整活跃了 40 个春秋,还是辽国杰出的女政治家、军事家。萧绰天资聪敏,视野开阔,在景宗耶律贤身患痼疾的时候,萧绰帮助他摄政,后又为幼主隆绪主宰朝政。为了安内攘外,她以国母之尊,驰骋疆场,这在中国历史上实属宽前绝后。在韩德让等心腹的全力支持下,萧绰以契丹人的气质、汉文化的熏陶,毅然站在时代前列,振兴大辽的政治、经济。她审时度势,任人唯贤,以"澶渊之盟"结束了辽宋旷日持久的征战,促进了彼此社会经济的发展。待其还政于子时,业已心力交瘁,不久便与世长辞。萧绰以其文治武功,为辽呕心沥血,开创了空前强大的鼎盛时代。萧绰是当之无愧的一代女中枭雄!

风云突变

萧绰,小字燕燕,是后来辽国北府宰相吕思温的三女儿。萧姓家族在辽国是仅次于皇族耶律氏的大家族。辽太祖耶律阿保机称帝建国时,将契丹族乙室、拨里氏改为萧氏,并且定为皇后家族。以后历朝的皇帝都要娶萧氏的女儿为后。萧绰的母亲是辽太宗的长女。萧绰就生长在这样一个显贵的家庭里。她自幼聪明过人,才艺双全。到了十五六岁时,已经是个美貌如花,才智过人的少女了。

由于萧绰美貌多才,辽京贵胄有许多人慕名前来求婚。

这天,西南面招讨使韩匡嗣来到萧思温的宫帐。

萧思温见有客来,便吩咐下人摆酒,一会,桌上就摆满大块的手把肉,各种野味和水果。

萧思温和韩匡嗣开怀畅饮。

不多时,韩匡嗣就将话转到正题上来。他斟满一杯酒,敬到萧思温面前说道:"您的女儿就像天上的月亮,我的儿子愿永远守护在她身旁。"

萧思温早就得知韩匡嗣的儿子韩德让是个不错的小伙子。于是。也端起酒杯,斩钉截铁地说:"好汉一言,好马一鞭。来,这就是订婚的酒宴,干一杯!"

二人共同举杯,喝下了这定亲的美酒。

萧绰,16岁的少女情窦初开。自从父亲把她许给韩德让为妻后,她一直盼望着婚期的到来。

一天,萧绰和她的姐妹们穿着用紫黑色貂裘缝制的衣服,头上戴着用金、玉、水晶、碧石制成的饰物,围坐在一起聊天。

大姐对姐妹们说:"听说韩德让的父亲是西南招讨使,深得皇上的信任。韩德让本人也一定年轻有为,咱们燕燕真有福气。"

坐一旁的萧绰听了,心里有说不出的甜蜜。

二姐对萧绰说:"三妹,听说韩德让去年围猎时,一箭便射死一只黑熊,可有此事?"

"我也不清楚,是父亲说的。"

其实,这件事早已在国中传开,有谁不知。萧绰知道二姐明知故问,想套她的话,所以避而不答,免得又让姐妹们取笑。她望着熊熊的炉火,想着自己的心事……

萧绰的婚期一天天临近了。就在这时国中发生了政变,改变了她的命运。

话得从头说起。

辽穆宗自即位以来,整日在宠臣和姬妾的陪伴下饮酒作乐,荒淫无度,不理朝政。他常常是天亮才去睡觉,中午时,才睡眼惺忪地起来。老百姓对他非常痛恨,给他取了个绰号——睡王。辽国在穆宗的残暴统治下，朝不保夕，人人自危。就是在他身边的人，稍有不慎，也会遭到灭顶之灾。近侍小哥、盥人花哥、庖人辛古等人，常受到穆宗的责罚，他们对他恨透了。他们经常在一起谈论穆宗的残暴，商量说等一有机会就下手杀掉穆宗，为民除害。

按照契丹的习俗，每年正月上旬，皇上都要出行射猎，一共60天。

应历十九年（969年）正月，穆宗又在群臣的陪同下前往怀州（今内蒙古巴林左旗西）行围狩猎。一个多月过去了，穆宗仍没有猎到大的猎物，陪同的大臣们都担惊受怕，不知穆宗又要拿谁出气呢。

这天，天气晴朗，陪同围猎的大臣怕受罚，因而格外卖力，号角声响彻山野。密林深处，野兽被禁卫军自四面八方驱到一个五六方里的地区，穆宗骑在马上，左右有护卫拱卫，在山林之中，追逐野兽。这时，一只棕熊被追到一处山凹，走投无路。穆宗急忙搭弓放箭，正中熊的要害，卫士们也纷纷将箭射出。棕熊倒在雪地上死去了。群臣同声称赞，穆宗骑在马上哈哈大笑，命设宴尽欢三日。群臣用猎获的野味，露天席地野餐，兼有歌舞角力助兴。

穆宗开怀畅饮，喝得酩酊大醉。

舞乐声起，一群契丹少女跳起了"祝酒舞"………

一直欢宴到深夜，穆宗才在卫士的搀扶下，走进牛皮帐中安歇。近侍小哥一看机会来了，马上召集盥人花哥、庖人辛古等人手持兵器，闯入行宫，将穆宗杀死。

消息传出后，随同前往狩猎的侍中萧思温立即伙同枢密使高勋，飞龙使女等率精兵千人拥立辽世宗的次子耶律贤为帝，是为辽景宗。

萧思温因拥立有功，官拜北院枢密使、兼北府宰相。因为辽代的官署分设于皇帝牙帐南北，有南面官与北面官之别，南面官仿汉制，北面官沿旧路，委以军政大权。萧思温身兼北府宰相，可谓职掌权柄甚重。

景宗登基后，一方面感萧思温鼎力拥助之恩，另一方面也风闻其女姿色不凡，于是颁诏选萧绰入宫。

萧思温得到消息后大喜，认为有了新的靠山，而她的女儿萧绰还思念着韩德让，又闻景宗体弱多病，心中更觉不快，无奈，诏令已下，只得入宫为妃。

萧绰入宫后，凭其容貌，加上她的智慧，深得景宗的宠爱。一入宫就被立为承妃，三个月后，正式册封为皇后，成为后宫之主。从此，一个初出闺阁、纯情天真的少女，被推上了政治权力的中心，她的一生也就和整个大辽国的命运连在了一起。

辅佐朝政

萧皇后在统摄六宫的日子里，并没有过上几天舒心的日子。

这天，寝宫内红烛高照。景宗长吁短叹和她说起宋辽边境上的战事："自从宋太祖赵匡胤用兵四处征讨，荡平群雄之后，屡屡犯我边界，使我朝终日不得安宁。"正说着，景宗又接到辽兵大败的战报。顿时，心慌气短，不省人事，经过御医的抢救,才回过气来。事后,萧皇后就问他为何如此经不起事。

"说来话长。"景宗讲述了他幼年经历的一件事情。

辽大同元年(947年),辽太宗耶律德光暴死。太宗之母、述律皇后欲立太宗的小弟耶律李胡。但是述律后的长孙耶律兀欲,也就是我的父亲淞,却捷足先登,登基即位,由此引起一场流血之争。耶律兀欲势压群雄,坐稳皇位。事后,他将祖母述律后囚于祖州(今内蒙古巴林左旗)。然而,事隔不到5年,耶律兀欲又因一场流血政变而丧生。

事情发生在天禄五年(951年)九月,耶律兀欲率军南征,耶律察割利用军中不满情绪,发动政变。我父亲和母亲怀节皇后同时遇难。当时,我只有4岁,混乱之中,幸亏御厨尚食刘解里急中生智,把我用毡包起来,藏在柴草中,才得幸免。但因惊吓过度,得了重症,多年不愈。后来,一直安养在宫中。你父亲等人拥我为帝,我不幸又染风疾,病魔缠身,以至于不能正常治理朝政。日后还望你替朕分忧。

说完,长叹一声。

看着病床上的丈夫,目睹着国家衰败危难的局面,萧绰义无反顾地分担起治理国家的重任。

萧后天资聪慧,受过家庭的政治熏陶,为她参与国政的成功打下了基础。每当军国大政遇到棘手的问题时,景宗总要与她协商于寝宫,萧后经过深思熟虑提出颇有见地的意见与建议,更赢得了景宗的信赖,增加了他的依赖性。慢慢地萧绰那临危不惧、处事果断的性格也就显露出来。

正当萧后发挥自己的才智辅佐朝政的时候,又出现了一件使她十分悲痛的事情,那就是她的父亲被政敌暗杀了。

萧思温以拥立之功深得景宗的赏识和重用。女儿选为皇后,更使他权倾内外。但是,他毕竟不是一个十分能干的大臣。辽景宗颇喜狩猎,萧思温也爱飞骑追逐那些可供下酒的猎物,因此又成景宗的猎友。这些都招来了一些大臣的忌恨。像高勋、女里就对他有意见。虽然他们三人曾合谋拥景宗上台,后来,还是因政见不一而分道扬镳。最终萧思温在同辽景宗一同狩猎时被杀身亡。

萧后得到父亲被杀的消息后,很伤心。虽然她对父亲的为人与才能,非常清楚,但那毕竟是养育自己的亲人。她又想起了小时候和父亲在一起的情景:

一次,父亲观看几个女儿扫地,姐妹们只粗粗地扫了一遍,就跑去玩耍,只有她扫得最认真,就是一个小角落也不放过。父亲看了非常高兴,夸奖她将来一定有出息!

如今,自己做了皇后,连自己的父亲都保护不了,想到这儿,不觉伤心落泪。

但她并没有沉浸在悲哀中,而是把这件事作为一种动力,一种刺激权力欲的动力。她深知如果自己大权在握的话,又有谁敢加害自己的父亲呢?

父亲的死,在她心头敲响了警钟,她暗下决心执掌权柄,定要使日益衰微的国家振兴。

她吸取古人治乱得失的教训,重用汉族文人,任人不疑,赏罚分明。收效最显著的是整顿吏治，使政治走向清明，成为休养生息、发展生产、加强军备的有力保障。

萧绰辅佐朝政数年间，辽国由残破混乱的局面到出现中兴的转机，"马群动以千数""羊以千百为群""耕垦千余里"，一派蒸蒸日上的景象。她自己也由一位天真烂漫的少女成长为一位颇具政治经验和才干的人。

为了使萧绰处理政事合法化，景宗又特颁谕旨："书皇后言亦称朕暨予，著为定式。"利用皇帝特许的权力，萧后总揽军政大权于一身。

辽与北宋相邻，辽、宋间战与和，对双方来说，都是牵动政局、影响立国的大事。萧后帮助景宗摄理朝政使辽国南边的防务得到了加强。

太平兴国四年（辽乾亨元年、公元979年）五月，宋王朝消灭了北汉王朝，结束了唐末五代以来的中原割据局面。宋太宗赵光义决定以得胜元帅进伐幽州，消灭契丹帝国。五月底组成北伐总指挥部"幽州行营"。六月七日诏发河北、山东诸州粮草北赴保州。赵光义留将大郭进、田钦祚等屯守山西，以防雁北辽军。自率主力自太原出发，向幽州方向前进。

六月十九日，宋军的前锋进入契丹州国境，渡易水占领金台。辽东易州刺史刘禹投降。二十一日宋军进抵幽州，击败了契丹北院大王耶律奚达、统军史肖讨古。涿州刺史刘厚得及范阳守军万余人举城投降。到了二十三日黎明，宋军进至幽州城南，在宝光寺设立了指挥部，陈兵于幽州城下。

当时辽国镇守幽州城的是大丞相、南京绍守韩德让和大将军耶律斜轸。

耶律斜轸见宋军已临城下，急忙披挂，率领万余骑兵在昌平德胜口，与守城的韩德让相犄角。宋军乘其立足未稳之际，发起猛攻，耶律斜轸折损千余骑兵，退守清河。

宋军大将宋延渥、崔彦进、刘遇、孟元喆等分统部队，四面合围幽州城。幽州城内人心惶恐，守将韩德让急忙派信使飞报辽廷。

辽景宗耶律贤得到战报后，大惊失色，欲传谕放弃幽州，退守古北口。萧后语气沉重地说："幽州是契丹国伸向中原地区的战略要地，失了它，不但难于向黄河流域推进，而且幽云诸州也难保了。"

"那该如何是好？"景宗急得直跺脚。

"传谕，叫耶律休哥速来晋见。"萧后果断地说。

萧后在分析了宋军的形势后，命耶律休哥、耶律沙、耶律弘古统领五院之兵，越燕山、军都南下增援幽州。

辽军先锋耶律弘古，日夜兼程，进抵幽州城下时，正值午夜，守城军不敢打开城门，弘古只得"穴地进城"，以增强城中守备。七月六日，宋太宗指挥宋军攻城。这时，耶律沙所率的辽援军也赶到城外，并和宋军在高梁河畔（今紫竹院河）展开激战。耶律沙按照萧后的部署，且战且退，将宋军引至清河一线。宋太宗亲率部队追击，当进至清河时已是黄昏，此时，埋伏在这里的耶律休哥与耶律斜轸左右夹击。辽军数万人，人人手持火把，宋军不知敌军多少，正在惊疑间，休哥、斜轸率精骑由两翼横冲宋军。耶律弘古也击鼓出击。时当黑夜，宋军大乱，指挥失灵，四散奔逃。宋太宗身中两箭，狼狈逃遁，直到涿州才改乘驴车逃回。围攻幽州城的宋军腹背受敌，也相继溃退。

辽军大胜的战报传到辽廷，景宗大喜，连连夸赞萧后用兵如神。萧绰听后，只是微微一笑。

此后，景宗干脆把兵权也交给了萧后。

临朝称制

乾亨四年(公元982年)九月，35岁的辽景宗，在焦山行宫驾崩。根据他的遗诏，年仅12岁的长子隆绪在其灵柩前即皇帝位，是辽圣宗。萧绰同时被尊为皇太后。

当丧事完毕后，萧绰择吉日为自己举行册立大典。

这天，群臣来到清风殿。萧绰头戴金冠，加珠玉翠羽，身穿白绫袍，系红带佩玉，足登小牛皮靴，由18名命妇，执羽扇拥卫到殿前，面帝而立。大礼官读册之后，萧绰向皇帝四拜，然后在帝位右升座，接受百官和命妇的朝贺。因圣宗年幼，萧太后临朝称制，摄理国政。

由于萧太后数年来的苦心经营，辽圣宗继位之初，十分平稳，没有发生往常屡屡出兵、兵戎相见的局面。因此，她把心思放在巩固政权上面。

萧太后在皇帝新去，长子隆绪即位不久的情况下，虽然大权在握，但仍恐孤儿寡母执政会遭人暗算。后周就是孤儿寡母执政之际，被殿前都点检赵匡胤发动"陈桥兵变"夺去天下的。前车之鉴为时不远，她不能不格外担心。

萧太后心存忧虑，思绪万千。她深知，要想坐稳江山，没有几个替她卖死命的人是不行的。为此，萧太后充分施展出她高超的政治手腕，把契丹和汉族的有识之士，紧紧地网罗在自己周围。

一次，萧太后召见大臣。她满脸凄哀之相，流着眼泪向众臣说道："母寡子弱，族属雄强，边防未靖，奈何？"众臣一时无话可说。这时站立在一旁的耶律斜轸、韩德让拱手说："信任臣等，何虑之有！"众大臣也连忙随声附和："太后放心，我们绝无二心，愿听从太后安排。"萧太后等的就是这句话，她听罢破涕为笑，当即宣布耶律斜轸、韩德让参决大政。

那么，为什么萧太后别人不用，偏偏重用耶律斜轸、韩德让呢？这是有原因的，大臣们自然也看得明白。

耶律斜轸乃是萧太后的侄婿，景宗时，因萧太后的父亲萧思温保荐，被委以重任。以后又任南院大王，手握兵权，举足轻重，萧太后当然要着力拉拢。

一天，退完早朝，萧太后对圣宗说："皇儿，你去取一副弓箭和马鞍来。"

"娘，要弓箭、马鞍做什么？"

"我要让你和耶律斜轸交换弓矢、鞍马，相约为生死与共的患难之交。"

弓箭、鞍马正是契丹族人立身起誓的信物。

辽圣宗和耶律斜轸当着萧太后的面交换了信物。这样，萧太后委任耶律斜轸为北院枢密使，使他成为她的心腹。

韩德让，景宗时已官拜南院枢密使，职掌甚重，加上他与萧太后还有一段未了情。所以，萧太后当然对他另眼相看，同时也就很自然想使他对自己效忠。

有一次，萧太后私下对韩德让说："我曾许嫁与你，现在愿谐旧好；幼主当国，也算是你的儿子嘛。"

韩德让听了非常感动，激发了他对太后的旧情。

此后，萧太后在政治上更加倚重、宠信韩德让。统和十二年（994年）又封韩德让为北府宰相，后来，耶律斜轸死了，又破例让他兼领北院枢密使。不仅如此，还官拜大丞相，总揽辽国军政大权。

大丞相的官职授给一位汉人，这在辽代除韩德让之外是绝无仅有的。统和二十二年又赐姓耶律，封为晋王。并且还特地按国君的仪仗为他配置了左右护卫百人。按契丹的规矩，只有皇帝才能享有这样的待遇。

一次，辽将胡里室将韩德让横撞落马，跌了一跤。萧太后大怒，一刀就把胡里室砍了。可见萧太后对韩德让的重视。

耶律休哥乃是仲父房皇亲，能征善战，被委以重任自不必说。

萧太后在取得了耶律斜轸、韩德让、耶律休哥等人支持的基础上又重用笼络了一些大臣，使其为她效力，形成了一个以萧太后为中心的势力圈，巩固了她的政权。

政权巩固以后，萧太后开始了她的大刀阔斧的改革。她仿唐朝制度开科取士，吸收更多的汉族知识分子进入政权，以加强她的统治力量。

在辽代民族歧视是很严重的，契丹人打死汉人，仅赔偿牛马；反之，汉人就要被处死，并把汉人的亲属没为奴隶。萧太后修改了法律："契丹人与汉人相殴斗而死者，一律以汉法处理。"她还废除了兄弟连坐法。同时还规定家奴犯罪要送官府论处，主人不得擅杀。

萧太后还颁布了一系列的保护、鼓励农业的政策，奖励垦荒，减免赋税；接受并创造性地运用汉人的印刷、造船等百工技艺，使手工业、商业都得到了前所未有的发展，出现了上京、南京、东京、西京等"五京"为代表的繁华都市。在外交上采取远交近攻的策略，拉拢西夏，共同对付北宋。

萧太后的改革活动，加快了契丹族走向封建化的历史步伐，使辽国出现了空前的盛世局面。因此，也使萧太后成为契丹发展史上的一位重要历史人物。

再起烽烟

幽州解围之后，辽国的边防得到进一步的巩固。但是，由于统治者内部的矛盾纷争，给北宋带来了可乘之机。

话还得从头说起。

萧太后与丈夫景宗共同生活了十几年，虽然为他生儿育女，但景宗病体难支，她并没有能享受到生活的真正情趣。景宗一死，正值壮年的韩德让，又让她想起了那段未践约的姻缘。于是她约韩德让一同去黑山狩猎，以表心迹。

白天，他们驰骋于原野山林之中，追寻猎物，尽情享受大自然的美景。夜晚，月光如水，两人在牛皮帐中对饮。萧太后大胆而坦荡地向韩德让道出了满腹心事。韩德让对她也是一往情深……

从此以后，两人共乘一车，同卧一账，对案而食，形影不离。萧太后用情专一，从不与他人淫乱。后来，萧太后为独占韩德让，竟派人鸩杀了韩的妻子李氏。为此，大臣们议论纷纷。韩德让为了不让丑闻外传，就向萧太后建议，禁止官吏、军民无故聚众私语，萧太后立即批准实施。

统和三年（公元 985 年），贵族耶律虎古在朝堂上触犯了韩德让，韩从卫士手里拿过兵器，当场把耶律虎古打死。萧太后和韩德让的所作所为，引起了契丹贵族的强烈不满，于是纷纷降宋。

消息传到宋朝，宋太宗赵炅喜出望外，认为有机可乘，但又不知是真是假，于是派使者曹利用前往辽国刺探虚实。

这天，萧太后和韩德让正在帐中饮酒。有人来报告说宋使者来辽。

“来的是哪一位呀！”萧太后放下酒杯说。

“大使曹利用及副使等九人。”

“派人应付一下算了。”韩德让插话说。

“不，还是见见，不然，宋朝又要说我大辽无礼了。”萧太后一边说，一边披上迎宾礼袍。

“仪仗士准备，鼓乐迎宾！”

萧太后拉起韩德让，急步走出宫帐。

仪仗士从两侧帐幕里走出来，金盔银甲相互辉映，彩翎箭插满箭囊，长弓盘在背后，半举佩剑，表示敬意。

随着一阵威严的号角声，曹利用偕同副使一行 9 人通过仪仗队，走进宫帐。

萧太后和韩德让端坐在宫帐正中，众人入座后，曹利用按使臣的礼节，向萧太后献上金涂银冠、金粘鞢带、乌皮鞾、银器、彩帛等礼品。

萧太后吩咐上马奶酒开宴。

酒宴之后，萧太后令使者到驿馆休息。

曹利用不敢停留，星夜兼程，赶回东京，向宋太宗做了报告：

“那萧太后和韩德让并肩而坐，过从甚密，看来传闻不假。”

数天之后，又有辽国锡里等十一族来降；高丽国王也来宋，请求夹攻契丹。

宋太宗赵炅，一看时机到来，心想：“此时不收复幽云十六州，更待何时！”于是便有了雍熙三年（986 年）的征辽之举。

宋军北征声势浩大，三支大军分路前进。大将曹彬率领东路军从雄州（河北雄县）出发，进攻幽州。以田重进为帅的中路军出飞狐口（今河北涞源），攻取河北西

北部和山西东北部各地。潘美、杨业率领的西路军出雁门关,攻取山西大同。

这年三月,潘美一路由杨业率领,首先在雁门谷北口击败辽军,寰州刺史赵彦辛投降。杨延昭则进围朔州。朔州守将赵希赞拒战失败,也献城投降。西路军与田重进会师于恒山下。辽军宋地官员,一时间心胆皆碎,遇到宋军非逃即降。

这天,天空翻卷着乌云,雷声隐隐,预示着一场暴风雨即将来临。大辽朝廷上灯光昏暗,众臣面对来势凶猛的宋军议论纷纷。

喧嚣的白天过去了,留下了一片沉寂。夜深人静,太后宫中的两只巨烛已将燃到尽头,萧太后通宵未眠。她在谋划着作战方案。

繁星隐去,黑暗消遁,晨风吹走了夜幕,鸟声唤来了晨曦。萧太后步出宫帐,望着从草原尽头升起的太阳,胸中的作战方案已经成熟。她传谕召来了耶律休哥和耶律斜轸。

萧太后令休哥去抵挡西路的曹彬;令斜轸为西路兵马都统,率兵抵挡东路的潘、杨一部。

布置停当,天已大亮。萧太后头戴金盔,全身披挂决定带儿子圣宗亲率大军去对付东路宋军。大臣们得知萧太后要带幼帝一起出征,都来劝阻。萧太后虽面带倦容,但仍笑着对大家说:"我大辽国以鞍马为家,女流之辈尚且长骑射、习于军旅,将来幼帝要临天下,独掌朝纲,岂可不知料敌列阵、跨马征杀!"听了萧太后的话,大臣们都佩服太后的高瞻远瞩。

出征前,萧太后在契丹京城,隆重举行了出征仪式。宰杀青牛、白马祭告天地,接着又亲自阅兵点将,凡是朝中立有战功的大将,都委任为各支兵马的正副都统。选精锐士卒2万人组成一支护驾军,再选勇士5000人组成先锋军,另选机敏善战的一百多人为远探拦子军(侦察队)。各支兵马都配有传令兵一队,负责传递消息和命令。一切部署完毕,三通战鼓响罢,萧太后和圣宗率队出征。

大军浩浩荡荡地向东进发,一路上旌旗相望,万马奔腾。先锋军过后,紧接着就是护驾军,萧太后在侍卫军的簇拥下和圣宗并马而行。前面有十二面大旗迎风飘扬,十二面大鼓如雷贯耳;后面有曲柄伞、直柄伞两顶华盖遮护。文武臣僚马后相随。

大军行至离涿州十里远的地方,探子马报告说:"前面约有2万人的一支宋军骑兵挡住去路。"

"领兵的是谁?"萧太后问。

"东路军大将曹彬!"

"扎营!"萧太后下令。

萧太后率军在涿州与宋军对峙。

萧太后摆出进攻的姿态却不出兵,只是在夜间派小股骑兵骚扰曹彬的大营。守城的宋军,听到远处号角长鸣、战马嘶叫,过一个时辰,又听见马蹄声由远及近越来越清晰。透过昏暗的月光,可以影影绰绰地看到人马在攒动。带班的小头目急忙跑去向曹彬报告。等曹彬披挂出城,又不见辽军踪影,搞得宋军人困马乏。

此时,萧太后又派耶律休哥深入曹彬背后,截断了他的粮道和军需供应,形成了前后夹击之势。

不久,萧太后在涿州西南面的歧沟关与曹彬展开大战。两军相遇,辽军战马像流星似的来回疾驰。将士们个个龙腾虎跃挥刀向前,宋军纷纷抱头鼠窜,曹彬大败而逃。萧太后令辽军乘胜追击。在易州之东的沙河,惊魂未定的宋军见辽军追来,不顾一切地抢占渡口,双方展开了一场空前激烈的肉搏战。宋军死伤过半,曹彬见力不能敌,急忙下令突围。他自己带着亲兵,杀开一条血路,逃出重围。

就在萧太后与曹彬大战之际,宋军西、中两路却进展顺利,接连打败辽兵。曹彬所率领的东路一败,中路也难以支持,很快溃退。宋太宗见状,急令西路军撤退,但为时已晚。萧太后此时已抽出身来,全力对付西路军。她命令耶律斜轸迎战潘、杨大军,并叮嘱说:"对杨业不准放暗箭伤害,务求生擒,招之投降。"

经过几次交锋,宋西路军主帅潘美连吃败仗。老奸巨猾的潘美,为了陷害杨业,迫使他去攻朔州。久在边防的杨业,对当时战场的形势非常清楚:宋军几路大军败的败,撤的撤。而辽倾国来争,而且又是乘锐之师,如果硬拼,必然全军覆没。不如据敌雁门山险,以防辽军深入,待机再举。杨业据理力争,无奈潘美以军法相压,并假惺惺地表示将在城南陈家谷口予以接应。杨业只得负气出征。

萧太后得知杨业出兵朔州,即令其先锋肖达兰在路上设下伏兵。令耶律斜轸只许败,不许胜。

七月九日清晨,杨业率军来到朔州东与耶律斜轸相遇。斜轸拥众为战势,杨业挥旗进攻。斜轸佯装败走,且战且退,杨业挥师急进。当追至一片密林时,肖达兰伏兵尽起。耶律斜轸也回师杀来,前后夹击将宋军围在当中。杨业率众突围,至于狼牙村(朔县南州里)又为辽追兵所困。苦战过午,箭尽刀缺,拼命杀出重围,到达陈家谷时,已近黄昏。

潘美老谋深算,他早就想好,如果杨业得胜,他就出兵抢功;如果萧太后得胜,他就率兵撤退,再向皇上奏杨业一个指挥不利。当他听到杨业败退的消息,便置之不顾,率兵先撤了。

杨业孤军奋战,退到陈家谷口后,仍不见援兵,只得再率帐下兵士力战,身被数十剑,士卒殆尽,杨业手刃辽军数十人……。这时战马被辽军射死,不能走。只得弃马,向一片深林退去。辽将耶律奚达,望见杨业的袍影晃动,射出一箭,杨业中箭被俘。

杨业被押往辽营后,萧太后劝降不从,绝食三日而死。萧太后大为惋惜。

这天,萧太后举行庆功宴。

桌上摆满了马奶、手把羊肉和各种野味。奴仆们出出进进,仍在不断上菜添汤。辽臣开怀畅饮。

耶律斜轸抓起一条牛腿骨递给耶律奚达说:"你一箭射中杨业,是有功之臣。"

奚达接过牛腿骨,两手用力一拧,牛腿骨"咔喳喳"一声断开。

众大臣一阵喝彩声。

"耶律奚达,你知罪吗!"萧太后沉着脸说。

"臣知罪。"

"你违反禁令,用箭射伤杨业,虽有功也不得赏。"

众臣不欢而散。

杨业死后,萧太后传谕边镇,以至于不少宋朝守将纷纷弃城向后退守。

从此,北宋对辽变攻势为守势。萧太后与东西邻国西夏、高丽结好,多次扬鞭南下,试探虚实,为大举南征北宋做好了准备。

澶渊之盟

统和二十二年(公元1004年)秋天,萧太后借草肥马壮之际,亲率20万大军挥师南下。毡车、马队浩浩荡荡直奔北宋杀去。

成千上万的铁骑,塞满了大路和小径。已年过半百的萧太后和宰相韩德昌(韩德让)坐在驼车上,随队前进。

萧太后指挥主力往东,向保州进兵。行至一片密林时,她叫队伍停下,命右羽林军使带侦察部队去察看地形并叮嘱要千万小心。

黄昏,侦察部队的一名士兵飞马来报,右羽林军使中了宋军的埋伏,中箭身亡。萧太后闻之,不觉伤心落泪。辽宋两军尚未交战,先损一将,看来此番征战,凶多吉少。

萧太后指挥辽军到保州城下,攻了一下,便转向定州。宋朝北面都部署王超不敢出战,辽军气焰很高。但是,萧太后并不想在此和宋军恋战,她的目标是东京汴梁。所以,辽军随即移营至望都东北的阳城淀。

辽军打了几个小仗后,便从阳城淀向东移,攻打赢州。

这是一次攻坚战,萧太后亲自击鼓督战。她命令士兵负木板作为护具,攀登城墙。宋知州李廷渥、巡检史普率领兵民守城,用石块、巨木将攀城的辽兵击退。双方死伤惨重。

十一月,辽军进逼天雄军(大名府),守将孙全照用强弩猛射。辽军继续南进,打破德清军(清丰县),经过几次激战,于十一月二十二日,到达澶州。

落日余晖,萧太后的铁骑在澶州北城外扎下大营,数百座营帐环城排列。营帐前燃起熊熊篝火。劳累了一天的辽兵,围坐在篝火旁,喝马奶,吃手把肉。

在一座宽大的军帐内,萧太后坐在厚厚的羊毛毡上,和部将们商讨如何攻城。

澶州有南北两城,北城在黄河的北岸,南城在南岸,两城之间有浮桥相通。如果攻陷澶州,辽军渡河南进,就可直抵东京。

辽军到达澶州的战报传到宋廷,朝野上下一片惊慌。有主战的,也有主和的,甚至有人主张弃城迁都。大臣之中,参知政事王钦若是江南新喻人,所以主张迁都金陵;金署枢密院事(执行军政的枢密使的副职)陈尧叟是蜀人,便主张迁都成都。一时间,议论纷纷,争得面红耳赤。平章政事寇准力主抗辽,他当着王、陈二人的面,佯装不知迁都之计是谁的主意,慨然道:"谁为陛下划此策者,罪可斩也。"寇准向皇上提出了御驾亲征抗辽的主张。

这时,萧太后正在澶州北城下,指挥辽军三面合围,猛攻北城。由于宋守将李继隆在城垣要害的地点,都用强弩扼守,辽军攻城不下。

萧太后气得咬牙切齿,决心拿下澶州。她派先锋官统军使萧挞兰到城下观察地形,选择攻城的有利地点。萧挞兰就是当年在朔州以南参加设置埋伏、围困杨业的战将。

此刻,他领令披挂出阵。宋军执掌床子弩的军头张瓖见辽一大将出阵,暗发一箭,正中萧挞兰头部,辽军士兵急忙冲上前去将他抢回营帐,由于中的是强弩,伤热严重,当夜就断气了。

萧挞兰是萧太后的族弟,积极主张南侵,在军中是太后的主要助手,他的阵亡,使萧太后大为伤感,影响了她南下的决心。

宋真宗在赵澶州的途中,得到了射死辽统军使萧挞兰的捷报。但到达澶州后,他仍想留在南城。寇准、高琼再三请求,他才勉强同意渡河。高琼怕皇上变卦,立即指挥卫士备车,请真宗上车出发。到了浮桥,真宗又犹豫起来。高琼举起槌,朝车夫的背戳去,骂道:"还不快走! 已到这里,还迟疑做什么?"他表面上是骂车夫,实际上是在骂皇上。真宗无奈,才来到老城,登上城楼。宋军望见黄龙旗,气势大盛,高呼万岁,声振10里。

宋辽两军相逢,有如两股不可阻遏的洪流相遇,激起了冲天的怒涛。顷刻间,双方第一线部队,人仰马翻,死伤遍地,紧接着第二线的部队又冲了上去,宋军越战越勇,萧太后只得鸣金收兵。

激战后的澶州,显得格外的宁静。

辽军营帐里,烛光下,萧太后和宰相韩德昌围桌而坐,一边饮茶,一边交谈。

萧太后感叹地说:"我苦心经营十几年,一心想统一中原,事到如今,仍未能如愿。"

"明天,我率队再去攻城,定要拿下澶州。"韩德昌将手中的茶杯放到桌上,粗声粗气地说。

"不,现在宋军士气盛,又有州城坚守,而我大军深入,仍有后顾之忧。"

"那么,我们不如早点回师!"

"也不行,我们虽然出师不利。但是仍要以胜利者的姿态撤军!"萧太后的话让韩德昌感到不解。

"放心好了,我们不会空手而归的。"萧太后向韩德昌如此这般地布置了一番。

第二天,萧太后派人到宋营,答应北宋先前屡屡求和的请求。

宋真宗本来就对亲征三心二意,终日提心吊胆,对战局缺乏信心。他见萧太后同意议和,便急忙派曹利用前去磋商。

在一座富丽堂皇的宫帐里,萧太后威严地坐在中央的雕木金边花椅上。丞相韩德昌身穿金丝汗袍罩着里边的护身铠甲,坐在旁边。众大臣和军事将领依次排坐在两旁。

宋使曹利用进账,他身边跟随着6名使臣及随从。

曹利用往前走了几步,向太后躬身施礼:"祝太后健康长寿!"

"请坐!"太后绷着脸说。

"既然太后愿化干戈为玉帛,就请谈谈议和条件吧。"曹利用"单刀直入"。

萧太后故意吊宋廷的胃口,便提出要宋退出后周柴荣时收复的关南之地(相当于今河北自洋淀以东一带)。

"这可不行,即使我答应,我大宋皇帝也绝不会同意。"曹利用见萧太后并无诚意,便起身告退。

"先不用急,此时我辽兵正在操练,何不一同看看。"萧太后按照事先布置好的计划行事。

北城外一块宽阔的空地上,一个用战车围成的巨大的团城,上面坐满了持枪、带弓的武士。见萧太后到来,200人的号角队发出惊天的声响。

萧太后来到一名小将面前,指着远处三个箭靶说:"你去把它们干掉。"

小将飞身上马,策马跑出半箭之地,又掉转马头。放开缰绳,连发三箭,三个靶子应声落地。团城上的士兵,发出山呼海啸般的喝彩声。

宋朝使者,惊得出了一身冷汗。

曹利用回朝复命。这期间,宋辽之间的磨损时有发生,互有胜负,但因宋军一方,宋真宗缺乏斗志;辽军一方萧太后担心旷日持久,天气转冷,事发突变。于是又派韩杞到宋行宫见真宗,递交国书,书中仍然提出关南土地问题。真宗命曹利用再到辽营,并告诉他说:"只要不割地,就是每年多给一百万金帛也无所谓,只要萧太后答应退兵就行。"

寇准和杨延昭本想借议和之机,让萧太后交还幽云十六州,见皇上如此,也无可奈何。

曹利用临行,寇准把他召到自己的府中,交代说:"你虽是奉旨出使,但是议和时,所许金帛不准超过30万之数,否则,我就砍你的头。"

曹利用再到辽营,向萧太后表示,如果必欲割地,战事就不可能平息,若是每年得些金帛佐济军需,还可商议。辽政事舍人高正始抢上一步,厉声对曹利用威吓道:"我太后陛下此次征兵南下,就是要收复故地,若只得金帛而归,实愧对我大辽国民!"

曹利用不慌不忙地反唇相讥:"听起来你似是为辽国民着想。若依你言,这关南之地一日不得,干戈便一日不休,到头来两败俱伤,谁都不得利。"

这几句话打中了萧太后的要害,见此情形,只能同意曹利用提出的"岁取金帛"的条件。

最后达成协议,宋朝每年给辽绢20万匹,银10万两。从此宋辽结成兄弟之好。这就是历史上的"澶渊之盟"。

宋辽和平是好事,对双方的经济的稳定和人民生活的改善乃至民族间的融合都具有一定的积极意义。但是萧太后以武力进行讹诈;宋以岁币乞求妥协,受到后人的指责。

《辽史·后妃传》曾这样评价萧太后:"赏罚分明,将士用命,圣宗称辽盛主,后教训为多。"

公元1009年(辽圣统和二十七年),萧太后死,时年57岁,尊谥"睿智皇后"。

【名家评点】

后明达治道,闻善必从,故群臣咸竭其忠。习知军政,澶渊之役,亲御戎车,指麾三军,赏罚信明,将士用命。圣宗称辽盛主,后教训为多。

——元·脱脱《辽史》

孝庄文太后：历经三朝 神针定海

【人物档案】

姓名：布木布太

别名：孝庄文皇后、布木布泰。

生卒：1613年～1688年

关系：清太宗皇太极妃子

朝代：清朝

主要成就：辅佐顺治、康熙两代

君主

陵寝：昭西陵（河北省遵化市清东

陵大红门外东侧）

孝庄文太后

【枭雄本色】

孝庄文太后一生饱经沧桑，波澜壮
阔。她历经三朝，辅立两帝，运筹后宫
而不临朝擅权，顺应时势而不固执旧
制。宫廷争宠，可以狠心毒死亲侄子；
入主中原，不顾廉耻色诱洪承畴；为了
儿子保位子，舍得身子嫁叔子；协助孙子擒鳌拜，平三藩，击溃布尔尼叛乱的大手
笔，堪称建立大清王朝的"定海神针"。

在长达四十五年的政治生涯中，孝庄太后不停地周旋于权臣之间，历经多次生
死关头，然而她凭借自己的聪明才智及睿智的政治眼光，总是在千钧一发之际，化
险为夷，力挽狂澜于既倒。

雍正皇帝赞扬他的太祖母"统两朝之养孝，极三世之尊亲"。绝非溢美之词！

【风云叱咤】

巧遇皇太极　草原之花成福晋

　　孝庄皇后,姓博尔济吉特氏,名布木布太,明万历四十一年二月初八(1613 年 3 月 28 日)出生在蒙古科尔沁部落的一个贝勒家里。

　　一次皇太极在练兵闲暇之时,路过住在伯都纳的大舅子寨桑家做客,无意之中,发现他的女儿小博尔济吉特氏虽年纪幼小,但容貌俊丽、知书识礼,且谈吐不凡,顿时爱慕备至。那时,在满族和蒙古族中,对不同辈分之间通婚的约束并不严格,因此,皇太极很快就托人送来聘礼,要迎聘小博尔济吉特氏为妾。基于皇太极一家的权势和为了巩固自己的地位,寨桑不得不忍痛割爱,将年仅十四岁的爱女嫁到远方。

　　布木布太换上了满族新娘服装,戴上了满族头饰。蒙古小呼哨变成了满族塔拉温珠子。寨桑福晋拉住布木布太的手,把她最后一次揽进自己的怀里,小声叮咛着:"到了大金,一定要好好听你姑姑的话,她会教你怎么办。要不你会吃亏的。要想办法讨皇太极的喜欢。"

　　说着,寨桑福晋从蒙古袍里掏出一个金光闪闪的小佛像塞进女儿的怀里,说:"这是一尊欢喜佛,它会保佑你的,叫你婚后幸福。不过,这欢喜佛是我们蒙古人的家佛,决不能叫其他人看到。只能供奉在你们夫妇的睡房里。记住,要是叫别人看到了,佛爷会降罪于你。"布木布太直点头。

　　陪嫁的使女们也都装扮一新,穿着鲜艳的蒙古袍,头上都包着鲜艳的头巾,戴着银光闪闪的头饰。苏嘛拉穿着粉红的蒙古袍,头上戴着亮光闪闪的银头饰,显得格外漂亮。她是布木布太的第一陪嫁女,走在排着队的陪嫁使女前头。陪嫁使女跟随着苏嘛拉鱼贯走到勒勒车前,等着新娘上车。

　　蒙古包外的号角声和鞭炮声锣鼓声齐鸣,新娘上车的时候到了。寨桑福晋眼睛里的泪水止不住地流了下来。布木布太一头扑到母亲怀里失声痛哭。她真害怕那陌生部族里的陌生生活。

　　莽古斯台吉和寨桑贝勒走进来,寨桑拉开自己的福晋,让吴克善和使女陪着布木布太登上勒勒车。

　　勒勒车、马队在一片号角锣鼓鞭炮声中慢慢地启动了。车轱辘在绿草如茵的草原小路上辚辚地滚动,马蹄声得得,送亲的队伍在科尔沁草原上越来越远越来越小,慢慢消失在绿色和蓝天交界的苍茫中。

　　科尔沁草原送走她美丽能干的令科尔沁人骄傲和自豪的女儿。

　　努尔哈赤很重视这次婚礼。他已经决定在婚礼结束之后迁都到盛京沈阳,所以这婚礼既是庆祝也是与东京的告别。努尔哈赤率领他的王爷和贝勒及所有福晋组成的浩荡人马在沈阳以东的岗子上迎接送亲队伍。

皇太极的迎亲队伍早已在辽阳城外十几里外的草甸子上搭起迎亲的篷帐,等待着送亲队伍的到来。

皇太极心如火燎般等待着送亲队伍。自从去年见过布木布太定下这门亲事以后,他就在盼望着这一天的到来。那机灵聪明美丽的小姑娘一定会给他新鲜的感受。他已经有六个福晋,但是他还渴望新福晋的滋味,特别是小新娘的初婚,才会叫他感到新鲜和刺激。34 岁的他需要刺激。

施展媚功迷大汗　全力帮助多尔衮

1626 年 9 月,天刚放亮,盛京汗宫法驾卤簿已经陈列在大政殿前,代善、阿敏和莽古尔泰穿着夏季朝服,戴着宝石蓝的孔雀翎帽,集在大政殿前,等待皇太极的登汗位大典仪式。

礼仪官率领群臣三跪九叩,皇太极昂首挺胸走上大汗宝座。

皇太极坐在大汗宝座上,眼光巡睃着兄弟子侄。

皇太极清了清嗓子,大声说:"诸贝勒和各位大臣们,为了表明我们的心志,现在我率大家对天盟誓。"说着,他走下宝座,来到院子的索罗神杆面前,跪下向天地盟誓。皇太极向天神祷告说:"皇天后土保佑我的汗父创立大业,今汗父已逝,我的诸兄弟子侄以国家为重,推我为君,我唯有继承并发扬汗父的业绩,遵守他的遗愿,以此为第一天职。我如果不敬兄长,不爱子侄,不行正道,明知非义之事而故意去做,或因弟侄为有过错就剥夺汗父赐予的户口,天地无情,必加谴责如敬兄弟爱子侄,行天道,天地就给予保佑爱护,国祚昌盛!"

大贝勒代善、二贝勒阿敏和三贝勒莽古尔泰交换了一下眼色,立刻走出队列来,跪倒在神杆面前,大声宣誓说:"我等兄弟子侄,合谋一致,奉皇太极登大汗位,如有心怀嫉妒,将损汗位者,一定不得好死。我代善、阿敏、莽古尔泰三人如不教养子弟,一定自取灭亡。如能守盟誓,尽忠良,天地爱护。"

一天,布木布太学完了满文课,调皮地伸伸懒腰。那木其硬悄悄地对她说:"布木布太,我有事想叫你帮忙。"

布木布太偷偷看了看周围,说:"到我那里去谈吧。"她给苏嘛拉使个眼色,苏嘛拉慢慢落在后面,故意挡住哲哲和其他福晋的视线。布木布太和那木其一前一后走进她的房。自从皇太极登上汗位,哲哲就命令各位福晋不许私自来往,以防福晋们散布流言结伙拉帮影响安定团结。

布木布太脱去皮靴上了炕,让那木其也坐到炕沿。使女送来奶茶放到炕桌上,布木布太挥手让使女退下。苏嘛拉拿着针线活坐到门外。她现在正忙着设计各种服装制式。

"什么事?那木其?"布木布太问自己的堂姐姐。

那木其欲言又止。布木布太急了,催促着说:"你快说嘛,我们蒙古人哪有这么吞吐的?"

那木其望着布木布太："你真的帮我?"

布木布太满脸不高兴地说："你不说我怎么帮你? 只要我能帮,我当然会帮。你还信不过我? 我们蒙古人可是说一不二的。"

那木其这才说："多尔衮爷让我来求你。他的旗主位置到现在还没有落实,想请你帮着在大汗面前说一声。"

晚上,皇太极从哲哲那里出来,到布木布太这里睡觉。皇太极躺在热乎乎的热炕上,搂着布木布太,舒服极了,一天的疲劳和烦躁都消失得无影无踪。

布木布太见机行事,说道："我有一件事,不知该不该对大汗讲。"皇太极有所欢欣道："你说,小姑娘的话我肯定中听。"

"大汗近来上下忙碌,宫廷之内也许有好多势力对大汗不利,不知大汗是否可知,依奴婢之见,应该削弱阿济格多铎的势力,免去阿济格正黄旗旗主,重新分配旗主所属。"布木布太亲昵地说道。

"重新分配旗主?"皇太极对面前的小姑娘的分析有些惊讶。

"对,重新分配八旗,大汗可以把阿济格的正黄旗多铎的镶黄旗归到自己的名下,加上原来的正白旗,大汗可就有三个直接统辖的大旗。然后把镶白旗的旗主给多尔衮。在他们弟兄三人中,我看多尔衮最忠于大汗。这样一来多尔衮一定会死心塌地忠于大汗。大汗爷,你说呢?"

布木布太紧紧抱住皇太极,皇太极什么也说不出来。布木布太已经把他想要做还犹豫着没有做的事情全部说了出来。这小姑娘是个人才! 皇太极也紧紧抱住布木布太,如胶似漆。

第二天大政殿议事,皇太极提出阿济格违背规定,褫夺他固山旗主位置。又过了些日子,大政殿议事,重新分配八旗,皇太极直辖三旗,多尔衮被任命为镶白旗的旗主。

多尔衮热泪涌流,他渴望多日的旗主位置终于得到,心中怀着对布木布太和那木其这对姐妹的无限感激,暗自发誓定要报答她们的大恩大德。

借刀杀人　争庞后宫下毒手

天聪八年十月,科尔沁莽古斯台吉的府邸里红灯高悬,如今他们作为金国大汗的太师之家已经盖起了仿照盛京大汗宫那样的青砖大瓦房,奢华的蒙古包设在府邸的外边,作为使者来人的招待所。

皇太极和中宫福晋哲哲率领着其他福晋,以及宗室贝勒贝子和他们的福晋,六部大臣百官,在大政殿设大宴庆祝他和海兰珠的新婚。

科尔沁博尔济吉特氏的又一个女子进入大金的汗宫。这个家族的这第五位入汗宫的女子在汗宫里位置也相当显赫。

俗话说"好事成双"。海兰珠生了八阿哥之后布木布太也怀了孕。

正月,皇宫里喜庆不断。永福宫庄妃临产,后宫之主皇后哲哲忙于准备。过去,她热切希望布木布太生男孩,曾多次为她祈祷。现在,她跪在神堂的佛像前,跪在萨满妈妈前,却祈祷不要给布木布太生男孩。皇上已经把皇嗣定在八阿哥身上,如果再生个九阿哥,这亲姐妹会不会争斗起来扰乱后宫?

自打知道布木布太怀孕,苏嘛拉就天天吃斋念佛,企求佛祖保佑布主子生个男孩。班布喇嘛也在寺庙里做佛事,祈求布木布太生儿子。也许是心诚感动了上苍,布木布太果真如愿以偿。尽管如此,皇太极还是喜欢海兰珠的八阿哥,也许是九阿哥出生晚了一年半载的原因,也许真正的是海兰珠的受宠。在这关键的时刻,苏嘛拉帮了布木布太一个大忙。

春天的盛京,经常流行感冒。一场持续几天的倒春寒之后,宫中大小有许多患上流行感冒,咳嗽声和擤鼻涕声到处可闻。

布木布太的大女儿从学堂回来,小脸通红,鼻子上挂着两股清鼻涕,咯咯地咳嗽着。"感冒了。"布木布太急忙命苏嘛拉带她到外间。"不要让她进来。"布木布太传出命令对苏嘛拉说:"让奶妈带她住几天,等感冒好了之后再回来住。"

苏嘛拉伏到布木布太耳边说了几句,布木布太点头说:"让她去吧。"

苏嘛拉对大公主说:"你额娘让你去找八阿哥玩一会。"大公主高兴地蹦蹦跳跳到东宫关雎宫去玩。哲哲主持后宫,对后妃管束很严,严加限制不能随意走动,但是对小孩子却没有什么限制,可以在不同的宫中找兄弟姊妹玩。庄妃的大女儿很喜欢到海兰珠姨妈那里抱小弟弟。一岁多不到两岁的孩子正是大玩具。

海兰珠的宫女把大公主让了进去。八阿哥在暖阁的炕上玩抓嘎拉哈。海兰珠坐在炕上的炕桌边读书。奶妈宫女把火盆里的炭火拢得旺旺的。"赛白喏。"大公主用这简单的蒙古语向海兰珠打招呼。海兰珠急忙让宫女把大公主抱到炕上,看着她红彤彤的脸,说:"格格真好看。来,让我给你擦擦鼻涕。"小女孩凑到海兰珠身边,海兰珠用手帕替小女孩擦了鼻涕,说:"你的额头好热,来,我看看是不是发烧了。"她摸了摸女孩的额头,摇摇头,说:"不要紧。你和弟弟玩抓嘎拉哈吧。让我看一会书。"

大公主抱住八阿哥亲了亲,说:"九阿哥要是这么大多好。"

八阿哥咿咿呀呀地说着含糊不清的话,让姐姐跟他玩。

"你听。"庄妃从炕上直起身子,侧耳倾听着。漆黑的院子里传出一声一声清脆的咳嗽,在深夜里分外响亮。苏嘛拉听到了,她点着头,小声说:"时候到了。"

机会来了,布木布太心情有些激动。

清晨,布木布太遣苏嘛拉到中宫皇后娘娘那里报告,说永福宫的大公主有些感冒,请娘娘派喇嘛到永福宫治病。哲哲说:"关雎宫报告说八阿哥也感冒了,传班布喇嘛来,先去给八阿哥医,然后去给公主医。"

班布为八阿哥开了几帖蒙药,顺便把藏好的断肠草粉抖入药里。

八阿哥死了之后,皇太极仔细询问过宫女,了解了整个过程。喇嘛在场,引起他的怀疑,他下令找喇嘛时,哲哲说班布喇嘛已经回到归绥大昭寺做主持喇嘛。

皇太极隐隐约约感到这事和庄妃有关,但是没有凭证。哲哲一再开脱。

不管有没有凭证,皇太极冷落了庄妃,从八阿哥死后,他再没有临幸过永福宫。只是因为皇后的威胁,他才没有废掉庄妃。一般来说,皇太极并不算太残酷。

不久,宸妃海兰珠因伤心过度而死。

性感高雅胜巧舌　诱惑劝降洪承畴

明崇祯十四年(1641年),皇太极派多尔衮、豪格等将领率军围困明关外重镇锦州,明朝急派蓟辽总督洪承畴率十三万大军迎战。洪承畴与清军初战,明军勇敢而顽强,清军将领三人投降,二人战死,多尔衮、豪格屡屡败阵,势不能挡,锦州之围眼看可解。皇太极闻清军交战失利,心急如焚,亲率大军从盛京(今沈阳)增援,三日之内奔赴前线。他利用明军分散之际,抓住战机,首先派一支轻骑夺取并烧毁明军的粮仓,又截断明军退路,消灭明军五万余人。将洪承畴残部数万人围困在松山堡(今辽宁凌海市西南)中。第二年三月,松山堡中粮尽,明副将夏承德投降,由于叛军与清军里应外合,洪承畴被俘。

洪承畴为明末一代名将,以知兵善战而闻名,极得崇祯皇帝信任。松山之战失利后,崇祯帝以为洪已为国捐躯,亲自下令设祭坛,为他举行祭悼仪式。

皇太极此时已有夺取中原之志,对洪承畴十分器重,特别是明朝驻扎在长城一线的守军将领,多为洪承畴的门生和部下。因此,争取洪承畴降清对清日后进取中原将减少许多阻力。洪承畴被俘后,皇太极曾派谋士范文程等人多次劝降,但洪毫无降意。皇太极甚至许下诺言:有谁能劝降洪承畴者,可得重赏或高官厚禄。百官跃跃欲试,但均无功而返。

太宗皇太极见劝说无效,仍不死心,就千方百计寻找洪承畴的弱点,以便加以利用。很快,同洪承畴一同被俘的仆人金升为太宗收买,他对太宗献计说:"我主人赋性沉毅,爵禄不能动其心,刀斧不能动其志,唯有见到美女,或可动其心志。"皇太极采纳金升建议,立即选派几个美女前去侍候,但几天下来,仍不见明显效果。皇太极一筹莫展。

皇太极劝降洪承畴的消息很快传到后宫。庄后经过考虑后,立即面见皇太极,要求亲自去见洪承畴,相机劝降。太宗先是不悦,说:"多少人去劝他,都未能成功,你一个妇道人家,能成何事?"

庄后微笑着对太宗说出了她的想法,太宗经过一段时间沉思,终于同意了庄后的要求。

洪承畴躺在盛京皇宫三官庙里,已经绝食七天,气息奄奄。昏昏沉沉之中,洪承畴又听到咿呀的开门声。洪承畴的心跳了起来。也许是范文程返回来?他是不是应该抓住这机会告诉范文程说自己愿意归顺这样爱才的皇帝?

不!洪承畴马上在心里否定了刚才的想法。堂堂进士,不能这样毫无廉耻做没有气节的叛徒!他不能成为千古罪人!人生自古谁无死,留取丹心照汗青!他在心里咏诵着文丞相的千古名句,为自己的软弱壮胆。

一股好闻的清香溢满小囚室。

洪承畴不由得慢慢睁开眼睛。一盏淡黄色灯笼光照亮小小的囚室，眼前站着一个手提灯笼的盛装的年轻的满洲女子，满头珠翠，身穿名贵的貂皮大氅，里面是杏色锦缎绣团凤的满洲袍褂。身后站着一个穿蒙古袍的使女，手里提着一个青瓷暖罐，另一只手拿一个青瓷龙纹花碗。

那女子站到洪承畴床边，轻轻呼唤："洪先生，洪先生。"冥冥中，洪承畴好像听到自己的发妻在喊自己："洪相公，起来喝口参汤，暖暖身子。"好像又是娇妾在呼唤自己："洪相公，起来喝口参汤，暖暖身子。看，相公的手冰凉，让我给相公暖暖手。"

洪承畴感觉到自己的手被两只温热细腻滑爽的小手紧紧焐住。那究竟是发妻的手还是娇妾的手？好像都不是。

洪承畴慢慢睁开了眼睛。他正偎在那个年轻女子的怀里，另一个使女正在用小匙往他嘴里喂人参鸡汤。他想吐出来，可是，那鸡汤的香味却叫他舍不得吐出来。只咽一小口。他想，没有关系，还算绝食。洪承畴心里想，不由自主地咽了一小口。

年轻女子温柔地说："洪先生的家眷一定在等着洪先生归来，洪先生应该多多保重。皇上爷已经下命令，准备派人化装去接洪先生的家眷。只要洪先生手写亲笔信就成行。用不了一个月，洪先生就可以和家眷团聚了。"

洪承畴的脑海里出现了白发老母倚门盼他归来的画面，他的眼睛一热，几滴热泪滴落在那女子的手上。气节？气节有生命重要吗？他在心里问自己。

说话间，又一小匙的参汤滑进喉咙。他感到生命回到体内。

那女子又细声款语地劝慰着："我们皇上十分敬重先生的才学，还望先生尽快养好身体，与家眷团聚。洪先生，再喝一口。"

洪承畴热泪汪汪，抽泣起来。既有对生命的留恋，又有失去气节的愧疚。囚室里只有洪承畴断断续续的呜咽。年轻女子一动不动地拥着他，紧紧握着他的手，轻轻地说："洪先生，大哭一场就舒服了。你就哭吧。"说着轻轻地抚摸着他的头发，任他发泄自己的情感。

洪承畴偎在女子柔软的怀抱里，女子身体的暖香刺激着洪承畴，他的身体里慢慢地复苏出久已没有发泄的男人的欲望。体内一股温热慢慢升起。

洪承畴的呜咽声越来越小。等一切平静下来之后，蒙古使女从青瓷罐里倒了一碗热气腾腾的人参汤，递给洪承畴。洪承畴颤抖着双手接了过来，哆哆嗦嗦地凑到嘴边，狼吞虎咽地喝了起来。

喝完之后，女子扶着洪承畴躺了下去，帮他掖好棉被和貂皮大裘，站起身来，温柔地说："洪先生好好睡一觉，明天请先生搬到自己的宅子里去住。皇上已经为先生准备好了一处住宅，等先生恢复了体力去看看。"

洪承畴听话地点点头，又立刻十分羞愧地闭上眼睛。

灯笼光消失了。洪承畴听到门外侍卫的喊声："送西宫庄妃娘娘！"

听完庄后这一席话，洪承畴的眼泪忍不住流了下来，皇太极也确实爱才，竟然这么死心地劝降自己，经过一段时间的考虑，终于，他的那道防线撤除了。第二天，他写信给皇太极，表示愿意降清。

皇太极很快在皇宫大殿里召集文武百官，以极其隆重的礼遇接见洪承畴。洪承畴低头来到殿下，先向皇太极下跪、表示愿意投降。皇太极大喜，亲自下殿将洪承畴扶起，当即宣布要委以重任。洪承畴又向皇太极和皇后致谢。当他向皇后观望时，不禁大惊失色。原来坐在皇后座位上神色非常严肃地注视着他的那个人，正是前几天随侍在自己身边、劝自己降清的那位汉家姑娘。她端庄、美丽的脸庞仍像过去那样，只是用安详严肃的神态代替了过去几天的亲切和温柔。

洪承畴面见皇后，又惊怕，又激动。他无论如何也想不到贵为皇后的博尔济吉特氏竟不惜屈身劝降。他更感激皇太极的知遇之恩，决心追随新主人，以效犬马之劳。果然，在清军入关以后，洪承畴不仅积极为清军出谋划策，更是充当清军急先锋，劝降明军将领，镇压人民反抗，真正起到了为清朝夺取天下的猎犬作用。

勾结多尔衮　扶助儿子坐龙椅

崇德八年八月九日，夜色笼罩的清宁宫里响起一声惊慌的女人尖叫，杂沓的脚步，喧哗的人提着灯笼的人群，在皇宫里晃动。

清宁宫东暖阁的南炕上，端坐的皇太极歪倒在一旁，口角流出一小股涎水。他的脸上还带着微笑，好像刚刚睡去。

中宫皇后哲哲极力想把他扶起来，但是却怎么也扶不起来。御医匆匆赶来，匆忙拿出急救方剂给他灌下。

侍卫们守住宫门，不让任何人随意入内。东西宫的妃子们都被哲哲通知，匆匆起身，来到清宁宫，围在皇太极身边哀哀地痛哭。次西宫布木布太哇地哭出了声。被抽泣的哲哲严厉呵斥而止住了。

皇后哲哲命令皇太极的贴身侍卫大力士和摔跤冠军阿尔萨兰，快快去请睿亲王多尔衮和礼亲王代善、郑亲王济尔哈朗。

睿亲王多尔衮、郑亲王济尔哈朗和礼亲王代善匆匆赶来，他们抚着太宗皇帝痛哭失声。皇后哲哲勉强压抑心中的悲痛，呜咽着说："请亲王早做安排，办好太宗皇帝的丧事。"

崇德八年八月十三日的深夜，皇宫和宫外亲王府都彻夜未眠。国不可一日无君。皇太极生前没有立嗣，突然殡天后拥立新君成了宗室亲王人人忧心的事情。脸上带着泪痕，心里怀着鬼胎，每个人都在猜测试探估计，把各种力量加以对比分析，试图从蛛丝马迹中找出新君。

皇后哲哲尽管悲痛，却不敢懈怠。拥立新君，她有至高无上的权力。当年皇太极即位还记忆犹新。如今又会发生什么大事呢？那些如狼似虎的皇帝宗室，那些太祖的儿侄亲王，会不会狼子野心觊觎皇位？从力量来看，皇太极长子豪哥可以接替皇太极掌管两黄旗和正蓝旗,睿亲王多尔衮拥有两白旗,这两个人都有可能争夺皇位。但是,不管哪方取胜,恐怕都隐藏着危机。大清的大好形势难免毁于自相争斗中。这些,那些王爷们想过吗?他们只知道争夺皇位,为个人的利益争来斗去,他们谁真正关心大清的利益呢?只有她,哲哲,最清楚先帝太宗的理想抱负,她有责任实现太宗未竟的事业。她有义务制止内讧争斗。

皇太极贴身侍卫鳌拜进来向皇后附耳说了几句。皇后脸色大变。她站起身,在地上走来走去。庄妃关心地问:"什么事?"

皇后咬牙切齿地说:"有人开始行动了。肃亲王的八大臣集到肃亲王府,一定是商量拥立肃亲王的事情。"

皇后坐了下来,对庄妃说:"你赶快化装成宫女,去见睿亲王多尔衮,虽然有那木其吹枕头风,但是我总不放心。你亲自去摸摸情况,让多尔衮死心塌地支持我们。不能让他跳出来争。"

庄后立即找到自己的妹妹(多尔衮的妻子),请她告诉多尔衮,自己要以皇后的身份单独约见他。

见到多尔衮后,多尔衮向庄后谈到了朝中的情况并希望庄后在皇位问题上给予支持。庄后语重心长地对他说:"如果按功劳、论资格,你都有权继承兄长事业,但是先帝还有诸子,会反对你,另外你们兄弟之间和诸贝勒中也有人反对你,我想如果为此事闹到兵戎相见,不仅取代大明江山成为泡影,大清政权能否存在下去,恐怕也难以预料了。"

多尔衮说:"老皇(指努尔哈赤)在日,就有立我的想法,皇兄也有让我继承的打算,为此,我已等待有十几年了。"

"王爷所言,我也深知。只是今日大清基业初定,宏图尚未成功,我只怕为此事兄弟反目,有愧于两代先皇。"

"皇嫂有何高见,不妨一说。"多尔衮历来敬重这位聪慧、美丽,但实际年龄与自己相仿的皇嫂,此时,他也想听听庄后的意见。

庄后见时机已到,缓缓言道:"我儿福临,年方六岁,可以让他继承皇位,以王爷为摄政王,全权负责军国大事。如此安排,众王贝勒不好公开反对,而王爷又能控制实权。这样国家不会发生内乱,王爷大权在握也实同皇帝。不知王爷意下如何?"

多尔衮见庄后说得合乎情理,言语中又表现出对自己的关怀,终于决定服从皇嫂的意见,不再争当皇帝,并表示全力协助其侄福临登上皇位。庄后也积极支持多尔衮一派。

第二天,六岁的顺治皇帝福临继位,成为清朝入关后第一代君主。多尔衮作了辅助王。

崇德八年八月丁亥(1643年8月25日),幼主福临登基。

为了儿子保位子　舍得身子嫁叔子

　　孝庄文皇后力扶顺治继位,虽有子尊母贵的想法,但在当时的情势下,顺治称帝也是最合适的人选。博尔济吉特氏这种做法,确实起到了维护大局的作用。但顺治称帝以后,多尔衮要做皇帝的野心并没有收敛。随着清军入关以后军事进展的顺利,他的权力欲也日益膨胀,他利用手中掌握的军政大权,结党营私,打击异己。原先与他争皇位的豪格被幽禁而死,另一摄政王济尔哈朗也被贬官。多尔衮建造的王府宏伟壮丽,胜过皇宫。他入朝时,满朝文武要对他下跪。当时"关内关外咸知有睿王一人",年幼的顺治皇帝形同虚设,帝位岌岌可危。正如后来顺治所言,当时"凡天下国家之事,朕既不预,亦未有向朕详陈者"。对多尔衮的专制独裁,孝庄文皇后更是忧心忡忡。为了保全自己和幼子的地位,必须要想出笼络并控制住多尔衮的办法。她也知道多尔衮这位小叔子对自己早有好感,曾想占而有之。当时满族仍保留着兄死弟可娶其嫂的风俗。多尔衮或许是敬重她的为人,也许是顾及自己的影响,对迎娶皇嫂之事并没直接提出来。但孝庄文皇后认为只有这种办法才能施加对多尔衮的影响。对于清入主中原以后,寡嫂下嫁(何况又是皇后)将为汉人耻笑已难以顾及。为了维护顺治皇帝的宝座,她决心要和多尔衮结合在一起。自此她在多尔衮面前着意打扮,对多尔衮礼敬有加,关心备至。时常出入内宫的多尔衮本来对皇嫂有意,又怎能抵挡住庄后的多情举动,这时恰又遇到多尔衮妻子病故,双方终于在顺治二年(1645年)结成伴侣。据传为二人的婚事,还以顺治皇帝的名义发了一份文告宣布皇太后下嫁睿王。直到乾隆朝时,统治阶级尊崇儒学,已完全汉化,认为皇后这种做法有伤体面,因此将皇后下嫁的文告从实录中删除。

　　孝庄文皇后当年下嫁多尔衮,虽然为后人所非议,但在当时不失为成功之举。尽管多尔衮野心很大,时刻想着龙座,但由于受到孝庄文皇后有力的牵制而未能如愿以偿。由于孝庄文皇后的下嫁,顺治皇帝称多尔衮为"皇父摄政王"。这位皇父摄政王也尽全力帮助年少的皇帝巩固了统治,既保证了皇帝母子的平安,又保持了朝廷最高层的稳定,没有因为统治阶级内部的争权夺利而引起大的动乱。

　　顺治七年十一月,多尔衮因行猎跌伤致死。孝庄文皇后又辅佐顺治皇帝亲政。一些不满于多尔衮专权的大臣如济尔哈朗、苏克萨哈等上书揭发多尔衮生前的不法行为,孝庄文皇后立即下令调查,当调查属实后,她不顾及名分,大义灭亲,断然宣布削去多尔衮的爵位,将其财产没收,为一大批受多尔衮迫害的官员平反昭雪,将一小部分追随多尔衮而飞黄腾达的官员贬官。这些措施,缓和了统治阶级内部矛盾,再一次获得了满朝文武大臣的赞誉。

助儿扶孙历三朝　江山一统赴天堂

顺治皇帝亲政时，虽年龄不大，却能书善画，且有处理朝政的才干，这都是庄后博尔济吉特氏多年培育的结果。

顺治帝福临死后，其子玄烨只有八岁，还是个不懂事的孩子。他的祖母孝庄文皇后已历经三朝，成为太皇太后，在当时清统治阶级内部，已是一位德高望重的人物。许多贵族大臣都希望她垂帘听政。安徽有一个叫周南的秀才，竟千里迢迢地赶到北京，上书要求孝庄文皇后垂帘听政。但这种建议都遭到了这位太皇太后的拒绝。她从前朝大臣中选择了当年反对多尔衮、保证福临继承皇位的有功之臣的鳌拜、索尼、苏克萨哈和遏必隆四人来辅佐小皇帝。这几位辅臣均不是皇亲宗室，由此可以看出博尔济吉特氏吸取了前朝多尔衮专权的教训，用心良苦。

孝庄文皇后在康熙继位之初，虽然没有垂帘听政，但她仍在全力以赴地协助年幼的皇帝和辅臣。当时朝廷中重要的人事变动和许多重要政策的推行，都出于她的意旨。

每当遇到困难和危机，孝庄文皇后也是全力协助康熙皇帝渡过难关。在康熙亲政前夕，辅佐大臣鳌拜权势熏天，满朝文武对他俯首听命，即使皇帝的命令没有他的认可也难以执行。鳌拜还欺负康熙幼小，有取而代之的野心。康熙十分不满鳌拜的专权，总想要将他清除，但满朝文武布满他的亲信爪牙，京城内外的禁卫军也有他的支持者，如果稍有不慎，后果不堪设想。孝庄文皇后对如何处理鳌拜集团，也煞费苦心。祖孙二人多次密谋商量，终于制订出一个巧妙的计谋，让康熙皇帝和他的小侍从通过游戏的方式在朝廷上生擒鳌拜，然后宣布鳌拜一伙的罪行，兵不血刃地清除了朝廷的心腹之患。

三藩之乱爆发后，全国处于动荡之中。孝庄文皇后食不甘味，睡不安宁，为平息叛乱呕心沥血。当时，她虽已是六十高龄的老人，但仍随时听取前线战局情况的汇报，为了鼓励在前线作战的士兵，她再次号召宫内节俭，并把宫中节省下来的金银财帛散发给前线将士，以犒劳英勇作战的军队。

康熙十四年，正值清军与吴三桂等叛军在前线激烈对阵的时刻，蒙古察哈尔部贵族布尔尼趁清军后方空虚之时兴兵叛乱，并声言率兵南下，对京师构成严重威胁。面对这种严峻形势，年轻的康熙皇帝忧心忡忡地面见太后请教良策。孝庄文皇后在这一紧急关头，再次显示了处事冷静、果断的才能。她要康熙皇帝先派出使臣对叛军招抚，分化麻痹叛军，延缓叛军进军的速度，并察看叛军虚实；另一方面，她又建议皇帝起用对军事颇有才干的大学士图海率军平叛。因为主力部队大批南下对付吴三桂，守卫京师的清军力量不足，北上平叛几乎无兵可派。太后建议各宗室、王公贵族将随身的警卫和家奴组织起来，交由图海进行紧急训练。由于清廷事先已采用了缓兵之计，赢得了平叛的宝贵时间。图海率领的军队也用最迅速的行动开到了察哈尔。当时叛军首领布尔尼错误地估计了清朝的实力，仍在与清朝的使节讨价还价,军事上毫无防备,结果被突然出现的清军打得猝不及防,大败而逃,叛乱很快被平息。这次叛乱的平息,为清朝巩固了后方,以便全力对付吴三桂。不久就很快平定了三藩之乱。

康熙亲政若干年之后,仍念念不忘祖母对自己的教诲和关键时刻的支持。他曾数次与亲近大臣谈道:"承祖母膝下三十余年,鞠养教诲,以致有成,设无祖母太皇太后,断不能有今日成立。"言谈之间,表露出对祖母的无限爱戴与深情。

康熙二十六年十二月二十五日(1688 年 1 月 27 日),这位辅佐三朝皇帝,为开创和巩固清王朝做出杰出贡献的女政治家与世长辞,终年七十六岁。康熙遵从祖母遗嘱,将其灵柩暂时存放在河北遵化的清东陵。雍正二年(1724 年),将她的灵柩正式葬入东陵地宫,安葬在顺治、康熙二位皇帝墓旁。因所葬之地在沈阳皇太极的昭陵之西,故有昭西陵之称。

【名家评点】

至于明社已屋,又由多尔衮出师,唾手中原。后人谓多尔衮之肯出死力,皆孝庄后有以笼络之,然则孝庄后固一代尤物乎? 明亡清继,成于一妇人之手,吾誉其德,吾服其才。

——蔡东藩《清史演义》

慈禧太后：害死二皇　三度垂帘

【人物档案】

姓名：叶赫那拉氏

别名：西太后、那拉太后、老佛爷、孝钦显皇后。

生卒：1835年~1908年

关系：同治帝皇太后

朝代：清朝

主要成就：推行洋务运动，开辟中国近代化道路；实行"新政"，对兵、商、学、官、法进行大力改革；首次提出君主立宪；办学堂，废科举，派留学；严禁鸦片。

主要作品：《富贵图》国画集、《鱼藻图》、《般若波罗蜜多心经》书画。

陵寝：定东陵（河北省遵化市昌瑞山南麓偏西之菩陀峪，东距裕陵妃园寝500米，西与普祥峪定东陵即慈安太后陵寝之间仅隔一条马槽沟）

慈禧太后

【枭雄本色】

　　慈禧16岁时，即有了"五经成诵，通满文，二十四史亦皆浏览"的学养。慈禧在这些书中不仅找到了乐趣，而且看透了官场上的人情世故，领悟了历史上兴衰成败的经验教训。官场中无处不在的权术，更对她起了潜移默化的作用，为日后慈禧在争权夺利中稳操胜券奠定了坚实的基础。

　　慈禧是一个权力欲极强的女人，咸丰尸骨未寒，她就发动政变铲除顾命八大臣，迫不及待地跳上政治舞台，垂帘听政，独掌大权。慈禧在长达48年的统治中，政治上专断，思想上守旧，生活上糜烂，性格阴险毒辣。为了独揽朝政大权，她什么事都敢干，先后毒杀慈安，害死了两个皇帝，三度垂帘听政，和大小帝国主义签订了一个又一个不平等条约，不仅断送了大清江山，而且给中国人民造成了很大的灾难。有一副对联对慈禧的一生作了概括：

上联:奇女子热面孔善结人缘一手遮天风风雨雨控驭中国多至半个世纪;
下联:妖妇人冷手腕暗含杀机三次垂帘忽忽喇喇奴役臣民将近四亿人口。
横批:一代女皇。
真可谓形象生动!

【风云叱咤】

偷食禁果　行贿蒙骗入宫门

据正史所记,慈禧生于道光十五年十月初十日(1835 年 11 月 29 日),是满洲
的镶黄旗人,姓叶赫那拉,小名兰儿。她的曾祖父吉郎阿,曾做过户部银库员外郎
(相当于现在的财政部的科长),祖父景瑞,曾做过刑部郎中(相当于现在司法部的
科长),父亲惠征,曾做过安徽宁池太广道的道员(相当于安徽省的地区行政专
员)。母亲富察氏出身名门,其父在道光年间曾做过安徽按察使、驻藏大臣、工部左
侍郎,后官到内务府管理大臣。慈禧出生在这样一个仕宦之家。祖上三代虽算不
上达官显贵,但也是四五品的中级官员。

兰儿姑娘上有两个哥哥照祥、桂祥,下有一个妹妹蓉儿。

咸丰二年,兰儿 17 岁,正值风姿迷人之时,这年恰逢咸丰皇帝第一次诏选秀
女。咸丰是个贪图享乐、疏于政事的皇帝。当时正值国家多事、内忧外患之时,洪
秀全率领的太平军正在江南闹得天翻地覆。西方列强的铁舰大炮正虎视眈眈窥视
着中国,年轻好色的咸丰却下诏自民间选诏嫔妃。兰儿和蓉儿因为是八旗仕宦之
家的女儿,自然当在应选之列。于是,姊妹俩便翩翩北行,一起赴京应征。

当她们坐着官船,顺着长江由安徽来到江苏,再沿运河北上进京,途经苏北青
江浦时,当地的知县误送了 300 两银子到船上。她家那时很穷,父亲已死去多年,
官场已无人往来,突然有县官送钱,她们既感意外又满心欢喜。但不多时知县立即
发现错送了主儿,想派人把钱要回来,这时身边的师父建议说:"听说船上坐的两位
姑娘,是进京选秀女的,咱们还是将错就错吧,说不定我们的前程还在这里头呢!"
知县觉得言之有理,也就没有要钱,还亲自到船上慰劳她们。兰儿极为感激,特将
他的名字记下放入食具中,对妹妹说:"如果我们今后有一天得意了,一定要好好报
答这位县令的恩情啊!"说来也巧,这事果然应验了,据说这位县令就是以后的四川
总督吴棠。慈禧发迹之后,把这位无能之辈大加重用,使这位错送了礼的知县一直
官运亨通,官到一方大吏。

兰儿姊妹俩到达北京,被选入宫,便随着 60 名被选进宫的世宦名门闺秀,由太
监领着。前往云和殿的镜洁堂,来接受稳婆的验身检查,通过了这一关,她们就可
以正式入宫。再回到云和殿,经太后做最后的选定之后,决定其在宫中的身份和
地位。

兰儿和蓉儿一起随这批宫女来到了镜洁堂。听说要进行验身,兰儿有点惊惶,

虽然她早知道有这一关，但还是紧张得心里怦怦乱跳，这时，她突然想起了她那青梅竹马的情人荣禄以及初恋时的点滴雨露。

那是一个千红万紫、争奇斗艳的春天，一个花园里的秘密凉亭月洞。兰儿姑娘双颊微微发红，亭亭玉立，接受身材魁梧的禁卫军统领满洲公子荣禄的欣赏。

"荣禄"，她低低叫着他的名字，"我又来了。"

他将她的纤手一把握住，凝视着她的一阵子，注意到了她绯红的双颊，更在那一片娇羞中寻着他所最渴望的东西。

他们的手互相握着，轻轻地，他将她拉过去，轻柔地笑着，她并没有拒绝他。她没法拒绝他，因为他是那样的温柔，在他的微笑之下，她的反抗全部解除了武装。

"兰，你美丽极了，"他几乎耳语着。"我爱你胜过任何人。世界上没有一个人能与你相比……"

"我也爱你"，她嫣然微笑。

他们又紧紧拥抱——天地都似乎静立不动了。

兰儿回到了现实中。

镜沽堂之前放着一座高大的屏风，太监们至此止步，里面是一群内廷孕娩司的稳婆，分立于屏风两侧，待等兰儿一行鱼贯入堂之后，门口站着的两位年老女供奉，便把堂门紧掩落锁。此刻，只见大堂四周张挂着一排排小的绸帐，每座帐门前均站有两名宫女。等唱到兰儿的名字，她站出来，随即有两名宫女，领着她走到一座绸帐里，而后替她宽衣解带，转眼间把她脱得一丝不挂。随后替她披了一块轻薄透明的蝉纱。于是，她在宫女的陪伴下在绸帐内默立着，等到再一次唱名，宫女们就领着赤身裸体、身披蝉纱的兰儿前往后堂，转过影壁，拾级登阶，踏过铺满红毡的长形庑殿，便来到了内宫里。这时兰儿瞟眼望去，但见内殿上鹅黄纱幕披挂其间，两侧女供奉标立，一人隐约端坐中间，兰儿想这大概就是万岁爷咸丰皇帝吧！

仿佛在做着体操，当头的一个女供奉发号施令，兰儿便跟着立正、转身、抬腿、行走……然后，又让她抬起膀臂在供奉面前急走两趟，兰儿想，大概是万岁想闻闻她身上有没有狐骚臭味吧。

这些程序都被兰儿胸有成竹地应付过去了。紧接着，她又被引进一间小屋，屋里放着一张长案，案上铺着一张洁净的棉被。长案旁边站着一个上了年纪的内廷稳婆。门被紧掩上后，老稳婆绕到了兰儿身后，轻巧地卸掉她身上挂着的蝉纱，然后在她耳畔轻声慢语说："仰躺到案上去吧！"兰儿踯躅再三，爬上案去，仰天躺着，并拢着双腿。那稳婆神不知鬼不觉，轻轻地把两只富有经验的手，刚要插进兰儿的大腿，兰儿霍地坐了起来，警惕地用双眼瞪着稳婆，俨然一派不可侵犯的样子。老稳婆眼光不怒而威，把手从她的腿缝里抽了出来。

兰儿愤愤道："你好大胆，竟敢在我身上瞎摸？是谁让你这样凌辱清白的？我从出娘胎到今天，只有你竟敢如此大胆。"

老稳婆镇定了一下，说："这是内廷的规矩，因为宫妃的清白关系着皇家哲嗣。当然，你是清白高贵的，但这是我的责任，我是照规矩行事。你躺下，只要一下子就检查完了。"

"不行,就这样你也可以交差了。"兰儿把声音放低道:"从来没有一个人摸过我的大腿,你已经破例行事了。"说着,她把自己手上那只翡翠戒指脱下来,悄悄地塞到了老稳婆的手心里,老稳婆眼睛一亮,连忙"噢、噢"了几声,便打开房门,对外面的女供奉说:"叶赫那拉氏已查验完毕,一切完美无瑕,替她穿好衣服,领着她回云和殿吧。"兰儿凭着她的机灵混过了这一关。

过了这一关,一群通过了验身检查的宫女,重新回到了云和殿,又由皇太后圈选决定官阶职司。在清代,宫廷里的女性分为三级:第一级是皇后,他是皇帝的妻子,除皇太后或太皇太后外,她是宫中最高贵的宫人,她们全是在世家名臣的女儿中特别选拔的,不与秀女同科;第二级是妃嫔,她们是皇帝的妾,又可分许多等级,最高级称作皇贵妃,只有一人,其次还有两名贵妃,4名妃子,6名嫔女,再次为贵人、常在、答应,但数目没有一定,大体上每级只有数十名而已;第三级是宫女,她们是皇帝的婢,也可以和宫女发生关系而升她们为妃嫔,但如果到了25岁,宫女仍未蒙皇帝的宠幸,则只好带着一笔厚赐出宫别嫁。

兰儿和一群年轻美貌的女子被带到皇帝和皇太后面前。这时,兰儿几乎丧失了信心,她得不到皇帝的赏识了,因为她排在这群女子中的第三排。然而,咸丰帝对她却一见倾心。兰儿要抗争,她直视皇帝的眼睛,这在那时的中国姑娘中确为一个大胆之举。那时的女子,看人时双目低垂,视野从不敢越过男人的胸部。而面对皇帝,则愈发不敢越雷池半步,目光只在他膝下盘旋。当咸丰帝凝视着兰儿那盈盈秋波时,爱慕之情不禁油然而生。

为这群划定等级、决定她们命运的是皇太后。皇太后阅览过兰儿的资料,鉴于其所姓叶赫那拉氏在满族里属于贱姓,没有资格当皇后或妃嫔,便把手一摆,令兰儿退了下去,她只好被编在宫女之列。不久,兰儿被指派到圆明园的"桐荫深处"担任宫女。

母以子贵　连跨三级成贵妃

咸丰帝是位忧患皇帝。对他来讲,内忧外患无一日不在,在位短短的12年,没有一天平安无事。

内忧是指以太平天国为首的全国性的农民大起义。道光三十年(1850年)七月,拜上帝会成员聚集到广西壮族自治区紫荆山南麓的金母村"团营",进行整编,组成了一支农民的武装队伍太平军。此时,道光帝已死半年。咸丰帝为了把农民革命扼杀在摇篮之中,起用前云贵总督林则徐为钦差大臣,要他"星驰就道,悉心剿抚"。但是,林则徐却病死在赴任途中。咸丰帝又派前两江总督李星沅为钦差大臣,督调六省清军会剿,但也遭到惨败。道光三十年十二月十日(1851年1月11日),在洪秀全38岁生日当天,拜上帝会宣布起义,建号太平天国。而此时,咸丰帝继位刚刚八个月。也就是说,与咸丰帝继位几乎同时,诞生了举世闻名的农民革命政权太平天国,这对年仅 18 岁的青年皇帝咸丰是个沉重的打击。太平军长驱直入,于咸丰三年(1853 年)三月二十九日攻入南京,改南京为"天京",定天京为太平天国的首都。这个震撼中外的农民大起义从 1851 年开始到 1864 年结束,历时 14 年,遍及 18 省,几达大半个中国。咸丰帝死后三年,这个大起义才被镇压下去。

外患是指英、法、俄、美诸列强酝酿与发动的侵略中国的第二次鸦片战争。1856 年诸列强发动的第二次鸦片战争,在这之前,就处于酝酿阶段,然后步步升级。他们先攻广州,次攻天津,再攻北京,直逼得咸丰帝北逃热河。

一个年轻皇帝,对内要对付中国历史上规模最大、历时最久的一次农民大起义,对外要对付武装到牙齿的英、法、美、俄世界上几个最大的资本主义强国的侵略,他感到力不从心,捉襟见肘。就咸丰帝的个人气质讲,他不是个具有雄才大略的皇帝。他不如其父道光帝,更不如其先祖康熙帝、雍正帝、乾隆帝和嘉庆帝。

不仅如此,咸丰帝也是个风流天子。他继位之初,年方 21 岁,时值精壮之年,到处逐艳评芳,荒淫无度,变着法儿玩弄女色。

这位好色的少皇帝还异想天开地从江南选来 4 个汉族美女,将她们安置在圆明园内 4 个别馆之中,让苏州小姐住在"牡丹春"、扬州小姐住在"杏林春"、杭州小姐住在"海棠春"、金陵小姐住在"武陵春",并以她们住的别馆作为她们的芳名。咸丰皇帝自己则住在"敷春堂",每天到各别馆中觅蕊寻芳。经年累月下来,弄得面黄体弱,头晕目眩,百病缠身。他问御医有何办法可治疗此病,御医说喝鹿血可以壮阳补气,于是,他便命人在圆明园内另辟鹿苑,养了 100 头麋鹿,每日派人取鹿血进奉,为其供补,有了鹿血补充的精气,咸丰帝玩得更加疯狂无度。

有一天,咸丰带着妃嫔到"桐荫深处"游玩,忽听林子里有莺莺歌声,唱的是江南小调。入关以后,清朝诸帝无不喜欢南曲,所谓"二十四桥明月夜,玉人何处忆吹箫",那"日出江花红胜火,春来江水绿如蓝"的江南风景令爱新觉罗氏的子孙们无一不心向往之。

这位歌手就是兰儿,她自咸丰二年被选入宫,如今已有 3 年,却从未见过皇上一面,更谈不上侍候皇上了。皇上难得来一次"桐荫深处",可每回到来之前,执事太监总要把她们赶进屋子,不让出来,太监怕她们万一做出失礼犯驾之事,给自己惹出麻烦。兰儿心想,整日见不着皇帝,岂能出人头地,她心一横,便悄悄地溜了出来,躲在林子里,唱起了她最拿手的江南小调。咸丰帝坐在黄色的御桥上,在一大群太监的前呼后拥下缓缓而行。忽然从桐林深处传来了阵阵悦耳动听的少女的歌声,咸丰帝颇有点心驰神往,但刚从皇宫来到圆明园,大队人马前后簇拥着,不便落轿。兰儿见自己的歌声并未打动皇帝,也只好怏怏不乐地回到房里。

翌日下午,兰儿借故到园里洒水浇花,边浇边哼起苏州小调:

郎上桥,姐上桥,

风吹裙带缠郎腰,

好个阵头弗落得雨;

春天龙杂惹人瞧。

惹人瞧,惹人瞧。

小阿姐儿再来红罗帐里造仙桥。

这时,正逢皇帝带着两个贴身侍候的大太监,适此而过。听见歌声,咸丰皇帝知道一定是昨日那个歌唱的宫女,便领着太监悄悄地溜进了"桐荫深处",站在花园旁边的玉带桥上偷听。兰儿不知圣上驾到,声音愈唱愈响,野味愈浓,唱完了一曲苏州小调,她又唱起了桐城时兴的"秋千"歌:

姐在架上打秋千,

郎在地下把丝牵,

姐把脚儿高翘起,

牵引魂灵飞上天。

这清脆悦耳、情意绵绵的情歌穿过花园,传进了咸丰皇帝的耳朵里,一向好色的咸丰,当下被刺激得心里痒痒的。他回身走进御春阁,命太监安德海把唱歌的宫女带来觐见。

兰儿突然接到圣谕,不知所措,心里一时有点着慌。传谕的太监安德海安慰她说:"刚才万岁爷叫我传唤你时,面色非常高兴,你不要紧张,放心跟我走。你长得这般标致,谁见了都倾心,说不定万岁爷一见就会喜欢上你,这就看你的造化了。"说完,安德海不由分说,拉着她就往御春阁跑去。

一寸芳心七上八下的兰儿,一进入御春阁,头也没敢抬,就跪在圣驾面前。咸丰皇帝见兰儿进门,眼睛一亮,心里暗自赞叹道:"园子里竟有这样艳丽的宫女,我怎么从来不曾遇见过?"咸丰皇帝遗憾不已,细瞧兰儿,见她皮肤白皙,身材窈窕,除那双天足像满人外,她相貌简直可跟"江南四春"争艳斗丽。不觉高兴地说:"你叫什么名字?什么时候进园子的?朕怎么从来没有看见过你?"

兰儿伏在地上甜甜地回答道:"回万岁爷的话,奴婢名叫兰儿,进园已有3年,平日万岁爷不召唤,奴婢哪敢见驾?"

咸丰听着兰儿那甜滋滋的犹如银铃般的柔声脆语,猛然回忆,道:"不错不错,你入宫已二三年了。朕被这长毛闹得心慌,将你失记,屈居宫婢,倒难为你了。现在朕许你见驾,你抬起头来,让朕好好瞧瞧!"

兰儿粉脸上晕起桃红,但知此举关系自己能否出人头地,便慢慢地抬起了头。咸丰皇帝立刻淫眼圆睁,在御座上向前倾了倾身子,仔细端详,见眼前这位女子,广额丰颐,柳眉杏眼,流波带媚,粉靥生春,雍容华贵,资丽迷人,真乃国色天香,娇艳欲滴,愈加高兴地问:"你刚才唱的那小曲儿,是从哪里学来的?怎么这般悦耳动听?现在再给朕唱几首听听。"

咸丰命兰儿平身,坐在御春阁外廊栏上唱。兰儿一连唱了好几首,尽管这些江南小曲都是些唱情诉爱的靡靡之音,竟唱得咸丰皇帝心猿意马,魂飞天外。立刻吩咐兰儿进屋侍候。随侍太监们听得皇帝吩咐,便一个个知情识趣地悄悄溜开,咸丰帝立刻在御春阁享受了鲜嫩的兰儿。真亏兰儿幸运,侍候万岁爷的那天,她正好逢上了"天葵"的尾巴,兴奋过度的咸丰帝,竟没有分辨出那是什么血,兰儿就在皱眉喊疼之下遮掩蒙混了过去。

兰儿不仅长得漂亮,生得聪明,略读过诗书,且会唱小曲,又很有心机,工于媚术,很快便把咸丰帝迷得神魂颠倒。因此打那以后,咸丰一有空就出来幽会兰儿,兰儿不久便由宫女晋升为贵人。"春宵苦短日高起,从此君王不早朝。"

稍微读过几天书的兰儿别的记不住,但对"以色待人者,人老则色衰,色衰则爱弛"这句话却是熟记在心的。

要拴住皇帝,就要给皇上生下一男半女,当然,最好是给皇上生个儿子。

天遂人愿。兰儿紧紧拴住了咸丰的心。咸丰和兰儿两人都正当盛年,又勤于用事,结果兰儿很快有了身孕。

清朝宫廷法律规定细密,皇上每天晚上睡于何宫,与哪位妃嫔同床,都需由敬事太监登记在案,报告皇后,皇后也有权稽考。如果皇帝太沉溺于女色,皇后便可在宫外诵读祖训,皇帝便得出门跪听。孝真皇后听说皇帝好几天不上朝了,一直在贵人处鬼混,便手持祖训到宫门口跪读。咸丰听说皇后驾到慌忙从床上跳下来,跑出来对孝真皇后说:"别念了,别念了,我这就上朝去了。"咸丰皇帝上朝之后,兰儿的亲信安德海匆匆跑来说:"皇上,不得了了,不得了了,皇后把贵人带到坤和宫去了。"

坤和宫是皇帝行大赏罚的地方,咸丰帝知此不妙,便匆匆罢朝赶赴坤和宫,只见兰儿正跪在廷下,听着孝真皇后一一数说她的罪过,要令太监施以笞刑。咸丰帝连忙赶来,情急大呼道:"请皇后免责,兰儿已有了娠矣!"孝真皇后一听,慌忙下座把兰儿扶起来说:"帝何不早言,吾之杖伊,遵祖制也,受杖堕娠,失祖训意矣。"这次风波很快过去了,兰儿逃过了一场责辱,也保住了胎儿。不久,她生下一子,即后来的同治皇帝载淳。母以子贵,不几日,咸丰皇帝亲自下旨,加封兰儿为懿贵妃。

咸丰七年(1857年)的懿贵妃,是位外貌妩媚娉婷、内里沉毅顽强的青年女子。她自咸丰二年入宫,已在互相倾轧、竞为争宠的后宫生活了五个年头。这段冰冷无情的宫廷生活磨冷了她的热情,磨硬了她的心肠。她虽然只有23岁,但好像经过了炼狱之苦一般,洞悉了人间的一切情感,显得老练、成熟。她使出浑身解数,从第五级的贵人,连跨三级,晋升为第二级的贵妃。因没有皇贵妃,在她之上,只有一位孝真皇后。而孝真皇后心地善良,淑性贤明,拙于心计。而懿贵妃由于为咸丰帝生育了唯一的皇子,且抱负远大,其潜在的未来发展趋向,实在令人侧目。

专宠越权　迷惑皇帝揽朝政

兰儿,被封为懿贵妃之后,已经不是以前的兰儿,她在设计着以后的路,开始暗中谋揽大权。当时许多外国人借做生意为名,把便宜的洋布和害人的鸦片大量销到中国,不仅使中国大量的白银外流,还使中国人民沉溺于鸦片的毒瘾之中,身体面黄瘦弱而不能自拔。洋人得寸进尺,不但迫使清廷签署了《南京条约》,还屡屡要求清廷增辟通商口岸,允许洋人自由贸易。好色的咸丰皇帝对付女人可谓行家里手,对于跟洋鬼子打交道的军国大事却一筹莫展。他看到奏章就头疼,于是,懿贵妃就主动帮他批览奏章,草拟上谕。到后来,咸丰帝竟为她镌刻了一颗"同道堂"的玉玺,一切诏谕,只要盖了"同道堂"的印,便等于御章。这就大大助长了她的揽权的野心。

懿贵妃的专宠和越权,立刻引起了权臣肃顺的惊恐。于是,他一有机会,就在咸丰面前暗示懿贵妃的飞扬跋扈和恣意放纵,希望咸丰皇帝把懿贵妃废掉。咸丰帝也有同感,但念在她生了皇太子,一直不忍心废她。

咸丰十年(1850年)秋天,英法联军攻占天津,后来一直打到了北京。咸丰惊慌万分,遂将军国大事交给其弟恭亲王奕䜣留京处理,自己带着皇后、贵妃、太子,及一些贵族官僚匆匆逃往热河行官(今河北承德避暑山庄)。

肃顺与懿贵妃的矛盾冲突自何时始,大约是在热河行宫时。

有一种记载,是说由于宫分的减少引起了懿贵妃的不满。膳档记道,九月以后各地进呈到热河行官的鹿肉、黄羊、熏肉及卤虾等,咸丰帝在分赏时,都有皇后的份,而经常不给懿贵妃。个中原因,不好猜测,但是,肃顺掌管此事,懿贵妃因而迁怒于他是可以想见的。

其实,最使懿贵妃不满的是曾想对她行钩弋故事。所谓钩弋故事,就是汉武帝幽闭钩弋夫人的事。钩弋夫人,汉代河间人,姓赵,汉武帝的妃子,封号婕好,史称赵婕好。因居住在钩弋宫,被称为钩弋夫人。钩弋夫人因生子颇受宠爱,汉武帝欲将其子立为太子,然而害怕将来主少母壮,母后干预朝政,因此借故将她幽禁,后死于云阳宫。汉武帝立她的儿子为太子,就是后来的汉昭帝。钩弋故事的中心意思是杀母而留其子。

据说,咸丰帝曾想对懿贵妃实行钩弋故事。

《清稗类钞》载:"(懿贵人)有机智,遇事辄先意承旨,深嬖之。未几,生穆宗,晋封为妃,迨贵,渐怙宠而肆骄,久之,不能制。适粤寇难发,文宗忧勤国是,丛脞万端,乃得以弄权宫掖。文宗浸知之,渐恶其为人。肃顺者,才略声华为宗室冠,文宗素倚重之。孝钦知文宗且疏己,隐冀得肃以自援,而肃则以谂知后之往事,良轻后,后因是衔肃。一日,文宗于宫沼为春日泛舟之戏,后自陈寓南方久,习操舟技,乃亲理稿辑以侍。讵文宗立未定,而后稿遽下舟为之侧,文宗颠堕水,创其足,文宗乃深憾后。会又有间后者,以那拉将覆满洲诅咒之说进,文宗乃拟致之死,尝谓肃曰:'朕不日将效汉武帝之于钩弋夫人故事,卿谓何如?'肃禁龂,不敢置一词。后闻之,愈衔肃。"这一段写了四层意思。第一层,是说咸丰帝由宠爱到厌恶懿贵妃的原因,主要是因她"弄权宫掖"。第二层,是说懿贵妃想笼络肃顺,但肃顺很轻视她,于是他们之间结下了冤仇。第三层,是说咸丰帝因懿贵妃操舟落水而怀恨在心,并萌生效钩弋故事的想法。第四层,是说咸丰帝把此想法同肃顺商量,肃顺十分恐惧,不敢多说一句话,以免贾祸。但是,此事传到懿贵妃的耳朵里,懿贵妃更加仇恨肃顺。这段出自野史的记载,有真有伪,但效钩弋故事一说似应视为信史。

不久,侵略军逼近北京城外,"督办和局"的奕䜣逃到长辛店藏匿。北京城墙高大，城内还有好几万清兵。侵略军估计不容易攻破，便趁机提出要占领北京城的一个城门，作为议和条件。畏敌如虎的清廷王公大臣们，答应了敌人的要求。于是，十月十三日，侵略军不费一枪一弹，就占领了安定门，控制了北京城。

英法联军自北塘登陆起，就兽性大发，烧杀奸淫，无恶不作。他们侵入北京后，圆明园里的人们早已逃光，英法强盗肆意地抢掠了一日一夜，接着又焚烧了三天三夜。于是，这样一座闻名于世的绝代园林，被侵略者用最野蛮的方式摧毁了。

就在这时候，那个受皇帝亲命委托的奕訢，正在和侵略者互换照会，接洽投降。圆明园余烬未熄，清政府已在沙俄"调停"下，全盘接受了侵略者的要求，于咸丰十年十月十四日，先后签订了中英、中法《北京条约》。美国也获得了《北京条约》中规定的各项特权。

由于圆明园被洋鬼子焚之于火中，圆中的"江南四春"，除牡丹春被人放出逃走，不知下落外，其他三人均亡命而死。

肃顺眼见清宫美女零落殆尽，三千宠爱将要集于懿贵妃一身，心头威胁更大，便派人外出物色美女，以图分割贵妃之权宠。不久，他所派出的人在山西大同觅到一个肥臀小足，娇艳性感的曹寡妇，将她进献给正在热河行宫避难的咸丰皇帝。那曹氏生得肤色白皙，水灵鲜嫩，体态生晕，姿容艳丽，妩媚动人，一双三寸金莲小巧肥美，行走起来，把肉蛋型臀部的两团肥肉摇得令人魂销魄散。好色的咸丰帝一见，当下无法自制，立即宣诏入宫，脱衣侍候。曹氏性欲强烈，据说她那老公就是被她活活"吃"死的，她床上的那一套内媚工夫哪里是宫中闺阁秀女所能望其项背？习惯了"润物细无声"的咸丰皇帝简直被弄得如醉如痴，欲仙欲死。在几次承欢之后，曹氏也很快有了龙种。依清廷祖制，汉女不得入宫，亦不能被封为嫔妃，更何况她是个民间女子，又是个寡妇，要进宫谈何容易？可是，她一旦有了身孕，怀了皇帝的血胤，情况就不一样了。经过与众大臣商议，咸丰帝决定先将曹寡妇暂迁入行馆，以示照护，如将来能生皇子，则晋封为贵妃，以展恩礼，如生公主，则按"江南四春"那样，不得入宫，以符祖制。

这一规定自然令肃顺等人大喜，可懿贵妃却坐立不安，她找来心腹太监安德海，交给他一个小鼻烟壶，要他伺机下毒。没有多久，曹氏寡妇便小产。肃顺见这招不生效，又一批接一批地把其他美女送进宫里，咸丰帝只顾纵欲，哪管什么国家大事。在外国人的压力下，咸丰十年十月二十四日，清廷与洋人和议成立，签署了《天津条约》，各国公使都到北京晋见清帝，但咸丰却逗留在热河，纵情色欲，不肯回北京见那些洋鬼子，舍不得他在热河的那些不同韵味的异族美女。

古人云：恶有恶报，善有善报。日夜纵欲的咸丰皇帝终于自食恶果，咸丰十一年（公元1861年）七月他因纵欲过度得了"马上风"，连忙命令左右快进鹿血，可热河行宫没养鹿，一时鹿血供不上，咸丰皇帝就像盏烧尽了油的灯，因来不及添油，便很快熄灭了。临死前，这位昏君仿佛才有所悟，他把孝真皇后召到身旁，交给她一个遗嘱说："懿贵妃母以子贵，将来不得不并尊为太后，但她生性阴狠，工于心计，曹氏就是被她害死的。将来如果她安分守己，也就算了。如果她拨弄是非，侵害到你的安全时,你可召集廷臣,将朕的这封遗嘱对群臣宣布,立即将她赐死,以绝后患。"

孝真皇后把遗嘱收入,翌日,这位纵欲无度的风流皇帝就匆匆驾崩了。

咸丰在临死时遗诏立其年方6岁儿子载淳继承了皇位,即同治帝。同治的两位母亲,一位是咸丰皇帝的嫡妻、孝真皇后钮祜禄氏;一位是其生母、咸丰皇帝的姬妾、懿贵妃叶赫那拉氏。同治即位后,尊孝真皇后为母后皇太后,徽号慈安;尊生母为圣母皇太后,徽号慈禧。因两位太后分居东宫和西宫,人们便称慈安为东圣,慈禧为西圣,后宫之人则称她们为东佛爷和西佛爷。

勾结小叔子　密谋铲除"八大臣"

咸丰临死时曾遗诏任命怡亲王载垣、郑亲王端华和户部尚书肃顺等8位大臣为赞襄政务王大臣,辅佐同治皇帝处理朝政。这些人都是咸丰的亲信,肃顺尤其足智多谋。

至此,奠定了一子继位、八臣赞襄的政治格局。然而,天下并未太平,政局并不稳定。懿贵妃和奕訢没有沉默,他们在紧张地动作着。

为了防止皇太后干预朝政,咸丰临终前,赐给皇后钮祜禄氏一方"御赏"印,赐给小皇帝载淳一方"同道堂"印,小皇帝的印由懿贵妃那拉氏掌管。皇帝的谕旨,起首处盖"御赏"印,即印起;结尾处盖"同道堂"印,即印讫。只有盖上了两方印,才说明所发谕旨得到皇帝的批准,否则便是无效的。

咸丰十一年(1861年)七月十七日,赞襄政务王、大臣交内阁一片,内称:"本日,本王、大臣等批旨缮递后,皇太后、皇上钤用图章发下,上系"御赏"二字,下系"同道堂"三字,以为符信。希贵衙门于发钞后,敬谨收存,按月恭缴本处。此交。"符信就是凭证。两方印代替了朱笔。谕旨上只要盖上了两方印,谕旨就是皇帝本人意志的体现。

《热河密札》第十二札记道:"两印均大行皇帝所赐,母后用'御赏'印,印起。上用'同道堂'印,印讫。凡应用朱笔者,用此代之,述旨亦均用之,以杜弊端。"

咸丰帝赐给皇后和幼帝的两方印是有深义的。他遗命八位王大臣辅弼幼主,而不是一二位大臣,说明他考虑到了不使权力偏斜于一二人之手,造成大权独揽的局面。八位王大臣可以互相牵制。这是一方面。另一方面,为使八大臣一心扶持幼主,又赏给了两方印,不钤印的谕旨不生效,这就给了皇太后和幼帝以某种程度的否决权。

从这点看来,咸丰帝对后事的安排绝不是仓促之举,而是深思熟虑的结果。两位皇太后和幼帝为一方,八位王大臣为一方,不突出任何一方,缺任何一方又不可。这既不是垂帘,又不是辅政,是"垂帘辅政,兼而有之"。这就是咸丰帝所设计的政治格局。其特点是多方牵制。其指导思想是权力制衡。这样设计的目的是为了避免社会不稳,政局动荡。《清史稿》说:"辅弼充位,悉出庙算。"是有道理的。《剑桥中国晚清史》评道:"但并不是把权力全部授予他们。由于他们只受权'赞襄',所以不能合法地启用通常代替'朱批'的御玺。他们不得不求助于两位皇太后固有的权力。因为母后的地位能够合法地代表幼主使用御玺。"这个分析是中肯的。咸丰帝的谋算自以为天衣无缝，其实这种安排的本身已经是包含着危险的因子了。

七月十八日（8月23日）皇后和懿贵妃被尊为皇太后。

两宫皇太后和顾命八大臣之间的矛盾很快便反映出来了。两宫皇太后召见顾命八位王大臣，商议有关谕旨颁发、疏章上奏和官吏任免等重要事项应如何处理。肃顺等八大臣说："谕旨由大臣拟定，太后但钤印，弗得改易，章疏不呈内览。"一是臣下的奏章一律不进呈皇太后阅看；二是皇帝的谕旨由八大臣拟定；三是皇太后只管钤印，没有权力更改谕旨的内容。如若照此办理，皇太后只是个木偶式的盖印工具而已。这是个重要的权力之争。咸丰帝由于大行的匆忙，并没有明确地指出两宫皇太后和八位王大臣之间到底是什么关系。这就为他们之间争夺最高统治权埋下了深刻的危机。顾命八大臣认为一切权力应归属于他们，这是咸丰帝的遗诏。而两宫皇太后却认为，咸丰帝赐给她们的两方御玺也不是木头疙瘩。《清列朝后妃传稿》说："文宗临崩，以印章二，赐孝贞曰御赏，帝曰同道堂，谕旨则钤起讫，以防弊萌。"看起来，赐印的目的是"以防弊萌"的。因此，两宫皇太后坚决不同意他们的提议，"后持不可"，原则问题皇太后寸步不让。两方坚持不下，"议四日"，争执了足足四天。八大臣看到已形成僵局，不好收场，只得退让，完全同意皇太后的要求。决定大臣的章奏呈皇太后阅看，谕旨由八大臣拟定后呈皇太后审看，如果同意便上下各用一印，应该皇帝朱批的地方也以印代之。印存太后处。至于官吏的任命，则各省督抚等重要岗位，由八大臣拟名，请两宫皇太后裁决。其他较次要官吏的任命，则用掣签法。如七月二十四日（8月29日）任命各省学政及崇文门监督，即由军机处糊名签七八十支同进御前，两太后旁坐，小皇帝坐在中间掣签，先正后副，掣下后再由各部堂官掣省分，然后将签上的名字刮去，才发下。

这第一回合的交手，两宫皇太后占了上风，实质是西太后占了上风。因东太后权力欲不大，但当时她们是联合在一起的。

两宫皇太后对肃顺们充满了仇恨。然而，两宫皇太后在热河处于肃顺集团的包围之中。她们若想获得实权，必须冲破肃顺集团的包围。这只靠她们寡母孤儿是不行的，还得靠与肃顺对立的朝臣们。而最合适的人选便是咸丰帝的同父异母弟恭亲王奕䜣。

恭亲王奕䜣并没有因为自己被排斥在顾命八大臣之外而灰心丧气。他是个有远大政治抱负，并懂韬晦之策的政治人物。他在密切地注视着热河方面的政治动向，他想了解热河方面的一切情况，尤其是与自己没有正面接触，但却利害攸关的两宫皇太后的真实想法。

当时，慈禧密派一个心腹太监，偷偷回北京，以奔丧为名召奕䜣匆匆赶赴热河，这正中了他的下怀。

七月二十六日（8月31日），恭亲王奕䜣怀着复杂的心绪急切地踏上了北赴热河的行程。他昼夜兼程，马不停蹄，只用了四天的时间便到了热河。

八月一日（9月5日），晨曦微露，心事重重的奕䜣风尘仆仆地赶到了行在。这一天，正是幼帝载淳为其宾天不久的父皇咸丰帝举行殷奠之礼的日子。奕䜣顾不得休息，直扑祭礼的灵堂。他们分别近一年。奕䜣见到的竟是亲哥哥的灵柩。他回忆起他们的手足参商之情，抑制不住满腔的悲伤，一下子扑倒在地，失声痛哭，"声彻殿陛"。参加祭奠的人也都为之流下了热泪。自七月十七日（8月22日）咸丰帝死，真还没有看到一个人像恭亲王奕䜣这么伤心，这么悲痛！

两宫太后以既兴奋又忧虑的心情召见了奕䜣。这是两宫太后对奕䜣的第一次政治性召见。《热河密札》第十二札记道："单起请见，谈之许久。"《翁文恭公日记》记道："闻恭邸于初一日到滦，奏对良久。"到底谈了多长时间？《热河密札》第七札记道："约一时许方出。"即两个多小时。可以想见，谈话内容是丰富的。谈话的过程史无详载。我们只能从一些片言只语的记载中窥见其谈话的主要内容。两宫太后见到了奕䜣，流着眼泪哭诉了顾命八大臣，尤其是为首的载垣、端华和肃顺的侮慢和跋扈，"因密商诛三奸之策"。

这"密商诛三奸之策"应该是谈话的主题。围绕这一主题，他们详细地密谋策划了铲除顾命八大臣的步骤和方法。

首先，密商了发难的地点。奕䜣认为热河是顾命八大臣的势力范围，不宜在热河发难，"非还京不可"，"坚请速归"。还一再说明："南中将帅，数疏吁回銮，外国公使行至京师，设圣驾迟留不发，和局将中变。"两宫太后采纳了奕䜣的建议。事实证明，这是一招高棋。只有摆脱顾命八大臣的控制，回到奕䜣集团掌握的北京，才能达到目的。

其次，探讨了外国的态度。两宫太后担心，如果在北京动手外国是否会干涉。《祺祥故事》记道："后曰：奈外国何？王奏：外国无异议，如有难，唯奴才是问。"《热河密札》记道："知昨见面，后以夷务为问。邸力保无事。"外国的干涉是两宫太后的最大心理障碍。因为第二次鸦片战争的硝烟刚刚熄灭，她们仍然心有余悸。但是，奕䜣在来热河前已就这一问题同外国达成了某种默契。他向两宫太后一再说明，外国"并无可怕之处，这方面，他对太后之回京负完全责任。""他又劝说，只要她回到北京则任何事情他都能办到。""太后完全信任他的话"。

最后，确定了拟旨的人选。要在极端秘密的状态下拟定拿问肃顺集团的谕旨。关键是选好拟旨的恰当人物。这人既要绝对可靠，又要是个大笔杆子。关于拟旨的人物，史传有二，一是领班军机章京曹毓瑛，二是醇郡王奕譞。

两宫太后召见毕，奕䜣怀着极为兴奋的心情退出。肃顺本来很藐视奕䜣，但两宫太后单独召见这么长时间，使肃顺集团有某种不祥的预感。因此，他们在对待奕䜣的态度上有了一些微妙的变化。"樵客"记道："宫灯（指肃顺）辈颇有惧心，见恭未尝不肃然改容，连日颇为敛戢。"即使是肃顺集团的军机章京也记道："六兄（指奕䜣）来，颇觉隆重。单起请见，谈之许久。同辈亦极尊敬之。""敛戢"也罢，"尊敬"也罢，肩担重任的奕䜣不改谦卑的常态，"以释三奸之忌"。

即在同一天，两宫太后按照计划行事，急切地发下谕旨：回銮京师。肃顺集团没有任何思想准备，颇感突然。他们知道这是个重大问题，不能轻易地允诺，必须坚决阻止。肃顺威胁地说："皇上一孺子耳，京师何等空虚，如必欲回銮，臣等不敢赞一辞。"这是在恐吓作为青年女子的两宫太后。而两宫太后早已成竹在胸，她们毫不示弱地答道："回京后设有意外，不与汝等相干。"说完之后，命令立刻准备车驾。肃顺又固执地阻止，两宫太后则强硬地否决了他们的意见。肃顺集团只得照办。这一回合两宫太后又占了优势。

奕訢知道时间紧迫，来不及休息。他在关注着回京谕旨的落实情况。这件大事须由直隶总督文煜承办。文煜感到谕旨来得突兀，道路维修需一些时日，未经请示，即告密云县令，说中秋节以后再开始修路。这样无形中就要后拖半个月。"恭闻之大怒"。两宫太后听到这一情况也极为不满，又下谕旨，"催令赶办"。归心似箭，别有所图。

奕訢保持着外松内紧的状态。他利用一些时间同肃顺集团的人曲意周旋，虚与委蛇。但发动政变的消息不能不有所泄露，处于中间状态的惇亲王奕誴就觉察到了一些蛛丝马迹。据惇亲王奕誴之孙溥雪斋的回忆，有一次，肃顺宴请赴行在的奕訢，酒至半酣，不拘小节的喝得醉醺醺的奕誴，居然当着恭亲王奕訢的面，突然手提着肃顺的辫子大声说道："人家要杀你哪！"奕訢大吃一惊，然而肃顺竟毫无警觉，却低着头戏谑地答道："请杀，请杀！"这位奕誴，《清史稿》记："屡以失礼获谴。"也许能干出这种冒失事。据说，由于他泄露了政变的秘密，慈禧对他失去信任，一直未委以重任。

政变成功　垂帘听政掌皇权

肃顺集团以为大权在握，从总体上看轻了两宫及恭亲王，以为"彼何能为"。因此，他们麻痹大意，失去警惕。他们从咸丰帝死到八月一日这半个月的时间，见面也只不过二三次，而且每次时间很短。只是八月一日见面两个小时，时间稍长些。他们认为两宫及恭亲王不必看重，以为"自有主宰"，即心中有数。他们没有及时地分析政情，商讨对策，而是陶醉于炙手可热的最高权力的运作上。封官许愿，加官晋爵，以便拉拢更多的同党。八月四日（9月8日），由载垣等上奏，两宫旨准，匡源兼署户部左侍郎兼管三库事务，焦佑瀛补授太仆寺卿。匡源、焦佑瀛又拜肃顺为老师。户左和太仆这两个官缺，本应在采用掣签法时，一同放将出去。但是肃顺等却假公济私，事先将这两缺留了下来，没有参与掣签，"不枚卜而硬定者"。这使许多旁观者心中不服。至于两宫太后在载垣上奏的当日顺利地予以旨准，正是从大局考虑，以安其心。从中不难看出，两宫太后，尤其是西太后政治斗争的艺术性。

与此相反，奕訢在悄悄地忙于联络党人，研究对策，部署任务，为政变积极做准备。热河行在的官员因惧怕肃顺，不敢公开地去见奕訢，只能秘密拜访。许多官员绞尽脑汁地为奕訢出谋划策。认为如果在行在"能将斧柯得回为上策"，如果办不到，就"以早回为宜"。并时刻注意地保护着奕䜣。他们期待着恭王一旦得到胜利，他们就会被勉奖为"元祐正人"。

八月五日（9月9日），肃顺集团感到奕䜣在此继续呆下去实在碍眼，八大臣便为奕䜣向两宫太后请示行止。两宫正好利用这一机会传旨，命六日（10日）恭王上去请安，即进行第二次召见。八月六日（9月10日），两宫太后第二次单独召见奕䜣。奕䜣把这几天在热河活动的情况密报给两宫，并把事先商定的计策提供给她们，使她们坚定发动政变的信心。两宫太后也关切地旨命奕䜣明日迅即回京，布置一切，不可在此逗留过久，以免事情败露。八月六日（9月10日）的《热河密札》记载此事道："宫灯已跪安，日内回京。"这里的宫灯不是指肃顺，而是指奕䜣。跪安是说奕䜣将要起程返京，请两宫太后训示。

八月七日（9月11日）奕䜣不敢久留，奉命回京。据说，奕䜣在临行前曾密令他的护卫、随从，先到热河的外八庙之一的普陀宗乘庙，即俗称布塔拉庙的后门去等他。这布塔拉庙是仿西藏布达拉宫而建的，雄伟壮观，值得一看。奕䜣便向怡亲王载垣和郑亲王端华假意说道："我就要回北京去了，听说这里的布塔拉喇嘛庙很有名，我打算先逛一下再走。可是我的底下人们还没有来。你们有轿子，让我坐一坐。"他们听说奕䜣要走，很高兴，就连声说道："请爷坐，请爷坐！"奕䜣不慌不忙地坐上他们的轿子，进了庙的前门，匆匆忙忙下了轿，也顾不得参观，直奔后门而去，带上护卫就急驰回京了。这个传奇性的记载是惇亲王奕誴之孙溥雪斋的回忆，内容显然失真。因奕䜣奉旨返京是热河行在公开的秘密，又是八大臣代请以后两宫太后所做的决定。八大臣当然知道奕䜣何时回京。奕䜣用不着偷偷溜掉。但是溥雪斋的回忆所透露出的杀气腾腾的信息却是不错的。

奕䜣警惕性很高，晓行夜宿，快马加鞭，不敢久停。"州县备尖宿处，皆不敢轻居，惧三奸之行刺也"。他急欲赶回北京。

大约在两宫太后召见完奕䜣的第二三天，由于两宫的催促，决定于八月十日（9月14日）备齐回銮所需的200辆车，并决定内廷主位，即后妃们先行一步，提早回京。这一决定为政变创造了有利契机。可见，奕䜣的热河之行对两宫太后决意返京起了关键性的作用。

手握重兵的兵部右侍郎胜保在密切地注视着热河与北京的政治动向。奕䜣在热河期间，他于八月二日（9月6日）从距京数百里的直隶境内的威县行营上一奏章，要求到热河叩谒梓宫。并不待旨准，与上奏章的同时，即日起行。准备于八月十日（9月14日）先到北京，然后到热河。这一举动是对八大臣不准统兵大员叩谒梓宫的公开挑战。

在行军途中，八月七日（9月11日）胜保与带兵剿捻的山东巡抚谭廷襄联衔并胜保单衔上奏折，恭请皇太后圣躬懿安。这是一个政治性的试探举动。八大臣不能容忍任何抬高两宫太后地位与身份的做法。他们以这个请安折皇太后与皇帝同列，且缟素期内迳递黄折，有违体制为理由，把胜保、谭廷襄交部议处，以示惩戒。

但胜保毕竟是统兵大员，八大臣既要示之以威，又要示之以恩。因此，在发出交部议处的同一天，又降旨特准胜保前来热河行在，叩谒梓宫。同一天，又向另一手握重兵的科尔沁亲王僧格林沁发出一函，例外特恩他可以叩谒梓宫，并让他自己斟酌行止，决定去留。这一谕一函，是八大臣对带兵大员胜保和僧格林沁笼络争取的体现。

顾命八大臣以为大权在握，处在控握全国最高领导权的狂热的兴奋之中，弹冠相庆，互道珍摄。他们认为"事势大局已定，似不致另生枝节"，"循此不改，且有蒸蒸日上之势。"这虽是肃顺一党的某军机章京密札里的话，足可以代表肃顺党人的观点。这说明他们对整个局势缺乏足够的分析。当然，他们之中的某些人也有不同。如郑亲王端华"有郁郁意"，对形势有忧虑感。杜翰也在致王祖源信中说："默考时局，变故正多。"他担心会出现汉代吕后、唐代武则天式的女强权人物。不过，他们不起主导作用。起主导作用的肃顺却轻视政敌。这就为他们遭到突然袭击埋下了祸根。

九月二十三日（10月26日），咸丰帝的灵柩启行回京。临行之前，内廷各妃嫔来到两宫太后前辞行。两宫太后流着眼泪说道："若曹幸自脱，我母子未知命在何所，得还京师相见否？"凄凄惨惨，哀哀切切，真真假假，虚虚实实。她们感到前途险恶，吉凶未卜。

回程的队伍分两路。一路是两宫太后和幼帝的队伍，由间道先行，载垣、端华、景寿、穆荫各大臣扈从；另一路是梓宫队伍，自大路后发，由肃顺、仁寿、奕譞、陈孚恩、宋晋等扈从。睿亲王仁寿、醇郡王奕譞负有监视肃顺的使命。这样安排对两宫太后是非常有利的，为她们适时发动政变创造了难得的契机。《十叶野闻》记道："时慈禧既得慈安之助力，而来恭王等之强有力者，知势已占胜，遂命舁帝榇启行，疾趋京师，欲先一日抵京，发肃顺等之罪。"看起来，先一日到达京师，是慈禧太后的主意。

给五天行程，于二十八日，慈禧一行回到了北京，比护送咸丰棺材的肃顺早到4天，慈禧便开始垂帘听政，她把王公大臣召来，6岁的同治皇帝南面而坐，两宫亦南面坐于同治身后。她立刻发布早已写好的上谕，并泣诉肃顺等人种种"莫须有"之罪状，小皇帝年幼，尚不辨真伪，听了母后的诉说，就回头对慈禧说："妈妈，奴才们这般负恩，我下令杀他们的头好了。"

慈禧立即宣布解除载垣、端华、肃顺等人职务。载垣、端华当场就被宫中侍卫拿下。护送棺木的肃顺还在路上，就被慈禧派去的人捉拿。

两宫太后在奕䜣集团的紧密配合下，一举击败了肃顺集团，取得了政变的决定性胜利，掌握了国家的最高统治权力。当务之急，是稳定人心，控制大局。这就必须奖励功臣，惩罚政敌。

控制大局的第一步是尽快组成新的领导班子，以免造成权力真空。新的领导班子的组成和奖励有功之臣是结合在一起的。

首先要奖励的是恭亲王奕䜣。奕䜣在这次政变中，运筹帷幄，弛张有度，上下联络，左右周旋，是个掌握政变进程的核心人物。而慈禧初涉政坛，缺乏经验，但她慧眼识人,胆略兼备,对奕䜣,她用而不疑,付以重托,使奕䜣放开手脚地去谋划,终使政变成功。这次政变,慈禧设谋在先,慈安听命于后。肖一山评道:"凡此皆那拉氏之谋,而元后但赞成之而已。"慈禧与奕䜣,配合之默契,堪称珠联璧合。因之,对奕䜣,十月一日连发两道谕旨,一是授予议政王兼军机大臣,一是补授宗人府宗令。十月二日又连发两道谕旨,一是补授总管内务府大臣,一是著管理宗人府银库,两天之内,连发四谕。奕䜣得到了除两宫太后和幼帝以外的几个最重要的职务。其中尤其是议政王这一头衔,使他明显地凌驾于其他诸王之上,成为两宫太后和幼帝之下的第一人。而宗人府位居内阁、六部之上,宗令是宗人府最高长官,是管理皇族内部事务的要职。宗令有权赏罚皇族成员。这就赋予了奕䜣名正言顺地处分载垣、端华和肃顺的特权。总管内务府大臣是管理宫廷事务的最高长官,因接近皇帝,掌握实权。

其次要奖赏的是这次政变的有功人员。发布上谕,任命大学士桂良、户部尚书沈兆霖、户部右侍郎宝鋆,均著在军机大臣上行走。原为军机大臣的户部左侍郎文祥,仍在军机大臣上行走。而在这次政变中功劳卓著的鸿胪寺少卿曹毓瑛,著在军机大臣上学习行走。这样以恭亲王奕䜣为首的新的军机处组成了。

控制大局的第二步是处罚肃顺集团的有关人员。当时有位少詹事许彭寿上一奏折密陈查办党援。他提出应做的四件事,一是门禁宜加严也,二是产业宜从速查抄也,三是党援宜严密查办也,四是狱囚宜省释也。其核心思想是从严查办肃党的有关人员,从速查抄肃党的家产。但是,慈禧和奕䜣并没有采纳他的奏折中的一切从严的指导思想,而是分清情况,区别对待,宽严结合,不兴大狱。

1861年11月8日,慈禧发布了上谕,公然否认咸丰的遗诏,并对首要分子肃顺从严处理。下令将肃顺押往北京菜市口砍头处死,并把他的脑袋悬挂示众;赐载垣、端华两个亲王自缢;其余5人分别被革职和充军。命奕䜣为议政王。11日,在慈禧的安排下,载淳正式登上了帝位。并把肃顺等拟的年号"祺祥"改为"同治"。

1861年12月2日,两宫太后正式"垂帘听政"。从此以后,朝臣上朝奏事,小皇帝坐在前面,慈安和慈禧坐在后面,中间挂一张帘子,小皇帝是名副其实的小傀儡,皇后在帘子后面发号施令。钮祜禄氏是封建时代的女性,对政治不感兴趣,也缺乏政治才干,实权操纵在慈禧手中。慈禧名为太后,实为女皇。这事发生在1861年,中国旧历为辛酉年,因此历史上把那拉氏这次政变称为"辛酉政变"。从此,中国历史进入了慈禧太后近半个世纪的黑暗统治时期,这个女人给中国人民带来的灾难以及给予中国近代历史的反动影响,是难以估量的。不过,在中国这样一个有着几千年历史的以男子为中心的封建社会里,慈禧作为一个女子,和武则天一样顽强地要登上最高的政治舞台,这实属罕见,当然,慈禧本人也万万没有料到,由于她10年前唱了一曲小调而唤来了咸丰皇帝的爱情,从而使她才有可能登上历史舞台。

恩将仇报　敲山震虎杀胜保

辛酉政变成功之后，两宫太后便正式开始垂帘听政，紧握皇权，是慈禧追求的目标，也是这次政变的真正目的。慈安太后秉性老实，忠厚谦让，虽说是两宫垂帘听政，实则由慈禧一人掌握政权而已。

在中国，作为一个儿子，即便贵为天子，也把孝敬母亲视为本分，对待母亲要始终谦恭有礼，尊崇备至。首先，他得听命于母亲，违抗母命，被视为大逆不道。就皇帝的立场而言，母后或皇太后应尽量避免插手政事。慈禧却无视这个传统，竭力左右她的儿子，在他成年亲自掌权后，依然如故。

慈禧日思夜想的就是垂帘听政。但在这里她又忸怩作态地说什么："垂帘之举，本非意所乐为。"又"姑允所请"。真是虚伪的可以。

在这之前，十月初九日，幼帝在太和殿举行登基大典。头戴小皇冠，身穿小龙袍的年仅六岁的小皇帝同治帝，在亮闪闪的朱红漆镀金的御座上即位，响鞭齐鸣，颁行传位遗诏。王公百官行三跪九叩礼，毕，礼部官奉诏到天安门宣读，布告天下。

十月初十日，幼帝登极的第二天，正是慈禧27岁生日，即万寿节。膳房进慈禧前晚膳一桌，以资祝贺。这桌晚膳相当丰盛："火锅二品：羊肉炖豆腐，炉鸭炖白菜。大碗菜四品：燕窝（福）字锅烧鸭子，燕窝（寿）字白鸭丝，燕窝（万）字红白鸭子，燕窝（年）字拾锦攒丝。中碗菜四品：燕窝肥鸡丝，溜鲜虾，脍鸭腰，三鲜鸽蛋。碟菜六品：燕窝炒熏鸡丝，肉丝炒翅子，口蘑炒鸡片，溜野鸭丸子，果子酱，碎溜鸡。片盘二品：挂炉鸭子，挂炉猪。饽饽四品：白糖油糕寿意，苜蓿糕寿意，王福捧寿桃，百寿桃。银碟小菜四品：燕窝鸭条汤，鸡丝丐，老米膳，果子粥。"自从去年八月同咸丰帝北狩热河以来，由于肃顺的控制，还没有吃过这么好的饭。现在政敌已除，慈禧可以放心地吃祝寿饭了。

十一月初一日（12月2日），举行垂帘听政仪式。这是个历史性的日子。这一天，天清气朗，阳光明媚。养心殿布置一新，金光耀眼。大殿正中高悬先祖雍正帝御书的"中正仁和"匾额。此殿自雍正帝始，便成为皇帝寝兴常临之所，一切日常政务，如批章阅本，召对引见，宣谕筹划，均在此进行。

小皇帝载淳怀着童稚的好奇心端坐在宽大的红木宝座上。其前设御案，其后设八扇精致的黄色纱屏，纱屏后设御案。透过纱屏，清晰可见左边坐着神态安详的慈安太后，右边坐着志满意得的慈禧太后。

养心殿外，王公大臣们翎顶辉煌，袍褂灿烂，态度庄重，举止谨慎。议政王、首席军机大臣奕䜣带领内廷诸臣及王公大臣、六部、九卿在养心殿前向皇帝和两宫皇太后行礼。然后，奕䜣稳步走入殿内，立在皇帝御案左侧。王公大臣如有章奏，由奕䜣捧至御案上。仪式结束。自此，清代历史上从未有过的第一次垂帘听政便宣告开始了。

慈安太后是个没有野心的女子，文化水平不高，智力一般，对政治也不大感兴

中华传世藏书
中华枭雄大传
帝王后妃卷

趣。而慈禧太后则相反,她善于学习,敢于任事,工于心计,巧于言色,是个有很大政治野心的女子。她们,主要是慈禧,给了奕䜣以议政王的头衔。这是一大政治发明。细细品味,这议政王一词是经过深思熟虑的。

议政,不是摄政,也不是辅政。

摄政不行,辅政是否可行呢?如孝庄太皇太后、幼帝康熙和四大臣的政体形式呢?这种形式比之前者当然是有利于皇权的保护的。但是也有弊端,就是辅政大臣易生野心。鳌拜就是一例,他野心勃勃,陷害苏克萨哈,大权独揽,直到康熙帝智擒鳌拜后,皇权才又收回。

慈禧对辅政形式之不满又生于她的切身体会。咸丰帝遗命的八位王大臣代行皇权,使她处于无权无势的地步。八大臣完全剥夺了皇权。

为此,她既不赞成代行皇权的摄政,也不赞成辅佐君主的辅政,而坚持要大权独揽的听政,让恭亲王具有的只是参与政见的议政。当然,奕䜣所想象的是"希冀垂帘之名,而实权归己"。这只能是一厢情愿,慈禧太后是不能答应的。《剑桥中国晚清史》说:"叶赫那拉氏设法保持了皇太后对诏书和钦命的最后决定权。她们不但掌握御玺,而且还在幼帝面前召集所在文武大员听政,也就是行使摄政权。"慈禧取得了代替皇帝执政的权力。《晚清宫廷实纪》说:"若谓辛酉政变之结果,为慈禧太后独握政权,固无不可也。"这是实情。

自此以后,中国便开始了慈禧的长达48年的统治。当时谁也没有想到,她会成为牢牢控握中国最高统治大权的女人。

两宫太后以闪电般的行动取得辛酉政变的胜利。此时,两宫太后对恭亲王奕䜣是十分感激的。

她们授予了奕䜣许多要职。咸丰十一年(1861年)十月初一日,即在政变发动的第二天,就授奕䜣为议政王,在军机处行走;同一天,又发第二道谕旨,补授宗人府宗令。第二天,又发两道上谕,补授总管内务府大臣,管理宗人府银库。初八日,又赏奕䜣亲王爵世袭罔替,奕䜣坚辞,改赐亲王双俸,为此特颁上谕,加以表彰:"我母后皇太后、圣母皇太后再三申明,此系先帝恩旨,而该王辞谢倍力,声泪俱下。两宫皇太后未忍重拂其意,不得已姑从所请,将世袭亲王罔替之旨暂从缓议,俟朕亲政之年,再行办理。恭亲王奕䜣著先赏食亲王双俸,以示优礼。"

这里的"此系先帝恩旨",显然不是事实。因为咸丰帝临死前对其弟奕䜣是有猜忌心理的,不然不会将他排斥在顾命八大臣之外。但是现在这样说,就使政变显得更加合法化,不仅是两宫太后的意思,也是咸丰帝的本意了。

十月初十日,两宫太后懿旨命大学士会同六部九卿详议具奏奕䜣生母康慈皇太后应如何议加尊谥。这是奕䜣的一个心病。十月二十一日,大学士九卿会议同上康慈皇太后尊谥,请升太庙,并据请将前上尊谥改拟,加至12字,以表尊崇,谥曰:"孝静康慈懿昭端惠弼天抚圣成皇后。"

十二月九日,两宫懿旨"恭亲王长女聪慧轶群",晋封为固伦公主。"所有服色体制,均著照固伦公主之例"办理。清制中宫嫡女曰固伦公主,妃嫔所出称和硕公主。若中宫抚养宗室女遣嫁时礼遇可比之和硕公主。因此,对奕䜣之女赏固伦公主是有清空前绝后之一例。

同治兀年(1862年)正月初一,两宫懿旨赏恭亲王在紫禁城内坐四人轿,又恭亲王之子载澂赏戴三眼花翎。

两宫太后虽然取得了最高领导权,但是她们面对的是一个支离破碎的烂摊子。为了摧毁太平天国农民起义,为了维护岌岌可危的封建统治,慈禧采取了一些严厉措施,其中最令人心悸的是连斩两大臣,以整饬吏治。

第一个斩的是两江总督何桂清。何桂清,云南昆明人,道光进士。历任编修、太仆寺少卿、太常寺卿、户部右侍郎、浙江巡抚、两江总督等官职。

1859年钦差大臣和春、帮办军务张国梁所统率的东南大营以长墙围困天京,天京危急万状。1860年1月底,李秀成仿效围魏救赵故智,决定采用奇袭杭、湖,然后回师反攻江南大营的战略,以解天京之围。1860年5月5日江南大营作军溃败,天京解围。和春、张国梁俱死。常州是两江总督何桂清住所,他在此专主饷事,拥兵自卫,坐视不救。陈玉成部欲攻常州,何桂清见大事不好,希图逃走。这时,江苏按察使查文经、江苏布政使薛焕、江南盐巡道英禄、江安粮道王朝纶猜摸何桂清心理联衔禀请退保苏州。这实质是"显系见事已危急,意在同逃"。何桂清得禀大喜,这下子可有了逃路的堂而皇之的理由了。他即想逃往苏州。

在逃跑前,他先把父亲和两妾秘密送往通州,然后张榜禁止迁徙,并派兵严查诸门。听说何桂清要逃跑,绅民耆老数百人,当晚手执香烛赴辕门跪请留常。次日,何桂清亲率部队将逃,绅民顶香跪留者很多。何桂清出不去,"何帅怒,遽令并洋枪纵击,死者十九人"。

何桂清逃向苏州,苏州巡抚徐有壬不让进城,并上疏奏劾何桂清。咸丰帝大怒,谕旨将何桂清革职拿问,解京严审。何桂清走常熟,常熟也不纳。后来他声言供兵助剿,逃往上海。咸丰帝上谕将何桂清褫职逮问,但是一拖两年而没有办成。主要原因是咸丰帝北狩和辛酉政变,最高领导者无暇过问此事。

现在政变已大功告成,慈禧太后一再强调整饬政纪,严肃官常。在此情况下,何桂清一案又被提起。

当时江苏巡抚薛焕、浙江巡抚王有龄都是何桂清的旧时属吏,因何桂清的举荐才达到今天的地步,所以都极力包庇何桂清。他们合疏上奏请"弃瑕录用,俾奋后效,以赎前罪",但言官不饶。给事中郭祥瑞、卞宝第等上疏,追究何桂清罪责。慈禧太后下令于同治元年(1862年)五月将何桂清逮入刑部狱。

入狱之后围绕着如何处治的问题展开了一场尖锐的斗争。负责总办秋审处的刑部直隶司郎中余光绰,是常州人,对何桂清十分愤恨,而他恰好负责此案。他认为仅依据"封疆大吏失守城池斩监候,秋后处决律"是不够的,又加上何桂清击杀执香跪拜父老19人,忍心害理,罪当加重,拟斩立决。此议一出,上谕大学士部六九卿翰詹科道会议讨论,讨论结果同意刑部决定。这样看来,是可以定罪了。

不曾想,突又发一谕:"何桂清曾任一品大员,用刑宜慎。如有疑义,不妨各陈

409

所见。"是有意为何桂清网开一面,抑或是就杀一大臣事,意在引起一场争论,以便造成更大的震动,产生更大的影响?

既然上谕命再议,有人就以为是想为何桂清减刑,便乘机为何桂清翻案。或一人自为一疏,或数人合为一疏,其约17人上疏为何桂清申辩。其中职务最高、资格最老的是大学士、礼部尚书祈寯藻。他援引嘉庆帝谕旨"刑部议狱,不得有加重"这样作为理由,意在为何桂清开脱。其他如工部尚书万青藜,通政司王拯,顺天府尹石赞清,府丞林寿图,九卿彭祖贤,给事中唐壬森,御史高延枯、陈廷经、许其光、李培祜等都纷纷上疏为之求情。一时形成了一个较强大的声势。这些人的情况不同。有的是私交甚厚,有的是不明是非,有的是兔死狐悲,有的是见风使舵。

面对着这股狂风,御史卞宝第不听邪,独上疏抗论。他针对老臣祈寯藻疏,痛加驳斥。他认为,道光年间提督余步云,咸丰年间巡抚青麟,都是以失陷疆土而被处决的,那时你身为军机大臣为什么一言不发,而单对何桂清如此偏爱,究竟是为什么?卞宝第的上疏传下来,闻者皆以为快。当时太常寺卿李棠阶又上一密疏:"刑赏大政,不可为谬悠之议所挠。今欲平贼,而先庇逃帅,何以作中兴将士之气?"

这道密折对慈禧和奕诉影响很大,使他们下定决心要处决何桂清。

但是何桂清申辩,说他之所以从常州跑到苏州,是因为江苏的司道要求他到苏州,以保饷源重地。他引出薛焕等四人禀牍为佐证。这是何桂清能捞到的最后一棵救命稻草了。

慈禧和奕诉表现出了很大的耐性。慈禧太后通过同治帝之口又发下上谕,命两江总督曾国藩查核。曾国藩很快上疏道:"苏常失陷,卷宗无存。司道请移之禀,无容深究。疆吏以城守为大节,不宜以僚属一言为进止。大臣以心迹定罪状,不必以公禀有无为权衡。"这就明确表明他是赞成重治何桂清的。

听了双方的意见之后,慈禧太后以同治帝于同治元年十月二十一日(1862年12月12日)发布谕旨:"向来停止勾决年份遇有情罪重大之犯,例由刑部开具事由,别行奏闻,请旨正法。乾隆年间,屡奉谕旨,如三十六年,系停勾年份,而官犯王钲等罪无可逭,即予正法。正案可稽。本日刑部具题朝审情实官犯一本内,已革两江总督何桂清一犯,自常州节节退避,辗转逃生,致苏常等郡全行沦陷。迨奉文宗咸皇帝严旨拿解来京,犯敢避匿迁延,迟至两年,始行到部。朝廷刑赏,一秉大公。因廷臣会议,互有异同。酌中定议,将该犯比照带兵大员失陷城寨本律,予以斩监候,秋后处决,已属法餐之仁。今已秋后届期,若因停勾之年,再行停缓,致情罪重大之犯,久稽显戮,何以肃刑章而示炯戒?且何以谢死事诸臣暨江南亿万生灵于地下?何桂清著即行处决。派大学士管理刑部周祖培、尚书绵森,即日监视行刑。"

这个上谕清楚地说明何桂清了犯的是弃城逃跑罪,此点是明确无误的了。另一条罪状是避匿二年之久。大臣会议意见不一致,后来采取了酌中意见,即斩监侯,秋后处决。本来这一年正是停勾之年,有的人幻想可以再缓一缓。但慈禧太后决定立即斩掉何桂清,以明官纪。因此,颁下谕旨,于同一天杀了封疆大吏何桂清。在处决何桂清问题上,看不出慈禧同奕诉有明显的分歧。

第二个杀的是胜保。胜保,字克斋,苏完瓜尔佳氏,满洲镶白旗人。道光举人。考授顺天府教授,迁赞善,升侍讲,擢祭酒,又升光禄寺卿、内阁学士。太平天国起义后,胜保一再同太平军作战,后又同捻军作战。曾招抚了接受太平天国封号的淮北团练头目苗沛霖和捻军首领李昭寿。并招抚了义军首领宋景诗。胜保是辛酉政变的积极参与者,是政变成功的武力后盾。为此,政变后慈禧对他委以重任。他由三四品京堂侯补降职身份升为正二品的兵部左侍郎,由镶蓝旗汉军副都统升入上三旗的正黄旗满洲都统、正蓝旗护军统领,手中握有重兵。慈禧命他主持山东、安徽间的"剿捻"军务。可是,慈禧突然于同治元年(1862 年)十一月传旨将他革职拿问,并于同治二年(1863 年)七月十八日赐令自尽。

慈禧是杀胜保的最后决策者。胜保在辛酉政变中是立了大功的。那么,慈禧为什么恩将仇报,最后杀掉胜保呢?

胜保因辛酉政变建功,不料竟"矜功恃宠,日即骄淫"。这是他被杀的思想根源。而他以"拥兵养寇为自固之计",更是为慈禧所不许。这是他被杀的策略根源。事实正是如此。曾国藩、李鸿章、胡林翼等汉人统带的湘军和淮军唯慈禧之命是从,不敢越雷池一步。只怕功高盖主,带来杀身之祸。胜保反其道而行之,哪有不被杀头之理。

权力不容他人染 选立外甥再垂帘

杀胜保之后,慈禧仍然实行不事株连的政策。慈禧下令,于同治元年十二月十一日(1863 年 1 月 29 日)将在胜保家及其门人丁祥家查抄到的书信,命恭亲王奕䜣及军机大臣在军机处共同监视焚毁。这就安定了人心,稳定了大局。

同治四年三月初四日(1865 年 3 月 30 日)恭亲王奕䜣照常入值进见两宫皇太后。慈禧拿出一件奏折严肃地对奕䜣说:

"有人劾汝!"

奕䜣一愣,用眼扫了一眼奏折,不以为然问:

"是谁上的奏折?"

慈禧非常不满意奕䜣的傲慢态度,不情愿地答道:

"蔡寿祺!"

奕䜣脱口而出:

"蔡寿祺非好人!"并要逮问蔡寿祺。

两宫皇太后一看奕䜣毫不承认错误的意思,立刻大怒,当即斥退奕䜣。然后避开以奕䜣为首席军机大臣的军机处,单独召见大学士周祖培、瑞常、吏部尚书朱凤标、户部侍郎吴廷栋、刑部侍郎王发桂、内阁学士桑春荣、殷兆镛等。

慈禧哭哭啼啼地说:

"王植党擅权,岂不能堪,欲重治王罪!"

诸大臣看到太后盛怒,不知葫芦里卖的是什么药,面面相觑,胆战心惊,不敢答话。

慈禧反复开导说：

"诸臣当念先帝，无畏王；王罪不可追，宜速议！"

老僵持着也不是办法。周祖培老谋深算，磕着头说：

"此惟两宫乾断，非臣等所敢知。"

把球轻轻地推了回去。

慈禧不依不饶：

"若然，何用汝曹为？他日皇帝之成，汝等独无咎乎？"

周祖培略一沉吟，找到了一个缓兵之计，他答道：

"此事须有实据，容臣等退后纠察以闻。并请与大学士倭仁共治之。"

这时慈禧才让他们退下。各位大臣已汗流浃背了。

蔡寿祺何许人也？他是江西德化人，道光二十六年（1846年）入京，中式后服官京曹，并曾在胜保营中稽核军务。他出京后，先后到成都、重庆，但官运不佳。直到同治四年（1865年）二月才钦奉署日讲官之命。因在宫内，听说慈禧不满意恭亲王奕䜣，"平时蔡御史闻之，疏劾王贪恣。"在弹劾奕䜣之前，他先上了一道洋洋万言的封奏，痛陈时政，并指斥湘军人物，以为政治试探。看看没受到申斥，又听到宫内的传言，为博取敢言之誉，他便上疏弹劾奕䜣，"一举成为天下皆知之人"。他是个投机取巧、苟且钻营的人。

原来同治四年三月初四日（1865年3月30日）讲起居官编修蔡寿祺上疏弹劾奕䜣贪墨、骄盈、揽权、徇私之弊。

贪墨是指奕䜣收受贿赂，任用私人。"近来竟有贪庸误事因挟重赏而内赝重任者，有聚敛殃民因善黄缘而外任封疆者，至各省监司出缺，往往用军营骤进之人，而夙昔谙练军务通达吏治之员，反皆弃置不用。"

骄盈是指奕䜣居功自傲，群相粉饰。"自金陵克复后，票拟谕旨多有大功告成字样，现在各省逆氛尚炽，军务何尝告竣，而以一省需之肃清，附近疆臣咸膺懋赏，户兵诸部胥被褒荣，居功不疑，群相粉饰。"

揽权是指奕䜣打击谏官，杜塞言路。他说，遇有空缺，"部曹每得善地，谏臣均放边疆，虽会逢其适，而事若有心。至截取一途，部曹每多用繁，御史则多改简，以故谏官人人自危。"

徇私是指奕䜣偏袒左右，庇护部下。他认为奕䜣祖护总理衙门，"总理通商衙门保奏更优，并有各衙不得援以为例之语"。

在弹劾奕䜣的罪状之后，蔡寿祺向慈禧建曰："臣愚以为议政王若于此时引为己过，归政朝廷，退居藩邸，请别择懿亲议政，多任劳成，参赞密勿，方可保全名位，永荷天麻。"这是声言叫奕䜣交出手中的权力，回家颐养天年。怂恿慈禧罢免奕䜣，剥夺他的一切权力。

大学士倭仁、周祖培等不敢迟延，于三月初六日齐集内阁开会。他们把蔡寿祺召到内阁追供。大臣们极为慎重，按奏折弹劾多款，逐项询问，令其据实逐一答复，并亲写供纸。但蔡供实无据。他所指斥的四条罪状,只在贪墨一条上,指出薛焕、刘蓉二人,但还是风闻,不是亲见。其余三条,除奏折上说的含混其词的话之外,没有任何证据。这就说明蔡的上疏纯属毫无根据的诬告。然而,倭仁等都是富有政治斗争经验的老臣,他们还摸不清慈禧的底牌,因此,他们的奏折在措辞上便留有很大的回旋余地:"阅原折内贪墨、骄盈、揽权、徇私各款虽不能指出实据,恐未必尽出无因。况贪墨之事本属暧昧,非外人所能得见。至骄盈、揽权、徇私,必于召对办事时流露端倪,难逃圣明洞鉴。臣等伏思黜陟大权操之自上,应如何将恭亲王裁减事权,以示保全懿亲之处,恭候宸断。"

他们猜测两宫太后是想适当地"裁减"奕䜣的一些事权。

初七日,他们递上了覆奏。不料,慈禧根本没看他们的奏折,而是拿出了她自己亲笔书写的谕旨给他们看。这完全出乎意料之外,也使他们意识到了问题的严重性。

这哪里是裁减事权,分明是一撸到底。大臣们面色惶然,不知所措。他们不知道反复无常、性情乖戾的铁女人慈禧的真意何在,不敢贸然行事,天怒难犯啊!周祖培感到朱谕太片面了,又不敢多说,只是建议加上"议政之初,尚属勤慎"八个字。慈禧想了想,觉得加上八个字无关宏旨,便欣然同意了。然后,马上厉声说道:"此诏即由内阁速行之,不必由军机!"她深悉军机处是奕䜣的班底,因而绕开军机处,直接交由内阁办理。由此可见,盛怒之下的慈禧在处理同她合作多年的奕䜣上态度之决绝,行动之专断。

慈禧听取了王、大臣的部分意见,重新任命奕䜣在内廷行走并管理总理各国事务衙门,但议政王和首席军机大臣衔被剥夺了。这就是说,奕䜣被排除在最高领导层之外,不得与闻枢密。

明发上谕后,慈禧并没有立即召见奕䜣。奕䜣请求召见,她们不予理睬,以示冷淡。直到20几天后的四月十四日,她们才召见了恭王。这时的奕䜣已深知慈禧的厉害。他诚惶诚恐,不知所措,深自愧悔,伏地痛哭,做出了服从谕旨、听从裁决的姿态。慈禧也许是动了恻隐之心,也许是裁抑奕䜣的目的已经达到,也许是军机处没有更为合适的人选,便于同日发了一道上谕:"恭亲王著仍在军机大臣上行走,无庸复议政名目,以示裁抑!"这就恢复了恭亲王的首席军机大臣职,但"议政王"名目却永远地削除了。吴相湘评说:"是恭王仍被命枢廷矣。然已无'议政王'之尊称。名位固已较前大为减削,此虽王年少不学,关于大体,积嫌蒙衅,自取之严谴,然亦太后集权之手段也。"而黄浚亦评道:"揆其实际,殆西后小弄玄虚,意在褫其议政王一职,以恣意妄为,非真有仇隙也。"这两段话是有一定道理的。

总之,这场由两宫太后,主要是慈禧发起的对恭亲王奕䜣的斗争,前后经过的时间不是很长,差不多一个月的时间便基本结束了。

来得突然,去的迅急。

慈禧在巧褫奕䜣的议政王职之后,将皇权进一步地集中在她手中。但在执行国策上,她仍然是重用奕䜣的。奕䜣虽然不兼任议政王了,但仍然握有很大的实权,仍然是两宫太后及同治帝下之第一人。慈禧对奕䜣所主张和实行的洋务政策是支持的。这在同治六年(1867年)关于设立同文馆中之天文算学馆一事的大辩论中可以看得很清楚。

奕䜣于同治五年十一月初五日(1866年12月11日)上一奏折,请在原同治元年设立的同文馆内添设一馆,专门学习天文、算学,即自然科学知识。招生对象有很大变化,不是招收幼童,而是满汉举人及恩、拔、岁、副、优五贡生等正途出身之五品以下京外各官年龄在20以上者,聘请西人在馆任教。这样做可以学到根本,对制造机器、火器能起到关键作用。慈禧在见到奏折后认为可以办,便以同治帝名义批示:"依议,钦此。"当时同治帝年仅10岁,还没有亲政,不具备决策能力。

既然慈禧批准了,奕䜣便考虑设馆招生的具体细节问题了。经缜密考虑,奕䜣等于同治五年十二月二十三日(1867年1月28日)又联衔上一奏折,进一步阐明设立天文算学馆的道理,并对各种反对设馆的谬论给以批驳。什么"此举为不急之务"了,什么"舍中法而从西人为非"了,什么"师法西人为深可耻"了,等等。他都痛加驳斥。又明确提出:"识时务者,莫不以学西学、制洋器为自强之道。"提出扩大招生范围,把翰林院编修、检讨、庶吉士等高级知识分子也列为招生对象。又为天文算学馆拟订了六项章程,包括招生对象、纪律要求、考试办法、奖惩措施、优待方法和毕业待遇等。奏折称"伏乞皇太后皇上圣鉴训示遵行"。这道奏折又得到了慈禧的批准。

洋务运动时期,中国采用了新的先进的生产力。当然,洋务派最初只是着眼于生产力的。但是,先进生产力的引进必然要带来一系列不以他们主观意志为转移的变化。尽管这个变化是一个长期的、缓慢的、艰难的过程,但变化毕竟是开始了。中国近代资本主义的序幕由洋务派揭开了。洋务运动是一个具有资本主义倾向的进步运动。它顺应了历史前进的潮流,这一点是不应抹煞的。

慈禧是支持洋务运动的。

同治十一年(1872年)九月,载淳大婚册立皇后,慈安太后中意侍郎崇绮的女儿,慈禧太后却中意侍郎风秀的女儿,结果皇帝却选了崇绮的女儿为孝哲皇后,于是,慈禧太后就经常给孝哲皇后发难,并常常要皇帝到风秀的女儿慧妃房中过夜。搞得同治帝左右为难,干脆两边都不去,反而跟着小太监溜出宫去寻花问柳。

到了1873年,同治帝已经18岁了,按照清廷祖制,他早就该直接掌权了,可慈禧仍把握着大权,她虽然表面上表示要把政权交给同治,但实际上仍处处干预,把权力牢牢抓在自己手里。对于慈禧的做法,同治帝非常不满,常常在他老师李鸿藻面前大发牢骚。他因此渐渐生活放纵,起初他逛的还是高级妓院,以后连最下等的妓院也去光顾。没有几次,同治帝便染上了梅毒。御医一看,大惊失色,立即将实情禀告了慈禧太后。慈禧太后却说皇帝染的是天花,偏要御医用治天花的法子替皇帝治病。同治皇帝抗议无效,不到两年,最后下身溃烂,愤郁而死。死时年仅19岁。

同治帝没有子嗣,他在病重后,当着老师李鸿藻的面,问皇后说:"我死之后,你要立谁继承皇位？"皇后对慈禧的专横早就不满，表示要立年岁大一点的侄子继承皇位。于是，同治就命李鸿藻写下他的口授的遗诏，立一个年岁较大的侄子继承。按照这一遗诏，慈禧就再也无法垂帘听政。那李鸿藻怎敢得罪慈禧？他刚离开同治，便马上窜到慈禧那边，向她告密。慈禧知此，火冒三丈，立刻下令断绝给同治帝送药和饮食。没过几天，同治就死去。

同治帝驾崩时天已黄昏，当时内廷忽传懿旨，召军机大臣及诸亲王入宫议事。大臣们惊慌失措地集齐后，才见慈禧一人身着轻便衣服，手提一根长柄烟管，姗姗而出，坐在椅子上。众大臣叩见慈禧之后，急问皇帝病况如何。慈禧却面带着微笑说："皇帝无恙"。大臣们见状，察知宫中必有变故，却不敢多言乱问。过了好半天，慈禧太后又问："皇帝身子虚弱，又没儿子，万一有个不测，你们觉得立谁为好？"

一干大臣没人敢说话，只有军机大臣文祥说："溥字辈近支已有数人，请择其贤者立之。"慈禧脸上立刻表露出不悦之色，沉吟不语。文祥知道慈禧太后已有主张，知趣地退了下去。慈禧吸了一口烟说："溥字辈中没有合适当立的。醇亲王的儿子载湉，十分聪睿，立他必能成大业，你们以为如何？"大臣们没有敢言。于是慈禧厉声道："然则皇帝已驾崩矣。"

立时，众大臣场下痛哭失声。几个小时后，慈禧太后等人抱着一个4岁的小儿走了进来，大家已经知道，这就是嗣皇帝载湉。慈禧太后说道："嗣皇帝已到，让他先在御寝旁边行即位礼，以便明日颁布诏令。"即由大人拉着载湉，向同治帝的遗体磕了头，然后抱着扶他即位，这就是光绪帝，明年改为光绪元年。光绪帝年幼无知，自然依照老例，重请两宫皇太后临朝，再行垂帘听政。

载湉被立为德宗光绪帝时，年方4岁，这充分显示了慈禧想继续把持政权的用心。因为如选择了溥字辈，同治皇后便可尊为皇太后，她便被尊为太皇太后，这样她只能养尊处优，大权反而被同治皇后夺去。如今光绪做皇帝，同治皇后还是嫂嫂，还是皇后，自己仍可继续以皇太后的名义垂帘听政。此外，光绪的母亲又是她的胞妹蓉儿，光绪既是侄儿，又是外甥，在晚辈中和慈禧关系最亲，加上他年纪最小，政权当然仍由慈禧来把持。

当时也有传说，光绪帝实际上就是慈禧和一个戏子杨月楼所生的私生子，因为她是寡妇，寡妇总不能生出儿子来。所以她便偷偷地把那孩子寄养在了妹妹家，究竟真相如何，不得而知。

不动声色杀慈安 "戊戌政变"囚光绪

第二次垂帘听政，为了独揽大权，慈禧对于凡是可能损害她权势的人，不惜用各种狠毒手段，把他们逐个搞掉。她首先对同治皇后发难，诬称她行为不端，并把同治的死归罪于她，对她百般训斥逼迫。有一天，正当同治皇后悲痛之时，慈禧突然把她叫来，伸手就是一记耳光，并破口大骂道："你害死了我的儿子，还想做皇太后吗？"在慈禧的虐待凌辱下，同治死后不到百日，皇后就吞金自尽了。

慈禧在虐杀了儿媳后，便决计对慈安太后下毒手。

光绪七年(1881年)，慈安太后身体生病，慈禧太后乘机大献殷勤，亲召御医，亲手煎药，服侍周到。有一天，慈禧太后过来探望，将左臂微露在外面；慈安看去，似有一寸帛带缠在臂上。慈安感到奇怪，问道："臂上为何缠帛？"慈禧说："此时不便说明，只希望你精心养病，等慈体康复再说吧。"慈安更想问个明白，慈禧说道："昨日你服的药中，有我割下的一片肉在其中。"慈安听到割肉为自己治病，甚为惊讶，不觉感极而泣，说道："太后如此待我，恩情实在无法报答。"说完，转身回到卧室取出一笺，递给慈禧。慈禧接过来一看，两手都颤动起来。原来这笺书就是咸丰帝留给皇后的手谕，上面写着："那拉贵妃如果挟持天子，骄纵不法，可按祖宗家法治之，不得宽赦。特谕。"据说咸丰帝曾把慈禧比作汉武帝的勾弋夫人，想在临崩前学汉武帝，命她自尽。只因奕祐夫妻俩苦苦求情，才没那样做。慈禧太后今日所设割臂肉这一诈局，就是为的这个。她手里拿着笺书，想留下又不敢，想还给慈安又不忍，正在犹豫，慈安上前取来，放入炉中化为灰烬。慈禧这时如同除去压在心头的一块大石头，痛快得很；道过谢意，即返回寝宫。但事后她不但不感恩戴德，反而恩将仇报。没有紧箍咒儿，慈禧可以为所欲为了。

一天，慈安正倚在缸旁，高兴地欣赏缸中的游鱼。这时，慈禧派人送来一盒点心，慈安吃了一块，顿觉腹中不适，未等喊来御医医治，她就突然暴毙。慈安一死，慈禧便更加肆无忌惮，专横跋扈。

中法一战，闽海舰队丧亡殆尽，引起清廷对于整顿、建设海军的重视，决定将台湾划为一省，改福建巡抚为台湾巡抚，原福建巡抚归浙闽总督兼管。还在北京设立海军衙门，命醇亲王奕譞做总办，奕劻、李鸿章做会办，善庆、曾纪泽做帮办。五大臣共同商定，先从北洋入手，督练第一支海军，择定旅顺口、威海卫为军港。醇亲王奕譞等本无办海军经验，主要靠办过外交的李鸿章来张罗。但办海军费用甚大，李鸿章接连奏请拨款，总是驳回多，批准少。李鸿章无法，亲自入朝，探听内廷旨意。慈禧的宠监李莲英传出消息，太后近年有意静居，拟选个园子，苦无款项可筹，所以遇有各省筹款的事，往往有驳无准。这一来，李鸿章心里有了底，便和李莲英密议，借海军名目，责成各地方官拨款。这样，可以拿一部分应付办海军，大部分移用来修园子。

为掩人耳目，海军也购了几条战船，招募了几千人的舰队，宣告正式成立。奕譞奉旨到天津巡阅，李莲英随行，俨然是个大人物。回到北京，李莲英的威势更盛，宫中称他"九千岁"。御史朱一新看不下去，奏了一本，内称"李莲英随醇亲王阅兵，恐蹈唐朝监军覆辙。"结果遭到慈禧痛斥，将朱一新降了一级。从此就更没人敢惹李莲英了。李莲英为虎作伥，帮助慈禧干了许多坏事。

过了几年，光绪十六岁了，慈禧再不好意思继续垂帘听政，她宣布翌年归政。但皇父奕譞非常了解她的心底，连忙奏请慈禧继续"训政"几年，翁同龢等也领头上奏《吁请暂缓归政以懋圣学》。慈禧这才忸怩作态，表示"勉允所请，于皇帝亲政后再行训政数年"。所谓"训政",也就是一切事情先要请示慈禧,光绪不过是一个傀儡。

在撤帝训政的两年中,慈禧自有她自己的打算:第一件事,是在同治年间修复了西苑三海,她总不满足,老想着修复圆明园,再加光绪七年慈安暴死;光绪十年,奕䜣被罢官。两大障碍已经搬掉,她想归政时,一定要把修圆明园的事重新提出来。第二件事,是要为光绪完婚。她要把自己弟弟桂祥的女儿那拉氏给光绪做皇后。这样,她给未来亲政的皇帝身边安放上一条可靠的内线。同时,她还选侍郎长叙的两个女儿做光绪的妃嫔。这就是瑾妃和珍妃。

因为修园子的钱还没着落,又拖了一年才动工。直到奕譞答应移用海军经费来干这件事,慈禧才宣布"归政"。

光绪十五年正月,光绪帝举行隆重的亲政典礼。这天正逢雨雪交加,朝贺的王公大臣们都不能携带雨具,一个个弄得拖泥带水,十分狼狈。

归政以后,奕譞的地位更加突出,权位之高超过了三十年前的议政王奕䜣。但奕譞深知他六哥是怎样下台的,他诚惶诚恐地上奏称疾,要求免去一切职务。慈禧果然恩准,只是"如遇朝廷大政,仍宜时备顾问"。

慈禧一心想修复圆明园,可是费用实在太大,工程规模也大得罕见。几经争执,最后还是决定重修清漪园。

清漪园本是乾隆帝为庆祝他母亲六十"万寿"修建的。前面挖了个昆明湖,后面堆起万寿山。英法联军也曾进行过破坏,但修葺起来比圆明园容易得多。慈禧一经同意修清漪园,那些献媚拍马者立刻蜂拥而上,将清漪园改名颐和园,说是供"老祖宗""颐养天年"。

清廷财政匮乏,四年工程到底耗费多少,加上层层贪污、克扣,即使当事人恐怕也难于算清。人们可以估算的有这么几大项:

户部积存的七八百万两;移用筑铁路的费用三千万两;名为"海军报效捐"的卖官鬻爵所得,也有几百万两。除了这些款项以外,还有李鸿章与李莲英早已预谋,移挪正规的海军经费,约计三千万两。连同以上几项,总数至少有七八千万两。

颐和园修好以后,海军衙门专为慈禧特制了两艘小轮船,并设电气房,各处安装电灯,高兴时万灯齐放,将颐和园点缀成不夜之园。她还计划铺设小铁路。至于各殿堂内布置的古玩珍品,更是富丽堂皇。后来园中每日开支就得耗银一万余两。也就是一年所费可买两只大型铁甲舰。

慈禧从小喜欢皮黄,因此她下令在德和门里建起一座三层戏台,对面是三层建筑颐乐殿。自从有了这个大戏台,那些名角如谭鑫培、孙菊仙、汪桂芬、杨月楼等,几乎都让她包了。

光绪十七年,颐和园修葺完工,光绪皇帝恭奉慈禧临幸。从东宫门进去,迎面是准备将来群臣朝见的仁寿殿,过去不远就是准备太后居住的乐寿堂,前临昆明湖,背靠万寿山。当她在宫女们搀扶下登上佛香阁,"老佛爷"真是心花怒放了。

光绪帝只是名义上的皇帝,一切大权都掌握在慈禧的手里,年事渐长的光绪帝对慈禧的独揽大权非常不满,同时对于外国的侵略和清王朝的衰落,也很忧虑。这时适逢康有为等人上书,要求维新变法。光绪帝看了康有为的上书,也很希望利用改良派这股力量,通过变法,引进新人,排斥恶势力,从慈禧手中夺回大权,改变自己的处境,使国家的现状得到改善。于是,1898年6月21日,光绪帝发布诏书,任用康有为、梁启超、谭嗣同等人实行变法。因为这一年是旧历戊戌年,故这次变法史称"戊戌变法"。

此事被慈禧知后,这位妖婆即刻先行动手,演出了一场"戊戌政变"的历史丑剧。她先把光绪帝囚禁于瀛台,并下令逮捕改良派。就这样,慈禧运用血腥的政变手段,镇压了"戊戌变法",使我国一场轰轰烈烈的资产阶级维新改良运动被迫流产。

光绪二十四年(1898年)8月8日,朝廷群臣毕集,又请出年已65岁的、威势显赫的慈禧皇太后第三次临朝听政。

投降卖国　使中国受尽割地赔款之辱

慈禧不仅在外国人的支持下发动政变上台,而且还在外国人的帮助下镇压了太平天国革命。这一切使她对外国入侵者感激万分。因此,她一上台垂帘听政,便忠实地维护起外国入侵者在中国的利益,干尽了祸国殃民的勾当。

为消灭太平天国起义军,为挽救风雨飘摇中的封建政权,在信任重用汉人方面,慈禧实行的是没有肃顺的肃顺政策。

肃顺主张重用汉臣。咸丰帝虽然采纳了肃顺的建议,但对汉人仍然有所疑忌。湘军的建立,咸丰帝亦喜亦忧。喜的是他有了一支可以利用的武装力量了。忧的是湘军无论官兵全是一色的汉人,是曾国藩的私人军队。所以,咸丰帝对曾国藩是既利用,又牵制。他特意任命满洲贵族官文为湖广总督、钦差大臣,总揽长江中游的二切军政大权,以控制曾国藩。

咸丰帝虽然利用曾国藩,但又不敢给曾国藩以更大的实权。如咸丰四年(1854年)九月曾国藩攻克武昌后,咸丰帝不得不赏给他二品顶戴,署湖北巡抚,并赏戴花翎。但还没等曾国藩按惯例辞呈到,咸丰帝便迫不及待地发下免职令:"朕料汝必辞……故已降旨令汝毋庸署湖北巡抚,赏给兵部侍郎衔。"免去了封疆大吏的署湖北巡抚职,只给了一个没有任何实权的兵部侍郎空头衔。

由于曾国藩战功卓著,忠心耿耿,直到咸丰十年四月,才不得已命曾国藩先行赏加兵部尚书衔,署理两江总督。六月,实授两江总督,以钦差大臣督办江南军务。七月,命皖南军务统归曾国藩督办。比前大有好转。

然而,对曾国藩真正给以更大的军政实权的是慈禧。咸丰帝死,两宫太后垂帘听政,慈禧实握其权。慈禧对曾国藩加太子少保衔,命其统辖江苏、安徽、江西、浙江四省军务,巡抚、提、镇以下悉归节制。国藩力辞,慈禧不允。曾国藩在当时是有名的理学家和桐城派古文家,熟知中国历史掌故。他怕"威权太重,恐开斯世争权竞势之风,兼防他日外重内轻之渐"。但慈禧则明确表示:"我两宫皇太后孜孜求治,南望增忧,若非曾国藩之悃忱真挚,岂能轻假事权?"表明了对曾国藩是很信任的。

慈禧又根据曾国藩的建议,在统筹规划、全盘考虑的基础上,于咸丰十一年十二月二十四日(1862年1月23日)做了新的人事调整,以利战局:"以太常寺卿左宗棠为浙江巡抚,改安徽巡抚彭玉麟为水师提督,调湖北巡抚李续宜为安徽巡抚,河南巡抚严树森为湖北巡抚,以河南布政使郑元善为巡抚,擢侯补道张曜为布政使。"这进一步说明慈禧对曾国藩言听计从,放手使用。

同治元年正月,慈禧又命曾国藩以两江总督兼任协办大学士,更加信用曾国藩。他一再表示惶恐,并奏言:"金陵未克之前,不再加恩于臣家。"对于慈禧让他举荐大臣,他更是受宠若惊,表示不敢接受:"疆臣既有征伐之权,不可更分黜陟之柄。风气一开,流弊甚长。"处处表明自己淡于权势的心迹,生怕招致怀疑嫉妒。

曾国藩备受信任,取得了前敌最高指挥权。他全盘规划,做了新的战略部署,以图一举歼灭太平军。他坐镇安庆,以安庆为指挥中心,然后命曾国荃攻天京,左宗棠攻杭州,李鸿章攻苏州,彭玉麟攻长江下游。大江以北,多隆阿攻泸州,李续宜援颍州;大江以南,鲍超攻宁国,运兰防徽州。部署完毕,曾国藩便发起了以攻天京为中心的疯狂激战。由于天京吃紧,李秀成从苏州来援,李世贤从杭州来援,苏杭空虚。李鸿章乘机攻克苏州,左宗棠顺利攻克杭州。天京孤立无援,被曾国荃攻下。太平天国首都天京沦陷,起义失败了。

后来慈禧又命曾国藩去剿杀捻军。捻军是另一支农民起义军;他们"有众数十万,马数万",驰骋在数千里之内。僧格林沁征讨多年,没有获得成功。清史稿记道:"国藩闻僧军轻骑追贼,一日夜三百余里,曰:'此于兵法,必蹶上将军。'未几而王果战殁曹州。"慈禧甚为吃惊,急忙命曾国藩去山东剿捻。关于剿捻,曾国藩提出了与科尔沁亲王僧格林沁完全相反的战略思想:"扼要驻军临海关、周家口、济宁、徐州,为四镇。一处有急,三处往援。今贼已成流寇,若贼流而我与之俱流,必致疲于奔命。故臣坚持初议,以有定之兵,制无定之寇,重迎剿,不重尾追。"他又提出了筑长墙、开壕堑的战法,终于剿杀了捻军。"凡防河之策,皆国藩本谋也"。由此,慈禧对他欲加倚任,同治六年(1867年)六月,授大学士,仍任两江总督。七月,授体仁阁大学士。七年四月,授武英殿大学士,七月调任直隶总督。十二月入觐,赐紫禁城骑马。

慈禧重用信任曾国藩及其一批汉臣,对挽救摇摇欲坠的封建地主阶级统治起了关键性作用。《清鉴》说:"听政之初,军事方亟。两宫仍师用肃顺等专任汉人策。内则以文祥、倭仁、沈桂芬等为相,外则以曾国藩、左宗棠、李鸿章等为将。白军政吏治,黜陟赏罚,无不谘询。故卒能削平大乱,开一代中兴之局。"这话是有道理的。

由于清政府的软弱，慈禧的投降卖国，外国侵略者得寸进尺，加紧侵略中国。1884年，法国向我国发动了侵略战争。战争一开始，以李鸿章为代表的主和派坚决主张妥协，慈禧处处为李鸿章撑腰。当时主战派纷纷上书反对妥协。慈禧便对他们严加压制。1885年，我国爱国将领冯子材在广西边境大败法军，击毙敌人1000多名，取得了有名的镇南关大捷。可就在这时，慈禧却发布了投降卖国的停战撤兵命令。前线爱国官兵，不管其命令，继续向法军进攻。于是慈禧又接二连三地发出谕旨，强令撤兵，并说如有违抗，就要"严惩"。最后，慈禧又授意李鸿章跟法国订立了屈辱的和约。她的这种卖国行为，连法国侵略者也感到非常惊讶。

日本侵略者在明治维新之初，就要征服我国台湾。光绪六年吞并琉球以后，更鼓舞了它进一步侵略朝鲜和中国大陆的野心。第二年，日本军舰侵入朝鲜的汉江，炮击江华岛，到光绪十九年，日本已拥有一支现役为六万三千人、预备役为二十五万多人的新式陆军和一支六万多吨位舰只的新式海军。同时，它又训练了一批"浪人"，不断潜入中国、朝鲜，进行间谍活动。面对着日本军国主义发动侵略战争的严重局势，帝党主战，希望在战争中削弱后党势力；后党为了保存自己实力，则主和。光绪的老师、户部尚书翁同龢等主战派，手中没有实权，只能利用皇帝上谕和朝野舆论，督促和迫使李鸿章出兵作战。

光绪二十年七月（1894年），日本舰队在朝鲜牙山口外半岛附近，突然炮击由牙山返回天津的中国军舰"济远""广乙"号，中国军舰立即还击。"广乙"号船身小，战斗力弱，开仗不久即受重伤，在退出中撞到朝鲜海岸的浅滩上焚毁。"济远"上的官兵作战英勇，但管带方伯谦却下令逃跑，也不顾他应负责保护的载运陆军和弹药的"高升"号与"操江"号了。"济远"舰水手王国成、李仕茂等不管方伯谦命令，照旧发尾炮打击追来的敌舰"吉野"号，四发枪弹打中三发，使其受创不敢追击。但"高升""操江"号两艘运输船因失去保护，"操江"号被俘，"高升"号上的中国士兵用步枪还击敌人，直至该船中了敌人鱼雷，七百余人全部壮烈牺牲。

不久，日本又挑起了一场更加激烈的黄海大战，中国舰队参战的"致远"号广大士兵，个个勇往直前，奋勇杀敌。在舰身中弹倾斜时，管带邓世昌下令开足马力，向日本主力舰"吉野"号猛撞过去，不幸为"吉野"放出的鱼雷击中，邓世昌与全船二百五十人壮烈牺牲。旗舰"定远"号上的士兵也英勇作战，屡创敌舰。黄海海战激战五小时，中日双方舰队各有损失，中国损失虽略大于日本，但完全可以打下去。可是李鸿章却命令海军军舰在威海卫藏起来。后来日军攻陷威海卫，清朝海军彻底垮台。慈禧的投降卖国路线导致了中日甲午战争的最后失败。其后，李鸿章代表清政府，出面与日本订立《马关条约》，只是赔款一项，就规定白银二万万两。这样巨大的数目是空前的。当时清政府年收入白银约八千万两，只得向其他帝国主义大举借债，从而使各帝国主义进一步控制中国的财政和经济，加深了中国人民的灾难。此外，日本还从此强行霸占了我国的台湾地区。

特别令人不能容忍的是,正值前方战事危急时刻,慈禧还在大搞庆寿活动。光绪二十年是慈禧六十岁"万寿"。为了满足她个人享乐的私欲,她广收贿赂,大摆排场。这时候,李莲英特别卖力。原计划从紫禁城到颐和园,沿路搭起彩亭、彩棚,在里面演戏、奏乐。后因有人奏议,在此国难当头,应将祝寿费用移充军费。慈禧一看气候不对,才没让按原计划施行。但她内心十分气恼,唯有策划早日结束战争。她警告主战派:"今日令吾不欢者,吾亦将令彼终身不欢。"这就使得李鸿章更加有恃无恐地推行妥协投降的卖国路线。

　　接下来,慈禧就来收拾那些"令吾不欢者"了。她先以"非份干请"的罪名,将光绪帝的亲信珍妃、瑾妃降为贵人;又将二妃的哥哥、主战的志锐远调乌里雅速台;撤销满汉书房,使光绪帝与亲随隔离。谏劝太后不要干预帝政的御史安维峻,也以"肆口妄言,毫无忌惮"的罪名,充军张家口。

　　可是,当李鸿章秉承慈禧旨意,带着卖国的《马关条约》回国时,激起了举国愤慨。条约送上御案,等待皇帝批准,软弱的光绪帝不得不去请示太后。这时,慈禧忽然称病不出,将此失地赔款的责任,完全推给光绪帝一人承担。

　　在全国一片愤怒谴责声中,台湾人民发出檄文,声言要杀死李鸿章、孙毓汶、徐用仪等卖国贼,慈禧也感到众怒难犯,不得不免去李鸿章直隶总督、北洋大臣之职,仅留大学士虚衔。孙、徐先后退出军机处。慈禧又带上李莲英,跑到颐和园享福去了。

　　面对慈禧的卖国行径,全国人民无比愤怒。在北京城墙上有人气愤地写了这样一副对联:

　　万寿无疆,普天同庆;三军败绩,割地求和。

　　还有人把庆寿贺词中的"一人有庆、万寿无疆"两句改为"一人庆有、万寿疆无"。可见人民群众对这个卖国贼的愤慨。

　　甲午战争以后,帝国主义列强纷纷在我国夺取"租借地",划分"势力范围",阴谋瓜分中国。中国面临着沦为殖民地的严重民族危机。慈禧的卖国投降,给中国人民带来了深重的灾难。

　　光绪二十六年(1900年),我国义和团运动犹如暴风骤雨,河北、山东和京津一带,义和团运动风起云涌,在反抗帝国主义的斗争中迅速发展起来。帝国主义各国极端恐惧和仇视。它们害怕由于义和团的胜利引起殖民统治的动摇。于是,英、法、日、俄、德、美、意、奥八国拼凑了联军,从渤海湾登陆,向天津、北京进犯,镇压义和团。义和团在北京城里高呼"灭洋人,杀赃官",举行示威。对团民是"剿"是"抚",慈禧举棋不定。端王载漪和大学士刚毅等王公大臣主张"抚",先利用团民把干涉废立皇帝的洋人赶出去再说。兵部尚书徐用仪和户部尚书立山等则主张"剿",以免惹恼洋人,大祸临门。

　　就在这时,八国联军攻陷了大沽口,局势发生急剧变化,端王载漪突然假造了一条外交照会,说是外国人要"太后归政皇帝"。原来慈禧一直想废掉光绪帝,立载漪之子溥儁为帝。可英、日等支持光绪帝。载漪假造这条消息就是逼慈禧对外国宣战,最后达到立自己儿子为帝的目的。慈禧听了这条消息后果然大怒,马上召集御前会议,下诏宣抚团民,于光绪二十六年六月二十日正式向各国侵略军"宣战"。为了表示决心,慈禧下令将主"剿"的徐用仪、立山、联元等人砍了头。

但仅仅过了八天,她又命驻各国的外交大臣向各国政府解释,说什么"中国即不自量,亦何至与各国同时开衅,并何至恃'乱民'与各国开衅,此意当为各国所深谅……此种'乱民',设法相机自行惩办。"同时,清政府不但暗中请俄、英、日帮助清政府向各国求和,慈禧还派人在御河桥头竖起木牌,上写"钦奉懿旨,力护使馆"。她还派人到围困的驻华各使馆去送菜、米面、西瓜、药品。这就充分暴露了她对外"宣战"的骗局。

尽管慈禧如此谄媚求和,八国联军照样打进了北京,所到之处,烧杀、奸淫、抢劫,无恶不作。慈禧吓得魂飞魄散,决定裹挟光绪帝向西逃跑。光绪帝本已成为慈禧的肉中刺,不立刻拔除是因为她发现一些西方国家对他抱有幻想,把他留在身边还有用处。

在她动身前,她还召见妃嫔。珍妃请求留在北京。慈禧认为留下她是自己的后患,即命太监将珍妃害死,光绪帝请求免其一死,慈禧大怒,挥挥手,让太监将珍妃推到宁寿宫外的大井里。

慈禧在逃跑路上做的第一件事,就是用光绪帝名义发布上谕,赖掉她"宣战"的责任,并把她利用过的义和团与主战派大臣作为替罪羊,斩杀了主"抚"的刚毅、徐桐等人,以此讨好洋人。同时一再催促李鸿章、奕劻等与侵略者讲和。

八国联军明知宣战责任在慈禧,也不再追究。因为他们发现慈禧仍可作为殖民者统治中国的最听话的工具。此后,清朝军队与八国联军很快就勾结起来,穷凶极恶地绞杀了义和团运动。

光绪二十六年底,外国侵略者提出"议和大纲"十二条,慈禧连忙下令:"所有十二条大纲,应即照允。"没经过多少谈判就于第二年九月签订了《辛丑条约》。条约规定:中国赔偿各国军费白银四亿五千万两,分三十九年还清,连本带息共计九亿八千二百多万两,以海关税、盐税等作抵押;允许各国在京、津和山海关驻兵;清政府保证禁止国内人民反对帝国主义的活动,等等。

条约签字,帝国主义又在中国人民身上加了一副锁链。首先,惊人的巨额赔款更加速了中国人民的贫困和社会经济的凋敝。清政府年收入不过八千万两,先前已借外债达四亿两,再加这笔巨款,清政府财政彻底崩溃,苛捐杂税又一批一批地压在全国人民头上。其次,"使馆区"的设立、炮台的平毁以及北京至山海关一带驻扎外国军队,严重破坏了中国主权。清政府还有义务替侵略者镇压中国人民的反抗。这就表明清政府已完全变成了帝国主义豢养的一条走狗。卖国求荣的慈禧却为保住自己的地位满心欢喜。就在这年十月,帝、后回銮,行李车就有三千辆,满载搜刮的民脂民膏,从西安经河南、直隶等地回到北京。一路上经过的道路都用黄沙铺平,不知花了多少人力、财力!

半路上,她突然接到卖国贼李鸿章病死的消息,十分悲痛。李鸿章死前又向她推荐了袁世凯为直隶总督兼北洋大臣。

她到京后十天,就举行盛大宴会招待各国驻华使节及其夫人,极尽献媚求宠之能事。

慈禧从上台起,在她统治的漫长年代,和大小帝国主义国家签订了一个又一个不平等条约,使中国受尽了割地赔款之辱。外国侵略者的魔爪逐渐伸到了我国的政治、军事、经济、文化等各个方面。

糜烂透顶　风流一生留骂名

慈禧在政治上是一个镇压人民的刽子手,出卖了民族利益,是一个祸国殃民的大卖国贼。在生活上,也是贪婪无度,糜烂透顶。

据说她的衣服、首饰、衣料、鞋子要由 6 个太监分管,分类登记在各种册子上。她的衣服数量很多,都是经过精心设计制作的。1894 年,她一次就定做了 135 套,用去白银 38000 多两。她的一件藕荷绸绣灵仙视寿氅衣,就花了四五百个人工,用去白银 360 多两。

她每日吃着山珍海味,每餐饭菜就有 100 余种,且餐具全是用金、银和玉做成。除此之外,她每天还要服用各种补药。宫中专门为她设立了药房,里面堆满人参、鹿茸、珍珠粉、熊胆和鹿宝等大量珍贵药材。据说这个妖婆每日鸡鸭鱼肉,山珍海味吃腻了,又变出花样要求吃人奶。她令李莲英到河北三河县挑选几个年轻妇女,个个要求眉目清秀,乳房高耸,身材匀称。这些妈妈们在进慈禧寝室侍候以前,先要脱光衣服,净身擦澡,经过验看以后给穿上一件露出乳头的红色紧身长袍,其他一概不得穿用。妈妈们进入寝室以后,双膝跪到躺在床上的慈禧前,手托乳房轻轻说声:"恭请太后受用。"然后才把乳头送进慈禧的嘴巴里。她每次吃吃停停大约半个多时辰方可受用完。为了让妈妈生得奶好,每天让她们吃鸡鸭鱼肉,但不得加盐,据说因吃盐奶就不好了。这样一来奶妈们吃这些肥腻的东西,简直就像吃药一样难以下肚。对于慈禧的吃人奶之事,宫中多有微词。有位老太监看不惯,私下说了几句,传到慈禧的耳里,她马上召来太监,令他当着众人双手端着屎盆,硬将自己的粪便吃下去,当夜这位老太监就怀着满腹羞愧和怨怼,自尽而死。

慈禧平时不仅用珍珠粉擦面,还每天由 5 个奶妈给她挤奶擦身。就连她睡觉的枕头,里面也装有茶叶、菊花、决明子、桑叶、夏枯草、防风、鸡血藤、冰片、乌药、草乌、桂枝等名贵中药,称为"阴阳枕"。据说这样的枕头可以明目、清火。

慈禧不仅挥霍无度,她的性情也古怪恶劣。她当朝时,凡入宫觐见之人,她首先要问属什么的,如果回答属鸡,或属羊的,她就喜欢,差事也会给得好点,赏钱也给得多。接着她又会问生于何月何日,假如说十月或腊月,她就会更高兴。如果说是四五月的,她就会显得不愉快,话也就谈不下去了。因为她本人是属羊的,十月初十的生日,正是田野无草的季节,羊没有青草吃的时候。而四五月生的、属羊的遍地是草,这个羊不是比她的日子好过得多了吗? 如果回答是属虎的,二话不说,立刻就会被她撵了出去! 所以当时宫里流传着一句话说:"老虎最怕西太后。"她的专横跋扈一时间搞得许多人只得改换生辰,加入鸡或羊的属相。

咸丰死时,慈禧年方27岁,青春洋溢,精力正旺,正当如狼似虎之年。她虽然是宫中的主人,但这一变化除给晚清政治带上了一些女人特点之外,在性生活方面,历来为男人统治而建造的王宫,对此变化却没有丝毫的准备。皇帝的三宫六院都是为适应男性的需求而准备的,而且那些都是同她一样的充满青春活力的热血女子。她应该有享受性生活的要求和权力,不安于做个寡妇,但在当时的文化氛围里,她又能得到怎样的满足呢? 俄国的女皇叶卡捷琳娜二世,唐代女皇帝武则天都有自己的公开面首,那么在晚清这个封建色彩极浓的气氛下,慈禧太后的不公开面首是谁呢?

慈禧太后面首很多,宫中那些真假太监都是她的御用工具。有一次,慈禧太后与一个姓金的美男子在密室里抱在一起取乐,正有趣时,突然慈安太后一步闯入。慈禧太后羞得连耳根子都红了,同慈安说话时,气也喘不过来,舌头也不听使唤了。慈安并不答话,将那姓金的男子唤出,命侍卫拖出去用刀砍死。慈禧由羞而恼,由恼而怒,第二天也把门卫上小太监杀掉,惩他没有尽守卫职分。

还有一次,慈安太后生病,慈禧太后亲为其求医煎药,细心侍奉。慈安太后病愈后,便带着宫监静悄悄地走进长春宫,打算去道谢慈禧盛意。正值中午时分,众太监都用餐去了,只有一个小太监站在门首,见慈安太后来到,即入内禀报。慈安太后几乎同小太监一起走进门,见慈禧太后与太监李莲英并坐着,慈禧将左脚压在李莲英的右膝盖上。莲英用手顺着慈禧的腿由下向上摸着。两人唧唧哝哝地不知说些什么话。二人忽听有人进来,抬头一看,慈安太后站在眼前。慈禧忙放下脚。李莲英吓了一大跳,赶忙站起来,连为慈安太后请安的礼节也忘了。慈安太后本是怀着谢意来这里的,看到这种有伤大雅的情景,不觉变作愤怒,向李莲英斥道:"你也太不成体统了,你为什么同太后并坐?"莲英还未及答话,慈禧说道:"我近日患了脚痛,所以叫他捶着。"慈安太后说道:"我朝定制,防范宦官,很是严格。只恐宦官擅权,因此不能放纵。"慈禧太后本想辩驳,一时又无词可说,只得呵斥莲英退出。慈安又向慈禧说道:"李莲英权势太大,宫监们都称他是九千岁,这还了得!"说完就离开长春宫。从此之后,慈禧太后两年没有视朝,一直深居不出;朝政全由慈安太后主持。

据说慈禧曾跟她的太监安德海过从甚密。安德海是直隶南皮人,入宫阉割为太监,可是,却能侍候慈禧太后,有人说他擅长"吕不韦舍人毒术",又有人说他服用了宫中特制的鲜葡萄,阳道复生。同治皇帝载淳10岁那年,慈禧想找个品学兼优的学者教皇帝读书,恭亲王奕䜣推荐了新科翰林丁宝桢,于是,慈禧太后便下令丁宝桢第二天到养心殿晋见。翌日,丁宝桢整衣肃冠入宫,太监安德海领他到外廷自己的住处等候,随即入宫禀奏慈禧。闲来无事,等得发急的丁宝桢在安德海屋里随便观看起来。当他瞥见几案上摆着一个水晶盘,盘里放着数十颗鲜嫩可吃的紫色葡萄时,丁宝桢觉得奇怪,心想:5月里怎么就有了葡萄? 这一定是皇帝或太后吃后剩下赏给内监吃的,唉,做皇帝真是福大,想吃啥就吃啥。见周围无人,他又想,他们能吃,咱还不敢尝呀! 想到这里,他便随手捏了一颗,才知道是人工做的,却和真的无多大差别,看起来栩栩如生,闻起来香气扑鼻,不知不觉偷偷地放进口里一嚼,果真甘香可口,十分好吃。正当他高兴之际,忽然觉得一股热气贯通全身,不觉脸辣体热,下身也起了生理反应。他只觉口干舌燥,情绪激昂,无法抑制。这番情景如何见得慈禧呢?

正当他处在为难之时,太监安德海走了进来。丁宝桢情急生智,两手抱腹屈腰,就地打起滚来,口中连连喊痛。安德海问他得了什么病。他只说:不知道,痛得直不起身来,恐怕是绞肠痧吧。"安德海怕丁宝桢死在自己屋里,连忙叫来两个小太监把躬身抱腹的丁宝桢送出了宫。慈禧最讲忌讳,她见丁宝桢第一次被召,便发了腹病不能朝见之事,便决定不使用丁宝桢,让恭亲王另荐高明。

丁宝桢察知安德海秽乱宫廷,跟慈禧苟合之事后,便时刻寻机下决心杀死安德海。后来他当上了山东巡抚,每次入京晋见同治皇帝,都果敢直言,很得皇帝欣赏。当时十一二岁的同治皇帝也知道安德海跟母后来往甚密,不太清白,心里觉得很羞耻。一次他借机辱骂了安德海一顿,被慈禧知道后反过来责骂了他一顿,这使同治更加仇恨起安德海。他常在宫中玩捏泥人,捏成一个小人儿后,就用小刀把泥人脑袋砍下来,口里说:"杀小安子。"

同治八年(1869年)七月,安德海奉慈禧之命到江南织造办龙袍,皇帝便密令山东巡抚丁宝桢见机行事。当安德海过德州时,知州赵新禀报了丁宝桢,丁宝桢即令东昌府程绳武追捕安德海,程绳武亲自率兵,跟踪了三天,就是不敢下手。丁宝桢又命总兵王正起率兵追之,在泰安州将安德海抓了起来,押解到济南府。安德海神气地说:"我奉皇太后之命,谁个敢动我一根汗毛就是自寻死路!"丁宝桢便上疏具闻。慈禧听后,惶骇不已,立刻召集军机与内务大臣商议,大臣们说:"祖制太监不得出都门,犯者死无赦,当就地正法。"可圣旨一直迟迟未发,过了两天,由于同治帝力争才被迫宣布。于是,安德海伏诛。但据说裸尸于街市的是跟随安德海的一个小太监,并非安德海。个中隐密,不得而知。

又传说慈禧曾与任直隶总督兼北洋大臣、权倾朝野的宠臣荣禄有私。光绪帝即位之初,她把旧情人荣禄召进宫来重拾旧欢,她在荣禄无暇进宫、不便进宫时又勾搭上太监李莲英,到光绪六年十二月,慈禧太后肚子又一次"通货膨胀"起来。宫中御医们都束手无策。还是李鸿章推荐的江苏无锡一个儒医生进宫去,才把慈禧肚中的那块孽种打了下来。

又一些太监回忆说,慈禧还常以听戏为名,由李莲英大总管太监牵线,秘召伶工、闲杂人等,藏于密室,恣意寻欢作乐。太医院御医张绪、伶工金俊生,顺天府画工管劬安、"打牌"高手等人,均系太后卧榻常客。

清光绪34年(公元1908年)10月13日,是慈禧那拉氏的74岁寿辰,全国上上下下都要替她祝寿过生日。这一天,内务府收到一帧寿联,打开一看,吓得那些人魂飞天外,只见上面恭楷写道:"六十也祝寿,七十也祝寿,果然万寿;今年也割地,明年也割地,端的无疆!"

据说这帧寿联不知怎的竟传到慈禧耳中,本来就患有腹泻的她气得更是上吐下泻,加倍服用鸦片也毫无效果,7天以后,她下令立醇亲王载沣之子溥仪为皇太子,兼祧穆宗、德宗。

两天以后,亦即公元1908年10月23日的傍晚,三度垂帘,害死两个皇帝,断了大清江山父死子继,一脉相承香火规矩的慈禧端佑康颐昭豫庄诚寿恭钦献崇熙皇太后结束了她"多姿多彩"的一生。

这一年,她74岁。

【名家评点】

慈禧不是孤立的个人,她是传统文化和教育制度培育出来的社会上层人士的代表。

与稗官野史的描绘相反,她生长在一个富有的满族官僚家庭,养尊处优,入宫后也一帆风顺。虽然少年时代没有受到足够的文化教育,执政初期出现过错别字连篇的笑话,但通过学习臣子为其编写的总结历代统治经验的《治平宝鉴》,学习书画,阅读小说、听说书和看戏,到了晚年,她居然敢自告奋勇给贴身女官补习中国文化了。无论在经典文化和通俗文化方面,她都具体而微地体现了中国士绅阶层所传承的中国文化。与此同时,在她身边还有一大批大臣和亲贵具体参与决策和施政,他们都是传统文化孕育出来的官僚。这些都是制约慈禧言行的决定性因素。

——袁伟时《慈禧的两面性及其启示——戊戌维新百年祭》

慈禧镇压了戊戌变法,扑灭维新派,但是她没有全部取消光绪颁布的"新政"……

这些新政是慈禧"垂帘听政"的成果,它意味着大清帝国古老的中世纪社会制度正在向现代社会蜕变。如果把慈禧生前已认可的预备立宪的有关措施包括在内,则困扰20世纪中国的最大问题——政治体制改革,也在设立资政院、谘议局及有关的请愿活动中露出曙光。这有力地表明,如果措施得当,慈禧可以支持向西方学习,促进国家的现代化,把她说成是维新变法的天敌没有足够的根据。

——李锦全《论戊戌变法和清末新政中的慈禧》